제5판

전생애 발달심리학

장 휘 숙

박영사

머·리·말

1987년『발달심리학』초판을 출판하고, 1994년에『발달심리학 제2판』을 그리고 2000년에는 새천년을 맞아『전생애 발달심리학―인간발달』이라는 제목으로 전생애 동안의 발달을 새롭게 정리하였다. 그러나 발달심리학 연구는 계속되고 있으므로 2007년에『전생애 발달심리학 제4판』을 출판하지 않을 수 없었고 2013년 현재『전생애 발달심리학 제5판』을 출판함으로써 전생애 동안의 발달을 다시 한번 더 새롭게 정리하고자 하였다. 인간을 대상으로 연구하는 어떤 학문분야에서도 전생애 동안의 변화와 발달을 이해하지 않고는 개인에게 도움을 줄 수 없으므로 전생애 발달심리학은 이제 심리학의 고유영역을 넘어 어떤 학문분야에서도 관심을 갖지 않으면 안 되는 분야로 인식되고 있다.

지난 25년 동안 우리 사회에는 많은 변화가 일어났다. 남녀 평등의식이 보편화되고 급속한 성개방화가 이루어졌으며 경제적으로도 크게 성장하였다. 젊은이들의 결혼연령은 매년 높아지고 있고 취업하는 여성들의 수는 급속도로 증가하였다. 결혼을 원하지 않는 독신여성들도 많아졌으며 결혼전에 동거하는 사람들의 수도 증가하였다. 또한 결혼을 한다고 할지라도 출산을 기피하거나 지연시키는 사람들도 많아 30대 후반에 첫아이를 출산하는 여성의 비율도 크게 증가하였다.

중년 성인들 또한 생활수준의 향상과 건강에 대한 높은 관심으로 과거보다 더 오랫동안 젊음을 유지할 수 있고 더 건강한 삶을 살 수 있게 됨으로써 전통적인 발달단계 개념을 적용하기 어렵게 되었다. 더욱이 평균수명의 증가는 노인인구를 증가시키고 성인후기를 연장시켜 85세 이후에도 생존하는 사람들이 많아졌는가 하면 100세를 사는 사람들의 수도 증가하고 있다. 그 결과 우리

나라는 2000년에 이미 고령화 사회에 진입하였고 2020년경에는 명실상부한 고령사회가 될 것으로 전망되므로, 이제 노화와 노인의 문제는 발달심리학에서도 중요한 연구주제가 되지 않을 수 없게 되었다.

이러한 변화에 기초하여 저자는 이번 5판에서 인생초기의 발달내용을 일부 수정하고 각 분야에서 이루어진 새로운 연구결과들을 첨가하였으며 특히 성인후기를 보강함으로써 인생 후반부의 발달이 체계적으로 설명될 수 있도록 하였다. 이 책은 다섯 개의 부와 열두 개의 장으로 구성되어 있다. 1부에서는 전생애 발달심리학의 이해를 위한 기초를 제공하고 2부에서는 청년기 진입 이전의 아동기 발달을 고찰한다. 3부에서는 성인기에 진입하기 이전의 청년기 발달을 논의하며 4부에서는 성인기 동안 경험하는 개인적, 가족적, 사회적 변화를 설명한다. 그리고 마지막 5부에서는 인생의 최종문제로서 노화와 죽음 그리고 사별의 문제를 논의한다.

발달심리학은 임신되는 순간부터 사망까지의 전생애 동안의 변화, 발달을 연구하면서도 궁극적으로는 개인적 성숙을 추구하는 학문이므로 이 책을 읽는 독자들은 전생애 동안의 발달에 대한 학문적 지식은 물론 자신과 타인 그리고 우리를 되돌아보면서 보다 성숙한 삶을 사는 지혜를 얻을 수 있을 것이다. 독자들은 이 책을 통해 인생의 좌표를 설정하고 건강한 삶을 사는 것은 물론 좋은 죽음을 맞을 수 있는 방안까지도 마련할 수 있을 것으로 기대된다.

저자는 학부에서 영문학을 전공한 후 심리학으로 전공을 바꾸었고 발달심리학의 학문적 매력에 빠져, 평생을 발달심리학 연구에 정진할 수 있었다. 발달의 다양한 측면들을 연구하는 과정에서 저자는 발달심리학의 궁극적 목표와 인간성숙을 지향하는 종교적 목표가 동일할 수 있다는 확신을 갖게 됨으로써 발달심리학은 저자의 평생의 학문인 동시에 신앙이기도 하였다. 퇴임을 앞둔 이 시점에서 저자는 심혈을 기울여 연구해온 전공학문을 다시 정리해볼 수 있게 되어 기쁘기 한량없다. 저자의 연구결과를 바탕으로 많은 후학들이 발달심리학에 관심을 갖고 열심히 연구할 수 있기를 기원한다. 저자 역시 삶이 다하는 순간까지 인간성숙을 지향하며 치열하게 노력할 것을 다짐하면서, 그동안 도움을 주신 여러분들에게 감사의 인사를 표하고 싶다.

우선 초판부터 5판까지 이 책의 출판을 맡아주신 박영사 안종만 회장님과

편집부 마찬옥 편집위원님 그리고 표지디자인을 위해 애쓰신 최은정 대리께 심심한 감사를 드린다. 또한 저자가 마음놓고 연구하고 저술할 수 있는 환경을 만들어준 충남대학교 심리학과 학생들과 동료교수들에게도 감사의 인사를 전하고 싶다. 저자는 가족의 전폭적 지원 하에 평생의 업(業)으로 발달심리학을 연구할 수 있었음에 감사하면서 이 한 권의 책이 수많은 독자들에게 개인의 성숙과 삶의 의미 및 죽음의 문제를 해결하는 데 도움이 되고, 인생의 안내서로서의 역할을 할 수 있기를 진심으로 기원한다.

2013년 6월

저 자

제1부 전생애 발달심리학 이해를 위한 기초

chapter 01

제1장 발달심리학 – 어떤 학문인가?

chapter 02

제2장 생명의 시작과 발달

제2부 아동의 발달

chapter 03

제3장 아동의 신체, 운동, 지각능력의 발달

chapter 04

제4장 아동의 인지발달

제3부 청년의 발달

chapter 07

제7장 청년기의 특징적 현상과 청년초기의 특성

제4부 성인의 발달

chapter 09

제9장 성인발달의 기초

chapter 11

제11장 성인후기의 발달

chapter 12

제5부 죽 음

제12장 노화, 죽음, 애도

제 1 부 전생애 발달심리학 이해를 위한 기초

목 적

이 책은 임신부터 사망까지의 발달을 체계적으로 연구함으로써 전생애 동안 일어나는 변화를 설명하려고 한다. 이를 위해 1부는 두 개의 장을 포함한다. 그중 제1장에서는 발달심리학이 어떤 학문인지를 이해하는 데 기초가 되는 내용들을, 그리고 제2장에서는 생명의 시작과 발달과정을 검토한다.

기대되는 효과

제1장에 제시된 발달의 개념과 발달단계, 역사, 연구방법 및 다양한 이론적 조망에 대한 지식과 제2장의 태내기 발달과정은 방대한 학문분야인 전생애 동안의 발달에 대한 이해를 더욱 용이하게 할 것이며, 발달의 전체과정에 대한 맥락을 형성할 수 있도록 할 것이다.

제1장 발달심리학 - 어떤 학문인가?

Ⅰ. 발달심리학과 관련된 문제
  1. 발달의 개념과 전생애 발달
  2. 발달연구의 학문적 확대
  3. 발달의 기본문제
Ⅱ. 발달단계와 발달과업 및 단계구분의 역사적 변화
  1. 발달단계와 발달과업
  2. 발달단계 구분의 역사적 변화
    1) 아동기의 구분
    2) 청년기의 발견
    3) 변화하는 성인기
Ⅲ. 발달심리학의 연구방법
  1. 양적 연구
    1) 양적 연구의 설계법
    2) 양적 연구의 유형
  2. 질적 연구
    1) 사례연구
    2) 사례연구에서의 자료수집 방법
Ⅳ. 발달에 관한 이론적 조망
  1. 정신분석적 조망
    1) 프로이트의 정신분석이론
    2) 에릭슨의 심리사회적 이론
  2. 학습이론적 조망
    1) 전통적 학습이론
    2) 사회학습이론
  3. 인지적 조망
    1) 피아제의 인지발달이론
    2) 정보처리이론
  4. 동물행동학적 조망
  5. 생태학적 체계조망

제1장

발달심리학 - 어떤 학문인가?

• …… 전생애는 긴 기간인 동시에 많은 사건들이 여러 방향에서 동시적으로 그리고 다차
• …… 원적으로 일어나므로 전생애 동안의 발달을 이해하기 위해서는 발달과 관련된 여러
• …… 문제나 사건에 관한 체계적인 지식을 필요로 한다. 제1장에서는 발달심리학이 어떤
• …… 학문인지를 이해하기 위해 전생애 발달의 기초가 되는 여러 문제들을 설명하고 발
• …… 달적 변화를 연구하는 방법과 발달에 관한 다양한 조망들을 함께 설명한다.

I 발달심리학과 관련된 문제

1. 발달의 개념과 전생애 발달

발달(development)이란 임신부터 사망 사이에 일어나는 일련의 체계적 변화로 정의된다. 체계적(systematic)이라는 의미는 그것이 질서정연하게 일어난다는 것을 뜻하므로 일시적인 기분에 따른 변화나 무작위적 사건들은 제외된다.

정자와 난자의 결합에서 시작하여 사망으로 끝이 나는 일생 동안 인간은 많은 발달적 변화를 경험한다. 그것은 연령증가와 함께 나타나는 신체적 변화

일 수도 있고 심리적 변화일 수도 있으며, 상승적 변화를 의미하기도 하고 감퇴적 변화를 의미하기도 한다. 또한 그것은 양적 변화일 수도 있고 질적 변화일 수도 있다.

일생 동안의 발달적 변화를 연구하는 학문분야인 전생애 발달심리학(life-span developmental psychology)은 우리의 신체변화는 물론 성격, 사고방식, 감정, 행동, 대인관계 및 우리 삶의 상이한 시기에 우리가 수행하는 역할에서의 변화를 연구한다. 인간은 일생 동안 성장과 발달 그리고 쇠퇴의 과정을 거쳐가면서 변화를 거듭하므로 변화는 전생애 발달심리학의 중심적 주제이다.

발달과 관련된 개념으로 성장(growth)과 성숙(maturation)이라는 개념이 있다. 일생 동안 인간이 경험하는 발달적 변화는 신체적 변화와 심리적 변화로 구분될 수 있지만, 성장은 신체변화 중 신체의 크기나 근육의 세기 등에서 나타나는 양적 증가에만 국한해서 사용된다. 그러나 성숙은 내적, 유전적 메커니즘에 의해 출현되는 신체적, 심리적 변화를 의미한다. 인간의 발달은 유전(heredity)과 함께 환경(environment)의 영향을 받지만, 성숙은 부모로부터 받은 유전인자가 지니고 있는 정보에 의해서만 일어나는 변화에 국한한다. 성숙현상의 예로서 태아의 발달이나 영구치의 돌출, 사춘기의 2차적 성특징의 출연 및 폐경기의 도래 등이 있다.

2. 발달연구의 학문적 확대

Paul B. Baltes

발달연구의 초기에는 임신부터 아동기까지나 청년기까지의 변화·발달에만 관심을 가지고 연구하였으나, 점차 관심 갖는 연령범위가 확대되기 시작하였다. 평균수명의 증가로 성인인구가 증가하고 청년기 이후에도 중요한 변화들이 일어난다는 인식이 확산됨에 따라 아동발달이나 청년발달은 물론 성인발달과 최근에는 노화에 관한 연구도 활발히 이루어지고 있다.

독일의 발테스(Baltes: 1939-2006)는 다음과 같은 몇 가지 가정을 전제로 전생애적 조망에서 개인의 발달을 연구해야 한다고 강조하였다.

① 발달은 임신에서부터 노년기까지 매 단계에서 일어난다.

발달은 이제 더 이상 청년기까지의 문제가 아니며 성인초기나 중기의 성인은 물론 성인후기의 노인도 발달하는 개인임이 분명하다.

② 발달은 역사적 맥락 내에서 이해되어야 한다.

발달은 그것이 이루어지는 특정한 시대의 사회적 변화에 의해 영향을 받기 때문에 우리의 발달은 과거 시대의 사람들의 발달과 다를 수밖에 없다. 미국의 대공황시대(1930년대)에 성장기를 보낸 일부의 아동들은 일관성 없고 애정적이지 못한 훈육을 경험함으로써 아동기 동안 많은 행동문제를 나타내었고 청년기 동안에는 저조한 학업수행을 그리고 성인기에서는 안정되지 못한 직업을 선택하고 불안정한 결혼생활을 하는 경향이 있었다. 대조적으로 스마트폰의 사용과 남녀평등사상 및 여성취업의 보편화, 유럽의 경제위기, 미국과 유럽을 포함한 여러 나라와의 FTA 체결, 무상급식, 무상보육 등으로 특징되는 우리 시대의 발달은 또 다른 방향으로 이루어질 것으로 예상해 볼 수 있다.

③ 발달은 중다의 방향으로 이루어진다.

발달은 전생애를 통하여 체계적 획득과 체계적 상실로 경험된다. 그러나 연령증가와 함께 개인차가 커짐으로 인해 발달은 각기 다른 방향으로 진행될 수 있다. 각 개인은 연령이 증가함에 따라 점점 상이한 발달경로를 따라가게 되므로 인생초기와 비교하여 큰 개인차를 나타낸다.

한 예를 들어 보자. 신생아의 발바닥을 예리한 물체로 살짝 찌르면 모든 아기들이 발가락을 부채살처럼 펴는 바빈스키반사(babinski reflex)를 나타낸다. 그러나 20년이 지난 후 동일한 방식으로 다시 발바닥을 자극하면 개인의 반응은 킥킥 웃기나 심호흡 혹은 발로차기 등 여러 가지 형태로 나타날 것이다. 각 개인은 여러 해 동안 그의 독특한 발달경로를 따라 성장해 왔으므로 70대 노인의 반응은 20대 젊은이들의 그것보다 더 다양할 것으로 짐작할 수 있다.

④ 발달은 그림 1-1과 같이 생물학적 요인, 심리적 요인, 사회문화적 요인 즉 생물심리사회적(biopsychosocial) 요인이 인생주기 요인과 상호작용함으로써 이루어진다.

그림 1-1 전생애 동안의 발달은 여러 요인들의 상호작용에 의해 이루어진다

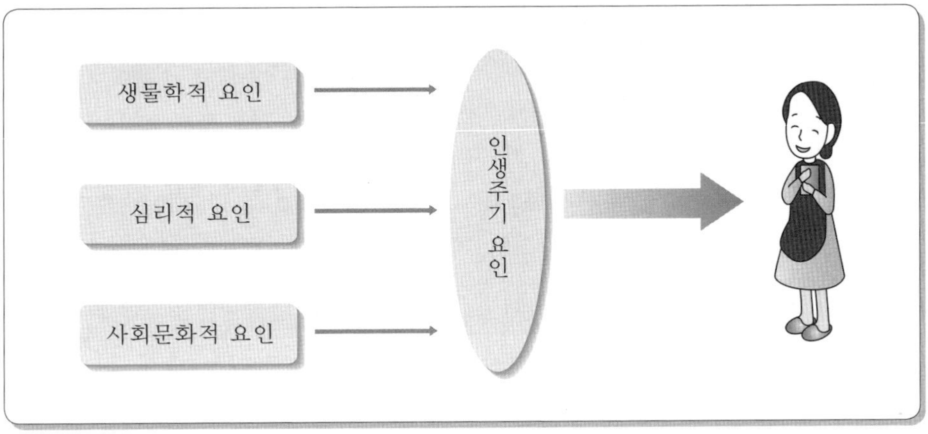

얼마 전까지만 하더라도, 발달은 유전과 환경의 상호작용에 의해 이루어진다고 하였으나 최근에 와서 개인에게 영향을 주는 사회문화적 요인들이 더 다양해지고 사람마다 결혼이나 자녀출산같은 중요한 인생사건들을 경험하는 시기가 달라짐으로써 발달에 영향을 주는 요인들은 세분화될 수밖에 없게 되었다.

그림 1-1에서 생물학적 요인이란 발달에 영향을 주는 유전적, 건강관련 요인들에 해당하고, 심리적 요인은 지각적, 인지적, 정서적, 성격요인들을 그리고 사회문화적 요인들은 대인관계 요인과 사회적, 문화적 및 인종적 요인들을 포함한다. 또한 인생주기 요인이란 특정한 사건을 언제 경험하느냐의 문제이다.

그 예로서 26세에 결혼하고 경제적인 안정을 이룬 다음에 임신한 32세의 여성과 우연한 만남으로 16세에 임신한 여성을 비교해 보자. 임신의 결과는 연령이나 경제상황, 그리고 사회적 지원체계의 정도와 같은 상황요인에 의해 영향을 받기 때문에, 32세 여인에게 임신은 기쁨과 행복을 주지만 16세 소녀에게 임신은 불안과 걱정을 유발할 것이다. 이와 같이 동일한 인생사건도 그것이 언제 일어나느냐에 따라 각기 다른 효과를 일으키므로 인생주기 요인은 생물심리사회적 요인과 상호작용하여 개인의 발달에 영향을 준다.

⑤ 어느 한 시기의 발달은 전생애의 맥락에서 가장 잘 이해될 수 있다.

아직도 많은 발달연구자들이 아동기, 청년기, 혹은 노년기와 같이 특정한

연령집단만을 그들의 전공분야로 선택하고 있으나 각 연령집단은 다른 연령집단과의 관계 내에서만 완전하게 이해될 수 있다. 개인의 발달은 항상 이전의 경험과 연결되기 때문에 성인기의 직업역할은 아동기 동안의 직업의식 형성과 청년기의 직업계획을 이해하고 있을 때만 제대로 설명될 수 있다.

이와 같이 전생애 발달심리학은 중다학문적 성격을 지니고 있으므로 심리학은 물론 인간의 신체성장을 설명하는 생물학, 가족학이나 가족심리학, 개인과 사회의 관계를 이해할 수 있도록 돕는 사회학, 발달에 미치는 문화의 영향을 설명하는 인류학과 역사학 그리고 개인의 심리적 부적응과 관련된 정신의학 등 여러 학문분야의 지식을 필요로 한다. 그 결과 전생애 발달심리학을 이해하려고 노력하는 학자들을 통틀어 발달연구자(developmentalist)라 하고 그들이 연구하는 학문을 발달과학(sciences of development)이라고 부르기도 한다.

3. 발달의 기본문제

인간의 발달을 연구하는 연구자나 이론가들은 물론 일반인들도 자주 일치된 견해를 보이지 않는 세 가지 대표적인 문제들이 있다.

① 선과 악(goodness-badness of human nature)의 문제

인간은 선천적으로 이기적이고 악한 존재인가 아니면 선천적으로 선(善)하고 옳고 그름에 대한 직관적 이해를 가지고 태어나는가? 전자는 토마스 홉스(Thomas Hobbes: 1588−1679)의 주장이고 후자는 루소(Jean-Jacques Rousseau: 1712−1778)의 주장이다. 이와는 달리 존 로크(John Locke: 1632−1704)는 인간은 백지상태(tabulae rasae)로 태어나기 때문에 오로지 경험에 의해 어떤 사람이 될 것인지 결정된다고 주장하였다. 인간에 대한 이러한 상이한 견해들은 각기 다른 발달이론으로 구체화되었고 아동양육을 위한 서로 다른 시사점을 제공하였다.

② 천성과 양육(nature-nurture) 문제

인간의 천성(天性)을 믿는 사람들은 개인의 유전적 구성과 유전자에 의한 보편적인 성숙과정, 진화과정에 걸쳐 구축된 생물학적 경향성 그리고 그 외의

다양한 생물학적 영향에 의해 발달이 이루어진다고 설명한다. 그들은 성숙의 결과로 모든 정상적 아동들이 유사한 시기에 동일한 발달적 이정표를 성취한다고 가정하고, 아동과 성인의 차이는 유전적 구성과 생리적 특성의 차이 때문이라고 설명하며, 성인후기의 기능적 변화도 생물학적 변화에 기초한다고 주장한다.

반대로 양육(養育)을 믿는 사람들은 환경적 영향을 강조한다. 양육은 사회적 환경(예, 학습경험, 아동양육방법, 또래, 사회적 트렌드 그리고 문화적 맥락 등)은 물론 물리적 환경(인구과밀, 환경오염 등)의 결과이다. 양육을 믿는 사람들은 전생애 동안의 개별적 경험의 결과로 사람들은 각기 다른 경로를 따라 발달한다고 주장한다.

③ 연속성–불연속성(continuity-discontinuity) 문제

연속성–불연속성의 문제는 전생애 동안 개인이 경험하는 변화가 점진적, 연속적으로 이루어지는가 아니면 변화가 없다가 갑작스럽게 변화가 교차하는 불연속적 방식으로 일어나는가에 관심을 갖는다.

연속성 이론가들은 발달이 비교적 일정한 속도로 이루어지고 새로운 능력이나 기술이 점차적으로 덧붙여진다고 설명함으로써 발달적 변화는 본질적으로 양적이라고 주장한다. 대조적으로 불연속성 이론가들은 발달적 진보는 새로운 기능수준으로 개인을 이동하게 하는 일련의 단계를 거쳐 이루어진다고 설명하고 발달적 변화는 본질적으로 질적이므로 개인을 기본적으로 다르게 만든다고 가정한다. 그들에 의하면, 각 발달단계는 특정한 능력과 동기, 정서 혹은 행동을 나타내므로 유아는 영아나 청소년 혹은 성인들과는 기본적으로 다른 문제해결방식을 갖는다는 것이다.

Ⅱ 발달단계와 발달과업 및 단계구분의 역사적 변화

1. 발달단계와 발달과업

발달심리학은 변화를 연구하는 학문이므로 변화의 이정표를 바탕으로 단

계를 구분한다. 연령은 가장 보편적인 변화의 이정표로서 연령에 의해 구분되는 발달단계들은 발달적 변화의 내용을 효과적으로 설명할 수 있도록 한다. 전생애를 연령으로 구분하면 크게 아동발달단계, 청년발달단계 그리고 성인발달단계의 세 개의 주된 단계로 구분될 수 있다.

이 세 개의 발달단계는 다시 여러 개의 하위단계로 세분될 수 있으나 연구자에 따라 그리고 관심 갖는 학문영역의 특성에 따라 하위단계를 구분하는 방식에서 차이가 있다. 이 책에서 저자가 구분한 세부적 단계와 그것의 대략적 연령을 제시하면 표 1-1과 같다.

각 발달단계는 그 단계에서 반드시 성취해야 하는 발달과업(developmental task)을 포함한다. 발달과업이란 로버트 허비거스트(Robert Havighurst, 1972)에 의해 제안된 개념으로 개인이 환경에 적응하기 위하여 요구되는 기술이나 능력으로 정의된다. 부모는 매 발달단계에서 발달과업을 성취할 수 있도록 아동을 사회화시키지 않으면 안 된다. 만약 한 단계에서 발달과업의 성취가 만족스럽지 못하면 다음 단계의 발달은 지장을 받게 된다.

표 1-1 발달의 단계

발달단계	대략적 연령범위와 특징	개인에 대한 명칭
태내기	임신부터 출생까지	태아
영아기	출생 후 처음 2년간	영아
아동초기	3세부터 5, 6세까지(2-4세의 걸음마기를 포함하며 어떤 사람들은 이 기간을 학령 전기라고도 부른다)	유아
아동중기	6세부터 12세까지(사춘기 시작 전까지)	아동
청년초기	12, 3세부터 17세까지(중고등학교 청소년들)	청소년
청년후기	18세부터 25세까지(대학생과 대학졸업 후 결혼하기 전까지의 청년들)	청년
성인초기	26세부터 45세까지	성인
성인중기	46세부터 65세까지	성인
성인후기	66세부터 85세까지	노인
성인후기의 후기	86세 이후	노인

여기서 사회화(socialization)란 각 개인이 그가 속한 사회에 어울려 살아갈 수 있도록 그 사회의 신념, 가치 및 행동을 획득하는 과정이다. 사회는 아동을 사회화함으로써 아동의 바람직하지 못한 행동을 통제하고 효과적으로 기능할 수 있도록 준비시키며 더 나아가 문화적 전통이 미래 세대에까지 지속될 수 있도록 한다.

일반적으로 부모는 먹고 배설하고 잠자는 행동과 같은 생물학적 행동까지도 그 사회에서 바람직하다고 생각되는 방식으로 사회화한다. 부모와 같이 아동의 사회화를 담당하는 사람을 사회화 대리인(agents of socialization)이라고 한다. 그러나 아동의 성장과 함께 사회화 대리인은 부모에서 학교, 종교단체, 또래, 타인이나 기관들로 확대된다.

2. 발달단계 구분의 역사적 변화

모든 인간은 역사적 맥락 내에서 발달한다. 오늘날의 개인들은 과거 시대의 개인들과 매우 다르고 그들이 처해 있는 발달단계도 과거와는 다른 의미로 해석된다. 발달연구의 초기에는 전생애를 여러 개의 단계로 구분하지도 않았고 심지어 아동과 성인도 서로 다른 발달단계에 처해 있다고 생각하지 않았다.

1) 아동기의 구분

아동기가 성인기와 구분되는 하나의 발달단계로 인식된 것은 그렇게 오래된 일이 아니다. 17세기 시작 전까지 아동기에 대한 개념은 존재하지 않았다.

까마득히 오랜 옛날인 B.C. 9세기의 스파르타 도시국가의 아동들을 상상해 보자. 남자 아기가 태어나면 성인 검사관이 신생아의 건강 여부를 체크하고 아기가 건강하지 않다고 판단되면 곧 바로 황야에 내다버린다. 그러나 건강하다고 판단된 신생아들에게는 군사국가에 봉사할 수 있도록 하기 위해 엄격한 양육과 훈육이 실시된다. 이미 영아기에 냉수 목욕이 실시되고 우리 사회의 아동들이 초등학교에 입학할 무렵이면, 남아들은 집을 떠나 군부대에서 생활한다. 자주 매질을 당하는 것은 물론 영예로운 스파르타의 전사가 되기 위해 음식물을 먹지 않고 여러 날을 보내기도 한다.

모든 고대국가들이 스파르타만큼 아동을 거칠게 다루지는 않았지만, 아동은 가정의 소중한 존재가 아니었다. 12세기까지 영아살해는 일반적인 살인과 같은 범죄행위로 인식되지 않았으며 아동에 대한 매질은 여전히 계속되었다. 현재 우리가 아동학대라고 생각하는 정도의 훈육은 보편적이었고 아동들은 빠르게 성장하도록 기대되었다.

중세 유럽에서는 아동 스스로 음식물을 먹고 옷을 입고 목욕할 수 있을 때까지만 아동을 돌보았다. 6세경에 이르면, 아동은 성인과 같은 옷을 입고 성인과 함께 일하며 성인과 같이 성행위나 사회활동을 할 수 있는 존재였다. 아동은 성인과 구별되지 않았기 때문에, 10세에 물건을 훔친 아동이 교수형을 당했다는 보고도 있다.

17세기에 들어와서 아동은 여전히 가족의 경제적 소유물이기는 하였지만, 훌륭한 근로자가 될 수 있도록 도덕적, 종교적 교육과 읽기, 쓰기와 같은 기술을 배워야 하는 순진한 존재로 인식되기 시작하였다. 아동에 대한 매질은 점차 감소되었고 19세기 후반에 홀(G. Stanley Hall, 1891)이 "아동의 마음내용"(Contents of Childrens's Minds)이라는 제목의 논문을 발표함으로써 아동을 온정과 애정으로 양육해야 한다는 생각이 확산되기 시작하였다. 그러나 20세기 이전까지도 부모와 사회가 아동을 돌보고 보살피는 것이 아니라 아동이 부모와 사회에 봉사해야 한다고 생각되었다.

2) 청년기의 발견

청년기는 19세기 말까지 독립적인 발달단계로 구분되지 않았다. 영국의 산업혁명 이후 급속한 산업의 발달은 값싼 아동 노동력을 필요로 하였으므로 그때까지 농장에서 일하던 아동들은 공장으로 이동하게 되었다. 19세기 후반에 이르러 이민자들이 미대륙으로 유입됨으로써 미국 사회의 노동력 부족이 해소되었다.

이제 필요한 것은 교육받은 노동력이었으므로 미국 법률은 아동노동을 제한하고 의무교육제도를 확립하였다. 청소년으로 성장한 아동들은 성인세계와는 분리되어 학교에서 낮시간을 보내고 또래들과 더 많은 시간을 보내게 됨으로써 소위 또래문화(peer culture)가 출현하였다.

청소년의 경험은 20세기 동안 계속해서 변화하였다. 제2차 세계대전 후에 많은 수의 젊은이들이 대학교에 진학하고 또 다시 대학원에 진학하기 시작함에 따라 성인세계로 들어갈 수 있는 시기는 점점 더 늦어지게 되었다.

3) 변화하는 성인기

성인기는 평균수명이 증가함으로써 분리된 발달단계로서, 20세기 이전까지는 존재하지도 않았다. 19세기 말 미국 신생아의 평균기대여명(average life expectancy)은 47세에 지나지 않았으나 미국은 현재 65세 이상의 노인인구가 전체 인구의 14% 이상을 차지하는 고령사회가 되었다. 유사하게 2013년 한국 신생아의 기대여명은 남자 77.70세 그리고 여자 84.50세로서(통계청, 2013) 노인문제를 심각하게 걱정해야 하는 시점에 와 있다.

기대여명의 증가는 중년기(middle age)라고 부르는 새로운 인생단계를 생성하였고 자녀가 가정을 떠난 후의 기간인 텅빈 보금자리 시기(empty nest period)를 출현하게 하였다. 과거보다 더 적은 수의 자녀를 출산하는 오늘날의 중년 성인들은 상당히 오랜 기간을 자녀 없이 부부 두 사람만의 생활을 영위한다. 또한 평균수명의 증가로 65세 이후의 성인후기 인구가 증가하는 것은 물론 85세 이후의 성인후기의 후기가 새로운 발달단계로 첨가됨으로써 100세인(centenarian)에 대한 연구도 활발해지고 있다.

역사적 시기에 따라 연령을 바라보는 방식이 다른 것과 동일하게 문화에 따라서도 전생애를 바라보는 방식에는 차이가 있다. 우리 사회를 포함하여 대부분의 서구사회들은 전생애를 임신부터 사망까지의 직선적 개념으로 이해한다. 그러나 인도문화에서는 인생을 순환하는 것으로 가정한다. 즉 개인의 전생애는 원으로 묘사되고 사망한 사람들은 다시 태어남으로써 재순환한다고 인식된다.

각 문화가 다양한 연령집단에 할당하는 지위와 역할도 또한 달라진다. 한 에스키모 부족은 전생애를 단지 소년과 남성 혹은 소녀와 여성으로만 구분하며, 동아프리카의 아루샤(Arusha) 부족은 남성만을 젊은이, 어린 전사, 고참 전사, 젊은 노인, 고참 노인 및 은퇴한 노인 등 6단계로 세분함으로써 문화에 따른 차이를 나타낸다. 이와 같이 지구상의 모든 사회는 권위와 책임을 할당하는 기초로서 연령을 사용하고 있지만, 그것의 의미는 사회나 문화에 따라 달라진다.

Ⅲ 발달심리학의 연구방법

심리학자들은 발달에 관한 자료를 수집하기 위하여 과학적 방법을 사용한다. 과학적 방법은 다음과 같은 네 개의 단계를 포함한다.

① 해결해야 할 문제를 확인하기
② 명제의 형태로 가설을 설정하기
③ 명제의 진위를 결정하기 위하여 가설을 검증하기
④ 결론을 도출하고 관찰된 자료나 사실을 설명하는 이론의 형태로 결론을 진술하기

이와 같은 절차를 거쳐 이루어지는 발달연구는 크게 양적 연구와 질적 연구로 구분될 수 있다. 20세기 중반 이후로 통계적 분석법을 사용한 연구들이 주류를 이루면서 양적 연구는 발달심리학의 연구를 지배하다시피 하였다. 그러나 통계적 추론의 한계에 대한 인식이 확산되기 시작하면서 근래에 질적 연구에 관심을 갖는 연구자들이 점차 증가하고 있다.

원래 질적 연구는 통계적인 양적 분석방법이 초보적인 수준에 머물러 있었던 1930년대 이전에 많이 사용된 연구방법이다. 발달에 관한 대표적인 질적 연구자인 피아제(Piaget, 1952)는 자신의 세 딸을 대상으로 자연관찰법과 비구조화된 면접법을 사용하여 독창적인 인지발달이론을 구축한 사람이다. 국내에서도 양적 연구와 질적 연구를 병행하는 것이 보다 효과적인 발달 연구방법이라는 인식이 보편화되고 있다.

1. 양적 연구

양적 연구(quantitative studies)란 발달을 설명하기 위하여 표준화된 검사나 질문지, 체크리스트를 사용하고 체계적 혹은 자연적 관찰을 실시하여 결과를 수량화하며 통계적 유의성을 바탕으로 그 결과를 해석하는 연구방법이다. 발달에 관한 양적 연구는 독특한 설계법을 필요로 하지만, 실험연구와 상관연구

를 수행한다는 점에서는 심리학의 다른 분야와 동일하다.

1) 양적 연구의 설계법

발달연구는 연령증가에 따른 성장과 쇠퇴에 관심을 갖기 때문에 연령변인의 조작이 중요한 문제이다. 연령변인의 조작방식에 따라 구분될 수 있는 기본적인 설계법에는 종단적 설계법, 횡단적 설계법 그리고 샤이(Schaie, 1965)의 계열설계법이 있다.

(1) 종단적 설계법

종단적 설계법(longitudinal design 혹은 approach)은 동일한 연구대상자를 오랜 기간 동안 반복적으로 관찰함으로써 연령에 따른 변화를 연구한다. 아동의 의존행동을 종단적 설계법으로 연구한다면, 2세 아동 30명을 연구대상자로 선정한 다음, 그들이 2세, 5세 그리고 8세가 되었을 때 그들의 의존행동을 관찰한다.

따라서 종단적 설계법은 동일한 2세의 아동이 8세가 될 때까지 기다려야 하기 때문에 6년의 연구기간이 소요된다. 그 결과 많은 시간과 비용이 요구되며 연구기간이 길어질수록 연구대상자 손실이 커지는 단점을 지니고 있다. 그럼에도 불구하고 종단적 설계법은 시간경과에 따른 개인의 성장과 행동특성의 변화양상을 밝혀 낼 수 있는 장점이 있다. 종단적 연구로써 2세에 지극히 의존적이었던 아동은 8세에 이르면 대부분의 다른 아동들보다 더 의존적인 아동이 된다는 것을 말해 줄 수 있으므로 종단적 설계는 연령변화의 효과를 규명할 수 있는 효과적인 연구방법이다.

(2) 횡단적 설계법

횡단적 설계법(cross-sectional design 혹은 approach)은 많은 시간과 비용을 요하는 종단적 설계법의 단점을 보완하기 위해 고안된 설계법으로 각기 다른 연령의 서로 다른 개인을 대상으로 동일한 시기에 연구하는 설계법이다. 즉, 아동과 성인, 영아와 청소년, 성인과 노인 등 각 집단을 서로 비교함으로써 세대 간의 차이를 연구한다.

예를 들면 2세부터 8세까지의 아동을 대상으로 부모 부재시의 의존행동을 연구한다고 하면, 2세 집단, 5세 집단 그리고 8세 집단의 아동들을 각각 30명씩 선정하여 유아원이나 학교에서의 행동을 관찰한다. 횡단적 설계법은 동시에 여러 연령층을 연구할 수 있기 때문에 시간과 비용이 적게 들기는 하지만, 분명한 개인차나 연령에 따른 변화를 밝혀 내기 어려우며 단지 연령집단간의 차이를 추출해 낼 수 있을 뿐이다.

(3) 샤이의 계열설계법

일명 단기종단적 설계법(short-term longitudinal design)이라고도 불리는 계열설계법(sequential design)은 횡단적 설계법과 종단적 설계법의 장점을 이용하고 단점을 최소화하기 위하여 샤이(K. W. Schaie, 1965)에 의해 개발되었다. 앞의 의존성 연구를 계열설계법으로 연구하면, 먼저 2세 아동과 5세 아동을 연구대상자로 선정하여 그들의 의존성을 관찰한 다음, 3년 후에 그들이 5세와 8세가 되었을 때 재검사를 실시한다. 두 개의 연령집단을 동시에 연구하고 3년 후에 다시 재검사를 실시하였기 때문에 횡단연구와 종단연구가 혼합되어 있다.

계열설계법의 장점은 종단적 설계법에서 소요되는 기간의 절반 정도밖에 요구하지 않으며 출생동시집단효과(cohort effect)를 찾아낼 수 있다는 것이다. 출생동시집단효과란 동일한 시기나 한정된 범위의 시기에 함께 태어난 사람들이 서로 공유하는 독특한 특성 때문에 출생시기가 다른 사람들 사이에서 나타나는 차이를 의미한다. 출생동시집단효과의 존재는 정확한 연령효과를 찾아내는 것을 어렵게 한다.

그 예로서 현재의 5세 아동은 3년 전의 5세 아동과 연령상으로는 동일하지만 생활주기가 다르고 역사적 사건도 다른 환경에서 성장하였다. 예를 들어 아동의 의존성 연구가 진행되는 동안 분만절차가 급진적으로 변화되었다고 하자. 이 새로운 절차가 부모의 자녀에 대한 행동에 장기적 영향을 줄 수 있다고 인정된다면, 3년 전에 연구대상이었던 5세 아동은 새로운 분만기법이 소개되기 이전에 출생한 반면, 현재의 5세 아동은 새로운 분만절차에 의해 출생하였기 때문에 각기 다른 특성을 지닐 것으로 생각된다.

만약 출산방법이 아동의 의존행동에 결정적 영향을 준다면 두 집단의 5세

그림 1-2 계열설계법의 출생동시집단효과

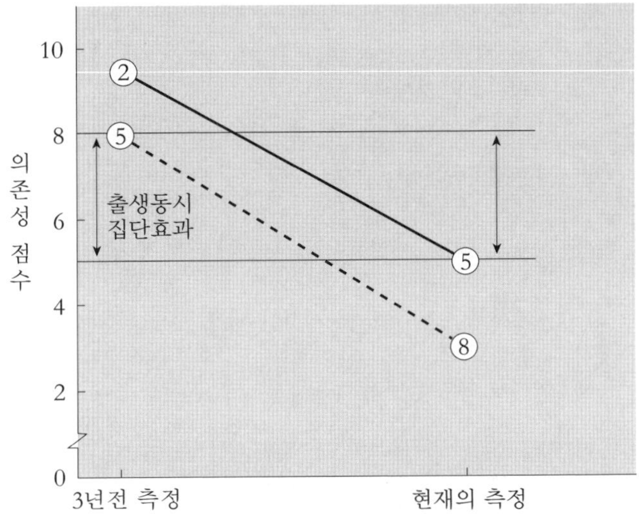

아동의 의존행동간에는 차이가 있을 것이다. 따라서 2세와 5세의 차이, 혹은 5세와 8세의 차이는 그림 1 - 2와 같이 출생동시집단효과에 기인된 것이다.

세 가지 접근법의 절차와 연구결과, 장점 및 단점을 요약하면 표 1-2와 같다.

2) 양적 연구의 유형

(1) 실험연구

실험연구(experimental studies)는 연구자의 목적에 따라 관련변인들을 체계적으로 조작하고 통제할 수 있는 연구방법으로 발달에 영향을 미치는 변인들 사이의 인과관계(causality)를 규명하려고 하는 연구방법이다. 실험연구를 통하여 특정한 행동의 원인과 결과가 확인될 수 있으므로 실험법은 발달을 설명할 수 있는 유용한 도구이다. 실험연구에서 연구자가 조작하는 변인을 독립변인(independent variable)이라고 하고, 독립변인에 의해 영향을 받는 변인을 종속변인(dependent variable)이라고 한다.

예를 들어 TV의 친사회적 행동장면을 시청하는 것이 아동의 행동에 어떤

표 1-2 종단적 설계법, 횡단적 설계법 및 계열설계법의 요약

	종단적 설계법	횡단적 설계법	계열설계법
절차	• 하나의 연령집단을 반복적으로 관찰한다.	• 한 시점에서 서로 다른 연령의 사람들을 동시에 관찰한다.	• 횡단적 설계법과 종단적 설계법의 결합: 서로 다른 출생동시집단을 관찰한다.
연구결과	• 연령변화를 기술한다.	• 연령차이를 기술한다.	• 연령차이와 연령변화를 모두 기술한다.
장점	• 시간경과에 따른 개인의 변화 방식이 실제로 얼마나 유사하고 다른지를 나타낸다. • 이전의 행동이나 경험과 이후의 행동 사이의 연결을 보여 줄 수 있다.	• 행동에서의 연령차이를 나타낸다. 발달경향을 암시한다. • 연구를 수행하는 데 시간이 거의 걸리지 않는다. • 비용이 적게 든다.	• 연령, 출생동시집단, 측정시기의 효과를 분리해 낼 수 있다. • 하나의 세대나 출생동시집단에 의해 경험되는 발달적 변화가 다른 출생동시집단에 의해 경험되는 것과 유사한지 아닌지를 나타낸다.
단점	• 연령변화는 진정한 발달적 경향이기보다는 연구가 수행되는 동안의 역사적 효과(측정시기의 효과)를 반영할 수 있다. • 시간과 비용이 비교적 많이 든다. • 고안된 척도는 후에 부적합한 것으로 판명될 수 있다. • 연구대상자들이 탈락한다. • 반복되는 검사에 의해 연구 대상자들이 영향을 받을 수 있다.	• 연령차이는 진정한 발달적 변화가 아니며 출생동시집단간의 차이를 반영할 뿐이다. • 시간경과에 따른 개인적 변화에 관한 정보를 제공해 주지 않는다.	• 가장 많은 장점을 지니고 있음에도 불구하고 때로 복잡하고 시간이 많이 걸리는 단점이 있다. • 발달적 변화가 일반화될 수 있는지 아닌지에 대한 의문은 여전히 남는다.

영향을 주는지를 실험법으로 연구한다면, 연구자는 TV의 친사회적 장면을 시청한 아동과 시청하지 않은 아동의 친사회적 행동을 비교하면 된다. 이때 TV 시청 유무는 독립변인이 되고 아동의 친사회적 행동은 종속변인에 해당한다. 연구자는 TV시청이라는 특정의 조건이나 처치(treatment)를 준 집단(실험집단)과 처치를 주지 않은 집단(통제집단)을 비교함으로써 처치의 효과를 밝히려고 한다. 만약 TV의 친사회적 장면을 시청한 아동이 시청하지 않은 아동보다 친사회적 행동을 더 많이 한다면, TV시청이 친사회적 행동을 촉진시킬 수 있는 유용한 도구라고 말할 수 있다.

효과적인 실험이 이루어지기 위해서는 독립변인인 TV시청만이 아동의 친

사회적 행동에 영향을 줄 수 있어야 한다. 실험기간 중에 부모가 가난한 사람에게 도움을 주는 것을 목격하거나 부모와 함께 가난한 사람을 돕는 프로그램에 참여하였다면, 아동의 친사회적 행동은 TV시청에만 기인되었다고 말할 수 없다. 잘 설계된 실험일수록 실험에 영향을 줄 수 있는 독립변인 이외의 변인들 즉, 가외변인들(extraneous variables)은 엄격하게 통제된다.

실험은 실험실에서, 현장에서 혹은 연구대상자의 매일의 경험의 일부로서 수행될 수 있다. 현장에서 이루어지는 실험을 현장실험(field experiment)이라고 하고 매일의 경험의 일부로서 수행되는 실험을 자연적 실험(natural experiment)이라고 한다. 그러나 실험은 상황에 대한 높은 수준의 통제가 가능한 실험실에서 가장 효과적으로 수행될 수 있다.

(2) 상관연구

상관연구(correlational study)는 주로 지필검사지를 사용하여 수집된 자료를 바탕으로 변인들 사이의 관련정도를 연구한다. 상관이 있다는 것은 변인들 사이에 관련성이 있다는 것을 의미한다. 상관은 통계적으로 −1.0에서 +1.0 사이를 나타낸다. −1.0은 한 변인이 증가하면 다른 변인은 감소하는 완전한 부적 상관을 나타내는 반면, +1.0은 한 변인이 증가하면 다른 한 변인도 증가하는 완전한 정적 상관을 보여 준다. 상관계수는 r값으로 표현되며 r값이 0이라는 의미는 상관이 전혀 없다 혹은 아무런 관계도 없다는 것을 뜻한다.

상관은 중요한 개념이기는 하지만, 인과관계를 제시하지는 못한다. 다시 말하면 A와 B가 서로 관련되어 있다는 것은 A가 B의 원인이라거나 B가 A의 원인이라는 것을 의미하지 않는다. 그 예로서 심리학자들은 결손가정과 청소년 비행이 서로 상관되어 있다고 말하지만, 두 변인은 서로 관련되어 있을 뿐 그것들 사이의 인과관계에 대해서는 아무것도 알려 주지 못한다.

2. 질적 연구

질적 연구(qualitative studies)는 자료에 대한 전체적 접근을 중요시하고 의미와 맥락의 중요성을 강조한다. 개인이 맥락 내에 있을 때, 장점과 단점을 포함하는 개인의 특성이 가장 잘 드러날 수 있기 때문에, 질적 연구자들은 맥락 내에 있는 인간을 기술하려고 한다. 이를 위해 질적 연구자들은 비구조화된 면접이나 자연적으로 발생하는 행동을 관찰하여 기록하고 이것을 이야기식으로 기술함으로써 맥락 내에 있는 인간을 효과적으로 연구한다.

질적 연구자들이 결과를 이야기식으로 기술한다고 해서 연구방법의 객관성이나 정확성을 중요시하지 않는다는 것은 아니다. 그들은 양적 연구에서 사용하는 수량화 방법이 오히려 인간의 전체적 이해를 저해한다고 주장한다. 발달연구자로서 게젤(Gesell)과 피아제(Piaget)는 개별적 아동을 연구하기 위하여 관찰기법과 면접법을 병행한 대표적인 질적 연구자들이다. 여기서는 대표적인 질적 연구에 해당하는 사례연구를 설명한다.

1) 사례연구

사례연구(case studies)에서의 사례는 연구대상이 되는 개인이나 집단을 의미한다. 원래 의학에서는 육체적 혹은 정신적으로 질병을 앓는 개인을 지칭하였으나 발달심리학 연구에서는 연구자가 관심을 갖는 대상을 의미한다. 사례연구의 시작은 사례역사(case history)의 수집으로 이루어진다.

사례역사란 정신의학에서는 환자의 현재와 과거의 질병역사를 의미하나 발달심리학 분야에서는 병리적이 아니기 때문에 생활역사(life history)와 동의어

Arnold Gesell

Jean Piaget

로 사용된다. 개인의 가족배경, 사회경제적 지위, 교육정도와 직업역사, 건강기록, 유의미한 생활사건 및 심리검사의 수행결과 등이 전형적인 사례역사를 구성한다.

면접과 자연관찰 방법을 통해 주로 수행되는 사례연구는 특정한 개인의 발달에 대한 광범위한 정보를 제공하기 때문에 개인에 대한 전체적 이해를 가능하게 하므로 발달연구에서 많이 활용해야 하는 연구방법이기도 하다. 일찍이 19세기의 유아전기(baby biography)는 사례연구의 한 유형에 해당하며, 피아제나 프로이트 모두 탁월한 사례연구자들이다.

정신의학 분야에서 사용되기 시작한 사례연구는 근래에 와서는 의학은 물론 법학, 경영학 및 발달심리학과 교육학에서 광범위하게 활용되고 있다. 그러나 사례연구는 소수의 아동이나 개인으로부터 얻은 자료를 바탕으로 하기 때문에 발달의 일반적 경향을 추론하기에는 어려움이 있다.

2) 사례연구에서의 자료수집 방법

자연관찰법과 면접법은 양적 연구에서도 많이 사용되지만, 질적 연구의 주된 자료수집 방법이기 때문에 여기서 설명한다.

(1) 자연관찰법

관찰은 아동연구를 위한 가장 오래 되고 자주 활용되는 연구방법이다. 아동은 관찰자의 존재에 크게 신경을 쓰지 않고 자연스럽게 행동할 뿐 아니라 부족한 언어능력은 지필검사의 사용을 불가능하게 하므로 아동연구에서 자주 사용된다.

관찰은 관찰장면에 가해지는 통제의 정도에 따라 자연관찰(naturalistic observation)과 통제관찰(controlled observation)로 구분된다. 자연관찰은 있는 그대로의 자연상황에서 아무런 제한 없이, 관찰장면에서 일어나는 현상을 관찰하기 때문에 사례연구를 위한 중요한 자료수집 방법이다.

대조적으로 관찰장면에 통제가 가해지는 통제관찰은 두 가지 의미로 사용된다. 우선 통제관찰은 자연관찰의 문제점을 보완하기 위한 관찰로서 관찰할 행동과 시간을 미리 정하고 거기에 한정하여 관찰하는 것을 의미한다. 물론 관찰대상아동의 행동을 통제한다는 의미는 결코 아니다. 통제관찰의 또 다른 의미는 실험적 조작이 가해진 관찰을 의미하며 연구자가 환경조건을 의도적으로 설정하고 그 조건하에서 행동을 관찰하며 자주 구조화된 관찰로 명명된다. 구조화된 관찰은 실험실 상황에서 이루어지기 때문에 실험연구로 불리어진다.

관찰연구는 왜 그와 같은 행동이 일어났는지를 설명하지는 못하지만, 실제 생활장면에서 나타나는 다양한 발달적 현상에 대해 풍부한 정보를 제공해 주기 때문에 질적 연구를 위한 유용한 자료수집 방법으로 평가된다.

(2) 면 접 법

면접(interview)은 면접자와 면접대상자가 1 대 1로 만나 사전에 결정된 질문을 바탕으로 면접대상자의 반응을 이끌어내는 자료수집 방법이다. 면 대 면의 방식으로 이루어지기 때문에 보충질문이 가능하므로 자세한 개인적인 정보를 얻을 수 있는 장점이 있다. 동시에 면접은 면접대상자의 정서와 감정 그리고 태도를 파악할 수 있고 면접자의 의도에 따라 광범위한 주제에 대한 정보를 수집할 수 있는 자료수집 방법이기도 하다.

그러나 면접은 많은 시간과 비용을 요구하고 전집을 가장 잘 대표할 수 있는 표집을 선정할 수 없으며 제한된 수의 연구대상자들을 포함할 수밖에 없다는 문제점이 있다. 여기에 덧붙여 면접자의 편견에 의해 면접대상자의 반응이 왜곡될 수 있으므로 면접자의 자질이 매우 중요하다.

면접의 성공 여부는 면접자가 면접대상자와 라포(rapport)를 형성하고 자기노출(self-disclosure)을 격려하는 능력에 달려 있다. 훈련을 많이 받은 면접자일수록 더 정확한 자료를 수집할 수 있으므로 면접이 실시되기 전에 면접자에 대한 체계적 훈련이 선행되어야 한다.

또한 성인을 대상으로 하는 연구에서는 면접자의 연령이 중요하다. 50대의 성인을 대상으로 면접을 한다면, 20대의 면접자와 50대의 면접자는 각기 다른 결과를 얻게 될지도 모른다. 그 이유는 20대의 면접자는 노화에 대한 부정적 견해를 지니고 있을 수 있는 반면, 50대의 면접자는 자신과 동일한 연령의 연구대상자들에게 동정심을 갖거나 노화에 대해 보다 긍정적 태도를 지닐 수 있기 때문이다.

Ⅳ 발달에 관한 이론적 조망

발달의 원리를 설명하는 방식은 발달적 변화를 바라보는 조망에 따라 달라진다. 여기서는 전생애 동안의 발달을 설명하기 위하여 자주 논의되고 수용되는 이론적 조망으로 정신분석적 조망, 학습이론적 조망, 인지적 조망, 동물행동학적 조망 및 역동적 체계조망을 설명한다. 물론 이와 같은 다양한 이론적 조망에도 불구하고, 실제로 개인은 이러한 모든 이론적 조망들의 통합으로서 인생을 경험한다. 인간이 일생동안 경험하는 다양한 삶의 패턴을 설명할 수 있는 하나의 단일적인 통합된 조망은 사실상 존재하지 않는다.

1. 정신분석적 조망

1) 프로이트의 정신분석이론

프로이트(S. Freud: 1856–1939)의 정신분석이론(psychoanalytic theory)은, 많은 사람들의 비판에도 불구하고, 인간의 성격발달과정을 설명하는 유용한 이론으로 평가된다. 프로이트가 가정한 두 개의 심리학적 동기는 성욕과 공격욕으로 모든 행동은 본질적으로 성적 혹은 공격적 충동의 무의식적 표현이라는 것이다. 그는 성욕이나 공격욕과 같은 강하고 원시적인 동기는 무의식(unconsciousness)이라고 불리는 정신영역 속에 자리잡고 있다고 가정하였다.

Sigmund Freud

프로이트에 의하면, 각 개인은 기본적 욕구를 충족시키고 심리적으로 성장하기 위한 한정된 양의 정신에너지(psychic energy)를 지니고 있다. 아동이 성장함에 따라 이 정신에너지는 성격을 구성하는 세 가지 요소인 원초아(id)와 자아(ego) 그리고 초자아(superego)로 분화한다.

출생시에 모든 에너지는 원초아 속에 존재한다. 무의식 속에 자리잡고 있는 원초아는 정신에너지의 일차적 근원으로서 현실의 제한을 받지 않고 쾌락

원리(pleasure principle)에 따라 만족을 추구한다. 반면 자아(ego)는 현실원리(reality principle)에 따라 작용하는 개인의 합리적 측면으로서 원초아의 욕구를 만족시킬 수 있는 현실적 방법을 모색한다. 프로이트에 의하면 자아는 지각, 학습, 문제해결과 같은 중요한 인지기능에 에너지를 부여하기 위하여 영아기 동안 원초아에서 분화되기 시작한다.

한편 원초아나 자아보다 다소 늦게(3 – 6세) 발달되기 시작하는 초자아(superego)는 개인의 내면화된 도덕적 표준으로 양심과 자아이상(ego ideal)으로 구성된다. 그것은 원초아보다는 현실지향적이지만 자아보다는 다소 이상지향적이다. 자아는 초자아를 거역하지 않으면서 원초아의 욕구를 충족시키려고 노력한다.

흥미롭게도 프로이트는 생물학적으로 결정된 분명한 성격발달의 단계가 존재한다고 가정하고, 성적 본능의 에너지인 리비도(libido)의 집중부위에 따라 성격발달의 단계를 구분하였다. 그는 개인의 성격이 인생초기에 대부분 확립되기 때문에 아동초기까지의 어린이를 양육하는 것이 무엇보다도 중요하다고 강조하면서, 심리성적 단계라고 불리는 다음과 같은 다섯 개의 발달단계를 제시하였다.

① **구강기**(oral stage): 0세부터 약 1세까지의 시기로서 구강(입, 입술, 혀)이 성적, 공격적 만족부위가 된다. 영아는 젖을 빠는 행위를 통해 성적 욕구를 충족시킨다.

② **항문기**(anal stage): 1세 이후부터 약 3세까지의 시기이다. 이제 항문이 성적으로 가장 흥분되는 시기로서 배설물을 보유하거나 방출하는 데서 쾌감을 얻는다. 대소변 가리기 훈련을 통하여 처음으로 외부로부터 제한과 통제를 받는 경험을 한다.

③ **남근기**(phallic stage): 약 3세부터 5세까지의 시기로 리비도는 항문에서 성기로 옮겨가게 되므로 성기는 사춘기에 나타나는 호르몬의 변화 없이 고조된 성적 민감성을 나타낸다. 이 시기의 아동은 반대 성의 부모에게 강한 매력을 느끼게 되어 남아는 에디푸스 갈등(Oedipus complex)*

* 에디푸스 갈등(Oedipus complex): 3 – 5세 남아의 어머니에 대한 근친상간적 애정

을 그리고 여아는 엘렉트라 갈등(Electra complex)*을 경험한다.

④ **잠복기**(latent period): 약 7세부터 사춘기 시작 이전까지의 시기로 리비도가 무의식 속에 잠복하게 되어 새로운 의미 있는 갈등이나 충동은 일어나지 않는다.

⑤ **생식기**(genital period): 무의식 속에 억압되었던 성적 에너지가 의식으로 다시 떠올라 오는 시기로 리비도가 이성에게로 향하며 이성에 대한 진정한 사랑을 경험할 수 있다.

2) 에릭슨의 심리사회적 이론

에릭슨(Erik Erikson: 1902–1994)은 프로이트와는 대조적으로 자아의 성장에 관심을 가진 성격심리학자였다. 어떤 사람들은 그를 신프로이트 학파(Neo–Freudian)에 속하는 학자로서 프로이트의 이론을 심리사회적 측면에서 체계적으로 확대하였다고 주장하지만 그의 이론은 근본적인 면에서 프로이트 이론과는 차이가 있다.

Erik Erikson

첫째, 에릭슨은 인간행동의 기초로서 원초아보다는 자아를 더 강조하였다. 그는 자아를 성격의 자율적 구조로 이해하고 인간은 합리적이고 논리적인 존재라고 주장하였다.

둘째, 프로이트는 부모가 아동의 성격발달에 주는 영향에 관심을 가진 반면, 에릭슨은 아동의 자아가 형성되는 심리역사적(psychohistorical) 환경을 중요시하였다. 에릭슨은 인간의 발달을 개인적 욕구와 사회적 기대 사이의 상호작용의 산물로 생각하였기 때문에 자아발달과 사회제도, 가치체계의 양상 그리고 상이한 문화와의 관계를 연구하였다.

셋째, 프로이트가 초기 아동기 경험만을 중요시한 것과는 대조적으로 에릭슨은 인간의 발달은 영아기부터 성인후기까지 일생 동안 계속된다고 주

* 엘렉트라 갈등(Electra complex): 3–5세 여아의 아버지에 대한 근친상간적 애정

장하였다. 에릭슨에 의하면, 각 발달단계마다 해결해야 할 심리사회적 위기(psychosocial crisis)를 지니고 있어 어느 한 단계의 발달도 생략되거나 소홀히 다루어질 수 없다. 여기서 심리사회적 위기란 발달의 각 단계에서 사회환경적 요구에 적응하기 위한 심리적 노력으로서 독특한 사건이라기보다는 일상생활에서 겪게 되는 긴장을 의미한다.

에릭슨은 인간에 대한 낙관론적 견해를 지니고 있었기 때문에 인간은 천성적으로 선하며 적응적, 창조적 힘을 지니고 있는 존재라고 가정하고 후성적 원리(epigenetic principle)에 지배되는 8개의 심리사회적 발달단계를 제시하였다. 발달의 후성적 원리란(epi는 위에, 즉 upon의 뜻이며 genetic은 emergence 즉 출현의 뜻을 지니고 있다), 인생주기의 각 단계는 그 단계가 우세하게 출현되는 최적의 시기가 있고 각 단계는 전 단계의 심리사회적 갈등의 해결과 통합을 토대로 한다는 것이다.

에릭슨이 제시한 여덟 개의 심리사회적 위기는 표 1-3과 같이 긍정적 요소와 부정적 요소를 모두 포함한다. 긍정적 요소는 점차적으로 성장하는 자아 속에 포함되어 보다 건전한 발달을 주도하게 된다. 반대로, 갈등이 계속되거나 처음에 불만스런 양상으로 해결되면 자아발달은 손상을 입고 많은 부정적 요소가 자아 속에 통합된다. 그렇다고 해서 한 단계의 성취나 실패가 영구불변하는 것은 아니지만, 다음 발달단계에서 잘 적응하고 건전한 방식으로 발달하려면 각 위기를 적절하게 해결하지 않으면 안 된다. 에릭슨에 의하면, 매 단계에서의 위기가 어떻게 해결되느냐에 따라 각 개인의 독특한 성격이 형성된다.

2. 학습이론적 조망

학습은 경험에 의해 이루어지는 비교적 영속적인 행동상의 변화로 정의된다. 모든 인간행동은 성숙에 의한 변화를 제외하면 학습과정에 의해 변화한다. 따라서 인간행동 변화의 기본법칙을 밝히는 학습이론적 조망은 인간발달 연구에 큰 도움을 줄 수 있다. 여기서는 전통적 학습이론과 사회학습이론을 간략하게 설명한다.

표 1-3 에릭슨의 심리사회적 발달단계

심리사회적 단계	발달시기	특징적 발달	상응하는 심리성적 단계
1. 기본적 신뢰 대 불신	출생-1세	따뜻하고 반응적인 보살핌에 의해 영아는 세상을 믿을 만하다고 지각함으로써 신뢰감을 형성한다. 반면에 거친 양육이나 위안을 얻기 위한 오랜 기다림은 불신을 초래한다.	구강기
2. 자율성 대 수치와 의심	1-3세	아동은 발달된 지적 능력과 운동기술을 바탕으로 스스로 결정하고 선택하려고 한다. 부모에 의해 합리적인 정도의 자유로운 선택이 허용되면 자율성이 형성될 수 있다.	항문기
3. 선도성 대 죄책감	3-6세	선도성은 환경에 대한 능동적 탐색으로 부모가 아동의 목적과 의도를 지원하면 발달될 수 있다. 그러나 자기통제의 과도한 요구는 죄책감을 유발한다.	남근기
4. 근면성 대 열등감	6-11세	아동이 학교에서 교사나 또래와 함께 일하고 협동하면 근면성이 발달하나 가정과 학교 혹은 또래와의 관계에서 무능력감의 경험은 열등감을 초래한다.	잠복기
5. 정체감 대 정체감 혼란	청년기	내가 누구이고 무엇을 할 수 있는지를 질문하는 청소년들은 스스로 선택한 가치관과 직업적 목표의 설정을 통하여 정체감을 형성한다. 만약 그렇지 못하면 미래의 성인역할에서 혼란을 경험한다.	생식기
6. 친밀성 대 고립	성인초기	성인초기의 젊은이들은 가족 이외의 타인과 친밀한 관계를 형성한다. 타인과 개방적이고 지원적인 관계를 형성하지 못한 성인들은 고립감에 빠진다.	
7. 생산성 대 침체	성인중기	생산성은 다음 세대를 위해 자녀를 양육하고 타인을 돌보며 생산적 일에 몰두함으로써 형성된다. 자신의 에너지를 오로지 자기확대와 자기만족을 위해 사용하는 사람은 이 시기 끝 무렵에 이르면 침체감을 경험한다.	
8. 자아통합 대 절망	성인후기	자신이 살아온 인생을 수용하고 두려움 없이 죽음에 직면할 수 있는 사람들은 자아통합에 이를 수 있다. 그러나 자신의 인생을 실패했다고 생각하는 사람들은 자신과 타인을 원망하고 죽음을 두려워하며 절망에 빠진다.	

1) 전통적 학습이론

전통적 학습이론은 자극과 반응이 결합되는 방식을 중요시한다. 러시아의 생리학자 파브로프(I. P. Pavlov: 1849–1936)는 음식물과 종소리(자극)를 반복적으로 함께 제시함으로써 개가 종소리만 듣고도 침(반응)을 흘리게 된다는 것을 확인하였다. 파브로프의 이러한 조건반사 실험을 아기에게 그대로 적용한 왓슨(John B. Watson)은 큰 소리와 흰쥐(자극)를 아기에게 반복적으로 제시함으로써 아기가 흰쥐를 두려워하도록(반응) 학습시켰다. 큰 소리는 아기에게 공포를 유발하는 무조건 자극이기 때문에 무조건 자극인 큰 소리와 조건 자극인 흰쥐의 결합은 쥐에 대한 공포라는 조건반응을 유발하였다.

무조건 자극과 조건자극의 결합으로 조건반응을 유발하는 고전적 조건형성(classical conditioning)이론으로 일생을 통하여 일어나는 많은 연합학습을 설명할 수 있다. 특정한 상징이 심상이나 정서적 반응 혹은 대상과 짝지어질 때, 그 상징은 새로운 의미를 지니게 된다.

영아기와 아동기 동안의 어떤 유형의 음식에 대한 맛이나 어떤 물질의 느낌에 대한 반응은 성인기까지 계속되는, 조건형성에 의한 학습의 결과이다. 이와 비슷하게 공포반응의 학습도 고전적 조건형성의 결과로 일어난다. 사람들은 거의 익사할 뻔했다든가 혹은 물릴 뻔했거나 아니면 비탈길의 꼭대기에서 떨어질 뻔했던 기억을 상기해 낸다. 특정대상과 공포나 고통의 연합은 이후에 그 대상물에 대한 회피반응을 유도한다. 그러나 고전적 조건형성이론에서의 인간은 자신의 삶에 주도적이고 능동적인 역할을 하지 못하고 오로지 환경에 의해 통제되는 수동적 존재에 지나지 않는다.

자극과 반응이 결합되는 또 다른 방식으로 조작적 조건형성(operant conditioning)이론이 있다. 쏜다이크(E. L. Thorndike)에 의해 제기되고 스키너(B. F. Skinner: 1904–1990)에 의해 체계화된 이 이론은 유기체가 유발한 반응의 결과를 중요시한다. 유기체가 바람직한 반응을 하면 보상(reinforcement)이 주어지고 그 결과 그 행동은 반복될 가능성이 높아진다. 보상은 반응의 반복을 가져오게 하는 자극으로서 학습에 직접적인 영향을 준다.

조작적 조건형성이론에서 하나의 자극이 어떤 행동을 보다 빈번하게 일어

B. F. Skinner

나게 한다면 그 자극은 보상이 될 수 있다. 그 예로서 부모는 앞으로 2주일 동안 밤에 오줌을 싸지 않는다면 새로운 자전거를 사 주겠다고 아동과 약속한다. 그러나 만약 아동이 아기로 남아 있고 싶고 보호받고 싶은 소망의 표현으로 오줌을 싼다면, 자전거를 사준다는 부모의 약속은 오히려 아동의 오줌 싸는 행동을 계속적으로 강화할 수 있다. 왜냐하면 자전거는 아동을 부모로부터 더 멀리 떨어져 나가게 하는 이동성과 거리감을 제공해 주므로 아동은 계속해서 오줌을 싸게 될 것이기 때문이다. 이와 같이 부모는 자신도 모르는 사이에 아동에게 바람직하지 못한 반응을 강화하는 보상을 제공하기도 한다.

전통적인 조작적 조건형성 실험에서, 연구자는 연구대상자가 원하는 반응을 할 때까지 혹은 적어도 부분적인 반응을 할 때까지 기다려야만 한다. 때로 오랜 시간이 지난 후에도 연구자가 원하는 반응은 나타나지 않을 수도 있다. 이때 조형과정이 활용된다. 조형(shaping)이란 목표행동을 몇 가지의 요소로 세분한 다음 원하는 방향의 행동을 할 때마다 선택적으로 강화함으로써 자발적인 반응을 유도하는 조작적 조건형성 방법이다. 조형은 화장실 사용이나 식탁에서의 예절 혹은 소지품 챙기기와 같은 복잡한 행동을 어린 아동에게 가르치려고 할 때 효과적이다.

예를 들면 화장실 사용 훈련시에 부모는 원하는 방향의 행동을 부분적으로 나타낸 아동을 보상함으로써 시작한다. 최초의 보상은 아동이 부모에게 목욕탕에 가야 한다고 말할 때 주어진다. 두 번째 보상은 아동이 목욕탕에 들어갈 때 그리고 세 번째 보상은 아동이 변기에 앉을 때와 같이 점차적으로 화장실 사용에 가까워지는 행동을 보상한다. 결국 전체적인 행동계열(닦기, 물로 씻어내리기, 옷을 바로 입기 등을 포함)이 수행되었을 때에만 보상이 주어진다.

새로운 반응은 매 학습수행에서의 보상의 제시에 의해 급속하게 조건형성 될 수 있다. 그러나 만약 보상이 몇 시행 동안 제시되지 않는다면 수행은 급격히 손상되고 결국 소멸된다. 따라서 시행과 보상간의 시간간격을 변화시킴으로써(부분강화) 소멸에 저항적이도록 강화계획을 수립할 수 있다. 실생활장면에서, 아동이 행동할 때마다 보상이 주어져야 한다면 학습은 대단히 번거로운 과정으로 쉽게 이루어지기 어려울 것이다.

조작적 조건형성의 원리는 초등학교 입학 이전의 아동을 위한 효과적인 학습방법이다. 아동은 만약 어떤 행동이 보상을 받으면 그 행동은 바람직한 것으로, 그리고 처벌을 받으면 그 행동은 바람직하지 않은 것으로 이해한다.

2) 사회학습이론

알버트 반두라(Albert Bandura, 2001)로 대표되는 사회학습이론(social learning theory)은 인간의 행동은 보상이나 처벌의 조작결과로 형성되는 것이 아니라 다른 사람의 행동을 관찰하고 모방한 결과로 이루어진다고 주장한다. 부모가 직접적으로 아동의 모든 행동을 가르친다는 것은 불가능하다. 아동은 다른 사람을 관찰하고 모방한 결과로 많은 것을 학습한다.

Albert Bandura

성인들은 아동 앞에서 그들의 느낌을 표현하고 특정한 태도를 나타내며 과제를 수행하는 동시에 도덕적 가치를 행함으로써 행동의 모델이 된다. 아동의 모델은 부모일 수도 있고 손위의 형제자매, TV의 주인공 혹은 운동경기의 영웅일 수도 있다. 모방대상이 세상에 알려진 유명한 사람일 때 가장 강력한 모델이 된다. 일생의 어떤 시기에서도 관찰이나 모방에 의한 학습은 가능하다.

사회학습이론가들은 사람들이 그들의 지식과 기술을 어떻게 행동으로 전환하는가의 문제에도 관심을 갖는다. 그 대표적인 개념이 반두라(Bandura, 2006)의 자기효능감(self-efficacy)이다. 자기효능감이란 상황이 요구하는 행동을 수행할 수 있다는 확신감으로 개인의 행동 여부를 결정하는 중요한 개념이다. 사람들은 타인의 행동을 무조건 모방하기보다는 성공할 수 있다는 확신이 있을 때 그들의 수행은 증가된다(장휘숙, 1993).

3. 인지적 조망

발달에 대한 인지적 조망은 무엇을 알고 있는 사람으로서의 개인(person as a knower)을 연구한다. 이 조망에서의 개인은 스스로 사고하고 환경에 적응하는, 능동적이고 적극적이며 주도적인 존재이다. 인지라는 개념 속에는 지각이나 기억 혹은 심상은 물론 지식, 지능, 상상력, 창의력, 문제해결력 등의 고등정신기능까지 모두 포함된다.

1) 피아제의 인지발달이론

피아제(Jean Piaget: 1896–1980)의 인지발달에 대한 관심은 최초의 표준화 지능검사를 제작한 알프레드 비네 연구소에서 잠시 일할 때 싹텄다. 지능검사에 대한 아동의 정답보다는 오답에 관심을 가진 피아제는 동일한 연령의 아동들은 유사한 종류의 오답을 말한다는 것을 발견하였다. 그는 오답패턴에서의 연령차이가 지적 성장에서의 발달단계를 반영할 것으로 가정하고 아동이 무엇을 생각하는가보다는 어떻게 생각하는가에 관심을 가졌다.

피아제의 연구는 자신의 어린 세 자녀에 대한 면밀한 관찰로부터 시작되었으나 임상적 면접법(clinical interview)*을 사용하여 더 큰 표본의 아동들을 체계적으로 연구함으로써 구체화되었다. 아동의 마음을 이해하기 위하여 개별적 아동의 추론과정을 추적해야 한다고 생각한 피아제는 게임의 규칙에서부터 공간과 시간의 개념까지 아동의 광범위한 이해를 탐색하였다.

(1) 지능이란 무엇인가

피아제(Jean Piaget, 1950)는 지능을 유기체가 환경에 적응하도록 돕는 기본적인 능력이라고 정의하였다. 유아가 성냥갑을 열기 위해 노력할 때, 아동이 또래들과 캔디를 나누어 먹으려고 할 때 혹은 청소년이 컴퓨터 게임에서 이기

* 임상적 면접법: 융통성 있는 개방형의 질문을 사용하며 연구대상자의 최초의 반응이 다음 질문의 기초가 되는 면접법

기 위하여 애를 쓸 때 우리는 지능이나 적응을 발견한다.

신생아는 환경에 적응할 수 있는 수단을 거의 갖지 못한 채, 오로지 감각기능과 반사기능만을 가지고 세상에 태어난다. 신생아가 지니고 있는 빨기반사나 파악반사는 반복적인 연습을 통하여 기본적인 빨기도식이나 파악도식으로 전환된다. 이 도식들은 계속적으로 분화되고 통합되어 보다 복잡하고 고차적인 도식으로 변화한다. 여기서 도식(schemes)이란 유기체가 외계의 사물을 인지하고 대응하기 위해 사용하는 기본 구조로서 '이해의 틀'이라고 할 수 있으며, 환경과의 접촉을 통하여 형성된다.

피아제에 의하면, 환경에 대한 적응은 동화(assimilation)와 조절(accommodation)의 상보적 과정에 의해 이루어진다. 동화란 외부의 환경을 유기체에 맞도록 적응시키는 과정인 반면, 조절은 환경조건에 유기체 자체를 적응시키는 과정이다. 동화는 아동이 새로운 사상이나 관념을 기존의 도식(schema)에 흡수시키는 과정으로서 새로운 사실은 기존도식의 일부가 된다. 그러나 조절은 새로운 사상에 알맞게 기존의 도식을 변화시키기 때문에 유기체 자체의 변화가 불가피하다.

신생아는 세계를 이해하기 위한 그들의 능동적 노력을 통하여 점진적으로 인지발달을 이루고 환경에 적응할 수 있게 된다. 인간의 지능은 개인과 환경의 끊임없는 상호작용 결과이므로 인지발달이란 곧 환경에 대한 적응능력의 발달을 의미한다.

(2) 지능발달의 과정

정상적인 성장은 동화와 조절 사이에서 빚어진 긴장의 해소과정을 통하여 이루어진다. 긴장이란 새로운 상황에 대한 과거의 반응양식과 새로운 문제에 적응하기 위한 새로운 반응양식 사이에 빚어진 갈등을 의미한다. 지적인 성장은 아동이 새로운 상황에 적응할 때 일어나며, 이러한 적응상태를 평형(equilibrium)이라고 한다.

피아제는 개인의 지적 발달은 질적으로 다른 네 개의 단계를 거쳐서 이루어진다고 주장하였다. 그는 네 개의 발달단계는 환경의 영향과는 상관없이 불변적인 순서로 진행되지만, 각 단계를 거쳐가는 개인의 연령에는 차이가 있다고 주장하였다. 피아제가 제시한 네 개의 인지발달단계를 설명하면 다음과 같다.

① 감각운동기

감각운동기(sensory–motor stage)는 출생부터 약 2세까지의 기간으로 영아는 세계를 탐색하고 이해하기 위하여 그들의 감각과 운동활동을 사용한다. 처음에는 자신은 물론 환경 내의 대상물에 대한 의식이 없었지만, 조금 성장하게 되면 대상과 자기를 구별할 수 있게 된다. 물체를 잡고 목표물을 향해 움직이며 소리와 행동을 모방할 수도 있다. 최초의 반사행동을 바탕으로 도식이 형성되며 유아는 형성된 도식에 의해 환경을 조직하고 보다 적절하게 통제할 수 있게 된다. 이 시기의 끝 무렵에 이르면 심상이나 단어를 사용한 상징적 사고가 가능하고 문제에 대한 해결을 정신적으로 계획할 수 있다.

② 전조작기

약 2세부터 7세까지의 시기에 해당하는 전조작기(pre–operational stage)는 조작기로 발달해 가기 위한 일종의 과도기로서 정신적 표상에 의한 사고가 가능하다. 그들이 사용하는 언어는 물론 놀이활동이나 문제해결시에 상징적 사고가 가능하기는 하지만, 아직까지 개념적 조작능력은 발달되지 못한 상태에 있다. 그들의 사고는 논리적이지 못하고 타인의 조망을 고려하지 못하는 자아중심성을 나타낸다.

조작(operation)이란 정보의 전환을 이해하는 정신능력으로 논리의 출발점으로 되돌아갈 수 있는 능력을 의미한다. 그러나 조작이 불가능한 전조작기의 아동들은 둥근 원판을 둘로 자른 다음, 이 둘을 붙이면 다시 원판을 만들 수 있다는 사실을 이해하지 못한다.

③ 구체적 조작기

구체적 조작기(concrete operational stage)는 약 7세부터 시작하여 11 – 12세 혹은 그 이후까지 계속된다. 구체적 조작기의 아동은 보존개념을 획득하고 논리적 조작이 가능하며 사물들 사이의 관련성을 이해할 수 있다. 보존개념(conservation)이란 수, 길이, 넓이, 부피 등을 차례나 형태를 바꾸어 여러 가지 다른 방법으로 제시한다고 할지라도 그것들이 변하지 않는다는 것을 아는 능력을 의미한다. 사물들간의 관계를 고려할 수 있기 때문에 분류할 수 있고 순서대로 나열할 수 있으나 그들의 논리적 조작은 구체적 사물에 한정된다.

④ 형식적 조작기

12세 이후부터 성인기까지 계속되는 발달단계를 피아제는 형식적 조작기(formal operational stage)라고 명명하였다. 형식적 조작기에 이른 청소년들은 구체적이고 실제적인 상황을 넘어서 순전히 상징적인 추론을 할 수 있다. 그들은 자료를 조직하여 과학적으로 추리하며 가설을 세우고 체계적으로 검증할 수도 있다. 가장 중요한 형식적 조작능력은 조합적 사고(combinational thinking)이다. 그것은 하나의 문제를 해결하기 위하여 모든 가능한 해결책을 논리적으로 검토할 수 있는 능력이다.

2) 정보처리이론

인지에 대한 정보처리적(information–processing) 접근은 피아제의 인지발달적 접근과는 근본적으로 다르다. 20세기의 컴퓨터의 발달과 함께 출현한 정보처리이론은 컴퓨터가 하드웨어(디스크 드라이브, 중앙처리장치 등)와 소프트웨어(우리가 사용하는 프로그램)로 구성되어 있는 것처럼 인간의 인지체계도 정신적 하드웨어와 정신적 소프트웨어로 구성되어 있다고 가정한다.

정신적 하드웨어는 단기기억이나 장기기억과 같이 정보가 저장될 수 있는 인지구조를 의미하는 반면, 정신적 소프트웨어는 문장을 읽거나 비디오 게임을 하기 혹은 야구를 하는 것과 같은 구체적인 과제를 수행하게 하는 조직화된 인지과정에 해당한다.

정보처리이론가들은 나이 많은 아동이나 청소년들이 어린 아동보다 더 좋은 하드웨어와 소프트웨어를 가지고 있다고 설명한다. 그러므로 나이 많은 아동들이 어린 아동들보다 수학문제를 더 잘 풀 수 있는 것은 더 많은 정보를 저장할 수 있는 큰 기억용량과 함께 수학문제를 효과적으로 처리할 수 있는 방법을 가지고 있기 때문이라는 것이다. 따라서 인지적 노화는 정신적 소프트웨어의 감퇴와 함께 정신적 하드웨어의 퇴화에 그 원인이 있다고 설명한다.

그림 1-3은 인지심리학의 주된 관심사인 자극을 선택하고, 지각하고, 기억하고, 사고하고 그리고 문제를 해결하는 일련의 과정을 제시한다. 즉 우리의 정보처리과정은 자극이 감각기관에 쏟아져 들어오는 것에서 시작된다. 우리는

그림 1-3 정보처리의 단계

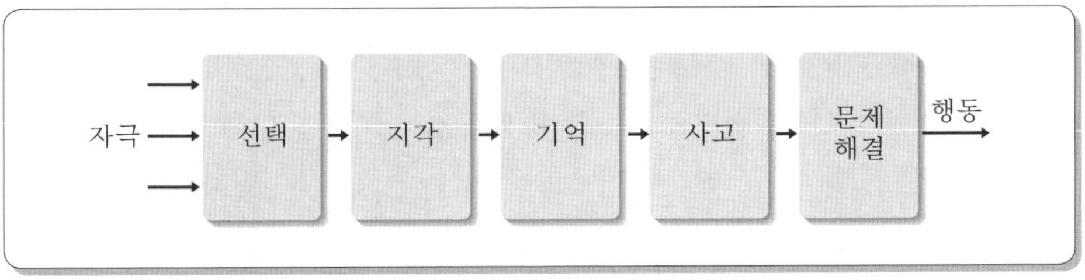

여러 가지 자극들 중에서 우리에게 중요한 자극을 선택한다. 그러나 선택된 자극은 그 자체로 우리 마음에 복사되는 것이 아니며 우리의 지각에 따라 해석되고 평가되기 때문에, 과거 경험에 의해서도 부분적인 영향을 받는다.

정보가 가치 있다고 판단되면 미래에 사용하기 위하여 정보는 기억 속에 저장되고 필요할 때 인출된다. 우리는 인출된 정보와 우리의 현재 상황을 관련짓고 그것을 현재의 문제를 해결하는 기초로 사용한다. 그림 1－3에 제시된 정보처리 과정은 한 방향으로만 이루어지고 있으나 실제로는 반대 방향으로의 흐름이 존재하는 것도 이 때문이다.

정보처리이론에서의 두 가지 중요한 가정은 우선 아동은 매우 능동적으로 정보를 탐색하고 처리한다는 것이다. 또한 처리 결과 생성된 지식은 지극히 조직화된 체계로 기억 속에 저장된다고 가정한다. 여기서 중요한 문제는 얼마나 많이 저장할 수 있고 어떻게 효과적으로 저장할 수 있는지의 문제이다. 전자는 정신적 하드웨어인 보유용량(retention capacity)의 문제이고 후자는 정신적 소프트웨어인 정보처리전략(information processing strategy)의 문제이다. 이 두 가지 요인의 발달적 변화는 각 연령단계에서 설명한다.

4. 동물행동학적 조망

동물행동학적 조망(ethological perspective)은 적응적 행동(adaptive behavior)을 중요시한다. 콘라드 로렌츠(Konrad Lorenz: 1903－1989)의 연구로 주목을 받게 된 이 조망은 유기체의 행동은 진화의 결과로서 생물학의 영향을 받는다고 가정하고 자연적 서식지에서 유기체의 생존을 증진시키는 행동을 적응적 행동으로 정의하였다.

유럽의 동물학자인 로렌쯔(Lorenz, 1965)는 부화되자마자 어미를 따르는 야생의 새끼거위의 행동을 연구하였다. 그는 한 마리의 거위가 낳은 알을 두 개의 집단으로 분리하고, 한 집단은 어미에 의해 그리고 다른 한 집단은 인큐베이터 안에서 부화되도록 하였다. 어미에 의해 부화된 새끼거위들은 부화되자마자 곧 어미를 따라다녔다. 그러나 인큐베이터 안에서 부화된 새끼들은 부화되자마자 로렌쯔를 보았고 이후 로렌쯔가 어미인 것처럼 그가 어디를 가든 그를 따라다녔다.

로렌쯔와 새끼거위들
새끼거위들은 로렌쯔가 어디를 가든 그를 따라다녔다.

로렌쯔는 이러한 행동을 생득적 학습의 결과로 일어나는 각인(imprinting) 현상이라고 설명하고 그것은 새끼거위의 생존을 증진시키는 적응적 행동이므로 진화의 결과라고 주장하였다. 새끼거위는 부화되자마자 최초로 본 움직이는 물체에 각인되므로 각인이 일어나는 시기는 결정적 시기(critical period)로 명명된다.

인간발달에 동물행동학적 이론을 적용한 사람은 볼비(Bowlby, 1969, 1989)이다. 그는 조류에서 나타나는 각인 현상이 인간 영아에서는 양육자에 대한 애착(attachment)으로 나타난다고 주장하였다. 양육자에 대한 애착은 위험으로부터 영아를 보호하고 음식물의 섭취를 가능하게 하여 영아의 생존기회를 증진시키는 적응적 행동일 뿐 아니라 다음 세대에까지 전달되므로 진화의 결과라는 것이다.

물론 양육자에 대한 영아의 애착도 인생초기에 형성되지만, 각인과 같이 지극히 한정된 시기에 일어나는 것은 아니며 더 큰 융통성을 지닌다. 그러므로 이 분야의 연구자들은 인간의 애착은 결정적 시기보다는 민감기(sensitive period) 동안 형성된다고 설명하는 것이 더 타당하다고 주장한다. 분명한 것은 개인에게 장기적 영향을 주는 경험은 인생초기의 특정한 시기에 일어나고 그 시기는 결정적 시기 혹은 민감기로 명명될 수 있다는 것이다.

5. 생태학적 체계조망

생태학적 체계조망(ecological system perspective)은 변화하는 유기체와 변화하는 환경의 상호작용 결과로 인간발달이 이루어진다고 가정한다. 유기체와 환경과의 관계를 연구하는 생물학의 한 분야인 생태학에서 그 이름을 따온 이 이론은 인간의 발달은 환경적 맥락과 분리될 수 없다고 주장한다.

생태학적 체계조망의 강력한 지지자인 브론펜브래너(Bronfenbrenner, 1995; Bronfenbrenner & Morris, 2006)는 발달하는 개인은 일련의 복잡하고 상호작용하는 체계속에 포함되어 있다고 가정하고 환경을 그림 1-4와 같이 다섯 개의 체계로 구분하였다. 각 환경체계들은 발달하는 개인과 상호작용할 뿐 아니라 각 체계들끼리 서로 상호작용함으로써 개인의 발달에 영향을 준다.

그림 1-4 다섯 개의 생태학적 환경체계

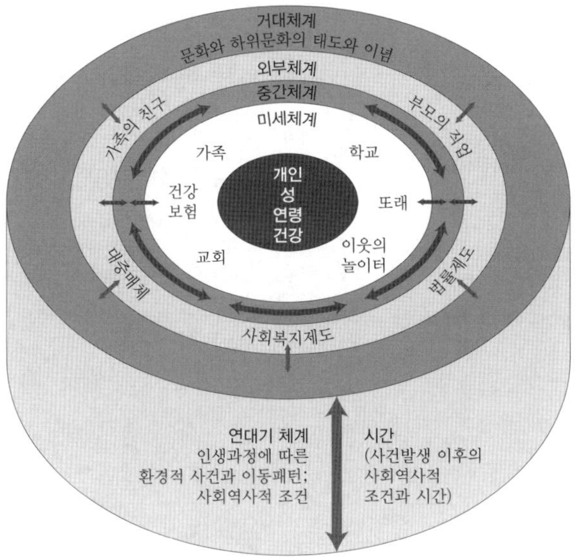

브론펜브래너는 개인에게 가장 가까운 환경체계를 미세체계(microsystem)로 명명하였다. 미세체계는 개인이 생활하는 직접적 환경으로서 가정, 학교, 이웃, 또래, 탁아소 등을 포함한다. 미세체계 내의 성인들은 아동의 행동에 영향을 주기는 하지만 아동의 성격특성이나 사고방식과 같은 요인들 또한 성인의 행동에 영향을 주기 때문에, 체계 내의 모든 관계가 양방향적이라는 사실을 염두에 두어야만 개인의 발달이 이해될 수 있다.

중간체계(mesosystem)는 미세체계들 사이의 상호관계나 연결에 해당한다. 브론펜브래너는 영아, 어머니, 아버지 사이의 복잡한 상호작용을 이해하는 것도 중요하지만, 미세체계들 사이의 연결을 이해하지 못한다면 아동발달이나 가족관계를 이해할 수 없다고 주장하였다. 그 이유는 하나의 미세체계인 학교에서의 유쾌하지 못한 경험은 아동에게 부정적 영향을 줄 것이고 그것은 다시 가족 내의 관계를 혼란스럽게 할 것이며 궁극적으로는 아동의 발달을 방해할 것이기 때문이다. 역으로 가족 내에서의 위기적 경험도 아동에게 영향을 주고 그것은 다시 학교에서 다른 아동과의 상호작용에 부정적 영향을 줄 것이므로 아동은 학교 경험으로부터 긍정적 도움을 얻지 못할 것이다.

중간체계의 바깥에는 외부체계(exosystem)가 존재한다. 외부체계는 아동에 의해 직접적으로 경험되지는 않지만 아동의 발달에 영향을 줄 수 있는 사회적 상황들로서 확대가족, 대중매체, 부모의 직업 등이 여기에 해당한다. 특히 부모의 직업조건이 만족스러운지 아닌지에 의해 아동은 큰 영향을 받을 수 있다. 어머니는 남편이 야간근무를 해야 하거나 멀리 떨어진 직장으로 출근을 해야 할 때 그리고 의지하고 지원적인 친구를 갖지 못할 때와 같은 외부체계로부터의 영향에 의해 아동에게 자극적 환경을 제공하는 데 어려움을 겪는다.

물론 아동의 학교경험도 외부체계의 영향을 받지 않을 수 없다. 한 예로서 지역사회의 경제여건이 악화되면 학교라는 미세체계에서는 예산삭감이 일어날 것이고 그것은 다시 학교에 재학하는 아동의 생활에 영향을 줄 것이다.

외부체계의 바깥에는 거대체계(macrosystem)가 존재한다. 거대체계란 개인이 소속한 문화나 하위문화의 가치, 이념, 법률, 관습 등이 여기에 해당한다. 브론펜브래너는 거대체계에서의 변화가 외부체계에 영향을 주고 외부체계의 변화는 다시 아동의 중간체계와 미세체계에 영향을 주는, 체계들간의 상호연결성을 중요시하였다.

다섯 번째 수준인 연대기체계(chronosystem) 또한 개인의 발달에 영향을 준다. 브론펜브래너는 인생사건들이 일어난 시기에 따라 개인이 받는 영향이 달라지는 현상을 연대기체계로 설명하였다. 연대기체계 속에는 인생과정을 따라 일어나는 환경적 사건들은 물론 사회역사적 환경조건들의 변화까지 포함한다. 따라서 부모의 이혼이나 사망 혹은 여성취업의 증가에 기인한 영향은 아동이 그것을 언제 경험했느냐에 따라 달라진다고 설명할 수 있다.

이와 같이 브론펜브래너의 생태학적 체계이론은 인간이 미세체계의 영향만을 받는 존재가 아니므로 개인에 관한 연구는 종래의 미세체계 수준에서 확대되어야 한다는 것을 강조한다.

제2장 생명의 시작과 발달

제2장
생명의 시작과 발달

• …… 인간의 발달은 임신되는 순간부터 시작되기 때문에 제2장에서는 임신과정과 그것
• …… 의 생물학적 메커니즘을 먼저 설명한다. 환경 또한 발달에 영향을 주므로 환경의
• …… 특성과 유전과 환경의 상호작용에 관해 기술한 후 세 개의 단계로 구분되는 태내발
• …… 달을 설명한다. 이와 함께 분만과 산모의 적응에 대해서도 간략하게 논의한다.

I 생명의 잉태

1. 가족맥락

최근 결혼연령과 출산연령의 증가로 첫 아이의 출산이 지연되고 있으나 전통적으로 대부분의 신생아들은 20대나 30대의 부모에게서 태어난다. 결혼한 부부가 자녀를 갖겠다는 결심은 여러 가지 요인에 의해 이루어진다. 그들은 부모나 동료들의 압력에 의해서 자녀를 갖기도 하지만 그들 자신의 경제적 문제나 인생계획에 의해, 부모와의 성역할 동일시에 의해 혹은 어린 아동을 좋아하기 때문에 등 그 이유는 다양하다.

부부가 자녀를 갖는 이유는 문화에 따라서도 차이가 있다. 어떤 문화에서는 자녀를 경제적 자산으로 혹은 부모의 노년기 동안 부모를 부양할 사람으로 인식하는가 하면 어떤 문화에서는 가족전통을 유지하기 위해 혹은 부모의 개인적 욕구나 목표를 성취하기 위한 수단으로 인식되기도 한다. 때로 자녀 출산은 당연한 의무로서 부부의 의사결정의 대상이 아니라고 생각하는 문화도 많이 있다. 물론 계획되지 않은 채 우연의 결과로서 임신이 이루어지기도 하지만, 자녀출산은 부부의 부모역할 실현에 기여하는 중요한 사건임에 틀림없다.

임신은 어머니의 신체적 외모를 변화시키고 남편-아내관계의 본질을 변화시킨다. 임신기간 동안 남편은 아내를 정서적으로 지원하고 아내에게 더 큰 관심을 나타낸다. 남편은 아내와 함께 태어날 새로운 생명에 대한 기대로 기쁨과 의기양양함을 경험하지만, 출산과정의 복잡성과 태아 이상의 발생가능성에 대한 공포도 함께 경험한다. 그들은 가장으로서 큰 책임감을 경험하고 (Henwood & Procter, 2003) 태어날 아기를 잘 양육할 수 있을지 걱정한다. 이미 자녀가 있는 아버지들은 그들과 더 많은 시간을 보내고 태어날 아기를 위해 자녀들이 준비할 수 있도록 돕는다.

특히 첫 아기를 임신한 부부들은 자녀의 출산 이후에 나타날 실제적인 가정환경 변화나 가족관계의 변화를 예상하지 못하고 흥분된 상태에서 유아용품을 준비한다. 때로 기다리던 첫 아이의 출생이 수면부족이나 자녀양육의 미숙함에서 오는 불안, 부부간의 성적 친밀성 감소, 부부 어느 한편의 아기에 대한 질투 혹은 자녀양육에 대한 부부의 의견불일치 등 예상하지 못한 어려움을 가져다 주기도 한다.

그러나 대부분의 부부들은 자녀출산을 통하여 남편과 아내 사이의 유대를 강화하고 부모로서의 역할을 개념화하며, 자녀출산에 기인한 여러 어려움들에 잘 대처할 수 있다. 한때 자녀출산은 결혼생활의 불만족을 증가시키는 원인으로 생각되기도 하였으나 그것은 부부가 함께 여가를 보낼 수 있는 시간을 감소시킬 뿐이었다. 흥미롭게도 계획된 임신은 부부만족의 감소를 완충하였고 (Lawrence 등, 2008), 특히 더 큰 통제감을 지니고 있는 부부들은 최초의 부모역할 수행시에 더 적은 불안과 우울을 경험하였다(Keeton 등, 2008).

2. 불 임

1) 불임의 원인과 영향

전체 부부의 10-15% 정도는 불임(infertility)으로 진단된다. 불임이란 결혼 후 1년이 경과하여도 아기를 갖지 못하는 증상으로 남편이나 아내, 어느 한편의 결함으로 일어난다. 그러나 의학적 도움을 받으면 불임으로 진단된 부부 중 약 50%는 임신이 가능하다(Kamel, 2010). 일반적으로 불임이 여성만의 문제로 생각되는 경향이 있으나 불임의 약 20%는 부부양자의 문제에 의해 일어나고 40% 정도는 남성의 문제에 기인되므로 여성에 기인된 문제는 전체 불임원인의 40% 정도에 지나지 않는다.

부부양자에 기인된 불임은 너무 잦은 성교나 너무 부족한 성교, 부부가 지나치게 나이가 많거나 건강상태가 나쁠 때 혹은 성교를 원활하게 하기 위한 약물을 사용할 때 주로 발생한다. 또한 남성의 불임은 그것이 신체적 원인에 의해 일어나든 혹은 심리적 문제에 그 원인이 있든, 다음과 같은 네 가지의 생물학적 요구사항을 충족시킬 수 없을 때 일어난다.

① 충분한 수의 건강하고 활발한 정자의 생성
② 정자를 운반할 충분한 양의 건강한 정액 분비
③ 고환에서 음경까지 정자가 통과할 수 있는 정상적인 통로
④ 여성의 질 내에 정자를 사정할 수 있는 발기능력

여성의 불임도 남성과 유사하게 몇 가지 생물학적 요구조건을 충족시킬 수 없을 때 일어난다. 즉 정상적 배란이 이루어지지 않을 때, 정자의 나팔관 통과가 불가능할 때 그리고 자궁경부의 점액질이 정자의 통과를 원활하게 하지 못할 때 등이 여기에 해당한다. 그 외에도 자궁의 기형과 정자의 활동을 방해하는 질 내부의 지나치게 높은 산성농도 및 어머니의 연령이 중요한 불임원인으로 작용한다. 여성의 생식능력은 35세 이후부터 점차적으로 감소하여 폐경기 이후에는 완전히 상실된다.

불임은 개인에게 정서적, 심리적 괴로움을 초래하고 특히 시부모를 포함

한 주변 사람들의 태도나 압력은 불임부부에게 스트레스로 작용한다. 불임이 반드시 부부관계를 부정적으로만 변화시키지는 않는다는 보고도 있기는 하지만, 불임부부들은 시간이 경과할수록 성적 관계에서 더 큰 불만족을 경험하고 자신들의 불임이 확인될 수 있는 상황을 회피하기 위하여 사회적 관계를 변화시키기도 한다.

2) 불임부부를 위한 대책

근래에 와서 임신할 수 없는 부부들을 위한 놀라운 과학적 방법들이 개발되고 있다. 불임부부들의 상당수는 수술에 의해 불임원인을 제거하기도 하고 호르몬 치료로 임신가능성을 개선시키기도 하지만 첨단 과학기술의 도움을 받는 불임부부들도 많이 있다. 그중 가장 많이 활용하는 방법은 인공수정(artificial insemination)과 시험관 수정(In Vitro Fertilization: IVF)이다.

인공수정이란 임신을 원하는 여성에게 한 달에 한 번 정자를 주입하는 방법으로, 이때 남편의 정자가 사용되기도 하고 정자은행에 냉동 보관되어 있는

그림 2-1 연령에 따른 시험관 수정에 의한 임신율과 출산율

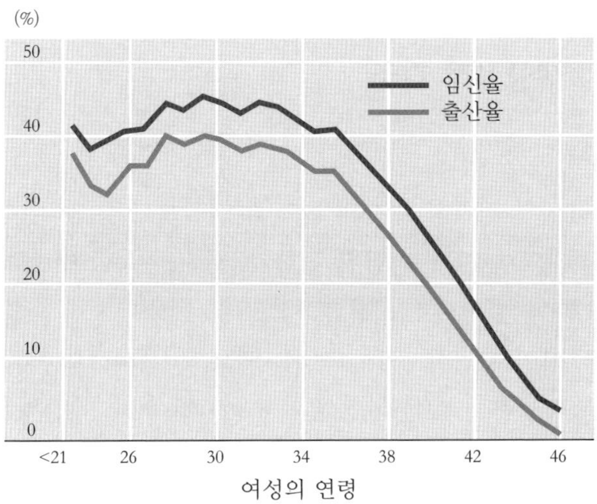

출처: Santrock, 2011.

기증자의 정자가 사용될 수도 있다. 또한 시험관 수정은 남편과 아내의 정자와 난자를 채취하여 체외에서 인공적으로 수정시킨 다음, 수정된 난자가 세포분열을 시작하면 다시 어머니의 자궁 속으로 재주입하는 방법으로 불임부부들이 선호하는 불임처치 방법이기도 하다. 그러나 어머니의 연령이 증가할수록 시험관 수정의 임신 성공률과 출산율 모두 그림 2-1과 같이 점차 감소한다(미국 질병 통제 및 예방 센터, 2006).

문제는 시험관 수정을 포함한 불임 처치방법들에 의한 출산의 25-30%가 쌍생아 출산으로 이루어지고, 비록 그 비율이 높지는 않지만 태아가 출산시에 저체중 위험을 가질 수 있다는 것이다(McDonald 등, 2010). 또한 모든 인공적 출산방법들은 법적, 윤리적 문제를 지니고 있다는 문제점도 있다. 그 예로서 인공수정을 실시하기 위해서는 남편의 동의가 선행되어야 하고, 남편은 태어날 아기의 법적 양육책임을 맡을 것을 승낙하여야만 한다. 남편의 동의에도 불구하고 인공수정으로 태어난 아기가 심각한 유전적 결함을 지니고 있다면 누가 그 책임을 져야 하는가? 만약 과학자들이 이식 이외의 다른 목적으로 냉동된 정자와 난자로부터 태아를 생산해 낸다면 우리는 어떻게 해야 하는가? 그러나 무엇보다 중요한 것은 어떤 대안적 방법도 태어날 아기의 신체적, 정신적 손상을 최소화할 수 있는 방법이어야 한다는 것이다.

3. 발달의 생물학적 기초

1) 수　정

수정이란 남성의 정자와 여성의 난자의 결합으로 수정되는 순간부터 생명은 시작된다. 정자와 난자가 결합된 접합자(zygote)는 부모로부터 받은 유전정보를 지니고 매우 빠른 속도로 성장해 간다.

매달 월경주기의 중간에 난소로부터 방출되는 여성의 난자는 체세포와 비교하면 그 크기가 상당히 크다(0.12mm). 한편, 추진하는 긴 꼬리를 가진 정자는 분당 약 2mm의 속력으로 질과 자궁을 통과하여 나팔관으로 들어간다. 정자와 난자의 결합은 나팔관으로 올라온 정자가 난소에서 내려오고 있던 난자와 만나게 됨으로써 가능해진다. 정자와 만나 수정된 접합자는 24시간 내에 나팔관을 통과하여 자궁으로 여행한다.

수정시에 단 하나의 정자만이 난자의 세포질을 통과하여 세포핵과 접촉할 수 있다. 난자의 세포체로 들어간 정자는 더 이상의 정자가 난자의 벽을 통과할 수 없도록 하기 위한 물질을 방출하며, 난자의 내부에서 정자는 그 꼬리를 잃게 되고 머리는 정상적인 세포핵이 된다. 정자의 세포핵과 난자의 세포핵이 서로 만나게 되면 23쌍의 염색체를 가진 새로운 개체가 생성된다. 엄밀한 의미에서의 수정이란 정자의 세포핵과 난자의 세포핵의 결합을 의미한다.

2) 유전정보의 전달

접합자의 성장을 이해하기 위해서는 유전인자, DNA 그리고 RNA의 관계와 세포분열 과정을 이해하지 않으면 안 된다.

① 유전인자

어머니와 아버지로부터 각각 절반씩의 염색체를 물려받은 수정된 접합자는 정상적 인간 아기로 성장할 수 있기 위한 적정수의 염색체인 46개(23쌍)의 염색체를 갖는다. 한 개의 염색체는 수십만 개의 유전인자(gene)를 포함하고 있으므로 46개의 염색체 모두가 갖는 유전인자의 수가 얼마나 많을지는 쉽게 짐작될 수 있다.

유전인자는 핵속의 염색체 내에 존재하며 DNA(deoxyribonucleic acid) 분자로 구성되어 있다. 이중나선형(double helix)의 형태를 취하는 DNA 분자는 유기체의 기능과 발달을 조절하는 유전부호(genetic code)를 포함하고 있으며 언제라도 풀어질 수 있는 준비를 갖추고 있다. 그림 2-2와 같이 DNA는 당(sugar)과 인산(phosphates)으로 구성되는 두 개의 긴 가닥과 나선 안쪽에 수직으로 나온 염기결합으로 형성된다. 이중나선의 나비는 20Å*이고 나선이 1회전하는 길이는 34Å이며 거기에 10개의 염기결합이 들어 있다.

두 개씩 쌍을 이루는 염기결합은 구아닌(Guanine: G)과 아데닌(Adenine: A),

---

* Å(옹스스롬)=길이의 단위로서 1Å=10^{-10}m로 정의된다.

시토신(Cytosine: C) 그리고 티민(Thymine: T)으로 구성되며 당의 위치에서 나온 염기와 상대편 가닥에서 나온 염기의 수소결합으로 연결된다. 이때의 염기결합은 구아닌에 대하여 시토신, 아데닌에 대하여 티민의 두 가지 종류로 이루어져 결과적으로 네 가지(GC, CG, AT, TA)의 염기결합이 가능하다. 염기결합의 배열에 따라 독특한 유전정보를 지니게 된다.

유기체가 성장하기 위해서는 DNA의 증식이 이루어져야 한다. 증식이 요구될 때, DNA는 두 개의 외가닥으로 분리되고 분리된 외가닥이 각각 주형(template)이 되어 각 가닥마다 새로운 DNA를 합성한다. DNA와 함께 RNA(ribonucleic acid)도 세포의 핵속에 존재하는 또 다른 핵산이다. RNA는 DNA의 정보를 받아 세포나 기관의 생성과 생명유지에 필요한 단백질 합성을 인도한다.

그림 2-2 DNA 분자구조

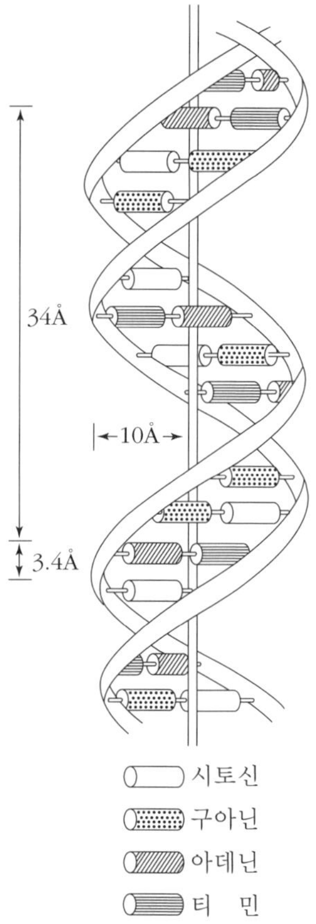

DNA의 유전정보 전체를 게놈(genome)이라고 하고 게놈을 해독하기 위한 연구를 게놈 프로젝트(genome project)라고 한다. 현재 인간 게놈 프로젝트에 의해 30억 개의 염기순서가 확인된 상태에 있으나 그 염기들이 모여서 어떤 일을 하는지에 대해서는 정확히 알지 못한다. 오래지 않아 인간의 유전정보 전체가 해독될 것으로 전망된다.

② 세포분열

수정된 접합자는 성장하기 위하여 즉시 세포분열을 시작한다. 생식세포를 제외한 모든 체세포는 유사분열(mitosis)에 의해 정확하게 복제 배가된다. 유사분열이 시작되면 염색체는 수직으로 반분되면서 그 수가 두 배로 늘어난다. 따라서 46개의 염색체는 92개의 염색분체(chromatid)를 이루고 그것이 다시 이분됨으로 해서 결국 46개의 염색체를 갖는 두 개의 세포가 된다.

체세포의 유사분열과는 대조적으로, 생식세포는 감수분열(meiosis)에 의해 분열을 이룬다. 감수분열과정은 유사분열과 같이 시작되어 92개의 염색분체를 생성하지만 단 한 번 분열하는 유사분열과는 달리, 두 번 분열됨으로써 23개의 염색체를 갖는 네 개의 세포를 생성한다. 따라서 각각의 배우체는 제각기 상이한 조합으로 된 단수의 염색체를 갖게 되며 그 결과 DNA분자의 조합도 상이해진다. 형제간이라고 해도 여러 가지 다른 특징을 나타내는 것은 바로 이와 같은 세포분열과정에 기인한다.

③ 23쌍의 염색체와 성의 결정

세포의 핵속에 존재하는 염색체는 세포분열시에만 뚜렷하게 보일 뿐, 다른 때에는 대개 길고 가늘며 검게 염색되는 염색질(chromatin)로 존재한다. 염색체는 항상 한 쌍으로 존재하며 생물의 종류에 따라서 그 수와 형태가 일정하다. 그림 2-3은 23쌍으로 이루어진 인간의 염색체를 길이에 따라 체계적으로 배열해놓은 것이다.

그림 2-3 23쌍의 인간 염색체

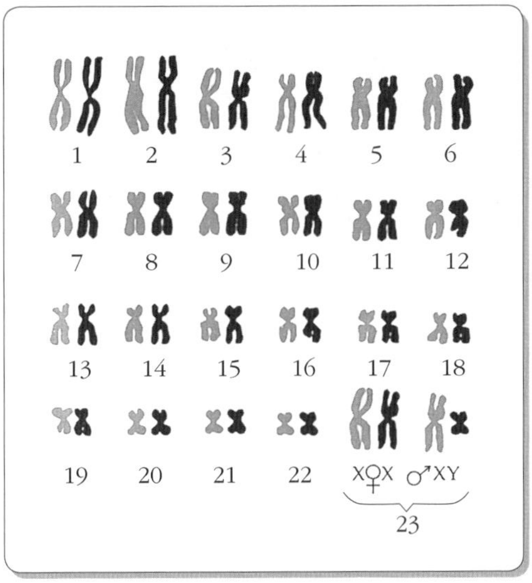

23쌍의 염색체 중 마지막 23번째의 염색체는 성염색체로서 남성 혹은 여성을 결정하는 유전자를 지니고 있다. 정상적 남성 염색체 쌍은 XY로 구성되는 반면, 정상적인 여성은 XX조합을 이룬다. 그 결과 남성의 정자는 X와 Y염색체를 가지며 여성의 난자는 단지 X염색체만을 갖는다. Y염색체를 갖는 정자가 난자와 결합하여 XY조합이 만들어질 때만 남성이 되며 난자에 접합하는 모든 X염색체를 갖는 정자는 여성을 만든다.

일반적으로 XX보다는 XY염색체가 더 많이 수정되지만, 임신과정 동안은

표 2-1 각 연령에서의 남녀 성비

임신순간	여성 100명당 남성 120-170명
출생시	여성 100명당 남성 106명
18세	여성 100명당 남성 100명
25-44세	여성 100명당 남성 95명
45-64세	여성 100명당 남성 92명
65+세	여성 100명당 남성 69명
85+세	여성 100명당 남성 48명

물론 전생애 동안 남성들이 여성들보다 더 많이 사망한다(표 2-1 참조). 남성들이 더 많이 사망하는 이유는 분명하지 않으나 아마도 X염색체가 여성을 보호하는 유전인자를 포함하고 있거나 아니면 Y염색체가 유해한 유전자를 보유하고 있기 때문이라고 생각되기도 한다. 또한 어머니의 신체가 남성태아에게 유해한 항체를 생성하기 때문이라고 생각하는 사람도 있다.

한편 쌍생아는 한 개의 난자에서 출발하느냐 혹은 두 개의 난자에서 출발하느냐에 따라 달라지며 전자는 일란성 쌍생아(identical twins) 그리고 후자는 이란성 쌍생아(fraternal twins)로 명명된다. 일란성 쌍생아는 하나의 정자에 의해 접합된 난자가 두 개의 태아로 이분되기 때문에 동일한 유전적 특성을 지니고 있다. 그들은 항상 동성으로 구성되며 보통 태반을 공유한다. 그러나 이란성 쌍생아들은 두 개의 난자가 두 개의 별개의 정자와 결합하여 이루어지기 때문에, 분리된 태반을 갖는다. 그들은 동일한 성을 갖기도 하고 서로 다른 성을 갖기도 하며 유전적 특성에서도 형제 정도로 유사할 뿐이다.

Ⅱ 유전과 환경의 영향

인간의 발달과 관련된 연구주제 중 유전과 환경의 문제만큼 빈번하게 논의되는 주제도 드물다. 유전의 메커니즘에 대해서는 이미 설명하였으므로 여기서는 환경의 특성을 설명하고 유전과 환경의 상호작용문제를 논의한다.

1. 환경이란 무엇인가

환경이란 "인간의 발달에 영향을 주거나 혹은 인간의 발달에 의해 영향을 받는다고 생각되는 유기체 바깥의 사건이나 조건이다"(Bronfenbrenner & Crouter, 1983). 한때 환경은 개인에게 영향을 주고 개인은 환경에 의해 수동적으로 영향을 받는다고 생각되기도 하였다. 그러나 브론펜브래너의 정의대로, 개인은 그의 환경을 형성할 뿐 아니라 환경은 개인이 환경을 형성하도록 돕는 역할을 하는 소위 상호작용관계를 형성한다.

그러나 인간과 환경의 상호관계는 사람도 변화하고 환경도 또한 변화하기 때문에 매우 복잡하다. 변화의 관점에서 볼 때 인간의 발달은 변화하는 개인과 변화하는 환경 사이의 계속적 교류나 교환에 해당한다.

1) 물리적 환경 대 사회적 환경

환경적 영향을 분류하는 하나의 차원은 물리적(비인간적) 환경과 사회적(인간적) 환경을 구별하는 것이다. 물리적 환경이란 매일의 기상조건에서부터 공기의 오염물질까지 그리고 개인이 살고 있는 집의 설계에서부터 이웃집의 소음수준까지 모든 것을 포함한다. 전생애 동안 우리는 우리가 몸담고 있는 물리적 환경에 적응해야만 한다.

성장과 함께 아동의 물리적 환경은 가정과 이웃, 학교 등으로 점차 확대되어간다. 그러나 노년기에 이르러 건강을 잃고 이동성이 감소하면 개인은 다시 가족내의 활동으로 되돌아오게 되므로 물리적 환경은 다시 축소된다. 이와 같이 시간경과와 함께 체계적으로 변하는 물리적 환경은 개인의 발달과 밀접한 관련을 맺고 있다.

그러나 전생애발달심리학에서는 물리적 환경보다는 개인이 몸담고 있는 사회적 환경과의 상호작용에 더 많은 관심을 갖는다. 인간은 전생애를 통하여 의미 있는 타인들인 소위, '사회적 호위대'(social convoy)와 함께 생활한다(Antonucci & Akiyama, 1997). 영아는 부모나 다른 양육자로 구성되는 작은 사회적 호위대를 갖고 있지만, 연령증가와 함께 사회적 호위대는 또래, 교사 및 가정 바깥의 다른 사람으로 확대된다. 타인과 광범위한 상호관계를 형성하는 성인기 동안 사회적 호위대의 크기는 절정에 도달하나 이동성이 감소하고 유의미한 타인들이 사망하는 노년기에 이르면 사회적 호위대는 완전히 축소된다.

사회적 환경도 연령증가와 함께 변화한다는 점에서는 물리적 환경과 동일하다. 그러나 사람과의 관계형성과 그것의 변화가 개인의 발달에 더 큰 영향을 주기 때문에 인간발달에서는 물리적 환경보다는 사회적 환경을 더 중요시한다.

2) 인생사건이나 인생변화로서의 환경

발달에 미치는 환경적 영향의 또 다른 차원은 전생애 동안의 구체적 사건이나 변화에 초점을 맞추는 것이다. 인생사건들 중에는 그 사회의 대부분의 사람들이 경험하는 변화인, 규범적 변화(normative transitions)로 분류될 수 있는 사건들이 있는가 하면 단지 소수의 사람들만이 경험하는 비규범적 변화(nonnormative transitions)도 있다. 규범적 변화와 비규범적 변화의 총합이 곧 개인의 환경으로 정의된다.

초등학교 입학, 고등학교 졸업, 결혼, 자녀출산, 취업, 직업으로부터의 은퇴와 같은 사건들을 포함하는 규범적 변화들은 연령규준(age norms)을 지니고 있다. 연령규준이란 전생애의 상이한 시점에서 우리가 행해야 하는 행동목록으로 사회는 특정한 연령에서 우리가 어떻게 행동해야 하는지를 지시하고 언제 규범적 변화를 통과해야만 하는지를 가르쳐 준다. 사회의 대다수의 사람들은 유사한 연령에서 동일한 사건을 경험하고 그 사건으로부터 매우 유사한 영향을 받기 때문에 전생애에 걸쳐 심리적 발달의 규칙성이 탐지될 수 있다.

대조적으로 생명을 위협하는 질병이나 친구의 죽음, 교통사고 혹은 복권당첨과 같은 사건들은 사전에 예상될 수 없는 비규범적 변화를 초래한다. 규범적 변화도 단기간의 적응을 요구하고 장기간의 발달에 영향을 주지만, 비규범적인 변화만큼 그 영향력이 크지는 않다. 특히 자녀의 죽음과 같은 비규범적 사건은 부모의 삶을 황폐화시킬 수 있는 정도의 영향력을 행사한다.

2. 유전과 환경의 상호작용

유전과 환경은 서로 상호작용하여 인간의 발달에 영향을 준다. 그러나 양자가 어떻게 상호작용하는가에 대해서는 서로 다른 두 가지 조망이 존재한다. 그중 하나는 유전과 환경의 상대적 기여에 관심을 갖고 두 요인의 영향을 분리해 내려고 하는 반면, 다른 하나는 유전과 환경은 분리될 수 없는 실체로서 양자가 어떻게 상호작용하는지를 연구한다.

1) 유전과 환경의 상대적 기여

유전과 환경 중 어느 것이 인간발달에 더 많은 영향을 주는지를 연구하는 사람들은 유전과 환경의 상대적 기여 정도를 규명하기 위하여 유전가능성 추정치(heritability estimates)와 일치율(concordance rate)을 계산한다. 유전가능성 추정치는 0에서 1.00까지의 수치로 표기되고 일치율은 0에서 100%까지로 표기될 수 있다.

유전가능성 추정치와 일치율 모두 쌍생아 연구나 입양연구같은 친족연구(kinship studies)를 통해 계산될 수 있다. 쌍생아 연구는 일란성 쌍생아와 이란성 쌍생아의 차이를 기초로 유전과 환경의 영향을 규명하려고 하는 연구방법이다. 만약 유전적 특성이 거의 일치하는 일란성 쌍생아와 형제 정도로만 유사한 이란성 쌍생아의 지능을 비교하여 일란성 쌍생아의 점수가 더 유사하다면, 연구자는 지능발달에 유전이 더 중요한 역할을 한다고 추정할 수 있다.

입양연구(adoption study)는 어린 연령에서 입양된 아동의 생물학적 부모와 양부모를 비교하여 유전의 영향을 밝히려고 한다. 입양연구에서 양부모는 환경자극만 제시하기 때문에 입양아와 양부모의 유사성은 환경적 영향의 결과인 반면, 생물학적 부모와의 유사성은 그들이 일찍 분리되었기 때문에 유전의 영향으로 평가된다.

그러므로 유전가능성 추정치 0은 유전이 전혀 영향을 주지 못한다는 의미인 반면, 1은 전적으로 유전의 영향에 의해 결정된다는 의미를 지닌다. 유사하게 일치율 0%란 만약 쌍둥이 중의 한 사람이 어떤 특성을 지니고 있다면 다른 한 사람이 그 특성을 지닐 가능성은 전무하다는 것을 의미하는 반면, 100%는 쌍둥이 가운데 한 사람이 어떤 특성을 지니고 있다면, 다른 한 사람도 반드시 그 특성을 지니고 있음을 의미한다.

연구결과 지능의 유전가능성 추정치는 .50으로서 유전이 지능에서의 변이의 50%를 설명할 수 있다고 알려져 있다. 또한 유전의 영향이 크다고 알려져 있는 정신분열증과 우울장애의 일란성 쌍생아 일치율은 각각 30%와 69%이지만 이란성 쌍생아의 일치율은 6%와 13%에 지나지 않아 두 가지 장애 모두 유전이 주된 원인이라고 알려져 있다.

2) 유전과 환경의 역동적 상호작용

유전과 환경의 영향에 관한 두 번째 조망은 유전이 주도적 역할을 하면서 환경과 상호작용한다는 입장을 취하거나 유전과 환경이 서로 상호작용하여 동등하게 영향을 준다는 입장을 취한다. 이 조망의 연구자들이 공통적으로 강조하는 것은 두 요인 사이의 상호작용이 역동적으로 이루어지기 때문에 양자의 영향은 분리될 수 없다는 것이다. 두 변인 사이의 상호작용을 설명하는 네 가지 모델을 설명하면 다음과 같다.

(1) 반응범위 모델

이 모델은 각 개인이 지니고 있는 유전적 특성에 의해 환경과의 독특한 상호작용 방식이 결정된다고 강조한다(Gottesman, 1963). 그림 2-4는 반응범위(reaction range: RR) 모델을 바탕으로 개인의 지능을 설명하는 전형적인 예를 보여 준다.

이 모델에서 반응범위는 환경적 조건과 반응할 수 있는 가능한 범위로서 유전자에 의해 결정된다. 비자극적인 빈약한 환경에서부터 지극히 풍요로운 환경까지 환경조건이 변화할 때, 민규의 지능검사 점수는 극적으로 증가하나 수경의 점수는 단지 약간 증가하고 창수의 점수는 거의 증가하지 않음으로써 민규는 가장 큰 반응범위를, 수경은 중간 정도의 그리고 창수는 가장 작은 반응범위를 갖는다.

반응범위 모델이 적용될 수 있는 또 다른 예는 다운증후군 아동들의 기대여명이다(Laws 등, 2000). 20세기 초기만 하더라도 다운증후군 아동들의 기대여

그림 2-4 지능의 반응 범위

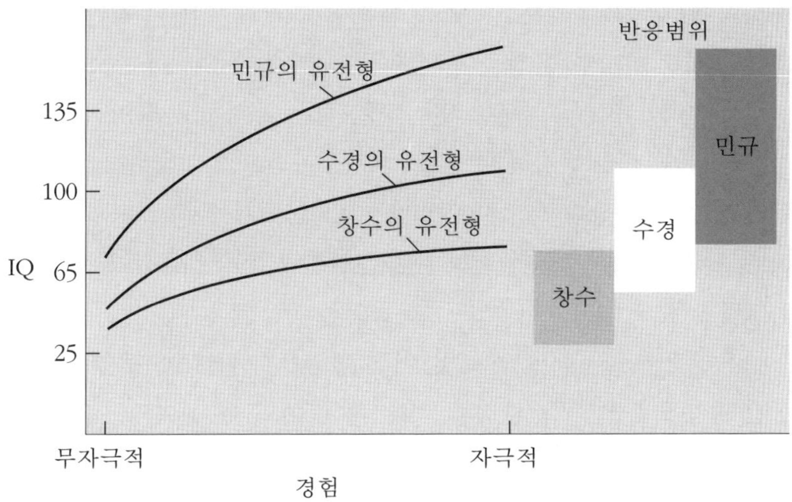

출처: Gottesman, 1963.

명은 약 9년이었으나 오늘날 30년으로 증가하였고, 그중 25%는 50세까지 생존할 수 있다. 최적의 환경조건하에서는 다운증후군 아동들도 어느 정도의 독립적 생활을 할 수 있고 가족이나 학교 혹은 지역사회 활동에도 적극적으로 참여할 수 있는 사람으로 성장할 수 있다는 것이다.

반응범위 모델은 다음과 같은 두 가지 가정을 전제로 한다.

첫째, 우리 각자는 독특한 유전적 구성을 지니고 있기 때문에 우리는 동일한 환경에 아주 다르게 반응한다. 그림 2-4에서 풍요로운 환경은 수경이나 창수보다는 민규의 검사점수를 더 많이 증가시킨다.

둘째, 유전-환경의 상이한 조합은 서로 다른 특성을 지니고 있는 두 아동을 동일하게 만들 수 있다. 그 증거로서 만약 민규가 자극이 적은 빈약한 환경조건에서 성장하고 수경은 지극히 풍요로운 환경조건에서 성장한다면, 두 사람은 100점의 동일한 지능검사 점수를 가질 것이다.

이와 같이 반응범위 모델은 유전과 환경의 독특한 조합에 의해 행동에서의 유사성과 차이점이 만들어진다는 것을 강조한다.

(2) 유전-환경 상관모델

유전-환경 상관(genotype/environment correlations)모델은 유전과 환경은 서로 상관되어 있기 때문에 유전적으로 유사성을 지니고 있는 사람들은 환경을 선택할 때도 서로 유사한 환경을 선택한다고 강조한다(Scarr & McCartney, 1983). 즉 유사한 유전적 특성을 지니고 있는 사람들은 유사한 훈육방식이나 양육방식을 경험하고 그 결과 유사한 특성을 지니는 사람으로 성장한다는 것이다. 그러나 유전과 환경의 상관 정도는 연령에 따라 차이가 있으므로 이 모델에서는 세 가지 상관방식을 가정한다. 즉 수동적 상관과 자극유발적 상관 및 능동적 상관이 그것이다.

수동적 상관(passive correlation)은 어린 연령에서 나타날 수 있는 유전과 환경의 상관 유형으로 스스로 환경자극을 선택할 능력이 결여되어 있는 어린 아동들이 부모나 주위의 성인들이 제공하는 환경자극에 수동적으로 노출되는 경우에 해당한다. 그 예로서 운동선수인 부모들은 어릴 때부터 아동에게 수영과 태권도를 가르치고 옥외 활동을 격려할 것이다. 더욱이 이 아동들은 부모의 운동능력을 유전적으로 물려받았을 가능성이 있기 때문에 유전과 환경의 상호작용에 의해 그들은 훌륭한 운동선수가 될 수 있을 것이다.

자극유발적 상관(evocative correlation)은 아동이 지니고 있는 유전적 특성이 다른 사람들의 반응을 불러일으키고 이 반응은 다시 아동의 원래의 반응양식을 강화함으로써 발달이 이루어지는 유전-환경 상호작용 양식이다. 예를 들면 활동적인 아기는 수동적이고 무반응적인 아기들보다 부모나 주위 사람들로부터 더 많은 사회적 자극을 유발할 것이다. 그 결과 이 아기는 보다 활동적이고 적극적으로 성장할 것이며 그의 활동성은 또 다시 주위의 관심과 자극을 이끌어 내는 순환성을 나타냄으로써 아동의 유전적 특성은 강력한 피드백 효과를 유발한다.

능동적 상관(active correlation)은 보다 더 나이 많은 연령에서 이루어지는 유전과 환경의 상관양식이다. 가족을 넘어 학교, 이웃 그리고 지역사회로 아동의 경험이 확대됨에 따라 아동은 자신의 유전적 경향성에 적합한 환경을 스스로 선택하기 위하여 능동적 역할을 할 수 있다. 발달된 운동능력을 지니고 있는 아동들은 방과 후에 많은 시간을 체육활동에 할애할 것이고 음악적 재능을 지니고 있는 아동들은 학교 오케스트라부에 들어가 악기를 연주할 것이며 큰 지적 호기심을 가지고 있는 아동들은 도서관에서 많은 시간을 보낼 것이다.

Sandra Scarr

복잡한 인간특성에 대한 유전과 환경의 기여를 연구한 사람으로, 그녀의 입양연구는 지능의 유전가능성을 제시한 연구로 유명하다.

스카와 맥카트니(Scarr & McCartney, 1983)는 자신의 유전적 특성을 보완하기 위하여 주위 환경을 능동적으로 선택하는 개인의 경향성을 적소-선택(niche picking)이라고 명명하였다. 영아나 어린 아동은 주위의 성인들이 제공하는 환경을 경험할 수밖에 없기 때문에 적소-선택이 이루어지기 어렵지만, 보다 나이 많은 아동이나 청소년들은 능동적으로 적소-선택을 할 수 있다. 적소-선택의 개념은 일란성 쌍생아들이 어릴 때 분리되어 양육되어도 후에 유사한 취미와 음식선호를 나타내고 친구는 물론 유사한 직업을 선택하는 이유를 설명할 수 있도록 한다.

(3) 공유 환경과 비공유 환경

행동유전학자들은 유전과 환경의 상호작용에서 환경의 역할을 설명하는 하나의 방식으로 공유 환경과 비공유 환경을 가정한다(Feinberg & Hetherington, 2001; Plomin, 2004). 공유 환경(shared environment)이란 형제자매들이 경험하는 유사한 환경적 특성을 의미한다. 일반적으로 형제자매들은 부모의 성격특성이나 지적 지향성, 가족의 사회경제적 지위, 이웃과 같은 동일한 환경적 자극에 노출됨으로써 유사한 특성을 갖게 된다.

반면 비공유 환경(nonshared environment)은 아동의 독특한 경험으로 형제자매들이 서로 공유하지 않는 가족이나 가족 바깥의 경험을 의미한다. 그 예로서 부모는 자녀들과 각기 다른 방식으로 상호작용한다. 자녀들 또한 부모와 서로 다른 방식으로 상호작용할 뿐 아니라 각기 다른 또래집단과 친구를 가지고 있고 학교에서도 서로 다른 선생님과 생활하기 때문에 형제자매들이 각기 다른 특성을 갖는 것은 이 때문이다.

행동유전학자인 플로민(Plomin, 2004)은 동일한 부모와 한 지붕 아래에서 생활하는 형제자매라고 할지라도, 그들의 성격특성은 자주 매우 다르다는 것을 확인하였다. 그는 공유 환경이 아동의 성격특성이나 흥미에서의 변이를 거의 설명하지 못한다고 주장하고, 유전은 유전-환경 상관을 통하여 형제자매들의 비공유 환경에 영향을 준다고 강조하였다.

(4) 후성적 견해

고트리브(Gottlieb, 2007)에 의해 제안된 후성적 견해(epigenetic view)에 의하면, 발달은 유전과 환경의 계속적인 양방향적 교류의 결과이다. 후성적 견해를 반영하는 예를 들어 보자. 임신이 이루어지면 아기는 양쪽 부모로부터 유전자들을 물려받는다. 태내발달 동안 독극물과 영양물질 그리고 스트레스와 같은 환경적 조건들은 몇 개의 유전자들의 기능을 멈추도록 영향을 주는 반면, 다른 유전자들의 영향은 더 강해지거나 더 약해진다. 영아기 동안 환경적 경험들은 계속해서 유전자의 활동과 직접적으로 연결된 신경계의 활동을 수정한다. 유전과 환경은 개인의 지능과 기질, 키, 몸무게, 읽기능력 등을 생성하기 위하여 서로 협력한다.

이제 많은 연구자들은 고트리브의 후성적 견해에 기초하여 유전과 환경의 상호작용이 인간발달에 어떻게 영향을 주는지를 연구한다. 한 예로서 케스퍼스와 그 동료들(Caspers 등, 2009)은 아동기에 부모의 상실을 경험한 사람도 신경전달물질인 세로토닌을 포함하는 유전자인 5-HTTLPR에 문제가 없을 때는 성인기 애착에 문제가 없다고 보고한다. 또한 5-HTTLPR 유전자에 문제가 있으면서 스트레스가 많은 삶을 살 때 우울증이 발병하지만, 이 유전자에 문제가 없을 때는 스트레스가 많은 환경에 노출된다고 할지라도 우울증에 걸리지 않는다는 것이다.

이와 같이 인간발달에 미치는 유전과 환경의 영향에 관한 설명은 매우 다양하므로 유전과 환경의 상호작용 문제는 그렇게 간단하게 해결될 수 있는 문제가 아니다. 우리는 유전과 환경의 산물일 뿐 아니라 우리 또한 환경을 변화시킴으로써 독특한 발달경로를 만들어 갈 수 있다.

Ⅲ 태내발달

1. 태내발달의 과정

280일 동안 이루어지는 태내발달은 다음과 같이 세 개의 기간으로 구분될 수 있다.

1) 배 종 기

수정부터 접합자가 자궁벽에 착상할 때까지(약 14일간)의 기간을 배종기(germinal period)라고 한다. 접합자라고 불리는 수정된 난자는 수정 후 약 30시간이 지나면 세포분열 과정을 시작한다. 수정 후 약 6–7일경에 이르면 접합자는 자궁 내벽에 스스로를 부착시키기 시작하고 수정 후 약 2주경에는 완전히 부착을 끝냄으로써 본격적인 자궁 내에서의 생활을 시작한다. 간혹 접합자가 자궁까지 도달하지 못하고 난관이나 나팔관 혹은 장의 어느 부위에 착상하기도 한다(자궁외임신). 태아는 부착된 기관이 파괴될 때까지 그 부위에서 성장을 계속한다.

2) 배 아 기

배아기(embryonic period)는 수정 후 약 2주에서 8주 사이의 기간으로 매우 빠른 속도의 세포분열이 일어난다. 배아초기에 유사한 세포들은 조직이 되고 점차적으로 신체기관이 된다. 특히 임신 3–4주 동안 배아는 풍진바이러스(rubella virus)와 같은 정상적 세포분열을 방해하는 파괴적 영향에 대단히 민감하다.

접합자가 자궁내벽에 착상한 직후부터 자궁 내의 환경은 아기의 정상적 성장을 위해 변화를 거듭한다. 맑은 물과 같은 액체로 가득 찬 양막주머니(amniotic sac)가 점차적으로 아기를 둘러싼다. 양막주머니 속의 액체(양수)는 아기에게 전달되는 충격을 막아 주는 쿠션과 같은 역할을 하며 아기로 하여금 움직일 수 있고 위치를 바꿀 수 있도록 해 준다. 양막주머니의 생성과 동시에 태반이 형성된다.

태반과 아기의 복벽을 연결시키는 것이 탯줄이다. 태반을 통하여 아기의 성장을 위한 영양분이 유입되고, 아기의 분비물도 태반을 통하여 어머니의 혈액 속으로 들어간다. 태반은 성인물질이 아기에게 사용될 수 있도록 합성되고 동시에 교환되는 장소이며, 아기발달에 유해한 침입자의 유입을 막는 장소이다. 어머니의 혈액과 아기의 혈액은 독립된 체계이다. 태반을 통한 어머니와 아기의 혈액교환으로 영양분과 노폐물이 한 체계에서 다른 체계로 전달된다.

배아기는 인간의 성장과정 중 가장 활발한 성장이 이루어지는 시기이며 이 기간 동안 여러 신체기관이 형성된다. 긴 원통형의 신체형태가 확립되고 뇌와 심장의 전구체가 형성된다. 임신 4주 말경에는 머리, 상체, 하체 그리고 꼬리를 볼 수 있다. 사지의 전구체, 전뇌, 중뇌, 후뇌, 눈 그리고 귀의 전구체도 관찰된다. 임신 2개월 말경의 배아는 인간의 모습에 가까워지며 무게는 2.25g, 길이는 28mm(1인치) 정도이다. 거의 모든 내부기관이 형성되고 얼굴, 사지, 손가락 그리고 발가락 등의 외부적 특징이 확립된다. 임신 3주경의 배아는 이미 약한 자극에 반응할 수 있다. 그림 2-5는 임신 후 2주에서 15주까지의 배아와 태아의 발달을 보여 준다.

3) 태 아 기

태아기(fetal period)는 수정 8주 후부터 출산까지의 시기에 해당한다. 임신 3개월의 태아 즉 임신의 첫 3분기(전체 임신기간의 1/3) 말에 이르면 길이 약 7.8cm, 몸무게 14g 정도로 성장하며 머리크기는 전체 몸길이의 1/3이 된다. 이 시기의 태아의 팔은 얼굴을 향하여 구부러져 있고, 무릎은 위장 쪽으로 구부린 독특한 '태아자세'(fetal position)를 관찰할 수 있다. 아직 눈꺼풀은 붙어 있다. 이 시기 동안 생식기관의 극적인 분화가 이루어진다. 남아의 정관과 고환이 분화되며 여아에서는 나팔관과 자궁 그리고 질이 분화된다. 곧이어 남·여아의 외부생식기도 형성된다.

그림 2-5 태내기 동안의 발달

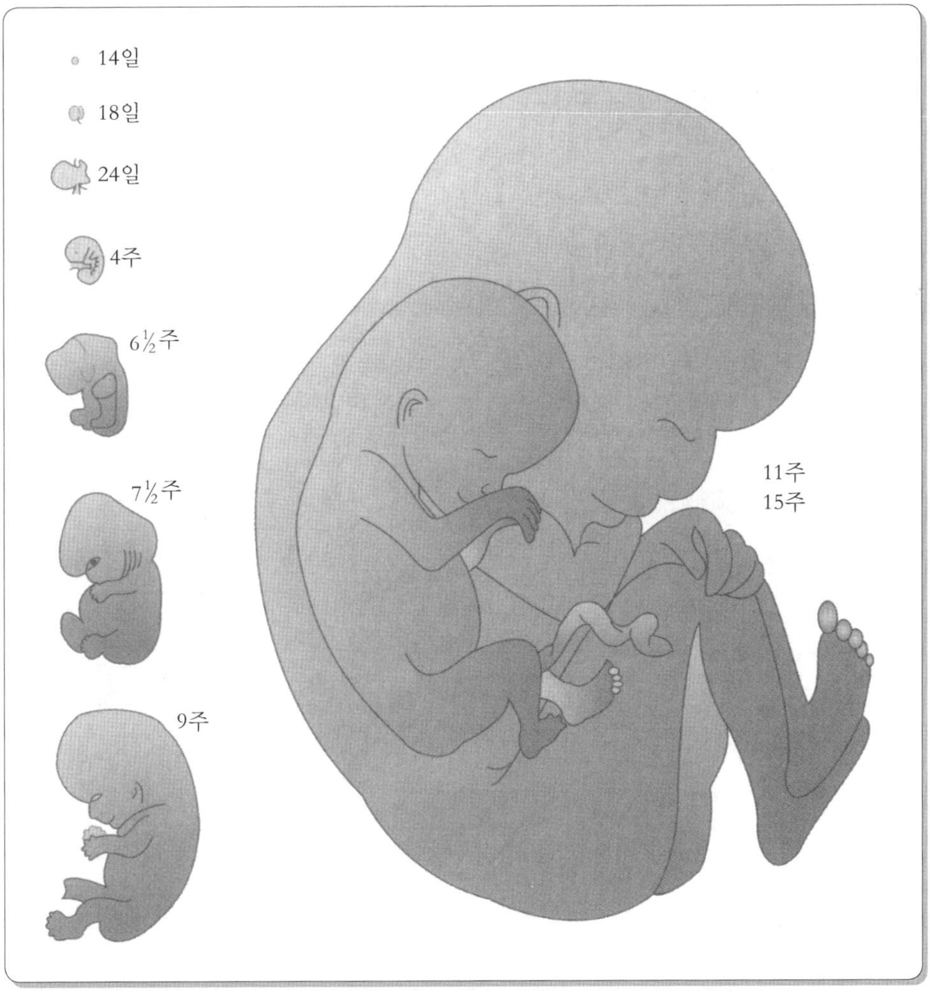

임신 14일부터 15주까지의 배아와 태아의 실물 크기이다.

3개월 된 태아는 자유롭게 움직이고 파악반사*와 바빈스키반사**를 나타낸다. 이제 어머니의 자궁벽을 통하여 태아의 심장박동을 들을 수도 있다. 임신 3개월에서 6개월까지(임신 제2분기) 태아는 약 7–8cm에서 25cm 정도까지 성장하고 몸무게는 약 30g에서부터 거의 900g까지 증가한다. 임신 5개월 이후부터 임신말기까지 매 10일마다 약 2–3cm의 비율로 성장을 계속한다.

*파악반사. **바빈스키반사: 표 3-1을 참조할 것.

임신 4개월에 태아는 빨고 삼키기 시작하며 태반을 통해 영양분을 공급받는다. 태아가 입을 열 때마다 양수가 입으로 들어가고 개체 내에서 순환한다. 양수에 설탕을 주입하면 4개월 된 태아는 보다 빠르게 양수를 삼킨다는 사실에서 태아의 단맛선호를 확인할 수 있다. 이 시기 동안 태동이라고 부르는 태아의 움직임이 나타난다. 처음에는 가벼운 뒤틀림 정도로 경험되다가 후에는 태아의 발, 팔꿈치 혹은 주먹을 확인할 수 있는 정도의 명백한 움직임으로 나타난다. 임신 5개월이 되면 피부가 두꺼워지기 시작한다. 특히 손가락과 발가락 위를 덮은 피부형태에 의해 태아의 개별성이 나타난다. 등과 팔, 다리에는 털이 덮이며 머리카락과 눈썹도 형성된다.

임신 6개월 말경에는 감각수용기가 발달된다. 태아는 촉각에 민감하며 근육 움직임에 의한 접촉에 반응할 수 있고 쓴맛에 반응하여 혀를 내밀 수 있다. 망막과 대뇌를 연결하는 신경섬유가 발달하기 때문에 빛에도 반응할 수 있다. 또한 자궁내의 소리를 들을 수 있고 진동과 청각자극에 반응할 수 있다.

임신 25주경의 태아는 자궁환경 내에서 활발한 기능을 한다. 삼키고 소화하고 배설하고 돌아다니며, 엄지손가락을 빨고 휴식하고 그리고 성장한다. 그러나 자궁환경을 벗어나면 생존할 수 없다. 자궁 밖의 생존이 가능하기 위해서는 신경계의 조절능력이 충분히 발달되어 있어야 한다. 수정 후 약 30주, 즉 210일이 지나면 모체에서 분리되어 나와도 조산아보육기(incubator) 속에서 키우면 생존이 가능하다. 따라서 임신 210일을 생존가능연령(Age of viability)이라고 한다.

임신 6개월에서 9개월(임신 제3분기) 동안 태아의 키는 보통 25cm에서부터 50cm까지 성장하며 체중도 900g에서 3.2kg까지 증가한다. 신장과 체중의 증가와 함께 중추신경계의 성숙도 함께 이루어진다. 정상분만되는 태아는 미성숙한 태아보다 다음과 같은 점에서 유리하다.

① 규칙적인 호흡능력
② 보다 강한 흡입반응
③ 보다 조화된 삼키는 능력
④ 보다 강한 연동운동과 보다 유능한 소화와 배설
⑤ 균형이룬 체온통제

정상분만아는 어머니의 식사에서 섭취되는 무기질을 이용하여 치아의 에나멜질을 형성한다. 임신말기에 태반이 퇴화되기 시작하면 어머니의 혈액 속에 형성된 항체가 태아의 혈액 속으로 흘러 들어간다. 그 항체들은 출생 후 처음 몇 달 동안 태아에게 질병에 대한 저항력을 제공해 준다.

어머니의 자궁은 무한히 태아의 안식처가 될 수 없으며, 태아–자궁관계의 종결이 불가피해진다. 첫째, 태반의 퇴화와 함께 어머니의 혈액 속에는 태아의 혈액을 파괴할지도 모르는 항체가 형성되며 동시에 태아의 혈액 속에도 어머니의 혈액을 파괴할지도 모르는 항체가 형성된다. 둘째, 태반은 약 900g 이상 더 커질 수 없다. 따라서 태아가 성장함에 따라 태반을 통하여 충분한 영양분을 얻을 수 없게 된다. 셋째, 태아의 머리는 자궁경부의 최대 확장치 이상 성장할 수 없다. 머리의 크기는 태아성장의 한계를 결정하는 하나의 요인이다. 그러나 아직까지 우리는 자궁수축과 출산과정의 시작이 어떤 신호에 의해 개시되는지 정확하게 알지 못한다. 확실한 것은 수정 이후 약 38주가 경과되면 신생아가 태어난다는 것이다.

2. 태내발달의 이상

1) 유전적 요인

인간의 이상형질에 대한 보고는 수없이 많으나 현재까지 확실히 밝혀지지 않은 것도 많이 있다. 여기서는 비교적 분명하게 알려진 태아의 이상발달을 살펴보기로 한다. 극단적인 비정상 태아는 유산되는 것이 보통이기 때문에 결함을 갖는 태아의 수는 많지 않다. 유전적 요인에 기인된 결함을 유전인자의 이상과 염색체 이상으로 나누어 고찰한다.

(1) 유전인자 이상

특정한 신체 특성이나 행동의 발현에 관여하는 한 쌍의 유전인자를 대립인자(allele)라고 한다. 한 쌍의 대립인자 가운데 특성의 발현에 기여하는 대립인자를 우성(dominant)이라고 하고 특성의 발현에 기여하지 않는 대립인자를 열성(recessive)이라고 한다. 열성인자가 어떤 특성의 발현에 기여하기 위해서는 한 쌍의 열성 대립인자를 필요로 하므로 태내기 장애는 열성유전자에 기인된 장애보다 우성유전자에 기인된 장애가 두 배 정도 더 많다. 또한 성과 관련된 장애도 나타나지만, 그 수는 열성유전자에 기인된 장애의 1/5수준이다.

우성유전자 장애의 흔한 예로 무도병(Huntington's disease)이 있다. 30세가 될 때까지는 특별한 증상을 나타내지 않는 이 유전병은 30세 이후부터 점진적인 신경계 손상과 신체의 점진적 쇠약, 정서적 혼란 및 정신지체를 나타내고 결국 사망에 이르게 한다.

열성유전자 장애에는 PKU(Phenylketoruria)와 소아 흑내장성 지진아(Tay-Sachs disease)가 있다. PKU는 단백질 분해과정에서 페닐알라닌(phenylalanine)을 티로신(tyrosine)으로 분해하는 효소의 선천적 결여로 일어난다. 그 결과 페닐피루브산이 소변에 그대로 배출되며 정신박약아와 같은 증상을 나타낸다. 출생 즉시 적절한 식이요법을 실시하면 정신지체를 예방할 수도 있으며, 인구 10,000명당 1명의 빈도로 발생한다.

소아 흑내장성 지진아는 출생 후 6개월 이내에 나타나는 유전병으로 시력저하와 전신쇠약증세를 나타낸다. 주로 서양인에게 발생하며 보통 2-3세에 사망한다. 인구 10,000명당 2명의 빈도로 발생한다.

(2) 염색체 이상

염색체 이상은 성염색체 이상과 성염색체 이외의 염색체인 상(常)염색체(autosomal chromosome) 이상으로 구분될 수 있다. 감수분열 동안 일어나는 성염색체 이상은 난자나 정자가 형성될 때 46개의 염색체가 정확하게 이분되지 않아 어느 한쪽이 더 많거나 더 적은 염색체를 생성한 결과이다. 다섯 가지의 흔한 성염색체 이상을 정리하면 표 2-2와 같다.

상염색체 이상으로는 다운증후군(Down's syndrome)이 있다. 보통 21번 염색체의 이상에 기인하며 정상인보다 염색체의 수가 하나 더 많은 47개의 염색체를 갖는다. 20세 산모에서는 1,900명의 출산아 중 1명의 비율로 발생하지만 어머니의 연령이 35세일 때는 300명의 출산아 중 1명 그리고 45세일 때는 30명의 출산아 중 1명의 비율로 발생한다. 아버지의 연령이 45세 이상일 때도 다운증후군의 발생위험이 있다.

표 2-2 성염색체 이상

명칭	염색체 조합	특징	발생률
없음	XYY	큰 키; 정상 이하의 지능; 심각한 여드름, 심리사회적 문제에 기인된 충동적, 공격적 행동	남성 1,000명 중 1명
클라인펠터증후군 (Kleinfelter's syndrome)	XXY	여성적 외모; 작은 음경과 고환; 불임; 낮은 성적 동기; 적은 체모; 돌출한 유방; 정신적 손상	남성 600명 중 1명
X 결함 증후군	XY 혹은 XX	영향력 없는 X 염색체; 어떤 사람은 정상이나 어떤 사람은 지체됨; 남성은 확대된 고환을 가짐	여성보다 남성들 사이에서 더 흔하게 나타남
터너 증후군 (Turner's syndrome)	XO	난소의 결여; 완전하게 발달하지 못한 내외 생식기관; 탄력 없는 피부; 짧은 목; 작은 키; 청각장애나 정신지체	여성 2,500명 중 1명
없음	XXX	특징이 다양함; 어떤 여성들은 정상적으로 임신이 가능하나 어떤 여성들은 불임이며, 정신지체를 보임	여성 1,000명 중 1명

이 증후군의 개인들은 뒷머리가 납작하고 목이 짧으며 납작한 코와 삐죽 나온 혀를 가지고 있다. 그들은 짤막한 손과 손가락을 가지고 있고 키가 작아 눈으로 쉽게 식별될 수 있으며, 평균 IQ는 50 정도이다. 이 증후군을 갖는 개인들은 다정하고 쾌활하나 질병에 대한 저항력이 약하기 때문에 어린 연령에서 사망하는 경우가 많다.

2) 환경적 요인

모체 내에서의 태아발달은 일정한 순서에 따라 진행되며, 각 기관이나 해부학적 조직은 분화와 발달을 위한 결정적 시기(critical period)를 갖는다. 제1장에서 이미 설명한 것처럼, 결정적 시기란 발달이 이루어지는 최적의 시기로서 이 시기 동안 태아가 어머니를 통하여 유해한 환경적 영향(기형발생물질)에 노출된다면, 각 기관이나 구조는 손상을 입기 쉽다. 실제로 태내기 손상은 짧은 기간내에 이루어지고 영구적이기 때문에 민감기라는 용어보다는 결정적 시기

그림 2-6 기형발생의 결정적 시기

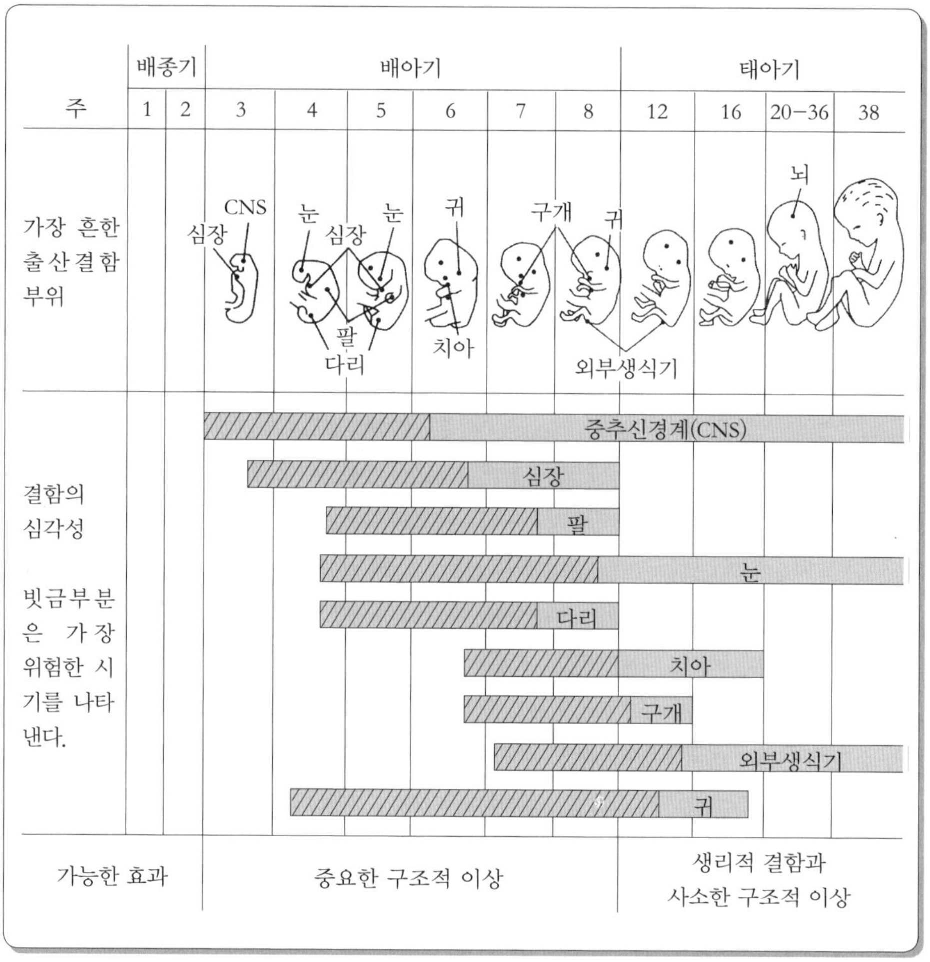

라는 표현이 더 타당하다. 유해한 환경자극에 민감한 태내발달의 시기를 제시하면 그림 2-6과 같다.

그림 2-6에서 빗금 그은 막대 부분은 기형발생물질(teratogen)에 가장 취약한 시기로서 기형발생의 결정적 시기에 해당하며, 대부분 임신 후 처음 8주 내에 포함된다. 반면에, 옅은 회색 막대 부분은 손상을 덜 받기는 하지만, 아직도 위험이 계속되는 시기이므로 중추신경계, 눈, 외부생식기와 같은 신체부위는 출산시까지 기형발생물질에 의한 손상 가능성이 계속되고 있음을 알 수 있

다. 태내발달의 이상을 초래하는 환경적 요인은 크게 어머니의 특성과 관련된 요인과 외부적 요인으로 구분될 수 있다.

(1) 어머니의 특성과 관련된 요인

① 질 병

모체의 질병은 태아발달에 지장을 줄 수 있다. 당뇨병을 가지고 있는 어머니들의 경우, 높은 혈당수준과 인슐린 처치는 유산이나 사산을 초래하고 태아가 살아남는다고 할지라도 신체적 결함과 신경계의 이상을 갖게 한다. 적절한 의학적 도움과 어머니의 식이요법은 위험 정도를 감소시킬 수 있다.

Rh인자의 부조화도 태아발달에 부정적 영향을 준다. Rh인자는 인구의 약 85%의 적혈구에서 발견되는 단백물질이다. Rh인자의 부조화는 Rh^+의 남성과 Rh^-의 여성이 Rh^+의 자녀를 임신하게 될 때 발생한다. 그러나 첫 아이는 Rh^+의 남아라고 할지라도 영향을 받지 않으며, 둘째 아이부터 치명적인 위험에 빠지게 된다. 태아와 모체의 혈관조직은 분리된 체계이기는 하지만 분만 과정중의 출혈로 인해, Rh^-의 혈액과 Rh^+의 혈액은 섞이게 된다. 그 결과 첫 아이 출산 직후에 모체의 혈액은 Rh^+인자에 대항하기 위한 항체를 생성한다.

둘째 아이를 임신하게 되면 이 항체는 태반을 통해 태아의 혈액 속에 들어가서 Rh^+태아의 적혈구를 파괴하기 때문에 조산하거나 사산한다. 죽지 않고 살아남은 태아들은 빈혈증과 파괴된 적혈구에 의해 분비된 독성물질로 황달증세를 보이며 정신지체를 나타내지만, 출산전이나 출산직후에 수혈하면 태아결함을 어느 정도 막을 수 있다(Flegal, 2007). 가장 안전한 방법은 Rh^-의 어머니에게 매번 임신할 때마다 임신 즉시 Rh 면역 그로브린(RhoGam)을 주사하는 것으로 Rh항체 형성을 막을 수 있다.

풍진(rubella)은 모체의 감염시기에 따라 태아에게 나타나는 증상이 달라지는 대표적 질환이다. 임신 11주 이전에 어머니가 감염되면 청각장애나 심장결함, 시각적 혹은 지적 결함을 갖는 아기가 태어나지만, 임신 13주와 16주 사이의 감염은 3명의 태아 중 1명의 비율로 결함 가능성이 낮아진다. 그러나 임신 16주 이후의 감염은 태아에게 아무런 영향을 주지 않는다. 이와 같이 풍진은 임신초기에 치명적인 영향을 줄 수 있으므로 이 질환에 대한 면역이 형성되지 않은 사람은 적어도 임신 6개월 이전에 예방접종을 받아야 한다.

② 성　병

어머니가 가지고 있는 성병도 출산결함을 야기시킨다. 매독(syphilis)은 태반을 통해 감염되나, 만약 임신 4개월 이전에 치료된다면 태아는 매독에 감염되지 않을 수 있다. 그러나 모체의 치료되지 않은 매독은 태아를 출산 전이나 출산 직후에 사망하게 하며, 사망하지 않은 태아는 뼈나 간 혹은 대뇌에 손상을 입고 피부질환을 갖기 쉽다.

태반을 통해 감염되는 매독과는 다르게 음부 헤르페스와 임질은 분만시 산도를 통과할 때 신생아에게 감염되는 특성을 지니고 있다. 의사는 이와 같은 성병을 지니고 있는 산모에게는 제왕절개수술을 권한다. 헤르페스에 감염된 신생아의 50−60%는 사망하고 생존자의 50%는 대뇌손상을 입거나 장님이 된다(Sellner 등, 2009). 또한 임질은 분만시에 신생아의 눈에 손상을 일으켜 장님이 되게 한다.

에이즈(AIDS, 후천성 면역결핍증)도 어머니를 통해 태아에게 감염된다. 보통 태반을 통해 그리고 출생시의 혈액의 감염으로 신생아는 에이즈 환자로 태어난다. 또한 출생후 모유 수유를 통하여 신생아는 에이즈에 감염되며, 개발도상국가들에서 흔하게 일어난다(UNICEF, 2010).

에이즈에 감염된 대부분의 신생아들은 면역체계의 이상을 가지고 태어나기 때문에 생후 6개월경에 이르면, 체중감소를 나타내고 고열과 설사 및 호흡기 질환을 자주 앓는다. 또한 에이즈 바이러스는 심각한 대뇌손상을 일으키고 정신능력의 발달과 운동발달에서 지체를 초래한다. 일반적으로 에이즈증상이 나타난 지 5−8개월이 지나면 에이즈에 감염된 대부분의 아기들은 사망한다.

③ 영양과 정서상태

태아의 정상적인 발달을 위해서는 임부의 균형 있는 영양섭취가 요구된다. 대부분의 임신한 여성들은 평소보다 칼로리 섭취를 10−20% 증가시키므로 정상체중의 여성들은 임신후 약 11−16kg, 저체중의 여성들은 약 18kg 그리고 과체중의 여성들은 약 6−7kg 정도 체중이 증가한다. 체중 증가분의 1/3은 태아와 태반 및 양수의 무게를 반영하고, 또 다른 1/3은 여성의 지방 저장양의 증가를 그리고 나머지 1/3은 여성의 혈액양의 증가와 유방 및 자궁 크기의 증가를 반영한다.

최근에는 임부의 저체중보다는 과체중을 더 문제시한다. 여성의 비만은 불임을 일으키거나 고혈압이나 당뇨병에 걸리기 쉽게 하며 제왕절개수술에 의한 분만을 증가시킨다(Arendas 등, 2008). 임신기간 동안의 비만은 과체중의 신생아를 출산하게 하고 자궁내에서의 태아 사망이나 사산을 초래하기도 한다.

태내기 동안 정상적 발달이 이루어지기 위해 비타민 B 복합체나 그것의 일종인 엽산(혹은 폴산: folic acid)의 섭취가 매우 중요하다. 임신 초기의 엽산 부족은 척수의 결함을 초래하는 신경관 결함(neural tube defects)을 일으킨다(Shookhoff & Ian Gallicano, 2010). 한 연구에 의하면(Bukowski 등, 2008), 임신 1년 전에 엽산만을 섭취하거나 종합비타민을 통해 엽산을 섭취한 여성들은 임신 20-28주 사이의 분만위험성이 70% 정도 더 낮았고 임신 28주와 32주 사이의 분만위험성은 50% 가량 더 낮았다. 또한 임신 1분기 동안 엽산을 섭취하지 않은 임부의 자녀가 유아기에 더 많은 행동문제를 나타내었다는 보고도 있다(Roza 등, 2010).

어머니와 태아는 태반에서의 혈액체계에 의해 상호 의존되어 있기 때문에 모체의 생리적 변화는 태아에게 영향을 준다. 임부가 대단히 피로하다든가 불안감이나 공포감 혹은 슬픔을 경험하게 되면 태아의 움직임이 갑자기 증가한다는 것은 널리 알려진 사실이다. 임부의 정서상태는 혈액의 화학성분을 변화시키며 그 결과 변화된 화학물질이 태반을 통해 태아에게 전달된다.

따라서 어머니의 강한 불안은 유산, 조산, 저체중 및 신생아의 호흡기 질환과 관련되어 있고 구순열이나 유문협착(pyloric stenosis)과 같은 신체적 결함을 초래한다. 또한 임신기간 동안 지속적인 불안을 경험한 임부의 자녀들은 영아기 동안 주의력 결함과 언어발달지체를 보이고 아동초기 동안에는 행동문제를 나타내는 경향이 있었다(Taige 등, 2007).

④ 연　령

여성의 임신가능기간은 첫 월경 시작 후 1년 혹은 1년 6개월경에 시작하여 폐경기 말기에 끝난다. 그러나 가장 이상적인 자궁환경은 18세부터 35세 사이이며 보다 적은 합병증을 나타내는 경향이 있다. 특히 초산일 경우, 35세 이상의 여성들은 보다 더 긴 진통시간을 필요로 하기 때문에 신생아나 산모 중 어느 한편이 사망할 수도 있다. 미숙아를 출산할 가능성이 높은 연령집단은 35세 이상과 16세 이하의 집단이며, 특히 10대의 산모들은 보다 더 큰 신경학적 결함을 갖는 미숙아를 출산한다.

앞에서도 설명한 것처럼, 40세 이상의 산모들은 다운증후군(Down syndrome)의 태아를 출산할 가능성이 크다. 출생시 미성숙한 형태로 존재하던 자궁은 사춘기 동안 완전히 성숙한다. 그러나 연령이 증가함에 따라 자궁을 구성하는 세포들도 노화하기 때문에 자궁의 기능은 퇴화한다. 40세 이상의 산모들에게서 나타나는 다운증후군의 높은 발생빈도는 퇴화된 자궁 때문으로 추정된다.

(2) 외부적 요인

① 약 물

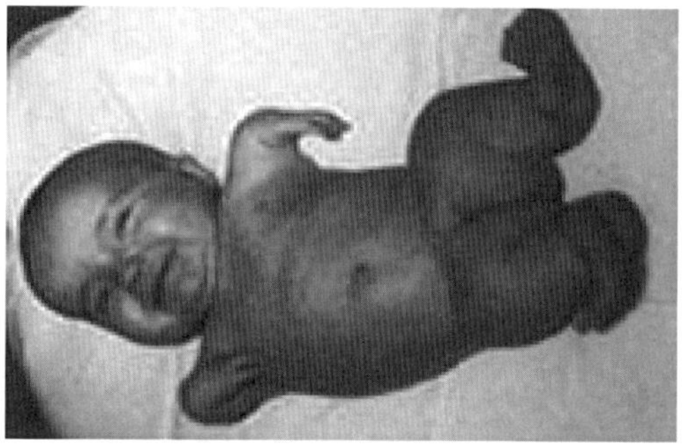

탈리도마이드에 기인된 태아기형

임부에게 유해한 약물은 점점 더 많아지고 있다. 의사들은 임부에게 의사의 처방 없이는 어떤 약물도 복용하거나 사용하지 말라고 권한다. 임부들이 자주 복용하는 비타민 A의 과용은 선천성 기형이나 구순열을 만들며, 다량의 아스피린 복용은 태아의 순환계에 이상을 일으킨다. 커피나 홍차 혹은 콜라에 포함된 카페인도 태아에게 영향을 준다. 한 연구는 하루에 3잔 이상 혹은 200mg(밀리그램: 1g의 1/1000) 이상의 카페인을 섭취한 임부들은 유산할 위험성이 증가한다고 보고한다(Weng 등, 2008).

의학적 처치를 위해 투여된 약물들도 태아에게 심각한 영향을 줄 수 있다. 1960년대의 탈리도마이드(thalidomide)의 비극적 결과에서 우리는 임신 후 초기 약 3개월 동안의 약물복용의 위험성을 실감한다. 입덧을 경감시키기 위해 임신 후 21－36일 사이에 복용된 신경안정제인 탈리도마이드는 사지가 없거나 청각 손상을 갖는 아기를 탄생시켰다.

알코올은 태아기형을 유발하는 또 다른 심각한 약물이다. 알코올을 복용한 어머니의 아기들이 나타내는 광범위한 증상들을 통틀어 태아알코올 스펙트럼 장애(fetal alcohol spectrum disorders: FASD)라고 부른다. 가장 눈에 띄는 증상은 작은 크기의 머리와 심장, 사지, 관절 그리고 얼굴의 이상이며 이 장애를 갖는 신생아들은 과민성과 과활동성 및 발작증세를 나타내기 쉽다. 정상아들보다 더 작고 더 가벼운 태아알코올 스펙트럼 장애아들은 아동기와 청년기 동안 줄곧 동년배들보다 더 지체된 성장을 보인다.

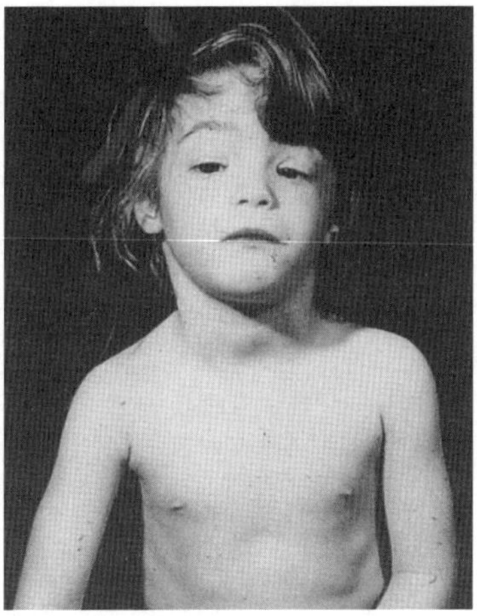

작은 머리와 넓은 양미간, 낮은 코, 얇은 윗입술을 가진 전형적인 태아알코올 스펙트럼 장애 아동

어느 정도의 알코올 섭취가 태아에게 나쁜 영향을 주는가? 임신기간 동안 완전하게 안전한 알코올 섭취는 존재하지 않는다. 분명한 것은 임신초기의 소량의 알코올 섭취도 유산의 위험을 증가시키고 굼뜨고 무기력한 아기를 출산하게 한다는 것이다. 물론 알코올 섭취량이 많아지면 장애도 심각해지지만, 흥미롭게도 심한 음주자인 엄마도 FASD 아기를 갖지 않을 수 있기 때문에 어느 정도의 음주가 바람직하다고 말하기는 어렵다.

임부의 흡연은 태내기 발달과 분만 및 출생 후 발달에 부정적 영향을 준다. 임부의 흡연은 혈압과 맥박을 상승시키고 혈액의 산소요구량을 증가시키기 때문에 태아는 만성적인 산소부족을 경험한다. 산소부족은 태아의 뇌 이상을 일으키고 작은 두개골과 구순열 혹은 저체중을 유발하며 영아 돌연사 증후군(sudden infant death syndrome: SIDS)과 심혈관 문제를 일으킨다(Feng 등, 2010). 또한 흡연은 주의력결핍 과잉행동 장애의 위험요인으로 분류된다(Knopik, 2009). 흡연하는 남편을 갖는 비흡연 여성의 아기들 역시 출산시에 더 적은 체중을 지니고 있어 간접흡연도 태아에게 유해하다(Leonardi-Bee 등, 2008).

그 외의 약물이 태아와 신생아에게 주는 영향을 정리하면 표 2-3과 같다.

② 방 사 선

임신 이전의 방사선 투과도 생식세포의 염색체를 변화시킴으로써 유해한 영향을 줄 수 있기 때문에 특별한 경우를 제외하고 임부의 하복부나 골반에 X

표 2-3 태아나 신생아에게 영향을 주는 약물

약 물	효 과
항생물질	스트렙토마이신의 과도한 사용은 청력손상을 초래하고, 테라마이신과 태트라사이크린은 조산, 지체된 골격성장, 백내장 및 치아의 착색을 야기시킨다.
아스피린	과도한 양의 복용은 신생아의 위장장애를 일으키고 출산시의 저체중과 낮은 지능을 초래한다.
바비튜레이트 (진정 · 수면제)	태아나 신생아를 무기력하게 만들고 과도한 양의 사용은 무산소증과 호흡곤란을 일으키게 한다.
각성제	카페인은 조산을 일으키고 신생아의 비정상적 반사와 과민성을 유발시킨다. 코카인의 복용은 신생아의 저체중과 과민성 및 호흡기 장애를 일으키게 한다.
성호르몬	여성 호르몬이 들어 있는 피임약은 심장이상과 심혈관문제를 일으킬 수 있다. 유산을 예방하기 위해 사용되는 약물 속의 프로제스테론은 태아를 남성화한다.

광선을 투과하지 말아야 한다. 임신 직후, 수정란이 착상되기 이전에 방사선에 노출되면 접합자는 죽게 되며 착상 이후의 방사선 노출은 성장을 지체시키거나 기형을 일으킨다. 특히 중추신경계의 기형으로 출생 직후 사망하기도 한다.

③ 화학물질, 중금속, 환경오염물질

화학물질과 중금속 및 각종 환경오염물질들은 태내발달의 이상을 일으키는 원인물질로 분류되고 있다. 다이옥신(dioxin)을 포함하는 제초제(herbicides)는 높은 비율의 유산과 태아기형을 일으키고 암을 유발할 수 있는 화학물질이다. 또한 납과 같은 독성 금속에 노출된 어머니의 영아들은 저체중과 느린 신경학적 발달을 보이고 낮은 지능을 갖는다(Markowitz, 2000).

그림 2-7은 폴리염화비페닐(PCB)에 오염된 물고기를 먹은 임부의 태아가 낮은 읽기 이해점수와 IQ 점수를 갖는다는 것을 보여 준다. 종단적으로 수행된 이 연구(Jacobson & Jacobson, 2000)는 미국의 서쪽 미시건에 거주하는 어머니와 1981년과 1982년에 출생한 그들의 아동을 대상으로, 출산 직후에 탯줄의 혈액과 모유 속의 PCB 농도를 측정하고 생후 7개월, 4세 그리고 11세에 아동의 IQ와 읽기 이해능력을 측정하였다. 그 결과 그림 2-7과 같이 모유의 PCB의 농도가 높아질수록 아동의 IQ점수와 읽기 이해능력 점수가 저하하는 것을 알 수 있다.

그림 2-7 모유의 PCB의 농도와 IQ점수 및 읽기 이해능력 점수

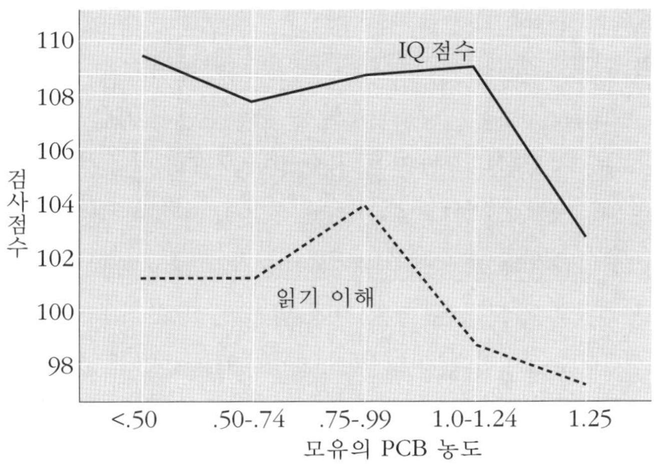

출처: Jacobson & Jacobson, 2000.

Ⅳ 분만과 산모의 적응

1. 분 만

분만은 진통이라고 부르는 자궁근육의 무의식적인 수축으로부터 시작된다. 진통의 시작에서부터 신생아 출산까지의 시간은 초산부의 경우 약 14시간 그리고 경산부의 경우에는 약 8시간 정도이나 임산부에 따라 그 변이가 크다.

분만 제1단계는 자궁수축의 개시로부터 시작하여 자궁경부가 완전히 열릴 때까지(자궁경부가 약 10cm로 확장될 때까지)의 기간으로 가장 긴 시간이 요구된다. 제2단계는 자궁경부가 완전히 열린 다음 진통과 복압의 작용으로 태아를 출산할 때까지이다. 그리고 제3단계는 태아의 분만으로 시작하여 태반의 방출이 이루어지는 동안으로 보통 5–10분이 소요된다.

분만과정 동안 여러 가지 합병증이 발생할 수 있다. 문제가 되는 합병증으로 분만 제1단계에서의 산모의 질 출혈(vaginal bleeding), 태아의 비정상적 심장

박동, 태아의 크기와 골반 열림 정도 사이의 불균형 혹은 비정상적인 태아위치 등이 있다. 이러한 모든 분만 합병증들은 정상분만을 어렵게 하고 자주 제왕절개수술을 요한다.

어머니의 심리적 상태는 분만과정에 영향을 준다. 안정된 성격과 임신에 대한 긍정적 태도를 지니고 있는 산모들은 불안정한 산모들보다 진통을 덜 고통스러운 것으로 지각한다. 반면에 불안정한 산모들은 분만과정 동안 보다 빈번하게 각종 약물을 요구한다. 분만과정 중 산모가 복용한 진통제나 마취제는 신생아에게 바람직하지 못한 영향을 준다는 증거가 많기 때문에 주의를 요한다.

그러나 오늘날의 산모들은 출산 전에 남편과 함께 병원이나 각종 단체에서 운영하는 출산준비교실이나 분만교실(childbirth classes)을 통하여 산전관리는 물론 영양섭취와 운동, 분만시 호흡법 등을 학습하기 때문에 한 세대 전의 산모들보다는 분만과 관련된 불안을 더 적게 경험한다. 이완은 진통을 경감시킬 수 있는 효과적 방법이므로 많은 산모들은 진통제보다는 심호흡을 하고 과거의 즐거운 장면이나 경험을 떠올림으로써 진통을 감소시키려고 노력한다. 출산준비교실에 다녔던 산모들도 진통을 감소시키기 위하여 약물을 요구하기는 하지만, 요구 정도는 출산준비교실에 출석하지 않았던 산모들보다는 유의하게 더 적었다.

2. 산후우울증과 적응

일반적으로 여성들은 긴 임신기간이 끝나면 안도감을 느끼고 건강한 아기의 출산으로 가족구성원들과 함께 기쁨과 행복감을 경험하지만, 이 시기는 부모역할을 위한 적응기간이기도 하다. 유방에서는 젖이 분비되기 시작하고 자궁은 점차 작아져서 5-6주내에 정상크기로 회복되며 높아진 여성호르몬 수준도 다시 낮아지는 신체적 변화를 경험하는 동시에, 산모는 아기가 포함되는 생활을 재조직해야 한다. 특히 갓 태어난 아기가 첫 아기일 때 아기의 수면-각성주기에 맞추어 생활하지 않으면 안 된다. 이 과정에서 아버지들은 아기에게 몰입되어 있는 어머니를 보면서 소외감을 느끼고 질투심을 보이기도 한다.

그러나 부모가 된다는 것은 큰 적응을 요구하는 사건이므로 산모들의 60% 정도가 산후우울증(postpartum blues 혹은 postpartal depression)을 경험한다. 보통

1-2주 지나면 사라지지만, 10-15%의 여성들은 심각한 산후우울증으로 수개월 이상 고통을 겪는다. 산후우울증이란 분만 직후의 여성들이 지극히 과민해지고 강한 피로감과 슬픔, 잦은 울음 및 우울한 기분을 경험하며 밤에도 불면증으로 잠을 이루지 못하는 증상을 의미한다. 특히 임신 전부터 우울증을 가지고 있었거나 다른 생활 스트레스를 경험하고 있을 때, 계획하지 않은 임신일 때 그리고 어머니 역할에 대한 적응을 도와줄 사람(예, 남편)이 전혀 없을 때 심각한 산후우울증을 경험할 수 있다(Boyce, 2003; Heh, 2003).

왜 산모들은 산후우울증을 경험하는가? 다음과 같은 여러 가지 원인들이 복합적으로 작용한 결과로 알려져 있다. 우선 임신기간 동안 불안하게 아기를 기다린 산모들은 분만과 함께 과도한 긴장에서 갑작스럽게 이완되기 때문에 극도의 피로감을 경험한다. 또한 출산 그 자체는 여성의 신체에 상당한 긴장을 초래하고 그것은 휴식과 회복의 시간을 요구한다. 여기에 덧붙여 분만 후의 에스트로겐과 프로제스테론 수준의 급격한 감소는 산모를 우울하고 혼란스럽게 한다.

더욱이 퇴원 후 집으로 돌아오자마자 아기를 돌보아야 하는 많은 산모들은 스트레스를 경험하지 않을 수 없다. 한 젊은 어머니는 "나는 이 조그만 아기가 이처럼 많은 것을 요구할 것이라고는 상상도 하지 못했다. 나는 아주 지쳤다"라고 이야기하였다. 첫 아이를 출산한 여성이나 이미 돌보아야 할 다른 자녀가 있는 여성들 혹은 신생아가 배앓이를 하고 까다로운 경우에 스트레스는 가중된다.

산후우울증의 기간이 길어지면 어머니와 아기 모두에게 부정적 영향을 준다. 산후우울증에 걸린 어머니들은 아기와 접촉하거나 안아주려고 하지 않으며 아기에게 말을 건네지도 않으려고 한다. 따라서 시간이 경과할수록 아기들은 우울해지고 성장할수록 공격성을 포함한 다양한 행동문제를 일으키기 쉽다(Dawson 등, 2003).

흥미롭게도 모유를 먹이는 여성들이 산후우울증에 걸릴 위험이 더 낮다. 모유를 먹이는 것은 항우울제로 작용하는 호르몬을 방출하게 하기 때문에 모유 수유는 산후우울증을 예방할 수 있는 손쉬운 방법으로 평가된다(Gagliardi, 2005). 그러나 아무리 심한 산후우울증이라고 할지라도, 배우자의 관심과 이해 그리고 도움이 있다면 쉽게 회복될 수 있다.

아동의 발달 제2부

| 목 적 |

2부는 출생직후부터 청년기에 진입하기 이전까지의 개인의 발달을 고찰한다. 발달단계상으로 보면, 아동기는 영아기, 아동초기 및 아동중기를 포함하는 시기로서 아동발달 혹은 아동심리학이라는 명칭으로 이미 하나의 독립된 학문분야를 이루고 있다. 아동심리학을 연구한 선구자 중의 한 사람인 스탠포드 대학교 교수였던 샬렌버그(Magaret Schallenberger, 1894)는 아동을 "과학적 연구의 권위 있는 주제가 될 수 있는, 자연이 만들어낸 최종적 산물"이라고 이야기한 바 있다. 전 생애 모두가 흥미롭지만, 아동기는 특별히 흥미로운 영역이라고 해도 과언이 아니므로 다양한 측면의 발달을 자세히 고찰한다.

| 기대되는 효과 |

2부는 네 개의 장으로 구성된다. 제3장은 아동의 신체, 운동 및 지각능력의 발달을 설명하고, 제4장은 인지발달을, 제5장은 아동의 정서, 성격 및 자기에 대한 이해의 발달을 그리고 제6장은 아동의 타인에 대한 이해와 사회적 관계 및 성역할의 발달을 논의함으로써 인간에 대한 기본적 이해가 가능하도록 하였다. 독자는 2부를 통하여 인간의 성장과정이 얼마나 자발적이고 독창적이며 체계적으로 이루어지는지를 이해하게 될 것이다.

제3장 아동의 신체, 운동, 지각능력의 발달

제3장 아동의 신체, 운동, 지각능력의 발달

• …… 출생직후부터 아동은 급속하게 성장한다. 태내기 성장의 연장으로 출생 후 첫 6개
• …… 월 동안의 성장은 특히 급속하다. 이 시기 이후에도 신장과 체중 및 대뇌의 성장은
• …… 계속되며, 운동능력과 지각능력도 함께 발달한다. 이 과정에서 부모는 어린 아동이
• …… 다양한 발달과업을 성취할 수 있도록 돕는다.

I 신체발달

구체적인 신체발달을 설명하기 전에 허비거스트가 제안한 영아기와 아동초기 및 아동중기의 발달과업을 먼저 제시한다. 발달과업은 부모가 아동을 사회화시키는 구체적인 내용에 해당할 뿐 아니라 정상적 발달의 핵심적 지표들이므로 아동의 정상성 여부를 판단하는 기준으로 활용된다.

1. 영아기와 아동초기 및 아동중기의 발달과업

(1) 영아기와 아동초기의 발달과업

① 보행을 학습한다.

② 고형의 음식물을 먹는 것을 학습한다.

③ 말하기를 학습한다.

④ 배설통제를 학습한다.

⑤ 성차를 알고 성예절을 학습한다.

⑥ 생리적인 안정을 유지한다.

⑦ 사회적, 물리적 현실에 관한 단순개념을 형성한다.

⑧ 가족은 물론 타인들과 정서적 관계를 맺는 것을 학습한다.

⑨ 옳고 그름을 판단하는 것을 배우며 양심이 발달된다.

(2) 아동중기의 발달과업

① 보통의 놀이에 필요한 신체기술을 학습한다.

② 성장하는 유기체로서 자신에 대한 건전한 태도를 형성한다.

③ 또래친구와 사귀는 법을 배운다.

④ 적절한 성역할을 학습한다.

⑤ 읽기, 쓰기, 셈하기의 기본기술을 익힌다.

⑥ 일상생활에 필요한 개념을 학습한다.

⑦ 양심, 도덕, 가치체계가 발달한다.

⑧ 사회집단과 제도에 대한 태도가 발달한다.

그러나 사회화의 내용은 사회에 따라 그리고 동일한 사회 내에서도 계층에 따라 조금씩 차이가 있으므로 자신이 소속한 사회 내의 특정 계층에서 중요시하는 사회화의 내용을 정리해볼 필요가 있을 것이다.

2. 신체발달의 원리

신체발달을 포함하여 모든 발달은 무작위적으로 이루어지는 것이 아니며 항상 규칙성을 전제로 한다. 일정한 방향성을 가지고 진행되는 신체발달과 운동발달은 다음과 같은 몇 가지 원리를 바탕으로 한다.

① 발달은 두부에서 미부(cephalocaudal direction)로 혹은 상부에서 하부(head to tail)로 진행된다.

머리부분이 가장 먼저 발달하고 그 다음에 몸통이 발달하며 팔다리의 발달은 가장 늦다. 그림 3-1과 같이 출생시의 신생아의 머리크기는 신장의 1/4을 차지하나 몸통과 다리 부분의 급속한 성장으로 생후 18개월이 되면 머리는 신장의 1/5이 되고 12세에는 1/7이 되며 성인이 되면 비로소 1/8이 됨으로써 8등신이 될 수 있다. 완전히 성장한 성인의 머리크기는 신생아 크기의 두 배가 되고 몸통은 세 배, 팔과 손의 길이는 네 배 그리고 다리와 발의 길이는 다섯 배로 성장한다. 또한 영아가 앉고 기고 걷기 전에 머리와 가슴을 먼저 들어올

그림 3-1 태내기부터 성인기까지의 신체비율의 변화

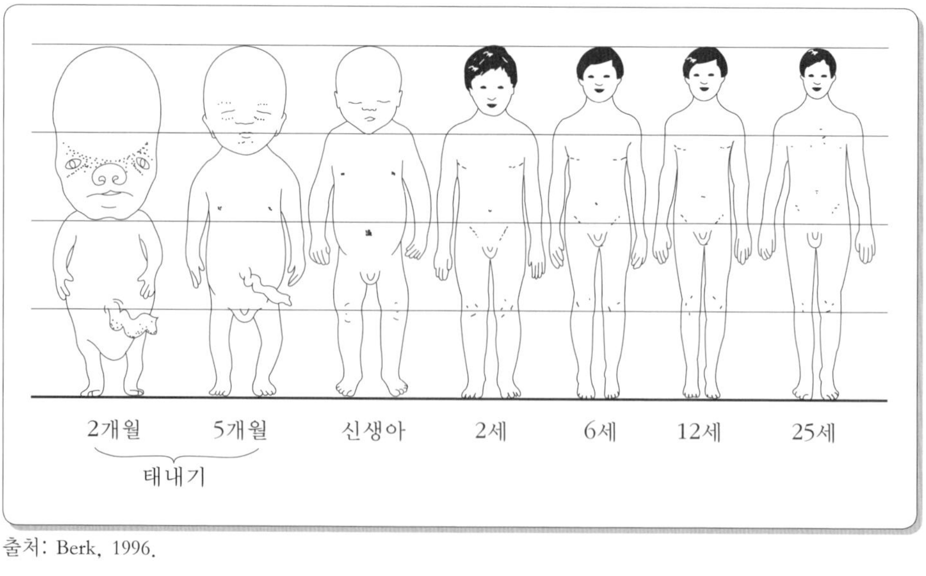

출처: Berk, 1996.

릴 수 있는 것도 이 원리에 기초한다.

② 발달은 중심부위에서 말초부위(proximo–distal direction)로 진행된다.

영아는 가장 먼저 머리와 가슴을 통제할 수 있고 그 다음으로 팔을 그리고 마지막으로 손을 통제할 수 있기 때문에 신체의 중심에 가까운 팔을 움직이다가 차차 손목, 손가락을 움직일 수 있게 된다.

③ 발달은 연속적인 과정이나, 발달의 속도는 일정하지 않다.

인간의 발달은 멈추는 일 없이 연속적으로 진행되지만 속도의 빠르고 느림에는 차이가 있다. 그림 3–2는 신체 주요부분의 성장속도가 각기 다르다는 것을 보여 준다. 이 그림에 제시된 곡선들은 20세의 성장 백분율을 100으로 했을 때의 상대적 비율을 나타낸다. 면역기능에 해당하는 임파조직의 성장은 11–12세경에 이미 성인 수준의 두 배에 도달하고 다시 감소하는 독특한 패턴을 지니고 있다.

그림 3–2 신체 주요부분의 성장속도

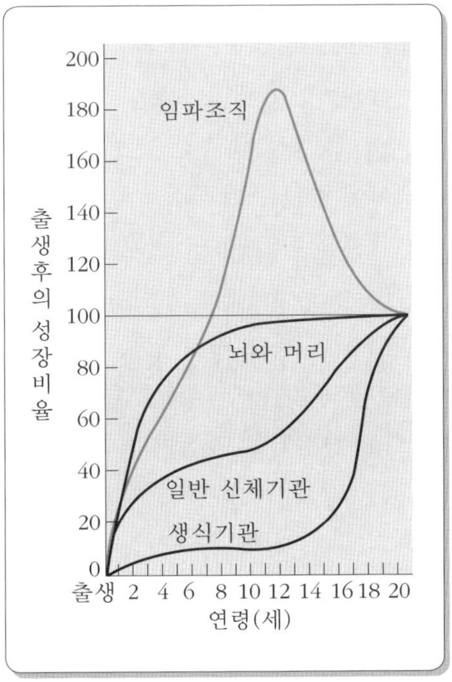

출처: Tanner, 1962.

그림 3–3 정상적인 성장곡선과 질병 후의 따라잡기성장의 예

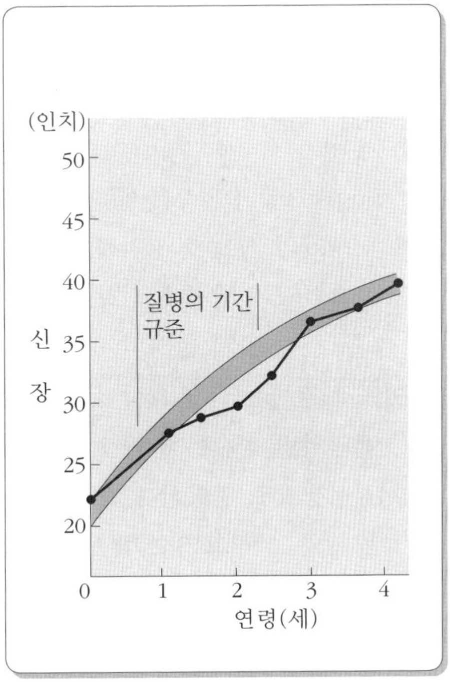

출처: Prader 등, 1963.

④ 신체발달의 손상은 성장촉진현상을 일으킨다.

인간의 신체발달은 규칙적인 과정이기는 하지만, 질병이나 영양부족에 의해 손상받을 수 있다. 그러나 손상 직후에 적절한 영양섭취가 이루어지고 건강상태가 회복되면 성장촉진현상이 일어난다. 그림 3-3은 질병 후의 따라잡기성장(catch-up growth) 현상을 보여 준다. 그렇지만 손상기간이 길어져서 따라잡을 충분한 시간이 없을 때는 성장은 영구적으로 지체된다.

3. 신생아의 적응

1) 신생아의 건강상태와 행동평가

출생 후 처음 한 달 동안의 아기를 신생아라고 한다. 그들은 아직 대단히 어리고 적응능력도 제한되어 있기 때문에 사망률도 매우 높다. 적어도 임신 30주 이후에 태어나고 체중 2.2kg 정도 이상이어야 생존율이 높으며, 남아보다는 여아, 백인보다는 흑인 신생아의 생존율이 더 높다.

출생시, 정상아의 평균 몸무게는 약 3.5kg, 그리고 키는 약 50cm 정도이다. 일반적으로 남아들이 여아들보다 키가 더 크고 몸무게도 더 무거우나, 신경계의 성숙 정도와 뼈의 발달에 있어서는 여아들이 남아들보다 약 2주 정도 앞선다.

자궁환경에서 외부세계로의 변화는 신생아에게 큰 스트레스를 준다. 의사들은 신생아의 상태를 평가하기 위해, 1953년 콜롬비아대학의 버지니아 아프갈(Virginia Apgar) 박사에 의해 개발된 아프갈(Apgar) 검사를 실시한다. 심장박동, 호흡, 근육긴장, 반사의 민감성 그리고 피부색의 다섯 가지 범주로 구성되는 아프갈 검사는 출생 1분 및 5분 후에 실시된다.

각 영역별 점수는 0점, 1점 그리고 2점으로 평정되며 총점이 7-10점이면 건강한 신생아로 판단한다. 건강한 신생아들은 1분당 100회 이상의 심장박동과 강한 울음 그리고 양호한 근육긴장능력을 지니며, 발바닥을 간질이면 반사적으로 기침이나 재채기를 하고 울기도 한다. 또한 피부색깔은 연분홍빛이다.

2) 신생아의 과업

신생아는 생존하기 위하여 다음과 같은 네 가지의 신체과업을 수행하여야만 한다. 즉 호흡하고 새로운 패턴의 혈액순환을 시작하며 동시에 체온을 조절하고 음식물을 섭취할 수 있어야 한다.

우선 호흡하기 위해서는 허파에 가득 차 있는 양수와 점액을 제거해야만 한다. 대부분의 액체는 분만과정중 태아의 가슴에 가해지는 압력에 의해 그리고 분만 후에 거꾸로 매달거나 등을 찰싹 때려 줌으로 해서 밖으로 배출된다. 액체가 배출된 허파에 액체 대신 공기로 가득 차게 되면 첫 호흡이 시작된다.

호흡하기 위해서는 혈액이 허파를 통과하여야 하기 때문에 허파에서 산소와 탄산가스가 교환되며 혈액순환이 시작된다. 출생당시의 소화, 배설 그리고 체온조절 기능은 매우 미약하나 발달이 빠르게 이루어짐으로써 외부세계에서의 생존을 가능하게 한다.

3) 신생아의 반사

신생아는 20가지 이상의 반사를 지니고 있다. 선천적 반사운동은 뇌간(brainstem)에 의해 통제되는 무의식적인 운동으로서 아기의 신경학적 정상성 여부를 평가하는 자료가 된다. 대뇌피질이 성장함에 따라 신생아의 반사운동은 점차적으로 의식적이며 자발적인 운동으로 대치된다.

반사행동 중에는 신생아의 생존과 직결되는 반사가 있는가 하면, 어떤 반사행동은 생존과 관계없이 진화의 흔적만을 나타낸다. 젖찾기반사, 빨기반사, 삼키기반사 등은 전형적인 생존반사인 반면, 바빈스키반사, 모로반사, 파악반사 등은 비생존반사 혹은 원시적 반사에 해당한다(그림 3-4 참조). 특히 비생존반사들은 태아의 정상성 여부를 판단하는 기준으로 활용된다. 그 이유는 만약 예상되는 시기에 이 유형의 반사들이 사라지지 않는다면, 중추신경계의 결함을 예상할 수 있기 때문이다. 각 반사의 특징을 제시하면 표 3-1과 같다.

아프갈 검사로도 반사의 민감성이 측정될 수 있기는 하지만, 신생아의 반사행동을 측정할 수 있는 도구로 신생아 행동 평정척도(Neonatal Behavior Assessment Scale: NBAS)가 있다. 소아과 의사인 베리 브라젤톤(T. Berry Brazelton,

그림 3-4 세 가지 비생존반사

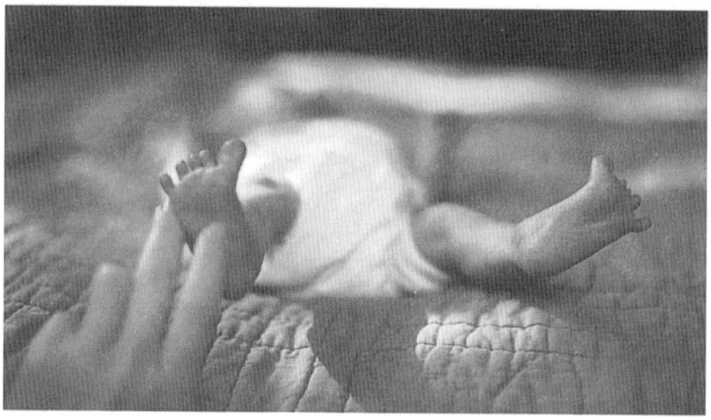

바빈스키반사

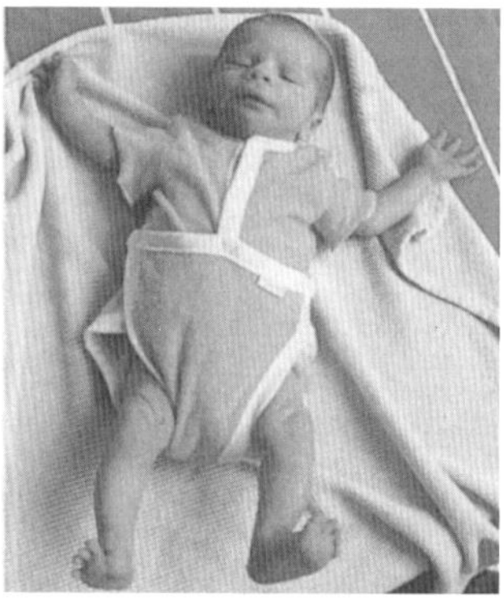

모로반사

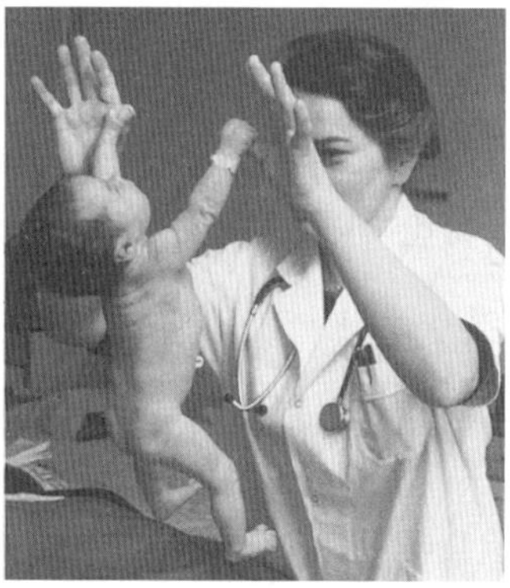

파악반사

1984) 박사에 의해 개발된 이 검사는 생후 2개월까지의 아기들에게 실시될 수 있는 보다 포괄적인 검사로서 20개의 반사기능은 물론 26개의 구체적 자극상황에서의 신생아 반응을 측정할 수 있도록 설계되어 있다. 이 검사의 결과는 신생아의 중추신경계 성숙 정도와 사회적 행동을 평정하고 후속적 발달을 예언하는 자료로 활용된다.

표 3-1 신생아의 반사

반 사		자극과 반응
생존반사	젖찾기반사 (rooting reflex)	신생아의 뺨을 만지면 아기는 접촉된 방향으로 고개를 돌리고 뺨에 닿는 물건을 빨려고 한다. 출생시에 존재하는 이 반사는 젖꼭지를 찾고 음식물을 먹을 수 있도록 돕는다.
	빨기반사 (sucking reflex)	신생아의 입이나 입술을 둥근 물체로 자극하면 리드미칼하게 빨기 시작한다. 생후 1년경에 이르면 사라지기 시작한다.
	삼키기반사 (swallowing reflex)	입속에 음식물이 들어오면 신생아는 그것을 삼킨다.
비생존반사 혹은 원시적 반사	바빈스키반사 (babinski reflex)	신생아의 발바닥을 자극하면, 발가락을 발등 위쪽으로 부챗살처럼 편다. 생후 6개월 이후에 사라진다.
	모로반사(경악반사) (Moro or startle reflex)	갑작스럽게 큰 소리가 나거나 머리의 위치가 변하면, 아기는 팔과 다리를 벌리고 손가락을 펴며 마치 무엇을 껴안으려는 듯이 몸쪽으로 팔과 다리를 움츠린다. 생후 3-4개월경에 사라진다.
	파악반사 (grasping reflex)	신생아의 손바닥을 가볍게 두드리거나 얇은 물체를 사용하여 살짝 누르면, 그것을 잡으려고 주먹을 쥔다. 신생아의 쥐는 힘은 매우 강해서 막대기에 매달리면 약 1-2분은 견딜 수 있다. 생후 3-4개월 이후에는 사라진다.
전생애 동안 지속되는 반사	눈깜박거리기반사 (blinking reflex)	신생아의 눈에 빛을 비추거나 물체가 신생아를 향하여 이동해오면 신생아는 눈을 깜박거린다.
	슬개건반사 (knee-jerk reflex)	무릎뼈 아래를 가볍게 두드리면 신생아는 갑자기 무릎을 뻗는다. 우울한 아기나 근육질환을 가진 아기는 반응하지 않으며 지나치게 흥분하는 아기는 과장되게 반응한다.
	재채기반사 (sneezing reflex)	신생아의 코 속을 자극하거나 간질이면, 기도를 깨끗하게 하기 위해 재채기를 한다.

4. 신장과 체중의 발달

출생부터 청년기까지의 성장은 두 개의 상이한 패턴으로 진행된다. 그중 하나는 매우 급속하게 성장이 이루어지면서도 성장속도가 감소하는 패턴인 반면(출생 직후부터 1세까지), 또 다른 하나는 다소 직선적으로 매년 꾸준하게 증가하는 패턴을 나타낸다(1세부터 사춘기 이전까지). 그 증거로서 생후 5개월까지 영아의 키는 약 30% 증가하고 생후 1년 말에 이르면 50% 이상 증가한다. 그러나 점차 성장이 느려져서 신장이 출생시의 2배 정도가 되기 위해서는 5세 정도는 되어야 한다.

영아기 동안 체중증가도 극적으로 이루어진다. 생후 5개월경에 이미 체중은 출생시의 두 배가 되고 1년경에는 3배 그리고 2세에는 거의 4배에 이른다. 그러나 2세부터 6세까지의 체중증가는 상당히 일정하게 유지되며 사춘기 시작까지 증가속도는 점차 느려지는 양상을 나타낸다. 이때 체중의 전체적 증가가 키의 증가를 앞지르면, 아동기 비만의 위험성이 높아진다(Taveras 등, 2009).

Berry Brazelton 박사와 어린 아동

Brazelton 박사는 NBAS를 개발한 외에도 부모역할과 아동의 건강에 관한 수많은 저서를 출판한 미국의 유명한 소아과 의사이다.

영아기 동안 이루어지는 이와 같은 급속한 신체성장을 성장급등(growth spurt) 현상이라고 부른다. 일생동안 영아기 외에 사춘기 동안에도 성장급등 현상이 나타난다. 우리는 영아기를 제1성장급등기(the first growth spurt)라고 하고 사춘기를 제2성장급등기(the second growth spurt)라고 명명한다.

5. 대뇌의 발달

출생시에 다른 어떤 기관보다 성인크기에 더 가까운 대뇌는 영아기와 아동초기 동안 놀라운 속도로 발달을 계속한다. 중추신경계인 대뇌의 발달을 이해하기 위하여 먼저 신경계를 구성하는 뉴런의 구조와 시냅스 연결 및 대뇌무게의 증가를 설명하고 가장 복잡한 대뇌구조이면서 지능발달과 관련된 대뇌피질의 발달을 고찰한다.

1) 뉴런의 구조와 시냅스 연결

우리의 신경계는 신경충동을 전달하는 기능을 하는 뉴런(neurons, 신경원)과 뉴런을 지지하고 뉴런에 영양을 공급하는 글리아(신경교) 세포로 구성된다.

그림 3-5 뉴런의 구조와 시냅스 연결

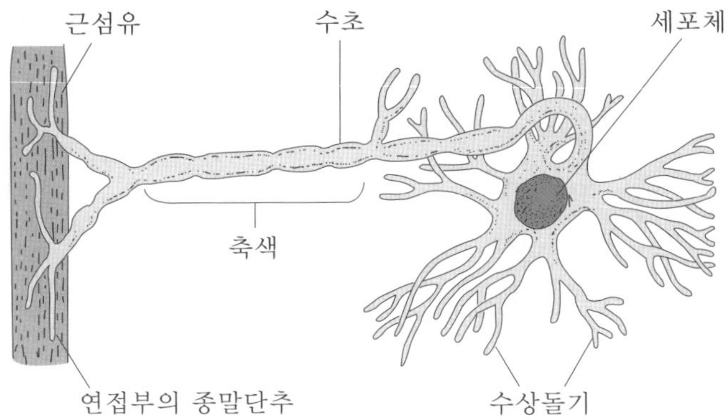

그림 3-5는 세포체(cell body), 축색돌기(axon) 및 수상돌기(dendrites)로 형성되어 있는 뉴런의 구조를 보여 준다. 핵을 포함하고 있는 세포체는 세포의 유지에 필요한 영양물질을 합성하는 역할을 한다.

축색돌기는 신경충동을 다른 뉴런으로 전달하는 기능을 하는 반면, 세포체에서 뻗어 나온 가지들인 수상돌기는 다른 뉴런들로부터 신경충동을 받아 세포체에 전달하는 역할을 한다. 축색돌기의 바깥에는 그림에 제시된 것처럼 수초(myelin)로 둘러쌓여 있다. 모든 뉴런의 축색돌기들이 수초를 포함하는 것은 아니지만, 수초는 절연물질로서 신경충동의 속도를 증가시키고 인접한 다른 신경충동의 방해를 받지 않도록 한다.

신경계의 성장도 신체발달의 원리에 따라 상부에서 하부로 진행된다. 그러므로 수초의 발달은 머리에서 어깨, 팔, 손 그리고 가슴상부와 복부로 진행되며 결국 다리와 발까지 진행된다. 물론 다음 절에서 설명할 운동발달도 신경계의 성장과 일치되게 이루어진다.

뉴런은 신경충동을 어떻게 전달하는가? 뉴런은 다른 체세포와 같이 직접 연결되어 있지 않고 시냅스(synapse)라는 매우 조그만 부위를 사이에 두고 다른 뉴런과 인접해 있기 때문에 시냅스 연결에 의해 정보를 주고받는다. 여기서 시냅스란 그림 3-5의 가장 왼편에 있는 진회색부분으로 축색돌기 끝부분에 있는 종말단추(terminal button)와 다른 뉴런의 수상돌기의 끝부분 및 그들 사이의 벌어진 틈(synapse cleft, 연접열구)의 세 부분을 의미한다.

수상돌기와 세포체를 거쳐 축색돌기를 따라 내려온 신경충동은 종말단추(혹은 종말공)에 이르면 종말단추를 터뜨려 특정한 신경전달물질을 방출하게 하고 이 물질들이 연접열구에 퍼져 인접한 뉴런의 수상돌기의 막에 전기적 변화를 일으킴으로써 신경충동이 전달될 수 있도록 한다.

2) 대뇌무게의 증가

태내기와 출생 후 2년 사이에 대뇌무게가 급격하게 증가한다. 그림 3-6과 같이 출생 당시의 대뇌무게가 성인 대뇌무게의 25%였던 것과는 대조적으로 2세에 이르면 거의 75%에 이르는 증가를 나타낸다.

정상분만된 신생아들은 이미 뉴런의 기본구조가 대부분 형성되어 있는 뇌를 가지고 있다. 따라서 출생 후의 대뇌무게의 증가는 기본구조의 형성보다는 글리아(glia, 신경교) 세포와 수초(myelin)의 형성 및 축색돌기와 수상돌기의 연결망의 증가를 의미한다.

그림 3-6 태내기부터 성인기까지의 대뇌무게의 증가

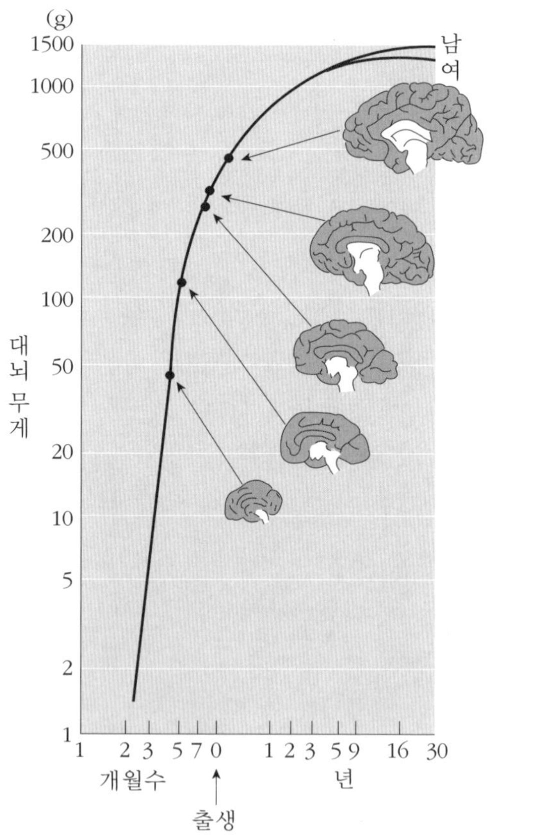

출처: Lemire 등, 1975.

환경적 자극은 연결망의 확장을 촉진시키고 뇌가 보다 더 복잡한 기능을 수행할 수 있도록 한

그림 3-7 출생부터 2세까지의 뉴런 연결망의 증가

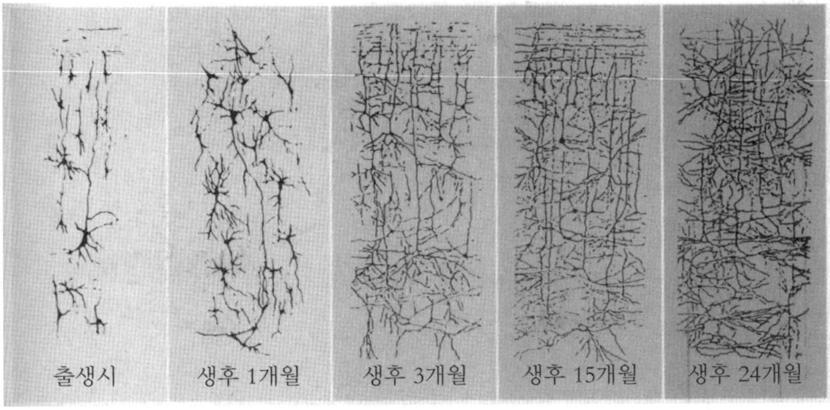

출처: Santrock, 2011에서 인용.

다. 그러나 자극받지 못하는 연결망은 사라지거나 다른 경로로 대치된다(Varoqueaux, 2003). 그림 3-7은 대뇌피질의 수상돌기와 축색돌기의 연결망이 급속도로 확장되고 있음을 보여 준다.

흥미롭게도 태내기 동안 실제로 필요한 뉴런보다 훨씬 더 많은 수의 뉴런이 생성되기 때문에 시냅스 연결이 이루어지지 않는 뉴런들은 사망한다. 출생 후 시냅스 연결이 이루어지는 동안 대뇌의 부위에 따라 20-80%의 뉴런이 사라진다(de Haan & Johnson, 2003).

시냅스 연결 또한 실제 필요한 연결보다 거의 2배 이상 더 많이 만들어지기 때문에 사용하지 않는 연결들은 다른 경로로 대치되거나 사라지는 소위 시냅스 가지치기(synaptic pruning)도 함께 이루어진다. 그림 3-8은 시각피질과 청각피질 및 전전두엽 피질에서의 연결망의 과도한 생성과 감소의 양상을 보여 준다. 이 그림에 의하면, 대뇌부위에 따라 시냅스 연결의 증가와 가지치기는 각기 다른 시기에 이루어진다. 특히 고차적 사고를 가능하게 하는 전전두엽 부위는 가장 오랫동안 발달하는 대뇌부위로서 20세 이후까지도 변화를 계속한다(Steinberg, 2009). 물론 시냅스가 과도하게 생성되고 뒤이어 사라지는 시기와 과정은 유전과 환경의 상호작용에 의해 결정된다.

그림 3-8 임신부터 생후 8,000일까지의 시냅스 밀도

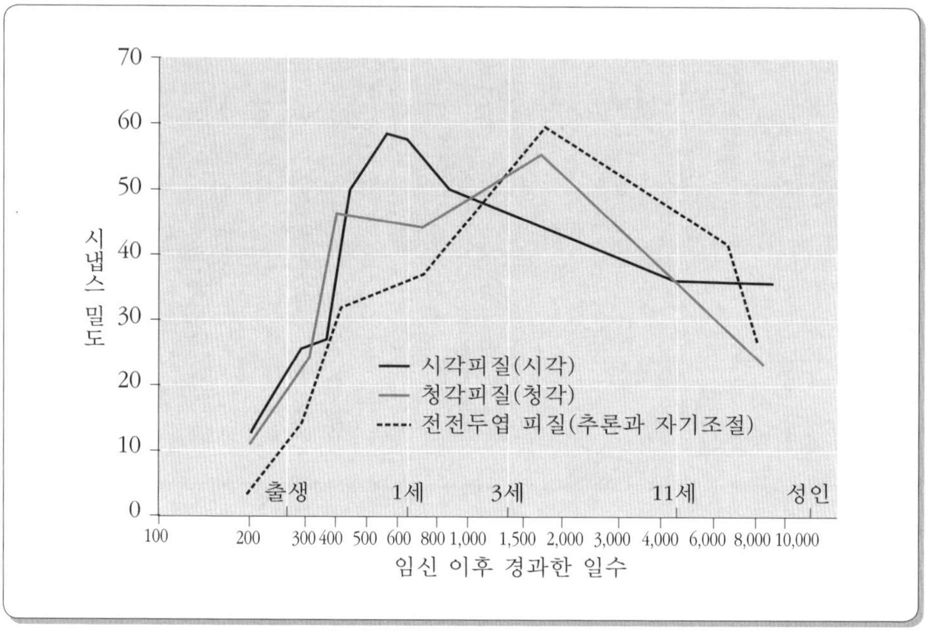

시냅스 밀도는 뉴런 사이의 연결정도를 나타내는 중요한 지표이다.
출처: Thompson & Nelson, 2011.

3) 대뇌피질의 발달

대뇌피질(cerebral cortex)은 가장 많은 수의 뉴런과 시냅스를 포함하는 대뇌의 구조물로서 지적 기능, 감각기능 및 운동기능을 통제하는 대뇌중추이다. 출생당시의 대뇌피질의 기능은 운동영역의 발달이 가장 앞서 있고 그 다음으로 감각영역, 시각영역 그리고 청각영역의 순으로 발달한다. 생후 6-15개월까지의 각 영역별 발달순서도 출생 당시와 동일하나, 만 2세경에 이르면 운동영역과 감각영역의 발달 정도가 비슷해진다. 시각정보와 청각정보를 통합하는 감각운동영역의 발달(눈과 손의 협응)은 보다 늦게 이루어지며, 언어생성영역과 문제해결영역은 아동기 그리고 청년기까지 계속적으로 발달한다.

대뇌피질은 비슷하게 보이는 두 개의 반구, 즉 좌반구와 우반구로 구성되어 있다. 그러나 두 개의 반구가 수행하는 기능은 서로 달라서 각기 전문화된 정보처리 분야를 갖는다. 일반적으로 언어능력과 수리능력 및 긍정적 정서와

같은 정보는 좌반구에 의해 처리되는 반면, 공간능력과 예술적 재능 및 부정적 정서와 관련된 정보는 우반구에 의해 처리된다. 이와 같은 좌우반구의 기능에서의 전문화를 뇌의 측화(lateralization)라고 한다.

피질의 측화는 언제 이루어지는가? 이 질문에 대답하기 위하여 과학자들은 다음과 같은 방법을 사용하여 연구한다.

① 대뇌 손상을 입은 아동을 연구한다. 대뇌의 각 부위는 특정한 처리기능을 지니고 있으므로 특정 영역의 손상은 그 기능을 파괴할 것이다. 만약 아동이 대뇌의 여러 부위에 손상을 입었다면 특정한 대뇌 부위의 기능은 확인될 수 없을 것이다.

② 뇌파(electroencephalogram: *EEG*)를 측정한다. 뇌의 특정한 부위는 특정한 뇌파를 나타내므로 뇌파의 측정은 아동이 어떤 대뇌기능을 사용하는지 확인할 수 있도록 한다.

③ *fMRI*(functional magnetic resonance imaging)를 사용한다. *fMRI*는 자기장(magnetic fields)을 사용하여 대뇌의 혈액 흐름을 추적함으로써 뇌신경의 활동성을 측정하는 방법으로 상이한 인지과제를 수행하는 사람들의 뇌신경 활동성을 확인할 수 있도록 한다(Casey 등, 2005). 그러나 비용이 많이 들고 검사가 진행되는 동안 연구대상자들이 전혀 움직이지 못하고 누워 있어야 한다는 단점이 있다.

측화의 문제는 뇌의 가소성(brain plasticity)과 연결되기 때문에 과학자들은 큰 관심을 갖는다. 그 이유는 높은 가소성을 갖는 뇌는 아직까지 특정한 기능에 전문화되지 않은 상태에 있으므로 뇌의 일부가 손상된다고 할지라도 뇌의 다른 부분이 쉽게 손상된 부분의 기능을 대신해 줄 수 있기 때문이다.

한때 인간의 뇌는 생후 2년까지 피질의 측화를 이루지 않는다고 생각되기도 하였으나 대뇌피질은 출생시에 이미 전문화되어 있음이 확인되고 있다. 그 증거로서 신생아들은 반사 반응시에 신체의 오른편을 선호하였고 말소리를 듣는 동안에는 좌반구에서 더 큰 뇌파가 나타났다(Molfese & Burger-Judisch, 1991). 또한 부정적 정서를 일으키는 비언어적 자극과 공간관계와 관련된 자극에 대해 영아의 우반구가 더 강하게 반응하였다(Stiles 등, 2005).

그렇다고 해서 피질의 측화가 인생초기에 완전하게 이루어진다는 것은 아니다. 영아의 심각한 뇌발작을 통제하기 위하여 한쪽 반구의 일부나 전부를 제거했을 때, 다른 반구(좌반구든 우반구든 상관없이)가 아동의 성장과 함께 언어기능과 공간기능을 수행한다는 것이 밝혀졌다(Guzzettaf 등, 2008). 또한 유아원 아동의 언어능력이 교통사고에 의해 손상을 입었으나 몇 개월 후에 회복되었다는 연구결과도 피질의 측화가 완전하지 않다는 것을 보여 주는 또 다른 증거이기도 하다(Stiles 등, 2005).

6. 성적 발달

인간의 성적 반응능력은 일찍부터 발달한다. 초음파 영상은 출산 수개월 전에 남자 태아에서 발기가 이루어지고 있음을 보여 준다(Calderone, 1983). 많은 남자 아기들은 탯줄이 절단되기 직전이나 출산 후 수개월 내에도 발기를 경험한다. 발기는 음경의 자극으로 혹은 음경의 자극 없이도 일어나며 젖먹을 때나 잠잘 때도 자주 일어난다. 빨기자극과 함께 어머니 신체의 따뜻함과 부드러움은 성적 반사행동을 자극하는 즐거운 감각들이다.

여아들의 성적 반응은 출산 후 24시간 무렵 질이 젖거나 음핵의 발기에 의해 확인될 수 있으며, 수유 동안에도 간혹 여아의 질이 젖는 일이 발생한다. 이와 같이 남녀 영아 모두 정서적 혹은 신체적 자극에 반응하여 성적 반사행동을 나타내지만 그들이 의식적으로 인식하지는 못하기 때문에, 성적으로 각성되었다고 말할 수는 없다.

성장과 함께 아동은 자신의 신체를 탐색하기 시작한다. 신체의 탐색과정에서 아동은 우연히 자신의 생식기를 만질 수 있고 그것이 쾌감을 준다는 것을 알게 된다. 운동능력이 발달하면, 아동은 스스로 쾌감을 맛보기 위하여 생식기를 의도적으로 만지고 문지르는 행동을 한다.

아동초기 유아들은 세상의 모든 사물에 대해 호기심을 나타낸다. 호기심의 표현으로서 아동은 자신의 몸과 친구의 몸에 대한 유희적 탐색을 한다. 5－6세의 아동들은 병원놀이를 통하여 또래들의 신체를 관찰한다. 이 시기의 모든 아동들에게서 어떤 형태이든 자위행위를 관찰할 수 있다. 남아들은 소변줄기가 가장 멀리 나가는 사람이 상을 받는 놀이를 하기도 한다.

아동이 신체에 대한 능동적인 호기심을 나타낼 때 부모가 강력하게 제지하거나 아동을 당황하게 하면 죄책감이 싹튼다. 부모는 아동의 성적 탐색이나 엿보기 혹은 만지기와 같은 행위가 이 시기 아동들의 보편적인 행동이라는 것을 인식할 필요가 있다. 유능한 부모는 아동에게 죄책감을 갖지 않도록 하면서 성적 행동을 사회적으로 수용할 수 있는 표현활동(책읽기, 영화보기, 동물관찰 등)으로 전환시킬 수 있다.

이와 함께 부모는 어린 아동이 더 나이 많은 아동이나 성인들의 성적 요구(옷을 벗기거나 생식기를 만지는 행위)를 거절해야 하고 그것을 부모에게 감추거나 숨김 없이 이야기하도록 가르침으로써 성폭력으로부터 아동을 보호하려고 노력해야 한다(Geasler 등, 1995). 부모의 바람직한 제지를 통하여 '성'(sexuality)이란 나쁘고 비도덕적이라는 느낌 없이 아동은 성적 행동에 대한 사회적 규범을 이해할 수 있다. 아동은 점차적으로 문화적 금기를 내면화하며 금기영역(근친상간 등)에 대한 호기심을 억제하는 것을 학습한다.

Ⅱ 운동발달

운동능력의 발달은 신체적 성장, 뼈와 근육의 성숙 그리고 신경계의 성숙결과로서 획득된다. 또한 운동발달은 연습이나 훈련의 기회에 의해서도 영향을 받는다. 먼저 운동발달의 원리를 설명하는 역동적 체계이론을 설명하고 영아와 아동의 운동능력 발달을 구분하여 고찰하기로 한다.

1. 운동발달의 원리

일찍이 아놀드 게젤(Arnold Gesell, 1934)을 포함하는 생득론자들은 인간의 발달은 일차적으로 생물학적 과정에 의해 이루어진다고 믿고 운동발달도 생득적인 유전계획에 따라 전개된다고 주장하였다. 게젤은 발달의 순서나 양상은 오로지 유전에 의해서만 결정되며 환경은 특정한 기술이 나타나는 시기에만 영향을 준다고 주장하면서 운동발달의 이정표를 기술하였다.

그러나 최근에 와서 운동발달은 유전이나 환경 어느 하나만의 결과가 아니라는 인식이 확산되면서 텔렌(Thelen, 2000; Thelen & Smith, 2006)은 운동발달에 관한 새로운 조망으로 역동적 체계이론(dynamic systems theory)을 제안하였다.

역동적 체계이론에서는 영아가 지각과 행위를 조합함으로써 운동기술을 숙달한다고 강조하고 기기, 도달하기, 걷기와 같은 보편적인 이정표들조차 적응 과정을 통하여 학습된다고 주장한다. 이 이론은 새로운 과제에 대한 해결책을 찾을 때 영아의 탐색과 선택을 강조한다. 영아는 다양한 형태나 기술을 탐색하고 선택함으로써 새로운 과제에 적합하도록 운동패턴을 수정한다는 것이다.

역동적 체계이론이 영아의 운동발달을 어떻게 설명하는지를 이해하기 위하여 한 아기의 예를 들어 보자. 민수는 앉은 자리에서 팔을 뻗어 손가락으로 새로운 장난감을 잡는다. 장난감에 도달하기 위해 민수는 순간적인 적응을 하지 않으면 안 된다. 그는 팔을 빠르게 뻗음으로써 팔과 상체가 장난감과 부딪치지 않도록 신체를 고정시켜야 하고 팔과 어깨의 근육을 수축시킨 상태에서 팔을 내밀어 힘을 발휘할 수 있어야 한다. 여기서 팔운동은 정확하게 계획된 기계같은 움직임이 아니며, 오히려 새로운 장난감을 집어들기 위하여 즉시적으로 목표와 맥락에 적응한, 지각과 행위의 결합 결과이다.

그러므로 운동기술을 숙달하는 것은 그 기술의 획득에 필요한 몇 가지 구성요소들을 통합시키려는 영아의 적극적 노력을 요구한다. 영아는 탐색하고 새로운 과제의 요구에 맞추어 가능한 해결책을 선택해야 한다. 역동적 체계이론에 의하면, 기기, 도달하기, 걷기와 같은 보편적인 이정표들도 적응 과정을 통하여 학습된다. 영아는 탐색하고 선택함으로써 새로운 과제에 맞는 운동패턴을 확립한다.

2. 영아의 운동발달

1) 이행운동

영아는 발로차기, 손이나 몸을 흔들기, 문지르기, 두드리기, 뒤틀기와 같

그림 3-9 이행운동의 발달

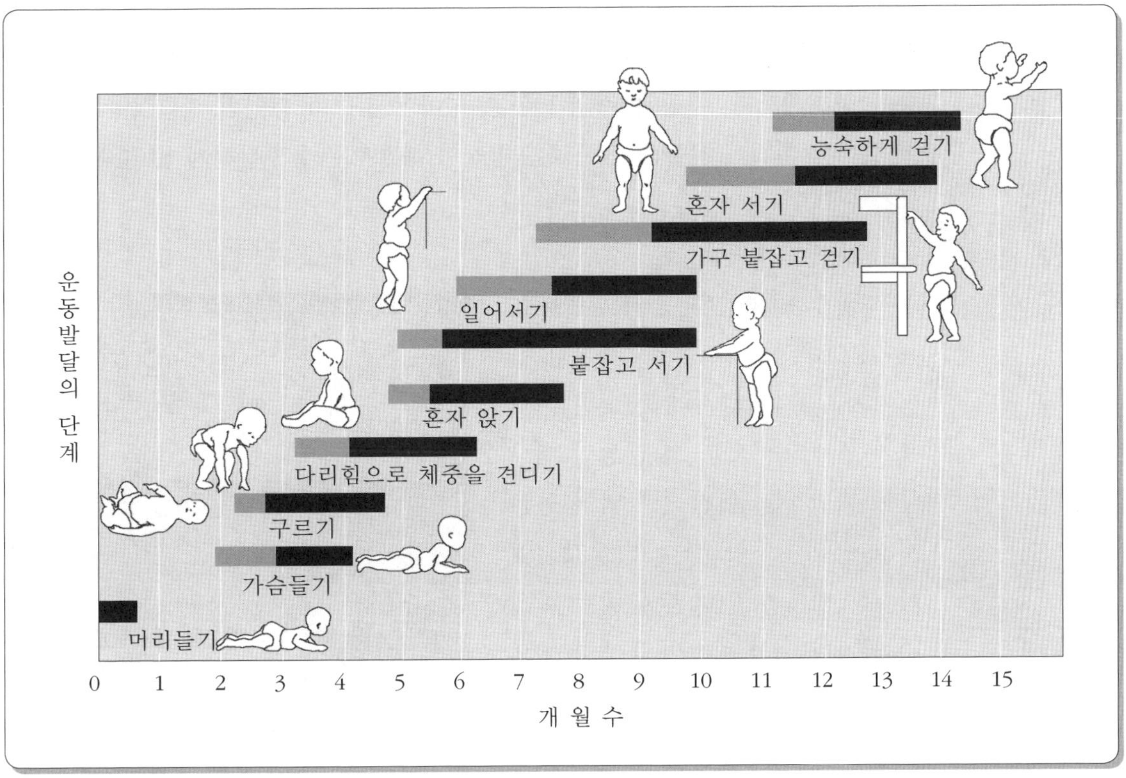

출처: Frankenburg 등, 1981.

은 리드미컬한 운동활동에 많은 시간을 보낸다. 이러한 움직임은 조화되지 않은 활동에서부터 더 조화되고 복잡한 이행운동(locomotor)으로의 발달을 돕는다. 그림 3-9는 생후 15개월 동안 이루어지는 정상적인 운동기술의 발달과정을 제시한다. 그림 속의 짙은 색깔과 옅은 색깔로 표시된 부분은 개인차의 변이를 나타내기 위한 것으로, 왼편은 25%의 아기들이 그리고 오른편은 90%의 아기들이 각 기능을 수행할 수 있음을 나타낸다. 또한 두 부분이 만나는 지점은 50%의 아기들이 수행가능함을 의미한다.

영아에 따라 운동기술을 획득하는 속도에는 다소 차이가 있지만, 보편적으로 머리를 들어 올릴 수 있어야 구를 수 있으며, 팔을 뻗는 것을 학습한 다음 쥐는 것을 학습한다. 또한 앉을 수 있어야 길 수 있고 기는 것이 가능해야 설 수 있으며 서는 것이 가능해야만 걸을 수 있다. 달리고 기어오를 수 있기 위해서는 먼저 걸을 수 있어야 한다. 특별한 훈련에 의해 영아기의 운동기술발달은 가속화될 수 있으나, 대부분의 영아들은 자발적으로 연습하고 노력함으로써 운동기술을 성취해간다. 운동 능력의 발달은 영아에게 보다 다양한 자극을 제공해 주고 보다 계획적인 사물의 탐색과 자발적인 목표추구를 가능하게 해 준다.

2) 소근육운동

영아기 동안의 소근육운동은 쥐기, 조작하기, 손뼉치기, 열기, 당기기, 끄적거리기와 같이 손의 사용과 관련되어 있다. 오랫동안 대상물에 도달하는 어린 영아의 행동은 시각에 의해 인도된다고 생각되었다. 즉 영아가 원하는 물체를 잡을 수 있기 위해서는 손과 물체를 눈으로 보아야만 한다는 것이다. 그러나 클리프톤과 그 동료들(Clifton 등, 1993)은 영아가 손으로 물체를 잡을 때, 자신의 손을 보지 않는다는 것을 확인하였다.

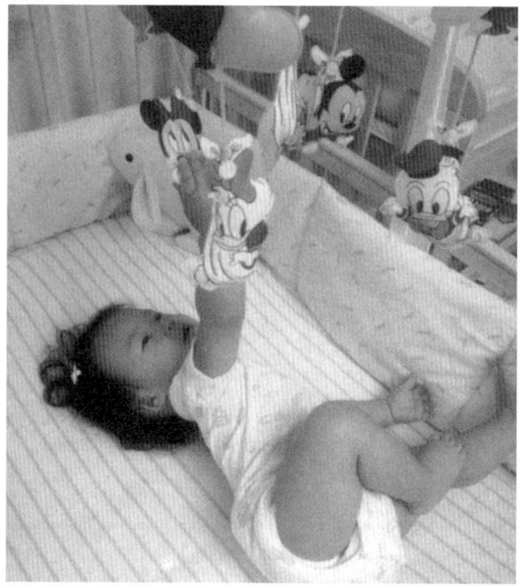

눈으로 보면서 팔을 뻗어 물체를 잡고 있다. 이는 곧 역동적 체계이론에서 주장하는 지각과 행위의 결합으로 하나의 발달적 이정표로 간주된다.

클리프톤의 연구는 어둠 속에서 이루어졌기 때문에 생후 4개월의 영아들은 자신의 손이나 팔을 볼 수 없었다. 그들은 손이나 팔을 보면서 물체에 도달하는 것이 아니라 건(腱, 힘줄)이나 근육 혹은 관절감각 단서를 이용하여 물체에 도달한다는 것이 밝혀졌다.

그러나 생후 8개월경에 이르면 영아는 물체를 붙잡을 때 자신의 손을 눈으로 보면서 물체에 도달하게 됨으로써 촉각보다는 시각에 더 많이 의존하였다. 시각과 붙잡기의 연합을 보여 주는 이러한 결과는 역동적 체계이론에서 주장하는 지각과 행위의 결합에 해당하며 하나의 발달적 이정표로 간주된다(그림 참조).

생후 2년 동안 물체에 도달하거나 붙잡는 소근육운동은 점점 더 세련되

표 3-2 정상영아의 90%가 수행할 수 있는 소근육운동 과제의 연령규준

소근육운동 과제	개월 수
두 손을 맞잡기	3.7
딸랑이를 쥐기	4.2
물체에 팔을 뻗어 도달하기	5.0
앉아서 입방체를 쥐기	7.5
입방체를 다른 사람에게 손으로 전달하기	7.5
엄지손가락으로 쥐기	10.6
족집게로 건포도를 쥐기	14.7
스스로 끄적거리기	25.9

어 간다. 표 3-2는 정상영아의 90%가 수행할 수 있는 다양한 소근육운동의 연령규준을 제시한다. 영아의 90%가 생후 4개월이 되면 딸랑이를 쥘 수 있고 15개월에는 족집게로 건포도를 집을 수 있으며 25개월에는 스스로 끄적거릴 수 있다.

3. 아동초기와 중기의 운동발달

바람직한 운동발달이 이루어지기 위해, 우선 유아는 학습할 수 있을 정도로 성숙되어야 한다. 근육이나 뼈 혹은 신경구조의 성숙이 이루어지지 않았을 때의 기술훈련은 유아에게 좌절감과 실패감만 안겨줄 뿐이다. 유아의 운동발달 속도나 그것의 질적 특성은 i) 유아의 동기, ii) 학습기회, iii) 연습, 그리고 iv) 성인들의 지도에 의해 결정된다. 유아는 내재적 동기에 의해 운동기술을 발달시키며 그 결과 자기만족감을 얻는다.

그러나 다양한 운동기술을 학습할 기회가 제공되지 않는다면 발달은 불가능하다. 북아프리카 사막에서 성장하는 아동들은 스키나 썰매를 학습할 기회를 갖지 못하며, 가난한 환경에서 성장하는 아동들은 값비싼 기구를 사용하는 기술을 습득할 수 없다. 또한 충분한 동기와 학습기회가 주어졌다고 할지라도 연습과 성인의 지도가 뒤따르지 않는다면 바람직한 기술습득은 불가능하다.

이 시기 유아의 운동발달은 부모가 제공하는 장난감에 의해 촉진될 수 있다.

1) 대근육운동

영아기가 끝날 무렵의 부정확하고 우스꽝스러운 비척걸음은 3세가 되면 보다 세련되고 지속적이며 효과적인 걸음으로 변화한다. 기저귀의 제거는 걸음마의 진보에 중요한 역할을 한다. 걸음마가 보다 안정된 형태의 보행으로 변화됨에 따라 유아들은 새로운 기술을 습득하게 된다. 먼저 달리고 뛰는 것이 가능해진다. 4세경에 이르면 계단이나 탁자, 현관의 난간 혹은 사다리에서 뛰어내리는 것이 가능하다. 유아들은 그들의 뛰어내리는 행위가 나는 것과 같을지도 모른다고 상상한다.

유아의 달리는 능력은 계속해서 개선된다. 처음에는 달리는 행위 자체가 재미있어서 반복해서 달리고 연습하던 유아들은 점차 달리는 기술이 다른 게임을 위한 필수적 요소라는 것을 인식하게 된다. 이제 유아들은 수영, 스키, 스케이트, 썰매 그리고 춤 등의 다양한 형태의 보행에 접하게 된다.

특별히 중요한 의미를 갖는 보행수단 중의 하나는 세발자전거이다. 세발자전거는 그 자체가 가진 잠재적 속도, 가역성, 회전능력 그리고 경적 때문에 유아에게 큰 기쁨을 준다. 그것은 신체운동의 기쁨과 스릴을 느끼게 해 주며 기계를 이용한 수송의 중요성을 깨닫게도 해 준다. 세발자전거, 두발자전거 그리고 자동차간의 관계를 통하여 유아는 자신을 아동이나 성인들과 동일시한다. 세발자전거가 갖는 심리학적 중요성은 가족으로부터의 독립과 또래집단과의 보다 증가된 동일시를 상징한다는 것이다.

2) 소근육운동

소근육을 사용하는 능력은 눈과 손의 협응(coordination) 즉 감각기능과 운동기능의 협응을 수반한다. 소근육을 통제할 수 있는 유아들은 스스로 먹고 입는 일을 할 수 있으므로 자신을 유능하고 독립적인 존재로 인식한다.

2세경에 이르면 대부분의 유아들은 스스로 숟가락을 사용하여 밥을 먹을 수 있고 컵으로 물을 마실 수 있다. 그러나 성인처럼 엄지손가락과 집게손가락만을 사용하여 숟가락과 젓가락을 사용하고 컵을 쥘 수 있기 위해서는 3세 정도가 되어야 한다.

옷은 입는 기술보다 벗는 기술이 먼저 발달된다. 3세경의 유아는 스스로 옷을 입기 시작하며 단추를 벗길 수 있다. 4-5세경에 이르면 혼자서 옷을 입을 수 있게 되며, 6-7세가 되어야 단추나 지퍼를 채우고 구두끈을 묶을 수 있다.

연필이나 크레파스를 사용하는 세부적 운동기술도 점차 발달한다. 단순한 끄적그림에서 출발하여 3세경에는 원이나 삼각형같은 단순한 형태를 그리고 4세경에는 이 형태를 조합하여 무늬를 그리기 시작한다. 5-7세경의 유아들은 실제의 사물을 표상하기 시작하며 점차 자세하고 세부적인 표현이 가능해진다. 예를 들면 사람을 그릴 때에도 손가락, 코, 귀, 옷 그리고 몸짓들의 세부적 특징을 첨가한다. 9-10세경에 이르면 대부분의 아동들은 3차원의 입방체를 그릴 수 있다.

3) 오른손잡이의 확립

동물은 물론 인간은 활동시에 좌우 어느 한편을 사용하기를 더 좋아한다. 인간은 글씨를 쓸 때 사용하는 손, 전화를 걸 때 사용하는 귀 혹은 망원경을 볼 때 사용하는 눈이 있다. 일반적으로 인구의 약 90%가 오른손잡이가 되며 그 나머지는 왼손잡이나 양손잡이가 된다.

오른손을 선호하는가 아니면 왼손을 선호하는가는 점진적으로 발달한다. 2세 이전의 어린 아기들은 사물을 집을 때 어느 한손을 특별히 더 선호하지 않으며 왼손과 오른손을 번갈아 사용한다. 그들은 왼손으로 딸랑이를 잡으면 조금 후에 오른손으로 블록을 집는다. 그렇다면 아동은 언제 오른손잡이나 왼손잡이가 되는가?

한 연구에서 생후 9개월 영아들은 왼손과 오른손을 똑같이 사용하였으나 13개월 영아들의 대부분은 오른손을 사용하여 장남감을 쥐거나 잡는 행동을 하였다(Cornwell 등, 1991). 그들은 오른손으로 장난감을 다루는 동안 장난감을 고정시키기 위해서만 왼손을 사용하였다.

2세 무렵에 이르면 오른손이나 왼손의 선호현상은 보다 더 분명해지고 약 90%의 유아들이 색칠하고, 칫솔질하고 지퍼를 올릴 때 오른손을 사용하며 왼손은 가끔씩 사용될 뿐이다. 5세경에 이르면 왼손은 단지 오른손이 어떤 것을 하고 있을 때만 사용됨으로써 완전한 오른손잡이가 되었음을 보여 준다. 신체 오른편의 선호현상은 손에만 국한된 것이 아니라 눈, 귀, 다리 등의 신체 다른 부분에서도 나타난다.

역사적으로 미켈란젤로, 레오나르도 다빈치, 피카소와 같은 인물들이 왼손잡이였다. 그러나 왼손잡이들은 사고에 의해 상해를 입을 가능성이 오른손잡이보다 5배 정도 더 많고 학습장애나 읽기장애를 가질 가능성이 12배 정도 더 많다(Coren & Halpern, 1991).

현재까지도 왜 어떤 사람은 왼손잡이가 되고 어떤 사람은 오른손잡이가 되는지 분명하지 않다. 일부의 연구자들은 유전자에 의해 오른손잡이나 왼손잡이가 결정된다고 주장하지만(Annett, 2002), 많은 연구자들은 환경적 요인도 중요한 역할을 한다고 믿는다(Kail & Cavanaugh, 2007). 그 증거로서 최근 왼손잡이 비율이 꾸준히 증가하고 있다. 그 이유는 부모나 교사가 아동이 왼손을 사용한다고 할지라도, 과거처럼 오른손을 사용하도록 강하게 요구하는 일이 거의 없기 때문에 왼손잡이 아동들이 늘어나고 있다는 것이다.

Ⅲ 지각능력의 발달

지각이란 감각기관을 통해 들어온 정보를 조직하고 해석하는 과정이다. 영아의 지각능력은 지금까지 생각해 왔던 것보다 더 유능하며 신생아조차도 상당한 정도로 외계환경을 지각할 수 있는 능력을 지니고 있다는 연구결과들이 보고되고 있다. 그러나 그들의 능력은 아직도 제한되어 있으므로 성인수준에 도달하기 위해서는 성숙과 학습의 계속적인 상호작용이 이루어져야 한다.

1. 지각의 원리

외계환경에 대한 개인의 지각은 어떻게 이루어지는가? 두 가지 상이한 견해가 존재한다. 그중 하나는 감각기관에 들어오는 자극은 모호하기 때문에 우리가 의미를 부여함으로써 의미 있는 지각이 이루어진다는 입장이다. 즉 감각되는 자극만으로는 부족하여 지각적으로 보충하지 않으면 안 된다는 것이다. 또 다른 견해는 우리는 감각을 통하여 실제로 존재하는 현실 그대로를 경험할 수 있기 때문에 우리의 감각만으로도 의미 있는 지각이 가능하다는 입장이다. 전자를 보강이론(enrichment theory)이라고 하고 후자를 분화이론(differentiation theory)이라고 한다.

1) 보강이론

그림 3-10 노인과 쥐

피아제(Piaget, 1970)에 의해 제안된 이 이론은 우리의 감각수용기에 들어오는 자극은 조각나 있고 혼란스럽기 때문에 그것이 이해될 수 있기 위해서는 덧붙여지고 보강되지 않으면 안 된다고 주장한다. 이 이론에 따라서 여러분이 흐린 사진 속의 한 인물을 지각해야 한다고 가정해 보자. 그 사람이 누구인지를 정신적으로 구성할 수 있기 위해서는, 흐린 사진만으로는 부족하므로 여러분은 사진을 찍을 때 어디에서 누구와 무엇을 하고 있었는지를 기억해야 한다는 것이다.

보강이론은 우리가 감각적 자극의 조각들로부터 질서와 의미를 생성해 내기 위해서는 기존의 지각경험(저장된 지식)에 의존하지 않으면 안 된다는 것을 강조한다. 그림 3-10은 기대가 지각에 영향을 준다는 것을 보여 준다.

만약 얼굴 그림 속에서 이 그림을 발견한다면, 이 그림은 안경을 낀 대머리 노인으로 지각될 것이나 동물의 그림을 찾겠다는 생각으로 이 그림을 본다면, 당신은 큰 귀와 꼬리를 가진 쥐를 만날 수 있다. 이 그림은 지각이 기존의 경험이나 지식에 의존한다는 보강이론의 입장을 지지한다. 아동이나 성인이 영아보다 더 유능한 지각자일 수 있는 것도 기존의 지각경험을 바탕으로 보다 의미 있는 세계를 구성할 수 있기 때문이다.

2) 분화이론

깁슨(Eleanor Gibson, 1969, 2000)에 의해 제안된 이 이론은 감각수용기에 들어오는 자극 속에 우리가 원하는 모든 정보들이 포함되어 있으며 그것들을 어떻게 추출하는지가 중요하다는 입장을 취한다. 환경자극으로부터 정보를 추출하는 능력을 지각능력이라고 정의한 깁슨은 연령증가와 함께 정보를 추출하는 능력이 분화됨으로써 보다 유능하게 지각할 수 있다는 분화이론을 제시하였다.

깁슨에 의하면, 환경 내에는 유기체가 처리할 수 있는 것보다 훨씬 더 많은 정보들이 산재해 있다. 환경을 지각할 수 있기 위해 아동은 필요한 자극들을 표집해야만 한다. 그러나 어린 아동의 자극표집능력은 제한되어 있기 때문에, 다양한 형태와 속성을 바탕으로 사물과 사건의 차이를 구분하고 변별할 수 없다.

깁슨의 분화이론에 의하면, 아동이 어릴수록 자극의 두드러진 특징에 의해서만 사물을 파악하나 성장함에 따라 자극의 다양한 특징을 동시에 고려할 수 있기 때문에 전체적 파악이 가능하다. 즉 지각기술의 분화과정에 의해 아동은 점차적으로 자극을 분류하고 조직할 수 있게 되며 다양한 자극에 의해 야기되는 무질서나 혼돈 혹은 불확실성을 감소시킬 수 있다.

깁슨의 분화이론은 자극을 분류하고 조직하는 능력의 발달을 강조하며 아동 스스로 유용한 자극을 표집하고 그것을 사용하기 위한 능동적 탐색이 수행될 때 지각발달이 이루어진다고 주장한다.

2. 지각능력의 측정

어린 아동들은 자신의 의사를 언어로 표현할 수 없고 행동으로도 나타낼 수 없기 때문에 그들의 지각능력을 측정하기 위해서는 독창적인 방법이 요구된다. 그 대표적인 방법이 지각적 선호(perceptual preference)와 습관화(habituation) 방법이다.

지각적 선호란 판쯔(Fantz, 1961)에 의해 고안된 방법으로 영아에게 여러 가지의 자극을 제시하고 각 자극에 대한 응시시간을 측정한 다음, 가장 오랫동안 응시한 자극을 선호한다고 판단하는 것이다. 특정한 자극의 선호는 곧 물체를 변별할 수 있다는 것을 의미하므로 이 방법을 사용하여 연구한 판쯔는 영아는 무늬 있는 원반을 무늬 없는 원반보다 더 선호하고 그중에서도 사람의 얼굴을 가장 선호한다고 밝혔다.

습관화는 영아가 어떤 종류의 자극에 익숙하게 되면 더 이상 반응하지 않는 현상으로 지각연구에서 자주 활용되는 연구방법이다. 그 예로서 어린 영아에게 큰 소리를 들려 주면 영아는 큰 소리에 놀라 긴장한 얼굴로 귀를 기울인다. 그러나 큰 소리가 계속 들리면 어느 순간에 영아는 큰 소리에 습관화되어 더 이상 귀를 기울이지 않는다. 이때 아름다운 음악소리를 들려 주면 영아는 조금 전의 습관화에서 벗어나(탈습관화됨) 다시 음악소리에 귀를 기울인다. 습관화와 탈습관화 현상은 영아가 자극을 변별할 수 있음을 의미하는 것으로 해석된다.

연구자들은 영아가 보고, 듣고, 냄새 맡고, 맛보고 접촉하는 정도를 결정하기 위하여 습관화 방법을 사용한다(Slater 등, 2007). 습관화 방법에 의해 영아가 이전에 경험한 것을 인지하는지 아닌지 확인될 수 있으나 대뇌손상을 입은 영아들은 잘 습관화되지 않는다.

3. 시지각 능력의 발달

영아의 시각은 매우 빠르게 발달한다. 물체에 초점을 맞추는 시각조절(visual accommodation)능력은 생후 4개월이면 성인 수준에 도달한다. 신생아는 색채를 변별할 수 있는가? 출생시의 신생아들도 초록색과 빨강색을 구별할 수 있으며 3–4개월의 영아들은 이미 성인과 유사한 색채지각 능력을 보인다(Franklin 등, 2005).

세부를 정확하게 볼 수 있는 시각정확도(visual acuity)는 신생아의 경우 20/240 스넬른(snellen)*이며, 생후 6개월에는 20/40 스넬른에 이른다. 이것은 생후 6개월의 영아는 성인이 40피트의 거리에서 물체를 볼 수 있는 정확도로

* 스넬른(snellen): 시각정확도의 단위로서 네덜란드 안과의사의 이름에서 유래된 용어이다. 맨 위에 "E"로 시작되는 시력검사표를 Snellen chart라고 한다.

20피트 거리의 물체를 볼 수 있다는 것을 의미한다. 영아의 시각정확도는 생후 1년 동안 점차적으로 개선되며, 첫돌이 되면 성인과 동일한 정도의 시각정확도를 지닐 수 있다(Aslin & Lathrop, 2008).

1) 형태지각

생후 2개월의 영아들은 강한 대비를 이루거나 움직이는 패턴을 감지할 수 있다(Bertenthal & Bradbury, 1992). 분명한 윤곽이 있는 형태에 대한 영아의 눈운동을 추적해 보면 그림 3-11a,b와 같이, 생후 1개월의 영아들은 큰 사각형의

그림 3-11a 생후 1-2개월 영아의 전형적인 눈운동

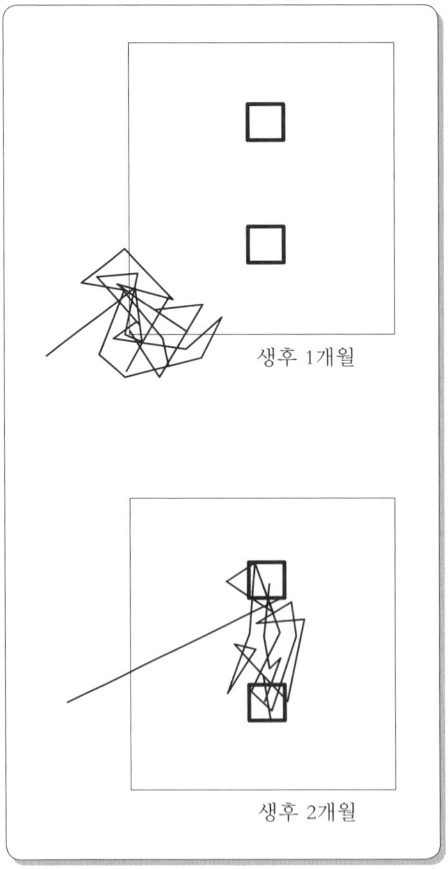

출처: Salapatek, 1975.

그림 3-11b 3-6세 아동의 눈운동 패턴의 변화

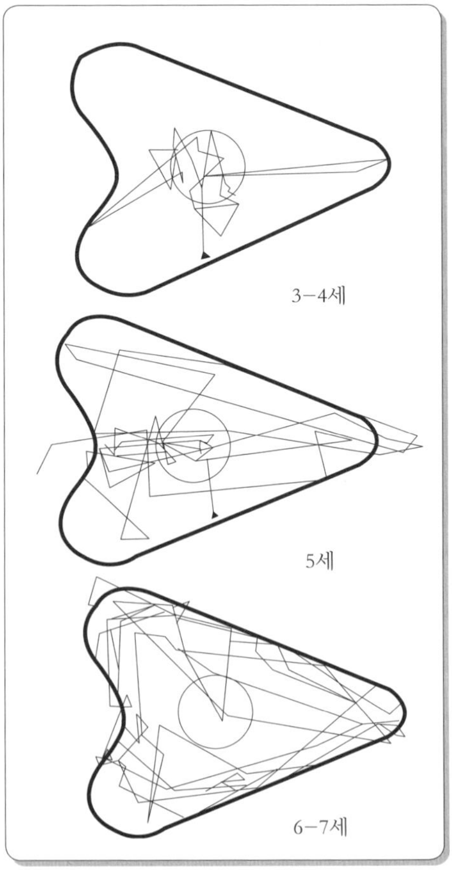

출처: Zaporozhets, 1965.

모서리와 같은 하나의 특징적인 요소만을 오랫동안 응시한다. 2개월이 되면 큰 사각형 안의 작은 사각형 두 개를 번갈아 응시함으로써 더 많은 요소들을 주사(走査)할 수 있게 된다. 그 결과 하나의 요소에 대한 응시시간은 상대적으로 짧아진다. 그러나 아직까지 전체적인 형태는 무시한 채 내부요소에만 집착한다.

생후 2개월경의 눈운동 패턴은 2–3세까지 그대로 유지된다. 3–4세가 되면 형태의 내부적 요소의 주사에 대부분의 시간을 소비하나 때로 전체 윤곽도 주사한다. 4–5세가 되면 외부윤곽에 대한 주사가 급격히 증가하고, 6 – 7세경에 이르면 때때로 내부윤곽을 주사하면서 체계적으로 외부윤곽을 주사하는 눈운동 패턴을 나타낸다.

영아는 출생하자마자 곧 인간의 얼굴에 관심을 보인다(Cashon, 2010). 놀랍게도 출생 12시간 무렵에 이미 어머니의 얼굴을 낯선 사람의 얼굴보다 더 오랫동안 바라본다. 판쯔(Fanz, 1963)의 실험에서 생후 2–3주 된 신생아들은 무늬 없는 형태보다 무늬 있는 형태를 선호하였고 뒤죽박죽된 얼굴보다는 정상적 얼굴형태를 선호하였으며 단순한 원반보다는 동심원이나 검고 흰 줄무늬가 그려진 원반을 선호하는 것으로 밝혀졌다. 생후 3개월경에 이르면 얼굴과 목소리를 짝지을 수 있고 남성과 여성의 얼굴을 구별하며 자신의 인종집단과 다른 인종집단의 얼굴도 구별할 수 있다(Pascalls & Kelly, 2008).

일반적으로 p와 b 혹은 q와 d같은 상하가 전도된 거울상보다 p와 q 혹은 b와 d같은 좌우가 전도된 거울상을 지각하는 것이 더 어렵다. 3–4세 유아들조차도 좌우가 전도된 거울상을 혼동하는 형태변별 오류를 나타내지만, 이후 10–11세까지 점차적으로 개선된다.

2) 차폐된 물체에 대한 지각

일상생활에서 우리는 다른 물건으로 일부가 가려진 물체를 볼 때가 자주 있다. 의자 뒤에 있는 책상, 컴퓨터 뒤에 있는 책, 나무 뒤에 주차된 차 등 그 종류도 다양하다. 차폐된 물체들은 우리가 움직일 때마다 나타났다 사라졌다 하므로 특히 어린 영아들은 지각하기 어렵다. 그렇다면 영아는 어떤 물체가 그들 앞에 있는 물체에 의해 일부가 가려질 때 언제쯤 그 물체를 완전한 물체로 지각할 수 있는가?

생후 2개월 이전의 영아들은 부분적으로 차폐된 물체를 완전한 물체로 지각하지 못하고 단지 무엇인가 있다고 지각할 뿐이다(Johnson, 2009). 그러나 생후 2개월부터 학습과 경험 그리고 눈운동에 의한 자기주도적 탐색은 차폐된 물체를 지각하는 능력을 증가시키므로 생후 3-5개월에 이르면, 영아는 차폐된 움직이는 물체를 짧은 시간 추적할 수 있다.

한 연구(Bertenthal 등, 2007)에서 생후 5-9개월의 영아들을 대상으로 부분적으로 차폐된 물체가 점진적으로 사라지거나 갑작스럽게 사라질 때 혹은 갑작스럽게 크기가 작아질 때 움직이는 차폐된 물체를 추적하게 하였다. 이 연구에서 영아들은 차폐된 물체가 갑작스럽게 사라질 때나 크기가 작아질 때보다는 점진적으로 사라질 때, 차폐된 움직이는 물체를 훨씬 더 정확하게 예측할 수 있었다.

3) 깊이지각

멀리 떨어져 있는 물체와 가까이 있는 물체를 구별하는, 3차원의 물체를

그림 3-12 시각적 절벽

영아는 깊이를 지각하고 깊은 부분으로 가지 않으려고 한다.

지각하는 능력은 영아기에 일찍 발달한다. 생후 6주 된 영아들은 물체가 그들의 얼굴 앞으로 다가오면 눈을 깜박거리거나 고개를 돌리는 회피반응을 보인다(Dodwell 등, 1987). 그러나 완전한 양안시각(binocular vision)*이 발달하기 위해서는 생후 4개월 정도로 성장하여야 한다.

깁슨과 워크(Gibson & Walk, 1960)의 유명한 깊이지각(depth perception) 실험은 영아가 언제 깊이를 지각할 수 있는지를 보여 준다. 깊이지각은 인간의 생존에 필수적인 능력이다. 만약 영아가 깊이를 지각할 수 없다면 침대나 의자 위에서 그냥 뛰어 내리고 환경 내의 장애물에 적절하게 대처하지 못하게 되므로 그들의 생존은 심각한 위협을 받을 것이다.

깁슨과 워크는 그림 3-12와 같은 시각적 절벽(visual cliff)을 사용하여 영아의 깊이지각을 연구하였다. 이 장치는 깊은 부분과 얕은 부분을 만들어 놓고 그 위에 투명유리를 깔아 놓았다. 얕은 부분은 체크무늬판 바로 위에 유리가 깔려 있고 깊은 부분은 유리판에서 상당히 떨어진 아래에 체크무늬판을 놓음으로써 시각적으로 깊게 보이게 만들었다. 영아의 어머니가 먼저 얕은 부분에 서서 영아를 오라고 하고 그 다음에는 깊은 부분에 서서 영아를 오라고 한다.

생후 6개월의 영아들은 시각적 절벽의 깊은 부분으로 기어가려고 하지 않았고 깊은 부분에서 어머니가 불러도 얕은 부분으로 되돌아가거나 깊은 부분과 얕은 부분의 경계선에서 울기만 하였다. 깁슨과 워크의 연구결과는 인간은 적어도 생후 6개월이 되면 깊이를 지각할 수 있음을 제시해 준다.

그러나 깁슨과 워크와는 달리 깊이지각은 선천적인 능력으로 날 때부터 지니고 있다고 주장하는 연구자들도 있다. 동물들도 서거나 걸을 수 있게 되면 깊은 부분을 회피한다. 예를 들면 병아리는 출생 후 24시간 이내에 깊이지각 능력을 나타낸다. 캠포스와 그 동료들(Campos 등, 1970)은 길 수 없는 어린 영아들을 시각적 절벽 위에 엎어 놓았을 때, 깊은 부분과 얕은 부분에 대한 그들의 심장박동에 차이가 있음을 발견하였다.

캠포스 등의 연구결과는 어린 영아들도 깊이지각 능력을 지니고 있다고 추론하게 하나, 깊은 부분에 대한 영아의 심장박동은 얕은 부분에 대한 심장박

---

* 양안시각(binocular vision): 두 눈을 갖고 있기 때문에 갖는 공간지각상. 동일한 대상을 응시할 때 약간씩 다른 망막상이 맺히는 현상으로 입체지각이 가능하다.

동보다 더 느렸기 때문에 해석상의 문제가 있다. 왜냐하면, 인간은 불안하거나 공포를 느끼면 보다 증가된 심장박동을 나타낸다는 사실과 비교해 볼 때, 느린 심장박동은 공포보다는 흥미의 표시로서 해석할 수 있기 때문이다. 아마도 깊이단서에 대한 방어적 반응은 경험의 결과로서, 보다 이후에 발달하는 것인지도 모른다.

4. 청지각 능력의 발달

부모들이 영아에게 이야기할 때는 일상적인 대화에서보다 약간 크게 말하는 경향이 있다. 영아의 청각체계는 완전한 구조를 갖추고 있기는 하지만, 기능적으로 민감하지 못하기 때문에 강한 소리에만 반응할 수 있다. 그러나 생후 1년 동안 청각은 예민해지고 보다 작은 소리에도 반응할 수 있게 된다. 또한 서로 다른 높낮이의 소리를 식별할 수 있는 능력도 빠르게 발달하며 특히 인간의 목소리에 대한 선별적 선호(preference)를 나타낸다.

청각능력은 환경 내의 사물과 사람이 어디에 위치하는지를 알려 주는 중요한 역할을 한다. 신생아도 비록 수초가 걸리긴 하지만 소리나는 방향으로 향할 수 있고 생후 5개월이 되면 보다 빠르게 반응할 수 있다. 그러나 특이하게도 생후 2 - 3개월의 영아들은 소리나는 방향을 감지하지 못하는 일시적 무능력 현상을 나타낸다. 플라벨 등(Flavell 등, 1993)은 소리나는 방향의 식별은 U자형 발달곡선을 보인다고 제안하고 2 - 3개월의 영아가 나타내는 무능력은 반사적 청지각 능력이 의식적 청지각 능력으로 대치되는 과정에서 나타나는 일시적 현상이라고 주장하였다.

청지각은 언어를 획득하고 이해하기 위한 주요한 능력이다. 디케스퍼 등(Decasper 등, 1994)의 연구에 의하면, 출산전에 들려준 문장을 출생후에 다시 들려주었을 때, 신생아들은 처음 듣는 문장보다 출생전에 들은 문장을 더 선호하여 언어변별능력을 지니고 있음을 보여 주었다. 또한 생후 12시간 된 신생아들은 언어요소(단어와 음절)에 대해 변별적 신체 움직임을 나타낸 반면, 리드미컬하지 않은 두드리는 소리나 연결되지 못한 모음에 대해서는 반응하지 않았다. 영아는 일찍부터 모음과 자음을 구별할 수 있고 생후 4.5개월경에는 자신의 이름도 인지할 수 있었다. 이러한 결과들은 인간은 언어와 같은 유형의 소리에 선택적으로 주의를 집중하고 반응하는 능력을 가지고 태어난다는 것을 시사한다.

언어요소와 함께 영아는 서로 다른 음악소리를 식별할 수 있고 부모가 불러준 자장가나 노래를 기억할 수 있다(Trainor 등, 2004). 그들은 서로 다른 멜로디를 구별할 수 있을 뿐 아니라 즐겁지 않은 멜로디보다 즐거운 멜로디를 더 선호한다. 음악은 인간이 자신의 감정을 표출하는 기본적 수단이므로 음악에 대한 민감성 역시 생후 초기에 발달한다.

5. 미각, 후각, 촉각의 발달과 통합적 지각

미각과 후각 및 촉각은 출생시에 이미 완전하게 발달되어 있다. 우선 신생아는 단맛, 짠맛, 신맛, 쓴맛을 구별할 수 있고, 암모니아 냄새와 같은 역거운 냄새에는 고개를 돌리지만 어머니의 젖냄새에 대해서는 강한 애착을 보인다. 생후 4일의 신생아들은 다른 여성의 냄새보다 어머니의 냄새를 더 좋아하였다(Porter & Winberg, 1999).

촉각 역시 출생시에 이미 완전하여, 조산아기조차도 잘 발달된 촉각을 지니고 있다. 특히 부드럽고 규칙적인 접촉은 조산아기를 편안하고 안락하게 하였다. 그 예로서 인큐베이터 속에 있는 조산아기를 규칙적으로 톡톡 두드려주면 아기의 호흡은 규칙적으로 변화하였으며, 단순히 팔이나 다리를 붙잡아주는 것만으로도 그들은 위로받을 수 있었다. 흥미롭게도 옷이나 담요로 아기를 꼭 싸주는 것도 규칙적으로 두드려주는 것과 유사한 결과를 초래하였다(Nugent & Brazelton, 2000).

신생아는 시각과 촉각 혹은 시각과 청각같은 서로 다른 감각적 정보들을 어떻게 통합적으로 지각할 수 있는가? 소위 통합적 지각(intermodal perpection) 능력은 출생직후부터 나타나고 이후 환경과의 접촉을 통하여 빠르게 발달한다(Morokuma 등, 2008). 통합적 지각능력의 증거는 많이 있다(Condry 등, 2001; Lickliter & Bahrick, 2000). 그 예로서 출생후 수시간 내에 신생아들은 시각과 청각을 짝지을 수 있고 생후 4개월에는 두 개의 낯선 필름 중 하나와 연결된 영화

음악을 변별할 수 있으며 생후 6개월에는 남녀의 얼굴과 목소리를 연결지을 수 있었다. 또한 생후 7개월에는 얼굴표정과 발성을 짝지을 수 있어 통합적 지각 능력이 발달하고 있음을 보여 주었다.

6. 주의력의 발달

주의력(attention)이란 특정한 자극에 주의를 집중할 수 있는 능력으로 영아기를 지나면서 지각발달을 가능하게 하는 핵심적 요인이다. 만약 아동이 주의를 집중할 수 없다면 사물에 대한 지각은 물론 읽기학습과 같은 복잡한 인지과제를 수행할 수 없다. 그러나 영아나 어린 아동들은 사물에 주의를 기울이는 것이 아니라 사물에 의해 그들의 주의를 점령당하는 양상을 나타내므로 주의력의 증거를 찾기 어렵다. 성장함에 따라 주의지속시간(attention span)은 길어지고 주의를 기울이는 대상도 선택적으로 변화한다.

아동이 어릴수록 주의지속시간은 짧지만 생후 3개월의 영아도 5–10초 동안 주의를 지속할 수 있으며 이때부터 주의지속시간은 점차 길어진다(Courage & Richards, 2008). 그러므로 어린 아동을 대상으로 실험하는 연구자들은 실험시간을 수분 정도로 제한해야 하고 유아원 교사는 15 – 20분 간격으로 교실 내에서의 활동을 변화시키지 않으면 안 된다.

TV 시청과 같이 아동이 좋아하는 일을 할 때에도 2 – 3세의 유아들은 일어나 방안을 돌아다니거나 장난감을 가지고 놀기도 하며 TV 시청시간도 5 – 6세 유아들보다는 현저하게 더 짧다. 그러나 5 – 6세 유아들은 적어도 30분 동안 지속적으로 TV를 시청할 수 있다(Posner & Rothbart, 2007).

이 시기 유아의 이해력과 언어발달은 주의력의 발달에 기여하고 발달된 주의력은 통제노력(effortful control)에서의 빠른 증가에 기여한다. 높은 수준의 통제노력이 가능한 유아는 각성수준을 적정하게 유지할 수 있으므로 쉽게 동요하거나 흥분하지 않는다. 아동이 주위 환경을 이해할 수 있게 됨에 따라 그들은 더 오랜 시간동안 주의를 기울일 수 있다(Rothbart & Gartstein, 2008).

특정한 사물에 대한 선택적 주의(selective attention)도 연령증가와 함께 개선된다. 2세가 지나면, 유아는 행동계획을 세우고 그것에 따라 어떤 자극에 주의를 기울이고 어떤 자극을 무시해야 하는지를 알기 시작한다. 초등학교에 입학할 무렵에 이르면 아동은 방해자극이 존재할 때도 목표자극물을 찾아낼 수 있는 능력을 획득하며 그것은 초등학교에서의 성공적인 학업수행을 예언한다(Posner & Rothbart, 2007).

제4장 아동의 인지발달

제4장 아동의 인지발달

아동기 동안의 인지발달은 세 가지 차원에서 연구될 수 있다. 즉 사고의 질적 변화를 강조하는 피아제식 접근 방법(Piagetian approach), 정보의 획득과 기억, 인출 및 문제해결 과정을 연구하는 정보처리적 접근(information-processing approach) 그리고 지능에서의 양적 변화를 측정하는 심리측정적 접근(psychometric approach)이 그것이다. 이 장에서는 이 세 가지 접근방법을 설명한 후 인지발달을 반영하는 아동의 언어발달을 고찰한다.

I 피아제식 접근방법

제1장에서 이미 설명한 것처럼, 스위스의 심리학자인 피아제는 네 개의 인지발달단계를 제시하였다. 여기서는 아동기 발달에 해당하는 감각운동기, 전조작기 그리고 구체적 조작기의 특성을 설명한다.

1. 감각운동기의 인지적 특성

1) 감각운동적 지능

피아제 이론에서 생후 2년 동안의 기간은 감각운동기(sensory motor stage)로 명명되고 이 시기 동안 감각운동적 지능이 발달한다고 가정된다. 다시 말하면 영아의 지능은 감각운동적 적응과정을 통하여 발달한다는 것이다. 언어적 상징체계를 사용하여 경험을 조직할 수 없는 영아들은 그들의 지각을 기초로 환경을 탐색함으로써 개념형성의 기초를 구축한다. 운동기술이 발달해감에 따라 영아는 세상을 이해하고 조작하기 위한 보다 확장된 감각운동적 레퍼토리를 갖게 된다.

감각운동적 지능의 발달과정에서 가장 중요한 성취 중의 하나는 인과관계(cause-effect relationship)의 이해이다. 인과관계를 이해하기 위해서는 환경 내에 있는 사물의 특성을 이해해야만 하고 그 사물을 조작하는 다양한 전략도 가지고 있어야만 한다. 피아제에 의하면, 영아는 자신의 감각운동경험을 바탕으로 어떤 행동은 환경 내에 있는 대상에게 어떤 영향을 줄 것이라는 것을 예상할 수 있게 된다. 영아는 만약 그가 울면 어머니가 그에게 올 것이라는 것을 알게 되며, 의자를 차면 그것이 움직일 것이고 숟가락을 놓으면 마룻바닥 위에 떨어질 것이라는 것도 알게 된다.

그러나 영아는 감각운동적 경험 없이도 일찍부터 인과관계를 이해할 수 있음이 밝혀지고 있다. 그림 4-1은 어린 영아조차도 움직이는 대상물의 크기에 따라 정지해 있는 대상물이 얼마나 멀리 이동할 수 있는지를 이해하고 있음을 보여 주는 실험결과이다(Kotovsky & Baillargeon, 1994).

이 그림에서 영아는 먼저 중간 크기의 원통(그림 4－1의 a)이 경사로를 굴러 내려 와서 경사로 바닥에 놓여 있는 장난감 곤충과 부딪쳤을 때, 장난감 곤충이 얼마나 멀리까지 굴러가는지를 관찰한다. 뒤이어 영아는 더 큰 원통(그림 4－1의 b)과 더 작은 원통(그림 4－1의 c)이 장난감 곤충을 굴러가게 하는 그림을 관찰한다. 놀랍게도 5.5－6.5개월 무렵에 영아는 작은 원통보다 큰 원통에 의해 장난감 곤충이 더 멀리 굴러간다는 것을 이해하였고, 작은 원통이 큰 원통과 동일한 정도로 장난감 곤충을 굴러가게 하는 c 그림에 놀람반응(b그림보

그림 4-1 영아의 인과관계에 대한 이해

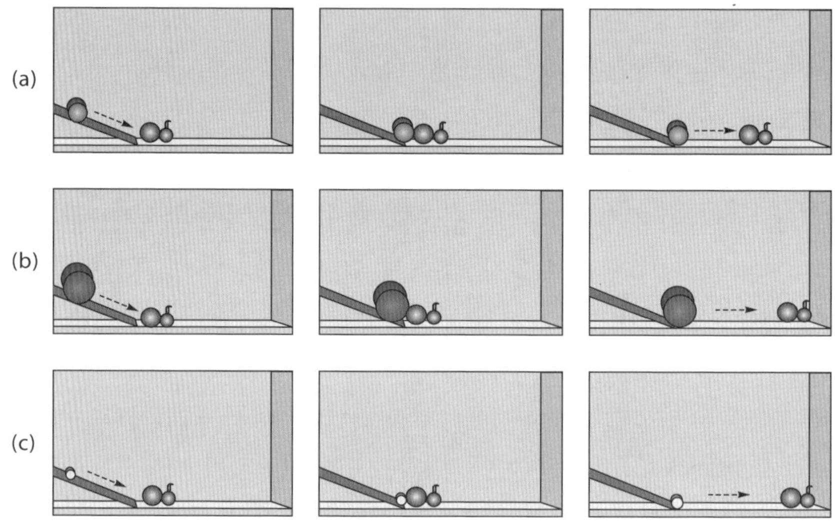

출처: Kotovsky & Baillargeon, 1994.

다 c그림을 더 오랫동안 바라보았다)을 나타내었다.

이러한 결과는 생후 첫해의 중간 무렵에 영아는 원통의 크기가 장난감 곤충을 얼마나 멀리 굴러가게 할 것인지를 결정하는 원인요인이라는 것을 이해한다는 증거로서, 피아제가 가정한 연령보다 훨씬 더 일찍 인과관계에 대한 이해가 가능함을 의미한다.

2) 대상영속성의 획득

감각운동기의 말기에 이르면 환경 내에 있는 물체들은 영속하며 손에 닿지 않거나 눈에 보이지 않을 때에도 여전히 존재한다는 대상영속성(object permanence)의 개념이 발달하기 시작한다.

대상영속성의 개념획득에 관한 연구는 어떤 물체가 영아의 시각장에서 제거되었을 때 영아의 반응을 관찰함으로써 가능하다. 만약 생후 6개월 된 영아가 딸랑이를 가지고 놀고 있다면, 그 딸랑이는 영아에게 존재하는 대상물임에 틀림없다. 그러나 딸랑이가 손에서 떨어져 보이지 않는 곳으로 굴러가 버린다면, 영아는 섭섭해 하지만 그 물건을 찾지는 않을 것이다. 눈에 보이지 않는 것은 마음에서도 사라진 것이다.

(1) 대상영속성 실험

대상영속성의 개념획득 여부를 실험하기 위하여 우선 영아의 손에서 딸랑이를 빼앗아 쿠션 밑에 숨겨 본다. 만약 영아가 딸랑이를 찾으려고 노력하지 않는다면, 대상영속성 개념이 전혀 싹트지 않았다는 것을 알 수 있다. 반대로 영아가 딸랑이를 추적하고 쿠션 밑에서 딸랑이를 찾아낸다면 대상영속성의 개념획득이 시작되었음을 알려 주는 것으로 볼 수 있다.

실험 2단계에서는 영아로부터 딸랑이를 받아서 쿠션 밑에 숨긴다. 영아가 바라보고 있는 가운데, 쿠션 밑에서 딸랑이를 꺼낸 다음 제2의 쿠션 밑에 다시 숨긴다. 대상영속성의 개념을 획득한 영아는 정상적인 성인들과 동일하게 제2의 쿠션으로 바로 가서 딸랑이를 꺼낼 것이다. 대상영속성 개념의 일부분을 획득한 영아들은 제1의 쿠션 밑에서 딸랑이를 찾을 것이며 거기에서 찾지 못하면 탐색을 포기할 것이다.

실험 3단계에서는 영아가 보는 앞에서 딸랑이를 쿠션 1에서 쿠션 2로 이동시킨 다음, 영아 몰래 제3의 장소에 숨긴다. 대상영속성의 개념을 획득한 영아는 쿠션 2로 가서 딸랑이를 찾지 못하면, 그것이 어딘가에 있다는 확신을 가지고 탐색을 계속할 것이다. 반면 대상영속성의 개념획득이 불완전한 영아들은 제2의 쿠션 밑에서 딸랑이를 찾지 못하면 탐색을 포기할 것이다.

'아웅 · 깍꿍' 놀이는 대상영속성의 개념을 획득하지 못한 영아들에게 가장 흥미 있는 게임이다. 눈을 감으면 지금까지 눈앞에 나타났던 모든 사물들이 더 이상 존재하지 않게 되므로 대상영속성의 개념이 발달되기 이전의 영아들은 다시 눈을 뜨고 사물을 보게 되면 놀라고 흥분한다. 대상영속성의 개념획득은 전적으로 눈앞에 보이는 사물에 의존하던 영아에게 물체의 이미지를 마음속에 그릴 수 있도록 해 주므로 복잡한 표상적 사고를 가능하게 하는 시발점이 된다. 표상적 사고가 가능한 영아들은 더 이상 '아웅 · 깍꿍' 놀이에 흥미를 보이지 않는다.

(2) 대상영속성의 획득 연령

피아제에 의하면, 생후 4개월에서 8개월 사이에 물체가 눈앞에서 사라지면 영아는 부분적으로 감추어진 물체를 찾아낼 수 있다. 그러나 첫돌이 될 때까지는 새로운 장소로 물체를 이동하는 것을 본다고 하여도 영아는 단지 이전에 있던 장소에서만 사라진 물체를 찾는다.

첫돌 무렵에서 생후 18개월 사이에 영아는 물체의 이동과정을 보게 되면, 물체가 숨겨진 장소에서 물체를 찾아낼 수 있다. 그렇지만 그들이 보지 못하는 동안 물체가 이동할 수 있다는 것을 상상하지는 못한다. 생후 1년 6개월경에 이르면 대상영속성의 개념이 완전히 발달한다. 이제 유아는 물체가 옮겨지는 과정을 보지 못했다고 할지라도, 물체가 어딘가에 존재한다고 생각하고 그것을 찾는다.

그러나 보다 정교한 실험방법을 사용한 최근의 연구자들은 피아제가 제시한 연령보다 더 어린 연령에서 대상영속성 개념이 획득된다고 주장한다(Cohen & Cashon, 2003). 피아제가 사용한 것보다 눈에 더 잘 띄는 과제를 사용하면 생후 3.5개월의 영아들조차 사라진 물체에 대한 원시적이고도 단기적인 기억을 지니고 있었고, 생후 8개월 무렵에는 어머니에 대한 분명한 대상영속성 개념을 지니고 있었다.

2. 전조작기의 인지적 특성

2세부터 7세까지의 시기에 해당하는 전조작기(preoperational stage)는 상징능력의 획득으로 시작된다. 이제 실제 세계의 제한을 뛰어넘어 불가능한 것도 다루기 시작한다. 그러나 중심화 경향과 위계적 분류능력의 결여로 전조작기 특유의 한계를 드러낸다.

1) 상징적 표상능력의 획득

영아기 동안 발달되었던 도식이 내적으로 표상됨으로써 전조작기에 이르면 마음 속으로 사물에 대한 이미지를 그려낼 수 있기 때문에, 유아는 모델이 없는 곳에서의 모방(지연모방)과 심상, 상징화, 상징놀이, 언어기술 등 상징적 표상(symbolic representation)능력을 획득하게 된다. 상징적 표상능력이란 과거와 현재의 사건이나 경험 혹은 개념을 나타내기 위하여 행위와 심상, 단어 및 그 외의 다른 기호나 표시같은 다양한 상징을 사용하는 능력을 의미한다.

어린 아동들은 사람과 집, 자동차, 구름 등을 나타내기 위하여 몇 개의 길고 짧은 선분을 끄적거리고(상징화) 언어를 사용하며 상징놀이를 하기 시작한다. 언어와 상징놀이(symbolic play)의 발달은 전조작기로의 이행을 신호하는 가장 강력한 징표로서 특히 상징놀이는 전개념적 사고의 특징을 가장 잘 나타내는 유아의 전형적 표상기술이다(Flavell 등, 2002).

(1) 상징놀이

영아의 놀이는 단순히 자신의 발가락을 빨거나 높은 의자에서 숟가락을 떨어뜨리는 것과 같이 운동활동의 반복으로 구성되지만, 영아기 말경에 이르면 감각운동적 놀이는 부모 행동을 정교하게 모방함으로써 상징놀이로 대치된다.

초기의 상징놀이는 잠자는 흉내, 개나 고양이의 흉내, 마루를 쓰는 흉내 혹은 자동차를 운전하는 흉내 등과 같이 친숙한 활동을 단순하게 반복하는 것이다. 그러나 점차 하나의 놀이계열 속에 여러 가지 활동이 포함됨으로써 놀이는 보다 더 풍부해지고 상징적으로 변화한다. '소방관'놀이에서 유아는 쉽게 불자동차, 호스, 사다리, 엔진, 사이렌 및 타는 물건이 될 수 있으며 모든 사람은 구조자인 동시에 피구조자가 된다. 이와 같은 복잡하고 풍부한 상징은 유아의 증가된 운동능력과 화재사건과 같은 실제 사건을 관찰한 결과로 가능하다.

유아는 놀이를 통하여 내적 감정을 표현하며, 놀이 속에 독특한 성격과 상황을 창조해 낸다. 상징놀이의 대표적 주제는 가족생활이므로 소꿉놀이는 이 시기 한국 유아들의 대표적 놀이이지만, 놀이의 주제는 TV나 동화책에서 본 영웅과 호걸들의 이야기로 확대된다. 유아들은 스스로 특별한 힘을 갖는 주인공의 역할을 하려고 한다. 그들은 스스로를 나는 것으로 가장하기도 하고 보이지 않는 체하며 남이 모르는 단어나 몸짓을 사용하여 스스로를 다른 형태로 변형시키려고 한다.

(2) 상상의 놀이친구

가장 세련된 형태의 상징놀이는 상상의 놀이친구를 창조해 내는 것이다. 유아의 약 65%가 가지고 있는 상상의 놀이친구는 유아 자신의 성격을 지니고 있고 유아와 마찬가지로 좋아하는 것과 싫어하는 것을 가지고 있는 생물체이다. 주위에 아무도 없을 때 상상의 놀이친구는 유아가 내적 감정을 털어놓는 대상이 되기도 하고 비행을 저지른 후 책임을 떠맡는 속죄양이 되기도 한다. 자기통제력이 부족한 유아들은 나쁜 일인 줄 알면서도 비행을 저지르고 그 책임을 놀이친구에게 떠 넘긴다. 부모를 불쾌하게 하기를 원치 않는 유아들은 친구의 행동을 제지하려고 하였으나 말을 듣지 않았다고 함으로써 거짓말한다는 비난을 받는다.

그러나 상상의 놀이친구를 가지고 있는 유아들은 그렇지 않은 유아들보다 더 많은 친구를 가지고 있고 더 사교적이며 덜 수줍어한다. 또한 그들은 창의적이고 가족활동에도 더 많이 참여하며 또래는 물론 성인들에게도 더 협조적이어서 유아의 발달을 촉진시키는 역할을 한다(Gleason 등, 2000).

상징적 표상능력의 발달은 다양한 방식으로 유아의 인지발달을 촉진시킨다. 예를 들면 상징적 사고능력은 타인의 감정이나 관점에 더 민감하게 반응할 수 있도록 하므로 효과적인 사회적 상호작용을 가능하게 하고 그것은 다시 자아중심적 사고에서 사회중심적(sociocentric) 사고로 이동하게 한다(Feldman, 2003).

2) 중심화 경향

전조작기 아동들은 사물과 사건을 표상하기 위하여 점차 많은 개념들을 형성하지만 그것들은 아직까지 불완전하고 부정확하다. 그들은 현재 보고 듣는 것을 바탕으로 사고하기 때문에 특징적인 중심화 경향을 나타낸다. 중심화(centration)란 상황의 한 차원이나 하나의 측면에 주의를 기울이고 다른 중요한 차원들을 무시하는 경향성이다. 중심화의 결과로 그들은 자아중심적이고 직관적인 사고를 한다.

그림 4-2 세 개의 산 실험

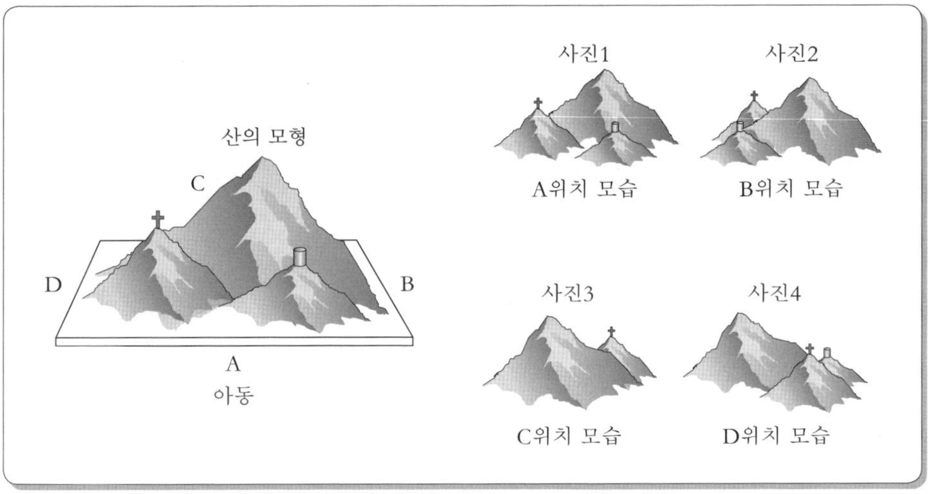

(1) 자아중심성

자아중심성(egocentrism)이라는 의미는 이기적이라거나 분별력이 없다는 뜻이 아니라 단지 그들의 상징적 견해가 자기중심적이라는 뜻이다. 전조작기의 아동들은 그들 자신의 조망에 의해서 세계를 지각하기 때문에 타인의 관점이나 역할을 고려하지 못한다.

일찍이 피아제(Piaget & Inhelder, 1969)는 어린 아동의 자아중심성을 실험하기 위하여 '세 개의 산' 실험(three-mountain problem)을 고안하였다. 그림 4-2와 같은 산의 모형을 아동에게 보여 주고 테이블 주위를 한 바퀴 돌게 한 다음, 아동을 A위치에 앉게 하였다. 실험자는 아동의 반대편이나 측면에 앉은 인형이 보고 있는 산의 모습을, 네 개의 사진 중에서 선택하게 하였다. 이때 아동은 인형의 관점에서 선택하는 것이 아니라 자신의 관점에서 선택하기 때문에 올바르게 대답할 수가 없다.

피아제는 아동의 자아중심성 극복은 약 8세 이후에 가능하다고 하였다. 그러나 피아제의 세 개의 산 실험을 실생활에서 자주 경험하는 친숙한 과제로 대치하여 연구한 결과들(Lillard & Curenton, 1999)은 3-4세 유아의 80-90%가 자신과 다른 위치의 조망을 정확하게 이해할 수 있다고 밝혀, 보다 어린 연령에서 탈중심화(decentration)가 가능함을 제시하였다. 피아제의 실험과제들은 형식적 혹은 가설적 방식으로 기술되기 때문에 때로 성인들조차도 올바른 판단을 하기 어렵다.

아동의 자아중심성은 이와 같은 공간적 문제를 해결하는 과제에서만 나타나는 것은 아니다. 전조작기의 아동들은 다양한 사회적 상황에서 타인의 입장이나 관점을 고려하지 못하고 자아중심적 사고와 행동을 한다. 사회적 상황은 공간과제보다 더 복잡하기 때문에 탈중심적 사고가 가능하기 위해서는 더 오랜 기간을 필요로 한다.

(2) 물활론적 사고

전조작기 아동의 자아중심성은 또한 물활론적 사고(animistic thinking)의 기초가 된다. 물활론이란 모든 자연물은 생명을 지니고 있다는 생각으로 이 시기의 아동들은 무생물을 마치 살아 있는 것처럼 생각하고 자신과 같이 사고하며, 소망이나 감정 혹은 의도를 갖는다고 생각한다. 그 증거로서 바닷가에서 부모와 낙조를 바라보고 있던 3세 유아가 해가 수평선으로 넘어가자, '해가 졸음이 와서 꾸벅꾸벅 졸고 있다'고 이야기한다. 전조작기 아동들은 사람의 생각이나 의도를 자연적 사건에 자기중심적으로 적용하기 때문에 자주 이와 같은 주술적 사고(magical thinking)를 한다.

그러나 후속 연구자들은 3세 정도의 유아라도 생명 없는 물체를 살아 있는 대상으로 지각하지 않는다고 밝힌다(고윤주, 1988; Massey & Gelman, 1988). 피아제가 제시한 전조작기 아동의 물활론적 경향성은 과제로 사용된 태양이나 구름, 달, 혹은 별과 같은 대상물에 기인된 것으로 이와 같은 대상물은 성인들도 마치 생명이 있는 것처럼 혼돈하도록 하는 경향이 있다는 것이다.

(3) 직관적 사고

사물의 지각적 속성을 바탕으로 사고하는 전조작기의 아동들은 현재 보고 듣는 것을 바탕으로 사고하기 때문에 그들의 사고는 직관적이다. 이 시기 아동들은 사물의 두드러진 속성에 압도되어 두 개 이상의 차원을 동시에 고려하지 못하고 사물의 크기나 모양 혹은, 색깔과 같은 하나의 특징적인 지각적 속성에 근거하여 추론한다.

그 결과 전조작기 아동들은 자신이 살고 있는 세상에 대해 나름대로 생각을 하지만, 아직도 그 생각은 단순하고 지극히 환상적일 뿐이다. 그들은 특히 "~한다면, 무슨 일이 일어날 것인가"에 관한 질문에 제대로 답변하지 못한다. 그 예로서 아동은 자동차가 자신을 향해 달려온다면 어떤 일이 일어날 것인지 정확하게 추론하지 못하기 때문에, 멀리서 다가오는 차가 있을 때에도 안전하게 길을 건널 수 있을 것으로 생각한다.

직관적 사고는 자주 전도추리(transductive reasoning)의 형태로 나타난다. 전도추리란 사물이나 사건의 추론시에 단지 개별적 특성만을 고려하는 추론형태이다. 7세 아동에게 '태양은 살아 있는가, 죽은 것인가?'라고 질문하면 그들은 '살아 있다'라고 대답한다. 그 이유를 물으면 '그것은 움직이니까'라고 대답한다. 그러나 그들은 '움직이는 모든 것은 살아 있는 것이다'라고는 결코 이야기하지 않는다. 어른들의 추리는 특수에서 일반으로(귀납적), 혹은 일반에서 특수(연역적)로의 형식을 취하지만 전조작기 아동들의 추리는 특수에서 특수의 형식을 취하며, 이런 유형의 추리를 전도추리라고 한다.

3. 구체적 조작기의 인지적 특성

초등학교 시기에 해당하는 7-11세 동안 전조작적 사고와는 질적으로 다른 새로운 형태의 사고가 출현한다. 피아제(Piaget & Inhelder, 1969)는 이것을 구체적 조작사고(concrete operational thought)라고 명명하고 이 시기를 구체적 조작기(concrete operational stage)로 구분하였다.

구체적 조작사고의 특징은 조작이 가능하다는 것이다. 그러나 이 시기 아동의 조작은 어디까지나 구체적 현실과 연결되어 있으므로 그들은 직접적으로 그리고 개인적으로 경험한 사물에 대해서만 추론할 수 있을 뿐 가설적 혹은 사실과 반대되는 명제를 추론하는 데는 어려움을 겪는다.

구체적 조작기 동안 아동은 많은 개념적 기술을 점차적으로 획득한다. 그 대표적인 기술에는 보존기술(conservation skills)과 분류기술(classification skills) 그리고 서열기술(seriation skills)이 있다.

1) 보존기술

보존개념의 기본의미는 물질은 형태나 용기가 변한다고 할지라도 여전히 동일한 상태를 그대로 보존하고 있다는 것이다. 보존의 개념은 크기보존, 무게보존, 수보존, 길이보존 그리고 부피보존 등 다양한 차원에 적용될 수 있다. 보존개념을 획득한 아동은 지각적 단서에 의한 영향을 받지 않기 때문에 형태의 변화에도 불구하고 물체는 동일하다고 주장한다.

피아제는 A와 B, 두 개의 같은 크기의 컵에다 동일한 양의 액체를 담고 아동에게 어느 컵의 액체의 양이 더 많은지를 질문하였다. 아동이 "똑같다"라고 대답을 하면 아동이 보는 앞에서 B 컵의 액체를 높이는 낮으나 넓은 유리접시에 옮겨 부은 다음 다시 질문한다. "어느 그릇의 액체의 양이 더 많지? 이것(길고 좁은 컵) 혹은 이것(높이가 낮으나 넓은 접시)?" 보존개념을 획득한 아동은 길고 좁은 컵과 높이는 낮으나 넓은 접시의 액체의 양은 여전히 동일하다는 것을 알고 있으며 그 이유를 설명할 수 있다.

위의 액체문제를 해결하기 위해서는 세 가지의 중요한 개념이 동원되어야 한다. 첫째, 아동은 더 이상의 액체가 첨가되거나 제거되지 않았기 때문에 길고 좁은 컵과 높이는 낮으나 넓은 접시의 액체의 양은 같다고 대답할 수 있다. 이것을 동일성(identity)의 개념이라고 한다.

둘째, 높이는 낮으나 넓은 접시의 액체를 다시 길고 좁은 컵에 부으면 원래의 양으로 되돌아갈 수 있기 때문에 같다고도 말할 수 있다. 이것을 가역성(reversibility)의 개념이라고 한다. 가역성의 개념을 지니고 있는 아동은, 조작은 역전될 수 있고 따라서 그 효과를 무효화할 수 있다는 것을 알고 있다.

셋째, 아동은 길고 좁은 컵의 액체의 높이가 더 높지만 높이가 낮은 접시는 더 넓기 때문에 액체의 양은 같다고 말할 수 있다. 이것을 보상성(reciprocity)의 개념이라고 한다. 아동은 동일성, 가역성 그리고 보상성의 개념을 획득하게 됨에 따라 많은 다른 물리적 차원에 대한 보존개념을 획득하게 된다(표 4-1 참조).

문제는 피아제가 제시한 실험과제들은 과제 자체가 너무 복잡하고 어려워 아동의 발달수준을 실제보다 더 낮게 측정한다는 것이다. 수보존 실험에서 과

표 4-1 구체적 조작기 동안의 보존개념의 획득

조작	제1단계	제2단계	전조작적 사고(오답)	조작획득 연령
수	 두 줄의 점들이 동일한 간격으로 놓여 있다.	 아래 줄에 있는 점 사이의 간격을 넓힌다.	아래 줄의 점들이 윗줄보다 더 많다.	6세
길이	 두 개의 막대기	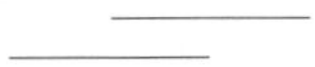 막대기를 엇비슷하게 놓는다.	위(혹은 아래)의 막대기가 더 길다.	6-7세
면적	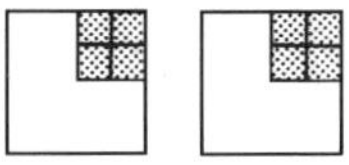 큰 사각형 속에 4개의 작은 사각형이 있다.	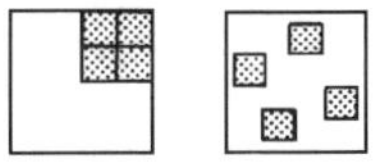 한 개의 큰 사각형 속에 있는 작은 사각형을 흩어 놓는다.	왼쪽 사각형 속에 남아 있는 공간이 더 넓다.	7-8세
액체(양)	 동일한 2개의 유리컵에 동일한 양의 물이 담겨 있다.	 하나의 컵에 있는 물을, 길고 가는 컵에 옮겨 붓는다.	왼쪽(혹은 오른쪽) 물이 더 많다.	7-8세
질량	 공모양의 같은 크기의 찰흙	 한 개를 납작하게 만든다.	왼쪽(혹은 오른쪽)이 더 무겁다.	7-8세
부피	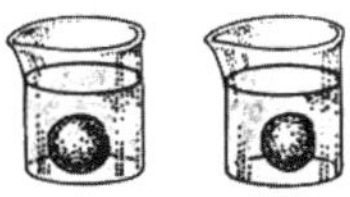 동일한 양의 액체가 들어 있는 컵 속에 동일한 무게의 진흙공이 담겨 있다.	 하나의 진흙공을 물에서 꺼내어 모양을 변형시킨 다음 다시 물속에 넣는다.	오른쪽 액체의 높이가 더 높아질 것이다.	11-12세

출처: Siegelman & Shaffer, 1991에서 인용.

제의 수를 6개 이하로 줄이면 3-5세의 아동들도 수보존 문제를 해결할 수 있었고 양의 보존개념 실험에서도 실험과제를 보다 쉽게 변형하면 3-5세에도 가능하였다(Baroody, 2000). 보존개념의 훈련을 시도한 연구들 역시 피아제가 제시한 인지능력의 발달은 보다 더 이른 연령에서 출현하며 환경에 의해 쉽게 영향을 받는다는 것을 제시한다(Holzman, 2009).

2) 분류기술

분류기술은 어떤 대상이 공통적으로 함께 지니고 있는 차원에 따라서 물체를 분류하고 통합할 수 있는 능력과 함께 위계적인 방식으로 하위그룹을 나열하여 하나의 새로운 그룹으로 묶는 능력을 포함한다. 분류기술은 대상과 대상간의 공통점과 차이점 및 관련성을 이해함으로써 비로소 획득될 수 있는 능력이다.

피아제는 이 문제를 그의 유명한 유목포함(class inclusion) 과제로써 실험하였다. 아홉 송이의 꽃(장미꽃 5송이, 튤립꽃 4송이)이 있는 그림을 아동에게 보여 주고 '장미꽃과 튤립꽃 중 어느 꽃이 더 많은가?'라고 질문하면, 아동은 '장미꽃'이라고 대답한다. 그러나 '장미꽃이 꽃보다 더 많은가?'라고 질문하면 전조작기 아동들은 장미꽃의 지각적 특성에 압도당하여 상위개념인 꽃과 하위개념인 장미꽃을 뚜렷하게 구별하지 못하고 '예'라고 대답한다. 그러나 구체적 조작기 아동들은 질문이 잘못되었음을 쉽게 이해한다.

구체적 조작기 아동들은 사물이 위계적인 관계를 맺고 있기 때문에 서로 조화를 이루고 있다는 사실을 인식하기 시작한다. 예를 들면 이 단계의 아동들은 사과는 과일에 속하고 과일은 다시 음식에 속한다는 사실을 안다. 대부분의 8-9세 아동들은 상위개념과 하위개념간의 차이를 인지할 수 있기 때문에 전조작기 아동들이 나타내는 지각적 오류를 범하지 않는다.

형태, 크기 그리고 색깔이 서로 다른 나무로 만든, 여러 개의 블록을 아동에게 제시하고 각 블록 밑에는 무의미 음절이 기록되어 있음을 알려준 후에, 같은 음절로 되어 있는 모든 블록을 찾아내도록 한다. 이러한 중다분류과제를 해결해야 할 때, 전조작기와 구체적 조작기 아동들은 뚜렷한 차이를 보인다.

우선 전조작기 아동들은 특별한 규칙도 없이 색깔에 의해 블록을 선택하는 반면, 구체적 조작기의 아동들은 먼저 하나의 차원(보통 형태차원이 된다)에 초점을 맞추어 블록을 선택한다. 선택과정에서 오류가 발견되면 구체적 조작기 아동은 그 오류를 토대로 그들이 선택한 블록의 특성과 무의미음절이 연합되어 있을 것이라는 가정을 변경한다. 이러한 종류의 분류 과제는 하나의 개념을 토대로 하여 대상을 분류하고 오류를 바탕으로 또다시 문제해결을 시도하는 아동의 구체적 조작능력을 나타낸다.

3) 서열기술

서열(seriation)이란 길이나 무게와 같은 양적 차원에 따라 물체를 배열하는 능력에 해당한다. 피아제는 아동에게 짧은 것부터 긴 것까지 서로 다른 길이의 막대기를 배열하게 하였다. 전조작기 아동이 우연히 정확하게 배열할 수 있는 것과는 대조적으로 6–7세 아동은 배열을 위한 계획을 가지고 짧은 막대기부터 긴 막대기까지 차례대로 정확하게 배열할 수 있다.

구체적 조작기 아동의 양적 배열능력의 개선은 보다 더 어려운 추이추론(transitive inference) 문제에서도 확인될 수 있다. 잘 알려진 추이추론 문제로서, 피아제는 아동에게 서로 다른 길이의 막대기를 보여 주었다. 막대기 A는 B보다 더 길고 막대기 B는 C보다 더 길다는 것을 관찰한 후에, 아동은 A가 C보다 더 길다는 것을 정신적으로 추론해야만 한다.

이와 유사한 과제로서 '경미는 수민이보다 더 크고 수민이는 예림이 보다 더 크다고 할 때 누가 가장 키가 큰가?'라고 질문하면 아동은 어떻게 대답할 것인가? 위의 막대기 문제는 막대기의 길이를 직접 눈으로 확인할 수 있기 때문에 7–8세의 아동들은 A가 C보다 더 길다고 대답할 수 있다. 그러나 세 아동의 키를 비교하는 문제는 가설적인 과제이기 때문에 11–12세는 되어야 해결할 수 있다.

구체적 조작기 동안 아동들은 그들의 서열능력을 바탕으로 환경 내의 사물들을 분류하고 순서대로 배열하는 것을 즐거워한다. 그들은 친구들을 가까운 정도에 따라 가장 좋은 친구와 두 번째 좋은 친구 그리고 세 번째 좋은 친구 등으로 순서를 매긴다. 따라서 이 시기 동안, 우표, 스티커, 각종 캐릭터를 포함하여 인형, 자동차, 모형 비행기 등의 수집이 시작된다. 그들은 수집한 물건을 대상으로 평가하고 그리고 순서대로 배열하고 다시 배열하면서 즐거워한다.

Ⅱ 정보처리적 접근방법

인지발달에 관한 피아제식 접근은 논리적 사고의 발달을 단계적으로 기술하는 데 관심을 갖는 반면, 정보처리적 접근은 아동이 정보를 획득하고 기억하고 인출하고 그리고 문제해결에 그것을 사용하는 방법을 기술한다. 인지발달에 대한 정보처리적 접근의 기초는 컴퓨터이다. 따라서 아동에 의한 정보처리는 입력-저장-출력으로 구성되는 컴퓨터 정보처리과정과 유사하게 부호화-저장-인출의 과정을 거쳐 이루어진다. 이 절에서는 정보처리적 접근에서 인지발달의 핵심을 이루는 기억능력의 발달을 설명한다.

1. 기억과정

기억은 모든 학습의 기본이다. 우리가 이미 경험한 것이라고 할지라도 기억하고 있지 않으면 회상하거나 재인할 수 없으므로, 기억은 정보처리의 핵심 영역이다. 기억은 어떻게 이루어지는가?

기억은 우리의 감각기관에 자극이 들어오는 것으로부터 시작된다. 우리가 기억해야 하는 정보가 감각기관에 들어오면 1초 이내의 짧은 시간 동안 잔상이나 메아리의 형태로 감각적 상이 유지된다. 이것을 감각등록(sensory register)이라고 한다. 물론 이 과정에서 인지적 처리는 일어나지 않는다. 감각기관에 등록된 정보 중 단지 우리가 선택적으로 주의(attention)를 기울이는, 감각적 상만이 단기기억(short-term memory)으로 이동하고 그 외의 정보들은 그대로 사라진다.

정보가 비교적 오랫동안 기억(저장; storage)될 수 있기 위해서는 단기기억을 거쳐 장기기억으로 이동해야만 한다. 정보가 어떻게 저장될 수 있는지를 설명하는 두 가지 이론적 모형이 존재한다. 그중 하나는 중다저장 모형이고 다른 하나는 처리수준 모형이다.

1) 중다저장 모형

중다저장 모형은 그림 4-3과 같이 정보가 저장되는 과정을 단기기억과 장

그림 4-3 중다저장 모형

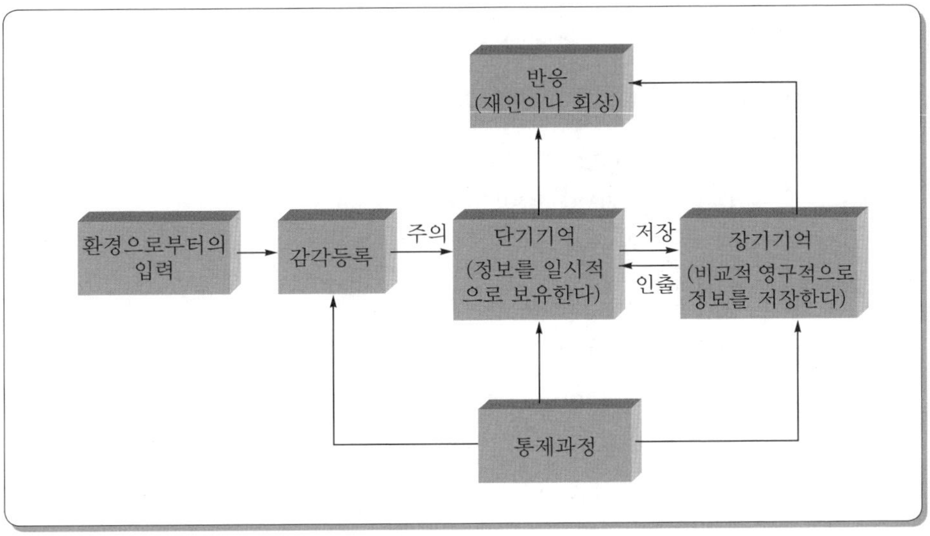

출처: Atkinson & Shiffrin, 1968.

기기억(long-term memory)으로 구분한다. 아트킨슨과 쉬프린(Atkinson & Shiffrin, 1968)에 의해 제안된 이 모델은 감각등록 과정을 포함하여 3단계의 기억모델이라고 불리어진다. 중다저장 모형에 의하면, 정보는 하나의 단계에서 다음 단계로 전달되고, 전달되는 정보의 양은 매 단계에서 감소한다.

단기기억은 짧은 시간 동안 제한된 수의 정보를 보유하는 기억장치로서 청각적 부호로 가장 많이 저장되나 시각적 부호나 의미부호로도 저장될 수 있다. 일반적으로 단기기억은 다이얼을 돌리면서 전화번호를 기억할 수 있는 정도의 양인 7±2개의 항목이나 청크(chunks)*의 정보를 보유한다. 암송(rehearsal)을 포함하는 기억전략(memory strategy)들을 사용하여 장기기억으로 전이되지 못한 정보들은 30초 이내로 사라진다.

정보가 오랫동안 기억되기 위해서는 장기기억으로 전이되어야만 한다. 주로 의미적 부호로 저장되는 장기기억은 무한대의 저장용량을 지니고 있으며 불과 몇 분 전에 저장된 정보에서부터 수십 년 된 정보까지 포함하고 있다. 여

* 청크(chunks): 정보가 의미 있는 단위로 모여 있는 군집화된 상태로서 단기기억의 항목을 의미한다.

기서는 정보를 비교적 영속적으로 보존하기 때문에 소멸가능성이 적은 것이 그 특징이다.

그림 4-3에 포함되어 있는 통제과정(executive control processes)은 정보를 다른 기억구조로 전이시켜 주는 역할을 하는 기억전략에 해당한다. 개인적 선호에 따라 활용되는 기억전략에는 차이가 있으나 소리내어 되풀이해서 반복하는 암송은 가장 대표적인 기억전략에 해당한다.

2) 처리수준 모형

처리수준 모형은 중다저장 모형에 대한 대안으로 저장보다는 부호화에 중점을 두는 기억모형이다. 유입되는 정보가 얕은 수준과 깊은 수준의 두 가지 다른 수준에서 처리된다고 가정하는 이 모형은 처리수준에 따라 기억부호가 형성되고 서로 다른 기억부호들은 기억기간에 차이를 가져온다고 설명한다.

일반적으로 자극의 물리적 특성이나 감각적 특성에 따른 분석은 얕은 처리로 이루어지고 기억기간도 비교적 짧은 반면, 의미에 따라 분석되는 깊은 처리는 관련된 사건은 물론 심상이나 과거 경험 등을 모두 이용할 수 있기 때문에 오래 기억될 수 있다. 어느 모형으로 저장되든 저장된 정보는 필요할 때 인출(retrieval)된다.

2. 인생초기의 기억능력

영아는 자신이 경험한 것을 언어로 표현할 수 없기 때문에 영아의 기억능력을 연구한다는 것은 용이한 일이 아니지만, 다양한 방법을 사용한 기억연구들이 이루어지고 있다.

1) 재인기억과 회상기억

인출의 성공 여부는 재인(recognition)과 회상(recall)과정을 통하여 확인될 수 있다. 재인은 장기기억 속에 저장되어 있는 정보에 대한 단서가 주어질 때 인출해 낼 수 있는 능력인 반면, 회상은 아무런 단서 없이 장기기억의 정보를 인출할 수 있는 능력을 의미한다.

그림 4-4 Rovee-Collier가 사용한 영아의 재인기억 실험장치

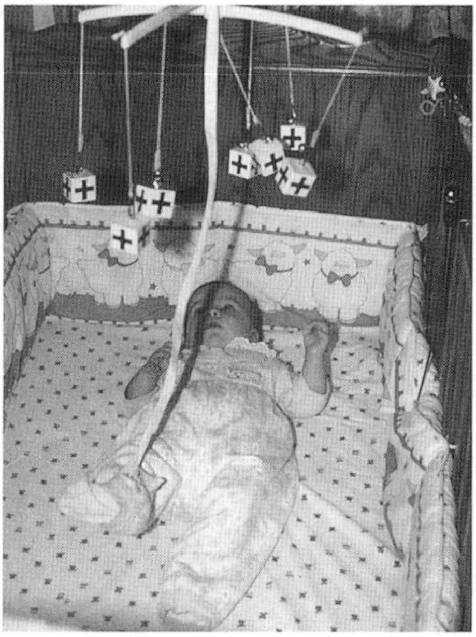

출생 직후부터 인간은 반복적으로 제시된 빛과 소리, 냄새와 같은 자극에 습관화된다. 습관화된다는 것은 이전에 제시된 자극을 기억하고 있다는 의미로서 재인기억의 증거가 된다. 재인기억은 출생시부터 가능하므로 신생아들은 그들이 여러 번 본 물체보다는 처음 보는 물체를 더 좋아하고 수일 전 혹은 수주일 전에 학습한 것을 기억할 수 있다. 심지어 태아조차도 습관화를 통해 학습하고 기억할 수 있다는 연구도 있다(Dirix 등, 2009).

영아의 재인기억을 확인할 수 있는 흥미로운 실험이 있다(Rovee-Collier, 2008). 그림 4-4와 같이 영아의 침대 위에 모빌을 달고 모빌에서부터 아기의 한쪽 다리까지 리본으로 연결한다. 생후 6주 된 영아는 어느 쪽 다리가 모빌을 움직이게 할 수 있는지를 재빠르게 학습할 수 있었다.

2주 후에 모빌은 달려 있으나 리본이 부착되어 있지 않은 침대에 영아를 눕혀 놓았다. 다음 날 영아의 한쪽 다리에 리본을 다시 연결하였을 때 영아는 2주 전에 학습한 대로 모빌을 움직이기 위하여 발길질을 하였다. 분명하게 영

아는 이전에 배운 행동을 기억하고 있음을 보여 주었다.

재인기억과는 다르게 회상기억은 특별한 단서 없이 이루어지며 보다 능동적인 암송전략과 포괄적인 기억탐색전략을 요구하기 때문에 재인기억보다 더 이후에 발달한다. 피아제는 대상영속성의 실험에서 숨겨진 장난감을 찾을 수 있기 위해서는 대략 8–9개월경에 이르러야 한다고 주장한 바 있다. 여기서 숨겨진 장난감을 찾을 수 있다는 것은 영아가 회상기억을 할 수 있음을 의미한다.

영아기에 확인될 수 있는 회상기억의 또 다른 증거로서, 어느 정도의 시간이 경과된 후에 타인의 행동을 모방하는 지연모방(deferred imitation)이 있다. 비록 피아제는 생후 18개월 이전에는 지연모방이 불가능하다고 주장하였으나 생후 9개월경의 영아들도 24시간 동안 지연된 후에 그들이 관찰한 신기한 행동을 모방할 수 있었다. 흥미롭게도 생후 9개월에 지연모방을 한 영아들은 생후 14개월에 의사소통을 위한 제스처를 더 많이 생성하여 지연모방은 의사소통의 강력한 예언자였다(Heimann 등, 2006).

생후 2년 동안 기억능력에서 현저한 진보가 일어난다. 출생시부터 친숙한 것을 재인기억할 수 있을 뿐 아니라 생후 첫해의 후반기에는 회상기억 능력도 나타난다. 2세경에는 이미 오래 전에 일어난 일까지도 의식적으로 회상하려고 노력할 정도로 영아의 기억능력은 확대된다(Carver & Bower, 2001).

물론 2세 이후에도 회상기억은 재인기억보다 더 어렵다. 2–5세 유아들의 재인기억과 회상기억을 비교한 결과 2세 유아의 81%와 5세 유아의 92%가 재인기억을 할 수 있었으나 회상기억에서는 3세 유아의 22%와 4세 유아의 40%만이 정확하게 회상할 수 있었다(Schneider & Bjorklund, 1998).

2) 명시적 기억과 암묵적 기억

기억은 명시적 기억(explicit memory)과 암묵적 기억(implicit memory)으로 구분될 수 있다. 전자는 사실과 경험에 대한 의식적 기억인 반면, 후자는 의식적 노력 없이 자동적으로 이루어지는 기억으로 기술이나 일상적인 절차에 대한 기억을 의미한다.

우리가 기억을 이야기할 때는 보통 명시적 기억을 의미한다. 생후 6개월부터 12개월까지 해마(hippocampus)와 주변의 대뇌피질 특히 전두엽의 성숙은 명시적 기억을 출현하게 하며 이후 계속해서 발달한다(Nelson 등, 2006). 그러므로 명시적 기억은 대뇌발달이 이루어진 2세부터 점차 개선되므로 생후 첫해의 후반기까지는 나타날 수 없다(Bauer, 2009).

명시적 기억능력의 발달과 앞서 설명한 생후 6주 무렵에 재인기억이 가능하다는 실험결과는 어떤 관계가 있는가? 대표적인 영아기 기억연구자인 맨들러(Mandler, 2004)는 이 실험속의 영아들은 단지 감각-운동정보에 기초한 암묵적 기억능력을 나타낼 뿐이며 사실과 경험에 대한 기억인 명시적 기억은 아직 발달하지 않았다고 주장한다. 그럼에도 불구하고 맨들러는 영아의 정보처리능력은 피아제와 같은 초기 이론가들이 제안한 것보다는 더 이른 연령에서 발달한다는 것을 분명히 하였다.

3. 스크립트 기억

어린 아동들은 사건이 일어난 순서대로 조직된 기억들을 더 잘 기억할 수 있기 때문에, 어떤 일을 기억해야 할 때 시간에 따라 차례대로 기억을 구성하기 위한 독특한 전략을 사용한다. 소위 스크립트(script) 기억으로서 스크립트란 어떤 특정한 사건의 기억이 아니라 일상적인 일이나 사건에 대한 일반적 표상이다. 그 예로서 아동들은 저녁식사를 할 때, 유치원에 갈 때 혹은 음식점에 갈 때 어떤 일이 일어나는지에 대한 스크립트를 가지고 있다.

만약 5세 유아에게 유치원에 갈 때 어떤 일이 일어나는가라고 질문한다면, "아침에 일어나 세수하고 밥을 먹은 후 예쁜 옷으로 갈아입고 버스를 타고 유치원에 간다"고 대답할 것이다. 스크립트들은 가장 먼저 일어난 일, 두 번째 일어난 일, 세 번째 일어난 일과 같이 특정한 사건을 발생순서대로 조직하여 사건들 사이의 인과관계를 제시함으로써 효과적으로 기억할 수 있는 유용한 도식을 제공한다.

선행연구들은 2세 유아들조차 사건을 스크립트 양식으로 조직할 수 있다고 보고한다(Bauer 등, 2000). 물론 연령증가와 함께 스크립트화된 지식은 점점 더 정교해지므로 유치원 연령에 이르면 생일파티, 유치원에서의 간식시간, 집에서 잠잘 때 등 다양한 친숙한 상황에 대한 스크립트들이 형성될 수 있다. 이와 같이 스크립트는 유아의 기억능력을 촉진시키므로 세계를 이해하기 위한 강력한 정신적 도구의 기능을 한다(Flavell 등, 2002).

4. 기억전략

기억전략이란 장기기억 속에 정보를 저장하고 그 정보가 필요할 때 인출할 수 있도록 돕는 효과적인 방법에 해당한다. 사람에 따라 사용하는 기억전략에 차이가 있고 연령에 따라서도 각기 다른 전략이 사용된다.

1) 기억전략의 유형

흔하게 사용되는 기억전략에는 암송과 조직화(organization) 및 정교화(elaboration)가 있다. 우선 암송이란 기억해야 할 내용을 언어로 여러 번 반복하는 전략으로 가장 단순한 기억전략에 해당한다.

조직화는 여러 가지 항목들을 의미적으로 연결되어 있는 것끼리 묶어 범주나 집단으로 분류하는 기억전략이다. 그 예로서 당신은 사과, 포도, 햄버거를 "음식" 범주로 분류하고, 코끼리, 소, 말은 "동물" 범주로 그리고 자동차, 기차는 "탈것" 범주로 분류한 다음 각 범주를 암송하고 그것들을 하나의 군집으로 회상해 낼 수 있다. 또 다른 조직화 전략으로 정보를 의미 있는 단위로 군집화하는 청킹(chunking)이 있다. 이것은 6065551843과 같은 긴 숫자를 606-555-1843의 전화번호와 같이, 처리하기 용이한 하위단위로 쪼개어 기억할 때 활용된다.

한편 정교화는 기억해야 할 항목들을 의미 있게 연결하거나 단어나 이미지의 형태로 항목에 어떤 것을 덧붙임으로써 기억을 촉진시키는 전략이다. "말의 머리 위에 사과가 떨어진다"와 같은 문장은 말과 사과라는 두 가지 항목을 동시에 기억할 수 있도록 하는 정교화 방법이다. 여기에 덧붙여 말의 머리 위에 떨어지는 사과를 시각화하는 심상형성은 또 다른 정교화 방법에 해당한다.

2) 기억전략의 발달

기억전략의 발달은 기억능력의 진보를 가져오는 중요한 요인이다. 몇 가지 물체의 그림을 보여 주고 수 분 후에 회상하라고 하면 4세 아동은 2-4개를 기억할 수 있고 8세 아동은 7-9개를 그리고 성인은 10-11개를 회상할 수 있다. 이와 같은 연령에 따른 회상능력의 차이는 그들이 사용하는 기억전략의 차이에 기인한다.

아동은 언제부터 기억전략을 사용할 수 있는가? 일반적으로 4세 이전의 유아들은 외부적인 지시나 도움에 의존하여 기억할 뿐 과제에 따라 새로운 전략을 생성하지도 못하고 효과적인 전략으로 변경하지도 못한다(Chen, 2007). 그러나 4-5세 유아들은 새로운 전략을 생성할 수 있고 효과적인 전략으로 변경할 수 있는가 하면, 무관련 자극은 무시하고 관련자극에 선택적으로 집중할 수도 있다(Schwenck 등, 2009).

앞에서 설명한 세 가지 기억전략 중에서 암송은 가장 일찍부터 사용되는 기억전략이다. 5세 아동의 10%와 7세 아동의 50% 이상 그리고 10세 아동의 85%가 자발적으로 암송할 수 있다(Flavell 등, 1993). 그러나 조직화 전략은 상위개념과 하위개념에 대한 이해를 전제로 하기 때문에 9-10세가 지나야 사용될 수 있다(Bjorklund 등, 2009). 또한 세 가지 기억전략 중 가장 늦게 발달하는 정교화 전략은 청년기까지도 자발적으로 거의 사용되지 않는 고차적 기억전략이다(Pressley, 2000).

그렇다면 어린 아동에게 보다 더 효과적인 기억전략을 가르칠 수 있는가? 선행연구들은 어린 아동에게 새로운 기억전략을 가르칠 수는 있으나 그 효과는 오래 지속되지 않는다고 보고한다(Harris & Hamidullah, 1993). 또한 학습한 모든 기억전략들이 아동의 기억능력을 증진시키는 것은 아니며, 단지 공간관련 정보를 조직하는 것을 돕는 기억전략만이 기억능력을 효과적으로 증진시킬 수 있어, 아직 개념관련 정보를 처리할 능력이 없음을 보여 주었다.

5. 상위기억의 발달

상위기억(metamemory)이란 각 개인이 자신의 기억의 한계는 무엇이고 어떤 기억전략이 더 효과적이며 어떤 기억과제가 기억하기 더 어려운지를 아는, 기억과 기억과정에 대한 지식을 의미한다. 따라서 상위기억은 개인이 학습하고 기억할 때 기억과정을 의식적으로 어떻게 계획하고 통제해야 하는지에 대한 지식도 포함한다.

상위기억은 상위인지(metacognition)의 일부이다. 상위인지란 인간 마음에 대한 지식인 동시에 전체 인지과정에 대한 지식에 해당한다. 상위인지 능력으로 인해 당신은 자신이 수학보다는 국어를 더 잘 할 수 있고, 조용할 때보다 주위가 시끄러울 때 학습하거나 주의를 기울이는 것이 더 어렵다는 것을 안다. 또한 특정한 해답이 옳다고 결론을 내리기 전에 그것을 다시 한번 확인해야 한다는 것을 아는 것도 모두 상위인지 능력 때문이다.

5−6세까지 아동들은 친숙하지 않은 항목보다 친숙한 항목을 그리고 긴 목록보다 짧은 목록을 학습하기 쉽다는 것을 알게 되며, 재인보다는 회상이 더 어렵고 시간이 경과할수록 망각이 일어날 수 있다는 것도 알게 된다. 그러나 그들의 상위인지 능력은 아직도 제한적이어서 관련된 항목보다 무관련 항목을 기억하기 더 어렵고 제시된 정보를 첨가하거나 축소함이 없이 그대로 기억하는 것보다는 요점 정보를 기억하기 더 쉽다는 것을 알지 못한다. 요점 정보를 회상하는 것이 더 쉽다는 것을 이해하기 위해서는 초등학교 5학년 정도에 이르러야 한다.

어린 아동들은 자신의 기억능력을 과대평가하지만 초등학교 입학 후 학년이 높아질수록 자신의 기억능력에 대해 보다 현실적인 평가가 가능하다. 물론 효과적인 회상을 위해 무엇을 해야 하는지를 아는 아동들조차도 실제로 과제를 회상해야 할 때 그들이 알고 있는 모든 것을 활용하지는 못한다. 그러나 유능한 아동일수록 언제 어느 때 기억전략을 사용해야 하는지를 알고 있으므로 교육의 핵심은 아동에게 무조건 기억하라고 요구할 것이 아니라 풍부한 기억전략을 습득하고 활용할 수 있도록 가르치는 것이다(Pressley, 2003).

Ⅲ 심리측정적 접근방법

인지발달에 대한 심리측정적 접근(psychometric approach)은 지능검사에 의해 측정된 지능점수에 관심을 갖는다. 심리측정이론가들은 개인을 특징짓는 하나의 특성이나 특성들의 집합으로 지능을 정의하고 그것을 측정하여 개인차를 기술한다. 지능에 대한 심리측정적 접근은 철저하게 인간의 지적 능력을 양적 차원에서 설명하려고 한다.

1. 지능이론

지능에 관한 초기 연구자들은 지능을 단일차원의 인지능력으로 가정한 반면, 보다 최근의 연구자들은 중다차원적 지능을 강조한다.

1) 초기의 지능이론

초기의 심리측정 연구자들은 요인분석방법을 사용하여 지능이 어떻게 구성되어 있는지를 규명하려고 하였다. 요인분석방법은 서로 관련되어 있는 과제나 검사항목들의 군집을 찾아낼 수 있도록 하기 때문에, 지능의 구성요인들이 쉽게 확인될 수 있을 것으로 생각되었다.

최초의 지능 연구자인 스피아맨(C. Spearman, 1927)은 지능을 단일차원적인 인지능력이라고 가정하였고 서스톤(L. Thurston, 1938)은 지능을 서로 독립적인 일곱 개의 중다요인으로 구성되는 일반능력이라고 정의한 바 있다. 그가 제안한 일곱 개의 기초정신능력(primary mental abilities)은 공간능력, 지각속도, 수리기술, 언어적 의미, 언어 유창성, 기억 및 귀납적 추론을 포함한다.

그러나 길포드(J. P. Guilford, 1967)는 요인분석방법을 사용하였지만, 중다차원적 지능모형을 제안하고 지능을 180개의 구별되는 정신능력으로 정의하였다. 지능의 구조모델(structure-of-intellect model)이라고 불리는 이 모형은 다섯 종류의 내용차원과 여섯 가지 유형의 조작차원 및 여섯 가지 종류의 산물차원을 포함한다.

문제는 요인분석방법을 사용한 지능연구들이 과연 지능이 무엇인지를 제대로 정의하고 있는가이다. 연구자에 따라 사용되는 구체적인 요인분석방법이 다르고 제공되는 과제의 종류에 따라 요인분석의 결과가 달라지기 때문에, 요인분석방법으로 지능을 정의한다는 것은 한계가 있다. 여기에 덧붙여 최종적으로 계산된 상관패턴을 연구자가 어떻게 해석하느냐에 따라 요인들의 명칭이 달라진다는 것도 또 다른 문제점이 아닐 수 없다.

2) 정보처리이론에 기초한 지능이론

지능을 정의하는 요인분석적 접근방법의 문제점을 인식한 연구자들은 새로운 접근방법을 모색하기 시작하였다. 정보처리과정에서 개인이 정보를 지각하고 조작하는 속도(speed)와 기억전략 및 문제해결전략을 적용하는 효율성(effectivness)이 지능과 관련되어 있다는 연구결과들이 제시됨에 따라, 지능에 관한 정보처리이론들이 도출되기 시작하였다. 그 대표적인 이론으로 스턴버그의 삼원이론과 가드너의 다중지능이론이 있다.

(1) 스턴버그의 지능의 삼원이론

미국 예일대학교 심리학과 교수인 로버트 스턴버그(Robert Sternberg, 1988, 2010)는 정보처리이론가로서 지적 행동의 세 가지 측면을 강조하는 지능의 삼원이론(triarchic theory of intelligence)을 제안하였다. 삼원이론은 그림 4-5와 같이 상호작용하는 세 개의 하위이론으로 구성되어 있다.

① 구성요소적 하위이론

스턴버그는 기존의 지능이론들은 정답에만 관심을 가질 뿐 지적 해답이 생성되는 과정을 무시한다고 지적한다. 지능은 개인이 응답한 정답의 수는 물론 그들이 정답에 도달한 과정과 그 과정을 처리하는 유능성을 포함해야 하므로 개인의 지능은 문제의 확인에서부터 그것을 해결하기 위한 전략의 사용까지 모두 포함해야 한다는 것이다. 따라서 구성요소적 하위이론(componential subtheory)은 개인의 상위인지와 기억전략 및 지식의 획득과 적용 모두를 포함한다.

그림 4-5 스턴버그의 지능의 삼원이론

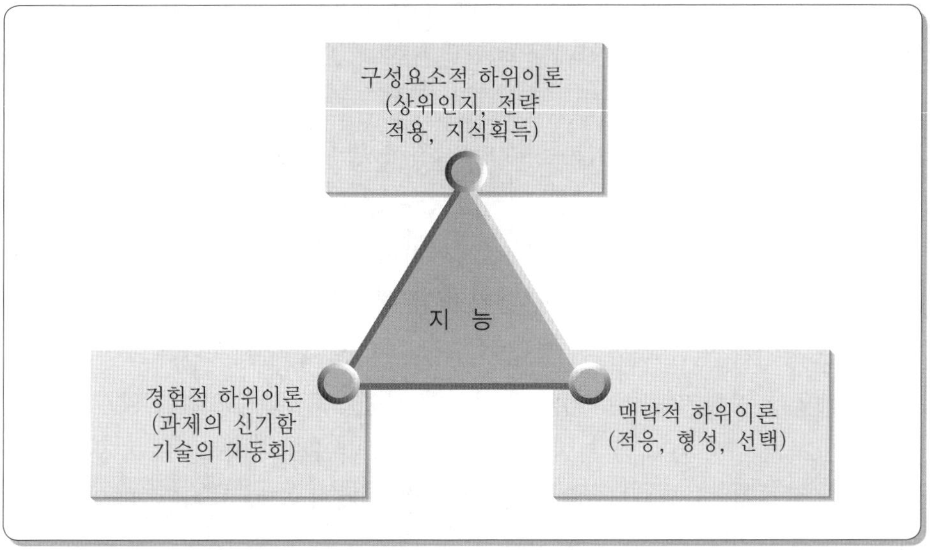

② 경험적 하위이론

삼원이론의 두 번째 측면은 지능에서의 경험(experience)의 역할에 초점을 맞추는 경험적 하위이론(experiential subtheory)이다. 새로운 과제를 처음 수행할 때와 여러 번 경험을 한 후에 동일한 과제를 수행할 때의 지적 행동에는 차이가 있다. 익숙한 과제를 수행할 때보다 새로운 과제를 수행할 때 능동적이고 의식적인 정보처리를 필요로 하고 더 좋은 아이디어나 신선한 통찰이 도출될 수 있으므로 스턴버그는 개인지능의 최상의 측정치는 비교적 신기한 과제를 수행할 때 얻을 수 있다고 주장하였다.

그렇다고 해서 익숙한 과제의 수행과 지능이 서로 관련이 없다는 것은 아니다. 매일의 생활에서 여러 번 경험한 과제는 자동화(automatization)를 이룬다. 자동화는 연습에 기인된 정보처리의 능률화를 반영하므로 얼마나 많이 자동화되어 있는지도 지능의 한 요인을 구성한다.

③ 맥락적 하위이론

맥락적 하위이론(contextual subtheory)은 현실생활에서의 적응력을 강조한다. 맥락적 하위이론에 의하면, 지적인 사람은 그들의 개인적 요구와 매일매일 경험하는 사회적 요구에 적합하게 그들의 정보처리기술을 적용할 수 있다.

만약 환경에 적응하는 것이 어렵다면, 그들은 자신의 욕구를 충족시킬 수 있도록 상황이나 환경을 새롭게 형성하거나 변화시키려고 노력한다. 물론 새로운 환경을 형성하는 것이 불가능하다고 판단되면 그들의 목표와 일치하는 새로운 맥락이 선택된다.

그러므로 맥락적 하위이론은 개인의 지적 행동은 하나의 문화나 하위문화에서부터 다른 문화까지 그리고 역사의 한 시점에서부터 다른 시점까지 그리고 전생애의 한 시기에서부터 다른 시기까지 변화한다는 것을 전제로 한다. 문화에 따른 차이로서 서구 사회에서 '지적'인 행동은 아프리카 오지에서의 지적 능력과는 차이가 있을 것이다. 한때 수계산 능력은 우리 사회에서 중요한 지적 기능이었으나 계산기나 컴퓨터의 광범위한 사용으로 그 중요성이 약화되고 있다. 또한 지적 아동과 지적 성인에 대한 정의도 달라질 것이다. 이와 같이 문화에 따라, 역사적 시점에 따라 그리고 전생애의 시기에 따라 지능의 개념은 달라진다는 것이 삼원이론의 핵심이다.

스턴버그의 지능이론은 우리의 지적 행동이 얼마나 복잡하고 얼마나 광범위한 정신기술을 포함하는지를 제시하는 동시에 지능을 지능검사상의 점수나 행동으로서가 아니라 실생활에서의 행동으로 이해해야 한다고 강조한다.

(2) 가드너의 다중지능이론

하워드 가드너(Howard Gardner, 1983, 2002)는 정보처리기술이 어떻게 지적 행동의 기초가 될 수 있는지에 대한 또 다른 견해를 제공한다. 가드너가 제안한 다중지능이론(multiple intelligences theory)에 의하면, 하나의 단일적인 일반지능이 존재하는 것이 아니라 표 4-2와 같이 서로 다른 아홉 개의 독립적인 지능이 존재한다.

가드너의 주장대로, 개별적 지능은 독특한 생물학적 기초와 발달과정을 지니고 있으며 특징적인 전문가를 만들어 낸다. 예를 들면 언어적 지능은 시인이나 언론인을, 논리-수학적 지능은 수학자나 과학자를, 음악적 지능은 바이올린 연주자나 작곡자를, 그리고 공간적 지능은 건축가나 항해사와 같은 전문직업과 연결된다. 그러나 이와 같은 전문직업에 종사할 수 있기 위해서는 개인

표 4-2 가드너의 다중지능

지능의 종류	정보처리 조작	전문직업
언어적 지능	단어의 의미와 언어의 상이한 기능에 대한 민감성과 그것을 활용하는 능력	시인, 언론인
논리-수학적 지능	논리적 혹은 수적 패턴에 대한 민감성과 그것을 탐지하는 능력; 긴 논리적 추리를 처리하는 능력	수학자, 과학자
음악적 지능	음의 고저, 리듬, 심미적 소리를 생성하고 감상하는 능력; 여러 가지 형태의 음악적 표현을 이해하는 능력	바이올린 연주자, 작곡자
공간적 지능	시공간적 세계를 정확하게 지각하는 능력; 지각한 내용을 변형시킬 수 있는 능력 및 관련된 자극 없이 시각적 경험을 재생하는 능력	조각가, 항해자
신체-운동적 지능	의도나 목적을 표현하거나 그것을 달성하기 위해 신체를 능숙하게 사용하는 능력; 사물을 능숙하게 다루는 능력	무용가, 운동선수
대인간 지능	타인의 기분, 기질, 동기 및 의도를 적절하게 탐지하고 반응하는 능력	심리치료자, 외판원
개인내 지능	복잡한 내적 감정을 구별하고 자신의 행동방향을 결정하기 위해 그것을 사용하는 능력; 자신의 장점, 약점, 욕구 및 능력에 대한 지식	자기에 대한 정확한 지식을 지닌 사람
자연주의자 (자연현상분석) 지능	자연세계의 독특성을 발견하고 자연현상과 인간 삶의 상호작용을 인식할 수 있는 능력	식물학자, 동물학자, 농부, 생태학자
실존지능	인간의 존재 이유와 생과 사의 문제, 인간본성, 철학 등 인간의 궁극적인 문제를 고려하는 능력	

이 지니고 있는 다양한 종류의 잠재적 지능들이 발현될 수 있도록 긴 교육기간을 필요로 한다는 것이 가드너의 주장이다.

가드너가 제안한 아홉 개의 독립적인 능력은 지금까지 우리가 지능이라고 생각하지 못했던 영역까지 포함하고 있으므로 인간의 지적 능력에 대한 포괄적 이해를 가능하게 한다. 지금까지의 지능검사들은 주로 언어적 지능과 논리-수학적 지능 및 공간적 지능만을 측정하기 때문에, 아동의 다양한 능력을 측정하지 못하였다. 가드너는 모든 사람은 그 정도에서 차이가 있지만 아홉 가지 지능 모두를 가지고 있으므로 각 개인은 그가 가진 지능들 중에서 더 높은 지능을 사용할 때 가장 잘 학습할 수 있다고 강조하였다.

2. 영아기의 지능

영아기 동안에도 매우 빠른 지적 성장이 이루어진다. 그러나 영아는 제한된 언어능력을 지니고 있기 때문에 그들의 지능을 측정한다는 것은 용이한 일이 아니다. 영아기 지능에 관심을 갖는 연구자들은 영아의 지능을 어떻게 측정할 것인지의 문제와 영아기의 지능은 아동기와 성인기에서의 지능을 얼마나 예언할 수 있는지의 문제를 주로 연구한다.

1) 베일리 영아발달 척도

가장 많이 알려져 있고 가장 광범위하게 사용되는 영아지능검사에는 베일리 영아발달 척도(Bayley Scales of Infant Development; Bayley, 1969)가 있다. 생후 2개월에서부터 30개월까지의 영아를 위해 제작된 이 검사는 현재 다섯 가지 하위척도(인지, 언어, 운동, 사회정서, 적응)를 포함하는 제3판(Bayley-III)이 사용되고 있다(Bayley, 2006).

다섯 가지 하위척도 중 처음 세 개의 척도는 영아에게 직접 실시되고 나머지 두 개의 척도는 양육자에게 실시된다. 베일리-3판은 임상적 상황에서 사용하는 것이 더 적절하도록 구성되어 있다(Lennon 등, 2008).

다섯 가지 하위척도의 점수를 합산하여 영아의 발달지수(Developmental Quotient: DQ)를 계산한다. 발달지수라는 개념은 원래 게젤(Gesell, 1934)에 의해 최초로 사용된 개념으로 동일연령의 다른 영아들과 비교한 수행정도를 나타낸다. 평균 DQ는 100점이며, 영아의 신경학적 문제나 정신지체를 조기에 진단할 수 있는 준거로 활용된다.

2) 영아기 지능과 이후의 지능과의 관계

영아기에 측정된 DQ는 아동기에 측정된 IQ와 어느 정도의 상관을 갖는가? 베일리 척도의 지능점수들은 이후 아동기에 측정한 IQ 점수와 높은 상관을 나타내지 않는다. 그 이유는 무엇일까? 두 가지 설명이 존재하나 어느 것이 더 타당한지는 분명하지 않다.

첫째, 영아기 지능검사와 이후의 지능검사가 서로 다른 능력을 측정하기 때문이다. 피아제를 포함하는 많은 연구자들은 영아기부터 아동기까지 지능의 본질이 변한다고 주장한다. 영아기 지능검사는 피아제가 중요하다고 주장한 감각기술과 운동기술을 측정하는 반면, 아동용 지능검사들은 언어추론, 개념 형성 및 문제해결력과 같은 추상적 능력을 주로 측정한다.

둘째, 영아기 동안의 지능의 성장은 보편적인 성숙과정에 의해 영향을 받는 반면, 2세 이후의 성장은 환경적 영향을 점점 더 많이 받게 되므로 영아기의 지능과 이후의 지능 사이에 차이가 있다.

그러나 습관화 척도와 탈습관화 척도들은 영아기 지능이 아동기와 청년기 그리고 성인기에서의 지능과 연결되어 있음을 나타낸다(Fagan 등, 2007). 최근의 한 연구는 생후 3−6개월에 측정된 습관화가 32개월에 측정된 언어능력 및 지능지수와 연결되어 있음을 확인하였다(Domsch 등, 2009). 그러므로 이 연구는 동일한 자극에 대해 더 빠르게 습관화되고 신기한 자극을 선호하는 영아는 정보처리적 관점에서 더 유능한 정보처리자이므로 유능한 영아가 곧 유능한 아동이 될 수 있음을 나타낸다.

습관화 외에도 주의력과 시각적 재인기억 및 대상영속성 척도를 사용한 연구(Rose & Feldman, 1995)도 우리가 이전에 생각했던 것보다 이후의 지능을 잘 예언할 수 있음을 밝힌 바 있다. 그 이유는 이 척도들이 이후의 지능특성에 해당하는 동일한 인지능력을 포함하기 때문이라는 것이다.

결론적으로 영아기 지능과 아동기 지능은 서로 연결되어 있지만, 기존의 영아 지능검사로는 아동기 지능을 예언하기 어렵다. 그러나 정보처리이론에 기초한 영아의 지각능력이나 기억능력을 측정하는 검사들은 영아기 지능과 아동기 지능이 서로 연결되어 있음을 계속해서 보고한다.

3. 아동기의 지능

1) 아동용 지능검사

아동이 초등학교에 입학할 정도로 성장하면 지능검사에서 더 많은 문항을 풀 수 있고 더 어려운 질문에 대답할 수 있다. 아동의 지능을 측정하기 위해 사용되는 검사에는 스탠포드-비네 검사와 웩슬러 검사 및 카우프만 검사가 있다.

스탠포드-비네 지능검사(Stanford-Binet Intelligence Test)는 미국 스탠포드 대학교의 루이스 터만(Lewis Terman) 교수에 의해 제작된 검사로서 3세부터 13세까지의 지능을 측정할 수 있는 검사이다. 지능검사 문항은 연령별로 구성되어 있고 아동의 정신연령(mental age: MA)을 측정하도록 설계되어 있다. 정신연령과 생활연령(chronological age: CA)을 비교함으로써 지능지수가 계산된다.

이 검사는 여러 번 개정되어 2004년에 스탠포드-비네 5판으로 개정되었고, 유동적 추론, 지식, 양적 추론, 시공간적 추론 그리고 작업기억의 다섯 가지 내용영역을 포함하며, 각 영역별 점수를 합산한 전체 점수가 계산된다.

아동용 웩슬러 검사는 뉴욕 벨레뷰 병원의 심리학자인 웩슬러에 의해 제작된 검사로서 2세 6개월부터 7세 3개월 아동의 지능을 측정할 수 있는 WPPSI(Wechsler Preschool and Primary Scale of Intelligence)가 있으며 두 차례 개정되어 현재는 WPPSI-III가 사용되고 있다. 박혜원 등(1996)은 처음 개정된 WPPSI-R을 한국형 유아지능검사(K-WPPSI: Korean-Wechsler Preschool and Primary Scale of Intelligence)로 표준화한 바 있다.

웩슬러에 의해 제작된 또 다른 아동용 지능검사로 WISC(Wechsler Intelligence Scale for Children)가 있다. 6세부터 16세까지의 아동과 청소년에게 실시될 수 있는 이 검사는 현재까지 세 차례 개정되어 WISC-IV가 사용되고 있다. 곽금주 등(2001)은 WISC-III를 웩슬러 아동용 지능검사 3판(Korean-Wechsler Intelligence Scale for Children-III: K-WISC-III)으로 표준화한 바 있다.

웩슬러 검사는 전체적인 IQ점수를 제공할 뿐 아니라 아동의 우수한 혹은 취약한 영역을 확인할 수 있도록 몇 개의 구성요소 지수를 산출한다. 예를 들면 언어이해 지수, 작업기억 지수, 그리고 처리속도 지수 등이 그것이다.

한편 정보처리이론에 기초한 최초의 지능검사는 카우프만 아동용 지능검사(K-ABC: Kaufman Assessment Battery for Children)이다. 카우프만(Kaufman & Kaufman, 1983)에 의해 개발된 이 검사는 2.5세부터 12세까지 아동이 가지고 있는 두 가지 유형의 정보처리기술을 측정한다. 즉 동시에 여러 가지 자극을 통합하는 기술인 동시적 처리기술(simultaneous processing skill)과 일련의 숫자나 손 운동을 반복하는 것같이 아동이 단계적 방식으로 자극을 처리하는 기술인 연속적 처리기술(sequential processing skill)을 측정한다.

카우프만 검사는 주로 비언어적 문항으로 구성되어 있기 때문에 광범위한 문화의 아동들에게 실시될 수 있는 이점을 지니고 있다. 여기에 덧붙여 만약 아동이 어떤 하위검사에서 처음 세 개의 항목 중 하나를 실패할 때는 검사자가 그 과제를 아동에게 가르치도록 구성되어 있어 높은 교육적 가치도 지니고 있다.

2) IQ 점수에 영향을 주는 환경적 요인들

부모와 아동간의 의사소통의 양은 IQ 점수에 영향을 주는 가장 중요한 환경적 요인이다. 출생 후 3년 동안 부모와 많은 의사소통을 한 유아들은 3세에서 더 높은 스탠포드-비네 IQ 점수를 지니고 있었다(Hart & Risley, 1995).

학교에서의 학업수행도 IQ 점수에 영향을 주므로 장기간 동안 공식적 학교교육을 받지 못한 아동들은 더 낮은 지능을 나타낸다(Gustafsson, 2007). 미국 흑인 가족을 연구한 한 연구에서 부모가 더 나은 환경으로 이사하고 아동도 질적으로 더 좋은 학교에서 공부할 수 있을 때 더 좋은 학업수행을 보였으므로(Leventhal & Brooks-Gunn, 2004) 아동이 생활하는 환경 또한 IQ 점수에 영향을 준다.

놀랍게도 20세기 동안 이루어진 세계 여러 나라의 교육은 전세계의 IQ 검사점수를 증가시켰다(Flynn, 2007). 그 증거로서 1932년에 실시된 스탠포드-비네 검사에서 최우수 지능을 갖는 사람의 비율은 인구의 3% 미만이었으나, 현재는 그 비율이 25%에 이른다.

IQ 점수의 급속한 증가는 비교적 짧은 기간 내에 일어났기 때문에 유전의 영향이기보다는, 교육수준의 증가나 사람들이 매일 접하는 폭발적인 정보의 양 때문으로 인식된다. 전세계적으로 나타난 이와 같은 IQ 점수의 증가는 이 현상을 최초로 확인한 제임스 프린(James Flynn)의 이름을 따서 프린 효과(Flynn effect)로 명명된다.

Ⅳ 아동의 언어발달

어린 영아들은 단어를 말할 수 있기 훨씬 전부터 의사소통을 할 수 있다. 자세와 얼굴표정, 근육긴장, 움직임, 울기, 땀흘리기, 떨기와 같은 비언어적 신체언어(nonverbal body language)는 어머니와 효과적인 의사소통을 가능하게 한다. 그러나 그것들은 언어만큼 중요한 의사소통 수단이 되지는 못한다. 인간은 언어를 사용하여 서로에게 정보를 전달하고 아이디어와 태도 및 정서를 교류한다. 또한 언어는 새로운 아이디어와 사고를 생성해 낼 수 있도록 한다.

언어는 지극히 질서정연하고 조직화되어 있으며 음운론(phonology), 어형론(morphology), 구문론(syntax), 의미론(semantics) 그리고 어용론(pragmatics)의 다섯 가지 규칙체계를 포함한다. 이중 음운론은 언어의 소리체계로서 소리의 기본단위인 음소(phonemes)로부터 단어를 구성하는 기초를 제공한다. 어형론은 단어형성에 포함된 의미의 단위로서 의미의 최소 단위는 형태소(morpheme)로 명명된다. 구문론은 구와 문장을 형성하기 위해 단어가 결합되는 방식으로 언어의 문법체계에 해당한다. 그리고 의미론은 단어와 문장의 의미에 해당하며, 어용론은 각기 다른 맥락에서 언어를 적절하게 사용하는 방식에 해당한다.

1. 언어발달의 측정

아동의 언어발달 정도를 측정하는 방법에는 MLU 측정방법과 단순히 사용하는 단어수를 헤아리는 방법이 있다. MLU(mean length of utterance)란 아동이 회화에 사용하는 형태소의 평균 개수로서 아동의 언어발달 정도를 나타낸다. 형태소에는 기본단어는 물론 접두사와 접미사가 포함된다. 영아가 '엄마 빠빠', '아빠 물'이라고 하면, 두 개 문장의 형태소는 네 개이며 MLU는 2가 된다.

언어발달의 정도를 측정하는 또 다른 방법은 아동이 사용하는 단어의 수를 직접 헤아린다. 한국 아동들은 1세경에 2-3개의 단어를 말할 수 있고 2세경에는 200-300개의 단어를 그리고 4세경에 이르면 1,500개 정도의 단어를 말할 수 있다. 그러나 이해할 수 있는 단어는 말할 수 있는 단어의 약 4배에 이르기 때문에 4세경에는 이미 6,000개 정도의 단어를 이해할 수 있다.

영어권의 아동들은 생후 18개월에 이르면, 평균 약 200개 정도의 단어를 이해하며, 일상적인 대화에서는 그것의 약 1/4 즉 50개 정도의 단어를 말할 수 있다. 또한 3세경에는 약 1,000개의 단어를 그리고 6세경에 이르면 약 8,000-14,000개의 단어를 말할 수 있다. 1세부터 6세 사이에 매일 5-8개의 새로운 단어를 획득한 셈이다. 6세 이후에도 아동의 언어발달 속도는 감소하지 않으며 하루에 약 22개의 단어를 학습한다고 추정된다(Santrock, 2004).

그러나 어린 아동들이 사용하는 단어 수는 큰 개인차를 나타낸다. 생후 20개월의 한국 유아가 사용하는 단어수는 3개 단어에서 253개 단어까지 분포하였고(Bornsten 등, 2004), 이러한 결과는 영어(Dale 등, 2000), 스페인어(Jackson-Maldonado 등, 1993), 불어(Kern, 2002) 등 다른 나라 언어에서도 동일하였다. 또한 우리의 통념대로 여아들이 남아들보다 더 우수한 어휘능력을 지니고 있었지만, 실제로 그 차이는 그렇게 크지 않았다(Bornsten 등, 2004; Dale 등, 2000).

2. 언어발달의 단계

최초의 언어는 목을 꾸르륵 울리며 좋아하거나 옹알이로 나타난다. 이러한 언어 이전 형태의 발성과 영아기의 도달행동, 파악행동 등은 감각운동지능을 구성하는 요소들이다. 영아는 단어의 의미를 이해하지는 못하지만, 많은 음소를 생성해 낼 수 있다. 성장함에 따라 불필요한 소리는 없어지고 모국어를 이해하는 데 필요한 음소만 남게 된다.

최초의 언어와 사고의 통합은 사물을 명명하는 것으로 이루어진다. 소리나 단어는 특정한 사물과 연합된다. 예를 들면, 영아가 우유병을 볼 때마다 '바'라는 단어를 말한다면, 갈증이 나고 배가 고플 때마다 어머니에게 '바'라고 말할 것이다. 만약 영아의 발성이 어머니에게 의미 있고 아기의 욕구를 성공적으로 만족시켜 줄 수 있다면, 발성은 의미 있는 상징으로 보유될 것이다. 결국 '바'라는 단어는 우유병을 의미하게 되고 영아가 원하는 주스나 물의 의미를 갖게 될 것이다.

비록 '바'라는 단어가 실제단어가 아니라고 할지라도 명사와 동일한 기능을 한다. 그것은 사람이나 장소 혹은 사물을 의미한다. 영아는 세상의 모든 사물이나 활동 혹은 관계가 명칭을 보유하고 있다는 것을 점차적으로 알게 되며, 생후 1년 3개월에서 1년 6개월 사이에 괄목할 만한 진보를 이룬다. 영아는 사물의 이름을 학습할 뿐 아니라 그 이름을 실제로 적용할 수 있게 된다.

1) 1어문 단계

1세 말경에 이르면, 영아는 하나의 단어로써 의미를 전달하는 1어문(holophrases)을 사용한다. 즉, 영아가 '멍멍'이라고 말한다면, 그 의미는 '나는 멍멍이를 갖고 싶어', '멍멍이가 무서워', '멍멍이와 놀고 싶어' 등 여러 가지로 해석될 수 있으므로 양육자만이 영아가 사용하는 1어문의 의미를 이해할 수 있다.

첫돌 무렵 대부분의 영아들은 '엄마', '아빠', '맘마'와 같이 2-3개 단어를 말할 수 있다. 그러나 영아가 학습하는 단어의 수는 매일매일 이루어지는 부모-아동 상호작용의 양에 대부분 의존한다.

생후 18개월 무렵부터 유아는 이전보다 훨씬 더 빠른 속도로 새로운 어휘를 획득하는 언어폭발(language explosion) 현상이 나타난다(Lieven, 2008). 그들은 지금까지 학습한 전체 단어 수보다 주당 학습하는 단어수가 훨씬 더 많을 정도로 어휘학습의 급등이 일어난다. 이러한 언어폭발 현상은 단어와 사회적 단서 간의 관계에 대한 유아의 증가된 관심과 사물을 범주화하는 유아의 기술발달에 그 원인이 있다.

2) 2어문 단계

생후 18-24개월의 영아들은 두 단어로 구성되는 문장, 즉 2어문(two word utterance)을 사용하여 의사소통할 수 있으며, 원하는 생각을 표현하기 위하여 단어들을 결합하기 시작한다. 영아가 사용하는 '엄마, 빠빠'라는 말은 1어문과 동일하게 '엄마 밥 주세요', '엄마 밥을 그만 먹고 싶어요'와 같이 맥락에 따라 다른 의미로 사용된다.

2어문에서 발전하여 점차 2개 이상의 단어로 구성되는 문장이 사용되기 시작한다. 그러나 이때의 문장은 문장을 구성하는 관사나 접속사 혹은 전치사 등이 생략되어 있어 마치 전보문과 유사하게 보인다고 하여 전보문식 문장

(telegraphic sentence)이라고 불리어진다. 생후 30개월경에는 3–5개 단어로 구성되는 전보문식 문장이 사용된다. 이때까지도 생성되는 언어의 일부는 가족 이외의 사람들에게 쉽게 이해되지 못한다.

3) 문장 단계

주부와 술부를 포함하는 문장의 사용은 2.5세부터 4세 사이에 이루어진다. 아직도 성인의 구문과는 차이가 있지만, 만 4세경에 이르면 대부분의 유아들은 광범위한 어휘를 획득하고 문법의 기본규칙에 맞는 문장을 생성해 낼 수 있다. 이제 언어는 완전한 의사소통의 기능을 할 수 있으므로 가족 이외의 다른 성인이나 또래 아동들도 이 시기 유아의 언어를 이해할 수 있다.

그러나 언어의 기본원리를 획득한 4세의 유아라고 할지라도 아직까지 언어적 지시에 따라 그 자신의 행동을 조절하지 못한다. 예를 들면, 4세의 남아에게 이층으로 가서 오렌지색 수건을 가지고 오라고 해 보자. 그는 지시를 언어로 정확하게 반복할 수 있지만, 그 지시에 적절한 행동을 수행하지 못한다. 그는 이층으로 가긴 하지만 그가 찾고 있는 것이 무엇인지 잊어버리거나 수건 대신에 베개를 가지고 올지도 모른다. 아니면 이층에서 TV의 채널을 돌리고 있기도 한다. 아동은 고의로 언어적 지시를 무시하는 것이 아니라, 단지 언어적 지시에 따라 효과적으로 행동하지 못할 뿐이다.

4–5세경에는 평균 4–5개의 단어를 그리고 5–6세경에는 6–8개의 단어를 포함하는 문장을 사용할 수 있는 정도로 언어능력이 확장된다. 매일매일 어휘가 풍부해지고 성인들이 사용하는 단어들을 점점 더 많이 사용하기 시작한다. 6–7세경에 이르면 성인들과 유사한 수준의 문장을 구사할 수 있다.

3. 언어발달이론

언어발달은 어떻게 이루어지는가? 1950년 이후로 많은 연구자들이 이 문제에 대한 해답을 얻기 위해 노력하고 있으나 아직까지 완전하고 통합된 설명을 얻지 못하고 있다. 여기서는 언어획득을 위해 중요한 역할을 하는 네 가지 이론을 설명한다.

1) 생물학적 이론

생물학적 이론(혹은 생득주의자 견해)은 전세계의 모든 아동은 언어를 학습할 수 있는 경향성을 가지고 태어난다고 주장한다. 대표적인 생득주의자인 촘스키(Noam Chomsky, 1972)의 언어발달이론에 의하면, 인간은 출생시에 언어획득장치(LAD: language acquisition device)를 가지고 태어나기 때문에 유아는 추상적이고 복잡한 언어를 능동적으로 획득할 수 있고 창조적으로 산출해 낼 수 있다.

촘스키는 LAD가 아동의 인종이나 사용하는 언어의 종류와 상관없이 생후 6개월경에 음소를 생성할 수 있고, 1년경에는 첫 단어를 그리고 2세경에는 첫 문장을 사용할 수 있도록 한다고 주장한다. 따라서 언어발달은 성숙의 결과로 일어나는 신경학적 발달과 유사하게 이루어진다는 것이다. 전세계의 모든 정상적 아동들이 동일한 순서를 따라 언어를 획득하고 다양한 문화적 차이에도 불구하고 매우 유사한 속도로 언어발달이 이루어지는 것은 이 때문이다.

2) 학습이론

생득적 기제가 언어발달의 기초를 형성한다고 할지라도, 아동언어의 상당 부분은 경험을 통하여 획득된다. 스키너를 비롯한 학습이론가들은 조작적 조건형성에 의해 언어를 학습하게 된다고 주장한다. 예를 들면, 영아가 생성해 내는 음소는 부모의 반응에 의해 영향을 받는다. 부모의 관심이나 미소 혹은 포옹은 모두 언어획득을 위한 강화인자(reinforcer)들이다. 초기의 옹알이 속에 포함되어 있는 여러 가지 음소 중 그 문화에서 사용되는 음소만을 부모가 강화해 줌으로써 영아는 모국어를 학습하게 된다.

그러나 아동의 언어발달은 조건화원리에 의해서만 설명될 수 있는 간단한 문제는 아니다. 만약 아동의 언어획득이 전적으로 조건형성에 의해서만 가능하다면, 부모는 아동이 말을 할 때마다 강화해 주어야 하며 아동의 문법학습을 위해 체계적으로 강화하지 않으면 안 된다. 현실적으로 부모는 아동의 문법체계의 획득을 위하여 체계적 강화를 주고 있지 않을 뿐 아니라 아동언어의 많은 부분은 대단히 독창적이다.

관찰학습(observational learning)도 언어획득에서 중요한 역할을 한다. 반두라의 이론에 의하면, 아동은 부모나 주위의 다른 사람들이 사용하는 언어를 관찰하고 모방함으로써 언어를 획득한다. 그러나 아동은 때때로 성인들과는 다른 언어를 독창적으로 사용하고 있기 때문에 모방이나 관찰만으로 아동의 언어발달 전체를 설명할 수 없음은 명백하다.

3) 인지발달이론

인지발달이론가들은 언어발달을 인지발달의 한 측면이라고 가정한다. 그러나 언어발달이 어떻게 이루어지는지를 설명하는 방식에서는 학자들에 따라 차이가 있다. 그 차이는 근본적으로 언어와 사고가 어떻게 관련되어 있는지의 문제에서 기원한다.

Lev Semenovich Vygotsky

우선 피아제는 아동의 인지구조와 인지능력의 발달결과로서 언어발달이 이루어지기 때문에 언어발달은 인지능력의 발달에 기초한다고 주장한다. 아동은 자신의 의도나 아이디어를 표현하기 위한 수단으로 언어를 사용하기 때문에 사고가 먼저 발달하고 그것을 표현하기 위한 수단으로 언어가 발달한다는 것이다.

그 증거로서 생후 1년 동안 아동의 인지발달은 계속적으로 이루어지지만, 아동이 첫 단어를 말할 수 있기 위해서는 출생 후 10-12개월이 지나야 한다. 아동은 언어로 표현할 수 있기 이전에 대상물에 대한 개념, 영속성, 인과관계, 공간개념 및 시간개념을 획득한다. 그들이 언어를 사용하기 시작함에 따라 이러한 개념들은 아동의 초기 문장 속에 표현될 수 있다. 말할 수 있는 것보다 훨씬 더 많은 것을 이해하고 있는 아동들은 세계에 대해 획득한 개념을 표현하기 위하여 단어와 문법규칙을 학습한다.

피아제와는 대조적으로 러시아의 심리학자인 비고쯔키(Lev Semenovich Vygotsky, 1978)는 사고와 언어는 독립적인 경로를 따라 발달하고 2세경에 이르

표 4-3 비고쯔키 이론과 피아제 이론의 비교

	비고쯔키	피아제
사회문화적 맥락	강하게 강조	거의 강조하지 않음
구성주의 (constructivism)	사회적 구성주의자	인지적 구성주의자
발달단계	인지발달단계를 가정하지 않음	인지발달단계를 가정함(감각운동기, 전조작기, 구체적 조작기, 형식적 조작기)
핵심과정	근접발달영역, 언어, 대화, 문화의 도구들	도식, 동화, 조절, 조작, 보존, 분류, 가설연역적 추론
언어의 역할	언어는 사고형성에 핵심적 역할을 한다; 언어는 사고를 인도하는 역할을 한다.	언어는 사고형성에 최소한도의 역할을 한다; 인지가 일차적으로 언어를 인도한다.
교육에 대한 견해	교육은 아동이 문화의 도구들을 학습하도록 돕는 역할을 한다.	교육은 단순히 이미 출현한 아동의 인지 기술을 다듬는 역할을 한다.
교육을 위한 시사점	교사는 안내자이고 촉진자이지 지도자가 아니다. 아동은 교사를 포함하여 더 많은 숙련된 기술을 가진 사람들과 학습할 수 있는 기회를 가져야 한다.	교사는 안내자이고 촉진자이지 지도자가 아니다; 교사는 아동이 세계를 탐색하고 지식을 발견하도록 돕는 역할을 한다.

면 양자는 결합한다고 주장한다(표 4-3 참조).

인지발달의 사회맥락적 영향을 중요시한 비고쯔키는 근접발달영역(zone of proximal development)이라는 용어를 사용하였다. 근접발달영역이란 아동이 혼자서는 할 수 없으나 보다 더 숙련된 파트너가 발판(scaffolding)*이 되어 도움을 주면 아동이 처리할 수 있는 과제의 범위를 의미한다. 비고쯔키에 의하면, 민감하고 유능한 부모나 교사는 아동이 숙달할 수 있으나 혼자서는 할 수 없는, 충분히 도전적인 과제를 제공하는 사람들이다. 언어발달을 포함하여 모든 복잡한 정신기능은 사회의 성숙한 구성원들과의 공동 활동을 통하여 효과적으로 학습될 수 있다. 거기에 덧붙여 언어발달은 사회적 의사소통에 가담하는 아동의 능력을 확장시키므로 인지발달을 촉진시키는 역할을 한다.

* 발판(scaffolding): 아동의 수행수준에 맞추어 변화하는, 주위 성인의 도움이나 지원수준.

4) 상호작용이론

상호작용이론(interactionist theory)은 아동의 생물학적 성숙과 환경이나 경험의 역할을 동등하게 중요시한다. 상호작용이론가들(Berko Gleason, 2009; Tomasello, 2008)은 언어기술의 학습은 많은 다른 능력의 학습과 관련되어 있는 인지활동일 뿐 특별한 것이 아니라고 주장한다. 개인의 인지발달이 성숙과 학습의 상호작용에 의해 이루어진다면, 인지활동의 한 부분인 언어가 성숙과 학습의 상호작용으로 발달하는 것은 당연한 일이라는 것이다.

그러나 상호작용이론가들은 성숙과 학습의 상호작용을 주장하면서도 언어발달에 미치는 학습의 영향을 더 중요시한다(Goldfield & Snow, 2009). 부모는 어린 아동의 언어수준에 맞춰 독특한 말투(motherese-성인들이 어린 아동에게 사용하는 유아어로서 간단하고 짧은 말을 고음으로 천천히 여러 번 반복하며 핵심단어를 과장되게 강조하는 말하기 방법)를 사용하고 문장확장 기법*을 사용함으로써 아동의 언어발달에 기여하기 때문에, 상호작용이론가들은 언어발달에 미치는 부모의 역할을 특히 중요시한다. 일찍이 브루너(Bruner, 1983)는 언어발달을 돕는 부모의 역할을 언어획득지지체계(language acquisition support system)라고 명명하였다.

4. 사적 언어

비고쯔키는 언어적 사고의 기초로서 사적 언어(private speech)를 중요시하였다. 사적 언어란 초등학교 입학 이전의 아동들이 큰 소리로 자신에게 이야기하는 혼잣말을 의미한다. 피아제는 사적 언어를 전조작기 아동들의 자기중심적 특성을 반영하는 자아중심적 언어(egocentric speech)라고 가정하였다. 그러나 비고쯔키는 아동이 자기지도와 자기관리를 위하여 자신에게 혼잣말을 하는 것으로, 자신의 행동에 대해 생각하고 특정한 행동과정을 선택할 수 있도록 하는 메커니즘으로 인식하였다.

---

* 문장확장 기법: 아동이 표현하는 짧고 간단한 문장을 성인이 문법적으로 더 완전한 문장으로 응답해 주는 것.

실제로 우리는 우리 자신에게 이야기함으로써 사고의 형성을 도울 수 있다. 지난 20년 동안 피아제와 비고쯔키 중 어느 편이 옳은지를 확인하기 위하여 연구한 많은 연구자들은 비고쯔키의 주장을 지지한다. 아동은 과제 자체가 복잡한 사고를 요구할수록 그리고 실수를 하거나 어떤 일이 진행되는 방식을 이해하기 어려울 때 사적 언어를 더 많이 사용한다(Berk, 1992). 연령증가와 함께 사적 언어는 큰 소리의 말에서 속삭임이나 소리 없는 입술 움직임으로 변화하고 결국 침묵의 내적 언어(inner speech)로 내면화한다. 여기서 내적 언어란 매일의 생활에서 사고하고 행동하는 동안 자기 자신과 나누는 대화라고 할 수 있다.

아동의 정서, 성격 및 자기에 대한 이해의 발달

제5장

아동의 정서, 성격 및 자기에 대한 이해의 발달

이 장에서는 아동기 동안의 정서발달과 성격발달을 고찰하고 그 과정에서 이루어지는 자기에 대한 이해의 발달을 함께 살펴보기로 한다. 정서는 아동의 생존을 가능하게 하는 적응적 기능을 하기 때문에 그리고 성격은 독특한 개인으로서의 특성을 갖도록 하기 때문에 중요시된다. 여기에 덧붙여 자기에 대한 개념은 전생애 동안 삶의 주체로서 기능하므로 또한 중요시되지 않을 수 없다.

I 정서 및 성격발달의 기초

정서발달과 성격발달의 기초로서 인생초기에 확인될 수 있는 기질(temperament)과 애착(attachment)의 발달을 설명한다. 기질은 선천적 경향성으로 인식되는 반면, 애착은 인생초기의 양육자와의 접촉을 통하여 형성된다.

1. 기질의 발달

출생 직후부터 활발하고 잘 웃는 명랑한 영아가 있는가 하면 잘 울고 자주 보채는 영아도 있다. 또한 조용하고 움직임이 느린 영아가 있는가 하면 잠시도 가만 있지 못하고 움직이는 영아도 있어 분명한 개인차를 나타낸다. 인생초기에 나타나는 이와 같은 개인차는 영아의 기질에 기인한다.

심리학자들은 성격(personality)과 기질을 구분한다. 성격은 한 개인의 신체적, 정신적, 정서적 그리고 사회적 특성의 총합으로 정의되며 다른 사람과는 구별되는 개인의 독특한 특성들을 포함한다. 따라서 성격은 정적인 것이 아니며 여러 해에 걸쳐 형성되는 특징이 있다. 이와는 달리 기질은 행동의 기초가 되며 행동을 조절하는 기능을 하는, 비교적 일관성 있는 선천적 경향성에 해당한다.

1) 기질을 구성하는 요인들

기질이 어떤 요인으로 구성되어 있는지를 설명하는 방식은 연구자에 따라 차이가 있다. 기질의 구성요인을 설명하는 세 가지 대표적 모형을 설명한다.

(1) 뉴욕종단연구 모형

토마스와 체스(Alexander Thomas & Stella Chess)에 의해 1956년에 시작된 뉴욕종단연구(New York Longitudinal Study)는 포괄적이고 장기적인 최초의 종단적 기질연구이다. 연구대상은 생후 1개월에 표집된 141명의 영아들이었으며 현재도 성인기에서의 연구가 진행되고 있다.

이 연구에서 토마스와 체스(Thomas & Chess, 1977, 1991)는 생물학적 규칙성, 활동수준, 새로운 자극에 대한 접근과 회피, 적응성, 감각적 역치, 기분의 질적 특성, 기분표현의 강도, 산만성 및 지속과 주의집중시간 등 기질을 구성하는 아홉 개의 요인을 발견하였다. 또한 기질은 심리적 문제를 일으킬 수 있는 중요한 요인으로 부모의 양육방식에 의해 수정될 수 있다는 것도 확인될 수 있었다.

연구자들은 이와 같은 아홉 가지 요인들 중에서 함께 묶이는 요인들을 바탕으로 세 가지 유형의 아동을 분류하였다. 즉 순한 아동(easy child), 까다로운 아동(difficult child) 및 반응이 느린 아동(slow-to-warm-up child)이 그것이다. 전체 연구대상 아동 중 순한 아동의 비율은 40%, 까다로운 아동

Alexander Thomas

Stella Chess

10%, 그리고 반응이 느린 아동의 비율은 15%였다. 나머지 35%의 아동들은 독특하게 혼합된 기질적 특성을 나타냄으로써 세 가지 기질 중 어느 유형에도 포함되지 않았다.

이 중 순한 아동들은 명랑하고 규칙적인 생활을 빠르게 확립하며 새로운 경험에 쉽게 적응하였으나 까다로운 아동들은 생활이 불규칙하고 새로운 환경에 잘 적응하지 못하였으며 부정적인 반응을 나타내었다. 대조적으로 반응이 느린 아동들은 낮은 활동수준을 지니고 있었으나 새로운 환경에 반복적으로 노출되면 점진적으로 적응할 수 있었다.

최근의 한 연구(Pluess & Belsky, 2009)는 까다로운 기질을 가진 아동들은 순한 기질의 아동들과 비교하여 바람직하지 못한 양육을 경험하면 더 많은 문제를 나타낸다는 것을 확인하였다. 그러나 까다로운 아동들도 바람직한 양육에 노출되면 더 적은 문제를 나타내어, 기질적 특성이 부모의 양육방식에 의해 수정될 수 있음이 분명하였다.

(2) 카간의 모형

카간(Kagan, 2002, 2010)은 기질을 분류하는 또 다른 방법으로 억제형(inhibited type)과 비억제형(uninhibited type)의 기질을 제안하였다. 억제형은 낯선 사람을 만나면 처음에는 회피하고, 회피하는 것이 어려우면 심하게 괴로워하며 지나치게 수줍어한다. 반면에 비억제형은 사교적이고 외향적이며 낯선 사람을 만나면 오히려 즐거워한다.

카간에 의하면, 생후 7-9개월경에 최초로 확인될 수 있는 이러한 두 가지 유형의 기질적 특성들은 영아기부터 아동초기까지 상당히 안정적으로 유지된다. 파이퍼 등(Pfeifer 등, 2002)의 연구에서도 시간이 경과하면 억제형의 영아들 중에 억제형과 비억제형의 중간형으로 이동하는 영아들이 있기는 하지만, 두 가지 유형의 기질적 특성은 7세까지 그대로 유지되는 것으로 나타났다.

(3) 로스바트와 베이츠의 모형

로스바트와 베이츠(Rothbart & Bates, 2006)는 새로운 기질 모형으로 기질의 3모형을 제안하였다. 즉 외향성/변동성(extraversion/surgency), 부정적 정서성(negative affectivity) 및 통제노력(effortful control)이 그것이다.

외향성/변동성은 긍정적 기대와 충동성, 높은 활동수준 및 강한 감각추구를 포함하며 카간의 비억제형과 유사하다. 부정적 정서성은 공포와 좌절, 슬픔 및 불유쾌한 정서를 포함하며 이 유형의 아동은 안달하고 잘 울어, 카간의 비억제형과 유사한 특성을 보인다.

한편 통제노력은 정서를 통제하는 능력으로 정서조절과 유사한 개념이며, 주의집중과 주의이동, 억제적 통제, 지각적 민감성 및 낮은 강도의 즐거움을 포함한다. 그러므로 높은 통제노력의 아동들은 각성수준이 너무 높지 않도록 조절할 수 있고 자신을 진정시키는 전략을 지니고 있는 반면, 낮은 통제노력의 아동들은 자주 자신의 각성상태를 조절하지 못하고 쉽게 동요하며 강한 정서를 표출한다.

로스바트와 베이츠 모형의 특징은 각성수준이나 긍정적 혹은 부정적 정서를 강조하는 이전의 모형들과는 대조적으로 사람은 인지적이고 스트레스 상황에 융통성 있게 대처할 수 있다고 주장하고 통제노력의 중요성을 강조한다. 물론 통제노력의 발달에는 개인차가 있고 그것은 기질에서의 개인차를 초래하는 중요한 요인이다.

그러나 아동은 단지 하나의 기질적 차원만을 갖는 것은 아니다. 어떤 아동은 외향적이고, 부정적 정서성을 거의 나타내지 않으면서 좋은 자기조절능력을 지닐 수 있는 반면, 또 어떤 아동은 내성적이면서 높은 부정적 정서성과 낮은 자기조절능력을 지닐 수 있다. 이와 같이 아동은 여러 가지 기질적 특성을 함께 지닐 수 있으므로 아동의 특성을 타당하게 설명하기 위해서는 기질은 다차원적으로 분류되어야 한다.

2) 기질의 안정성

기질은 선천적인 생물학적 요인들로 구성되기 때문에, 기질을 구성하는 기본 경향성들은 인생초기부터 나타난다(Nigg 등, 2010). 그러나 시간경과와 함께 환경적 요인들의 영향은 점점 더 커지므로 기질이 표현되는 방식은 달라질 수 있다.

예를 들면 아동의 활동성은 유전적 영향을 받지만, 환경은 유전된 활동성의 수준을 허용하거나 억압하는 역할을 한다. 기본적인 정서성 역시 유전의 영향을 받지만, 어머니의 민감하지 못한 상호작용방식은 영아의 부정적 정서성(emotionality: 울기, 우울한 기분, 사회적 요구 등)을 증가시킨다. 쌍생아 연구들은 유전이 기질에서의 차이에 단지 보통 정도로 영향을 줄 뿐이라고 주장한다(Goldsmith, 2011).

성별에 따라 기질의 지속여부는 달라진다(Blakemore 등, 2009). 부모는 아기가 남아냐, 여아냐에 따라 아기의 기질에 다르게 반응한다. 보통 어머니들은 성미 급한 남아의 울음보다는 성미 급한 여아의 울음에 더 빠르게 반응하므로 성별은 기질의 지속성에 영향을 주는 중요한 요인이다.

유사하게 문화 또한 기질에 영향을 주는 중요한 맥락이다(Kagan, 2010). 중국이나 한국을 포함하는 동양문화권에서는 북미나 캐나다같은 서양문화권에서보다 행동적 억제를 더 중요시하므로 동양문화권의 아동들은 서양문화권의 아동들보다 더 억제적인 경향을 보인다. 이와 같이 아동의 생물학적 특성만이 기질의 안정성에 영향을 주는 것은 아니며, 다양한 맥락적 특성들이 기질적 특성의 지속여부에 영향을 준다.

3) 기질과 양육: 적합도 모델

기질적 특성이 환경적 영향에 의해 변화될 수 있다는 사실은 바람직한 양육과 기질의 관계를 생각해 보게 한다. 만약 아동이 가지고 있는 기질적 특성이 학습을 어렵게 하고 타인과의 관계형성을 방해한다면, 부모는 부드럽고 일관성 있는 방식으로 아동의 부적응적 특성이 수정될 수 있도록 노력해야 한다.

적합도(goodness of fit)의 개념은 기질과 환경이 바람직한 결과를 산출하기 위하여 어떻게 상호작용할 수 있는지를 기술한다(Thompson 등, 2008). 높은 적합도는 개별적 아동의 기질적 특성을 인식하고 아동이 보다 더 적응적인 기능을 할 수 있도록 돕는 양육환경을 만듦으로써 이루어질 수 있다.

그 예로서 사교적인 아동은 이웃에 많은 놀이친구를 가지고 있고 자주 우정을 경험할 수 있으므로 사회성 발달을 위해 부모의 특별한 노력을 필요로 하지 않는다. 그러나 수줍어하고 위축되는 아동들은 또래와의 상호작용에 천천히 가담하고 한 번에 여러 명의 친구를 만나면 당황하기 쉬우므로 한 사람씩 사귈 수 있도록 도와주어야 한다. 부모는 아동이 낯선 아동에게 편안하게 느낄 수 있을 때까지 또래와의 접촉을 도와줄 필요가 있다.

부모의 양육방식과 까다로운 기질을 지니고 있는 아동이 높은 수준의 적합도를 이루는 것은 용이한 일이 아니다. 일반적으로 까다로운 아동들은 이미 영아기에서부터 민감한 보살핌을 받지 못하며 2세 정도에 이르면 부모는 아동에게 자주 화를 내고 처벌적 훈육을 사용하기 쉽다. 여기에 반응하여 아동은 반항적이고 불복종적으로 성장하므로 까다로운 기질 – 처벌적 훈육의 악순환이 반복된다. 까다로운 기질이 거친 훈육방식과 결합되면 아동은 반항적, 불복종적, 신경과민적으로 성장하기 때문에, 바람직하지 못한 적합도를 형성한다.

까다로운 기질과 양육방식 사이에 바람직한 적합도를 이룰 수 있기 위해서는 어떻게 해야 하는가? 부모는 아동의 부정적 행동에도 불구하고 따뜻하고 반응적일 수 있어야 한다. 특히 행복하고 안정된 가정생활은 부모가 까다로운 기질을 갖는 아동에게 보다 더 인내할 수 있도록 하므로 아동의 까다로움은 점차 감소될 수 있다.

적합도 모델은 모든 아동은 독특한 경향성을 지니고 있으므로 성인들은 이를 수용하여 적절한 양육을 실시해야 한다는 것을 강조한다. 부모는 아동의 개별적 특성에 민감해야 하고, 아동의 특성에 반응하여 융통성 있게 대처하며 일찍부터 아동을 부정적으로 분류하지 않아야 한다. 특히 까다로운 기질은 부모의 양육행동과 상호작용하여 문제행동을 일으키는 것으로 밝혀졌으므로

(원영미 등, 2004; van Aken 등, 2007) 아동의 까다로운 기질과 부모의 양육방법이 서로 높은 적합도를 이룰 수 있도록 돕는 방법들이 모색되어야 한다.

2. 애착의 발달

애착(attachment)이란 특정한 개인에 대한 애정적 유대로서 볼비(Bowlby, 1969)에 의해 개념화되고 에인스워스(Ainsworth 등, 1978)에 의해 경험적으로 입증된 개인의 특성이다. 애착연구의 초기에는 영아와 양육자 사이에서만 형성될 수 있다고 생각되었으나 근래에는 전생애 동안 어머니 외의 어떤 사람과도 형성할 수 있는 정적 유대로 인식된다.

Mary Ainsworth

최초의 애착은 보통 생후 6, 7개월경에 나타나며 양육자를 포함한 소수의 개인에게 형성된다. 특정한 개인에게 애착을 형성한 영아들은 애착형성의 표시로 해석되는 다음과 같은 행동을 한다: 첫째, 영아는 애착대상과의 접촉을 유지하려고 노력한다. 둘째, 애착대상의 부재시에 영아는 슬픔을 나타낸다. 셋째, 영아는 애착대상과 함께 있으면 이완되고 안락함을 느끼는 반면, 다른 사람과 함께 있으면 초조해하고 안달한다. 넷째, 특정한 대상에게 애착이 형성되면 영아는 애착인물을, 환경탐색을 위한 안전기지(secure base)로 사용한다.

영아는 탐색을 통하여 외계환경을 이해하고 그들의 지적 세계를 확장시킬 수 있으므로 탐색은 지적 성장을 위한 중요한 수단이다. 그러나 영아가 불안하거나 불편할 때는 탐색은 이루어질 수 없으며 편안하고 안정감을 느낄 수 있을 때만 그것이 가능하다. 애착인물은 영아를 안정시킬 수 있는 유일한 근원(안전기지)이기 때문에, 애착인물의 존재는 영아의 탐색행동을 자극하고 자유롭게 놀 수 있도록 하는 반면, 애착인물의 부재는 영아를 불안하고 위축되게 하므로 탐색을 방해한다.

영아와 어머니 그리고 영아와 아버지간의 애착의 질적 특성은 차이가 있다. 영아와 아버지의 애정적 상호작용은 대부분 놀이를 통하여 이루어지는 데 반해, 영아는 어머니와의 상호작용을 통하여 신체적 보살핌과 위안을 얻고 긴장을 감소시키려고 한다. 그 결과 영아는 아버지에게보다는 어머니에게 더 많은 미소를 보내고 더 자주 어머니를 바라본다.

어머니와 아버지에 대한 차이나는 애착양상은 아동기까지 계속되고 어느 문화에서나 공통적인 현상으로 나타난다. 그러나 부모 중 어느 한편의 부모가 부재할 때에는 영아는 함께 있는 부모(어머니이든 아버지이든)에게 애착을 나타냄으로써 부모에 대한 애착은 동시적으로 이루어지고 동등하게 중요시된다.

1) 애착형성의 요인

애착연구의 초기에는 영아의 어머니에 대한 애착은 어머니가 영아에게 젖을 먹여 주기 때문에 형성되는 것으로 생각하였다. 그러나 할로우와 짐머만(Harlow & Zimmerman, 1959)의 새끼 원숭이를 대상으로 한 실험에 의해, 수유보다는 접촉이 중요한 애착형성 요인이라는 것이 밝혀졌다.

할로우와 짐머만은 철사로 만든 어미 원숭이와 벨벳으로 만든 어미 원숭이를 우리 속에 나란히 넣어 놓고, 우유병을 철사로 만든 모조 원숭이에게 매달았을 때와 벨벳으로 만든 모조 원숭이에게 매달았을 때의 새끼 원숭이의 행동을 관찰하였다.

그림 5－1과 같이 새끼 원숭이들은 벨벳어미에게서 젖을 먹든 철사어미에게서 젖을 먹든 하루 시간의 대부분을 벨벳어미와 보냈으며, 공포자극이 우리 속에 나타나면 모든 원숭이들은 부드러운 벨벳어미에게 매달렸다.

이 연구에서 새끼 원숭이에게 중요한 것은 배고픔의 해소가 아니라 어미 원숭이와의 부드러운 접촉이라는 것이 밝혀졌다. 따라서 연구자들은 영아의 양육자에 대한 애착은 부드러운 접촉을 통해 형성된다는 결론을 내렸다.

접촉의 경험은 영아기뿐 아니라 이후의 발달단계에서도 애정형성을 위한 필수요인으로 작용한다. 아무리 사랑하는 사람들이라고 할지라도, 물리적으로 멀리 떨어져 있어서 접촉할 기회가 적으면 애정적 관계를 지속하기 어렵다. 영

그림 5-1 새끼 원숭이와 모조 원숭이의 접촉

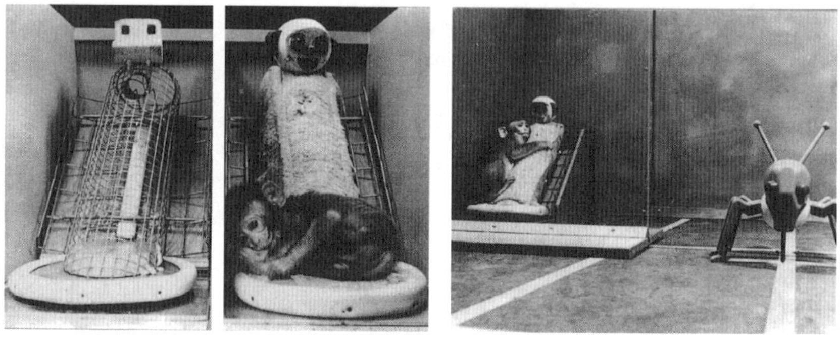

출처: Harlow & Zimmerman, 1959.

아기 동안의 양육자와의 애착형성은 타인에 대한 애정형성의 바탕이 된다.

2) 애착형성단계

영아의 양육자에 대한 애착은 다음과 같은 네 개의 단계를 거쳐 형성된다.

① **제1단계(출생 - 3개월)**: 출생 후 3개월 동안 영아는 양육자와의 근접을 유지하고 양육자를 그들 곁에 머무르게 하기 위하여 다양한 행동을 한다. 빨기반사, 젖찾기반사, 파악반사를 사용하고 미소짓고 응시한다. 또한 양육자에게 바싹 달라붙거나 눈으로 추적함으로써 양육자와 근접을 유지하려고 한다. 영아는 감각적 접촉을 통하여 양육자의 독특한 특성을 알게 된다.

② **제2단계(3 - 6개월)**: 영아의 애착은 몇 사람의 친숙한 성인에 대한 선택적 반응으로 표현된다. 영아는 친숙한 사람이 나타나면 미소짓고 흥분하며 그가 떠나면 당황한다.

③ **제3단계(7개월 - 4세)**: 애착대상에게 능동적인 신체적 접근을 추구한다. 영아는 애착대상에게 접근하려는 목적으로 행동하는 것처럼 보인다.

④ **제4단계(4세 이후)**: 4세 이후부터 유아는 부모의 행동에 영향을 줄 수 있는 다양한 행동을 시도한다. 유아는 이야기책을 읽어 줄 것을 요구하기

도 하고 잠들기 전에는 껴안아 주고 외출시에는 따라가기를 원한다. 이 모든 행동은 부모에 대한 근접과 사랑을 유지하기 위해 유아가 사용하는 전략들이다.

3) 낯가림과 격리불안

특정인에 대한 애착형성의 표시인 낯가림(stranger anxiety)과 격리불안(separation anxiety)은 영아기 후반에 나타난다.

낯가림은 낯선 사람에 대한 불안반응으로 생후 6-8개월경에 나타난다. 이 시기의 영아들은 낯선 성인의 존재에 긴장하거나 불유쾌한 반응을 보인다. 그러나 낯선 사람에 대한 영아의 저항반응에는 개인차가 있다. 낯선 사람이 출현하면 영아는 부모에게 매달리며 낯선 사람이 안아 주는 것을 거부한다. 또한 어떤 영아는 낯선 사람과의 접촉에 의해 경직되거나 아니면 단순히 낯선 사람의 얼굴에서 눈을 돌린다.

낯선 사람에 대한 영아의 반응은 어머니가 얼마나 가까이 있느냐, 낯선 사람이 얼마나 가까이 접근해 오는가 그리고 어머니가 낯선 사람에게 어떻게 반응하는가의 몇 가지 상황차원에 따라 다르다. 또한 친숙하지 못한 성인과 접촉한 이전의 경험에 의해서도 영향을 받는다.

영아가 낯선 사람에게 불안반응을 나타내는 것은 친숙한 사람과 친숙하지 못한 사람을 식별할 수 있다는 것을 의미하기 때문에 인지능력의 증가를 엿볼 수 있다. 낯선 사람에 대한 불안반응은 영아기에 국한된 문제만은 아니다. 우리는 성인들 사이에서도 낯선 사람에 대한 공포나 의혹의 표시를 빈번하게 관찰할 수 있다.

한편 격리불안은 부모와 분리될 때 나타내는 슬픔이나 실망으로서 낯가림보다 조금 늦은 생후 9개월경에 나타난다. 격리불안은 낯가림과 함께 부모에 대한 애착강도의 중요한 지표이다. 영아는 애착대상과 분리되면 애착대상을 찾으려고 하고 애착대상과 신체적 접촉을 회복시키려고 노력한다. 양육자와의 격리는 그 기간에 따라 저항, 절망 혹은 탈애착을 불러일으킨다.

성장함에 따라 유아는 부모와의 일시적 분리를 견딜 수 있게 된다. 2세 유아는 어머니의 사진을 봄으로써 어머니 부재의 슬픔을 극복할 수 있으며, 3세가 되면 가정부나 할머니와 함께 저녁에 돌아올 어머니를 기다릴 수 있게 된다. 그러나 영아기에서 중요한 것은 부모의 물리적 존재이므로 어떤 이유로 인해 자녀와 장기간 분리되어 있던 부모들이 돌아왔을 때, 영아는 일시적으로 부모를 멀리하고 냉담한 태도를 취하기도 하고 분노를 표현하기도 한다. 자신의 감정을 언어로 적절하게 표현하지 못하는 영아는 부모에 대한 거부적 행동을 통하여 버림받은 경험에 대한 분노와 좌절을 표현한다.

4) 애착의 질적 특성

애착의 질적 특성은 에인스워스 등(Ainsworth 등, 1978)에 의해 개발된 낯선 상황(Strange Situation)이라는 실험실 절차를 통하여 확인될 수 있다. 8개의 에피소드로 구성되는 이 실험실 절차는 어머니와 낯선 사람이 교대로 나타나고 사라지는 상황에서 영아의 행동을 관찰하고 애착의 질적 특성을 평정할 수 있도록 설계되어 있다. 애착의 질적 특성은 신기하고 친숙하지 못한 환경을 탐색하기 위하여 어머니를 안전기지로 사용하는 아동의 능력을 바탕으로 구분된다.

이 실험을 통하여 에인스워스 등은 안정형 애착(secure attachment), 회피형 애착(avoidant attachment) 및 불안/양가형 애착(anxious/ambivalent attachment)을 확인할 수 있었다.

① **안정형 애착**: 낯선 상황에서 영아는 짧은 분리 후에 어머니가 되돌아오면 반가워하고 쉽게 안정을 되찾으며 재빨리 탐색으로 되돌아갈 수 있다.

② **회피형 애착**: 짧은 분리기간 동안 영아는 장난감에만 초점을 맞추고 울지도 못하며 어머니를 다시 만나도 회피하거나 무시하기까지 한다. 영아는 혼자 남았을 때에도 큰 슬픔을 나타내지 않는다.

③ **불안/양가형 애착**: 분리 후 어머니가 다시 나타나면 영아는 심하게 화를 내거나 아니면 지나치게 수동적이며 안정되게 놀이나 탐색으로 되돌아가지 못한다. 이 유형의 영아는 양육자에게 지나치게 몰입되어 있어 무조건 보살핌을 받으려고 하거나 관심을 얻기 위해 끈질기게 요구하는 경향이 있다.

에인스워스 등이 분류한 이와 같은 세 가지 애착양식에 덧붙여 메인과 솔로몬(Main & Solomon, 1990)은 세 가지 애착양식 어느 것에도 포함되기 어려운 제4의 애착양식을 제안하였다. 불안/혼란형 애착(insecure/disorganized)으로 명명되는 제4의 애착양식을 지니고 있는 영아들은 다시 만난 부모를 보고도 모든 동작이 얼어붙은 것처럼 꼼짝하지 못하거나 부모로부터 도망쳐서 벽에 머리를 기대는 등 일관성 없고 조직화되지 못한, 혼란된 행동패턴을 나타내었다.

이러한 네 가지 애착양식은 영아의 발달에 각기 다른 영향을 준다. 한 종단연구(Sroufe 등, 2005)는 생후 12-18개월에 측정된 안정형 애착은 정서적으로 건강하고 높은 자기존중감과 자신감을 갖게 하며 또래와 교사는 물론 청년기 동안 낭만적 파트너와 유능한 사회적 상호작용을 할 수 있도록 한다고 보고하였다. 반면에 불안정한 애착은 초등학교에서의 인지발달에 부정적 영향을 주고(O'Connor & McCartney, 2007), 특히 혼란형 애착은 회피형이나 불안/양가형 애착보다 외재화 문제(공격성, 적대감, 반항행동)와 더 강하게 연결되어 있음이 밝혀졌다(Fearon 등, 2010).

그러나 모든 연구자들이 이러한 결과에 동의하는 것은 아니다. 루이스와 그 동료들(Lewis 등, 2000)에 의해 수행된 종단연구에 의하면, 영아기의 애착분류가 18세에서의 애착분류를 예언하지 못하였다. 또한 영아는 지극히 탄력적이고 적응적이며, 긍정적인 발달과정을 따라 성장하도록 유전적으로 준비되어 있으므로 영아기 애착유대를 지나치게 강조할 필요가 없다는 주장도 있다(Newcombe, 2007). 카간(Kagan, 2002)같은 연구자는 유전적 특성과 기질이 애착보다 아동의 사회적 능력을 더 잘 예언한다고 주장하기도 한다. 더욱이 혼란형 애착은 영아가 세로토닌 운반 유전자(serotonin transporter gene)인 5-HTTLPR에 결함이 있을 때만 발달한다는 연구도 있어(Spangler 등, 2009), 애착유형과 양육방식간의 관계를 다시 생각해 보게 한다.

그럼에도 불구하고 영아기에서의 안정된 애착은 긍정적 부모-영아 관계를 반영하고 이후의 건강한 사회정서적 발달을 지원하기 때문에 중요시되지 않을 수 없다. 특히 생후 6개월에서 3년 사이의 애착형성의 실패와 애착인물과의 분리나 영구적 상실 및 부모의 학대는 혼란형 애착을 형성하고 정신장애로 고통받을 가능성을 증가시킨다.

Ⅱ 정서발달

1. 정서란 무엇인가

1) 정서의 정의

사람은 누구나 정서를 느끼고 그것에 반응한다. 정서는 인간의 다른 특성과는 달리 매우 어린 시기에 분화되며, 보통 긍정적 정서와 부정적 정서로 구분된다(Izard, 2009). 긍정적 정서는 열광, 기쁨, 사랑 등을 그리고 부정적 정서는 불안, 분노, 슬픔 등을 포함한다.

일반적으로 정서는 개인에게 혹은 개인의 안녕에 중요한 상황이나 타인과의 상호작용시에 경험되는 느낌이나 감정으로 정의된다. 그러나 정서경험의 개인차가 크고 문화에 따라 큰 변이를 나타내기 때문에 정서를 정의하기 어렵다. 더욱이 정서는 정서를 일으키는 상황이나 사건은 물론 수용자의 중추신경계와 생리적 상태의 변화, 정서표현 및 그것에 대한 개인의 지각이나 해석 등 많은 상이한 측면들을 포함하므로 정서에 대한 정의를 내리기는 쉬운 일이 아니다.

외현적 행동 중 얼굴 표정은 영아의 정서상태를 확인할 수 있는 중요한 지표이다. 영아는 자신의 주관적 경험을 언어로 표현할 수 없기 때문에 우리는 얼굴표정을 보고 영아가 즐거워하는지 슬퍼하는지 혹은 두려워하는지를 파악할 수 있다. 또한 얼굴표정을 수반하는 생리적 반응도 영아와 성인의 정서상태를 인지할 수 있도록 하는 효과적 지표이다. 그 예로서 우리가 미소지을 때, 그것은 곧 행복하다는 의미로서 좌반구의 전두엽 피질이 우반구의 전두엽 피질보다 더 많이 활성화된다(Fox, 1991).

영아 또한 어머니의 얼굴표정을 보면서 어머니의 정서상태를 인지하므로 얼굴표정을 통한 영아의 정서읽기 능력은 계속 발달한다. 영아는 불쾌하고 각성된 상태에서보다 즐겁고 이완된 상태에서 얼굴표정을 더 잘 읽어낼 수 있다(이수미 등, 2012).

2) 정서의 기능

정서는 우리 생활에서 중요한 기능을 한다. 정서의 다양한 기능을 구체적으로 설명하면 다음과 같다(Campos, 2009; Stern, 2010; Thompson, 2010).

첫째, 정서는 우리의 생존을 돕는 적응적 기능을 한다. 그 예로서 으르렁거리는 개 때문에 아동이 느끼는 공포는 아동을 위험으로부터 벗어나도록 동기유발한다.

둘째, 정서는 의사소통의 수단이다. 아동이 슬프거나 화날 때, 정서는 무엇이 잘못되었는가에 대한 메시지를 전달한다. 아동이 행복해하면, 그것은 모든 것이 잘 되어 간다는 것을 다른 사람에게 이야기해 주는 것으로 해석된다. 3-4세의 유아들도 자신의 내적 정서는 물론 동생의 정서상태를 인지할 수 있고 자신의 정서상태를 형이나 동생에게 이야기할 수도 있다.

셋째, 정서는 애착과 사회적 유대형성은 물론 타인과 거리를 유지하는 기초가 되므로 사회적 관계에서 중요한 역할을 한다.

넷째, 정서는 강력한 동기유발자로서 행동에 영향을 준다. 학대적이고 거부적인 어머니를 가진 소년은 모든 여성들에게 적대감을 나타내고 어머니를 생각나게 하는 여성에게는 특히 적대적으로 행동할 것이다. 또한 학대적이고 거부적인 아버지를 가진 소녀는 모든 남성들에게 적대적인 태도와 행동을 보일 것이다.

다섯째, 정서는 잘못에 대한 인식으로 시작되는 도덕성 발달에 영향을 주고 옳은 행동에 대한 기대가 무너졌을 때 경험하는 죄책감에 중요한 역할을 한다.

여섯째, 정서는 기쁨이나 고통의 근원이다. 즐겁고 행복하다고 느끼는 아동은 긍정적 감정의 유쾌함을 즐길 수 있는 반면, 분노나 혐오, 공포 혹은 슬픔과 같은 부정적 정서는 견디기 어려운 혼란스러운 감정을 생성한다.

정서가 없다면 인생은 무미건조하고 재미가 없을 것이다. 전통적으로 소년들은 정서를 억압하는 것을 학습하는 반면, 소녀들은 정서를 표현하도록 양육된다. 정서표현을 숨기고 정서를 억압하도록 학습한 소년들은 성장하여 이성과의 의사소통에서 어려움을 겪고 자상한 남편과 아버지의 역할을 제대로 수행하지 못한다.

3) 정서발달에 미치는 생물학적 영향과 환경적 영향

정서는 생물학적 기초와 개인의 경험 양자의 영향을 받는다. 우선 정서발달에 미치는 생물학의 중요성은 아기의 정서능력의 변화에서 명백하게 나타난다(Kagan, 2010). 그 예로서 괴로움과 분노 및 흥분과 관련된 대뇌 부위인 뇌간이나 해마 혹은 아미그달라(amygdala) 등은 인생초기에 발달하므로 영아도 일찍부터 이러한 정서를 표현할 수 있다(Buss & Goldsmith, 2007). 그러나 정서조절과 관련된 대뇌부위인 대뇌피질의 전두엽 부위는 점진적으로 발달하므로 영아는 정서를 효과적으로 조절하지 못한다.

그러나 생물학적 요인만으로 영아의 정서발달을 모두 설명할 수 있는 것은 아니다. 영아는 어머니와의 상호작용을 통해 기쁨이나 행복, 불쾌 혹은 괴로움 등의 다양한 정서를 경험할 뿐 아니라 정서는 부모와 영아가 의사소통하는 최초의 언어로서 애착발달을 위한 기초가 된다. 영아에게 사회적 상호작용은 정서발달을 위한 학습환경의 기능을 한다(Kopp, 2011; Thompson, 2010).

태어날 때부터 장님인 아기들도 정상아기들과 동일한 방식으로 정서를 표현하지만, 시간이 경과할수록 장님아기의 얼굴은 무표정해지고 특히 눈 주위의 표정이 사라지는 것을 관찰할 수 있다. 물론 정상아기들도 출생 후에 성인들과의 상호작용을 통하여 정서표현을 조절하고 통제하는 방법을 배워야 한다.

정서표현을 가르치는 부모들 중에는 정서표현을 억압하도록 가르치는 사람이 있는가 하면 정서표현에 대한 어떤 통제도 가르치지 않는 사람도 있다. 부모의 양육방식에 따라 아동은 정서표현의 문화규준을 학습하고 어떤 정서를 언제 과장하고 언제 감추며 그리고 언제 종결지을 것인지를 학습한다.

정서표현은 생물학적 요인과 후천적 학습의 영향을 받는다.

정서적으로 성숙하다는 것은 정서적 표현과 통제 사이에 적절한 균형을 이룰 수 있다는 것을 의미한다. 부모가 아동과 긍정적인 관계를 유지하면서(사랑과 애정의 긍정적 감정을 제공하면서) 아동의 반사회적 행동에 대해 불유쾌함을 표현할 때, 정서적으로 성숙한 아동을 만들 수 있다. 가족 내에서 높은 수준의 긍정적 정서에 노출된 아동들은 바람직하게 사회화되고 가장 협조적인 개인으로 성장한다.

결론적으로 생물학적 진화과정이 인간에게 정서를 부여한다면, 타인과의 관계와 문화적 배경은 정서경험에 다양성을 제공한다(Thompson & Virmani, 2010).

2. 기본적 정서

우리가 흔히 경험하는 기쁨과 분노, 공포 그리고 슬픔의 정서는 인간의 기본정서에 해당한다. 이중 기쁨이나 불쾌와 같은 정서는 출생 후 3-4개월경에 발달하지만 경험과 인지능력을 요구하는 공포나 분노 혹은 놀람과 같은 정서는 생후 첫 1년의 후반에 이르러야 발달한다.

① 기 쁨

영아기부터 성인후기의 노인들까지 모든 연령의 사람들은 기쁨(joy)의 정서를 경험한다. 기쁨은 창조적 활동이나 승리 혹은 발견시에 나타나고 긴장이 제거될 때 뒤따르기도 한다. 4-6개월의 영아들에게 기쁜 표정, 화난 표정 그리고 중립적 얼굴표정의 슬라이드를 보여 주면, 영아는 기쁜 얼굴을 더 오래 응시한다. 영아의 기쁜 미소는 부모와의 유대를 강화함으로써 영아의 생존기회를 증가시킨다.

② 분 노

분노(anger)는 방해받거나 좌절될 때, 모욕당하거나 제지당할 때 혹은 원하는 것과 반대로 행동하도록 강요당할 때 일어난다. 분노한 사람들은 얼굴이 붉어지고 이빨을 악물며 찡그린 얼굴표정을 지으면서 타인을 공격하고 싶어한다. 분노는 2세경에 절정에 달하고 연령과 함께 감소된다. 영아는 특히 좋아하는 장난감이나 음식물을 빼앗길 때 분노하며 목표달성을 방해받을 때 강한 분노를 나타낸다. 어느 연령에서나 소년들은 분노를 신체적으로 표현하고 소녀들은 언어적으로 표현할 가능성이 더 많다. 분노의 통제는 이 시기와 이후의 아동들에게 중요한 문제이므로 아동들은 분노를 억제하는 것을 학습하고 언제 발산시키고 얼마나 지속해야 할지를 결정해야 한다.

③ 공 포

생후 첫해의 후반기에 나타나는 공포(fear)는 심리적 혹은 신체적 위험에 대한 경고신호로서 진화되어 왔다. 공포를 느끼면, 사람들은 눈을 크게 뜨고 주의깊게 살펴보거나 움직임을 멈추고 떨기도 하고 울기도 하며 숨거나 도망가기도 한다.

보통 큰 소리와 극심한 통증, 낯선 장소와 낯선 사람, 높은 장소, 어두움 그리고 타인과의 위협적인 언쟁시에 인간은 선천적으로 공포를 경험한다고 하지만, 이것은 가설에 지나지 않는다. 심리학자들은 인간이 최초로 나타내는 공포는 생후 6 - 8개월경에 나타나는 낯가림으로서 낯선 사람에 대한 공포라고 지적한다. 영아의 인지적 성장은 낯선 사람과 어머니를 식별할 수 있게 하기 때문에 낯선 사람에 대한 공포를 유발시킨다. 영아의 성장과 함께 공포대상은 구체적 사물에서부터 추상적 사물로 변화한다.

④ 슬 픔

생후 2–3개월경에 이미 영아는 어머니가 자신과 놀이하기를 멈출 때, 슬픔(sadness)의 표정을 짓는다(Lewis, 2000). 슬픔은 일생을 통하여 다른 사람과 분리될 때 경험되는 정서로서 특히 자신을 돌보아 준 사람과 분리될 때 영아는 큰 슬픔을 느낀다. 그러므로 영아가 슬픔을 느끼는 주된 원인은 어머니나 아버지와의 분리이다. 가까운 사람과의 분리는 고립되거나 거부당했다고 생각하게 하고 버림받은 느낌을 갖게 하기 때문에 사람을 슬프게 만든다.

3. 정서발달

영아는 성장과 함께 기본정서 외에도 자랑스러움, 수치심, 죄책감, 질투심 같은 자기에 대한 인식과 느낌을 요하는 자의식적 정서(self-conscious emotions)

를 표현하기 시작한다. 그러나 생후 18개월까지는 자의식적 정서가 나타나지 않으며, 대뇌의 구조적 성숙과 함께 다양한 자의식적 정서들이 출현한다(Kagan, 2010). 유아는 하지 않아야만 하는 일을 했을 때 죄책감이나 수치심을 느끼고 처음으로 도전적인 과제를 수행했을 때 자랑스러움을 느끼며 동생과 사랑을 나누어야 할 때 질투심을 느낀다. 자기에 대한 이해가 증가함에 따라 아동은 점점 더 많은 자의식적 정서를 경험할 수 있게 된다.

성장과 함께 정서조절(emotional regulation) 능력도 발달한다. 정서조절이란 환경에 적응하고 원하는 목표를 달성하기 위하여, 정서적 각성상태를 효과적으로 조절하는 것을 의미한다(Eisenberg 등, 2002). 울음과 분노는 자주 조절을 요하는 대표적인 정서이다. 어린 영아들은 자신의 손이나 손가락을 빠는 행동을 통하여 울음과 분노를 조절하고 스스로를 위로하려고 하지만 아직도 불완전하다.

양육자의 행동은 정서에 대한 영아의 신경생물학적 조절능력에 영향을 준다(Thompson 등, 2008). 양육자는 영아를 달램으로써 영아가 그들의 정서를 조절하고 스트레스 호르몬의 수준을 감소시키는 것을 도울 수 있다. 많은 발달심리학자들은 영아가 정서적 흥분상태에 이르기 전에 영아를 달래는 것이 바람직한 양육방법이라고 주장한다(McElwain & Booth-LaForce, 2006).

영아기를 지나면 아기는 이제 자신의 각성상태를 완화시키기 위하여 스스로 다른 일이나 물건에 관심을 돌릴 수 있고, 언어를 사용함으로써 양육자의 도움을 받을 수 있다. 2세 유아들은 언어로 그들의 정서상태나 맥락을 표현할 수 있기 때문에(Kopp & Neufeld, 2002), 양육자는 유아가 정서를 조절할 수 있도록 보다 효과적으로 도울 수 있다. 2–3세와 4–5세 및 6–12세까지 정서발달의 이정표를 정리하면 표 5–1과 같다(Bruce 등, 1999; Denham, 1998).

아동이 성장함에 따라 정서를 일으키는 상황이나 사건은 변화한다. 그 예로서 많은 유치원 아동들은 어둠이나 상상의 동물과 같은 비현실적인 대상을 두려워하지만 초등학교 연령에 이르면 인지적으로 성장하고 외관과 실제의 차이를 더 잘 이해할 수 있기 때문에, 그것들은 더 이상 두려움의 대상이 되지 못한다. 이제 그들은 학교나 건강 혹은 개인적 상해를 두려워한다.

아동의 정서표현은 성장과정을 통하여 수용가능한 형태로 사회화된다. 그

표 5-1 연령별 정서발달

대략적 연령	정서발달의 특징
2–3세	① 정서어휘가 빠르게 증가한다. ② 자신과 타인의 기본정서를 정확하게 명명하며 과거, 현재, 미래의 정서상태에 대해 이야기한다. ③ 특정한 정서의 원인과 결과에 대해 이야기하고 상황과 연합된 정서를 인지한다. ④ 가장놀이(pretend play)에 정서언어(emotion language)가 사용된다.
4–5세	① 정서를 언어적으로 표현하는 능력이 증가하고 정서와 상황간의 복잡한 관계를 더 많이 고려할 수 있다. ② 동일한 사건도 사람들에게 각기 다른 정서를 유발할 수 있고, 사건이 종결된 후에도 정서가 지속될 수 있다는 것을 이해한다. ③ 사회적 기준에 맞추어 정서를 통제하고 조절해야 한다는 것을 더 잘 인식할 수 있다.
6–12세	① 자랑스러움, 수치심같은 자의식적 정서를 더 잘 이해하며 그것들은 개인적 책임감과 통합된다. ② 한 상황에서 하나 이상의 정서가 경험될 수 있다는 것을 이해한다. ③ 정서반응을 일으킨 사건을 더 잘 인지한다. ④ 부정적 정서반응을 감추거나 억압할 수 있는 능력이 발달한다. ⑤ 정서를 조절하기 위한 효과적 전략을 사용한다.

결과 정서표현을 억제하는 문화와 그 반대의 문화에서 성장하는 아동들은 정서표현에서 차이를 나타낸다. 예로서 생후 11개월의 미국 백인 영아들이 동일 연령의 중국 영아들보다 더 많이 울고 더 많이 미소지었으며, 미국 유아원 아동들이 일본 유아원 아동들보다 더 많은 분노를 표출하였다(Zahn-Waxler 등, 1996). 일반적으로 서양문화권보다 동양문화권에서 정서표현을 더 많이 억압하기 때문에, 동서양 아동은 정서표현에서 차이를 보인다.

Ⅲ 아동기 동안의 성격발달

아동기는 프로이트 성격발달단계의 구강기, 항문기, 남근기 및 잠복기에 해당하는 시기인 동시에 에릭슨 이론의 기본적 신뢰 대 불신, 자율성 대 수치와 의심, 선도성 대 죄책감 및 근면성 대 열등감의 단계에 해당하는 시기이다. 프로이트의 성격발달이론에 대해서는 이미 제1장에서 상세히 설명하였으므로 여기서는 에릭슨이 제안한 각 단계들의 특징을 설명하기로 한다.

1. 신뢰감의 발달

에릭슨의 심리사회적 이론에 의하면, 개인의 성격은 생후 1년 동안 영아가 양육자와의 상호작용을 통하여 형성하는 기본적 신뢰(basic trust)에 기초한다. 영아는 부모로부터 따뜻함과 애정을 경험하며 일관성 있는 욕구충족을 구한다. 영아의 욕구가 일관성 있게 충족되고 부모로부터 가치 있는 존재로서 대우를 받게 되면 영아는 신뢰감을 형성할 수 있다. 부모에 대한 신뢰감을 통하여 영아는 세계와의 일체감을 경험하게 된다. 영아기 동안 형성된 신뢰감은 이후 일생 동안 위험에 직면하게 될 때, 해결을 위한 에너지와 낙관주의적 희망을 제공해 준다.

현실적으로 부모는 영아의 욕구상태를 이해하지 못하여 적절하게 반응하지 못하는 경우가 많다. 영아가 울면 어떤 부모는 먼저 우유병을 주고 그러고도 울음이 계속되면 기저귀를 갈거나 물을 주거나 해 본다. 그것도 아니면 다른 방으로 옮겨 주거나 침대에 눕혀 놓는다. 극단적인 경우로서 영아의 울음을 무시하는 부모들도 있다. 그들은 기저귀도 갈아 주지 않고 목욕도 시켜 주지 않으며 혼자 내버려 둔다.

이와 같이 양육자가 영아의 욕구상태를 이해하지 못하여 적절하게 반응하지 못하거나 욕구충족시에 거칠게 대하면 환경에 대한 불신이 싹트게 된다. 영아는 자신의 욕구가 충족될 것인지 아닌지 불확실하고, 신체적으로나 심리적으로 위안을 얻을 수 없을 때, 무능력감을 경험하고 불신감을 형성한다. 불신은 영아의 상호작용을 위축시키고 울음과 무감각, 무감동 그리고 식욕상실 등의 증상을 나타내게 한다.

1) 신뢰감 발달의 조건

신뢰감이 발달될 수 있는 구체적 조건들을 열거하면 다음과 같다.

① 규칙적이고 적절한 음식물이 제공되어야 한다. 만성적으로 배가 고픈 아동들은 불안하고 불신하는 아동이 된다.

② 충분한 빨기가 가능해야 한다. 빨기는 위안과 정서적 안정의 근원이기 때문에, 편안하고 서두르지 않는 상태에서 충분히 빨아 먹을 수 있도록 해야 한다. 대부분의 아기들은 짧은 시간에 배고픔의 욕구를 충족시킬 수 있지만, 욕구충족 후에도 얼마동안 빨기를 계속한다.

③ 꼭 껴안아 주는 것과 같은 신체적 접촉이 요구된다.

④ 부모가 아동을 사랑한다는 것을 보여 주어야 한다. 부모는 그들의 태도와 행동을 통하여 사랑하고 있음을 아동에게 전달할 필요가 있다.

⑤ 아동의 욕구에 대한 부모의 민감하고 반응적인 행동이 요구된다.

2) 불신감 형성의 원인들

① 부모박탈

부모에게 가까운 정서적 애착을 형성한 아동들도 분리의 기간이 길어지면 부모박탈(parental deprivation)의 증상을 나타낸다. 부모박탈의 전형적인 증상은 타인에게 냉담하고 온정이나 애정을 주지 못하며 정서적으로 위축되고 고립된다. 부모와 함께 생활한다고 할지라도 부모로부터 적절한 애정과 보살핌을 받지 못하고 이해와 승인을 얻지 못하면, 아동은 부모박탈을 경험하고 불신감을 형성한다.

바람직한 부모역할은 많은 노력을 요하는 어려운 과업이므로 부모편에서도 부모역할을 수행하기 위한, 특별한 지원을 필요로 한다. 부모에 대한 지원은 대부분 가족구성원들과 친구, 지역사회에 의해 이루어진다. 적절한 사회적 지원은 부모의 만족은 물론 개인적 안녕감을 증진시키고 바람직한 부모－아동 관계가 이루어질 수 있도록 돕는다.

② 긴 장

긴장수준이 높고 불안하며 신경질적인 부모들은 아동의 불신감을 자극한다. 특히 반복되는 부부싸움이나 가족구성원들 사이의 빈번하고 폭력적인 싸움은 아동을 혼란스럽게 하며 불신감을 형성하도록 한다.

③ 무서운 경험에의 노출

많은 성인들은 무서운 경험을 가지고 있다. 벽장속에 갇힌 경험, 개에게 추적당한 경험, 학교에서 돌아오다가 길을 잃은 경험, 심하게 매맞은 경험, 성적으로 괴롭힘을 당한 경험 등이 그것이다. 때로 이와 같은 경험들은 충분히 외상적이어서 불신감을 형성하게 하고 장기적인 문제를 일으킨다.

이 외에도 지나친 과보호(overprotection)와 방임은 물론 아동에 대한 빈번한 비판이나 불승인은 불신감의 발달에 기여하는 또 다른 요인들이다.

2. 자율성의 획득

2–4세의 유아들은 자신과 부모가 서로 분리되어 있는 별개의 존재라는 것을 인식하기 시작한다. 이 시기의 유아들은 지나치게 많은 것을 요구하며 그들 자신의 방식으로 행동할 것을 고집한다. 그들은 부모로부터 독립하기를 원하며 부모가 제공해 주는 것을 거부하는 반항적 행동을 한다. 따라서 이 시기를 '제1반항기' 혹은 '무서운 2세'(terrible twos)라고 부른다.

유아들의 자기주장적이고 반항적 행동은 에릭슨의 심리사회적 위기를 긍정적으로 해결하는 수단이 된다. 그들은 스스로 능동적으로 상황을 처리할 수 있고 자신의 욕구를 만족시킬 수 있는 사람으로서 자신에 대한 이미지를 창조하고자 한다. 이때 혼자서 수행한 일이 긍정적 결과를 가져오게 되면 자율성 발달이 이루어진다.

자율성을 획득하기 위한 유아의 활동에너지는 믿기 어려울 정도로 무한하다. 그들은 자율성을 획득하기 위하여 숙달될 때까지 지속적으로 활동한다. 혼자 힘으로 옷을 입고 신발을 신기 원하며, 혼자서 처리하는 것이 불가능하다고 확신할 때에만 도움을 요청한다. 그들은 끊임없이 움직이고 걷기보다는 달리기를 선택하며 속삭이기보다는 오히려 소리친다. 그들은 다양한 과제를 수행하면서도 하나하나의 과제를 정력적으로 수행한다.

그러나 모든 유아들이 자율성과 숙달을 성취한 다음 아동기에 진입하는 것은 아니다. 일부의 유아들은 자발적인 활동에서의 실패와 부모로부터 받은 계속적인 좌절과 비평 때문에 수치심과 자기의심을 발달시킴으로써 심리사회적 위기를 부정적으로 해결한다. 이 유아들은 그들의 능력에 대한 신뢰가 부족하고 그들이 시도하는 것은 실패할 것이라고 기대하기 때문에 새로운 활동을 회피하고 이미 알고 있는 친숙한 상황에만 집착한다.

자율성의 획득은 유아의 노력뿐 아니라 부모의 인내와 지원을 요구한다. 부모는 가르치고 격려하며 칭찬해 주어야 한다. 때로 유아가 할 수 없을지도 모르는 일을 하도록 허용하여야만 하고 새로운 과제에 전념할 수 있도록 격려하여야만 한다.

과보호는 유아의 자율성 발달을 방해하는 중요한 요인이다. 자신에 대한 강한 불안감을 지니고 있는 부모들은 조금이라도 위험요소가 있다고 생각되는 아동의 활동을 제한한다. 과보호받는 아동들은 혼자서 의사결정을 하지 못하고 스스로 어떤 일을 처리하는 것을 두려워한다.

3. 선도성의 발달

5－6세의 아동들은 외계환경에 대한 강한 관심과 호기심을 나타낸다. 이전 단계의 자율성 대 수치와 의심의 위기를 긍정적으로 해결한 아동들은 외부세계의 안정성이나 규칙성을 발견하려고 노력한다. 에릭슨은 선도성을 환경에 대한 능동적 탐색으로 설명하고, 자율성의 발달 없이 아동은 능동적으로 환경을 탐색하고 실험할 수 없다고 주장하였다. 자기통제력을 획득하고 자신을 신뢰할 때, 아동은 다양한 행동을 수행하고 그 결과를 관찰할 수 있다.

선도성은 이 시기 아동의 강한 호기심을 바탕으로 한다. 5－6세 아동의 호기심은 물리적인 것에서부터 형이상학적인 것까지 다양하다. 하늘은 왜 파란색깔이며 머리카락은 왜 필요한가? 신은 어디에 있고 아기는 어디에서 오는가? 등에 대해 질문한다.

호기심의 표현으로 아동은 자신의 몸과 친구의 몸에 대한 유희적 탐색을 한다. 아동이 신체에 대한 능동적인 호기심을 나타낼 때 부모가 강력하게 제지하거나 아동을 당황하게 하면 죄책감이 싹튼다. 부모의 제지로 인해 아동의 자연스러운 욕구와 성인이 제시하는 사회적 규범간에 갈등이 일어난다.

선도성 대 죄책감의 위기를 긍정적으로 해결한 아동들은 환경에 대한 능동적 탐색을 유익하고 즐거운 경험으로 지각하는 반면, 부정적으로 해결한 아동들은 세계에 대한 호기심이나 질문을 부적절한 침입으로 인식하기 때문에 호기심이 유발될 때마다 죄책감을 경험한다. 죄책감의 방향으로 위기를 해결한 아동들은 스스로 환경탐색을 시도하지 못하고 부모나 다른 어떤 권위에 전적으로 의존하게 된다.

심리사회적 위기를 부정적으로 해결한 결과로서 획득한 죄책감은 특정대상이나 상황에 대해 불합리한 공포로 나타날 수 있다. 소위 말하는 아동기의 공포증(phobia)이 그것이다. 이 시기 아동들에게서 가장 빈번하게 나타나는 공포증에는 학교에 대한 공포, 어둠에 대한 공포 그리고 동물에 대한 공포 등이 있다. 공포는 아동의 환경탐색능력을 제한하고 불안감을 증가시킨다.

공포증은 불안이나 죄책감을 특정목표로 향하게 하는 수단의 기능을 한다. 아동은 자신의 부적절한 행동에 대한 책임으로 자기 자신을 비난하기보다는 환경 내의 다른 대상에게 충동을 투사한다. 따라서 공포증은 아동 자신을 비난하지 않고 죄책감을 표현하기 위한 출구를 제공해 준다. 아동이 사회적으로 승인받을 수 없는 충동을 통제할 수 있을 때까지 공포증은 아동을 위한 일시적 보호장치의 역할을 한다.

4. 근면성의 발달

일에 대한 기본태도는 초등학교 시기 동안 확립된다. 근면성은 아동기의 특성으로 열심히 기술을 쌓고 의미 있는 일을 수행하는 것을 의미한다. 이 시기의 아동들은 새로운 기술을 획득함으로써 성인들의 능력에 점차 가까워지며 자신에 대한 가치감을 높인다.

초등학교 아동들의 기술발달을 촉진시키는 요인에는 향상된 능력의 발달을 요구하는 아동 자신의 자기동기적(self-motivation) 요인과 외부적 강화요인이 있다. 이 시기의 아동들은 새로운 일에 대한 강한 호기심을 지니고 있기 때문에 다양한 기술을 익힐 수 있다. 외부적 강화요인으로서 아동은 부모와 교사로부터 물질적 보상이나 칭찬 혹은 점수에 의해 격려를 받는 동시에 또래로부터 기술의 획득을 격려받기도 한다. 특히 초등학교 고학년 아동들은 보이스카우트나 걸스카우트 등의 단체활동을 통하여 획득한 기술을 발휘하고 성취의 기쁨을 경험한다.

그러나 초등학교 아동의 일부는 기술숙달에서 실패함으로써 열등감을 경험한다. 알프레드 애들러(Alfred Adler)는 인간의 무가치감과 부적절함은 신체적 약점이나 결함에 기인된 기관열등감(organ inferiority)에서 유래한다고 제안하였다. 애들러에 의하면, 기관열등감은 기술의 습득을 방해하는 개인의 신체적 또는 정신적 한계이긴 하지만, 때로는 개인을 더 높은 수준의 자기발전을 이루도록 동기유발시킨다고 주장하였다.

사람은 누구나 모든 영역에서 성공할 수는 없으므로 아동기 동안 숙달 불가능한 기술도 있다는 것을 학습해야만 한다. 일에 대한 긍정적인 태도를 가지고 새로운 도전을 고무적으로 받아들이는 아동조차도 스스로 숙달할 수 없는 특정기술에 대하여 열등감을 느낄 수 있다.

사회환경은 사회적 비교(social comparison)과정을 통하여 아동의 열등감을 자극한다. 학교환경은 물론 가정 환경 내에서도 아동은 형제자매나 친척 혹은 다른 하위문화집단과 비교된다. 아동은 다른 사람들과 비교됨으로써 자의식과 경쟁심 그리고 의구심을 학습하고 자신의 능력부족에 대한 몇 마디의 비판에 의해 미래의 성공가능성을 포기한다. 때로 친구들보다 더 우수하지 못할 것을 두려워하여 새로운 활동을 시도하는 것을 거부한다.

Ⅳ 자기에 대한 이해

자기에 대한 이해는 자기인식(self-recognition)에서 출발한다. 어린 아동의 자기인식은 자기를 범주화할 수 있게 하고 자기존중감의 발달을 가져온다. 특히 자기통제는 이후의 도덕성 발달의 기초가 되기 때문에 중요하다. 여기서는 영아기부터 아동기까지 자기에 대한 이해가 어떻게 발달하는지를 설명한다.

1. 자기에 대한 이해의 시작

1) 자기인식의 발달

거울 속에 비친 얼굴을 자기 자신의 얼굴로 인식할 수 있는 연령은 언제일까? 아동의 자기인식(self-recognition)은 생후 15개월경에 가능하다. 그 증거로서 생후 9개월부터 24개월까지의 영아들의 코에 붉은 물감을 칠한 다음 거울 속에 비치는 자신의 모습에 대해 어떻게 반응하는지를 관찰하였다. 어린 영아들은 거울 속에 비치는, 코에 붉은 점이 있는 아기를 자신과는 전혀 상관없는 존재인 것처럼 행동하였다. 그러나 생후 15개월 이후의 유아들은 거울을 보고 자신의 코를 문지르는 행동을 함으로써 자신과 거울 속의 유아를 동일한 인물로 지각할 수 있었다(Bullock & Lutkenhaus, 1990; Lewis, 2005). 2세경에 이르면 사진 속의 인물이 자신임을 인지할 수 있으며 '나'라는 대명사도 정확하게 사용할 수 있을 정도로 성장한다.

2) 자기의 범주화

자기인식은 사물을 분류하는 것과 유사하게 자신을 다른 사람과 비교할 수 있도록 한다. 생후 18개월과 30개월 사이에 비록 제한적이긴 하지만, 연령과 성별, 신체적 특징 및 좋고 나쁨에 의해 자신과 다른 사람을 범주화할 수 있다(Stipeck 등, 1990).

성별에 따라 자신을 범주화하는 유아의 능력은 성역할 고정관념적 반응을 증가시키고 여아는 인형을 그리고 남아는 자동차와 같은 탈 것을 가지고 노는 정형화된 놀이패턴을 형성하도록 한다. 부모는 이러한 아동의 행동을 강화함으로써 성역할 고정관념적 행동을 격려한다.

3) 자기통제의 출현

자기통제(self-control)란 요구에 일치하는 능력, 상황에 따라서 행동을 수정하는 능력, 행위를 연기하는 능력 그리고 다른 사람의 지도나 지시를 받지 않고 사회적으로 바람직한 방식으로 행동하는 능력 등 여러 가지로 정의된다. 앞에서도 설명한 것처럼, 출생시의 신생아들도 이미 그들의 각성수준을 증가시키고 감소시킴으로써 자기통제를 시작한다. 영아는 무엇을 빨거나 자신의 신체를 흔듦으로써 스스로를 달랠 수 있고 과도한 자극에 저항하기 위하여 몸을 돌리기도 하고 울거나 잠들기도 한다. 생후 3개월부터 9개월까지 이루어지는 운동발달은 영아의 통제능력을 증가시킨다.

생후 9개월부터 18개월 사이의 영아들은 타인의 요구에 반응하는 능력을 나타낸다. 그들은 스스로 껴안을 수 있고 장난감을 다른 아동에게 줄 수 있으며, 만약 부모가 '안돼'라고 말하면 뻗었던 손을 오므릴 수 있다. 또한 그들은 자신의 행동을 스스로 제지시킬 수 있다. 즉 선반 위에 있는 칼에 손이 닿은 유아는 스스로 머리를 흔들면서 자신에게, '만지지 마'라고 말하며 손을 오므린다.

자기통제능력의 획득은 대소변훈련에서 시작된다. 배설물을 보류하고 방출하는 능력은 항문의 괄약근(늘옴치살)이 성숙되는 생후 1년 6개월이나 2세경에 획득될 수 있다. 대소변훈련은 개인적 자율성과 사회적 요구간에 갈등을 일으키는 최초의 사건으로 성공적인 해결은 자기통제능력의 발달에 기여한다.

2. 아동초기의 자기에 대한 이해

1) 자기이해의 발달

자기인식의 발달과 함께, 유아는 현재의 나와 과거의 나를 연결지을 수 있고 미래의 나에 대해 부모와 대화를 나눌 수 있다. 자기(self)의 계속성에 대한 인식은 생일축하를 받는 3세 유아가 1년 전에도 생일축하를 받았음을 기억할 수 있게 한다(Nelson, 2001).

이 연령의 유아에게 자기 자신에 대해 이야기하라고 하면 이름과 신체외모, 소유물 및 매일의 행동과 같은 관찰가능한 구체적 특성들을 언급한다. 타인과 비교하는 상황에서는 신체적, 물질적 특성을 바탕으로 자신과 타인을 구별하려고 하므로 "나는 철수보다 키가 더 크기 때문에 철수보다는 멋진 사람이다. 나는 자전거를 가지고 있기 때문에 여동생과는 다른 사람이다"라고 이야기한다.

이 시기 유아들은 자신의 물건에 대해 "내것"임을 강하게 주장한다. 언뜻 보면 유아들이 지나치게 이기적이어서 자신의 소유물을 강조하는 것으로 오해할 수도 있다. 그러나 이것은 어디까지나 자기와 타인을 분명하게 구분하려는 유아의 발달하는 자기인식의 증거로 해석된다.

유아들의 자기기술은 비현실적으로 긍정적이다(Harter, 2006). 그 예로서 4세 유아는 "나는 걱정이 없으며, 항상 행복하다"라고 말할 정도로 긍정적이다. 그러나 유아의 지나친 낙관주의는 그들이 소망하는 자신의 능력과 실제의 능력을 구별하지 못하고 능력과 노력을 혼동하는 데 기인한다. 보통 유아들은 자신의 능력과 타인의 능력을 비교하는 사회적 비교를 하는 것이 아니라 자신의 현재 능력과 더 어린 연령에서의 자신의 능력을 비교한다.

2) 자기존중감의 출현

자기존중감(self-esteem)이란 자신에 대한 전체적 평가로서 그것은 자주 자기가치감으로 불리어진다. 그러나 우리는 한 사람의 인간으로서 자신에 대한 전체적 평가를 하는 동시에 자기에 대한 몇 개의 분리된 판단을 가지고 있다. 자신에 대한 영역특징적 판단은 자기개념(self-concept)으로 명명된다. 그 예로서 우리는 학업능력에서 우수하고, 친구들 사이에서 인기가 있으나 운동능력은 보잘것 없다는 식으로 자신의 영역별 특성에 대한 평가가 가능하다.

그러나 개인의 자기존중감은 항상 사실이나 실제만을 반영하는 것은 아니다(Baumeister 등, 2003). 유아의 자기존중감은 그가 유능한지, 매력적인지에 대한 신념을 반영하지만 그 신념은 항상 정확하지는 않다는 것이다. 그러므로 높은 자기존중감은 개인의 가치에 대한 정확하고 타당한 지각일 수 있지만, 때로 타인에 대한 오만하고 과장된 우월감의 표현일 수 있다. 마찬가지로 낮은 자기존중감 역시 개인의 결점이나 결함에 대한 정확한 지각일 수 있으나 때로 왜곡되고 병리적인 열등감을 반영할 수 있다.

3–5세경에 자기존중감에 해당하는 행동이 나타나지만 이 연령의 유아들은 자신의 능력을 극단적으로 높게 평가한다. 그들의 지나치게 높은 자기존중감은 과제의 어려움을 과소평가하도록 한다(Harter, 2006). 더욱이 이 연령의 유아들은 자신이 잘 처리할 수 있는 과제와 잘 처리할 수 없는 과제가 있다는 것을 인식하지 못하고 모든 과제나 활동을 성공적으로 수행할 수 있다고 생각한다.

자신에 대한 개인적 반응과 일상생활에서 중요한 역할을 하는 다른 사람들의 반응으로부터 형성되는 자기존중감은 바람직한 행동을 자극하는 역할을 한다. 3–5세의 유아들이 갖는 높은 자기존중감은 많은 새로운 기술을 쉽게 학습할 수 있도록 함으로써 선도성 발달에 기여한다. 물론 작은 비판이나 비난은 이 시기 유아의 자기존중감을 쉽게 손상시킬 수 있다. 부정적 자기존중감을 획득한 유아는 새로운 과제에 직면하게 되면 강한 불안을 나타내고 솔선해서 행동을 수행하지 못한다.

3. 아동중기의 자기에 대한 이해

1) 자기이해의 발달

초등학교 시기에 해당하는 아동중기 동안, 아동초기의 구체적인 자기기술에서 벗어나 아동은 자신을 심리적 특성에 의해 기술하기 시작한다. 이 시기의 아동들은 구체적인 행동 대신에 자신의 능력을 강조하고 특정한 집단 속에 포함된 자신을 기술함으로써 자기의 사회적 측면을 강하게 나타낸다. 이때 자신

그림 5-2 성적 우수아 집단과 성적 부진아 집단의 능력에 대한 자기개념의 변화

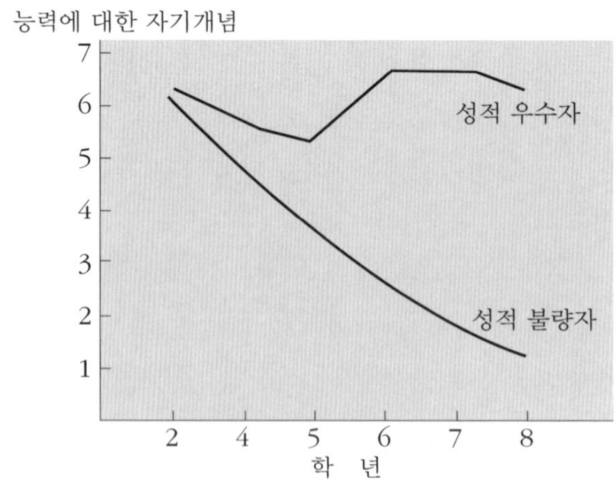

출처: Kifer, 1978.

의 특성과 또래의 특성을 비교하는 사회적 비교(social comparison)가 나타난다(Davis-Kean 등, 2009).

발달된 인지능력을 바탕으로 이루어지는 사회적 비교는 7세 이전의 아동들에서는 거의 발견되지 않는 능력이다. 흥미롭게도 7세 이후의 아동들은 자신이 무엇을 할 수 있고 할 수 없는지를 생각하기보다는 친구나 또래와 비교하여 무엇을 할 수 있는가에 큰 관심을 갖는다. 친구와의 비교는 이 시기 아동들이 자신을 현실적으로 이해할 수 있도록 한다. 특히 학업성적은 아동 자신과 다른 아동을 비교하는 기준으로 아동의 자기개념 형성에 영향을 준다.

그림 5-2는 성적 우수아 집단과 성적 부진아 집단의 학년증가에 따른 자기개념 점수의 변화를 보여 준다. 저학년에서는 성적 우수아와 성적 부진아들의 능력에 대한 자기개념 지각은 서로 유사하였으나 6학년 아동들은 학교에서의 성공이나 실패경험을 자기개념 지각에 뚜렷하게 반영하고 있었다. 8학년의 성적 부진 아동들은 스스로를 학업과 관련된 능력이 거의 없다고 평가하였다.

2) 자기존중감의 발달

3 - 5세 유아의 극단적으로 높은 자기존중감은 초등학교 시기에 이르면 재조직화되기 시작한다. 또래로부터의 피드백과 학업성적 및 교사의 평가가 아동의 자기평가 속에 통합되므로 이 시기의 자기존중감은 보다 분화되고 현실과 조화를 이루는 적응적 수준으로 재형성된다.

(1) 자기존중감 수준에서의 변화

다양한 영역에서 자신의 수행을 평가할 수 있게 되면, 유치원 연령에서의 높은 자기존중감은 점차 하락하기 시작한다(Marsh & Craven, 2006). 유치원 연령에서도 유아들은 또래의 수행에 대해서는 상당히 정확하게 평가할 수 있었으나 자신의 수행에 대해서는 지나치게 바람직하게 평가하는 경향이 있었다.

그러나 초등학교 2학년 무렵에 이르면, 학급 내에서 또래들과 비교한 자신의 위치를 정확하게 이해하고 주위 사람들의 견해와 조화되는 자기존중감을 갖기 시작한다. 연령증가와 함께 아동들은 수행을 바탕으로 자신을 객관적으로 평가할 수 있으며 타인의 견해와 일치하는 평가를 하기 시작한다.

이 시기의 자기존중감 하락은 유해할 정도로 크지는 않다. 대부분의 아동들은 자기수용과 자기존중의 태도를 유지하면서 그들의 특성과 능력을 현실적으로 평가할 수 있다. 초등학교 4학년과 6학년 사이에 아동의 자기존중감은 다시 한번 상승하나 중학교에 들어가면 많은 새로운 경험에 직면하게 되므로 자기존중감은 다시 하락한다.

높은 자기존중감을 지니고 있는 아동들은 더 큰 주도성과 자신감을 가질 수 있지만, 그 결과는 긍정적일 수도 있고 부정적일 수도 있다. 그 이유는 높은 자기존중감을 갖는 아동들은 친사회적일 수도 있고 반사회적일 수도 있기 때문이다. 메논과 그 동료들(Menon 등, 2007)의 연구에서, 높은 자기존중감을 갖는 공격적인 아동들은 시간이 경과할수록 공격성이 주는 보상을 중요시하였고 피해 아동들을 못살게 굴면서 거칠게 행동하였다.

최근 많은 한국의 부모들과 교육자들은 아동이 자신을 좋은 사람으로 지각하고 높은 자기존중감을 지닐 수 있도록 노력하지만, 실제 성취에 기초하지 않는 자기존중감은 아동에게 유해할 뿐이다(Graham, 2005). 그 이유는 부풀려지고 비현실적인 자기가치감을 아동에게 심어줄 때, 아동은 경쟁과 비판에 대처하지 못하고 쉽게 좌절하기 때문이다. 자신의 특성에 적절한 자기존중감을 지닐 수 있기 위해서는 아동 스스로 자연스럽게 자신의 단점이나 한계점을 인식할 수 있어야 한다.

아동의 자기존중감과 학교에서의 수행은 상호적으로 영향을 준다(Marsh & Craven, 2006). 그러나 높은 자기존중감이 높은 학업성적을 획득하게 하는지 아니면 높은 학업성적이 높은 자기존중감을 갖게 하는지는 분명하지 않다. 낮은 자기존중감 또한 아동의 우울증과 관련되어 있지만, 낮은 자기존중감이 우울증을 유발하는지 아니면 우울증이 낮은 자기존중감을 유발하는지 분명하지 않다. 자기존중감에 관한 대부분의 연구들이 상관연구이기 때문에 우리는 자기존중감과 관련변인들 사이의 인과관계를 알지 못한다.

(2) 자기존중감 발달과 관련된 요인들: 부모역할 유형과 귀인

자기존중감의 발달과 관련된 요인으로 부모역할 유형과 아동의 성취관련적 귀인을 설명한다.

그림 5-3 부모역할의 유형과 차원

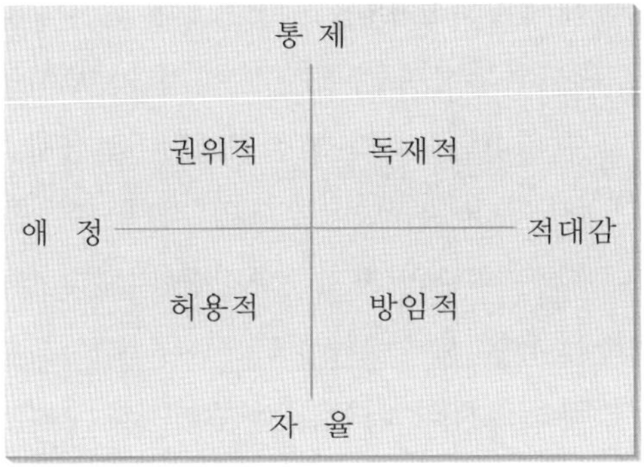

출처: Maccoby & Martin, 1983.

① 부모역할 유형과 자기존중감의 관계

부모-자녀 관계의 질적 특성을 연구한 마코비와 마틴(Maccoby & Martin, 1983)은 자율 대 통제 차원과 애정 대 적대감 차원을 기준으로 그림 5-3과 같은 네 가지 유형의 부모역할 방식을 구분하였다. 자기존중감의 발달과 관련하여 네 가지 부모역할 유형을 설명하면 다음과 같다.

• 권위적(authoritative) 유형

권위적 부모들은 아동중심적이며 아동의 욕구와 소망을 인정하고 수용한다. 그들은 성숙한 행동을 위한 확고한 표준과 규칙을 설정해 놓고 자녀들과 허심탄회하게 대화하며 의사결정에 대한 이유를 설명해 주고 아동의 견해에 귀를 기울인다. 권위적 부모의 자녀들은 자주적이고 자기통제적이며, 유능하고 우호적인 동시에 높은 수준의 자기존중감을 갖는다.

• 독재적(authoritarian) 유형

독재적 부모들은 성숙한 행동에 대한 그들의 요구와 아동의 요구 사이에 조화를 이루지 못한다. 그들은 아동의 욕구표현을 제한하고 아동과 규칙이나 의사결정에 대해 의논하지 않으며, 부모권위에 도전하는 아동을 억압하기 위하여 체벌을 가하고 거칠게 비난한다. 독재적인 부모의 자녀들은 사회적 능력과 자발성이 부족하고 냉담하며 낮은 수준의 자기존중감을 갖는다.

- 허용적(permissive) 유형

허용적 부모들은 애정적이고 반응적이며 수용적이나 아동의 행동을 거의 통제하지 않는다. 그들은 가능하면 제한을 가하지 않고 아동 자신이 스스로 자신의 행동을 결정하기를 원한다. 따라서 취침시간, 식사시간 그리고 TV시청시간도 아동이 결정하도록 한다. 허용적 부모의 자녀들은 충동적이고 공격적이며 책임감이 부족하며 낮은 수준의 자기존중감을 지닌다.

- 방임적(indifferent) 유형

방임적 부모들은 부모로서의 역할을 수행하지 않는다. 그들은 가능한 한 아동과 적은 시간을 보내려고 하며, 아동의 요구를 거부하거나 무시하고 일관성 있는 지도나 훈육을 실시하지 않는다. 자녀와의 접촉은 단지 부모 자신의 즉각적인 위안을 얻기 위해 이루어진다. 방임적 부모의 자녀는 적대적, 공격적, 불복종적이고 낮은 수준의 자기존중감을 지니며 타인의 권리를 고려하지 않는다. 그 결과 아동이 청소년으로 성장하면 과도한 음주를 하거나 비행을 범할 가능성이 많다.

이와 같이 부모가 따뜻하고 반응적이며 행동을 위한 확고하고 합리적인 기대를 갖는 권위적(authoritative) 유형의 부모들은 아동이 자신을 유능하고 가치 있는 인간으로 지각하게 하므로 높은 자기존중감을 지닐 수 있도록 한다. 그들은 학교에서의 성공을 부당하게 강요하지도 않고 조화로운 부부관계를 유지하고 있었다. 가정 내에서는 부부 각자의 책임과 권위가 확립되어 있으며 가정 바깥에서는 대단히 활동적이었다.

② 성취관련적 귀인

귀인(attributions)이란 행동의 원인에 대한 추론으로 내가 그렇게 행동한 이유에 해당한다. 초등학교 연령의 아동들은 성공과 실패를 설명하는 방식에서 차이가 있다. 높은 학업적 자기개념을 지니고 있는 아동들은 숙달지향적 귀인(mastery–oriented attributions)을 한다. 그들은 성공을 자신의 능력에 기인한다고 믿는 반면, 실패는 불충분한 노력이나 과도하게 어려운 과제에 그 원인이 있다고 생각한다. 그들은 자기 자신이나 환경과 같은 변화될 수 있고 통제가능한 요인에서 성공과 실패의 원인을 찾으려고 한다.

대조적으로 학습된 무력감(learned helplessness)*을 획득한 아동들은 실패를 능력에 귀인시킨다. 능력이란 변화될 수 없는 자신의 고정된 특성이라고 믿는 아동들은 성공하면, 운과 같은 외적 요인에 그 원인이 있다고 생각하고 노력도 하기 전에 빠르게 포기한다. 학습된 무력감을 지니고 있는 아동들 중에는 실제로 유능한 아동들이 많이 있다(Wagner & Phillips, 1992). 그들은 노력과 성공의 관계를 연결짓지 못하기 때문에 높은 성취를 위해 필요한 상위인지 능력과 자기통제 기술을 발달시키지 못한다.

학습된 무력감은 성인들이 아동에게 제공하는 피드백에 그 원인이 있다. 4학년과 5학년 아동에게 과제를 주고 피드백을 조작하였을 때, 능력에 관한 부정적 피드백을 받은 아동들은 노력에 관한 부정적 피드백을 받은 아동들보다 실패를 능력부족에 더 많이 귀인시켰다. 특히 소녀들은 소년들보다 주위 성인들로부터 능력부족이라는 평가를 더 많이 받음으로써 학습된 무력감에 더 취약하였다(Phillips & Zimmerman, 1990).

* 학습된 무력감(learned helplessness): 아무리 노력해도 원하는 결과를 얻을 수 없다는 생각.

제6장 아동의 타인에 대한 이해와 사회적 관계 및 성역할의 발달

제6장

아동의 타인에 대한 이해와 사회적 관계 및 성역할의 발달

아동기 동안 타인에 대한 이해도 발달한다. 타인에 대한 이해는 도덕성 발달과 관련되는 동시에 다양한 사회적 관계에서의 아동의 행동에 영향을 준다. 이 장에서는 타인에 대한 이해와 관련된 사회인지능력과 훈육 및 도덕성 발달을 설명하고 아동의 또래관계와 성역할의 발달도 함께 검토한다.

I 타인에 대한 이해의 발달

1. 사회인지능력의 발달

타인에 대한 이해란 곧 사회인지(social cognition)능력의 발달을 의미한다. 사회인지란 사회적 관계를 이해하는 능력으로 타인의 사고와 의도, 정서, 사회적 행동 및 그들의 일반적 견해를 이해하는 사회적 조망수용능력(social perspective taking ability)을 의미한다. 피아제의 세 개의 산 실험에서처럼 해결해야 하는 과제가 공간문제일 때는 공간적 조망수용능력(spatial perspective taking ability)이라고 명명되지만, 과제가 사회적 문제일 때는 사회적 조망수용능력으로 불린다.

1) 마음이론

사회인지능력이 발달하기 위해서는 먼저 마음이론(theory of mind)을 획득하지 않으면 안 된다. 마음이론이란 사람은 소망과 신념 및 의도와 같은 마음상태(mental state)를 지니고 있고 이 마음상태에 의해 개인의 행동이 이루어진다는 것을 이해하는 것을 의미한다. 바꾸어 말하면 마음의 특성에 대한 이해를 바탕으로 사람의 행동을 이해하는 것으로, 이후의 모든 사회인지발달의 기초가 된다.

그러나 마음이론이 발달하기 위해서는 영아기 동안 공동주의(joint attention)와 협응적 응시(gaze following)가 가능해야 한다(박영신 등, 2009; Van Hecke 등, 2007). 공동주의란 특정한 두 사람이 동일한 대상물이나 사건에 주의를 기울이는 능력이고, 협응적 응시는 다른 사람이 바라보는 것을 또한 바라볼 수 있는 능력이다.

생후 6-7개월에 나타나는 공동주의는 양육자가 영아의 주의를 끌기 위하여 말을 걸거나 물체를 가리키는 형태로 이루어진다. 또한 협응적 응시는 생후 10-11개월에 나타나고 양육자가 바라보는 것을 영아가 바라보는 형태로 시작된다. 첫돌이 지나면 영아는 자신이 관심갖는 대상물에 성인도 관심을 갖게 하려고 노력한다. 이와 같은 공동주의와 협응적 응시 경험은 타인이 의도를 갖는다는 것을 이해할 수 있도록 돕는다(Meltzoff & Brooks, 2009).

2) 틀린신념과제

어린 아동의 마음이론은 자주 틀린신념과제(false belief task)를 사용하여 연구된다. 틀린신념과제란 사람이 잘못된 신념을 지닐 수 있고, 비록 그 신념이 틀렸다고 할지라도, 그 신념에 의해 행동한다는 것을 이해하는 정도를 측정하기 위한 실험배치이다.

그림 6-1은 전형적인 틀린신념과제를 사용한 실험배치로서 셀리라는 이름의 인형이 자신의 공기돌을 '바구니' 안에 넣고 방을 나간 사이에 엔이라는 인형이 공기돌을 자신의 상자 속으로 옮겨 놓는 상황을 포함한다. 그때 나갔던

셀리가 되돌아 오면 셀리는 어디에서 자신의 공기돌을 찾을 것인지가 틀린신념과제의 핵심 질문이다. 만약 아동이 셀리는 공기돌을 바구니 속에서 찾을 것이라고 이야기한다면, 그것은 곧 마음의 이론을 지니고 있음을 의미한다.

4세의 정상아동과 다운증후군 아동 및 자폐아동을 대상으로 연구하였을 때(Baron-Cohen 등, 1985) 정상아동과 다운증후군 아동들은 마음이론을 지니고 있었으나 자폐아동들은 그렇지 못한 것으로 밝혀졌다. 이 연구를 기초로 자폐아동은 마음이론을 지니고 있지 못하기 때문에 일종의 "마음무지"(mind blindness)상태에 있으므로 사회적 상호작용에서 심각한 결함을 나타낸다는 주

그림 6-1 셀리와 엔을 포함하는 틀린신념과제의 실험배치

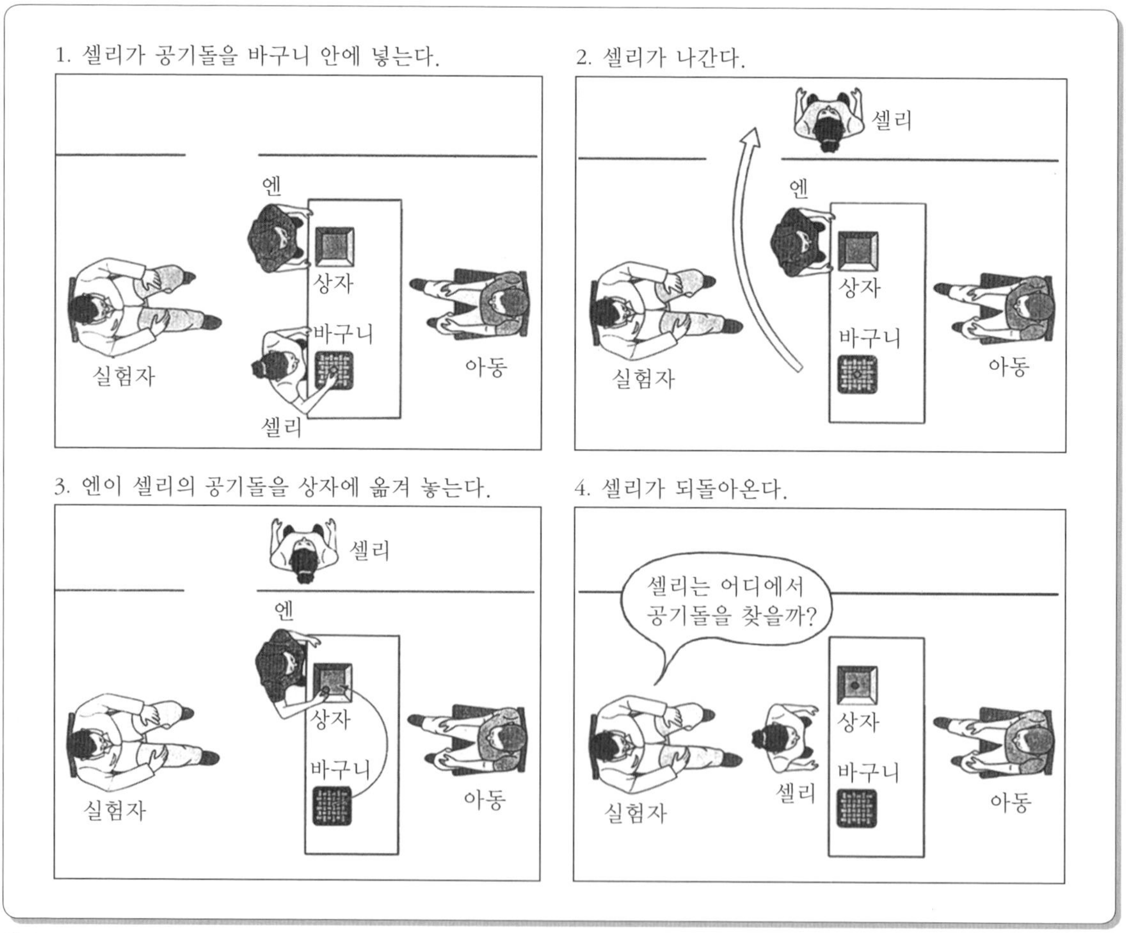

출처: Baron-Cohen 등, 1985.

장이 제기되었다.

그렇다면 정상아동은 언제, 어떻게 마음이론을 획득하는가? 이미 설명한 것처럼 1세말경에서부터 마음이론의 전조인 공동주의와 협응적 응시가 가능하고 1세와 2세 사이의 영아들은 가장놀이(pretend play)를 통하여 거짓과 실제의 차이에 대한 원시적 이해를 획득하며 2-3세경에는 그들의 언어 속에 마음상태를 표현하기 시작한다.

2-3세 유아들은 다른 사람들이 그들의 눈앞에 있는 것이 무엇을 의미하는지 알고 있다는 것을 인식하지만, 그 사람이 아동의 눈앞에 있는 것이 무엇인지를 반드시 안다고는 생각하지 않는다. 또한 이 연령의 유아는 어떤 사람이 어떤 것을 원하면 그것을 갖기 위하여 노력할 것이라는 것을 이해하며, 긍정적 정서와 부정적 정서도 구별할 수 있다. 그러나 그들은 아직도 정신생활과 행동과의 관련성에 대해서는 단지 최소한도의 이해를 보일 뿐이다. 더욱이 그들은 사람들이 자신의 소망에 좌우된다고 생각하면서도 신념이 행동에 어떤 영향을 주는지를 이해하지 못한다(Flavell 등, 2002).

그러나 4세 정도의 유아들은 사람들이 자신이 원하는 것을 얻거나 어려움을 회피하기 위하여 거짓말을 한다는 것을 이해한다. 기와 헤이만(Gee & Heyman, 2007)의 연구에서 여름캠프에 참여하고 싶지 않다고 말한 아동이 배가 아프다고 이야기했을 때, 4-5세의 유아들은 배가 아프다는 말을 믿으려고 하지 않았다.

그림 6-2는 틀린신념과제 수행에서의 발달적 변화를 보여 준다. 2년 6개월부터 초등학교 저학년까지 틀린신념과제의 수행은 극적으로 개선되며 5세 유아의 대부분이 틀린신념과제를 해결할 수 있음을 보여 준다(Wellman 등, 2001). 여기에 제시되지는 않았지만 2년 6개월 유아들은 시행의 80%를 그리고 3년 8개월 유아는 시행의 50%를 오반응하였으나 이후 정반응 비율이 점차 증가하였다. 이러한 결과들은 어린 유아들도 피아제가 가정한 것처럼 자아중심적이 아니라는 것을 의미하기도 한다.

마음이론이 발달하기 위해서는 신경학적 성숙과 인지적 성숙 및 타인들과의 상호작용 경험이 요구된다. 부모와 사람의 감정에 대해 자주 이야기를 나누는 유아들이 마음이론 과제에서 더 나은 수행을 보이고 형제자매가 있는 아동

그림 6-2 틀린신념과제 수행에서의 발달적 변화

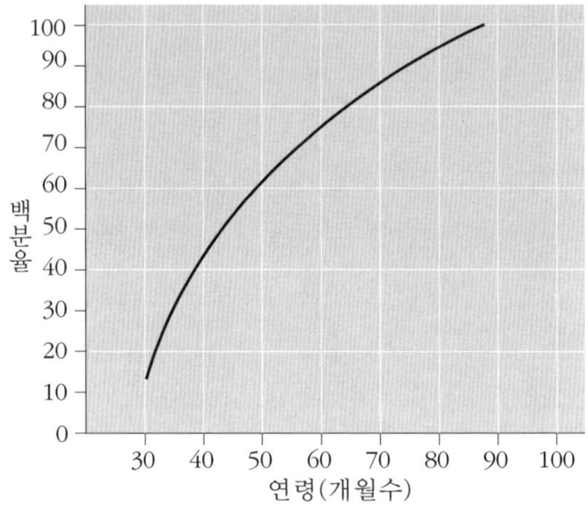

출처: Wellman 등, 2001.

들이 없는 아동들보다 더 일찍 마음이론을 구성하는 요소들을 획득한다는 것은 타인과의 상호작용이 중요함을 시사한다(Ruffman 등, 2002; Jenkins & Astington, 1996). 자폐아동의 마음이론 부족은 부분적으로 비정상적인 뇌발달에 그 원인이 있다고 인식되기 때문에 치료의 어려움이 있다(Peterson 등, 2009).

3) 셀만의 사회인지능력 발달단계

타인에 대한 이해의 발달은 조망수용능력의 발달을 가져온다. 사회인지 이론가인 로버트 셀만(Robert Selman, 1980)은 구조화된 면접을 사용하여 사회적 조망수용능력의 연령에 따른 변화를 기술하였다. 그는 상호간에 갈등을 겪는 시청각 필름을 아동에게 보여 준 다음, 필름 속에 나타난 행위자의 동기와 다른 행위자들과의 관계를 기술하도록 요구하고, 표 6-1과 같은 5개의 발달단계를 제시하였다. 가장 발달된 사회적 조망수용단계인 4단계에 이르면, 자기와 타인을 포함하는 개인은 물론 집단과 전체 사회체계의 조망을 이해할 수 있는 최상의 사회인지능력을 획득한다.

사회적 조망수용능력의 발달은 타인과 잘 지낼 수 있도록 돕기 때문에 성

표 6-1 셀만의 사회적 조망수용능력 발달단계

발달단계	대략적 연령	특징적 현상
0단계: 미분화의 조망수용	3-6세	타인의 생각이나 기분을 인지할 수는 있으나 모든 행위자들은 자신과 동일한 방식으로 그 상황을 이해한다고 생각한다.
1단계: 사회-정보적 조망수용	4-9세	타인의 조망이 자신의 조망과 유사하거나 상이하다는 것을 이해하기 시작한다. 그러나 아직까지 자신과 타인의 관점을 정확하게 구별하지는 못한다.
2단계: 자기반성적 조망수용	7-12세	자신의 조망과 타인의 조망을 이해하고 타인의 조망으로부터 자신의 생각과 감정을 심사숙고할 수 있다.
3단계: 제3자적 조망수용	10-15세	중립적인 제3자적 조망에서 자신과 타인의 행동을 고려할 수 있다. 자신을 행위자와 대상자 양자로 볼 수 있고 제3의 관찰자로서, 그 사회의 평균적 구성원들이 갖는 보다 더 일반화된 조망을 이해할 수 있다.
4단계: 사회적 조망수용	14.5세-성인	자기-타인 상호작용에 대한 일반화된 사회적 조망을 지니고 있고 사회체계 속에 반영되어 있는 집단조망(group perspective)이 존재한다는 것을 인식한다. 따라서 법률과 도덕은 개인이 고려해야 하는 어떤 합의된 집단조망에 의존한다는 것을 이해한다.

숙한 사회적 행동을 가능하게 한다. 우리가 타인의 견해를 예상할 수 있을 때 사회적 관계는 보다 예측가능해지고 각 개인은 타인의 반응을 예상하여 행동계획을 세울 수 있으며 타인의 순간적 욕구에 보다 효과적으로 반응할 수 있다.

실제로 좋은 조망수용능력을 지니고 있는 아동들은 다른 사람의 정서 상태를 대리적으로 경험하는 감정이입(empathy)능력과 동정심(compassion)을 지니며 어려운 사회적 상황을 효과적으로 처리할 수 있는 사회적 문제해결(social problem solving) 기술도 함께 가지고 있다(Eisenberg 등, 2006). 감정이입이란 다른 사람의 정서상태를 대리적으로 경험하는 것으로 자기와 타인간의 유사성을 인식할 수 있도록 해 주는 반면, 조망수용능력은 자기와 타인간의 차이를 인식할 수 있도록 도와 준다.

대조적으로 화를 잘 내고 공격적인 아동들은 타인의 사고와 감정을 고려하는 데 큰 어려움을 겪는다. 그들은 타인의 견해에 대한 인식을 바탕으로 생성되는 죄책감이나 양심의 가책 없이 또래나 성인들을 불신한다. 이 아동들에게 조망수용능력을 지도하고 훈련하면 반사회적 행동이 감소되고 감정이입과 친사회적 행동(prosocial behavior)이 증가한다.

친사회적 행동이란 타인을 이롭게 하려는 의도를 가지고 있는 행동으로 타인을 돕기, 보살피기, 위로하기, 타인과 협조하기, 나누기와 같은 행동들이 여기에 해당한다. 친사회적 행동은 약 2세부터 나타나기 시작하므로 유치원 연령의 아동들도 다른 사람을 보살피고 위로하려고 하지만 그것은 아동초기나 중기보다 청년기에 더 자주 나타난다(Eisenberg 등, 2009). 아동의 친사회적 행동은 부모의 보상과 처벌 및 모델링에 의해 학습되며 조망수용능력의 훈련을 통해서도 증진될 수 있다.

2. 훈 육

훈육이란 타인을 이해하고 도덕적 행동을 할 수 있도록 직접적으로 가르치는 것이다. 다시 말하면 타인의 요구에 일치하기를 거부하는 아동의 행동을 제한하면서 사회적 규준을 가르치는 것을 의미한다. 훈육의 궁극적 목적은 양심을 자극하고 자기통제력을 발달시켜 행동의 표준에 따라 행동하고 집단에 의해 제정된 규칙에 맞추어 생활할 수 있도록 하는 것이다.

초기의 아동에 대한 통제는 외적 권위에 의해 주로 이루어지지만 점차적으로 아동은 내적 통제를 획득하게 됨으로써, 준수되어야 하는 사회적 규칙들이 점차 아동생활의 일부가 된다. 바람직한 훈육이란 아동에게 강압적인 금지를 받았다는 느낌을 주지 않으면서 행동에 제한을 가하는 통제방법을 의미한다.

1) 훈육기법

흔히 사용되는 훈육기법(discipline techniques)에는 물리적 방법에 의한 훈육(power assertion)과 애정철회기법(love withdrawal) 그리고 유도기법(induction)이

있다. 이러한 훈육기법 외에도 바람직한 행동에 대한 부모의 강화에 의해서, 그리고 부모행동을 관찰하고 그것을 모방함으로써 아동의 통제 능력은 발달한다. 아동은 부적절한 행위를 억제할 줄 알아야 하는 동시에 바람직한 행동이 무엇인지도 알아야 한다. 훈육은 바람직하지 못한 행동을 억제하도록 하는 반면, 모방과 강화는 바람직한 행동을 학습할 수 있도록 한다.

(1) 물리적 방법에 의한 훈육

신체적 처벌(체벌)을 가하거나 소리를 지르며 물리적으로 아동을 다루는 통제방법이다. 때로는 어떤 특전이나 재원을 제거하거나 제거하겠다고 위협한다. 이 훈육기법은 아동의 비행을 즉시적으로 중지시키는 효과가 있지만, 이 기법에 의해 양육된 아동들은 일관성 있게 낮은 도덕성 발달수준과 정신건강 수준을 나타내고 매우 공격적이었다(Gershoff, 2002). 또한 거친 신체적 처벌의 역사를 가지고 있는 청소년들은 우울과 외재화 문제를 나타내었다(Bender 등, 2007).

일반적으로 지나치게 활동적인 아동의 부모들은 그들의 행동을 통제하기 위하여 물리적 통제방법을 사용하기 쉽기 때문에, 공격적 아동은 부모가 물리적 훈육방법을 사용하도록 자극한다.

(2) 애정철회기법

애정철회기법은 부모가 바람직하지 못한 행동을 한 아동에게 노여움이나 실망 혹은 불인정을 표현하고 의사소통을 거절하며, 때로는 밖으로 나가거나 몸을 돌림으로써 거부의 의사를 나타내는 훈육기법이다.

이 기법은 아동이 성인의 기대에 따르게 하는 효과적인 방법이기는 하지만, 도덕적 가치를 내면화하는 훈육방법으로는 적절하지 못하다. 그 이유는 애정철회기법을 사용하는 부모들은 바람직한 행동은 제시해 주지 않고 단지 아동의 승인 욕구를 자극하여 불안을 증가시킴으로써 적대감의 표현만을 감소시키기 때문이다. 왜 그러한 행동을 하지 않아야 하는지에 관해 배우지 못하는 아동들은 자신의 행동결과로 초래되는 높은 수준의 불안감 때문에 무조건 성인의 권위에 일치하려고만 한다.

(3) 유도기법

유도기법은 왜 그 행동이 바람직하지 못하며 다른 사람에게 어떤 영향을 주는지를 설명하는 훈육기법이다. 유아의 숙달감과 페어플레이 정신에 호소하는 이 기법은 어떤 행동을 수행하는 것이 바람직한지를 제시해 주기 때문에 전자의 두 가지 훈육기법이 효과가 없을 때 유효하다. 특히 유도기법은 행위의 결과가 다른 사람에게 미치는 영향을 설명해 줌으로써 유아의 감정이입을 불러일으킨다.

유도기법으로 아동을 훈육하는 가정은 애정적이고 수용적인 분위기를 형성하며, 가족구성원간의 의사소통이 빈번하고 타인에게 관대한 소위 민주적 가정으로 분류된다. 이 기법에 의해 양육된 아동들은 일반적으로 사회성이 높고 책임감이 강한 동시에 자기를 신뢰하며 타인의 입장을 고려할 줄 아는 특성을 지니고 있다. 유도기법은 부모-아동간의 빈번한 의사소통을 유도하기 때문에 '좋은' 행동은 물론 유아의 언어능력을 증진시키는 효과가 있다.

2) 훈육맥락

아동의 행동을 통제하기 위해 사용되는 훈육기법은 부모와 아동의 기질과 그들의 심리사회적 발달 정도 그리고 부모와 자녀가 처해 있는 상황요인 등 여러 가지 요인에 의해 결정된다. 아동의 신체적 공격과 미성숙에 기인된 훈육문제는 30개월과 36개월 사이에 절정에 도달하고 그 이후에는 점차적으로 감소한다. 일반적으로 유능하고 신뢰감을 지니고 있는 부모들은 자녀를 능력 있고 가능성이 풍부한 존재로 지각하며 자녀와 온화하고 긍정적인 상호작용을 한다.

훈육이 아동의 내적 통제를 발달시킬 수 있도록 하기 위해서는 다음과 같은 몇 가지 사실이 고려되지 않으면 안 된다(Miller 등, 1997).

첫째, 아동은 상호 존중이 이루어지는 애정적이고 신뢰로운 관계맥락 내에서 부모에게 쉽게 순종한다. 부모로부터 양육과 정서적 지원을 받는 아동들은 더 낮은 수준의 공격성을 나타낸다.

둘째, 아동의 바람직하지 못한 행동을 제거하려고 하기보다는 바람직한 행동을 격려하는 것이 더 효과적인 훈육 방법이다.

셋째, 훈육은 현실적인 기대나 요구에 기초해야 하는 동시에 일관성 있게 사용되어야 한다. 동일한 비행에 대해서는 언제, 어느 때나 동일한 양의 동일한 처벌이 주어져야 하고 부부간에도 훈육방식과 처벌의 양에 대한 일치가 이루어져야 한다.

넷째, 동일한 처벌이나 위협이 반복적으로 사용되어야 한다면 그 훈육기법은 효과적이지 못하다는 것을 의미한다.

다섯째, 아동에게 도덕적 가치나 사회적 가치를 예시해 줄 수 있는 개인적 이야기나 우화를 들려 주고, 부모 스스로 아동에게 모범을 보여야 한다.

여섯째, 아동의 연령과 이해수준에 따라 사회적 규칙을 설명하고 언어적 추론을 할 수 있도록 해야 한다.

매우 어린 연령에서는 위험한 물건을 치우거나 유아를 다른 장소로 옮겨놓는 방법이 적절하며 재미있는 장난감이나 흥미로운 활동을 제공하는 방법도 사용될 수 있다. 유치원 연령의 아동에게는 지시나 명령이 많이 사용될 것이고 초등학교 아동들과는 함께 문제를 의논하고 합의된 결론을 도출하는 것이 적절한 훈육방법일 것이다. 그러나 어느 연령수준에서나 아동의 연령에 맞는 이유와 설명을 사용하는 유도기법이 가장 효과적인 훈육방법이다.

체벌의 효과에 대해서는 지금도 논쟁이 계속되고 있다. 바움린드(Baumrind 등, 2002)같은 연구자는 체벌의 부정적 효과는 부모가 체벌을 잔인하고 학대적으로 사용하기 때문이라고 주장하고 그것이 조용하고 이성적으로 사용된다면 아동의 발달에 오히려 도움이 될 수 있다고 제안한다. 우리는 체벌이라고 하면 학대적인 때리기와 소리지르기, 외치기, 욕하기 등을 떠올리지만, 체벌도 얼마든지 온화하게 사용될 수 있다는 것이다. 많은 후속 연구들(Larzelere & Kuhn, 2005)도 바움린드를 지지하여 체벌에 대한 재평가를 필요로 한다고 주장한다. 그러나 중요한 것은 체벌을 사용한다고 할지라도, 그것은 긍정적인 부모-아동 관계맥락에서 연령에 맞게, 가볍게, 그리고 드물게 사용되어야 한다는 것이다(Knox, 2010).

3. 도덕성의 발달

자기통제능력에서 출발하는 도덕성은 부모가 제공하는 행동의 표준과 한계를 내면화함으로써 발달한다. 도덕적 규칙을 어떻게 내면화하는지를 설명하는 서로 다른 이론적 조망들이 존재한다. 이 절에서는 먼저 도덕성 발달을 설명하는 이론적 조망을 고찰하고 일상생활에서 자주 일어나는 분배의 공정성 문제와 도덕과 사회적 인습의 관계 및 부도덕한 행동으로 공격성의 발달을 함께 설명한다.

1) 도덕성 발달의 이론적 조망

도덕성 발달을 설명하는 이론에는 양심의 발달을 강조하는 정신분석적 조망과 도덕적 행동에 초점을 맞춘 학습이론적 조망 그리고 도덕적 추론과 판단에 관심을 갖는 인지발달적 조망이 있다.

(1) 정신분석적 조망

정신분석이론가들은 초자아의 발달과정을 도덕성 발달로 설명한다. 그들은 남근기 동안 이성의 부모를 소유하려는 남아의 에디푸스 갈등과 여아의 엘렉트라 갈등이 도덕성 발달의 기초라고 설명한다. 이성의 부모를 소유하려는 아동의 욕망은 부모로부터 처벌이나 사랑의 상실을 초래하기 때문에 아동은 이 욕구를 포기하고 동성의 부모를 동일시(identify)함으로써 초자아(superego)의 발달을 이룬다. 프로이트에 의하면, 자아이상과 양심으로 구성되는 초자아는 대략 남근기가 끝날 무렵인 5-6세까지 완전하게 발달한다.

그러나 도덕성은 프로이트가 주장한 것처럼 인생초기에 확립될 수 있는 개인의 특성은 아니며, 2, 3세에서 시작하여 성인기까지 계속되는 점진적 발달과정을 필요로 한다. 더욱이 프로이트는 죄책감을 도덕적 행동의 유일한 동기유발자라고 가정하였으나 도덕적 정서를 연구하는 호프만(Hoffman, 2008)같은 연구자는 도덕적 행동의 주된 동기유발자는 타인의 정서를 대리적으로 경험하는 감정이입(empathy)이라고 주장한다.

고통받는 타인과 감정이입할 때 우리는 함께 고통을 느끼고 친사회적 행동을 할 수 있을 뿐 아니라 타인에게 해를 입히는 행동을 하지 않을 수 있다. 그러므로 감정이입은 도덕적 행동을 유발하는 핵심적 정서상태라는 것이다. 어린 영아도 감정이입의 증후를 나타내지만, 감정이입능력은 사회인지능력의 발달과 함께 계속 발달한다.

(2) 학습이론적 조망

반두라(Bandura, 1991, 2002)와 같은 사회학습이론가들은 도덕적 행동도 다른 사회적 행동과 동일한 방식으로 학습된다고 주장한다. 즉 강화와 처벌 및 관찰학습을 통하여 아동은 도덕적 행동을 학습할 수 있다는 것이다. 그 예로서 만약 어떤 행동이 보상을 받게 되면 그 행동은 반복될 가능성이 높아지는 반면, 무시당하거나 처벌을 받게 되면 반복될 가능성은 감소한다. 아동의 비행이나 권위에 대한 도전적 행위는 처벌을 받을 것이며, 따라서 처벌의 부정적 결과는 비행의 수행 가능성을 감소시킬 것이다. 또한 공격적 행동모델을 관찰한 아동은 공격적 행동을 학습하고, 도움행동을 하는 모델을 관찰한 아동은 친사회적 행동(prosocial behavior)을 학습한다. 아동은 비행의 부정적 결과를 관찰함으로써 비행을 억제하는 것을 학습한다.

동시에 사회학습이론가들은 도덕적 행동이 개인이 처해 있는 상황에 의해 영향받는다는 것을 중요시한다. 그들은 정신분석적 조망이나 인지발달적 조망에서처럼 개인의 도덕성이 단일적이고 지극히 일관성 있는 특성이라고 생각하지 않으며 상황에 따라 변할 수 있는 상황특징적(situation-specific) 속성을 지닌다고 주장하였다. 한 상황에서 도덕적으로 행동하는 사람이 다른 상황에서 부도덕할 수 있는 것은 이 때문이다.

(3) 인지발달적 조망

① 피아제의 이론

도덕적 사고의 발달과정을 중시한 인지발달이론가들은 아동이 규칙을 어떻게 지각하고 있는가에 관심을 가졌다. 피아제(Piaget, 1948)는 아동의 도덕적 판단은 6세 이전까지의 전도덕적 단계(premoral period)에서 출발하여 6－10세의 타율적 도덕성(heteronomous morality)과 10, 11세 이후부터 성인기까지의 자율적 도덕성(autonomous morality)으로 발달한다고 제안하였다.

타율적 도덕성을 지니고 있는 아동들은, 규칙은 고정된 것이며 변화 불가능한 것으로 생각한다. 그들은 도덕적 규칙을 어떤 권위, 즉 국가나 신으로부터 주어진 것으로 생각하기 때문에 무조건 복종하여야만 한다고 주장한다. 행동의 옳고 그름은 법조문에 의해서, 손해의 양이나 처벌 여부에 따라서 판단된다. 이와 같은 절대주의적인 도덕적 사고를 피아제는 도덕적 실재론(moral realism)이라고 명명하였다.

타율적 도덕성과는 대조적으로 자율적 도덕성을 지니고 있는 아동들은 규칙을 상호합의된 약속으로 이해한다. 그들은 규칙을 고정되었거나 절대적인 것으로 여기지 않기 때문에 모든 사람들이 동의하기만 하면 규칙은 변경될 수도 있다고 생각한다. 이제 행위의 결과보다는 행위의 동기나 의도에 기초한 도덕적 판단을 하며 도덕적 상대론(moral relativism)을 지향한다.

② 콜버그의 이론

콜버그(Kohlberg, 1969)는 아동의 도덕적 판단능력이 일정한 단계를 거쳐 발달한다는 피아제의 주장을 확장하여 도덕적 사고의 발달단계를 기술하였다. 그는 다음에 제시한 하인쯔의 갈등상황을 포함하여 일련의 가상적인 도덕적 갈등상황을 제시하고 그 상황을 어떻게 판단하는가에 따라서 개인의 도덕성 발달수준을 구분하였다.

〈하인쯔의 갈등상황〉

어떤 부인이 암에 걸려 죽어가고 있었다. 그 부인을 살리는 데에는 오직 한 가지 약밖에 없었다. 이 약은 같은 마을에 사는 어느 제약사가 발명한 라듐 종류의 약이었다. 그 약은 원가가 무척 비싼 데다가 그 제약사는 약값으로 원가의 백 배를 요구하였다. 제약사는 200달러에 구입한 라듐을 20,000달러를 부른 것이다. 환자의 남편은 돈을 구하러 아는 사람을 모두 찾아다녔으나 약값의 절반인 10,000달러밖에 구할 수 없었다. 남편은 제약사에게 자기 부인이 죽기 직전에 있다고 설명하고 그 약을 싸게 팔거나 아니면 외상으로라도 자기에게 팔아달라고 간청하였다. 그러나 제약사는 “안 됩니다. 그 약은 내가 발명한 것이니, 나는 그 약으로 돈을 벌어야 겠습니다”라고 대답하였다. 절망에 빠진 남편은 마침내 약방을 부수고 들어가 자기 부인을 위하여 약을 훔쳐내고 만다. 남편은 정당한 일을 하였는가? 부당한 일을 하였는가? 만약 정당하다면 어째서 정당한가? 부당하다면 어째서인가?

이와 같은 갈등상황은 어떤 결정을 내리든 도덕적 규칙을 어기는 것으로 끝나기 때문에, 생각하면 할수록 대답하기 어렵다. 여기서 도덕적 판단수준을 평가하는 기준은 정당한가 아니면 부당한가의 판단이 아니라 왜 그렇게 생각하는지에 있다. 왜에 대한 응답을 통하여 답변자가 지니고 있는 도덕적 추론의 질이 평가된다. 3수준 6단계로 구성되는 콜버그의 도덕성 발달 수준과 단계는 표 6-2와 같다.

수준 1의 전인습적 수준(preconventional level)에서는 외부적 요인에 의해 행위가 판단된다. 외부의 보상과 처벌에 의해서(1단계), 그리고 자신과 자신의 가족을 만족시키는 수단으로서(2단계) 도덕적 행위를 정의한다. 수준 2의 인습적 수준(conventional level)의 아동들은 권위적 인물의 승인을 유지하고(3단계), 사회적 질서를 유지하는 행동(4단계)을 도덕적이라고 판단한다. 도덕성 발달의 최고수준인 후인습적 수준(post-conventional level)에서는 단순히 사회질서유지를 위한 것이 아닌, 개인 자신의 이데올로기의 일부로 도덕원리를 수용한다. 민주

표 6-2 콜버그 도덕성 발달의 수준과 단계

수준 1: 1단계 2단계	전인습적 수준 – 보상을 받느냐 처벌을 받느냐를 기준으로 행동을 판단한다. – 자신이나 사랑하는 사람을 만족시켜 주고 이익이 되는 정도에 의해 행동을 판단한다.
수준 2: 3단계 4단계	인습적 수준 – 권위적 인물의 승인이나 불승인을 바탕으로 행동을 판단한다. – 사회가 정한 법률이나 규칙을 지지하느냐 파괴하느냐에 따라 행동을 판단한다.
수준 3: 5단계 6단계	후인습적 수준 – 개인의 권리를 존중하고 사회계약을 유지하는 정도에 따라 행동을 판단한다. – 시간과 문화를 초월하여 적용될 수 있는 보편적 원리를 바탕으로 행동을 판단한다.

적 방식으로 도출된 사회계약에 의해 결정된 행동(5단계) 및 보편적 원리에 입각한 인간의 존엄성과 정의를 원칙으로 하는 행동(6단계)을 도덕적이라고 판단한다.

그러나 콜버그는 6단계의 도덕적 판단수준에 도달할 수 있는 사람은 극히 적다고 주장하고, 마틴 루터 킹이나 마하트마 간디 혹은 테레사 수녀와 같은 역사적 인물들을 도덕성 발달의 최고수준인 6단계에 도달한 사람의 예로 제시하였다.

마하트마 간디(1869-1948)
인도 민족운동의 지도자 · 사상가로서 '마하트마'(위대한 혼, 큰 성인)라는 존칭으로 불리는 인도 건국의 아버지

콜버그는 피아제의 인지발달단계와 동일하게 그의 도덕적 판단단계는 불변적인 순서로 진행된다고 믿었다. 아동은 한 단계라도 뛰어넘는 일 없이 1단계에서부터 차례대로 진행해 나가며 6단계는 소수의 성인들만이 도달할 수 있기 때문에 대부분의 사람들은 1단계부터 5단계까지 순서대로 발달해 간다. 1단계부터 6단계로의 발달은 고정되어 있기 때문에 뒤죽박죽된 순서로 나아가는 일은 없다.

물론 도덕적 판단단계가 불변적 순서로 전개된다고 해서 한 번에 한 단계의 도덕적 추론만 가능한 것은 아니다. 시간이 경과함에 따라 점진적으로 하나의 조망을 우선적으로 많이 사용하게 되며 성숙 정도가 낮은 조망의 사용은 점차 감소된다.

콜버그는 아동의 조망수용능력을 발달시키면 도덕적 추론능력이 개선된다고 주장하였다. 그 이유는 또래들과의 주고받기(give-and-take)는 타인의 조망을 고려할 수 있는 기회는 물론 민주적 방식으로 규칙을 만들 수 있는 기회를 제공하기 때문이다. 후속 연구(Gibbs 등, 2007)에서도 도덕적 추론능력과 조망수용능력이 서로 관련되어 있음이 확인되고 있다.

그러나 콜버그의 이론은 몇 가지 점에서 비판을 받는다.

첫째, 도덕적 갈등상황에 대한 연구대상자의 반응을 분석하는 객관적인 방법이 확립되어 있지 않기 때문에 분석자들은 의견의 일치를 얻기 어렵다.

둘째, 콜버그와 그 동료들은 그들이 제시한 도덕성 발달의 4단계, 5단계 그리고 6단계의 개념을 여러 번 수정하였다. 연구 결과, 대부분의 연구대상자들은 5단계 이하의 추리를 하고 있었고 6단계에 도달한 사람은 거의 없었기 때문에 6단계는 이론적 개념일 뿐 경험적으로 증명 불가능하였다.

셋째, 콜버그는 도덕성 발달이 불변적 순서로 이루어지며 이전 단계로의 퇴행은 없다고 주장하였으나 개인에 따라서는 앞 단계로 후퇴하거나 단계를 건너뛸 수 있었다.

넷째, 콜버그가 제시한 6단계의 도덕적 추리는 정치적으로 자유주의적인 입장에 서 있기 때문에 정치적 보수주의자의 도덕적 추리는 4단계 정도에 머물 수밖에 없다.

다섯째, 콜버그는 부모의 훈육방법 중 유도기법에 의해 도덕적 추론능력이 발달할 수 있음에도 불구하고, 가족보다는 또래의 역할을 더 중요시함으로써 도덕성 발달에 미치는 부모의 역할을 과소평가하였다.

여섯째, 콜버그의 이론은 남자 대학생만을 연구대상으로 하였기 때문에, 여성의 특성을 전혀 고려하지 못했다. 콜버그의 도덕적 갈등상황을 사용하여 성인 남녀의 도덕성 수준을 측정한 길리건(Gilligan, 1982, 1996)은 콜버그가 사용한 추상적 추론은 남성적 성역할과 일치하기 때문에, 대인간의 관계형성을 중요시하는 여성들의 도덕성 수준이 낮게 평가될 수밖에 없다고 주장하였다.

그러나 무엇보다 중요한 문제는 도덕적 사고의 발달이 도덕적 행동의 발달을 보장하지 못한다는 것이다. 실제로 올바른 판단을 할 수 있다고 할지라도 올바른 행동을 하지 않는 사람들이 많이 있으므로 도덕적 행위와 연결되지 못하는 도덕적 사고나 추론에 관한 연구는 한계가 있다.

2) 분배를 통한 공정성 학습

분배의 공정성은 사회적 상황에서의 갈등과 관련된 도덕성의 또 다른 측면이다. 일상생활에서 성인은 물론 아동들도 분배를 해야 하는 상황을 자주 경험한다. 부모를 돕기 위하여 형제들끼리 집안일을 분담하는가 하면 친구들과 피자를 나누어 먹어야 하고 수학여행과 같은 장거리 여행에서 자동차의 어느 자리에 누가 앉아야 하는지를 결정해야 한다. 공정한 분배가 이루어지지 않는다고 생각될 때 아동은 부모나 교사 혹은 또래에게 불만을 품고 서로 갈등하게 된다. 빈번한 분배상황 경험은 공정성을 학습할 수 있도록 한다.

다몬(Damon, 1988)은 초등학교에 입학할 무렵에 분배의 공정성(distributive justice)을 추론하는 능력에서 큰 진보가 일어난다고 밝혔다. 4세의 아동들도 분배의 중요성을 인식하기는 하지만, 자주 모순되고 이기적인 분배를 한다. 그들은 놀이친구에게 왜 장난감을 나누어 주었느냐는 질문을 받으면 "장난감을 나누어 주지 않으면, 그 애가 나와 놀지 않을 것이므로"라고 대답하거나 "그 애에게는 단지 몇 개만을 주었고 내가 더 나이가 많으므로 대부분을 내가 가졌다"고 대답하기도 한다. 이 연령의 아동들은 아직 공정한 분배가 무엇을 의미하는지 이해하지 못한다.

그러나 표 6-3과 같이 아동이 유치원이나 초등학교에 들어갈 5, 6세경에 이르면 보다 성숙한 공정성 개념이 획득되기 시작한다. 이 연령에서의 공정성 개념은 공평성(equality)에 기초한다. 게임을 하거나 상을 받거나 어떤 물건이 생겼을 때 아동들은 무조건 똑같이 나누어야 한다고 생각한다. 1-2년이 지나 6, 7세가 되면 공과나 공적에 따른 분배가 이루어진다. 열심히 일한 사람이나 특별한 일을 한 사람에게 여분의 보상을 주어야 한다고 생각함으로써 다소 진

표 6-3 분배의 공정성 추론능력 발달

추론의 기초	연령	특징적 현상
공평성	5-7세	공정성은 엄격하게 동등한 분배를 의미한다. 공과나 욕구는 고려되지 않는다.
공과	6-7세	공정성은 공과나 공적에 기초한다. 더 열심히 일한 사람은 더 많이 받아야 한다고 판단된다.
자비심	8세	공정성은 불리한 사람들에 대한 특별한 고려를 포함한다. 가난한 사람이나 장애인들에게 더 많은 분배가 이루어진다.

출처: Berk, 1996.

보된 공정성의 개념이 획득된다.

8세경의 아동들은 공과나 공적보다는 자비심을 기초로 분배하기 시작한다. 가난한 사람이나 장애인과 같이 불리한 여건에 있는 사람에게 여분의 분배가 이루어져야 한다고 생각한다. 가장 발달된 분배의 공정성은 10세경에 나타난다. 이 연령에 이르면 개인의 독특한 욕구와 특수한 상황요인이 고려될 수 있고 상황적 특성에 따라 공평성이나 공과 혹은 자비심의 기준이 융통성 있게 적용될 수 있어 공정한 분배가 가능하다. 예를 들면 선거에서의 투표는 공평성을 기초로 이루어지고 물건이나 보상을 나눌 때는 공과와 자비심에 기초한 분배가 이루어질 수 있다.

다몬에 의하면, 부모의 격려와 충고가 공정성의 발달에 기여하기는 하지만, 그것보다 더 중요한 요인은 또래와의 상호작용을 통한 주고받기 경험이다. 또래와의 불일치는 아동을 타인의 조망에 보다 민감하게 하고 이 민감성은 그들의 발달하는 공정성 개념을 지원한다.

3) 도덕성과 인습: 투리엘의 모형

인습(convention)이란 이전부터 전해 내려오는 습속이나 습관으로 식탁에서의 예절에서부터 의복, 머리모양, 인사예절, 성역할 등에서 나타나는 그 사회 특유의 합의된 행동규범을 의미한다. 콜버그 이론에서 최상의 도덕성 발달은 인습적 수준에서의 도덕적 판단에서 벗어나 후인습적 수준의 판단에 이르는 것이다. 다시 말하면 특정 사회가 기대하는 규범이나 관습 혹은 법률에 대한 동조적 판단에서 벗어나 모든 인간에 공통적인 권리, 정의, 가치 등을 고려하는 보편적 도덕원리에 입각한 판단을 하는 것이며 이러한 발달적 이동은 어느 문화에서나 나타나는 보편적인 현상이라는 것이다.

그러나 투리엘(Turiel, 1983, 2006)은 콜버그가 단계적으로 발달한다고 가정한 전인습, 인습 및 후인습 수준의 도덕성을 각기 독립적인, 개인적 영역(personal domain)과 인습적 영역(conventional domain) 및 도덕적 영역(moral domain)으로 구분함으로써 도덕성과 인습을 구분하는 영역구분모형(domain distinction model)을 제안하였다.

우선 개인적 영역은 개인이 자유롭게 선택할 수 있는 행동으로 어떤 종교를 신봉하고 친구와는 어떻게 시간을 보내며 휴가에 어디로 갈 것인지를 결정하는 지극히 개인적인 선택이 여기에 해당한다. 대조적으로 인습적 영역은 앞에서 설명한 바와 같이 특정한 사회에 소속한 개인들이 공유하는 사회적 행동규범에 해당하고 도덕적 영역은 정의, 권리, 공정성, 책임감 등과 같은 보다 근원적이고 본질적인 도덕적 인식과 판단에 해당한다.

투리엘에 의하면, 이와 같은 세 가지 영역은 도덕성 발달의 초기 단계에서부터 서로 다른 경로를 따라 발달하며 성장한 이후에도 각기 독립된 영역으로 계속 공존한다. 도덕적 영역은 모든 문화권에 보편적인 도덕적 원리에 대한 개념을 포함하고 있어 맥락독립적인 반면, 사회인습적 영역의 판단은 보다 맥락의존적이어서 각 문화권이 지니는 특유의 가변적이고 임의적인 가치와 규범의 영향을 받는다.

투리엘의 모형은 도덕성과 인습을 별개의 영역으로 구분하였다는 점에서 큰 기여를 하였다. 그러나 문화에 따라 두 요인을 구분하는 방식이 서로 다르기 때문에 어느 문화에나 적용될 수 있는 보편적 구분이 불가능하다는 문제점이 있다. 예를 들어 한국 아동들은 인사하기나 자리양보하기와 같은 예절과 관련된 행동을 도덕적 평가의 대상으로 생각하는 반면, 미국 아동들은 그러한 행동을 인습적 행동으로 인식한다. 또한 연령에 따라 그리고 성별에 따라서도 도덕과 인습을 구분하는 기준에 차이가 있어 남녀간에 그리고 부모와 청소년 자녀간에 갈등의 원인이 되기도 한다(이인재, 2007; Smetana, 2006).

4. 공격성의 발달

공격적 행동은 가장 보편적인 부도덕한 행동이다. 개인의 공격성은 분노와 좌절의 원인을 점차 인식하기 시작하는 영아기 후반경부터 서서히 나타나기 시작한다.

1) 공격성의 유형

유치원 연령에서는 두 가지 유형의 공격성 즉, 도구적 공격성(instrumental aggression)과 적대적 공격성(hostile aggression)이 나타난다. 전자는 아동 자신이 원하는 물건이나 특전을 가질 수 없을 때 그것을 방해하는 사람을 공격하는 행동에 해당하는 반면, 후자는 다른 사람을 해치려는 의도를 가지고 때리고 모욕을 주고 비밀을 누설하는 행동을 의미한다.

연령증가와 함께 아동은 타협하고 소유물을 나누어 가질 수 있게 되기 때문에 도구적 공격성은 점차 감소하나 적대적 공격성은 오히려 증가한다. 적대적 공격성은 다시 신체적 공격과 언어적 공격으로 구분될 수 있다. 신체적 공격은 아동초기부터 증가하기 시작하지만 그것은 점차 언어적 공격으로 대치된다. 일반적으로 소년들이 소녀들보다 신체적으로 더 공격적이지만(Brendgen, 2009), 소녀들은 소년들보다 언어적 공격을 더 많이 한다. 비록 최근에 언어적 공격에서의 성차가 사라지고 있다는 보고가 있기는 하나, 아직도 언어적 공격은 소년들보다 소녀들 사이에서 더 현저하게 나타난다.

공격성의 또 다른 유형으로 관계적 공격성(relational aggression)이 있다. 관계적 공격성이란 특정한 개인에게 악의적 소문을 퍼뜨려서 다른 사람들이 그를 싫어하도록 만드는 공격행동으로 보통 아동중기부터 증가한다(Dishion & Piehler, 2009). 이 분야의 많은 연구자들은 소녀들이 소년들보다 관계적 공격을 더 많이 한다고 보고한다. 그러나 푸타라즈와 그 동료들(Putallaz 등, 2007)은 소녀들의 관계적 공격은 소년들의 관계적 공격보다 그들의 전체적 공격성에서 차지하는 비율이 더 클 뿐이라고 주장한다. 또한 아동이 아니라 청소년들 사이에서만 소녀들이 소년들보다 더 많은 관계적 공격을 한다는 보고도 있다(Smith 등, 2010).

소년들이 소녀들보다 신체적으로 더 공격적인 이유는 무엇일까?

첫째, 남성호르몬인 안드로겐(androgen)에 그 원인이 있다. 안드로겐은 높은 비율의 신체활동을 유발하고 증가된 신체활동은 공격행동의 기회를 증가시킨다.

둘째, 남녀 아동의 성역할에 대한 인식은 소녀의 공격성을 감소시키는 역할을 하지만, 소년에게는 영향을 미치지 않으므로 소년의 공격성은 그대로 유지된다. 더욱이 남아를 여아보다 더 거칠게 다루는 부모의 훈육방식은 소년의 공격성을 강화하는 역할을 한다.

셋째, 남아들의 정서조절능력이 여아들보다 더 낮기 때문에 남아들은 더 많은 신체적 공격을 한다. 정서조절능력에서의 차이는 기질과 같은 생물학적 차이 때문일 수도 있고 문화나 사회화 과정의 차이에 기인할 수도 있다(이지현, 2011; Eisenberg 등, 2002).

2) 공격성과 관련된 요인들

다음과 같은 두 가지 요인들이 아동의 공격성과 높은 상관이 있는 것으로 알려져 있다.

(1) 가족기능과 부모의 훈육방식

부부싸움이 빈번하여 갈등적 가족분위기를 형성하고 자녀를 훈육하는 방식이 강압적이고 처벌적일 때 자녀는 공격적 아동으로 성장한다. 부모가 경제적 어려움이나 불행한 결혼생활과 같은 높은 수준의 긴장을 경험하고 있거나 부모자신의 성격에 의해 혹은 기질적으로 까다로운 아동의 특성 때문에 물리적 방법에 의한 훈육이 빈번하게 사용될 때, 아동의 공격성은 높아진다(Patterson, 2008).

부모가 아동을 위협하고 비판하며 자주 처벌하면 아동은 투덜대고 소리치고 반항적인 행동을 할 것이며, 아동의 바람직하지 못한 행동은 다시 부모의 처벌적 훈육을 불러일으킬 것이다. 처벌과 반항 그리고 다시 처벌로 이어지는 악순환이 보다 빈번해질 때 다른 가족구성원들 모두가 불안하고 과민해질 것이며 이것은 다시 가족구성원들 사이의 적대적 상호작용을 증가시킬 것이다.

그림 6-3은 부모의 바람직하지 못한 훈육방식이 청소년 비행과 어떻게 연결되는지를 보여 준다. 부모의 처벌적 훈육방식은 아동의 행동문제를 일으키고 그것은 다시 학업실패와 또래의 거부를 초래한다. 결국 아동은 일탈된 또래집단의 일원이 되며 비행청소년으로 성장할 것이라는 것이다.

가족 내에서 적대적 상호작용을 학습한 아동들은 세상을 폭력적 조망에서 바라보기 때문에 공격적 아동으로 성장한다. 그들은 타인들이 자신에게 분노를 표출하고 신체적 힘으로 반응할 것으로 잘못 생각하기 때문에, 적대적 의도가 전혀 없는 상황도 적대적으로 해석한다. 공격적 아동들이 정당한 이유 없이 타인을 공격하는 것도 이 때문이다.

그림 6-3 훈육방식과 비행의 관계

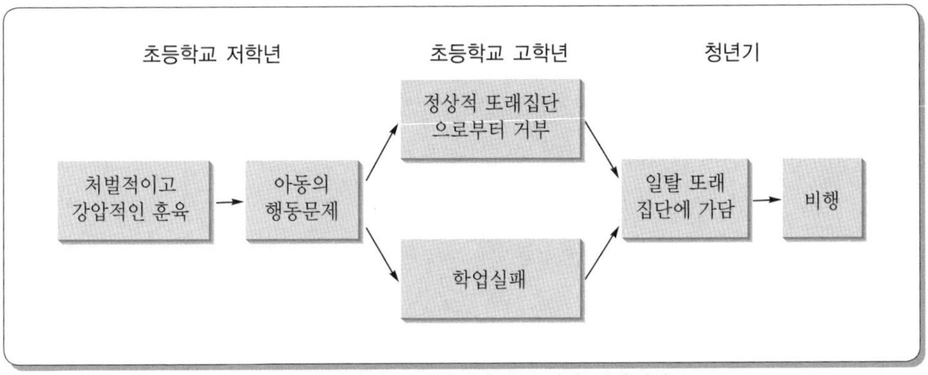

공격적, 반사회적 행동은 부모의 처벌적이고 강압적인 훈육에서 시작된다.
출처: Patterson 등, 1989.

(2) 대중매체의 영향

TV는 물론 만화, 컴퓨터, 인터넷과 같은 대중매체의 폭력장면이 아동의 공격성을 자극한다는 것은 널리 알려진 일이다. 폭력행동을 포함한 어린이용 TV 프로그램이나 만화가 많을 뿐 아니라 TV 뉴스 프로그램조차도 폭력행동을 사실적(寫實的)으로 보도하고, 폭력적 컴퓨터 게임이나 인터넷 게임이 범람하여 게임중독 아동이나 청소년들이 증가하고 있다.

한국 초등학생의 77.1%와 중학생의 70.6% 그리고 고등학생의 63%가 온라인 게임을 하고 초등학생의 3%와 중학생의 3.1% 그리고 고등학생의 4.5%는 사용조절이 전혀 되지 않는 중독학생들이다. 그러나 때때로 조절이 안 된다고 보고한 학생들까지 포함하면 초등학생의 26.3%와 중학생의 33% 그리고 고등학교 31.2%가 중독성향을 보인다(행정안전부조사, 2007).

인터넷 중독은 부모의 양육태도와도 높은 상관이 있다. 중독성향을 지니고 있는 초등학생들이 중독성향이 없는 초등학생들보다 부모의 양육태도를 더 부정적으로 지각한다. 특히 아버지의 과잉기대와 학대적 양육태도는 인터넷 중독을 촉진시키고 어머니의 감독과 애정표현은 인터넷 중독을 감소시킨다(김나영, 심혜원, 2012).

문제는 대부분의 컴퓨터 게임이 죽음과 파괴의 장면을 많이 포함하고 있어 아동이 공격행동이나 폭력행동을 모방하기 쉽다는 것이다(송숙자, 심희옥,

2003). 그 증거로서 2002년 미국의 콜로라도 주에서 발생한 총기난사 사건의 주인공은 인터넷 게임 '둠'(Doom)*의 매니아였고 브라질에서 발생한 총기난사 사건의 주인공은 '듀크 뉴켐 포레버'(Duke Nukem Forever)**의 매니아였다.

이 사례에서처럼, 아동이 폭력적인 장면에 반복적으로 노출되면 공격성이 증가하는 것은 물론 타인의 공격성에 대해서도 관대해지고 공격행동을 문제해결의 정상적이고 수용가능한 수단으로 인식하게 된다. 또한 공격적인 아동이 폭력적인 TV프로그램을 더 선호한다는 증거도 있다. 공격적인 아동이 공격적이고 폭력적인 장면을 많이 시청하면 할수록 적대적 문제해결방식을 확립하고 청년기나 성인기에 이르러 심각한 반사회적 행동에 가담할 가능성이 커진다(Huesmann 등, 2003).

물론 TV의 프로그램은 폭력적, 공격적 장면만을 아동에게 제공하는 것은 아니다. 아동은 TV를 통하여 협동이나, 나누기 혹은 도움행동과 같은 친사회적 행동(prosocial behavior)을 증가시킬 수 있고 애정과 우정, 공격성의 통제 및 좌절에 대한 대처방식을 학습할 수 있다. 중요한 것은 TV가 제공하는 폭력적 장면뿐 아니라 친사회적 행동 프로그램 속에 포함된 폭력도 아동에게 공격적 행동의 모방기회를 증가시키는 역할을 한다는 것이다.

Ⅱ 또래관계의 발달

또래와의 놀이를 통하여 아동의 인지적, 성격적 그리고 사회적 발달은 촉진된다. 우선 또래들은 부모와 같이 강화자의 역할을 하는 동시에 모델의 역할도 한다. 아동은 또래의 인정을 받기 위하여 행동하며 또래의 행동을 관찰함으로써 많은 지식을 습득한다. 어린 아동들도 또래의 행동을 모방하여 친사회적 행동을 하기도 하고 공격적 행동을 하기도 한다. 또한 또래들은 아동의 준거집단으로서 비교의 대상이 된다. 아동은 자신의 능력이나 흥미 혹은 기술을 또래들과 비교하여 평가한다.

---

* 둠: 1993년 미국 ID 소프트웨어사가 선보인 비디오게임.

** 듀크 뉴켐 포레버: 3D Realms에서 개발한 1인칭 액션게임.

1. 또래와의 상호작용

최초의 사회적 경험은 부모나 형제자매와 이루어지기는 하지만, 어린 영아들도 서로 응시함으로써 다른 영아에 대한 관심을 나타낸다. 만 1세경에 이르면 영아들은 또래에게 접근하고 함께 '아웅 · 깍꿍'놀이와 같은 간단한 놀이를 한다.

2세 유아의 상호작용은 보다 복잡해진다. 장난감을 서로 나누어 가지며 간단한 대화를 나누지만, 그들의 언어는 지극히 짧은 문장에 한정되기 때문에 대화의 양은 적다. 3세에 이르면 이성친구보다 동성의 친구와 놀이하기를 더 좋아하고 이러한 경향은 아동초기 동안 증가한다. 언어능력이 발달함에 따라 또래와의 대화는 더 빈번해지고 상호작용의 양은 증가한다. 이 시기의 유아들은 친구를 함께 놀이하는 사람으로 생각하고 친구와 친구 아닌 사람을 구별한다(Howes, 2009). 어릴 때 사교적인 아동이 자라서도 사교적인 경향이 있다.

아동이 성장함에 따라 또래관계는 보다 더 선택적으로 변화한다. 좋아하는 친구와 싫어하는 친구가 분명해지고 보다 안정된 또래관계가 형성된다. 초등학교에 입학할 무렵에 이르면 사교적인 남아는 보통 다른 또래집단과 어울리는 반면, 사교적인 여아는 한번에 한 소녀와 노는 경향이 있다. 이러한 차이는 소년들과는 달리 소녀들이 보다 소수의 강한 우정집단을 형성한다는 것을 의미한다.

2세부터 7세 사이에 또래와의 접촉량과 성인과의 접촉량에서 극적인 변화가 일어난다. 대부분의 2세 유아들의 사회적 접촉은 성인들과 이루어지고 있지만, 계속해서 빠른 변화가 일어난다. 그림 6-4를 보면, 4세 유아들은 성인보다는 또래 아동들과 더 많은 시간을 보내기 시작하며 그 이후부터 또래와의 접촉은 계속적으로 증가한다.

또래를 좋아하는 이유 또한 연령과 함께 변화한다. 한국 아동을 대상으로 연구한 결과에 의하면, 유치원 아동들은 함께 놀이할 수 있는 친구를 좋아하고 초등학교 아동들은 공부나 운동을 잘하고 정직하며 착한 아동 즉 도덕성이 강한 아동을 좋아하였다. 또한 청소년들은 자신과 생각을 공유할 수 있고 믿을 수 있는 친구를 선호하여 연령에 따른 차이를 나타내었다(황혜정, 2002).

그림 6-4 아동의 놀이친구의 변화

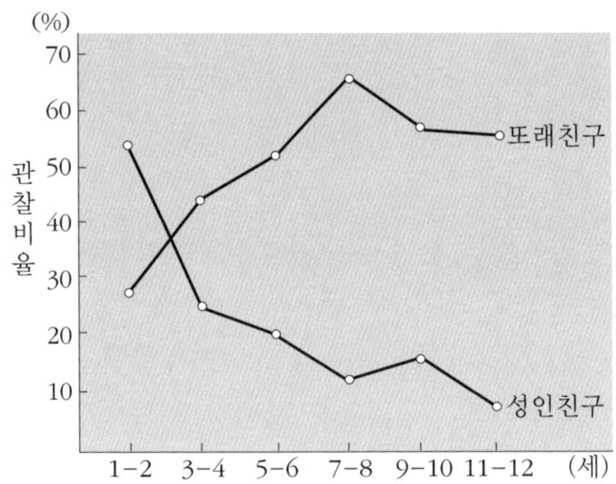

출처: Ellis 등, 1981.

또래와의 접촉은 아동의 사회적 기술(social skills)을 증가시키지만, 부모 역시 직접적 그리고 간접적으로 아동의 또래관계에 영향을 준다. 어머니와 아버지는 또래와 만날 수 있는 기회를 제공하며 또래와 잘 놀 수 있도록 충고함으로써 낮은 공격성과 높은 친사회적 행동을 할 수 있도록 한다. 다시 말하면 부모는 아동의 사회적 능력의 발달에 기여하고 또래와 교사들이 좋아하는 아동으로 성장할 수 있도록 돕는다는 것이다(McDowell & Parke, 2009).

흥미롭게도 또래관계와 부모-아동관계는 아동이 각기 다른 형식의 관계형성 방식을 경험할 수 있도록 한다. 예를 들어 부모-아동관계는 권위인물과 관련을 맺는 방식을 학습할 수 있도록 하지만, 또래관계는 훨씬 더 동등한 단위로 상호작용하기 때문에 상호적 영향에 기초한 관계형성 방식을 학습하도록 한다.

2. 놀이유형의 발달

2세부터 5세까지 유아의 놀이를 관찰한 파텐(Parten, 1932-1933)의 고전적 연구에 의하면, 아동의 놀이는 다음과 같은 네 가지 유형으로 분류될 수 있다.

① **혼자의 놀이**(solitary play): 혼자서 논다. 또래들과 상호작용하려고 시도하지 않는다.

② **병렬놀이**(parallel play): 비슷한 장난감을 가지고 다른 아동 곁에서 논다. 그러나 아동의 놀이는 상호 독립적이며 서로 상호작용하지 않는다.

③ **연합놀이**(associative play): 장난감을 서로 나누어 갖고 상호작용도 한다. 그러나 아동은 다른 아동의 기분이나 욕구를 거의 고려하지 않는다.

④ **협동놀이**(cooperative play): 단일적인 놀이과제를 가지고 함께 행동한다. 공통의 놀이목표를 가지고 규칙에 따라 행동한다.

유아가 성장할수록 연합놀이와 협동놀이는 증가하고 혼자의 놀이와 병렬놀이는 감소한다. 또래들과 많이 접촉하면 할수록 유아는 사회적 관계를 학습할 수 있는 더 많은 기회를 가질 수 있으므로 모든 유형의 놀이는 자라나는 유아의 사회화를 위해서 중요한 역할을 한다. 어린 아동의 놀이일수록 다른 사람의 참여도 적고 일관성 있는 규칙도 없다. 초등학교 연령에서 아동의 놀이는 공식적 게임으로 발전하고 여러 사람이 동의한 목표와 지켜야 할 규칙을 갖게 된다. 협동놀이는 아동중기의 특징으로서 또래와의 상호작용방법을 학습할 수 있는 풍부한 기회를 제공해 준다.

3. 우정의 발달

아동이 경험하는 우정은 여러 가지 기능을 한다. 우선 아동은 친한 친구와 자신의 감정과 공포는 물론 일상생활의 많은 것을 공유한다. 그들은 우정을 통해 사회적 개념과 사회적 기술을 학습함으로써 자기존중감을 높일 수 있다. 물론 오래 지속되는 친구관계일수록 아동들은 서로 동일한 가치나 태도 혹은 기대를 갖는다. 아동은 주위 성인에게 비밀로 하는 일도 친한 친구에게는 털어놓을 수 있다.

초등학교 연령의 아동들은 동성의 또래들과의 상호작용을 통하여 하나의 동일한 문제에 대해 다양한 견해가 존재할 수 있다는 것을 학습한다. 동일한 노래에 대한 해석이 다양할 수 있고, 동일한 게임에 대한 여러 가지 다른 규칙이 있을 수 있으며 또한 동일한 휴일에 대해서도 각기 다른 관습이 존재할 수 있다는 것을 학습한다. 또래들과 함께 놀이함으로써 사회적 규칙과 또래집단의 압력에 대한 민감한 반응을 나타낼 수 있게 된다.

아동중기의 우정은 성차를 보인다. 소녀들은 친한 친구와 생각이나 비밀을 공유하기 원하나 소년들은 친구에게 자기를 노출하는 일이 거의 없다. 보통 만족스럽고 지속적인 우정을 형성한 아동들이 학교에 대해 더 바람직한 태도를 지니고 더 우수한 학업수행을 보인다(Ladd 등, 2008).

일찍이 피아제(Piaget, 1948)는, 또래들은 서로 동등하게 상호작용하기 때문에 아동 각자의 자아중심적 조망을 감소시키는 데 기여한다고 주장하였다. 초등학교 아동들은 서로 다른 견해를 갖는 또래들과 상호작용함으로써 그 자신의 견해의 한계를 이해하기 시작한다. 그들은 주장하고 흥정하며 결국 우정을 유지하기 위하여 절충한다. 또래집단과의 상호작용은 아동이 자아중심성에서 탈피하여 융통성 있는 성인사고에 접근하도록 도와준다.

셀만(Selman, 1981)은 콜버그가 도덕성 연구에서 사용한 딜레마와 유사한 관계 딜레마(relationship dilemma)를 사용하여 우정의 변화를 연구하고 표 6–4와 같은 결과를 제시하였다.

셀만의 단계모델에서 우정 발달의 일차적 요인은 타인의 조망을 고려하는 능력이다. 그러나 다른 연구자들은 셀만의 모델이 제안하는 것보다 훨씬 더 복잡한 방식으로 우정의 발달이 이루어진다고 주장한다(Hartup & Abecassis, 2002). 실제로 셀만의 모델은 우정의 인지적 측면만을 포함하고 있으나, 우정은 정서적 구성요소도 함께 지니고 있으므로 매우 복잡한 구성개념이다. 더욱이 셀만은 우정의 종류를 구별하지 않았으므로 우정에 대한 완전한 이해를 어렵게 한다는 것이다. 그 이유는 아동에 따라 일방적 우정을 경험하는 아동이 있는가 하면 의미있는 우정을 경험하지도 못하는 아동이 있기 때문이다.

우정형성의 중요성에도 불구하고, 부모는 아동의 친구사귐을 지도하는 몇 가지 원칙을 정해 두어야 한다. 어느 정도 먼 거리에 있는 친구집을 방문할 것인지, 주로 어디에서 놀며 몇 시에 귀가할 것인지, 어떤 유형의 놀이나 활동을 허용할 것인지에 대한 원칙이 있어야 한다. 초등학교 아동들은 자기통제력이 발달하는 과정에 있기 때문에 부모의 감독을 필요로 하므로 부모는 아동의 친

표 6-4 셀만의 우정발달의 단계

단 계	연 령	특 징
1단계	6세 및 그 이하	• 우정은 신체적 혹은 지리적 요인에 기초한다. • 아동은 자아중심적이고 타인의 조망을 이해하지 못한다.
2단계	7-9세	• 우정은 상호성과 타인의 감정에 대한 인식에 기초하기 시작한다. • 우정은 사회적 행동과 서로에 의한 평가에 기초하기 시작한다.
3단계	9-12세	• 우정은 순수한 주고-받기에 기초한다. • 친구는 서로를 돕는 사람으로 생각된다. • 서로의 행동에 대한 상호적 평가가 이루어진다. • 신뢰성의 개념이 나타난다.
4단계	11-12세 및 그 이상	• 우정은 신뢰에 기초한, 안정되고 지속적인 관계로 인식된다. • 아동은 우정관계를 3자적 조망에서 바라볼 수 있다.

구사귐에 관심을 가져야 한다. 물론 부모의 지나친 간섭이나 과보호는 아동의 사회성 발달을 저해하고 또래문화로부터 아동을 소외시킨다.

1) 동 조 성

초등학교 입학 이전의 아동들은 부모의 승인이나 인정을 중요시하는 반면, 초등학교 연령의 아동들은 또래집단의 승인을 중요시한다. 또래집단으로부터 승인을 얻고자 하는 아동의 욕구는 또래집단에 대한 동조경향성을 자극한다. 아동은 또래들이 수용하는 방식으로 옷을 입고 이야기하고 농담하며 또래집단의 사회적 행동에도 기꺼이 동조하려는 경향을 나타낸다.

초등학교 아동의 동조경향성은 정상적이고 적응적이며 건강한 행동 형태이지만, 극단적인 동조는 아동을 스스로 결정할 수 없는 무력한 존재로 만든다. 동조성은 아동초기부터 증가하기 시작하여 청년초기 동안 절정에 이르고 그 이후부터 감소하기 시작한다.

일찍이 코스탄조와 쇼(Costanzo & Shaw, 1966)는 7세부터 21세까지의 초·중·고등학생과 대학생들을 대상으로 동조성에 관한 연구를 수행하였다. 실험은 각 연구대상자들이 한 집단의 또래들과 함께 있는 상황에서 이루어졌다. 연구대상자들은 또래로 참여한 사람들이 실험자로부터 오답을 말하라는 지시를 받은 실험보조자들이라는 사실을 알지 못하였다. 연구대상자의 과제는

그림 6-5 또래집단의 잘못된 판단에 대한 동조성

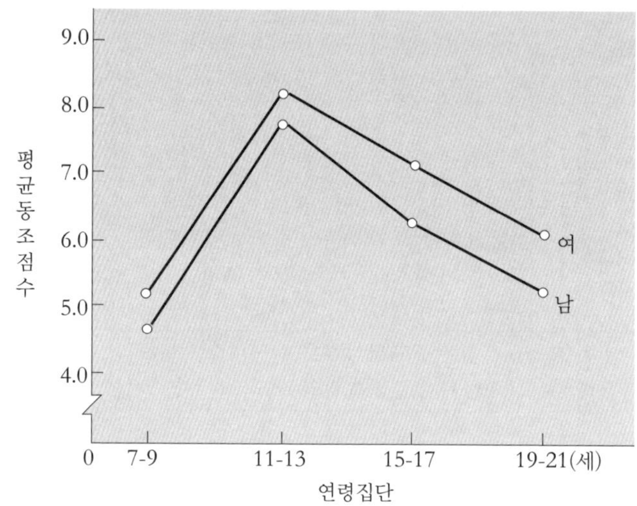

출처: Costanzo & Shaw, 1966.

한 쌍의 길고 짧은 선분의 길이를 비교하는 것이었다.

그림 6-5와 같이, 동조성의 정도는 11-13세경에 가장 강하게 나타나고 남아보다 여아가 더 동조적이었다. 그러나 또래집단의 반사회적 행동에 대한 동조경향성은 남아들이 여아들보다 훨씬 더 높다. 일반적으로 불안수준이 높고 의존적이며 자기신뢰(self-confidence)가 부족한 사람들이 지나치게 타인에게 의존하는 경향을 지니고 있다.

그렇다고 해서 강한 동조경향성이 아동의 발달에 오로지 부정적 영향만을 주는 것은 아니다. 만약 아동이 소속한 또래집단이 학업을 중요시한다면 아동은 또래집단에 동조하여 열심히 공부할 것이므로 이때 또래집단은 아동의 학업동기를 격려하는 역할을 할 것이다. 보통 또래집단은 학교에 대한 유사한 동기를 지니고 있는 아동들로 구성될 뿐 아니라 아동은 비행과 같은 부정적 행동보다는 긍정적인 또래압력에 더 쉽게 동조하기 때문에, 학업을 중요시하는 또래집단의 행동은 쉽게 동조대상이 된다.

2) 인 기

또래들 사이에서의 인기는 초등학교 아동들에게 특히 중요하며, 이 시기의 또래수용(peer acceptance)은 청년기 동안의 적응 여부를 예언하는 중요한 지표이다(Huston & Ripke, 2006). 그러나 인기를 얻으려고 노력하는 정도에서는 아동에 따라 차이가 있다. 어떤 유형의 아동이 또래들 사이에서 인기가 있는가? 선행연구에서 밝혀진 인기 있는 아동의 특징을 정리하면 다음과 같다(황혜정, 2002; Rubin 등, 1998).

① 사교적, 정력적이고 또래들이 좋아하는 활동에 가담할 수 있는 높은 에너지 수준을 지니고 있으며 운동을 잘한다.
② 긍정적 자기지각을 지니고 부정적 정서를 통제한다.
③ 타인을 수용하고 그들을 보호하며 감정이입적이다.
④ 명랑하고 친절하며 좋은 유머 감각을 지니고 있다.
⑤ 다른 아동들보다 월등하게 높지는 않다고 할지라도, 평균 이상의 지능을 지니고 우수한 학업수행을 나타낸다.
⑥ 착하고 정직하며 도덕성이 강하다.
⑦ 교사들에게 인기가 있다.
⑧ 뛰어난 사회인지능력과 의사소통기술을 지니고 있다.

3) 또래의 거부

또래로부터 거부당하는 아동들은 비행과 범죄, 학업실패, 정신적 문제 등 많은 부정적 결과를 초래한다. 한 연구에서 또래로부터 거부당하는 초등학교 3-5학년 아동들은 고독감과 사회적 불안을 경험하고 대인관계를 회피하는 경향을 나타내었다(Dishion & Piehler, 2009).

그렇다면 또래로부터 거부당하는 아동들은 어떤 특징을 지니고 있는가? 거부당하는 아동의 특징을 정리하면 다음과 같다(Ladd 등, 2008; McHale 등, 2003).

① 자기중심적이고 위축된다.
② 불안하고, 겁이 많고 우울하며 내성적이다.
③ 충동적이고 저조한 정서통제능력을 지니고 있다.
④ 타인과 사회적 상황에 대한 민감성이 부족하다.
⑤ 적대적이고 지나치게 공격적이며 부적절한 방식으로 행동한다.
⑥ 자신의 연령보다 더 어리게 행동하거나 더 나이 많은 사람처럼 행동한다.
⑦ 낮은 지능을 지니고 있다.

Ⅲ 성유형화 과정

성유형화(sex-typing)란 개인이 자신에게 적절한 성역할을 획득하고 성역할 정체감을 확립하는 것을 의미한다. 성역할 정체감은 각 개인이 행동에 나타내는 남성적 특성과 여성적 특성의 정도와 형태를 말한다. 전통적으로 남자는 남성적 특징만을 지니고 있고 여자는 여성적 특징만 지니고 있는 것으로 생각되어 왔으나, 사회변화와 함께 남녀의 성역할이 크게 변화하고 있다. 성역할 정체감은 출생 직후부터 점진적으로 형성되므로 먼저 성에 대한 이해과정을 설명하고 성유형화 이론을 소개한 다음 우리 사회의 성역할 고정관념과 양성성을 설명한다.

1. 성의 이해

개인이 자신의 성역할 정체감을 형성하기 위해서는 우선 남자와 여자를 구분하여 명명할 수 있어야만 한다. 영아기부터 부모가 '저 애는 멋진 소년 혹은 예쁜 소녀'식으로 계속적으로 언급함으로써, 아동은 남자와 여자의 추상적 의미를 이해할 수 있기 훨씬 이전에 자신이 남자인지 아니면 여자인지를 학습한다.

2세경에 이르면, 유아는 어머니와 아버지, 형과 누나 그리고 소년과 소녀와 같은 명칭을 정확하게 사용하기 시작한다. 그들은 명칭간의 차이를 분명하게 이해하기 위하여 점차적으로 남녀간의 차이에 관심을 갖는다.

2세부터 시작되는 성에 대한 이해는 다음과 같은 네 가지 요소를 포함한다.

① 소년이나 소녀와 같이 남녀를 구분하여 정확하게 명명한다.
② 성의 안정성(gender stability)을 이해한다. 만약 한 아동이 소년이라면, 그는 남자로 자랄 것이라는 것을 아는 것이 여기에 해당된다.
③ 성의 항상성(gender constancy)을 이해한다. 만약 어떤 아동이 이성의 장난감을 가지고 놀거나 이성의 의복이나 헤어스타일을 한다고 할지라도 여전히 동일한 성을 유지한다는 것을 아는 능력이다.
④ 남녀의 생식기의 차이를 이해한다.

개인의 성이 변하지 않는다는 것을 이해한다고 할지라도 대부분의 초등학교 입학 이전의 아동들은 성의 차이를 성기의 차이에 귀인시키기보다는 행동이나 의복 혹은 헤어스타일의 차이에 귀인시키는 경향이 있다. 생식기의 차이에 근거한 성의 이해는 보다 이후에 이루어진다.

2. 성유형화이론

개인의 성유형화 과정을 설명하는 이론적 조망은 다양하다. 다양한 이론이 존재한다는 것은 다양한 관점에서 성유형화 과정을 바라볼 수 있다는 것을 의미하는 동시에 개인의 성역할은 여러 가지 요인들의 영향을 받는 복잡한 특성이라는 것을 시사한다. 먼저 전통적 성유형화이론을 소개하고 보다 이후의 생물사회적 이론과 성도식이론 및 성역할 초월이론을 설명한다. 전생애 발달이론인 성역할 초월이론을 제외한 모든 이론들은 고정관념적 성역할의 발달에 관심을 갖기 때문에 성역할 고정관념을 획득하는 연령 이후의 시기에 대해서는 언급이 없다.

1) 전통적 이론

개인의 성유형화 과정을 설명하는 전통적 이론에는 프로이트(Freud, 1973/1938)의 정신분석이론, 돌라드와 밀러(Dollard & Miller, 1950)의 전통적 학습이론, 반두라(Bandura, 1969)의 사회학습이론, 콜버그(Kohlberg, 1969)의 인지발달이론이 있다. 네 개의 전통적인 성유형화 이론을 도식화하면 그림 6-6과 같다.

프로이트는 동일시과정에 의해 성유형화가 이루어진다고 설명하였다. 그림 6-6에서처럼 남아의 어머니에 대한 근친상간적 애정(에디푸스 콤플렉스)과 여아의 아버지에 대한 근친상간적 애정(엘렉트라 콤플렉스)을 해결한 결과로 동성의 부모를 동일시함으로써 남아는 남성적 성역할을 그리고 여아는 여성적 성역할을 학습한다는 것이다.

돌라드와 밀러의 이론은 부모의 강화를 바탕으로 한다. 어머니의 관심과 애정을 얻기 위하여 아동은 어머니가 원하는, 성에 적절한 행동을 하게 되므로 성역할 학습이 이루어진다고 설명하였으나 사회학습이론가인 반두라는 동성의 부모나 또래 혹은 다른 성인들의 행동을 관찰한 결과로 자신에게 적절한 성역할을 학습한다고 설명하였다.

그러나 콜버그는 각 개인은 자신을 남성 혹은 여성으로 지각하고 자신과 동성인 개인의 행동을 모방한다고 가정함으로써 차이를 보인다. 콜버그에 의하면, 아동의 성역할에 대한 이해도 그의 지적 발달수준의 변화와 동일하게 이루어진다. 6, 7세경에 이르면 거의 모든 아동들은 인지적 성숙의 결과로 성의 안정성과 항상성을 이해할 수 있으므로 동성의 행동을 모방하기 시작한다. 특히 이 연령의 아동들은 그들의 성역할을 지나치게 과장하는 경향이 있어 여아는 전통적 여성역할을 선호하고 남아는 전통적 남성역할에 대한 강한 애착을 보인다.

2) 생물사회적 이론

머니와 엘하트(Money & Ehrhardt, 1972)의 생물사회적 이론은 개인의 생물학적 특성과 아동의 신체에 대한 주위 사람들의 반응이 개인의 성역할을 결정

그림 6-6 네 가지 성유형화 이론

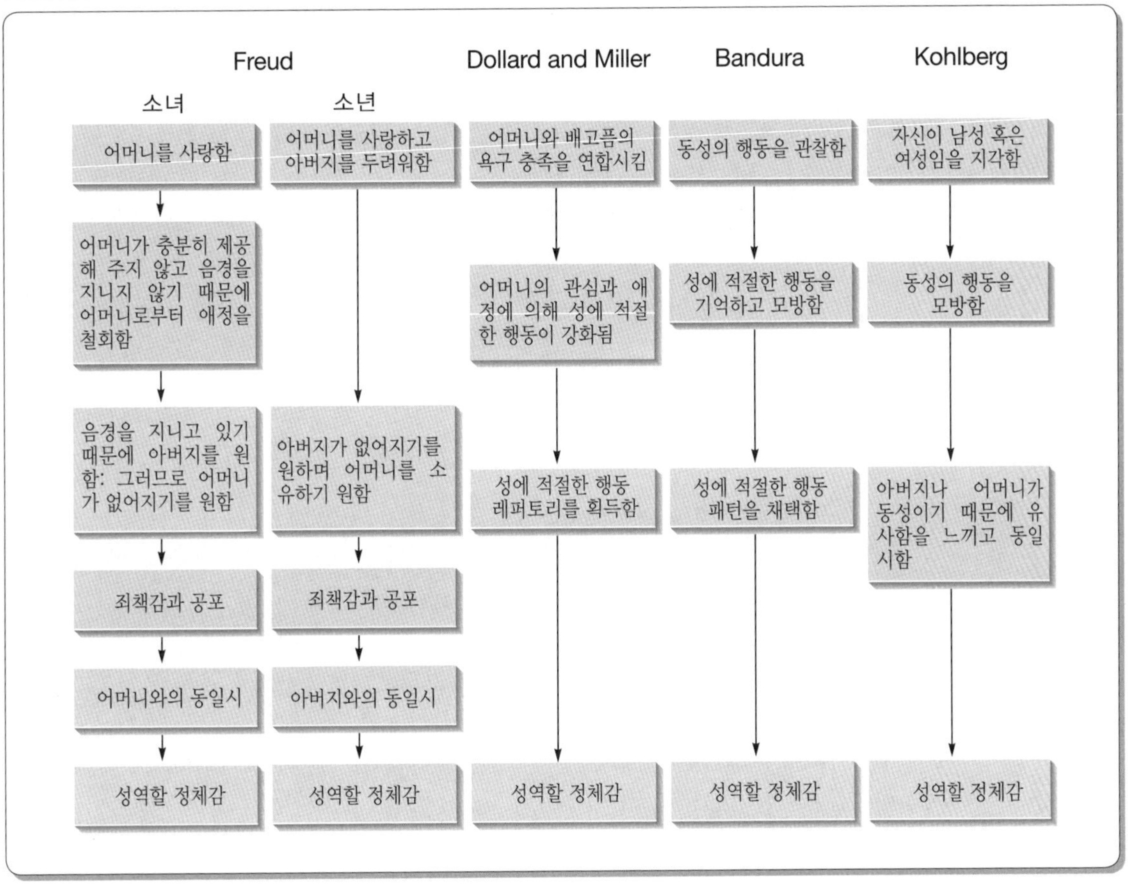

한다고 설명한다. 이 이론에서 중요한 것은 개인의 성염색체가 XX인가 혹은 XY인가이다. 성염색체의 유형에 따라 여성적 혹은 남성적 생식기관들이 분화되고 특히 분화된 외부생식기는 주위 사람들이 여성적 성역할이나 남성적 성역할을 요구하는 기준으로 작용한다. 물론 아동 자신도 외부생식기의 모습을 기초로 자신의 행동반응을 결정한다. 주위 사람들의 반응과 아동 자신의 행동 선택은 기본적 성역할 정체감을 형성하게 한다.

3) 성도식이론

이 이론은 인지발달이론의 기본개념인 도식을 기초로 성유형화를 설명하는 정보처리적 접근이다. 출생 직후에는 지식체계 내에 도식이 존재하지 않았으나 환경과의 상호작용을 통하여 도식들이 형성되어 간다. 정보처리 이론에 의하면, 아동은 형성된 도식을 바탕으로 외부적 자극을 지각하고 반응하기 때문에 기존의 도식과 연결되지 못한 정보나 잘못된 도식과 연결된 정보를 제대로 이해하지 못한다.

성도식이론(gender schema theory)을 제시한 마틴과 할버슨(Martin & Halverson, 1987)은 우리의 지식체계 내에 성도식이 존재한다고 가정한다. 아주 어린 연령에서 형성되는 성도식은 일반도식(in-group-out-group schema)과 고유도식(own-sex-schema)으로 구분된다. 일반도식은 무엇이 성에 적절한지를 알려주어 행동을 인도하는 역할을 하는 반면, 고유도식은 개인이 자신의 성에 적절한 행동을 수행하기 위해 요구되는 정보를 포함한다.

그림 6-7과 같이 일반도식은 트럭이 소년에게 적절한 장난감이고 인형은 소녀에게 적절한 장난감이라는 것을 인식할 수 있도록 하는 반면, 나는 소녀이고 그래서 인형이 나에게 적절한 장난감이므로 그것에 접근하도록 하는 것은 고유도식의 기능이다.

문제는 성도식을 획득한 아동들이 성별-전형적(gender-typical)인 행동에만 관심을 갖기 때문에 성역할 고정관념적 안경을 통해서만 세상을 바라본다는 것이다(Liben & Bigler, 2002). 따라서 이 이론은 사회가 성도식의 발달을 최소화하는 방향으로 아동을 교육한다면, 아동은 성유형화된 사고와 행동을 하지 않을 것이라고 주장한다.

4) 성역할 초월이론

성역할 초월이론은 남녀 동등주의의 시각에서 성유형화를 보는 관점으로서 대표적 이론가로 블록(Block, 1976)과 플렉(Pleck, 1981) 및 카쯔(Kats & Walsh, 1991) 등이 있다. 그들은 세 개의 성역할 정체감 발달과정을 가정한다.

단계 1: 성차를 인식하지 못한다.

단계 2: 성역할 고정관념을 능동적으로 수용하고 적극적으로 선호한다.

단계 3: 성역할 고정관념을 초월한다.

그림 6-7 성유형화된 행동에 미치는 성도식의 효과

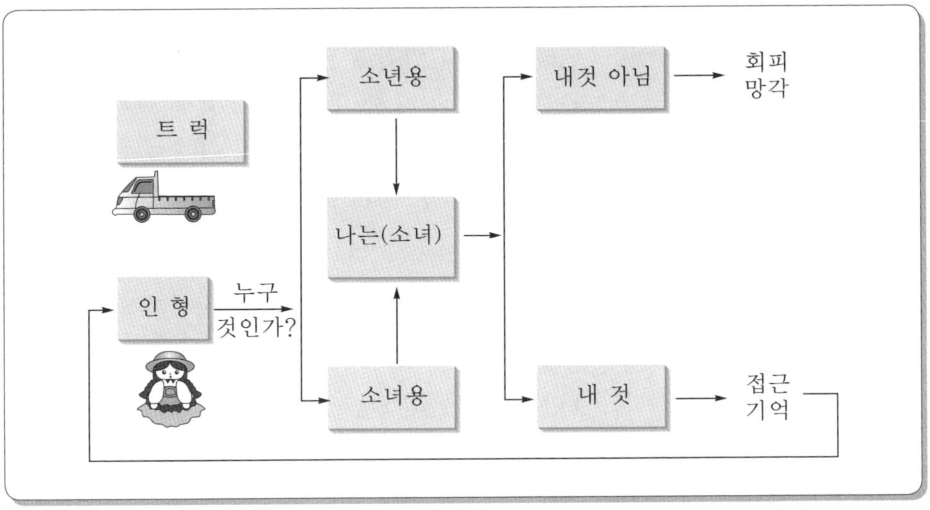

출처: Martin & Halverson, 1981.

성역할 정체감 발달의 제3단계에 이른 개인들은 전통적 남성성이나 여성성에 얽매이지 않고 자신이 가지고 있는 잠재능력의 최상을 발휘하고 자기실현을 이루기 위해 노력한다. 이 유형의 개인들은 가정 내에서도 전통적인 남녀의 역할구분에 구애됨이 없이, 가사일을 나누어 맡고 개인적 성장을 위해 서로 돕는다. 그러나 이 단계에 이를 수 있는 개인의 수는 많지 않으며, 단지 소수의 성인들 사이에서만 발견되는 성역할 유형이다.

3. 성역할 고정관념과 양성성

우리 모두는 출생시에 남성과 여성으로 구분되고 일찍부터 성별에 따라 서로 다른 역할에 노출된다. 따라서 우리 사회에는 성별에 따른 성역할 고정관념이 존재하고 모든 사람은 고정관념에 맞는 행동을 할 것으로 기대된다.

그러나 1980년대에 이르러 양성성 개념이 등장하였고 남성이나 여성 모두 고정관념적 남성역할과 여성역할을 조합해서 지닐 수 있다는 주장이 제기되었다. 이를 계기로 성역할 고정관념의 문제점은 물론 양성성의 이점에 대한 논의가 활발하게 이루어지기 시작하였다.

1) 성역할 고정관념

남성과 여성은 대뇌구조와 기능에서 약간의 차이가 있다. 여성들의 뇌는 남성들의 뇌보다 크기는 더 작지만 주름이 더 많아 더 큰 표면 대뇌조직(surface brain tissue)을 가지고 있다(Luders 등, 2004). 또한 남성들은 여성들보다 시공간 지각과 관련한 더 큰 두정엽 부위를 갖는가 하면(Frederikse 등, 2000), 여성들은 남성들보다 정서표현과 관련된 대뇌영역에서 더 많은 대사적 활동을 보인다(Gur 등, 1995). 그러나 이러한 차이들은 크지 않을 뿐 아니라 심리적 차이들과 직접적으로 연결되지도 않기 때문에 남녀의 대뇌구조와 기능은 다르기보다는 훨씬 더 유사하다는 것이 이 분야 연구자들의 일반적 견해이다(Halpern 등, 2007).

그럼에도 불구하고 우리 사회에는 여전히 성역할 고정관념(gender stereotypes)이 존재한다. 성역할 고정관념이란 사람들이 각 성에 대해 갖는 비교적 안정된 신념이나 이미지로서 남성이나 여성에게 속하는 것으로 생각되는 특성과 역할의 총체로 정의된다. 성역할 고정관념은 그 사회에서 정의된 특유의 성역할 표준으로 구성된다.

우리가 "남성다움" 혹은 "여성다움"을 이야기할 때는 우리 사회에서 수용되는 성역할 고정관념에 기초한 개인적, 행동적 특성을 표현하는 것이다. 일반적으로 성에 대한 사고는 양극적인 범주로 분류되기 때문에 여성적인 것은 남성적이 아니며 남성적인 것은 여성적인 것이 아니라는 상호배타적 특성으로 지각된다.

사람들은 자신이 알지 못하는 사이에 고정관념을 수용하는 경향이 있다. 전통적으로 남성은 힘이 세고 억세며 큰 키, 짧은 머리, 강한 근육을 가지고 있는 것으로 인식되는 반면, 여성은 가냘프고 아름다우며 긴 머리 그리고 곡선형으로 기술된다. 오늘날에도 아동과 성인 모두 일상생활에서 자주 성역할 고정관념적 사고와 행동을 한다(Best, 2010). 분명한 것은 평균적 한국인은 평균적 미국인이나 중국인과 비교하여 더 높은 수준의 성역할 고정관념을 지니고 있다는 것이다(장수지, 2011; Cotter 등, 2011).

(1) 성역할 고정관념의 발달

성역할 고정관념의 발달은 생후 18개월경부터 시작된다. 생후 12개월 무렵의 영아들은 아직도 성중립적인 상태에 있으므로 성과 관련된 특정한 장난감에 대한 선호를 보이지 않지만, 생후 18개월의 영아들은 장난감을 성별에 따라 구분하기 시작한다. 여아는 트럭 그림보다는 인형 그림을 그리고 남아는 인형 그림보다는 트럭 그림을 더 오래 바라본다(Serbin 등, 2001).

연령증가와 함께 성역할 고정관념적 활동에 대한 유아의 지식은 더욱 확장된다. 4세 유아는 축구는 남아의 놀이이고 인형놀이는 여아의 놀이라고 믿고 소녀는 과자 굽는 일을 그리고 소년은 쓰레기 버리는 일을 도와야 하며 아기에게 젖을 먹이는 일은 여성의 일, 나무를 자르는 일은 남성의 일이라고 생각한다. 또한 남아는 신체적으로 더 공격적이고 여아는 언어적으로 더 공격적이라고 믿는다.

초등학교에 입학할 무렵에도 아동들은 여전히 성역할 고정관념적으로 사고하고 행동하지만, 그들은 또한 성역할에 대한 융통성이나 유연성을 보이기 시작한다(Trautner 등, 2005). 이제 아동들은 점차 고정관념으로부터 일탈된 행동도 수용될 수 있음을 이해함으로써 소년도 부드러울 수 있고 소녀도 큰 야망을 가질 수 있음을 인식한다. 동시에 남성 성역할과 연합된 특성이나 직업이 여성 성역할과 연합된 특성이나 직업보다 더 높은 사회적 지위를 갖는다는 것도 알게 된다.

3세부터 10세까지 미국 아동들을 대상으로 연구한 결과에 의하면(Miller 등, 2009), 어린 아동보다는 나이 많은 아동들이 더 강한 성역할 고정관념을 나타내었다. 이 연구에서 외모에 대한 고정관념은 소녀들에게 그리고 활동(예, 스포츠)이나 특성(예, 공격적, 정서적)에 대한 고정관념은 소년들에게 더 많이 적용되고 있었다. 또한 소년들이 소녀들보다 더 엄격한 성역할 고정관념을 지니고 있어 국내 연구결과와도 동일하였다(구정화, 2009).

그러나 성역할 고정관념적 사고나 행동은 다음과 같은 문제점을 지니기 때문에 비판의 대상이 된다. 첫째, 고정관념에 맞지 않는 소년이나 소녀를 정확하게 기술하지 못하고 그들을 고정관념적 특성과 다르다는 이유만으로 비판하고 학대하기까지 한다. 둘째, 고정관념은 바람직하지 못한 전통적 특성을 영속화시킨다. 셋째, 고정관념은 가정과 직장 내에서의 남녀의 역할을 제한한다.

⑵ 성역할 고정관념에 미치는 부모의 영향

아동이 갖는 성역할 고정관념적 사고나 행동은 부모로부터 큰 영향을 받는다. 10,000쌍 이상의 아동과 그 부모를 대상으로 성역할 고정관념을 연구한, 48개의 연구를 통합분석한 결과에 의하면(Tenenbaum & Leaper, 2002), 성역할에 대해 부모가 전통적 견해를 가지고 있을 때 아동은 성역할 고정관념적 태도와 행동을 나타내지만, 부모가 비전통적 견해를 가지고 있을 때는 아동 역시 성-중립적 경향을 나타내었다.

부모는 그들이 채택한 성역할 고정관념을 바탕으로 아동의 행동을 격려하고 처벌한다. 어떤 부모는 소년은 자기주장적이며 권력지향적이어야 한다고 믿는 반면, 또 다른 부모는 사려 깊고 이성적 행동을 해야 한다고 믿는다. 부모가 아동에게 제공하는 장난감과 환경자극 그리고 격려하는 활동 속에는 모두 부모의 고정관념적 성역할 특성이 반영되어 있다. 대담하고 공격적이며 자기주장적 행동을 하는 소녀들은 비난의 대상이 되며, 울기 잘하는 소년은 '바보 같은 행동은 그만두라'는 경고를 받기도 한다.

2) 양 성 성

양성성(androgyny)이란 벰(Bem, 1978)에 의해 제안된 개념으로 남성적 특성과 여성적 특성을 공유한 제3의 성역할 정체감으로 남성과 여성은 각기 서로의 성역할 특성을 공유할 수 있다는 것이다. 즉 남성은 공격적이고 독립적인 동시에 감정이입적이고 다정다감할 수 있고, 여성은 정서적이고 관계지향적인 동시에 독립적이고 모험적일 수 있다. 양성성 연구자들에 의하면, 정상 성인은 전적으로 남성적 성향이나 여성적 성향만을 갖는 것은 아니며, 유능한 성인일수록 그 양자를 조합해서 지니고 있다.

벰은 도구성(instrumentality)과 표현성(expressiveness)의 두 가지 차원을 기준으로 네 가지 유형의 성역할 정체감을 구분하였다. 여기서 도구성은 합리적, 활동적, 경쟁적으로 묘사되는 남성적 특성에 해당하는 반면, 표현성은 정서적, 수동적, 감정이입적 및 의존적인 여성적 특성을 의미한다.

네 가지 유형의 성역할 정체감을 설명하면 다음과 같다.

① **양성적**: 도구성과 표현성이 모두 높은, 양성적 개인으로 분류된다.
② **남성적**: 전통적인 남성성 집단. 도구성이 높고 표현성이 낮은 집단으로서 남성적 개인으로 분류된다.
③ **여성적**: 전통적인 여성성 집단. 도구성이 낮고 표현성이 높은 집단으로 여성적인 개인으로 분류된다.
④ **미분화의**: 도구성과 표현성이 모두 낮은, 분화되지 않은 개인으로 분류된다.

그러나 제3의 성역할 정체감으로 인기를 누렸던 양성적 성역할 정체감 혹은 양성성이라는 개념은 근본적으로 고정관념적 남성 성역할과 고정관념적 여성 성역할을 바탕으로 하기 때문에 성역할 고정관념으로부터 자유로울 수가 없다는 문제점을 지닌다. 더욱이 양성성이 갖는 이점은 양성성 속에 포함된 남성성 때문이라는 연구결과들이 제시되면서 양성성은 진정한 의미의 성역할 초월은 아니라는 인식이 확산되었다. 이제 이 분야의 연구자들은 양성성을 연구하기보다는 성역할 고정관념의 유연성 문제에 더 많은 관심을 갖는다(Trautner 등, 2005).

제3부 청년의 발달

제7장 청년기의 특징적 현상과 청년초기의 특성

제8장 청년후기의 자기의 발달과 도덕성 및 직업선택의 발달

목 적

3부는 사춘기의 시작으로부터 성인기에 진입하기 이전까지의 개인의 발달을 고찰한다. 이 시기는 아동기와 성인기 사이의 과도기로서 신체변화를 포함하여 다양한 변화가 일어나는 시기이며, 청년심리학 혹은 청년발달이라는 영역으로 연구되고 있다. 우리 사회와 같이 다양한 직업이 존재하고 기술적으로 발달한 사회에서는 보다 연장된 청년기를 통과해야만 성인이 될 수 있으므로 이 시기는 점점 더 길어지는 추세에 있다. 3부에서는 청년기 동안의 발달적 변화를 고찰하고 왜 이 시기가 어렵고 힘든 시기인지를 이해함으로써 청년들이 바람직한 발달을 이룰 수 있는 방안을 모색한다.

기대되는 효과

청년기는 청년초기와 청년후기로 구분될 수 있다. 사춘기에서 시작하여 고등학교 졸업으로 끝이 나는 초기 단계는 18세 이후부터 약 25세까지의 후기 단계와는 다른 특성을 지니고 있다. 제7장에서 다루는 초기단계는 신체변화가 급격하고 의미 있는 인지적 성장을 이루며 동년배의 승인에 민감한 반응을 나타내는 시기인 반면, 제8장의 후기단계는 가족으로부터 독립하고 개인적 정체감을 확립하는 시기이다. 독자는 제7장과 8장을 통하여 청년기의 발달적 특징을 이해하고 성인기 발달을 위한 준비가 어떻게 이루어져야 하는지에 대한 통찰을 얻을 수 있을 것이다.

제7장 청년기의 특징적 현상과 청년초기의 특성

제 7 장

청년기의 특징적 현상과 청년초기의 특성

• …… 청년기는 청년기만이 갖는 특징적 현상이 있다. 그것은 다섯 가지 현상으로 볼 수
• …… 도 있고 다섯 가지 이론이 될 수도 있다. 특히 러너의 발달적 맥락주의는 생활환경
• …… 이 급속도로 확대되는 청년기를 설명하는 이론으로 인기를 얻고 있다. 이 장에서는
• …… 청년기의 다양한 특징적 현상들을 고찰하고 청년초기의 급속한 신체성장과 인지,
• …… 사회 및 정서발달을 함께 살펴본다.

I 청년기 이해를 위한 기초

1. 청년기의 의미

청년기(adolescence)는 라틴어의 "성장하다"라는 의미의 adolescere에서 유래한다. 사춘기에서 시작하여 성인기의 시작과 함께 끝나는 청년기는 아동기와 성인기 사이의 과도기에 해당한다. 여기서 사춘기(puberty)란 개인이 성적 성숙을 이루고 생식이 가능해지는 시기를 의미한다.

청년기는 아동이 성숙한 성인으로서의 지위를 획득하기 전에 통과해야만

하는 건널목이나 교량으로 비유되는 시기이기는 하지만, 어느 문화에서나 청년기가 존재하는 것은 아니다. 기술적으로 발달되지 못한 문화에서는 아동기 역할이 성인기에도 그대로 유지되므로 성년식이나 사냥의식과 같은 통과의례(rites of passage)를 치름으로써 곧바로 성인이 될 수 있다.

그러나 고도의 기술발달이 이루어진 사회에서는 아동기의 지식만 가지고 성인기 동안 살 수 없으므로 성인기 준비를 위한 학습이 요구되며 그 준비기간이 청년기에 해당한다. 따라서 청년기는 전형적인 학생역할을 그만두고 하나 이상의 성인역할을 수행할 때 끝난다. 청년기의 전체 기간은 과거와 비교하여 많이 연장된 상태에 있다. 그 이유는 사춘기 시작연령이 낮아졌고 성인역할을 위한 준비가 점점 더 많아짐으로써 부모에 대한 의존기간이 길어졌기 때문이다.

2. 청년기의 특징적 현상

1) 청년기와 심리적 불평형

청년기를 심리적 불평형(disequilibrium)으로 특징되는 혼란과 갈등의 시기로 설명한 두 사람의 이론가가 있다. 그중 한 사람은 미국의 심리학자인 스탠리 홀(G. Stanley Hall, 1904)이고 또 다른 사람은 지그문트 프로이트의 딸인 안나 프로이트(Anna Freud, 1969)이다.

(1) 질풍노도의 시기와 스탠리 홀

스탠리 홀은 최초로 청년기에 대한 과학적 연구를 수행한 사람으로 청년기를 질풍노도(storm and stress)의 시기라고 명명하였다. 다윈의 진화과정을 인간발달에 적용한 홀은 청년기를 야만과 문명의 중간단계로 가정하고 원시적 충동을 교양 있는 행동으로 대치시키는 시기이기 때문에 혼란은 불가피하다고 가정하였다.

그는 청소년들의 혼란과 갈등이 생물학적 변화로부터 시작된다는 것을 중요시하였다. 사춘기의 급격한 신체변화와 이 시기의 사회적 및 정서적 성숙에 대한 사회적 요구들이 서로 상호작용함으로써 청소년들은 혼란과 갈등을 경험한다는 것이다. 그 결과 청소년들의 기분은 기쁨에서 우울로, 이기주의에서 자기비하로, 원기왕성에서 무기력으로 극단적으로 동요한다.

이제 와서 질풍노도를 청년기의 불가피한 현상이라고 믿는 연구자는 아무도 없으며 단지 심리적 문제를 가진 일부의 청소년들에게서 나타나는, 치료를 요하는 부적응 문제로 인식된다. 그러나 대중매체만은 아직도 청년기를 인생의 혼란스러운 시기로 묘사하고 있다.

(2) 정신적 갈등의 시기와 안나 프로이트

안나 프로이트는 스탠리 홀과 동일하게 청년기를 정서적 갈등과 별난 행동으로 특징되는 심리적 불평형의 시기라고 가정하였다. 이 시기의 청소년들은 한편으로는 매우 이기적이고 자아중심적이어서 모든 사람들의 관심이 자기에게 집중되어 있다고 생각한다.

그러나 다른 한편으로는 타인의 욕구에 관심을 가지고 자신을 잊고 타인을 돌보는 데 몰두한다. 그들은 열렬히 사랑하다가도 갑자기 사랑을 버리는가 하면 집단 속에서 타인과 함께 있기를 원하다가도 다음 날에는 홀로이기를 원한다. 또한 반항과 동조 사이에서 동요하고 이기적이고 물질주의적이면서도 도덕적으로 이상주의자이며 거칠고 사려적이지 못한가 하면 애정적이고 부드러우며 자신만만함과 자기의심, 지칠 줄 모르는 열정과 무관심 사이를 왔다갔다 한다.

안나 프로이트는 이러한 갈등적 행동의 원인이 사춘기의 성적 성숙에 있다고 설명한다. 사춘기의 호르몬 변화와 생리적 변화들은 잠복기 동안 억압되었던 리비도 에너지를 더 강한 성적 충동으로 재출현하게 하므로 생식기와 성적 충동에 대한 관심이 증대된다. 그 결과 반항과 같은 본능적 충동에 기초한 행동이 증가하고 청결습관이 무너지며 더러움과 무질서를 오히려 선호하는 경향을 나타낸다. 안나 프로이트에 의하면, 이와 같은 청소년들의 행동은 정상적 발달과정의 일환일 뿐 병리적 현상은 아니며, 오히려 혼란을 경험하지 않는 청소년들이 문제라는 것이다.

2) 정체감 형성과 에릭슨

에릭슨(Erikson, 1959)의 심리사회적 이론에서 청년기는 정체감 대 정체감 혼란(identity vs. identity confusion)의 시기에 해당한다. 정체감(identity)이란 전체적 자기(self)를 구성하는 여러 가지 요소들 즉 개인의 신체적, 성적, 사회적, 심리적, 도덕적, 이념적 그리고 직업적 특성을 모두 포함하는 복합적 개념이기 때문에 청년기의 정체감 확립은 통합적인 자기상의 확립을 의미한다.

청년기 동안의 변화하는 신체상과 본능적 충동의 출현 및 그들의 인지 능력의 증가는 "내가 누구인가?" "나는 무엇을 할 수 있는가?"의 물음을 제기하게 하므로 정체감 확립을 위한 의식적, 무의식적 노력이 이루어진다. 정체감 속에는 개인적 "나"는 물론 사회집단 내의 "우리"를 포함한다. 자신을 수용하고 긍정적 정체감을 획득하는 개인들은 그렇지 않은 사람들보다 정신적으로 더 건강하다.

정체감을 구성하는 여러 가지 요소들 중에서 신체적 자기와 성적 자기가 가장 먼저 형성되며, 이것은 청년초기 청소년들이 관심을 갖는 정체감의 측면들이다. 반면에 직업적, 이념적, 도덕적 정체감은 점진적으로 형성되는 특징을 지니고 있으므로 주로 청년후기 청년들의 관심사이다. 형식적 조작사고의 발달은 청년후기 청년들이 직업과 이념 그리고 도덕적 가치관에 대한 대안을 체계적으로 모색할 수 있도록 한다. 특히 정치적, 종교적 이념은 청년후기(대학생 시기)를 거쳐 성인기까지 오랜 기간에 걸쳐 확립될 수 있는 정체감의 측면들이다.

청년후기 청년들은 정체감을 형성하기 위하여 다양한 역할실험을 시도한다. 에릭슨은 사회적 책임에 구애받지 않고(사회적 책임의 일시적 면제), 다양한 역할을 실험하고 분석하고 자유롭게 역할로부터 후퇴할 수 있는 시기를 심리사회적 유예기간(psychosocial moratorium)이라고 명명하였다. 물론 이러한 다양한 역할실험 이후에도 여전히 자신이 누구이며 무엇을 추구해야 하는지를 알지 못할 때 역할혼란이 일어난다.

3) 청년기와 발달과업

제1장에서 이미 설명한 바와 같이 발달과업(developmental task)이란 신체적

성숙과 개인적 노력 및 사회적 기대를 기초로 삶의 어떤 시점에서 개인이 획득해야만 하는 지식과 태도, 기능 및 기술을 의미한다(Havighurst, 1972). 각 발달단계에서의 발달과업의 성공적 성취는 적응을 가져오고 미래에 성취해야 할, 더 어려운 과업을 준비할 수 있게 하며 더 큰 성숙을 이룰 수 있도록 한다. 만약 이 발달과업들을 제대로 성취하지 못하면 개인은 높은 불안과 낮은 자기존중감을 지니며 다양한 병적 징후를 나타내므로 더 낮은 수준의 행복을 경험한다(장휘숙, 2010; Seiffge-Krenke & Gelhaar, 2007).

허비거스트가 제안한 청년기 동안의 발달과업은 다음과 같다.

① 자신의 체격을 인정하고 자신의 성역할을 수용한다.
② 동성이나 이성의 친구와 새로운 관계를 확립한다.
③ 부모와 다른 성인들로부터 정서적으로 독립한다.
④ 사회적으로 책임 있는 행동을 원하고 이를 실천한다.
⑤ 직업을 준비한다.
⑥ 유능한 시민으로서 갖추어야 할 지적 기능과 개념을 획득한다.
⑦ 결혼과 가정생활을 준비한다.
⑧ 행동의 안내자로서 가치관과 윤리체계를 획득한다.

4) 발달적 연속성 대 불연속성

마가렛 미드(Margaret Mead, 1950)와 같은 인류학자들은 청년기를 지금까지의 연구자들과는 다르게 개념화한다. 그들은 개인이 상이한 단계를 거쳐서 발달한다는 기존의 단계이론을 거부하고 발달의 연속성을 강조한다. 예를 들면 미드가 연구한 사모아(Samoa)의 아동들은 연령에 따른 특별한 변화 없이 계속적인 성장패턴을 나타내었다.

미드에 의하면, 아동기에서 성인기로 이동할 때도 사모아 사람들의 행동방식이나 사고방식은 크게 변화하지 않았으며 실제로 과도기로서의 청년기는 존재하지 않았다. 사모아 사회의 청소년들은 서구사회의 청소년들과는 다르게 긴장 없는 평화로운 생활을 하고 있었다는 것이다.

인류학자들은 청소년들의 혼란과 갈등은 특정한 문화의 소산일 뿐 보편적 현상이 아니라고 가정하고 질풍노도는 아동기와 성인기의 역할이 급격히 변화하는 서구사회만의 문제라고 주장한다. 서구사회의 아동들은 성인에게 복종해야 한다고 학습하나 성인이 되면 독립적인 개인으로 변화해야만 하고, 성욕을 억압해야 한다고 학습한 아동과 청소년들은 성인이 되면 오히려 성적으로 반응적일 수 있어야 한다. 이와 같은 문화적 불연속성이 청년기 혼란의 직접적 원인이라고 생각한 미드는 인간행동을 순수하게 문화적 조건으로 설명할 수 있다는 문화적 결정론(cultural determinism)을 지지하였다.

5) 청년기의 맥락과 러너의 발달적 맥락주의

리차드 러너(Richard M. Lerner, 1995)가 제안한 발달적 맥락주의(developmental contextualism)는 성장하는 개인과 그 개인이 살고 있는 생태학적 맥락 사이의 상호작용에 초점을 맞춘다. 여기서 맥락이란 발달에 영향을 미치는 다양한 변인들의 상호작용 체계로서 개인이 몸담고 있는 물리적 환경은 물론 개인 자신과 개인과 관련을 맺는 유의미한 타인들을 모두 포함한다. 발달하는 개인은 맥락의 일부일 뿐 아니라 그들의 행동은 맥락에 영향을 주고 맥락으로부터 영향을 받는 역동적 상호작용체계(dynamic interactionism)를 구축한다. 동시에 맥락은 시간의 함수로서 변화하는 특성을 지니고 있다(그림 7-1 참조).

청년기의 발달은 청년과 청년을 둘러싼 맥락들의 다양한 요구들이 서로 상호작용한 결과이다. 아동기와 비교하여 청년기는 맥락의 확대로 설명될 수 있으며 이와 같은 확대된 맥락에 의해 청년들은 어려움을 겪는다(장휘숙, 2009 참조).

발달적 맥락주의에 의하면, 청소년의 기질과 성격이 사회적 맥락과 일치하거나 좋은 적합도(goodness-of-fitness)를 이룰 때 적응적 발달이 이루어질 수 있다. 예를 들면 내성적이고 수동적인 청소년이 능동적이고 적극적인 부모를 가지고 있거나 공격적인 청소년이 공격적인 교사를 만나면 좋은 적합도를 이루기 어렵다. 러너는 청년기의 적응을 적합도의 개념으로 설명함으로써 청년기 발달이 개인의 특성이나 환경적 요인 어느 하나만의 문제로 설명될 수 있는 것이 아니라 그 양자의 상호작용결과임을 분명히 하였다.

그림 7-1 Lerner와 그의 맥락모형

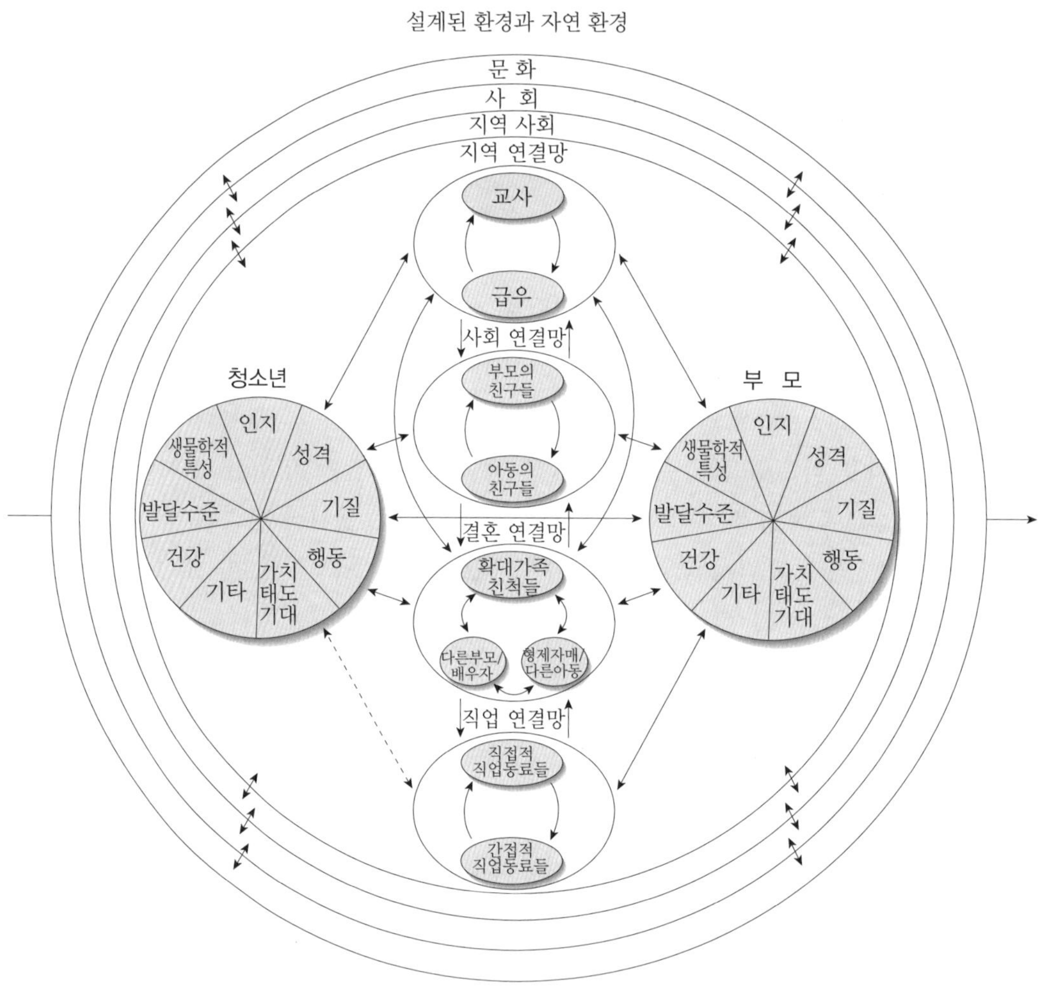

출처: Lerner, 1995.

Ⅱ 사 춘 기

아동기에서 성인기로 넘어가는 동안 일어나는 급격한 신체변화의 시기를 사춘기(puberty)로 명명한다. 사춘기는 주로 청년초기 동안 일어나는 호르몬의 변화와 성적 변화를 포함하는 빠른 신체성장의 시기에 해당한다. 그러나 사춘기는 갑작스럽게 출현하는 단일적 사건이 아니므로 언제 시작하고 언제 끝나는지를 말하기 어렵다. 사춘기 동안 일어나는 가장 현저한 변화는 키와 몸무게에서의 증가와 성적 성숙이다.

1. 성장급등

청년기는 유전에 의해 통제되는 일련의 신체발달에서의 변화로부터 시작된다. 이 시기에 키와 몸무게, 근육 그리고 신체비율에서 급격한 변화가 일어나는 성장급등현상이 나타난다. 영아기 이후 아동의 성장비율은 매년 점진적으로 감소하였으나 사춘기에 들어오면, 제일 먼저 키에서 성장급등(growth spurt)이 나타난다.

청년초기의 성장급등현상은 2년 6개월에서 3년 정도 계속된다. 일반적으로 소녀들의 성장은 소년보다 2년 정도 더 일찍 시작되기 때문에 대부분의 소녀들은 10세경에 그리고 소년은 12세경에 성장급등을 시작하나 개인차가 크다. 성장급등기의 성장비율은 그 이전 시기보다 두 배 정도 빨라진다. 사춘기가 끝날 무렵에 이르면 신체크기에서의 성차는 보다 분명해지고 소년은 소녀보다 신장과 체중 모두에서 앞서며, 신체적 외모와 운동능력은 거의 성인수준에 도달한다.

신체성장의 성차로서 두드러지게 나타나는 현상은 소녀들은 사춘기 동안 계속적으로 신체의 지방질이 증가하기 때문에 '둥근' 외모를 갖게 되는 반면, 소년들은 체지방을 잃게 되기 때문에 보다 '모가 난' 외모를 지니게 된다는 것이다. 또한 소년은 남성호르몬인 안드로겐(androgen)의 분비가 증가하기 때문에 어깨뼈가 커지고 어깨가 넓어지나 소녀들은 여성호르몬인 에스트로겐(estrogen)의 증가로 골반부위가 넓어진다.

청소년의 성장급등현상은 신체의 다른 부위에서도 현저하게 나타난다. 두개골은 보다 어른다운 모습을 갖게 되며 아래턱과 코가 길어진다. 팔과 다리에 비해 손과 발이 더 크게 보이며 다리가 몸통보다 더 긴 일시적 신체불균형 상태를 나타낸다.

근래의 신체성장의 경향은 성장의 가속화 현상으로 설명될 수 있다. 위생과 영양 그리고 건강에 대한 관심의 증대는 과거보다도 더 이른 시기에 성장급등현상을 경험하도록 유도한다. 이러한 성장 가속화 현상은 서구는 물론 우리 사회에서 현재까지도 진행되고 있음이 확인되고 있다(구광수 등, 2012; Cole, 2003; Fujii 등, 2008a,b). 그 결과 현재의 청소년들은 과거보다 더 어린 연령에서 성인신장에 도달한다.

2. 성적 성숙

사춘기의 성적 성숙은 성 호르몬의 분비로부터 시작된다. 성 호르몬 중 에스트로겐(estrogens)은 대표적인 여성호르몬이고 안드로겐(androgens)은 대표적인 남성호르몬이다.

성적 성숙이란 1차적 성 특징들(primary sex characteristics)과 2차적 성 특징들(secondary sex characteristics)의 발달을 의미한다. 전자는 생식에 필수적인 요소인 남성의 고환과 음경 및 여성의 난소와 자궁을 포함하는 반면, 후자는 남녀의 체격발달, 가슴발육, 체모분포 및 음성변화 등을 의미한다.

그림 7-2는 사춘기 동안 일어나는 성적 발달의 순서를 제시한다. 이 그림에서 여성들은 성적 성숙의 두 가지 신호인 유방과 음모의 성장 직전에 성장급등현상이 나타나는 반면, 남성들의 성적 성숙은 성장급등현상이 나타나기 1년 전쯤에 고환의 확대로부터 시작된다는 것을 알 수 있다.

사춘기의 시작시기에서는 개인차가 크지만 발달순서는 매우 일정하다. 그림 7-2에서 소녀들은 유방의 발육과 함께 음모와 겨드랑이의 체모도 발달하며 초경은 유방의 발육 과정에서 일어난다. 소년들의 경우에도 가장 먼저 고환의 성장이 시작되고 음모와 음경의 성장이 뒤따른다. 외부생식기의 발달과 함께 정낭과 같은 내부생식기관도 발달하기 시작하여 14-15세경에 사정이 가능

그림 7-2 사춘기 동안의 성적 발달

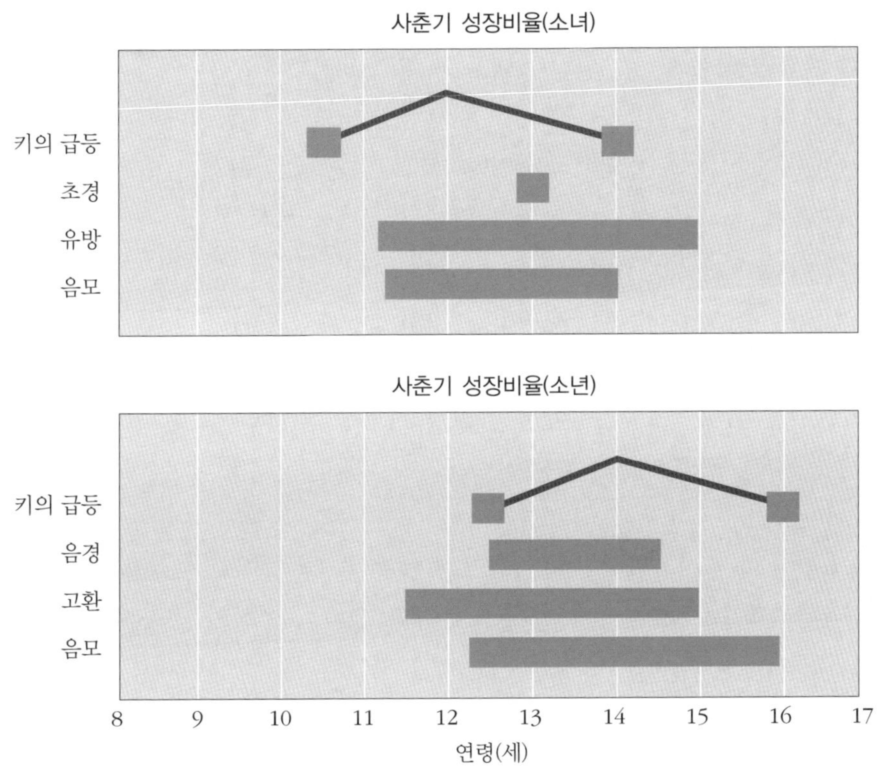

출처: Tanner, 1973.

하다. 남성호르몬인 안드로겐이 후두세포를 자극하기 때문에 소년의 목소리는 저음이 된다.

소녀의 초경(menarche)은 11-13세경에 이루어지나 개인차가 크기 때문에 변이의 범위는 9세부터 17세까지 다양하다. 신재철 등(1996)의 조사에 의하면, 한국 10대 소녀의 초경연령은 9세부터 18세까지 분포하고 평균 초경연령은 13.2세이다. 그러나 아동의 약 1/3 정도는 초등학교 때 초경을 경험한다(백운효, 2009).

성장가속화 현상에 의해 초경의 출현 시기는 계속해서 앞당겨지는 추세에 있다. 신재철 등의 연구에서도 중학생들의 평균 초경연령은 12.96세이고 고등학생들은 13.28세여서 연령이 어릴수록 초경연령은 낮아진다.

지나치게 빠른 사춘기는 소년들보다 소녀들 사이에서 10배 정도 더 많이 나타난다. 보통 소녀는 8세 이전에 그리고 소년은 9세 이전에 사춘기를 시작할 때 의학적 처치가 요구된다(Blakemore 등, 2009). 치료는 사춘기 변화를 일시적으로 정지시킬 수 있도록 생식선 자극 호르몬의 분비를 억제하는 방법이 활용된다. 이때 의학적 처치가 가해지지 않는다면, 이른 사춘기 변화에 의해 소녀들은 키가 작고 때 이르게 성적 능력을 갖게 됨으로써 여러 가지 문제행동을 유발할 위험성을 갖는다(Blakemore 등, 2009).

실제로 사춘기 소녀의 초경시작 연령은 나라에 따라 다르고 동일한 나라에서도 사회경제적 계층집단에 따라 다르다. 보통 사회경제적 수준이 낮은 계층의 소녀들이 더 늦은 연령에서 초경을 시작한다(Dosoky & Amoudi, 1997). 그 이유는 하류계층 소녀들이 경험하는 보잘것 없는 영양섭취와 취약한 건강상태 때문이다.

체중이 초경시작에 영향을 준다는 것은 널리 알려진 일이다(Moffitt 등, 1992). 일반적으로 체중이 45kg에 도달하면 생리적 변화가 시작되기 때문에, 45kg이 초경을 시작하는 결정적 기준으로 판단된다. 그러나 체중 자체보다는 체중의 약 17%가 지방조직으로 구성될 때 초경을 시작한다고 주장하는 사람도 있다.

3. 신체발달의 영향

신체성장의 결과는 청소년 자신의 자기에 대한 지각은 물론 타인의 청소년에 대한 지각방식에도 영향을 준다. 어린 아동에 비해 키가 크고 힘이 세며 조화로운 행동을 할 수 있는 청소년들은 훨씬 더 유능하게 과제를 수행할 수 있으므로 자신을 성인으로 지각하기 시작한다. 주위의 성인들도 그들을 더 이상 귀여운 어린 아동으로 보지 않으며 오히려 위협적인 존재로 생각하기까지 한다.

그러나 청년초기의 신체성숙은 소년과 소녀에게 각기 다른 문제를 일으킨다. 남녀 모두 자신의 변화하는 신체상(body image)에 적응해야 하지만 그가 속한 문화는 각기 다른 가치와 금기를 부여한다.

1) 소년이 받는 영향

신체적 힘에 대해 큰 관심을 갖는 청년기 소년들은 키와 근육의 발달을 중요시한다. 그들은 자신의 신체크기에 적절할 것으로 기대한 과업을 수행할 수 없을 때 실망한다. 신체 각 부분의 성장속도가 일정하지 않으므로 신장급등현상이 최고에 도달하는 약 12-14개월 후에 근육의 힘이 절정에 도달하기 때문에, 청소년들은 자신의 신체에 대한 어색함을 경험한다. 따라서 비록 일시적 현상이긴 하지만 청년초기 소년들의 자기존중감은 부정적으로 변화한다.

고환과 음경의 성장은 또한 청년초기 소년들에게 중요한 문제를 야기시킨다. 부모로부터 사정에 관한 설명을 듣지 못한 소년들은 자연 발생적으로 일어나는 사정을 경험하면 당황하고 불안해한다. 학교의 선생님으로부터 배우는 경우도 있지만 일반적으로 친구나 잡지를 통하여 정액의 사정현상을 이해하고 성욕의 문제와 생식이 이루어지는 과정에 대한 정보를 획득한다. 청년초기 소년들은 사정 경험에 대한 불안감과 함께 성적 성숙에 대한 기대감이 공존하는 상태에 있다.

면도행위는 남성적 성역할과 긴밀하게 연관되어 있다. 대부분의 청년초기 소년들은 얼굴수염을 면도함으로써 성인남성과 동일시한다. 면도를 하는 동안, 소년들은 거울 속에 비치는 자신의 모습을 응시하고 변화하는 자신의 이미지에 만족한다. 물론 얼굴에 돋아나는 여드름은 성인남성과 동일시하려는 소년의 희망을 좌절시키고 자신의 신체가 갖는 불완전성을 다시 한번 경험하게 한다.

2) 소녀가 받는 영향

소년들보다 2년 정도 일찍 사춘기가 시작되는 소녀들은 같은 학급의 남학생보다 키가 더 크기 때문에 당황한다. 대부분의 청년초기 소녀들은 갑작스런 신체성장에서 나타나는 체중증가에 지나친 관심을 갖게 되며 비만을 걱정한다. 체중의 증가는 급속한 성장과 지방질의 재배치에 의해 일어나는 현상임에도 불구하고, 그들은 엄격한 식사조절을 시도한다. 따라서 급격한 성장시기에 요구되는 균형 있는 식사를 소홀히 하게 되고 증가된 열량요구를 충족시킬 수 없게 된다.

이 시기 소녀들의 엄격한 식사조절은 때로 신경성식욕부진증(anorexia nervosa)이나 신경성폭식증(bulimia nervosa)같은 섭식장애를 유발할 수 있다. 전자는 저체중 장애로서 생명을 위협할 정도의 심각한 체중 손실을 초래하는 질환인 반면, 후자는 일주일에 두 번 이상 게걸스럽게 먹은 후 먹은 음식물을 고의로 배출하는 증상이다. 신경성폭식증 환자는 겉으로 보기에는 정상적 체중을 지니고 있고 다른 사람들 앞에서는 아무 문제가 없는 것처럼 음식물을 잘 먹기 때문에 섭식문제가 쉽게 노출되지 않는다.

또한 가슴의 발육과 월경의 시작은 소녀들에게 중요한 의미를 준다. 소녀들은 가슴발육을 성숙한 여자로 성장해 가는 표시로 인식한다. 그러나 월경에 관한 대부분의 지식을 어머니로부터 얻는 청년초기 소녀들은 월경을 전체 생식과정으로서의 생리현상이 아니라 여성의 고유한 특성으로 인식하게 되기 때문에, 월경에 대해 긍정적 태도와 부정적 태도를 동시에 나타낸다. 그들은 월경을 통하여 여성으로서의 성숙을 자랑스러워하는 동시에 불편함과 당황함을 경험한다.

청년초기의 다양한 신체변화들은 청소년들의 신체상에 대한 만족도를 현저히 저하시킨다. 11세부터 18세까지 소녀들은 소년들보다 더 낮은 만족도를 나타낸다(Bearman 등, 2006). 평균적으로 소녀들은 13세경에 그리고 소년들은 15세경에 신체상에 대한 가장 낮은 만족도를 경험하며 이후 점차적으로 개선된다.

4. 조숙과 만숙의 영향

같은 학급에서 함께 공부하고 함께 운동하는 동일 연령의 청소년들이라고 할지라도, 신체성장의 비율에서는 큰 개인차를 나타낸다. 신체발달의 빠르고 느림은 이 시기 청소년들의 심리적, 사회적 발달에 어떤 영향을 주는가?

조숙과 만숙에 관한 1960년대 연구들은 조숙한 남아들은 만숙한 남아들보다 자신을 더 긍정적으로 지각하고 또래들과 더 성공적인 관계를 형성하지만, 30대에 이르면 만숙한 남아들이 조숙한 남아들보다 더 발달된 정체감을 지닌다고 보고하였다. 다시 말하면 만숙한 남아들은 또래들 사이에서 인기가 없으므로 자신의 직업생애나 인생의 성공을 위한 탐색에 더 많은 시간을 할애할 수 있으므로 30대에 이르면 더 발달된 정체감을 지닐 수 있다는 것이다. 그러나 최근의 한 연구(Graber 등, 2006)는 적어도 청년기 동안에는 조숙이 만숙보다 더 많은 이점이 있는 것이 분명하다고 주장한다.

소년들과는 달리, 소녀들의 조숙과 만숙은 신체상과 연결된다. 1980년대 연구에서 초등학교 6학년에서 조숙한 소녀들은 만숙한 소녀들보다 자신의 신체상에 대해 더 큰 만족을 보고하였으나 고등학교에 이르렀을 때는 만숙한 소녀들이 조숙한 소녀들보다 더 큰 만족을 나타내었다. 여기에 대한 하나의 가능성 있는 설명은 성장할수록 조숙한 소녀들은 키가 더 작고 더 뚱뚱한 반면, 만숙한 소녀들은 키도 더 크고 더 가늘고 날씬한 외모를 지니기 때문이라는 것이다.

분명한 것은 조숙한 소녀들은 만숙한 소녀보다 문제행동에 더 취약하다는 것이다(Cavanagh, 2009; Ge & Natsuaki, 2010). 그 이유는 조숙한 소녀들은 때 이르게 흡연하고, 술마시고, 섭식장애를 가질 가능성이 더 많으며, 더 일찍부터 부모로부터 독립하기 위해 투쟁을 벌이는가 하면 연상의 친구를 사귀고 더 어린 연령에서 성적 경험을 할 위험성이 있기 때문이다(Wiesner & Ittel, 2002).

그렇다면 사춘기 경험은 전생애 동안의 발달과 적응에 어느 정도의 영향을 주는가? 중요한 것은 사춘기 변화가 일어나는 동안 청소년들은 인지적 및 사회정서적 변화도 함께 경험하기 때문에, 전생애 동안의 발달에 미치는 사춘기 효과는 일반인들이 생각하는 것만큼 그렇게 크지 않다는 것이다(Petersen, 1993).

Ⅲ 인지발달

1. 대뇌발달

1990년대 중반까지만 하더라도 대뇌발달은 아동이 10대에 도달할 무렵에 거의 완전하게 이루어진다고 생각되었다. 인간의 뇌는 6세까지 성인 대뇌크기의 90–95%가 성장하고 이 시기동안 불필요한 뉴런들이 제거되며 남은 뉴런들의 연접연결이 정교해짐으로써 성장이 거의 종결된다는 것이었다. 그러나 대뇌-영상기법의 발달로 청년기가 오히려 대뇌에서 극적 변화가 일어나는 시기임이 확인되고 있다.

MRI 연구들은 회백질(gray matter)*의 확장이 소녀들은 11세에 그리고 소년들은 12.5세에 절정에 도달하고 이후부터 감소하며, 25세 무렵에 이르러 고원상태에 도달한다는 것을 확인하였다(Durston 등, 2001). 이러한 결과는 청년기 동안 불필요한 신경조직의 제거가 활발하게 일어난다는 것을 의미한다. 동시에 이 시기동안 백질(white matter)**의 부피도 증가하여 거의 40세까지 계속된다는 것도 밝혀졌다. 백질은 신경세포를 싸고 있는 절연물질인 수초(myelin)로 구성되며, 수초는 정보가 더 빠르게, 더 효율적으로 흘러갈 수 있도록 한다.

물론 불필요한 뉴런의 제거와 수초의 증가는 대뇌의 모든 부위에서 일어나는 것은 아니다. 먼저 시각, 촉각, 청각과 같은 감각기능을 처리하는 대뇌 부위에서 주로 일어나고 그 다음으로 대뇌의 연합영역에서 일어난다. 그리고 마지막으로 청년후기 동안 의사결정과 문제해결 및 고차적 사고의 중추인 전전두엽(prefrontal cortex) 부위에서 일어난다(Hooper 등, 2004). 그 결과 복잡한 문제를 해결하고 위험 여부를 판단하며 중다의 조망을 고려하는 개인의 의사결정 능력은 청년기를 거쳐 성인초기 이후에나 가능해진다.

청소년의 뇌에서는 구조적 변화도 일어난다. 그 예로서 좌뇌와 우뇌를 연결하는 뇌량(corpus callosum)이 두꺼워져 좌우반구의 소통을 원활하게 함으로써 정보를 처리하는 청소년의 능력을 개선시킨다(Giedd, 2008). 사춘기 동안 분비되는 호르몬도 대뇌발달에 영향을 주며, 특히 편도핵(amygdala)이 호르몬의 영향을 크게 받는다. 편도핵은 강한 정서의 생성과 관련된 대뇌부위로서 흥분하면 정서폭발 현상이 나타나고 자극추구행동이 증가한다. 문제는 사춘기 동안

---

* 회백질: 대뇌 세포조직을 관찰했을 때 회백색을 띠는 부분으로 신경세포와 수상돌기 및 무수신경돌기로 구성되어 있으며 뇌로 들어오는 정보를 받아들이는 역할을 한다.

** 백질: 대뇌 세포의 조직을 관찰했을 때 백색을 띠는 부분으로 신경세포의 돌기, 특히 축색과 수초(myelin sheath)로 구성되어 있다. 뇌에 들어온 정보를 뇌의 다른 영역으로 보내거나 재구성하는 역할을 한다.

대뇌의 통제지향 부위는 아직도 성장과정에 있으므로 편도핵의 활성화에 의해 청소년들은 합리적인 판단을 하지 못한 채 위험한 행동을 스스럼없이 감행한다는 것이다.

킬고어와 그 동료들(Killgorez 등, 2001)은 성인과 아동에게 얼굴 사진을 보여 주고 사진 속의 인물들이 나타내는 정서상태를 보고하게 하였다. 그 결과 아동과 청년초기 청소년들은 청년후기 청년이나 성인들보다 훨씬 더 많은 오류를 범한다는 것이 밝혀졌다. MRI 기법을 사용하여 뇌의 활성화 수준을 비교했을 때, 아동과 어린 청소년들은 문제해결시에 편도핵에 주로 의존한 반면, 청년후기 청년이나 성인들은 문제해결 중추인 전두엽에 크게 의존하는 데 기인한 결과였다. 결국 알코올이나 다른 불법적 약물을 사용하는 청소년의 행동은 정서와 인지적 통제를 담당하는 대뇌부위의 발달적 부조화에 그 원인이 있음을 짐작할 수 있다.

2. 형식적 조작사고의 발달

청소년들은 아동과는 다른 방식으로 세계에 대한 개념을 형성하기 시작한다. 그들은 아동보다 더 많은 것을 알고 있을 뿐 아니라 더 진보되고 더 유능하며 더 효과적인 방식으로 사고할 수 있다. 피아제(Piaget, 1972)는 청년기 인지적 특성을, 다음과 같은 네 가지 사고를 포함하는 형식적 조작능력으로 기술하였다.

① 가능성에 대한 사고
② 추상적 개념에 대한 사고
③ 사고에 대한 사고
④ 중다차원에 대한 사고

1) 가능성에 대한 사고

청소년의 사고는 '여기 그리고 지금(here and now)'에 얽매이지 않는다. 아동들은 가능하다는 것은 곧 실제로 존재하는 것을 의미한다고 생각하나 청소년들은 실제로 존재하는 것은 가능한 것의 단지 하나의 하위요인에 지나지 않는다고 생각한다. 그들은 자신의 성격이 미래에 어떻게 변할 것이며 미래의 직업선택에 의해 어떤 일이 일어날 것인지를 미리 생각할 수 있다. 물론 아동도 상상이나 공상을 할 수 있으나 체계적이지는 못하다. 청소년들은 상상을 통하여 대안적 가능성을 체계적으로 생성하고 실제 관찰한 것과 가능한 것을 구별하기 위하여 구체적 사물과 추상적 사고 사이를 쉽게 넘나들 수 있다.

형식적 조작추리가 가능한 청소년들에게 5, 6, 7이라는 숫자로써 만들 수 있는 모든 가능한 수를 나열해 보라고 하면, 우선 단일 숫자를 먼저 이야기하고(5, 6, 7) 그리고 두 자리 수(55, 56, 57, 65, 67, 75, 76, 77) 그리고 세 자리 수(555, 556, 557, 565, 566, ...)의 조합을 만들 수 있다. 여기서 중요한 것은 이 문제를 해결하기 위하여 먼저 마음속으로 가능한 숫자 조합의 추상적 체계를 형성한다는 것이다.

그림 7-3은 가능성의 세계를 중요시하는 형식적 조작사고의 특성을 보여준다. 세 개의 눈을 가진 인물화를 자유롭게 그리게 했을 때 구체적 조작기 아동(왼편 그림)은 여분의 눈을 실제 눈의 위치에 나란히 배치하였으나 형식적 조작기의 청소년(오른편 그림)은 머리 위나 손바닥에 여분의 눈을 배치하고 있어

그림 7-3 구체적 조작기와 형식적 조작기의 인물화 비교

(9세 아동의 그림) (11세 아동의 그림) (11세 아동의 그림)

출처: Sigelman & Shaffer, 1991.

보다 추상적이고 융통성 있는 사고가 가능함을 보여 준다.

가능성에 대한 청소년들의 체계적 사고는 실제생활에 다양하게 적용된다. 중고등학교의 수학과 각종 과학실험은 가능성을 체계적으로 생성하는 능력을 요구하고 부모나 다른 사람과의 토론이나 논쟁시에도 가능성에 대한 사고가 활용되지 않으면 안 된다. 그 이유는 상대편의 가능한 반응을 상상하고 예상할 수 있을 때 논박할 수 있기 때문이다.

가능성에 대한 사고는 가설을 형성하고 거기에 대한 증거를 수집하여 결론을 도출하는 가설 연역적 추론(hypothetico-deductive reasoning)을 가능하게 한다. 논리의 체계적인 적용인 가설 연역적 추론은 전형적인 과학자의 추론방식으로 청소년들은 가설적 명제에 대해 보다 추상적이고 융통성 있는 반응을 나타낼 수 있다.

2) 추상적 개념에 대한 사고

추상적 개념에 대한 사고 혹은 추상적 사고(abstract thinking)란 감각을 통하여 직접적으로 경험할 수 없는 것에 대한 사고로서 아동기에는 가능하지 않던 사고이다. 추상적 사고가 가능한 청소년들은 사물이 눈앞에 존재하든 존재하지 않든 그 사물에 대해 머리속으로 생각할 수 있으며 아동들보다 익살, 속담, 은유 및 유추 속에 내포되어 있는 고차적인 추상적 논리를 더 쉽게 이해할 수 있다.

"태양 : 달 : 잠든 : ?" 다음에 "별, 침대, 깨어 있는, 밤" 중 어떤 단어가 와야 하는지를 질문했을 때, 형식적 조작능력이 발달하기 시작하는 청소년들은 이 유추의 기초가 되는 추상적 원리를 발견함으로써 "깨어 있는"이라고 대답할 수 있다. 그러나 구체적 조작기의 아동들은 "침대"나 "밤"과 같은 단어를 선택한다.

추상적 사고의 발달은 사회적, 이념적 문제에 대한 논리적 추론을 가능하게 한다. 그에 따라 청소년들은 우정이나 신념, 민주주의, 공정성 혹은 정직성과 같은 추상적 개념을 기초로 하는 대인관계 문제와 정치, 철학, 종교 그리고 도덕성 문제에 관해 추론하기 시작한다. 또한 추상적 사고능력을 바탕으로, 사회적 상황에서 타인의 입장이나 사고 혹은 감정을 고려할 수 있는 사회인지

(social cognition)능력이 발달한다.

3) 사고에 대한 사고

형식적 조작능력의 또 다른 특징은 사고 자체에 대한 사고 즉 상위인지(metacognition)능력을 포함한다. 상위인지란 어떤 것을 의식적으로 기억하거나 읽고 있는 내용에 대한 이해정도를 평가할 때, 자신의 인지활동을 검색하는 것을 의미한다. 청소년들은 아동보다 자신의 사고과정을 더 잘 알고 있고 사고내용을 다른 사람들에게 설명할 수도 있다.

사고에 대한 사고는 청년기의 내성(introspection)과 자의식(self-consciousness)을 증가시킨다. 내성이란 일종의 자기관찰로서 자신을 깊이 들여다 볼 수 있도록 하는 반면, 자의식은 자기자신을 의식하게 함으로써 타인이 나를 어떻게 생각하는지에 관심을 갖도록 한다. 내성과 자의식은 "내가 누구이며 내가 무엇을 할 수 있는가?"의 질문에 대답할 수 있게 함으로써 자아정체감 확립을 촉진시키고 이 시기의 심리적 성장에 기여한다.

그러나 자기에 대한 발달된 사고는 때로 자신에게 극단적으로 몰두하게 함으로써 엘킨드(Elkind, 1967)가 제안한 청년초기 특유의 자아중심성을 자극한다. 10대의 자아중심성은 그들의 이상하고 별난 행동을 설명할 수 있게 하는 상상의 청중(imaginary audience)과 개인적 우화(personal fable)현상을 초래한다.

엘킨드에 의하면, 상상의 청중이란 10대 자신이 타인의 관심의 초점이 된다고 생각하는 지나친 자의식을 의미한다. 음악회에 가는 청소년들은 모든 사람들이 자신을 지켜 볼 것이므로 무슨 옷을 입을까 걱정하고 길을 걸을 때도 주위에 있는 모든 사람들이 자신을 바라보고 있다고 생각하기 때문에 자연스럽게 걸을 수 없다. 상상의 청중을 지나치게 의식하는 청소년들은 타인이 알지 못하는, 자신이 저지른 사소한 실수로 고민하고 친구의 작은 비난에도 분노하고 동요한다.

한편 개인적 우화란 청소년 자신의 경험은 너무도 독특하기 때문에 다른 사람들이 그것을 이해하기 어렵다는 청소년의 자아중심적 신념이다. 여자 친구와 헤어진 청소년이 어머니에게 이성과 헤어지는 것이 어떤 것인지를 이해할 수 없을 것이라고 말하고 우울해하는 것은 전형적인 개인적 우화현상에 해당한다. 자신을 독특한 존재로 지각하는 청년초기의 청소년들은 다른 사람들이 모두 죽더라도 자신은 죽지 않을 것으로 생각하고 위험한 행동을 서슴없이 감행한다.

청년초기의 자아중심성은 보다 세련된 추상적 사고능력의 발달과 다양한 사회적 경험에 의해 점차 감소한다. 가정과 학교에서 그리고 단체활동을 통하여 타인의 감정과 동기 및 사회적 역할을 학습할 수 있는 서구의 청소년들은 일찍부터 자아중심성에서 벗어날 수 있다(Reyna & Rivers, 2008). 그러나 한국의 젊은이들은 대학 1학년에서도 여전히 높은 수준의 자아중심성을 유지하고 있어(장근영, 윤진, 1992), 사회인지 능력의 저조한 발달을 나타내었다.

4) 중다차원적 사고

아동이 한번에 사물의 한 측면만을 생각할 수 있는 것과는 대조적으로 청소년들은 중다차원적 방식으로 사물에 대해 생각할 수 있다. 야구에서 좋은 홈런기록을 가지고 있는 타자가 타자석에 들어오면 청년기 이전의 아동들은 무조건 타자가 홈런을 칠 수 있을 것으로 예상한다.

그러나 형식적 조작사고가 가능한 청소년들은 마운드에 올라온 특정한 투수와 관련된 타자의 기록을 고려하고, 두 가지 요인들을 모두 검토하여 타자가 홈런을 칠 것인지 아닌지를 예측한다. 중다차원적 사고를 바탕으로 모든 가능한 개념의 조합을 체계적으로 고려할 수 있는 청소년들은 보다 더 분화되고 복잡한 용어로 자신과 타인을 기술할 수 있고 다양한 조망에서 문제를 바라볼 수도 있다.

중다차원적 사고는 또한 속임수나 풍자를 이해할 수 있도록 한다. 아동과 청소년 그리고 성인들에게 진지한, 속임수가 있는 그리고 풍자가 포함된 이야기를 들려주고 그 이야기의 진짜 의미가 무엇인지를 질문하였다. 9세 이전의 아동들은 풍자의 의미를 거의 이해하지 못하였고 9세와 13세 사이에 풍자에 대한 이해가 증가하기 시작하여 청년기 동안 계속 발달하는 것으로 밝혀졌다(Demorest 등, 1984).

3. 피아제 이론에 대한 평가

청년기의 시작과 함께 형식적 조작사고가 발달한다는 피아제의 주장에도 불구하고, 아직도 많은 청소년들은 구체적 조작사고를 하거나 단지 형식적 조작사고로 전환하기 시작할 뿐이다. 성인들조차도 형식적 조작사고를 하지 못하는 사람들이 많기 때문에, 피아제는 인지발달에서의 개인차를 고려하지 못했다는 비판을 받는다.

또한 아동은 훈련을 받으면 더 높은 수준의 인지발달단계에 도달할 수 있을 뿐 아니라 어떤 인지능력들은 피아제가 가정한 연령보다 더 이른 연령에서 획득될 수 있다(Aslin, 2009). 그 예로서 수에 대한 보존개념은 3세경에 획득될 수 있음에도 불구하고 피아제는 7세 이전에는 불가능하다고 주장하였다. 그러므로 오늘날의 인지발달이론가들은 피아제가 가정한 단계대로 인지발달이 이루어진다는 데 동의하지 않는다(Kuhn, 2009).

교육과 문화는 피아제가 가정한 것보다 개인의 인지발달에 훨씬 더 큰 영향을 준다. 특히 고등학교 교과 과정은 청소년의 인지적 성장에 중요한 역할을 한다. 청소년들은 과학과 수학 그리고 언어학습을 통하여 세계의 고유한 논리적 관계를 학습한다. 또한 그들은 학교교육으로부터 가설 연역적 추론을 학습하며 예술의 세계를 경험함으로써 이상적 세계에 대한 독특한 개념을 형성하므로 피아제의 주장과는 차이가 있다(Holzman, 2009).

그럼에도 불구하고 피아제는 인지발달 연구의 개척자로서 주의깊은 관찰과 임상적 면접법을 사용하여 수많은 연구를 수행함으로써 인지발달이론을 정립하였고 현재까지도 중요시되는 많은 독창적 개념들(동화, 조절, 대상영속성, 자아중심성, 보존 등)을 생성하였다. 여기에 그치지 않고 피아제는 아동이 능동적, 건설적 사고자로서 어떻게 환경에 영향을 미치고 어떻게 적응하는지를 연구함으로써 경험과 도식의 관계는 물론 도식의 수정을 통한 더 높은 수준으로의 인지발달과정을 논리적으로 설명하였다는 점에서 우리는 그의 공로를 인정하지 않을 수 없다.

Ⅳ 사회적 관계

1. 가족관계

청년초기 청소년들은 부모와 가족으로부터 점차적으로 멀어지며 점점 자기자신과 친구에게 의존하기 시작한다. 부모는 청소년 자녀를 바라보면서 부모로서의 역할을 완수하고 있다는 기쁨과 함께 자녀들로부터 거부당한다는 느낌을 갖지 않을 수 없다. 특히 아버지보다는 어머니들이 멀어져 가는 자녀들의 행동을 수용하지 못한다.

따라서 청년초기의 가족관계는 아동기의 가족관계와 비교하여 어느 정도의 수정이 불가피하다. 우선 청소년들의 신체적 성장은 부모의 물리적 처벌이나 통제를 불가능하게 하고 가정 내에서 청소년이 기여할 일을 증가시킨다. 또한 형식적 조작사고가 발달하기 시작하는 청소년들은 부모가 제시하는 규칙이나 가치관의 논리적 모순을 발견하고 그것에 대한 설명을 요구한다. 더 나아가 다양한 동년배집단이나 성인들과 접촉할 기회를 갖는 청소년들은 가족의 기대나 가치관과 모순을 이루는 가치나 목표에 접할 수도 있다. 그 결과 이 연령의 청소년들은 새로운 의미의 가족관계를 정립하려고 한다.

청소년들이 가족관계의 질적 변화를 기대하기는 하지만, 그렇다고 해서 가정에서 배운 행동규범을 무조건 거부하는 것은 아니다. 청소년들은 아직도 부모와 강한 애착을 형성하고 있으며 부모의 정서적 지원과 승인을 필요로 한다. 대부분의 청소년들은 부모나 형제자매와 좋은 관계를 유지하면서, 자신과 관련된 문제를 결정할 때 점점 더 많이 참여하기 시작한다. 특히 중류계층 가정의 부모들은 청소년 자녀의 의견을 수용하고 그들과 함께 가족문제를 상의함으로써 자녀의 독립적 사고와 개인적 책임감을 길러줄 수 있으나 하류계층 부모들은 자녀의 성숙과는 상관없이 복종과 일치를 요구하는 경향이 있다.

1) 청소년-부모 갈등

어느 시대에나 연령집단간의 세대차이는 존재한다. 일반적으로 성인들은 청소년을 무책임하고 고집 세며 난폭하다고 생각하는 반면, 청소년들은 성인을 진부하고 구식이라고 생각한다. 청소년-부모 갈등은 문화적 가치와 교육기회 그리고 직업경향성에서 큰 세대 차이가 있을 때 증가한다.

프로이트와 그 동료들은 청소년 자녀와 부모의 갈등은 불가피하며 청소년의 독립성과 자아의 확립을 위해 필요하다고 주장하였다. 갈등은 청소년들이 도덕적 규칙과 아이디어, 태도 그리고 가치관에 대한 의문을 제기하게 하고 자신과 세계에 대한 보다 나은 이해를 획득하게 하기 때문에 유용하다는 것이다.

부모와 청소년의 갈등은 청년초기에 가장 높고 청년중기(고등학교 시기) 동안 비슷한 수준을 유지하다가 17-20세경에 감소한다. 이 시기동안 권위적인 가정 분위기보다는 권위주의적, 독재적 가정분위기에서, 사회경제적 수준이 높은 가정보다는 낮은 가정에서 그리고 부모의 직업 스트레스가 적은 가정보다는 많은 가정에서 더 많은 갈등이 일어난다(Rice & Dolgin, 2008).

앞에서도 설명한 것처럼 한때 우리는 청년초기를 '질풍노도'(storm and stress)의 시기라고 명명하고 부모와 청소년 자녀의 갈등이 첨예화되는 시기로 생각하였다. 그러나 이 분야의 많은 연구들은 대부분의 청소년들이 부모와 심각한 갈등 없이 순탄하게 청년초기를 보낸다고 보고하고 단지 침대정리나 의복 스타일, 머리모양, 음악기호 혹은 귀가시간 같은 사소한 문제에서 갈등을 경험할 뿐이라고 지적한다(Laursen & Collins, 2009).

물론 일부의 청소년들은 부모와의 지속적이고 심각한 갈등으로 학교를 자퇴하거나 가출하고, 물질남용이나 비행을 저지르기도 하고 때 이른 결혼을 하기도 한다. 특히 부모의 생활이 불행하고 높은 수준의 갈등으로 고통을 겪고 있는 가정의 청소년들은 그들의 증가된 불확실성을 반항행동으로 표현한다.

그러므로 청년초기의 부모-자녀 관계에서 가장 중요한 것은 행복하고 안정된 가정생활을 영위하면서 부모는 자녀의 의견에 귀를 기울이고 자녀는 부모의 견해에 귀를 기울여서 부모-자녀간의 차이를 발견하고 그 차이를 토론하며 해결책을 모색하는 것이다.

2) 형제자매 관계

독자(only child)인 청소년들이 증가하고 있기는 하지만, 인생초기에 형성되는 형제자매 관계는 청소년의 사회적 발달에 중요한 영향을 준다. 4세 이전의 유아들은 형제자매보다 부모와 더 많은 이야기를 나누지만, 4세 이후의 유아들은 형제자매와 더 많은 이야기를 나눔으로써 형제자매에 대한 애착을 보인다. 던과 그 동료들(Dunn 등, 1994)의 연구에 의하면, 아동기 동안 애정적이고 친밀했던 형제자매들은 청년기 동안 우호적인 관계를 유지하는 반면, 말다툼이 많고 갈등관계를 형성했던 형제자매들은 청년기 동안에도 여전히 갈등적이었다.

형제자매들이 어떤 관계를 유지하는지는 아동의 성별과 기질, 연령, 부모의 양육방식 및 부부관계의 질에 의해 영향을 받는다. 우선 이성보다는 동성의 자매들이 더 애정적이고 우호적인 관계를 형성하며, 형제자매들이 기질적으로 정서성이 높을 때는 우호적인 관계가 형성되기 어렵다(Brody 등, 1994). 연령 또한 중요하다. 청년기에 들어오면 형제자매들은 서로 동등하다고 생각하기 때문에 갈등은 점차 완화되고 관계는 개선된다. 청년후기에 이르면 자신의 형제자매를 인생에서 '의미 있는 다른 사람'(significant others)으로 지각하고 그들을 점점 더 중요시하게 된다.

부모 역시 형제자매 관계에 영향을 주는 중요한 요인으로, 부모가 형제자매들을 편애하지 않고 공평하게 대우한다고 지각될 때 형제자매들은 애정적 관계를 유지할 수 있다(Updegraff 등, 2005). 그렇다고 해서 부모가 모든 자녀들을 무조건 동등하게 대우하라는 뜻은 아니다. 자녀의 연령이나 개인적 욕구에 따라 다르게 대우해야 하지만, 부모의 대우가 정당하지 않다고 느껴지면 형제자매 관계는 크게 훼손된다.

부부관계의 질적 특성도 형제자매 관계에 영향을 준다. 부부가 따뜻하고 애정적이며 조화로운 관계를 유지하면 형제자매 관계도 긍정적이지만, 부부가 서로 갈등하면 형제자매 관계 역시 갈등 관계를 형성한다(Erel 등, 1998). 부부가 서로 갈등상태에 있으면 부모는 자녀를 공평하게 대우하지 못하므로 형제자매간에 갈등을 불러일으키는 원인이 된다.

적대적인 형제자매들은 물론 우호적인 형제자매들도 자주 경쟁관계를 형성한다. 경쟁은 연령차가 적은(1–2년) 동성의 형제자매들 사이에서 강하게 나타난다. 연령차이가 많거나 반대성의 형제자매들은 각기 다른 흥미를 갖기 때문에 형제자매간의 경쟁은 두드러지게 나타나지 않는다.

손위의 형제자매들은 동생에게 자주 막역한 친구가 되고 교사나 양육자 혹은 대리부모가 되기도 하며 성역할 동일시의 대상도 된다. 특히 맏딸은 한 세대 전의 우리나라를 포함하여 일부의 나라들에서 동생을 돌보는 역할을 맡는다(Zukow-Goldring, 2002). 그들은 동생을 돌보는 경험을 통하여 성인의 역할과 책임을 배울 수 있다. 손위 형제자매와의 애정적 관계는 어린 동생의 소속감과 안정감에 기여하나 거부적이고 적대적인 형제자매 관계는 적대감과 원한, 불안정 혹은 불안을 야기시키며 이러한 감정은 성인기까지 계속된다.

2. 친구관계

청소년들이 가까운 친구를 필요로 하는 이유는 아동이 친구를 필요로 하는 이유와는 다르다. 아동에게 친구는 어디까지나 함께 놀이나 게임을 하기 위해 필요한 존재이지 애정과 정서적 의존을 위해 필요한 존재는 아니다. 그러나 청소년들은 부모로부터 독립하기 원하기 때문에 친구에게 의존하기 시작하므로 친구는 아동기 동안 가족에 의해 제공되었던 정서적 지원의 일부를 제공하고 청소년의 안녕에 기여한다(Bukowski 등, 2009).

연령에 따른 정서적 지원제공자의 변화를 연구한 결과(Furman & Buhrmester, 1992)에 의하면, 초등학교 3학년 아동들의 가장 빈번한 지원제공자는 어머니와 아버지였으나 7학년에서는 동성의 친구들이 부모와 동등한 정도의 지원제공자로 지각되었다. 그러나 10학년경에 이르면 이제 동성의 친구들이 가장 빈번한 지원제공자가 되고, 대학생이 되면 이성친구가 동성친구 및 어머니와 동등한 지원제공자의 역할을 수행함으로써 이성친구의 중요성이 증가한다.

1) 우 정

친구 사이의 친밀감은 청년초기 동안 크게 증가한다. 일찍이 설리반(Sullivan, 1953)은 청년초기 동안 친밀감의 욕구가 크게 증가하기 때문에, 10대 청소년들은 친구를 찾지 않을 수 없다고 주장하였다.

청소년들은 그림 7-4에 제시된 바와 같이 부모보다 가까운 친구에게 더 많은 개인적 정보를 노출한다(Buhrmester, 1998). 그들은 부모보다 친구들과 더

그림 7-4 부모와 친구에 대한 자기노출의 발달적 변화

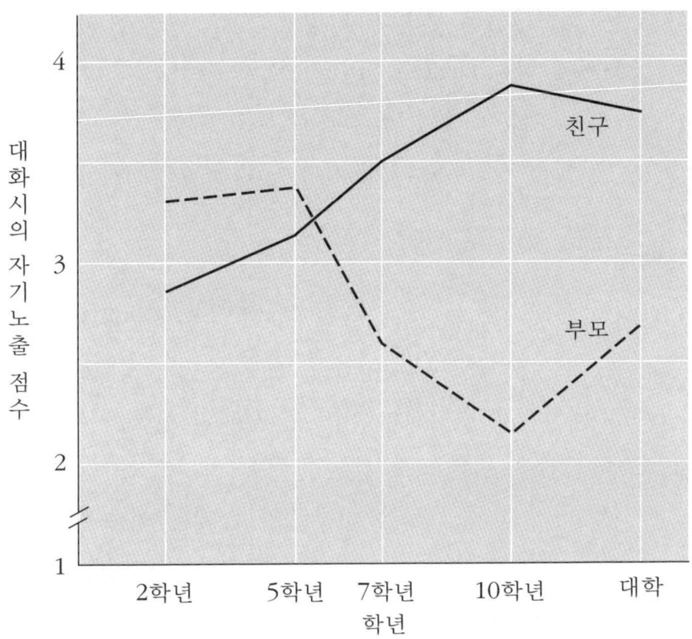

출처: Buhrmester, 1998.

많은 시간을 보내며 친밀감과 가치감 및 동료애를 경험한다. 13-16세 청소년들은 친구들과 매일 하루에 약 103분 동안 의미 있는 대화를 나누는 반면, 부모와는 단지 약 28분 동안 대화할 뿐이었다(Buhrmester & Cabery, 1992).

청년초기 청소년들은 지나치게 강한 정서와 자기애적 경향성을 지니기 때문에 우정은 오래 지속되지 못하고 자주 사회적 스트레스의 근원이 된다. 그러나 이 시기의 우정은 청소년의 안녕감과 밀접하게 연결된다(Bukowski 등, 2009). 그 증거로 피상적인 우정을 경험하거나 전혀 가까운 우정을 형성하지 못하는 청소년들은 더 외로워하고 더 우울해하며 낮은 자기존중감을 갖는다. 더욱이 청년초기 우정은 성인초기의 자기가치감을 예언하는 중요한 요인이기 때문에 그것은 청년초기의 핵심적 발달과업으로 중요시되지 않을 수 없다.

일부의 청소년들은 자신보다 나이 많은 사람이나 더 어린 사람들과 친한

친구가 된다. 친한 친구가 청소년보다 연상일 때, 부모는 청소년이 비행에 가담하거나 이른 성행동을 하게 될지도 모른다고 불안해한다. 실제로 연상의 친구를 가지고 있는 청소년들은 비행이나 성행동같은 위험한 행동에 더 빈번하게 가담하는 경향이 있었다(Poulin & Pedersen, 2007). 그러나 이것은 어디까지나 상관연구의 결과이기 때문에 연상의 친구가 일탈행동으로 유도하는지 아니면 청소년들이 이미 비행을 저지를 경향성을 지니고 있었는지는 분명하지 않다.

2) 동년배집단

가정 바깥에서 많은 시간을 보내는 청소년들은 친구들과 만나 이야기를 나누거나 전화를 통하여 대화를 나누는 일을 중요시한다. 청년초기의 가장 좋아하는 친구는 주로 동성으로 구성되며 친한 친구는 단 한 사람이거나 작은 집단을 형성한다. 그들은 같은 옷을 입고 같은 행동을 하려고 노력하며 자주 유사한 성격특성과 행동을 나타낸다. 그들은 하루종일 함께 있었음에도 불구하고, 집에 돌아오면 또 다시 전화를 통해 시간가는 줄 모르고 이야기를 계속한다.

친한 친구는 물론 동년배집단은 청소년들에게 우정의 기쁨과 함께 정서적 지원과 안정감을 제공한다. 사회인지능력의 발달로 타인의 욕구와 감정을 고려할 수 있는 청소년들은 우정을 통하여 자신을 표현하고 타인을 이해한다.

청소년들의 동년배집단 형성은 성인기의 사회집단형성을 위한 기초가 되기 때문에 중요하다. 동년배집단의 구성원으로서 청소년들은 집단의 구조와 집단 내에서의 자신의 위치를 평가하는 기술을 학습하는 동시에 집단 동일시의 결과에 대한 통찰을 획득한다. 청년초기 동안 동년배집단의 구성원으로서 획득한 사회적 기술은 성인기의 성숙한 집단구성원으로서의 역할수행을 위한 필수 요소가 된다.

3) 동조압력

청년초기 청소년들은 아동들보다 동년배의 표준에 더 많이 일치하려고 한다. 그들은 동년배집단에 가입함으로써 집단압력의 영향을 받는다. 청소년들은 동년배집단이 자신에게 무엇을 기대하고 있는지를 인식할 수 있는 지적 능력을 지니고 있다. 만약 동년배집단이 청소년들에게 용감하고 사교적이며 자신감 있는 행동을 요구한다고 지각되면, 청소년들은 그와 같은 집단동일시를 통하여 긍정적 자기상을 형성할 수 있을 것이다.

동년배집단은 구성원들이 개인으로서의 역할은 물론 단체행동을 통하여 집합적 영향력의 효과를 경험할 수 있도록 도와준다. 청소년들은 특정한 집단 활동에 참여함으로써 자기가치감을 확장시키고 외로움으로부터 보호받을 수 있으며 가족 간의 갈등으로 고통을 받을 때에도 집단구성원들에게서 위안을 얻을 수 있다.

청소년들의 동년배집단에 대한 민감성은 그림 7-5와 같이 연령에 따른 차이를 나타낸다. 아동후기부터 부모의 압력에 대한 민감성은 극적으로 감소하고 동년배 압력은 극적으로 증가하나 동년배 압력에 대한 민감성은 청년초기(중학교 2-3학년 무렵)를 정점으로 급격하게 감소한다. 부모와 동년배 압력 양자에 대한 민감성의 감소는 자율성이 획득되기 시작했음을 의미한다.

특히 낮은 자기존중감을 지니고 있고 높은 수준의 사회적 불안을 갖는 청소년들은 동년배집단에 동조할 가능성이 매우 크다(Prinstein & Dodge, 2008). 그들은 동년배집단의 요구에 일치함으로써 안정감을 얻을 수 있기 때문에 개인

그림 7-5 부모 압력과 동년배 압력에 대한 민감성의 변화

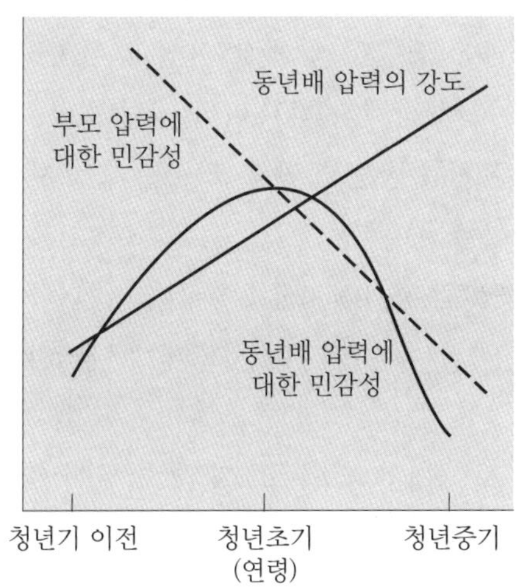

출처: Steinberg, 1993.

적 가치를 변화시키고 집단구성원들과의 유사성을 증가시키기 위하여 노력한다. 물론 동년배집단의 기대와 청소년 자신의 가치관 사이의 불일치 정도가 지나치게 크면 긴장과 갈등이 초래된다. 청소년들의 학교탈락은 성공을 경시하는 극단적인 동년배집단에 참여한 결과일 수 있다.

3. 이성관계

청년초기 청소년들은 동성의 친구들과 긴밀한 관계를 형성하고 우정을 나누지만, 이성의 친구들도 중요한 의미를 갖기 시작한다. 사춘기의 시작과 함께, 호르몬 분비의 변화는 청소년들의 이성에 대한 관심을 불러일으키고 성적 인간으로서의 자신에 대한 개념을 형성하게 한다.

1) 이성교제의 시작

청소년들의 이성교제는 다음과 같은 네 개의 단계를 거쳐 이루어진다(Conolly & Goldberg, 1999).

① **시작(initiation)단계**: 이성교제를 시작하는 단계로서 매력과 욕구가 핵심적 정서이지만, 이성과의 접촉은 제한적이다.
② **유친(affiliation)단계**: 집단 상황에서 이성과 접촉하고 이성과 상호작용하는 방법을 학습하며 잠재적 파트너를 만난다.
③ **친밀(intimate)단계**: 특정한 개인과 커플관계를 형성하고 둘만의 관계에 정서적 에너지를 집중한다.
④ **전념(committed)단계**: 정서적, 신체적 친밀성을 공유하고, 상호간에 돌봄과 애착행동이 나타나며 양자는 서로에게 애착대상으로 기능한다.

초등학교 아동들 사이에서도 이성교제가 이루어지기는 하지만, 청소년들의 이성교제는 대부분 집단 내에서 이루어진다. 그들은 이성과 커플관계를 형성한다고 할지라도 그들의 관계는 친밀단계에 머무른다. 일반적으로 전념단계는 고등학교를 졸업할 무렵이나 그 이후에 나타나며, 성인의 낭만적 관계와 유사한 강한 정서적 유대를 형성한다.

어린 청소년들은 옷을 잘 입고 신체적으로 매력적이며, 다른 사람들이 좋아하는 이성과 데이트하기를 원하지만 연령증가와 함께 성격특성이나 미래에 대한 계획에 더 많은 관심을 갖는다. 청년후기의 젊은이들은 데이트를 통하여 상대방의 매력을 확인하고 사랑의 감정을 경험한다.

그러나 이른 이성교제는 여러 가지 문제를 일으킨다. 청소년들이 이성교제 경험을 많이 하면 할수록 더 높은 수준의 사회적 수용능력과 우정 형성능력을 갖게 된다고 주장하는 연구자도 있기는 하다. 그러나 이 분야의 대다수 연구자들은 이성교제를 많이 할수록 물질사용과 비행 및 이른 성행동에 가담할 가능성이 높아진다는 데 동의한다(Furman 등, 2005). 특히 여자 청소년들은 이성교제 경험이 많을수록 강한 우울증상을 나타내었다(Starr & Davila, 2009).

2) 청소년들의 이성에 대한 감정

청소년들의 이성에 대한 감정도 발달적 특성을 지니고 있다. 2차적 성 특징이 나타나기 시작하는 사춘기의 남녀 청소년들은 개인적인 접촉 없이 멀리서 좋아하는 형태의 짝사랑을 한다. 짝사랑의 대상은 젊고 실력 있는 멋진 선생님이거나 존경의 대상이 될 수 있는 연상의 인물로서 동성일 수도 있고 이성일 수도 있다. 청소년들은 동일시 메커니즘에 의해 존경 대상인물의 인생관이나 생활태도 혹은 이상을 학습하기 때문에 긍정적 영향을 받을 수도 있지만 동일시 대상이 바람직하지 못할 때에는 여러 가지 문제를 불러일으킨다.

대조적으로 성적 성숙을 이룬 청소년들은 비슷한 연령의 이성에게 강한 관심을 나타낸다. 이성에 대한 관심은 초기에는 선택된 이성이 아니라 누구든 자신에게 관심을 보이는 대상에게 향하며 점차 특정한 이성으로 관심이 옮겨간다. 최근의 성 개방화 영향에 힘입어 많은 청소년들은 과거보다 일찍 이성교제를 시작한다.

그럼에도 불구하고 이 시기의 이성에 대한 태도는 매우 소극적이다. 청소년들은 이성의 주의와 관심을 사려고 노력하지만, 현실적으로 이성과 만나게 되면 수줍어하거나 자신의 감정을 숨기기 위해 웃고 떠들며 무관심한 척한다. 비록 청년초기의 이성교제는 영원한 동반자를 찾기 위한 목적에서 이루어지는 것도 아니고 여러 가지 문제행동과 연결될 수도 있지만, 이성교제 경험은 청소년의 성역할을 명백히 해 주고 남성이나 여성으로서의 자신을 가치 있는 존재로 인식할 수 있도록 도와주는 이점도 있다.

특히 동년배집단은 이성교제와 관련된 잠재적 긴장이나 불안을 완화시켜 줄 수 있다. 청소년들은 집단활동에 참여함으로써 자기를 지나치게 의식하지 않는 분위기 속에서 이성과 사귈 수 있으며 자연스럽게 이원적(dyadic) 이성관계로 발전시켜 갈 수 있다. 이성과의 접촉을 통하여 청소년들은 이성을 보다 객관적으로 판단할 수 있게 된다.

V 청년초기의 위험행동

청년초기는 여러 가지 위험행동(risk behavior)을 저지를 가능성이 큰 시기이다. 일부의 청소년들은 폭력행동을 포함하는 각종 비행행동에 가담하거나 물질남용 혹은 비정상적인 성행동과 같은 위험행동을 일삼는다. 10대 청소년들의 사망률이 다른 연령층보다 더 높은 것도 이 때문이다. 청년기 특유의 에너지와 그들의 지적 호기심은 이 시기의 위험행동을 자극하나 대부분의 10대들은 스포츠나 건설적인 일에 그들의 에너지를 사용한다.

그렇다면 소수의 청소년들이 높은 위험행동에 가담하는 이유는 무엇일까? 첫째, 자신의 행동이 초래할 위험을 이해하지 못하거나 합리적 판단을 하지 못하기 때문에 둘째, 위험에 대한 정보를 가지고 있지 않기 때문에 셋째, 위험을 이해하고는 있으나 그것들을 무시하기 때문에 등 여러 가지 이유를 생각할 수 있다.

분명한 사실은 청소년들이 그들의 행동에 의해 초래될 부정적 결과를 과소평가한다는 것이다(Craig & Kermis, 1995). 물론 엘킨드(Elkind, 1967)가 제안한 개인적 우화현상도 그 원인이 될 수 있다. 개인적 우화현상에 빠져 있는 청소년들은 자신을 불사신으로 생각하고 약물에 중독되는 일도 없고 임신이 될 리도 없다고 생각한다.

청소년의 위험감행 행동에는 그림 7-6과 같이 중다의 요인들이 관여한다.

이 그림에 제시된 것처럼 생물/유전학, 사회적 환경, 지각된 환경, 성격 및 실제적 행동요인 등 모두 위험행동을 감행하게 하는 위험요인인 동시에 위험행동을 막아주는 보호적 요인의 기능을 한다.

어떤 요인들이 높은 위험행동에 가담하는 청소년들의 비율을 감소시킬 수 있는가? 먼저 위험한 환경에 들어갈 기회를 차단시키려는 가족의 노력과 청소년의 자기존중감, 능력에 대한 자신감, 가족이나 사회집단에 대한 소속감 등이 위험행동의 발생가능성을 감소시킨다(Jessor, 1993).

그림 7-6 청소년 위험행동의 개념적 모델

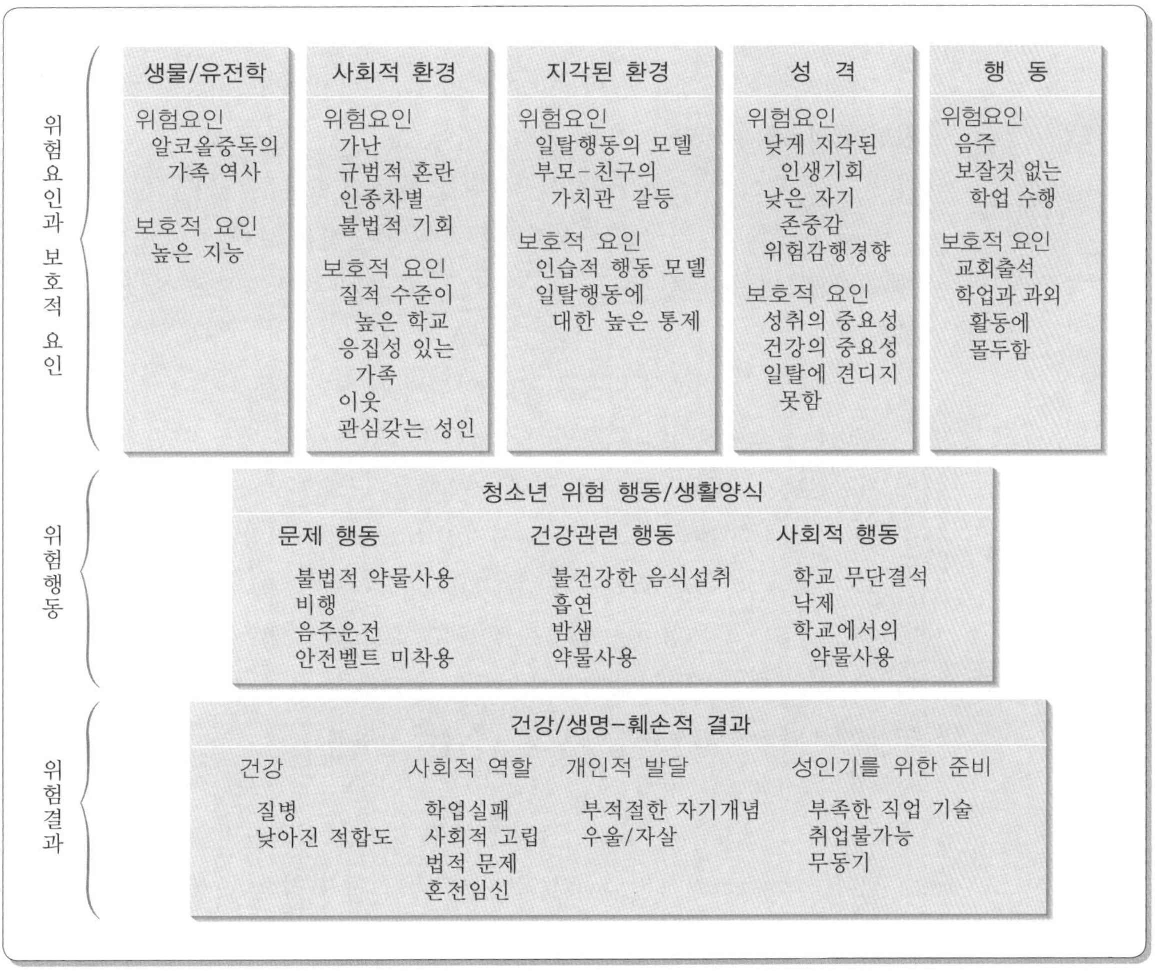

출처: Jessor, 1992.

1. 비　행

비행은 대표적 위험행동으로 범죄보다 더 포괄적인 개념이다. 청소년 비행행동 속에는 형법에는 저촉되지 않으나 특정 연령층에 의해 행해지는 지위범행(status offenses)과 범법행동이 포함된다. 지위범행이란 문제청소년들에게서 빈번하게 관찰되는 무단결석이나 부모나 교사에 대한 반항행동, 가출, 혹은 약물남용 등을 의미하는 반면, 형법에 저촉되는 폭행, 상해, 절도, 살인 등은 범법행동에 속한다.

1) 비행발생률

우리나라에서 청소년 범죄라고 하면 14세 이상 20세 미만의 소년이 형벌법령에 저촉되는 행위를 하는 것을 말한다. 표 7-1은 한국 청소년 범죄의 유형별 동향을 제시한다. 이 표는 절도행위를 하는 청소년들이 가장 많고 그 다음으로 폭행·상해를 저지르는 청소년들이 많다는 것을 보여 준다. 그러나 여기에 제시된 모든 자료들은 단지 체포된 행동만을 다루기 때문에, 청소년 비행현황을 제대로 보여 주지 못한다. 실제로 많은 청소년들이 비행을 저지르고 있으나 발각되는 청소년들의 비율은 그중 일부에 지나지 않는다.

2011 청소년백서에 의하면(여성가족부, 2011), 청소년들의 범죄율은 16세에 가장 높고(24.1%), 그 다음이 18세(22.2%), 17세(21.9%) 그리고 15세(21.5%) 순이어서 청소년 범죄는 고등학교 시기인 16-18세에 가장 많이 발생한다는 것을 보여 준다. 남녀 청소년들의 범죄율을 비교하면 남자 청소년들의 범죄율은 80.8% 그리고 여자 청소년 범죄율은 19.2%로서 남자 청소년들의 범죄율이 절대적으로 높다. 그러나 남자 청소년들의 범죄율은 매년 감소추세를 보이지만 여자 청소년들의 범죄율은 계속 증가추세를 나타낸다.

미국 청소년들 역시 지난 20년 동안 남자 청소년들보다 여자 청소년들의 비행이 더 크게 증가하여 소녀들의 비행률 증가는 한국만의 문제가 아님을 알 수 있다(Puzzaanchera & Sickmund, 2008). 그러나 여자 청소년들은 체포된다고 할지라도 대부분 사소한 범죄나 가출 혹은 무단결석과 같은 지위범행 때문이므로 남자 청소년들의 비행이 더 빈번하고 더 범죄적이다.

표 7-1 소년범죄의 유형별 현황

		2006	2007	2008	2009	2010
계		69,211	88,104	134,992	113,022	89,776
강력범	소계	1,857	1,928	3,016	3,182	3,106
	흉악범	878	1,094	1,427	1,608	999
	성폭력	979	834	1,589	1,574	2,107
폭력범	소계	18,104	23,275	34,067	29,488	23,276
	공갈	405	562	1,046	1,495	1,422
	폭력 · 상해 등	17,699	22,713	33,021	27,993	21,854
재산범	소계	29,506	33,659	39,688	45,774	40,478
	절도	24,842	28,839	33,073	38,494	33,534
	횡령 등	997	1,167	1,855	1,664	1,483
	장물	222	271	571	820	722
	사기	3,445	3,382	4,189	4,796	4,739
교통사범		15,517	21,893	27,666	18,138	13,842
저작권법 위반		–	2,338	20,272	7,720	275
기타		4,227	5,011	10,283	8,720	8,799

출처: 2011 청소년백서.

다행스럽게도 비행행동에 가담하는 청년초기 청소년들의 통제능력 부족은 일시적 현상으로, 대부분의 청소년들은 비행행동 후에 공포와 죄책감을 경험하고 더 이상의 비행행동에 가담하지 않는다. 그러나 11세 이전에 비행행동을 시작한 청소년들은 11세 이후에 비행행동을 시작한 청소년들보다 더 많은 반사회적, 공격적 행동을 나타내었고 이러한 부정적 행동은 성인기까지도 계속되었다(Loeber 등, 2009).

2) 비행의 원인

가정의 사회경제적 수준이 청소년 비행에 영향을 준다. 낮은 사회경제적 수준에서만 비행이 나타나는 것은 아니라고 할지라도, 하류계층의 문화적 특성은 비행을 촉진시킨다(윤혜미, 2005; Thio, 2010). 그들은 가난하고, 미취업상태에 있으며 사회적으로 강한 소외감을 느끼고 있다.

가난은 인생의 기회를 제한하고 교육적 열망을 감소시키며 친구나 학교 선생님과의 부정적 경험과 연결된다. 가난한 하류계층 청소년들은 비행을 통하여 타인의 관심을 끌고 그들의 남성성을 과시하려고 한다. 더욱이 하류계층 청소년들의 주변에는 범죄행위에 가담하게 하는 모델이 많을 뿐 아니라 동년배집단의 규준은 반사회적이고 사회적 규준과 반대되기 때문에 그들은 비행을 저지르기 쉽다.

부모역할이나 가족지원체계의 질도 청소년의 비행과 연결된다. 비행 청소년의 부모는 반사회적 행동을 억제하고 바람직한 행동을 격려하는 방법을 알지 못한다. 부모의 감독은 비행 청소년이 될 것인지 아닌지를 결정하는 중요한 요인임에도 불구하고(Laird 등, 2009), 비행 청소년의 부모는 청소년 자녀가 어디에서 무엇을 하는지 알지 못한다. 또한 가족간의 불화와 일관성 없고 지나치게 가혹한 훈육 역시 청소년의 비행을 촉진시킨다(최윤정, 이시연, 2006; Farrington 등, 2009).

형제자매와 친구도 청소년의 비행에 영향을 준다. 적대적인 형제자매 관계와 손위 형제자매의 비행은 동생의 비행과 연결되고(Bank 등, 2004) 비행을 일삼는 친구의 존재는 청소년의 비행을 증가시킨다(Brown & Larson, 2009). 그러나 무엇보다 중요한 것은 청소년과 학교의 연결성이다. 학교와의 연결성은 부정적인 가족관계와 저조한 자기통제력의 효과를 완충할 수 있으므로(Louka 등, 2010), 학교에서의 탈락이나 자퇴는 비행을 촉진시키는 중요한 요인이다.

2. 청소년의 물질사용

1) 물질사용의 경향

물질사용(substance use)이나 중독문제는 또 다른 위험행동이다. 전세계적으로 청소년들의 물질사용은 증가하는 추세에 있으며 우리나라도 예외는 아니다. 미국의 경우 1965년 이전까지는 청소년 물질사용을 도시빈민가의 청소년들에게 한정된 문제로 인식하였기 때문에 사회는 물질사용 문제에 큰 관심을 갖지 않았다. 그러나 1960년대 후반과 1970년대 초기의 '히피운동'(hippi movement)은 중류계층과 상류계층 청소년의 물질사용을 증가시키는 직접적인 계기가 되었다.

한국 청소년의 물질사용은 다른 나라 청소년들만큼 심각하지는 않으나 계속적으로 증가하고 있다. 우리 사회에서 물질사용이나 남용이 사회적 관심의 대상이 되기 시작한 것은 1970년대부터이지만, 전국적 규모의 체계적 조사가 실시되지 않았기 때문에 정확한 실상을 알 수는 없다.

이제 흡연과 음주는 남자 청소년들 사이에서 이미 보편화되었고 여자 청소년들 중에도 습관적으로 음주와 흡연하는 청소년이 증가하고 있다. 담배는 가장 최초로 사용되기 때문에, 그리고 알코올은 청소년들 사이에서 가장 빈번하게 사용되기 때문에 우리의 관심을 끈다. 음주나 흡연 외에 수면제, 본드, 부탄가스, 시너 등의 환각물질도 사용되지만 사용하는 청소년들의 비율은 5% 미만이며, 더 심각한 대마초나 마약 혹은 필로폰 같은 마약류 사용자는 일부 소년원 청소년에 한정된다(장휘숙, 2009).

그러나 모든 물질 사용자들은 흡연과 음주 후에 환각물질이나 마약류를 사용하기 때문에 담배와 알코올은 통로약물(gateway drugs)로 인식된다(Perry, 2000). 실제로 대부분의 물질 사용은 비밀리에 이루어지기 때문에, 학교나 가정은 그 실상을 제대로 알지 못한다.

2) 물질사용의 원인: 물질사용의 폭포모델

청소년의 물질사용은 아동기에서 시작된다. 사회정보처리 이론가인 도찌와 그 동료들(Dodge 등, 2009)은 그림 7-7과 같은 물질사용의 발달적 경로를 제시하였다. 물질사용의 폭포모델(cascade model of substance use)이라고 불리는 이 모델은 중다의 요인들이 물질사용에 영향을 주고 각 요인들은 폭포의 물이 흘러내리듯이 가속도가 붙으면서 다음 요인에 차례대로 영향을 준다는 것을 보여 준다.

그림 7-7에서 폭포는 (1) 까다로운 기질을 갖는 아동에서 시작한다. 아동은 (2) 가난과 스트레스 그리고 물질사용과 같은 문제를 지닌 유해한 가족환경

그림 7-7 물질사용의 폭포모델

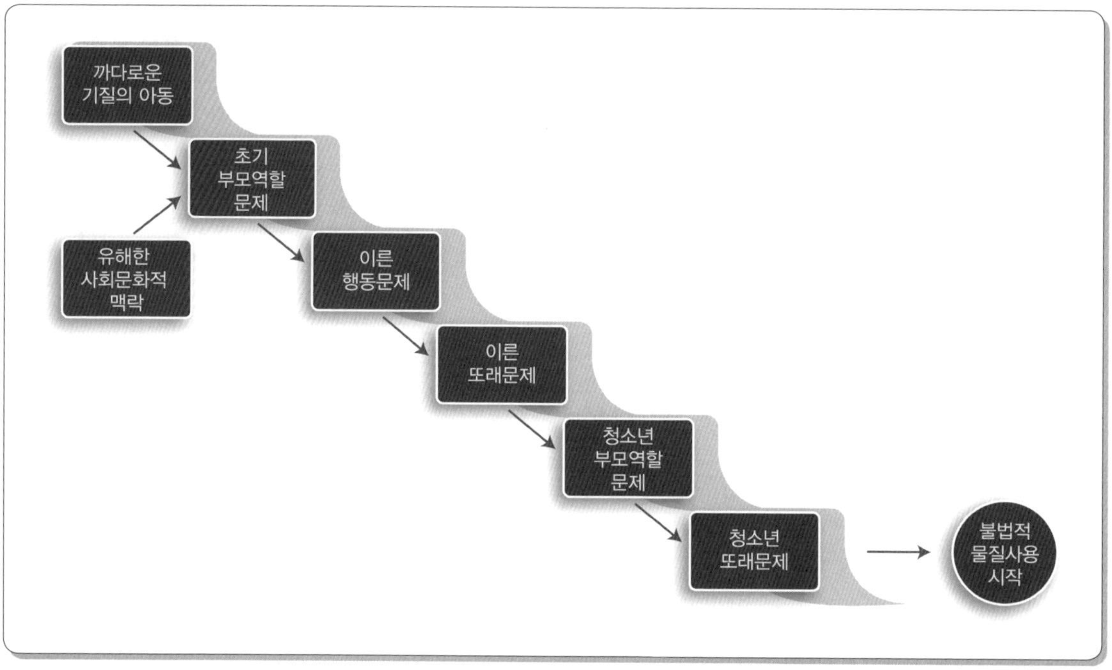

출처: Dodge 등, 2009.

에서 태어나고 (3) 거친 훈육과 가족 갈등에 노출된다. (4) 그 결과 아동은 공격성이나 품행문제와 같은 행동문제를 일으켜 (5) 동년배로부터 거부당하고 학교에서 여러 가지 문제를 일으킨다. (6) 이제 부모는 통제하기 어려운 청소년으로 성장한 자녀에 대한 감독을 포기함으로써 (7) 청소년이 일탈 동년배집단에 가담하고 약물사용이나 다른 일탈행동을 하도록 자극한다.

이 모델은 청소년의 문제행동이나 심리적 장애들은 알지 못하는 곳에서 불쑥 나타나는 것이 아니라 여러 해에 걸쳐 개인과 부모, 또래 그리고 다른 사회환경적 요인들 간의 누적적인 상호작용효과임을 보여 준다. 동시에 이 모델은 청년기 이전에 위험에 처한 아동들을 대상으로 예방프로그램이 실시되어야 효과적이라는 것도 시사한다. 해가 거듭될수록 물질사용의 폭포를 중단시키기는 어렵지만, 이 모델은 각 단계마다 중재할 수 있는 새로운 기회들이 있음을 보여 주므로 희망적이기도 하다.

물론 청소년들 중에는 호기심으로 물질을 사용하기도 하고, 물질을 사용하는 부모나 친구를 모델링으로 하여, 부모나 사회에 대한 반항으로, 혹은 고양된 감각과 스릴을 즐기기 위해 일시적으로 물질을 사용하기도 한다. 이때에도 부모와 대화를 통하여 고민과 갈등을 상의할 수 있다면, 청소년의 물질사용은 감소될 수 있다.

한 최근 연구는 청소년들이 가족과 저녁식사를 하는 날이 많으면 많을수록 물질사용을 포함한 문제행동을 더 적게 한다고 보고한다(Sen, 2010). 또한 청소년들은 긴장이나 좌절을 포함하는 다양한 스트레스를 회피하기 위한 수단으로 물질을 사용하고 동년배의 압력 때문에 물질을 사용하기도 하므로 스트레스에 대처하는 방법과 동년배의 압력에 저항하는 방법을 직접적으로 가르치는 것도 물질사용을 예방하는 효과적인 방법이 될 수 있다(Fitzgerald, 2005).

제8장 청년후기의 자기의 발달과 도덕성 및 직업선택의 발달

Ⅰ. 자기의 발달
1. 자기존중감의 변화
2. 정체감의 변화
   1) 정체감 대 정체감 혼란
   2) 정체감 형성과정
   3) 역할실험
   4) 정체감 상태
3. 정체감 형성과 부모 및 동년배집단의 영향
   1) 부모의 영향
   2) 동년배집단의 영향

Ⅱ. 성역할 정체감과 종교적 정체감
1. 청년기 동안의 성역할 사회화
   1) 남성의 성역할 정체감 발달
   2) 여성의 성역할 정체감 발달
2. 종교와 정체감 발달

Ⅲ. 청년후기의 도덕성
1. 도덕성 발달의 일반적 특성
2. 도덕적 추론능력에서의 변화
   1) 콜버그의 이론
   2) 길리건의 이론
   3) 아이센버그의 친사회적 추론
3. 도찌의 사회정보처리 모델

Ⅳ. 성취동기와 직업선택
1. 성취동기
   1) 성취동기의 발달적 변화
   2) 성취동기의 측정
2. 직업선택
   1) 성격과 직업선택
   2) 직업발달의 과정
   3) 직업선택에 영향을 주는 요인들

제 8 장 청년후기의 자기의 발달과 도덕성 및 직업선택의 발달

청년후기는 성인기 시작 직전의 단계로서 다양한 역할을 위한 선택이 요구되는 시기이다. 동년배집단의 가치에 스스로를 일치시키는 청년초기의 청소년들과는 대조적으로 청년후기의 젊은이들은 개인적인 문제에 몰두한다. 그들은 미래에 대한 방향설정은 물론 과거에 자신과 타인과의 관계에서 형성한 유대관계를 재고려함으로써 자기(self)의 발달을 이룬다. 이 시기 동안 청년들은 개인적 가치와 목표를 설정하고 개인적 정체감을 확립하는 동시에 직업선택을 위한 준비를 갖추고 도덕적 가치관을 정립한다.

I 자기의 발달

청년기는 전생애의 어떤 시기보다 자기의 발달이 중요시되는 시기이다. 형식적 조작능력의 발달로 내성(內省)이 가능한 청소년들은 자신이 어떤 사람인지에 깊은 관심을 갖는다. 청년기의 자기발달은 자기존중감 발달과 정체감 발달로 설명될 수 있다.

1. 자기존중감의 변화

청년기 동안 자기존중감에서는 어떤 변화가 일어나고 변화의 양상에서 성차가 있는지의 문제는 지금도 논쟁을 불러일으키는 주제이다. 초기 연구자들은 청년기는 질풍노도의 시기이기 때문에 자기존중감에서 감소가 일어날 것으로 가정하였으나 후속연구들은 다소 일관성 없는 결과를 보고한다.

일찍이 자기존중감을 지표적 자기존중감(barometric self-esteem)과 기준선 자기존중감(baseline self-esteem)으로 구분한 로젠버그(Rosenberg, 1986)는 지표적 자기존중감의 하락 때문에 기준선 자기존중감까지 하락하는 것처럼 보인다고 주장하였다. 지표적 자기존중감이란 상황적 특성에 따라 변할 수 있는 자신의 측면인 반면, 기준선 자기존중감은 순간적 상황에 따라 변화하지 않는 자기존중감의 항상적 측면이다. 로젠버그의 주장에 의하면, 청년초기 동안 자기존중감에서 감소가 일어난다는 주장은 지표적 자기존중감에 기인된 것이며 실제로 기준선 자기존중감까지 변화하는 것은 아니다. 그는 지표적 자기존중감에서의 하락은 상황적 변화의 결과이기 때문에 일시적 현상이며 곧 회복될 수 있다고

그림 8-1 청년기 동안 자기존중감의 변화

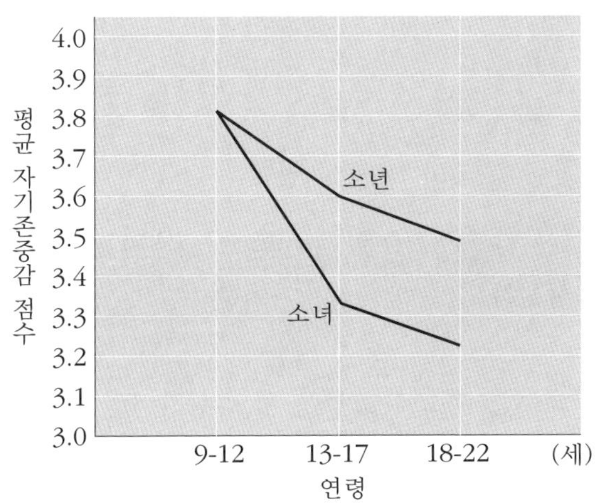

출처: Robins 등, 2002.

주장하였다.

그러나 로빈스와 그 동료들(Robins 등, 2002)은 그림 8-1에 제시된 바와 같이 남녀 모두 아동기 동안 높은 자기존중감을 유지하나 청년기 동안 상당한 정도로 감소한다고 보고하였다. 그들은 특히 소년보다 소녀의 자기존중감에서 큰 하락이 일어난다고 주장하였다.

소녀의 자기존중감이 더 크게 하락하는 이유는 무엇인가? 볼드윈과 호프만(Baldwin & Hoffman, 2002)은 소녀의 자기존중감 하락은 여자 청소년이 갖는 부정적 신체상과 사회로부터 적절하게 보상받지 못하는 여성의 지위에 그 원인이 있다고 설명하였다. 자기존중감에 관한 연구들을 통합분석한 결과에서도 청년기 동안 소녀들의 자기존중감만이 약간 부적으로 변화하는 것으로 나타났다(Kling 등, 1999).

흥미롭게도 13세부터 18세까지 중고등학교 청소년들을 횡단적으로 표집하여 연구한 국내 연구에서는 여학생들의 점수가 남학생들의 점수보다 약간 낮기는 하였으나 통계적으로는 유의한 차이가 없었다(홍성훈, 2004). 또한 연령에 따라서도 차이를 나타내지 않아, 청년기 동안의 자기존중감 하락과 성차문제가 지나치게 과장되었다는 하터(Harter, 2002)의 주장과 일치하였다.

청소년의 자기존중감 수준에 영향을 미칠 수 있는 요인들은 많이 있다(Harter, 2005). 우선 청소년 자신이 중요시하는 영역을 유능하게 수행할 수 있을 때, 부모가 조화롭고 행복한 생활을 할 때, 부모나 주위의 성인들이 청소년에게 애정적이고 많은 관심을 보일 때, 부모와 청소년 자녀가 훈육방법이나 규칙을 함께 논의할 때 그리고 동년배들이 청소년을 높게 평가할 때 청소년들은 높은 자기존중감을 가질 수 있다.

일반적으로 높은 자기존중감을 지니고 있는 개인들은 타인과 융통성 있고 적응적인 관계를 형성하는 반면, 낮은 자기존중감의 소유자들은 사회적 상황에서 자주 긴장하고 어색함을 느끼기 때문에 타인과 의사소통을 잘 하지 못한다. 그들은 고립감과 외로움으로 고통을 겪으며 타인을 기쁘게 해 주기 원하기 때문에 타인의 영향에 지극히 취약하다.

그렇다면 청년기 동안의 자기존중감은 성인기에서의 적응이나 능력을 예언하는가? 뉴질랜드에서 수행된 한 종단연구는 11세, 13세 그리고 15세 청소년들의 자기존중감과 그들이 26세가 되었을 때의 적응능력을 측정하였다(Trzesniewski 등, 2006). 그 결과는 청년기에 낮은 자기존중감을 가졌던 청소년들은 높은 자기존중감을 가졌던 청소년들과 비교하여 더 보잘것없는 정신적, 신체적 건강상태와 더 나쁜 경제상태 그리고 더 높은 수준의 범죄행동을 나타내었다.

문제는 개인의 자기존중감이 항상 실제 상태를 반영하는 것은 아니라는 것이다(Krueger 등, 2008). 그 이유는 어떤 사람이 자신을 한 인간으로서 가치있고 성공과 성취를 이룬 사람으로 지각하고 높은 자기존중감을 갖지만, 그것은 타인에 대한 거만하고 부당한 우월감의 표시일 수 있기 때문이다. 반대로 낮은 자기존중감을 지닌 사람도 실제로는 자신의 단점에 대한 정확한 지각이 아니라 왜곡되고 병리적인 열등감의 표현일 수 있다는 것이다.

왜곡된 자기존중감의 한 예로서 나르시시즘(narcissism)이 있다. 자기애(自己愛) 혹은 자기도취증으로 번역되는 나르시시즘은 타인에 대한 자기중심적, 이기적 접근방법에 해당한다. 자기도취자(narcissist)들은 실제적 자기는 물론 타인들이 그들을 어떻게 지각하고 있는지를 알지 못한다. 그들은 과도하게 자기중심적이고 자신의 욕구나 소망을 가장 중요하게 생각한다. 오늘날의 청소년들은 한 세대 전의 젊은이들보다 더 자기중심적이고 자기도취적이라고 주장하는 사람들이 있기는 하지만(Twenge 등, 2008a,b), 여기에 동의하지 않는 연구자들도 있으므로 앞으로 이 분야에 대한 더 많은 연구가 이루어져야 할 것이다.

2. 정체감의 변화

정체감(identity) 혹은 자아정체감(ego identity)이란 자기 자신의 독특성에 대한 비교적 안정된 느낌으로 행동이나 사고 혹은 느낌의 변화에도 불구하고 기본적으로 자신에게 친숙한 것으로서, 내가 누구인지를 아는 것이다. 물론 내가 나를 보는 방식은 타인이 나를 보는 방식과 일관성이 있어야만 한다(Erikson, 1968). 따라서 정체감 확립은 시간경과에도 불구하고 자신이 동일한 사람이라는 인식이 이루어질 수 있어야 하고 자아의 다양한 특성들이 일관성 있는 하나의 체계로 통합될 수 있어야만 가능하다. 개인의 정체감 발달은 하나의 단일적인 발달적 사건이기보다는 일련의 상호관련된 요인들의 복잡하고 다차원적인 발달과정으로 이해될 수 있다.

1) 정체감 대 정체감 혼란

에릭슨은 그의 저서 「자아정체감 문제」(The Problem of Ego Identity, 1959)와 「정체감: 청년과 위기」(Identity: Youth and Crisis, 1968)에서 개인적 정체감의 의미와 기능에 대해 포괄적으로 설명하고 있다. 청년기를 정체감 대 정체감 혼란(identity versus identity diffusion)의 시기로 가정한 에릭슨은 일관성 있는 정체감의 확립이 청년기의 주된 심리사회적 위기라고 주장하였다.

에릭슨의 모델에서 위기(crisis)란 개인이 해결해야 하는 일종의 도전으로 성장하기 위해서는 불가피하게 경험해야만 하는 규범적인 사건들이 여기에 해당한다. 에릭슨에 의하면, 청년기의 심리사회적 위기인 정체감 대 정체감 혼란의 해결은 개인이 이전 단계의 심리사회적 위기들을 어떻게 해결했느냐에 달려 있다. 다시 말하면 신뢰감, 자율성, 선도성 및 근면성의 건강한 해결 없이 일관성 있는 정체감을 확립한다는 것은 어려운 일이라는 것이다. 물론 청년기의 정체감 위기를 해결하는 방식은 또 다시 이후의 성인기 심리사회적 위기를 해결하는 방식에 영향을 줄 것이다.

에릭슨과는 대조적으로 뉴만과 뉴만(Newman & Newman, 1976)은 청년기를 집단정체감(group identity) 형성과 개인적 정체감(personal identity) 형성의 두 개의 시기로 구분하였다. 그들은, 청년들이 독특한 개인적 정체감을 형성할 수 있기 이전에 동년배들과의 집단정체감을 먼저 형성하게 된다고 가정하고 사춘기부터 18세까지의 기간을 집단정체감 대 소외(group identity versus alienation)의 시기로 그리고 18세부터 21–22세까지의 기간을 개인적 정체감 대 역할혼란의 시기로 명명하였다.

2) 정체감 형성과정

정체감 형성은 아동기 경험과 동일시에 뿌리를 두고 있기는 하지만, 실제적인 발달은 청년후기부터 성인기까지 계속적으로 이루어진다. 정체감 형성은 세계와 자신에 대한 추상적 사고의 발달과 함께 시작되기 때문에 청년초기보다는 청년후기에 더 중요한 문제로 인식된다(Cote, 2009).

급격한 신체적 변화를 경험하는 청년초기 청소년들은 자신의 신체상(body image)에 대한 강한 관심과 동년배집단의 수용이나 인정을 중요시하기 때문에 개인적 정체감 확립에는 관심이 없다. 따라서 안정된 정체감을 확립하기 위해서는 신체적 성숙과 성적 성숙, 추상적 사고능력의 발달 그리고 정서적 안정성이 선행되어야 하며 동시에 부모나 동년배집단의 영향으로부터 어느 정도 자유로울 수 있어야 한다.

그러나 우리가 자신을 보고 느끼는 방식에서의 변화는 전생애 동안 계속된다. 그 증거로서 아동기 동안에는 자기상과 자기존중감에서 중요한 변화가 일어나고 청년기와 성인기 동안에는 다양한 역할에서 변화가 일어나므로 우리는 언제든지 정체감 위기를 경험할 수 있다. 그럼에도 불구하고 우리가 청년기 동안 일어나는 정체감 변화에 특별히 관심을 갖는 이유는 다음과 같은 세 가지 사실에 기인한다.

첫째, 지적 능력의 발달을 이룬 청소년들은 자기에 대한 재조직화와 재구조화를 경험하며, 자의식적이기 때문에 이러한 변화를 예리하게 지각한다.

둘째, 청년기 동안의 신체변화는 물론 인지적, 사회적 변화들은 청소년의 자기존중감과 타인과의 관계형성 방식을 변화시킨다. 즉 청년기의 신체변화는 자기상에 동요를 일으키고 자신이 누구인지를 다시 평가하게 하며 다양한 문제와 가치관 및 대인관계에서 새로운 방식의 접근을 시도하게 한다.

셋째, 청년기 동안 사회적 역할에서 변화가 일어나고 새로운 선택과 결정을 하지 않으면 안 된다. 청년기는 직업이나 결혼과 같은 중요한 결정을 해야 하는 시기이기 때문에 자신이 누구인지를 질문하지 않을 수 없으므로 정체감에 대한 의문이 제기될 수밖에 없다.

3) 역할실험

청년후기의 정체감 확립을 위한 중요한 요소는 형식적 조작능력의 발달과 함께 개인의 다양한 역할실험이다. 젊은이들은 역할실험을 통하여 자신의 독특성을 인정하고 타인의 견해를 이해하며 세계에 대한 지식을 획득한다.

청년후기의 젊은이들은 방학 동안 아르바이트를 하기도 하고 전공학문에 대해 회의도 하며 광범위한 독서와 백일몽을 한다. 직업역할의 수행을 위한 준비는 물론 성역할 정체감의 확립을 위하여 결혼문제, 이성과의 개인적 관계 문제 그리고 결혼방식에 대해 심사숙고한다. 또한 청년들은 특정종교에 몰두하기도 하고 개종을 고려해 보며 도덕적 행동의 기본원리에 관해 의문을 제기하는 한편, 정치이론에 관심을 가지고 특정한 정치집단을 옹호하기도 한다.

특히 대학환경은 청년들의 역할실험을 격려하므로 개인에 따라 다양한 역할실험들이 이루어진다. 청년후기의 대학생들은 역할수행이 요구하는 사회적 의무나 책임감에 구애받지 않으며, 체면을 손상하는 일 없이 어떤 역할이든 자유롭게 시작하고 중지할 수 있다. 에릭슨은 정체감이 확립되기 이전의 실험기간을 심리사회적 유예기간(psychosocial moratorium)이라고 명명하였다.

청년들은 유예기간 동안 개인적 힘과 능력을 기르고 지역사회로부터 인정받기 위하여 새로운 역할이나 가치 혹은 신념체계를 반복적으로 실험한다. 어떤 젊은이들은 대학진학이나 직업선택 이전에 일 년 정도의 기간 동안 배낭여행을 하거나 자원봉사활동에 참여함으로써 정체감 확립을 위한 유예기간을 갖기도 한다. 따라서 유예기간이란 개인의 정체감을 효과적으로 확립하기 위하여 외부적 요구로부터 일시적으로 해방되는 기간을 의미한다.

부모는 청년후기의 아들딸들이 전통적인 가족의 가치관이나 생활방식을 포기하는 것처럼 보이기 때문에 불안해한다. 그러나 청년들은 다양한 역할실험 후에 보다 더 안정된 개인적 정체감을 확립할 수 있으므로 부모는 청년후기의 역할실험을 지나치게 심각하게 받아들일 필요는 없으며 지켜보고 격려하는 것으로 충분하다.

4) 정체감 상태

마샤(Marcia, 1980, 1994)에 의하면, 정체감 획득은 일종의 의사결정과정으로 직업목표를 설정하고 개인적, 철학적 이념을 확립하는 것이다. 에릭슨은 정체감 상태를 정체감 획득과 정체감 혼란의 두 가지 상태로 구분하였지만, 마샤는 그림 8-2에 제시된 바와 같이 위기와 전념(crisis and commitment)의 두 가지 차원을 기초로 네 개의 정체감 상태를 구분하였다.

그림 8-2 위기와 전념의 두 가지 차원에 따른 정체감 상태

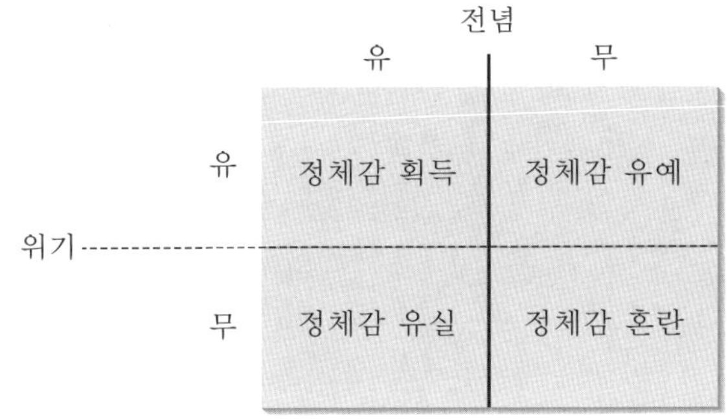

여기서 위기는 역할실험과 대안적 선택 가운데서 능동적 의사결정을 시도하는 기간에 해당하는 반면, 전념은 직업활동, 종교 그리고 정치적 이념을 선택하고 거기에 몰두하는 것을 의미한다. 대학생들의 반응을 근거로 마샤가 분류한 네 가지의 정체감 상태와 하나의 부가적 유형을 설명하면 다음과 같다.

① 정체감 획득

정체감 획득(identity achievement)으로 분류된 사람들은 위기를 성공적으로 극복하고 확고한 신념체계를 바탕으로 직업역할을 수행하며 정치적, 개인적 이념체계를 확립한 사람들이다. 마샤의 분류체계에 의하면, 정체감 획득과 정체감 유실은 모두 정체감 위기를 해결한 상태로 분류된다.

② 정체감 유실

정체감 유실(identity foreclosure)로 분류된 사람들은 부모와 매우 유사한 직업이나 신념을 선택함으로써 위기를 경험하지도 않고 쉽게 전념상태에 이른 사람들이다. 예를 들면, 유실상태에 있는 청년들은 부모가 민주주의 신봉자이면 자신도 민주주의 신봉자라고 생각한다.

③ 정체감 유예

현재 정체감 위기상태에 처해 있는 사람으로서 다양한 역할실험을 수행하고 있는 사람들을 유예(moratorium)로 분류한다. 유예상태에 처해 있는 대부분

의 청년들은 정체감 획득상태에 도달할 수 있으나 일부는 역할혼란 상태에 빠지기도 한다.

④ 정체감 혼란

위기를 경험하였거나 하지 않았거나, 확고한 신념체계를 확립하지도 못하였으며 직업역할을 수행하지도 못하는 사람들을 정체감 혼란(identity diffusion)으로 분류한다. 그들은 안정되고 통합된 자기에 대한 개념을 획득하지 못하고 자기의심을 경험하며 자신의 상황을 변화시키기 위한 어떠한 노력도 시도하지 않는다.

⑤ 부정적 정체감

부정적 정체감(negative identity)은 부가적 분류로서 부모의 가치관이나 사회적 가치관과 정반대가 되는 가치관을 형성하는 것을 의미한다. 부정적 정체감은 개인적 성공에 대한 부모나 사회의 지원을 받지 못한 결과로 형성되며, 마샤는 정체감 유실의 특수한 경우로 분류하였다. 성인들은 부정적 정체감을 획득한 청소년들에게 적용되는 용어로서 '비행 청소년', '건달' 혹은 '깡패' 등의 표현을 사용한다.

마샤가 분류한 네 가지 유형의 정체감 상태는 정체감 혼란의 하위단계에서부터 정체감 획득의 상위단계로 발달한다. 역할혼란에서부터 정체감 유실이나 유예 혹은 획득으로의 이동은 발달로 평가되며 그 반대 방향으로의 이동은 퇴보로 간주된다. 더욱이 정체감 형성은 오랜 시간을 요구할 뿐 아니라 직업, 종교, 정치, 성역할과 같은 정체감의 상이한 영역들은 각기 다른 속도로 발달하기 때문에 청년기를 거쳐 성인기까지 계속된다(Kroger 등, 2010).

일반적으로 고등학교 학생들의 대부분은 정체감 유예나 획득상태보다는 유실과 혼란상태에 처해 있다. 그들의 정체감 상태는 어떤 측면을 고려하느냐에 따라 차이를 보인다. 예를 들면, 성역할에 대한 태도에서는 유실상태에 있고 직업선택이나 종교적 신념에서는 유예상태에 그리고 정치철학 영역에서는 혼란상태에 처해 있다(Craig & Dunn, 2007). 일찍이 12세부터 24세까지의 젊은이들을 횡단적 및 종단적으로 비교한 연구들도 18세 이전까지는 일관성 있는 정체감 확립이 이루어지지 않으며 18세와 21세 사이에 정체감 상태에서 의미 있는 변화가 일어난다고 보고하였다(Adams & Jones, 1983).

18세부터 21세 사이에 이루어지는 정체감 상태에서의 변화는 주로 직업 선택에서의 변화에 기인한다. 이 연령의 젊은이들은 직업에 대한 정체감을 확립하기 시작하나 종교문제나 정치적 이념에 대해서는 아직도 많은 젊은이들이 정체감 유예와 혼란상태에 있다. 그러므로 대학 1학년의 시기는 많은 학생들에게 정체감 위기에 해당하지만, 이후 4학년까지 정체감 획득은 계속해서 증가한다.

그렇다고 해서 연령증가가 곧 정체감 획득을 보장한다는 것은 아니다. 정체감 획득상태에 있는 사람들도 시간이 경과하면 새로운 정체감 요소를 통합해야 하고 다양한 역할과 상황들의 요구를 조절하며 때로 타협하고 협상해야 하므로 정체감 형성의 문제는 일생 동안 계속되는 문제이기도 하다(Kroger, 2007).

많은 연구자들은 개인이 정체감 획득상태에 도달하는 과정을 유예-획득-유예-획득(MAMA: Moratorium-Achiever-Moratorium-Achiever)의 주기를 따른다고 주장한다. 각 개인은 전생애 동안 개인적, 가족적, 사회적 변화를 경험하고 그때마다 새로운 대안을 추구하며 새로운 일이나 역할에 전념하게 되므로 MAMA주기는 전생애 동안 반복된다는 것이다.

3. 정체감 형성과 부모 및 동년배집단의 영향

1) 부모의 영향

부모-자녀 관계는 이 시기 정체감 형성에 중요한 역할을 한다(Laursen & Collins, 2009). 청소년이나 청년들은 독립하기 원하면서도 아직도 부모나 가족과의 연결성을 필요로 하기 때문에(Hair 등, 2008), 부모-자녀 관계의 질적 특성은 젊은이들의 정체감 상태를 변화시킨다.

정체감 획득은 먼저 존경하는 부모인물과 동일시할 기회를 갖고 그들의 바람직한 특성의 일부를 채택함이 없이는 불가능하므로 부모의 무시나 거부는 정체감 획득을 방해한다. 그러므로 정체감 혼란상태에 있는 젊은이들은 보통 부모로부터 무시받고 거부당하며 부모와 소원한 관계를 형성한다.

반대로 부모와 극단적으로 가까운 관계에 있거나 부모의 지나친 통제와 보호는 젊은이들을 정체감 유실상태에 처하게 한다. 부모를 지나치게 사랑하는 이 유형의 젊은이들은 스스로 의사결정할 기회를 갖지 못하기 때문에 부모의 권위에 도전하는 일도 없고 분리된 정체감을 형성할 필요성도 느끼지 않는다.

그러나 정체감 유예나 획득으로 분류된 청년들은 의사결정의 자유를 가지면서도 부모에 대한 깊은 애정을 지니고 있다. 가족의 의사결정시에 이 유형의 젊은이들은 자유롭게 부모의 의견에 반대할 수 있으면서도 가까움과 상호적 존중을 경험한다. 그러므로 따뜻하고 민주적인 부모역할양식은 자녀의 자기존중감을 증가시키고 정체감 획득을 돕는다.

부모는 자녀가 성장함에 따라, 그들에게 부과하던 금지나 제한을 감소시킴으로써 청년후기 자녀들이 정체감을 획득하는 데 기여할 수 있다. 부모가 가족의 의사결정시에 청년후기의 자녀들을 참여하도록 격려하고 행동의 한계에 대한 설명을 해 주면, 청년들은 스스로를 독립적인 개체로 지각하고 부모의 가치관을 신뢰하며, 문제해결을 위해 기꺼이 부모와 의사소통한다. 물론 부모의 가치관이 부적절하다고 판단되면 무시하기도 한다.

부모로부터 독립하고 정체감을 확립해야 하는 청년후기는 일생 중 부모와 가장 멀어지는 시기이다. 청년후기 이전의 아동이나 청소년들은 부모에게 의존하기 때문에 심리적으로 가까움을 느끼지만, 청년후기 이후의 성인들은 부모와 유사하다는 느낌 때문에 부모에게 가까움을 느낀다. 그러나 청년후기의 청년들은 부모에 대한 의존성이나 동일시보다는 자율과 독립에 대한 욕구를 더 중요시하며 정체감 형성을 위해 노력한다.

그러므로 부모와 청년후기 자녀간의 물리적 거리는 멀수록 모자간의 심리적 거리는 더 가까워지고 갈등은 감소되며 자녀 스스로 의사결정을 할 수 있는 기회를 제공해 주기 때문에 정체감 획득에 유익하다. 따라서 집을 떠나 보는 경험은 정체감 획득과정에서 중요한 촉매의 기능을 하므로 청년후기의 젊은이들이 시도해 볼 가치가 있는 중요한 경험이다.

부모는 집을 떠나는 경험이 청년들에게 긍정적인 과정이 될 수 있도록 도와주어야 한다. 어떤 부모들은 자신의 선택권이 감소된다고 생각하거나, 아니면 유일한 만족의 근원이 자녀이기 때문에 부당한 비판을 함으로써 자녀의 행동을 제한하고 그들이 집을 떠나는 것을 반대한다. 그러나 이와 같은 부모의 저항이나 반대는 부모와 자녀간에 빈번한 충돌을 일으키고 자녀들이 집에 머물러 있다고 할지라도 부모와 적대적 관계를 갖도록 유도한다.

물론 자율성을 획득하고 정체감을 확립한다는 것이 부모와의 단순한 신체적 분리나 거부 혹은 소외를 의미하는 것은 아니다. 그것은 부모와 자녀가 서로의 개성을 수용하는 심리적 상태를 의미한다. 부모로부터 자율과 독립을 성취한 청년들은 부모의 정체감에 완전히 흡수된다는 생각이나 부모의 사랑으로부터 완전히 소외된다는 느낌 없이 자신과 부모의 유사점과 차이점을 인식할 수 있고 수용할 수 있다.

2) 동년배집단의 영향

정체감 확립은 점진적으로 이루어진다. 청소년들은 동년배의 친구들과 많은 시간을 보내며 정서적으로 그들에게 몰입하기 때문에 부모를 거부할 것으로 생각되기 쉽다. 그러나 대부분의 청소년들은 부모에 대해 정서적으로 가까움을 느끼며 부모와 유사한 가치관을 갖는다.

부모에 대한 정서적, 경제적 의존상태에서 독립하기 위해서는 부모에 대한 지속적 애정과 빈번한 의사소통을 유지하면서 부모의 지원과 지도에 대한 의존을 감소시켜야 한다. 이때 동년배집단은 새로운 중요성을 갖게 된다. 청소년들은 부모로부터의 독립에서 오는 불안을 감소시키기 위해 동년배집단의 지원에 의존하고 동년배집단의 규준에 동조한다. 때로 그들의 독립을 확인하기 위하여 청소년들은 부모의 견해와 가치관에 대해 반대입장을 취하기도 한다. 결국 청년후기의 젊은이들은 부모는 물론 동년배집단으로부터 점차적으로 독립하게 됨으로써 개인적 정체감을 확립할 수 있다.

Ⅱ 성역할 정체감과 종교적 정체감

제6장에서 이미 설명한 바와 같이 성역할 정체감(sex-role identity)이란 개인

적 정체감의 독특한 측면으로 사회가 그 성에 적절하다고 인정하는 특성이나 태도 혹은 흥미와 동일시하는 것을 의미한다. 여성과 연합된 사회적 규범(온화함, 양육성 등)을 동일시하는 사람은 여성적 성역할 정체감을 가진 사람으로 그리고 남성과 연합된 사회적 규범(공격성, 독립성 등)을 동일시하는 사람은 남성적 성역할을 지녔다고 기술된다. 성역할 동일시(sex-role identification)는 사회적 성역할 기대를 내면화하는 과정이다.

1. 청년기 동안의 성역할 사회화

청년기 동안 성에 적절한 방식으로 행동하라는 사회적 압력이 강해지며, 특히 소녀들에게 이 압력은 더 강하게 작용한다. 사회가 남녀간의 차이를 강화한다는 소위 성별강화가설*(gender intensification hypothesis; Hill & Lynch, 1983)은 청년기 소년과 소녀에서 발견되는 성차들이 생물학적 차이에 기인된 것이 아니라 고정관념적 성역할을 강요하는 사회화의 결과라는 것을 시사한다.

그 결과 소녀들은 소년들보다 청년기 동안 더 자의식적으로 변하고 자기존중감에서 더 많은 손상을 입는다. 소녀들의 학업수행도 보다 더 성정형화됨으로써 수학과 과학과목을 싫어하게 되고 친숙한 관계나 우정을 형성하는 데 더 유능해진다.

10대가 데이트를 시작하면 그들의 행동은 더욱 더 사회의 성역할 기대와 일치하는 방식으로 이루어진다. 그 이유는 남성적이지 못한 소년과 여성적이지 못한 소녀는 인기가 없고 동성은 물론 이성의 또래로부터 배척당하기 때문이다. 아동기 동안에도 성역할 정체감은 이미 개인의 중요한 측면이었으나 청년기 동안에는 정체감의 더 중요한 측면이 된다. 그러나 청년기 남녀의 성역할 정체감은 각기 다른 과정을 거쳐 발달한다.

1) 남성의 성역할 정체감 발달

남성들은 자신의 인생을 통제할 수 있다는 기대를 가지고 성장한다. 그들

* 성별강화가설: 힐과 린치에 의해 제기된 가설로서, 사춘기가 시작되면 부모나 주위 성인들이 남녀의 성역할을 엄격하게 구분하고 특히 소녀의 남성적 행동을 엄격하게 제한하기 시작한다고 주장한다.

은 하고 싶은 일을 스스로 결정하고 어느 정도의 수입을 획득할 것인지도 그들 자신이 결정해야 한다고 기대하며 가족으로부터 독립해서 직업을 선택해야 한다는 것을 일찍부터 학습한다. 따라서 청년후기의 중심적인 정체감 문제는 직업선택의 문제이다.

비록 남성역할의 어떤 측면은 변화하고 있기는 하지만, 대부분의 소년에게 기대되는 성역할은 오랫동안 변화 없이 비교적 일관성 있게 유지되고 있다. 전통적인 남성역할에서 남성성이란 강한 신체적 힘과 공격성 및 내적인 정서 변화를 외부적으로 표현하지 않는 특성을 포함한다. 그에 따라 남성들은 아동기 동안 강한 신체적 힘과 운동능력을 지녀야 하며 여성을 무시하고 멀리해야 한다고 학습한다.

그러나 현대적 남성역할에서의 남성성이란 경제적 성취와 조직화된 힘, 정서적 통제와 함께 정서적 민감성 그리고 자기표현능력을 포함하기 때문에, 현재의 남성들은 여성적인 특성으로 인식되는 지적 능력과 사회적 기술을 획득해야 하고 여성과 정서적으로 친숙한 관계를 유지하면서 전문분야의 동반자로서의 관계를 형성해야 한다. 그러므로 청년후기나 성인초기의 남성들은 성역할 학습에서 혼란과 갈등을 경험하기도 한다.

2) 여성의 성역할 정체감 발달

아동기 동안 소녀들은 소년들보다 성과 관련된 제한을 더 적게 받으며 성장한다. 그러나 청년초기부터 소녀들은 소년들보다는 더 엄격한 성역할을 강요당하며 독립적인 정체감을 갖는 유능한 여성상과 전통적 성역할을 수행하는 여성상 사이에서 갈등을 경험한다. 현재 많은 여성들이 취업하고 있으나, 결혼한 여성들은 여전히 아내나 어머니 역할을 수행해야 하므로 여성들은 다음과 같은 세 가지 유형 중 하나의 성역할 정체감을 채택한다.

① 전통적 여성역할 – 결혼한다.
② 성공과 성취지향적 정체감 – 전통적인 남성적 가치를 지향한다.
③ 이중적 정체감 – 가족역할과 직업역할을 동시에 수행한다.

불행하게도 여성적 성역할 규준과 성공이나 성취는 서로 조화를 이루기 어렵기 때문에, 세 가지 유형의 성역할 정체감은 모두 문제점을 지니고 있다. 전통적 여성 성역할을 선택한 여성들은 직업을 가질 수 없어 후회하고 성취지향적 역할을 채택한 여성들은 독신으로 생활해야 하므로 또한 후회한다. 또한 이중적 정체감은 두 가지의 상이한 역할 요구 때문에 갈등을 겪는다.

여성은 남성과는 달리 독신으로 지내기도 하고 결혼해서 직업을 갖거나 혹은 직업을 가지고 일을 하다가 잠시 직업에서 떠나 자녀를 양육한 다음 다시 직업으로 돌아가는 다양한 생활방식을 취한다. 이와 같이 여성들은 직업과 가족간의 갈등을 해결해야 하므로 여성의 정체감 상태는 변화되기 쉽고 남성과는 다른 과정을 거쳐 발달한다(Kroger, 2007).

그러므로 정체감 탐색은 남성들보다 여성들에게 더 복잡한 문제로서 여성들은 남성들보다 더 많은 영역에서 정체감을 확립해야 한다. 더욱이 현대의 여성들은 가족과 직업생애를 성공적으로 통합하기 원하기 때문에, 그들에게 정체감 탐색은 때로 갈등적이고 혼란스럽기까지 하다.

일부의 연구자들은 남성들은 에릭슨의 기술대로 친밀성 대 고립의 단계 이전에 정체감 대 역할혼란의 단계를 경험하지만, 여성들은 반대로 친밀성 대 고립의 단계를 거친 후에 정체감 대 역할혼란의 단계를 경험한다고 주장한다. 이러한 주장은 남성들은 자율성과 성취를 더 중요시하고, 여성들은 관계형성과 정서적 유대를 더 중요시한다는 길리건(Gilligan, 1990)의 주장과도 일치한다.

2. 종교와 정체감 발달

청년기 동안 정체감 탐색의 일환으로, 청년들은 보다 철학적이고, 논리적인 방식으로 세상에 질문을 던진다. "나는 왜 살아야 하는가?" "신은 존재하는가?" "나는 왜 특정 종교의 신자인가?" 등 질문의 내용은 다양하다. 형식적 조작사고가 가능한 청년들은 추상적 사고를 통해 종교적, 영적(靈的) 개념에 대해 다양하게 사고하는 동시에 증가된 논리적 추론능력에 의해 영적 질문에 대한 다양한 해답을 도출할 수도 있다(Good & Willoughby, 2008).

일반적으로 청년기 동안 소녀들이 소년들보다 더 종교적이다. 소녀들은 더 자주 종교집회에 참석하며 홀로 더 많이 기도하고 신(神)과도 더 가깝다고 지각한다(Smith & Denton, 2005). 그렇지만 여성들이 남성들보다 종교적 가치관을 더 일찍 획득한다는 증거는 없다. 더욱이 국가에 따라서도 종교를 중요시하는 정도에서 차이가 있기 때문에, 종교적 신념이나 가치관 문제는 간단하게 설명되기 어렵다.

분명한 것은 정체감 상태에 따라 개인의 종교적 신념이나 가치관은 차이를 보인다는 것이다. 정체감을 성취한 정체감 획득의 젊은이들은 종교적 가치관을 확립하고 인생의 안내자로서 종교를 수용한다. 반면 정체감 혼란의 젊은이들은 종교문제에 대해 의문조차 갖지 않거나, 의문을 제기하지만 만족스러운 해답을 얻지 못하고 정신적 소외상태에 있다. 그러나 정체감 유실의 젊은이들은 부모의 종교적 신념을 무조건 수용하여 부모가 기독교인이면 자신도 기독교인으로, 부모가 불교신자이면 자신도 불교신자로 지각한다. 이와는 달리 정체감 유예의 젊은이들은 아직까지 종교적 가치관을 확립하지는 못했지만 종교문제에 대해 의문을 갖고 종교교리에 대해 심사숙고하며 종교적 정체감을 확립하기 위해 노력한다.

종교적 가치관은 언제 형성되는가? 한국의 고등학교 남녀 학생들은 종교 유무와 종교의 유형 및 종교적 신념에 따라 자아정체감 상태에서 차이를 보이지 않았다(오경애, 권민희, 1999). 그러나 대학생들을 대상으로 연구한 결과에서는(최윤영, 2012) 신앙성숙도가 높아질수록 자아정체감 점수도 높아지는 것으로 나타나 종교적 가치관 확립은 고등학교 시기가 아니라 대학교 혹은 그 이후에 가능함을 보여 주었다.

종교적 신념발달의 단계를 제시한 파울러(장휘숙, 2009 참조; Fowler, 1996; Fowler & Dell, 2006)는 종교적 정체감 발달을 위한 가장 의미 있는 시기는 청년후기라고 주장한다. 그는 청년초기에 한 번의 단계적 이동이 일어나고 청년후기에 또 한 번의 단계적 이동이 일어남으로써 종교적 신념이 성숙해간다고 기술하였다.

대학연령의 젊은이들은 가까운 사람이나 외적 권위에서 벗어나서 사회적 역할에 따라 방해받지 않는 자기(self)와 직면하고 일종의 존재론적 벌거숭이 상태에 이른다. 그러나 종교적 신념 발달의 최고 수준에 이를 수 있는 사람들은 소수이며 대부분의 성인들은 부모나 가까운 다른 사람의 종교적 신념을 무비판적으로 수용하고 그것과 일치하지 않는 정보는 무조건 무시하려고 한다.

파울러에 의하면, 최상의 종교적 신념단계에 이른 소수의 사람들은, 사람은 누구나 인간사회의 보편적 구성원이라는 것을 인식하고 영혼의 문제나 내세에 대한 접근방법들이 모두 타당할 수 있음을 인정하며, 자신의 종교도 다른 종교에 의해 비판받을 수 있다는 것도 안다. 그들은 역설이나 양극성을 넘어 존재의 힘과 하나가 될 수 있으므로 그들이 생활하는 하나의 실체로서 신의 왕국을 경험한다. 그들은 모든 것을 신뢰할 수 있고 수용할 수 있는 사람들이다.

Ⅲ 청년후기의 도덕성

아동은 사회화 과정을 통하여 거짓말을 하거나 다른 사람들의 장난감을 훔치는 것 혹은 남을 때리는 것이 나쁜 행동이라는 것을 학습한다. 그러나 성숙한 성인의 도덕성 수준에 도달할 수 있기 위해서는 각 개인은 일관성 있는 도덕체계를 구축해야 하므로 성장과정 동안 학습한 행동원리들을 재평가하고 재분석하지 않으면 안 된다. 청년기는 이러한 재평가가 이루어져야 하는 결정적 시기에 해당한다.

1. 도덕성 발달의 일반적 특성

개인의 도덕성 발달은 다음과 같은 세 개의 상이한 메커니즘을 통하여 이루어지지만 각 메커니즘은 서로 중복된다(Hoffman, 1980).

첫째, 불안에 기초한 억제(anxiety-based inhibition)방식에 의해 도덕성 발달이 이루어진다. 이 메커니즘은 처벌의 공포 때문에 사회적으로 수용 가능한 행동을 하는 것으로 어린 아동들 사이에서 자주 활용된다. 아동은 부모나 타인으로부터의 처벌이 두려워서 금지된 행동을 억제할 수 있고 규칙을 내면화할 수 있다. 그러나 성장함에 따라 이 유형의 도덕적 억제는 점차 감소한다.

둘째, 가설을 검증하고 정보를 재평가할 수 있는 형식적 조작사고의 발달은 도덕성 발달을 가능하게 하는 또 다른 메커니즘이다. 피아제와 콜버그에 의해 제안된 도덕성 발달의 인지모델이 여기에 해당한다.

셋째, 감정이입(공감)에 기초한 관심(empathy-based concern)에 의해 도덕성 발달이 이루어진다. 고통받는 사람과의 감정이입은 타인에게 괴로움을 주는 행동을 억제하는 역할을 하기 때문에, 타인의 감정을 대리적으로 경험할 수 있는 감정이입능력의 발달은 개인이 도덕적 행동을 할 수 있도록 한다.

이와 같은 세 가지 유형의 도덕성 발달은 어느 연령에서나 나타날 수 있는 현상들로서 각 개인은 세 가지 유형의 도덕성 발달을 모두 경험한다. 그러나 세 가지 유형 중 어느 것이 더 중요한지는 연령에 따라 차이가 있다. 청년후기의 청년들이 생활하는 탈권위적인 대학환경은 불안에 기초한 도덕성 발달을 현저하게 감소시키고 주로 형식적 조작사고의 발달에 기인된 도덕성 발달을 이루게 하며, 때로 감정이입에 기초한 도덕성 발달도 일어날 수 있도록 한다.

2. 도덕적 추론능력에서의 변화

1) 콜버그의 이론

중고등학교 청소년들은 콜버그의 도덕성 발달단계의 3단계나 4단계의 인습적 수준의 도덕적 추론을 한다. 즉 권위적 인물의 승인이나 불승인을 바탕으로 행동을 판단하는 3단계의 추론과 법과 질서를 중요시하는 4단계의 도덕적 추론이 이 시기의 가장 우세한 추론양식이다. 콜버그(Kohlberg, 1984)의 연구에 의하면, 미국 중고등학교 학생집단의 청소년들은 평균적으로 3단계의 추론을 하고 있으며 전체의 약 1/3은 3단계에서 4단계로 이동하는 과정에 있었다.

Lawrence Kohlberg

대조적으로 청년후기의 대학생들은 후인습적 도덕추론에서 증가를 보인다(Pascarella & Terenzini, 1991). 발달된 인지능력을 지니고 있는 대학생들은 비판적으로 사고하고 반성적 판단을 하며 형식적 조작을 사용할 수 있다. 또한 대학환경은 서로 다른 가치관을 허용하고 허심탄회한 대화를 생성하는 역할을 하므로 도덕적 사고의 발달을 촉진시킨다. 특히 대학생들은 도덕적 이상주의자일 뿐 아니라 오래 된 가치를 거부하고 새로운 가치를 채택하는 급진주의자로서 시민운동이나 반전운동, 여권운동 혹은 환경운동과 같은 사회적 운동에 적극적으로 참여한다.

그러나 그들의 도덕적 추론능력은 완전한 후인습적 수준에는 도달하지 못한 상태에 있다. 청년들은 법률이나 규범을 절대적 도덕률로 인식하는 단계 4의 추론에서 벗어나서 후인습적 도덕추론으로의 이행과정에 있으므로, 객관적이고 보편적인 가치로서의 도덕률을 부정하고 개인적이며 주관적인 관점에서 도덕성을 판단하는 도덕적 상대주의(moral relativism)에 빠지기도 한다. 그 결과 청년들 중에는 5단계나 6단계의 후인습적 수준의 추론으로 발달하기 전에 일시적으로 2단계의 추론수준으로 후퇴하는 젊은이도 있다.

콜버그는 도덕적 상대주의의 불확실성에서 벗어날 수 있어야만 개인의 권리와 존엄성을 중요시하는 완전한 인습 이후 수준의 추론으로 이행할 수 있다고 주장하였다.

2) 길리건의 이론

캐롤 길리건(Carol Gilligan, 1982)은 콜버그가 남성 연구대상자만을 연구함으로써 여성의 도덕성 발달을 제대로 이해하지 못했다고 비판한다. 콜버그의 도덕적 갈등상황을 사용하여 남녀의 도덕성 수준을 비교하면 여성들이 더 낮은 수준의 추론을 한다. 그 이유는 그들의 사고 자체가 남성들보다 더 낮은 수준에 있기 때문이 아니라 남성과는 다른 준거를 사용하여 도덕적 판단을 하기 때문이라고 길리건은 주장한다.

Carol Gilligan(1936-)

그러한 주장의 근거로서 콜버그가 사용한 도덕적 갈등상황이 개인의 생활과는 관계가 없는 추상적이고 가설적인 내용으로 구성되어 있다는 것이다. 갈등상황이 현실적 문제로 구성될 때는 개인의 도덕적 추론수준은 달라질 것이라고 가정한 길리건은, 현실적인 문제로서 현재 임신한 상태에 있으나 낙태를 해야 할 필요가 있는 여성들을 대상으로 면접을 실시하였다. 면접결과를 바탕으로 길리건은 표 8-1과 같은 세 개의 발달단계와 두 개의 과도기로 구성되는 여성의 도덕적 추론발달의 과정을 제안하였다.

콜버그와 같이 길리건도 개인의 도적적 추론능력이 연령에 따라 발달하며 점차 더 높은 수준의 추론이 가능해진다고 믿었다. 그러나 길리건은 여성들이 갖는 독특한 특성으로 돌보기 조망(caring perspective)을 제안하고 그것은 도덕적 상황판단에서 매우 중요한 준거의 역할을 한다고 강조하였다. 길리건에 의하면, 소년은 독립적이고 추상적 사고를 할 수 있도록 교육받는 반면, 소녀는 양육적이고 돌보기를 중요시하도록 양육되고 있으므로 남녀는 각기 다른 유형의 도덕적 추론을 할 수밖에 없다. 즉 남성들은 추상적 판단에 기초한 정의 조망(justice perspective)에서 도덕적 판단을 하는 반면, 여성들은 인간관계와 타인을 돌보는 것을 기초로 하는 돌보기 조망에서 판단한다는 것이다.

그러나 후속연구에서 길리건(Gilligan, 1996)은 도덕적 추론에서의 성차는 절대적인 것이 아니라고 강조하였다. 여성들 중에는 정의 조망에서 도덕적 판

표 8-1 길리건의 도덕성 발달단계

단계	도덕성 발달
제1단계	개인적 생존지향 자기중심적이고 실용적 관점에서 도덕적 문제를 해결하려고 한다. '내가 원하니까', '내가 필요로 하니까' 아기를 낳거나 낙태시키겠다고 응답한다.
제1과도기	이기주의에서 책임감으로
제2단계	자기희생으로서의 선(善)지향 타인에 대한 책임을 인식하고 타인을 돌보고 보호하려고 한다. 자신을 돌보는 것은 타인에게 해가 될 수 있고 비판의 대상이 되거나 버림받을 가능성이 있다고 생각되므로 위험한 것으로 판단한다.
제2과도기	선에서 진실로
제3단계	비폭력의 도덕성 지향 자신과 타인 양자에게 최선이 될 수 있는 방법을 모색한다. 타인은 물론 자신에 대한 책임의 중요성을 인식하고 자신과 타인 모두에게 상처를 주지 않는 방안을 모색한다.

단을 하는 사람들이 있는가 하면 남성들 중에도 돌보기 조망에서 도덕적 판단을 하는 사람들이 있다. 즉 여성의 92%와 남성의 62%가 돌보기 조망의 도덕적 판단을 하며 남성의 100%와 여성의 77%가 정의 조망의 도덕적 판단을 하는 경향이 있었다.

도덕성 발달에 관한 113개의 연구를 통합분석한 결과에서도(Jaffe & Hyde, 2000) 소년과 남성은 정의를 강조하는 문제에서 약간 더 높은 점수를 얻고 소녀와 여성들은 돌보기를 강조하는 문제에서 약간 더 높은 점수를 얻었으나 그 차이는 크지 않았다. 결국 남녀 모두 정의 조망과 돌보기 조망을 함께 사용하는 것이 분명하였다.

도덕적 판단은 문화에 의해서도 영향을 받기 때문에 성차만의 문제는 아니다. 그 예로서 미국 청소년과 인도 청소년들의 도덕적 판단의 차이를 비교한 결과, 미국 청소년들은 정의 조망에 기초한 추론을 하는 반면, 인도 청소년들은 돌보기 조망에 기초한 도덕적 추론을 하는 것으로 밝혀졌다(Miller & Bersoff, 1992). 대조적으로 한국 청소년들은 정의 조망에 근거한 도덕적 판단을 하지만, 청년후기로 성장할수록 돌보기 지향적 판단이 증가한다는 연구도 있다(송명자, 1994).

3) 아이센버그의 친사회적 추론

Nancy Eisenberg

콜버그와 길리건이 규칙을 어기는 상황에 맞추어 도덕적 추론능력의 발달을 연구한 것과는 대조적으로 낸시 아이센버그(Nancy Eisenberg, 1982; Eisenberg 등, 2009)는 타인들과의 우호적 관계를 유지하거나 촉진시키는 행동(돕기, 나누기, 친절하기 등)이 요구되는 소위 친사회적(prosocial) 상황에서 도덕적 추론능력의 발달을 연구하였다. 다시 말하면 콜버그나 길리건의 이론이 주로 도덕적 추론능력을 연구하였다면, 아이센버그는 도덕성 발달의 행동적 측면을 더 많이 강조하였다.

그녀는 콜버그가 사용한 가설적 갈등상황들이 비현실적이라고 주장하고 실생활에서 대부분의 아동들은 자기이익을 추구하거나 타인을 돕는 상황 중 하나를 선택해야 하는 갈등에 처한다고 주장하였다. 콜버그와 유사하게 아이센버그는 다음과 같이 친사회적 추론이 요구되는 가설적 갈등상황을 사용하여 아동의 추론수준을 연구하였다.

〈친사회적 갈등상황의 예〉

'어떤 아동이 친구를 만나 함께 놀기로 약속한 장소로 가고 있을 때, 넘어져 상처를 입은 아동을 만나게 된다. 이 아동은 다친 아동을 무시하고 친구를 만나러 가야 할 것인가 아니면 다친 아동을 돕기 위해 친구와의 만남을 포기해야 할 것인가.'

그녀는 아동이 어떤 선택을 하고 그 이유를 어떻게 설명하는지를 바탕으로 다음과 같은 네 가지 친사회적 추론(prosocial reasoning) 수준을 제시하였다.

① **쾌락주의적 지향**(hedonistic orientation): 대부분의 유치원 아동과 많은 초등학교 아동들에게서 발견되는 추론수준으로 아동 자신의 즐거움이나 쾌락만을 추구한다. 이 유형의 아동들에게는 친구를 만나는 것이 더 중요한 일이므로 다친 아동을 돕는 일은 일어나지 않는다. 만약 다친 아동을 돕는다면 그것은 은혜를 보답 받을 것으로 기대하기 때문이다.

② **욕구중심적 지향**(needs-oriented orientation): 타인의 욕구에 관심을 갖고 타인을 도우려고 한다. 일부의 유치원 아동과 많은 초등학교 아동들에게서 발견되는 추론수준으로 "그가 내 도움을 원하기 때문"이라는 매우 단순한 이유로 타인을 돕는다. 아동이 가지고 있는 도덕적 규칙이나 다친 아동이 어떻게 느낄 것인지와는 상관 없이 무조건 타인을 돕는다.

③ **승인중심적 지향**(approval-focused orientation): 많은 초등학교 아동들과 청소년들에게서 발견되는 정형화된 추론수준으로 사회가 규정한 "선한 사람"의 행동목록에 따라 행동한다. 그들은 자신이 수행한 행동 때문에 다른 사람들이 그들을 좋아할 것이라고 믿는다.

④ **감정이입적 지향**(empathic orientation): 다친 아동의 조망을 고려하고 그들

의 행동에 의해 다친 아동이 어떻게 느낄지를 생각할 수 있는 추론수준으로 일부의 아동들과 많은 청소년들에게서 나타난다. 감정이입적 지향의 청소년들은 '다친 아동이 고통스러워하므로 내가 돕지 않는다면 나는 나쁜 사람이 될 것이다'라고 말한다.

종단적 연구를 통하여, 아동의 친사회적 추론능력은 아이센버그가 제안한 순서대로 발달하는 것으로 확인되었다(Eisenberg 등, 2006). 또한 더 높은 수준의 추론이 가능한 아동들은 실제로 타인을 더 많이 돕는다는 것도 밝혀졌다. 결국 아이센버그는 타인을 돌보는 것이 일상생활의 도적적 추론상황에서 매우 중요한 요인임을 입증함으로써 도덕적 추론에서 돌보기 조망의 중요성을 강조한 길리건의 주장을 뒷받침하였다.

그러나 초등학교 2학년부터 6학년까지 한국의 남녀 아동들의 친사회적 추론능력은 소녀들이 소년들보다 더 높았으나 연령과 함께 낮아지는 경향을 나타내었다(조강모, 2011). 즉 쾌락주의적 지향과 욕구중심적 지향은 저학년에서 낮고 고학년으로 갈수록 높아졌고 감정이입적 지향은 저학년에서 높고 오히려 고학년에서 낮아지는 것으로 나타났다. 이와 유사하게 청소년이 되면 아동기의 친사회적 행동이 그대로 유지되거나 감소한다는 서구의 종단연구 결과(Nantel-Vivier 등, 2009)도 있어, 친사회적 추론능력과 친사회적 행동에 대한 교육이 한국 아동에게 시급함을 시사하였다.

3. 도찌의 사회정보처리 모델

대부분의 젊은이들이 규칙과 법률을 준수하고 정상적 생활을 하는 데 반하여 왜 어떤 젊은이들은 심각한 반사회적 행동을 반복적으로 저지르는가? 그들은 사회의 인습적 가치를 내면화하지 못하고 전인습적, 자기중심적 도덕적 추론을 한다. 그러나 인습적 도덕추론이 가능한 젊은이 중에도 범죄행동에 가담하는 비행자들이 많기 때문에 도덕적 추론능력과 반사회적 행동은 서로 관련이 없는 것처럼 보인다. 그렇다면 반사회적 행동은 어디에서 기원하는가?

도찌(Dodge, 1983; Dodge 등, 2006; Hartup, 2009)의 사회정보처리 모델(socialinformation processing model)에 의하면, 개인의 공격행동은 객관적인 상황적 단서에 의존하는 것이 아니라 개인이 상황적 정보를 처리하고 해석하는 방식에 달려 있다. 그러므로 각 개인은 다음과 같은 6단계의 정보처리과정을 거쳐 행동을 결정한다는 것이다.

① **부호화 단계**: 사회적 단서에 주의를 기울인다.
② **해석단계**: 단서가 무엇을 의미하는지를 이해한다.
③ **목표의 명료화단계**: 그 상황에서 개인이 원하는 것을 결정한다.
④ **반응탐색단계**: 목표를 성취하기 위하여 가능한 반응을 탐색한다.
⑤ **반응평가단계**: 가능한 반응들의 장단점을 평가한다.
⑥ **행동수행단계**: 선택한 반응을 행동으로 표현한다.

연령증가와 함께 6단계의 정보처리과정을 수행하는 능력은 계속해서 발달한다. 나이 많은 아동들은 어린 아동들보다 각 단계의 정보를 보다 정확하고 능숙하게 처리할 수 있다. 그러나 공격적인 청소년이나 청년들은 모든 단계에서 왜곡되고 편향된 정보처리를 한다(정태연, 1992; Dodge, 1983). 예를 들면 지극히 공격적인 청소년이 학교의 복도에서 친구의 발에 걸려 넘어졌다면, 그는 다음과 같은 정보처리단계를 거쳐 공격행동을 할 것이다.

첫째, 비교적 적은 수의 단서를 사용하고(친구의 웃음 등) 둘째, 자신이 넘어진 것은 우연이 아니라 의도적이었다고 판단하고 셋째, 보복할 목표를 세우고 넷째, 공격적인 반응양식을 검토하며 다섯째, 공격적 반응은 바람직한 결과를 가져올 것이라는 결론을 내린 후 여섯째, 선택한 특징적인 공격행동을 한다.

실제로 공격적인 청년들(아동과 청소년을 포함하여)은 여섯 개의 단계 중 일부를 생략하고 과거경험에 근거하여 생각 없이 충동적으로 행동한다. 이 젊은이들은 세상을 적대적 장소로 지각하며 쉽게 분노한다(Lansford 등, 2007). 그들은 상대가 누구든 상관없이, 상황이 모호할수록(걸려 넘어지기, 부딪치기 등) 적대적 의도를 갖는 것으로 지각한다. 악의적인 의도가 전혀 없다는 것이 명백할 때조차도 그들은 싸울 준비가 되어 있다.

또한 공격적인 젊은이들은 공격성의 결과를 훨씬 더 긍정적으로 평가한다. 그들은 자신이 멋있게 보인다고 생각하고 나쁜 사람을 응징했다고 평가하기 때문에 도덕적으로 정당하다고 지각한다(Gibbs, 2010). 결론적으로 도찌의 사회정보처리 모델은 개인의 도덕적 행동은 도덕적 추론능력뿐 아니라 상황적 정보와 그에 대한 해석 등 여러 요인들의 영향을 받는다는 것을 시사한다.

Ⅳ 성취동기와 직업선택

성취동기란 개인의 수행에 대한 평가가 중요시될 때, 정력적이고 지속적이며 목표지향적 행동으로 유도하는 내적 각성상태로서(Atkinson & Birch, 1978), 개인의 학업수행은 물론 직업선택과 밀접하게 연결되어 있다. 일반적으로 높은 성취동기를 지니고 있는 청소년들은 학업성적이 우수하고 명문대학에 진학하며 사회적으로 인정받는 높은 지위의 직업을 갖는 경향이 있다. 직업선택을 설명하기 전에 직업선택의 기초가 되는 성취동기를 먼저 설명한다.

1. 성취동기

1) 성취동기의 발달적 변화

일반적으로 아동이 초등학교를 졸업하고 중학교로 이동할 때 성취동기에서 현저한 감소가 일어난다. 성취동기의 감소는 청소년들을 내재적 동기(intrinsic motivation)보다는 오히려 외재적 동기(extrinsic motivation)에 의해 행동하도록 하므로 학교로부터 소외되는 청소년들이 많아진다. 이제 많은 청소년들은 학교의 학습, 그 자체가 즐거워서 공부를 하는 것이 아니라 좋은 성적, 부모나 교사의 승인 및 외적 보상을 얻기 위해 공부한다.

청년기의 시작과 함께 성취동기에서 감소가 일어나는 이유는 무엇일까? 다음과 같은 네 가지 요인들이 성취동기의 감소에 기여한다.

① 인지적 성장

개인의 인지적 성장이 성취동기의 하락에 영향을 준다. 연령이 증가함에 따라 아동은 사건의 원인을 분석하고 교사가 제공하는 피드백의 의미를 이해하며 자신의 행동을 바탕으로 그 자신이 얼마나 많은 능력을 가지고 있는지 추론할 수 있다(Byrnes, 2003). 다시 말하면 인지적 성장은 청소년들이 자신의 장점과 단점을 보다 더 현실적으로 인식할 수 있도록 하며 이 과정에서 성공에 대한 기대의 감소와 함께 성취동기가 하락한다는 것이다.

② 부정적 피드백

성장함에 따라 아동은 주위 성인으로부터 부정적 피드백을 점점 더 많이 받게 되며 그 결과 성취동기가 감소한다. 부모나 유치원 교사들이 어린 아동을 비판하는 일은 거의 없다. 그들은 아동의 조그만 노력에도 칭찬과 격려로써 아동을 보상한다.

그러나 초등학교나 중고등학교 교사들은 노력한 것만으로는 충분하지 않다고 생각하고 좋은 결과를 가져왔을 때만, 학생들에게 칭찬이나 격려 혹은 보상과 같은 긍정적 피드백을 준다. 연령증가와 함께 청소년들은 자신이 어떤 능력을 가지고 있고 어떤 능력이 부족한가에 대한 정확한 피드백을 점점 더 많이 받게 됨으로써 긍정적 피드백보다는 부정적 피드백을 더 많이 경험한다. 행동에 대한 빈번한 부정적 피드백은 성취동기를 저해하는 역할을 한다.

③ 동년배 압력

청년기 동안 동년배들은 점점 더 중요해지고 청소년의 생활에 미치는 그들의 영향력은 점차 커진다. 그러나 동년배들은 때로 학교에서의 성공을 격려하는 부모와 교사의 노력을 훼손시키는 결과를 초래한다. 성취동기의 감소를 가져오는 동년배 압력은 저소득계층의 청소년들 사이에서 자주 발생하며 특히 일탈된 동년배집단은 학업수행이나 미래의 준비를 위한 노력을 경시하도록 부추긴다. 하류계층의 부모들이 교육을 중요시하고 학업성취를 격려하는 권위적 부모역할(authoritative parenting)을 수행한다고 할지라도, 그것의 긍정적 영향은 부정적 동년배집단에 의해 쉽게 무효화될 수 있다(Steinberg & Silk, 2002).

④ 보잘것 없는 사람/환경 적합도

중학교로 진학하든 고등학교로 진학하든 상관없이, 새로운 환경이 청소년들의 발달적 요구와 조화를 이루지 못할 때 성취동기가 감소한다. 에크레스와 그 동료들(Roeser & Eccles, 1998; Eccles 등, 1993)은 적합도(goodness-of-fitness)의 개념으로 청년기 동안 일어나는 성취동기의 감소현상을 설명하였다. 그들은 아동이 청년초기로 이동할 때 성취동기가 감소하는 것은 초등학교와는 사뭇 다른 중학교 환경이 청소년의 발달적 특성과 조화를 이루지 못하기 때문이라고 주장하였다.

중학교에서는 초등학교에서보다 더 엄격한 훈육이 실시되고 권위주의적이며 비인격적인 학생-교사 관계를 이루고 있으므로 자율성을 추구하는 청소년의 특성과 좋은 적합도를 이루지 못한다. 만약 학교 활동에 적극적으로 참여하기를 원하는 청소년들에게 초등학교에서보다 더 적은 참여기회가 주어진다면, 청소년-학교환경 사이에 좋은 적합도를 이룰 수 없을 것이며 학습의 내재적 동기는 그에 따라 감소할 것이다. 이와는 달리 중고등학교에서도 지적 도전과 자발적 참여의 기회가 증가하고 교사와 따뜻하고 지원적인 관계가 형성될 수 있다면, 청년기 동안에도 성취동기의 감소는 일어나지 않을 것이다.

2) 성취동기의 측정

몰간과 머레이(Morgan & Murray, 1935)는 성취동기를 측정하기 위하여 TAT(Thematic Apperception Test: 주제통각검사)를 개발하였다. TAT는 투사적 성격검사로서 애매한 자극에 대한 피검사자의 반응을 분석함으로써 외부적으로 드러나지 않는, 각 개인의 고유한 성격특성을 추리해 낼 수 있다. TAT는 검사제작자들이 생각한 것보다 훨씬 더 광범위한 인간의 특성을 밝혀낼 수 있는 것으로 알려져 있다. 지능의 파악에서부터 성격특성과 정신병의 진단, 소집단의 상호작용 분석, 학교 성적의 예측 그리고 직업지도를 위한 자료로도 활용된다.

TAT는 30매의 카드로 구성되어 있는 투사검사로서 대부분의 카드는 한 사람 내지 몇 사람의 인물을 포함하는 생활 장면 그림들이다. 30매의 카드 중 10매는 남녀노소 모두를 위한 공용의 카드이고, 나머지 20매는 성인남자용, 성인여자용 그리고 아동용으로 사용할 수 있도록 구분되어 있다.

따라서 모든 검사대상자들은 20매의 카드를 제공받으며, 카드 한 장마다 극적인 이야기를 꾸미도록 요구받는다. 검사대상자는 그림 속의 광경에 대해 현재 무슨 일이 일어나고 있고 무엇이 그러한 상황에 이르게 했으며 앞으로 무슨 일이 일어날 것인지를 이야기해야 한다. TAT는 공상이나 상상 등을 극적으로 엮어서 이야기하도록 되어 있으므로 이야기의 내용은 피검사자의 실제경험과 동떨어진 것일 수도 있고 직접적인 연관성이 없을 수도 있기 때문에 해석시에 주의를 요한다.

2. 직업선택

청소년들은 학교생활을 통하여 자신의 장점과 약점을 점점 더 많이 알게 되며 자신이 어떤 직업을 가질 수 있는지를 심사숙고하기 시작한다. 청년후기에 이르면 실제적인 직업선택과 그에 따른 준비가 이루어져야 하기 때문에, 직업선택은 이 시기의 중요한 발달과업을 구성한다. 그러나 직업선택은 아동기에서 시작하여 성인기까지 계속되는 발달적 속성을 지니고 있으므로 청년후기만의 문제는 아니다.

직업선택의 문제는 과거에는 남성들에게만 중요한 문제였으나, 이제는 여성들도 그들의 정체감 발달의 일환으로 직업선택에 관심을 갖는다. 젊은이들은 직업선택에 따라 성인기의 생활방식이 결정될 것이라는 것을 잘 알고 있기 때문에, 직업선택에 신중을 기하고 만족스러운 직업을 선택하기 위하여 노력한다.

1) 성격과 직업선택

20세기 초에는 개인의 성격과 직업선택이 서로 관련되어 있다고 생각되었기 때문에 심리검사를 사용하여 개인의 성격특성을 측정한 다음, 그에 적절한 직업을 선택하도록 하였다. 홀랜드(Holland, 1987)는 이러한 초기의 접근방법을 기초로 성격유형과 직업의 관계를 연구하였다. 그는 다양한 직업에 대한 개인의 반응을 근거로 여섯 개의 기본적인 성격유형을 측정할 수 있는 SDS(Self-Directed Search)를 개발하였고 최적의 직업만족을 얻을 수 있도록 하기 위하여 표 8-2와 같이 각 성격유형과 상응하는 직업환경을 제시하였다.

개인의 직업선택이 성격유형의 영향을 받는다는 홀랜드의 주장은 경험적 연구를 통하여 확인되고 있다(Herr 등, 2004). 국내 연구에서도 중학교 청소년들은 성격유형 중 탐구형 점수가 높을수록 학업성적이 높아지고 학문연구와 관련된 직업을 선호한 반면, 실제형 점수가 높을수록 학업성적은 낮아지고 실제형과 연결된 직업을 선호하였다(조한익, 김영미, 2012). 그러나 성격특성만이 직업선택에 영향을 주는 것은 아니다. 개인의 흥미나, 기술, 동기, 소망 혹은 시

표 8-2 성격유형과 직업의 관계

유 형	특 성	추천할 수 있는 직업
1. 실제형 (Realistic type)	구체적 사물이나 개인이 소유한 외적 특성(돈, 지위, 권력)을 중요시한다. 뛰어난 기계적 수공능력과 발달된 운동기술을 지니고 있으나 대인관계기술이 부족하다고 느낀다.	사물이나 도구, 기계 혹은 동물을 다루는 직업을 선호한다. 건축근로자, 농장, 주유소경영
2. 탐구형 (Investigative type)	새로운 아이디어와 문제해결 그리고 과학적 활동을 중요시한다. 지적으로 자신만만하고 스스로 수학과 과학능력에서는 뛰어나지만 지도자의 자질은 부족하다고 느낀다.	학문연구
3. 예술가형 (Artistic type)	언어, 미술, 음악, 연극 그리고 문학작품으로 자신의 느낌을 표현하기를 좋아한다. 심리적 특성을 중요시하고 관습적 활동이나 직업을 회피한다. 스스로 직관적이고 독창적이며 동조하기를 싫어하는 사람으로 지각한다.	시각예술, 행위예술
4. 사교형 (Social type)	사람들과 함께 생활하고 함께 일하는 것을 좋아한다. 타인을 이해하고 돕는 것을 좋아하며 지도력을 소유하고 있는 사람으로 자신을 지각한다.	사회복지사, 교사, 상담원
5. 기업가형 (Enterprising type)	경제적 성공을 이루고 조직적 목표를 달성하기 위하여 다른 사람들을 다루는 직업을 선호한다. 자신을 공격적이며 인기있고 사교적인 인물로 평가하며 지도성을 소유한 사람으로 지각한다. 뛰어난 언어구사력을 지니고 있다.	지도자나 기획자 역할, 부동산업
6. 관습형 (Conventional type)	구조화된 환경을 선호하고 정해진 계획에 따라 질서정연하고 체계적으로 자료를 정리하는 것을 좋아한다. 자신을 질서정연하고 동조적이며 수리능력과 사무능력을 소유하고 있는 사람으로 지각한다.	회계사, 은행원, 회사원

간에 따른 상황변화도 직업선택과 관련되기 때문에 홀랜드는 개인의 직업선택을 지나치게 정적 과정으로 기술하였다는 비판을 받는다.

더욱이 홀랜드 자신도 지적한 것처럼, 대부분의 사람들은 6가지 성격유형 중 단지 하나의 성격유형만을 나타내는 것은 아니며 2–3가지 성격유형의 조합으로 기능하기 때문에 홀랜드(Holland, 1997)는 그림 8–3과 같이 여섯 개의 성격유형들이 독특한 방식으로 서로 연결되어 있다고 제안하였다. 홀랜드에 의하면, 이 그림에서 서로 인접한 유형일수록 더 유사한 성격특성을 나타내며, 성격 프로파일이 인접영역에 걸쳐 있는 사람들이 6가지 유형 전체에 흩어져 있는 사람들보다 더 안정된 직업역사를 갖는다. 국내 연구에서도 유형간의 거리가 가까울수록 성격적 유사성이나 심리적 유사성이 더 높고 거리가 멀수록 유사성은 적어진다는 것이 확인된 바 있다(이종승, 2003).

그러나 성격유형과 직업간의 조화가 잘 이루어진다고 할지라도 모든 사람이 선택한 직업에 만족하는 것은 아니다. 실제로 두 변인의 조화 정도와 직업만족 간에는 비교적 낮은 상관이 있을 뿐이었다(Arnold, 2004). 그 이유는 두 변인간의 조화 외에도 직업만족은 개인의 봉급수준이나 직장 내에서의 스트레스 정도, 직장생활과 가정생활간의 갈등 등 여러 가지 요인들의 영향을 받기 때문

그림 8–3 성격유형과 직업선택에 관한 홀랜드의 모형

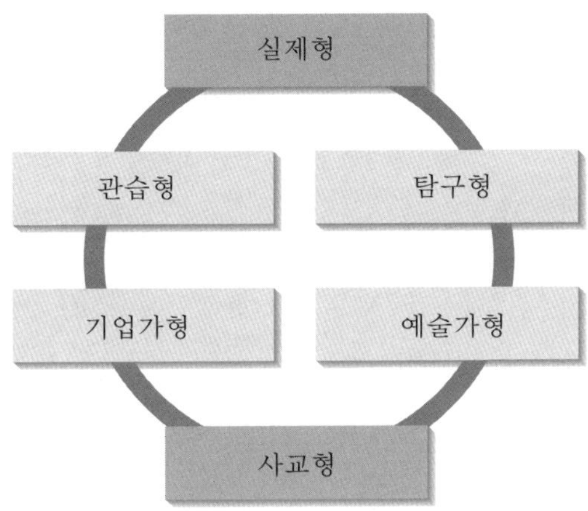

이다(Hammer 등, 2005). 그럼에도 불구하고 개인의 성격과 직업특성간의 조화는 직업 선택시에 반드시 고려되어야 하는 중요한 요인임에 틀림없다.

2) 직업발달의 과정

직업에 대한 개념의 발달은 개인의 정체감 발달의 일환으로 이루어지기 때문에 일하는 사람으로서의 개인의 정체감은 일찍부터 발달한다. 직업선택에 관한 고전적 연구를 수행한 수퍼(Super, 1974)는 직업선택이 자기개념 발달과 밀접하게 연결되어 있다고 주장하였으나 긴즈버그(Ginzberg, 1984)는 개인의 직업선택을 개인적 선호를 최적화하는 과정으로 설명하였다. 수퍼와 긴즈버그의 직업선택 과정모델을 제시하면 표 8-3과 같다. 각 모델은 개인의 직업선택이 연령에 따라 변화하는 발달적 결과임을 보여 준다.

긴즈버그의 모델에서, 환상기의 아동들도 자기에 대한 개념이 발달하기 때문에 인간으로서 혹은 남성이나 여성으로서 일관성 있는 직업을 생각하기 시작한다. 그 예로서 유치원 연령에 이르면 모든 남아들은 전통적인 남성적 직

표 8-3 직업선택의 과정모델

수퍼의 모델	긴즈버그의 모델
1. 직업에 관한 개념형성기(14 – 18세) 자기개념 속에 근로하는 사람으로서의 자신의 상을 확립한다. 2. 좋아하는 직업을 세분화하는 단계(18 – 21세) 선택할 수 있는 직업의 범위를 축소시키고 필요한 직업기술을 획득하기 위하여 노력한다. 3. 직업수행 단계(21 – 24세) 직업훈련과 교육을 마치고 직업세계에 들어간다. 4. 안정화 단계(25 – 35세) 자신에게 적합하다고 스스로 평가한 직업에서 적응하고 정착한다. 5. 공고화 단계(35세 이후) 자신이 선택한 직업에서 능력을 인정받고 성공한다.	1. 환상기(출생 – 11세) 개인적 능력이나 훈련 혹은 직업기회와 같은 현실적 문제를 고려하지 못하고 개인적 소망을 근거로 직업을 생각한다. 2. 시험기(11 – 18세) 현실적 문제를 고려하기 시작하며 다양한 직업에 대해 심사숙고한다. 직업선택과 상급학교 진학을 심각하게 생각하기 시작한다. 3. 현실기(18 – 22세) 실제적 경험이나 교육 혹은 훈련을 통하여 특정한 직업을 탐색한다. 개인적 능력, 흥미, 동기를 고려하는 동시에 경제적 조건과 사회적 조건 및 직업선택의 기회에 대해 심각하게 생각한다.

업을 미래의 직업으로 선택하는 반면, 많은 여아들은 간호사나 교사와 같은 전통적인 여성의 직업을 자신의 직업으로 명명한다.

시험기의 청소년들은 다양한 직업에 대해 심사숙고할 수 있고 자신의 소망이나 관심보다는 능력이나 가치에 대해 생각하기 시작한다. 가치의 문제란 권력, 돈, 지적 도전 중 어느 것이 더 중요한가 혹은 타인을 돕는 것은 나에게 진실로 중요한 일인가 등을 생각하는 것이 여기에 해당한다.

현실기가 끝날 무렵에 이르면 확고한 직업정체감이 형성되고 선택한 직업을 위한 준비를 시작한다. 그러나 하류계층의 청소년들이나 성취동기나 낮은 청소년들은 연령이 증가함에 따라 그들의 높은 직업소망을 수정하고 그들이 원하는 직업보다는 얻을 수 있는 직업을 목표로 삼는다(Rojewski & Yang, 1997).

근래에 와서 홀랜드와 수퍼를 포함한 직업이론가들은 적합도 모델로써 직업선택 과정을 설명한다. 그들은 개인의 자기관련 개념이나 직업 혹은 성격과 직업 사이에 최적의 적합도를 발견하려고 노력하는 것이 직업선택의 과정이라고 설명한다. 적합도 모델은 성취동기뿐 아니라 직업선택과정에도 적용될 수 있는 개념으로 새롭게 인식되고 있다.

3) 직업선택에 영향을 주는 요인들

직업선택은 개인의 성격이나 능력과 같은 특정한 요인들에 의해 결정될 것으로 생각되기 쉬우나 개인의 직업선택의 과정에는 이외에도 여러 요인들이 영향을 미친다. 그림 8-4는 개인의 직업선택 과정에 영향을 주는 요인들을 제시한다. 흥미로운 사실은 성역할 사회화 과정과 직업선택 과정이 어느 정도 중복되고 있어 개인의 성역할 정체감이 직업선택에 영향을 준다는 것이다. 다시 말하면 각 개인이 자신을 남성으로 지각하는가 여성으로 지각하는가에 따라 선택하는 직업의 종류가 달라진다는 것이다. 이와 같은 성차의 영향은 급격하게 약화되는 추세에 있기는 하지만, 어떠한 사회집단이나 인종집단 내에서도 일어나는 보편적 현상이다.

일반적으로 회계사, 설계사, 기술자, 고속도로 순찰원, 수학자 등은 전형적 남성직업으로 그리고 치과위생사, 초등학교 교사, 가정경제학자, 물리요법사 그리고 비서 등은 여성직업으로 인식된다. 2004-2005년도 미국 통계치에서

그림 8-4 성역할 사회화 과정과 직업선택 과정에 영향을 주는 요인들

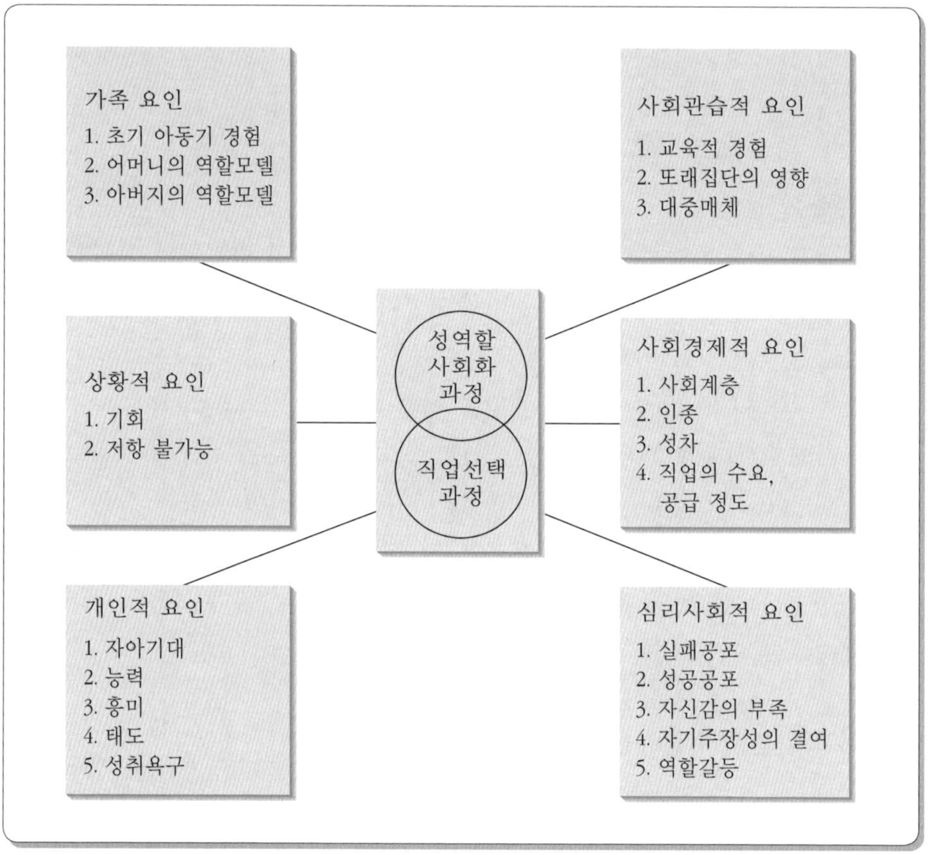

출처: O'Neil 등, 1980.

도 전통적인 여성직업에 해당하는 간호사의 92.1%, 비서의 96.6%, 유치원 교사의 97.8%, 사회복지사의 79.5%, 초등학교 교사의 81.7%를 여성들이 차지하여 직업선택과 성역할 사회화 과정이 서로 중복되고 있음을 보여 주었다.

성별 외에도 개인의 배경이나 기회가 직업선택에 영향을 준다. 그 예로서 실업률이 매우 높은 불황기에 개인은 직업을 선택한다기보다는 오로지 취업 가능한 직업에 종사할 수밖에 없을 것이다. 또한 확실한 직업계획이 없었다거나 혹은 지나치게 다양한 흥미나 능력을 지니고 있을 때는 직장을 옮기는 일이 빈번할 것이다.

가족압력 또한 직업선택을 위한 중요한 요인이다. 자신이 좋아하는 일과

는 상관없이 가업(家業)을 물려받아야 하거나, 배우자나 자녀의 부양을 위해 자신이 원하는 직업과는 다른 직업을 선택해야 하기도 한다. 때로 부모에 대한 계속적인 동일시의 결과로 부모의 직업과 동일한 직업을 선택하는 사람들도 있다. 그들은 개인적 평가나 노력에 의해 직업을 선택하는 것이 아니라, 무조건 부모의 직업을 자신의 직업으로 선택한다.

그러나 개인의 직업을 통합된 정체감의 일부분으로 규정하는 사람들은 자신의 기술과 기질, 가치관 그리고 미래의 목표에 대해 의문을 제기하고 탐색하며 자기평가과정을 거친 다음에 직업을 결정한다. 그들은 부모의 직업과 동일한 직업을 선택할 수도 있고 다른 종류의 직업을 선택할 수도 있다.

제4부 성인의 발달

목 적

4부는 성인기를 세 개의 단계 즉 성인초기와 성인중기 및 성인후기로 구분하고 각 단계에서의 변화와 발달을 고찰한다. 성인기는 긴 기간으로 태내기, 영아기, 아동기와 청년기 다음에 오는 시기이다. 인간의 평균수명을 약 85세로 볼 때, 인간발달의 후반 60년에 해당하는 긴 기간으로 신체, 인지, 지각영역에서의 변화와 함께 사회적 상호작용과 역할에서 큰 변화가 일어나는 시기이다. 4부에서는 성인기 동안 일어나는 각 영역별 발달을 고찰함으로써 인생의 길잡이 역할을 하려는 목적을 가지고 있다.

기대되는 효과

4부를 구성하는 세 개의 장은 성인기 동안 경험하는 개인적, 가족적, 사회적 변화를 설명함으로써 사회의 중추적 역할을 담당하는 성인들의 특성이 쉽게 이해될 수 있도록 하였다. 독자는 4부를 통하여 성인기 동안 어떤 일이 일어나고 그것이 어떤 의미를 지니며 어떻게 하면 성인기 동안 의미있고 성공적인 삶을 살 수 있는지에 대한 통찰을 얻게 될 것이다.

성인발달의 기초

제9장 성인발달의 기초

• …… 개인이 성인기에 도달한다는 것은 인생의 중요한 변화를 의미한다. 인간발달 연구의 초기에는 인간이 일단 성인기에 도달하면 더 이상의 신체적 변화나 심리사회적 변화가 일어나지 않을 것으로 생각하였다. 그러나 성인기 동안에도 신체적 변화를 포함한 중요한 변화들이 일어나고 특히 사회적 상호작용과 역할에서는 이전 단계와 비교할 수 없는 정도의 큰 변화가 일어난다. 9장에서는 성인발달을 이해하기 위한 기초로서 성인기의 단계적 특징과 성인발달의 이론 및 성인연구의 문제점에 대해 설명한다.

I 성인기의 단계적 특징

1. 성인기의 단계구분과 의미

성인기는 언제 시작되고 언제 끝나는가? 모든 사람들의 성인기는 죽음으로 끝나기 때문에 성인기가 언제 끝나는지에 대해서는 논란의 여지가 없다. 그러나 성인기가 언제 시작되고 또한 중년기는 언제인가에 대해 학자들 사이에 일치된 견해가 없다. 기대여명의 증가로 우리는 더 오랫동안 생존할 수 있을 뿐 아니라 과거보다 더 오랜 기간 젊음을 유지할 수 있기 때문에 성인기 시작 시점은 물론 성인기 구분방식도 달라지고 있다.

아네트(Arnett, 2006)는 12세부터 55세까지의 성인들을 대상으로 '자신을 성인으로 생각하는가'라고 질문하였다. 그 결과 18-25세 젊은이들의 약 38%와 26-35세 젊은이의 약 58%가 자신을 성인으로 지각한다고 응답하였다. 아네트는 이 결과를 바탕으로 50% 이상이 자신을 성인으로 지각하는 26세가 성인기 시작시점일 수 있다고 주장하였다.

전생애 동안의 발달과업을 제안한 허비거스트(Havighust, 1972)는 18세를 그리고 성인기 발달단계를 기술한 레빈슨(Levinson 등, 1978)은 17세를 성인기 시작시점이라고 보고한 바 있다. 그러나 과거와 비교하여 더 오랜 기간 교육을 받고 부모로부터 경제적 독립이 늦어져 성인기 시작은 20대 중반 이후로 늦어지고 있다. 더욱이 영양과 위생 및 의료기술의 발달은 성인중기나 성인후기의 시작도 지연시키고 있다.

그러므로 이 책에서는 표 9-1과 같이 성인기를 성인초기, 성인중기, 성인후기 및 성인후기의 후기로 구분하고, 성인초기는 아네트의 주장대로 26세부터 45세까지, 성인중기는 45세부터 65세까지, 성인후기는 65세부터 85세까지 그리고 성인후기의 후기는 85세 이후로 구분하기로 한다.

성인기는 다양한 사람들에게 다양한 사건들이 발생하는 시기이다. 아동의 눈에 비치는 성인기는 늦게까지 깨어 있을 수 있고 학교에 가지 않아도 되는, 특권을 누리는 시기이며 청소년들에게는 부모의 통제에서 벗어나 자유를 누릴 수 있는 시기로 인식되는 바로 그 시기가 성인기이다.

표 9-1 성인기 구분

	성인초기	성인중기	성인후기	성인후기의 후기
허비거스트	18-35세	35-60세	60세 이상	
레빈슨	17-40세	40-60세	60-85세	85세 이후 (여성의 경우만)
이 책의 구분	26-45세	45-65세	65-85세	85세 이후

일찍이 뉴가르텐과 그 동료들(Neugarten 등, 1965)은 성인기를 이해하기 위한 하나의 방법으로 '사회적 시계'(social clock)의 개념을 제시하였다. 사회적 시계란 '행동을 자극하고 제어하는 연령규준과 기대연령'으로 결혼이나 자녀양육 혹은 은퇴와 같은 의미 있는 인생사건들이 그 사회 내에서 합의된 연령규준에 따라 일어날 수 있도록 한다.

Bernice L. Neugarten

그 결과 연령규준은 적정연령에서 특정한 역할을 수행하도록 사회적 압력의 근원으로 작용하기도 하고 연령에 적절하지 않다고 생각되는 행동에 대한 억제의 근원으로 작용하기도 한다. 성인들은 행위수행을 위한 연령규준을 인식하고 있을 뿐 아니라, 역할수행의 시작시기와 끝나는 시기에 맞추어서 자신의 행동을 평가할 수도 있다.

그러나 연령규준만으로 성인기를 설명할 수 있는 것은 아니다. 성인기란 생물학적 차원에서는 완전한 성장을 이룬 발달단계로서 신체적 발달은 물론 성적 성숙의 결과로 생식능력을 갖춘 시기이다. 사회적 차원에서 성인기는 성숙하고 합리적이며 책임감 있는 행동을 하는 시기에 해당한다. 또한 성인기는 높은 충동통제와 좌절에 대한 강한 인내심을 가지고 기분의 변화를 제어하는 것이 가능한 시기이므로 정서적 안정성을 지닐 수 있는 시기인 동시에 법적으로도 성인임을 인정받는 시기로서 성인의 권리와 의무를 수행해야 하는 시기에 해당한다.

2. 기대여명의 증가와 고령화 사회

통계청(2013) 자료에 의하면, 남성의 기대여명은 77.7세 그리고 여성의 기

그림 9-1 노년부양비와 노령화지수

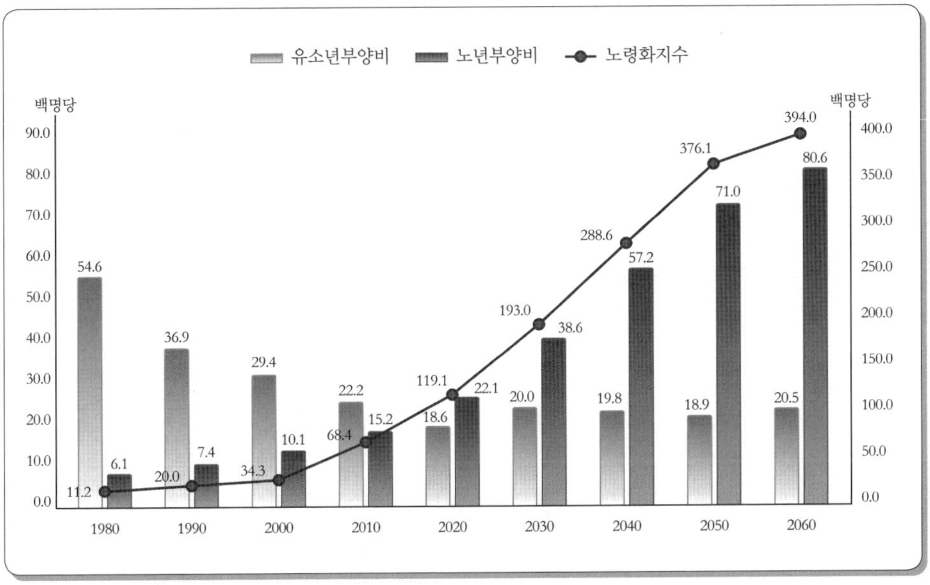

출처: 2012 한국의 사회지표.

대여명은 84.5세로서, 10년 전 남녀의 기대여명인 남성 73.86세와 여성 80.81세와 비교하여도 남녀 모두 3년 이상 증가하였다. 기대여명의 증가는 노인인구의 급속한 증가를 가져와, 65세 이상의 노인인구는 2008년에 이미 전체 인구의 10.3%였고, 2010년에 11%였으며, 2020년에 이르면 15%를 초과할 것으로 전망된다.

노인인구의 증가는 노령화지수의 급속한 증가를 가져왔다. 노령화지수란 0-14세 인구에 대한 65세 이상 노인의 인구비율로서 사회의 고령화 상태를 보여 주는 지표이다. 노령화지수가 50%이면 아동 2명에 노인 1명의 인구분포를 이루고, 200%를 넘으면 거꾸로 아동 1명에 노인 2명의 인구분포를 이룬다는 의미이다. 그림 9-1에 제시된 바와 같이, 우리나라는 2006년에 노령화지수가 이미 50%를 넘어섰고 2018년에는 100%를 넘어설 전망이며, 2020년에는 노년부양비가 유소년부양비를 넘어설 것으로 예상된다.

그렇다면 우리나라는 고령화 사회인가 아니면 고령사회인가? 유엔은 65세 이상 노인인구의 비율이 전체 인구의 7%에 이르는 사회를 고령화 사회라 하고 14%를 넘으면 고령사회로 규정한다. 우리나라는 2000년에 노인인구가 전체 인구의 7.2%를 차지함으로써 이미 고령화 사회로 접어들었고 2018년에는 14%를 초과할 전망이어서 2020년경에는 명실상부한 고령사회가 될 것으로 전망된다. 현재 미국은 고령화 사회로 분류되며, 영국과 스웨덴은 1975년에, 프랑스는 1980년 그리고 일본은 1996년에 각각 고령사회로 진입하였다.

3. 성인기의 발달과업

성인이 될 수 있기 위해서는 성인기 발달과업을 성공적으로 성취할 수 있어야 한다. 발달과업의 성공적 성취는 개인에게 행복을 가져오고 후속 단계에서의 적응을 용이하게 하는 반면, 실패는 개인의 불행은 물론 사회의 불승인과 후속 과업의 성취를 어렵게 한다. 허비거스트(Havighurst, 1972)가 제시한 성인초기, 중기 및 후기의 발달과업을 정리하면 표 9-2와 같다.

1) 성인초기의 발달과업

에릭슨(Erikson, 1968)은 그의 심리사회적 이론에서 성인초기를 친근감 대 고립감, 성인중기를 생산성 대 침체 그리고 성인후기를 자아통합 대 절망의 위기를 해결해야 하는 시기라고 가정하였다.

(1) 친근감 확립

친근감의 확립은 에릭슨 이론에서 성인초기의 주된 심리사회적 위기이며 허비거스트가 제안한 중요한 발달과업 중의 하나로서 가족 이외의 다른 사람과 친밀한 관계를 형성하는 것을 의미한다. 친근감의 확립은 능동적인 과정으로 자신의 정체감을 잃을지도 모른다는 두려움 없이 타인과 개방적이고 지원적이며 애정적 관계를 형성하는 능력에 해당한다. 타인과 친근한 관계를 형성한 사람들은 아이디어나 계획을 서로 의논하고 개인적 감정표현도 서로 공유한다. 물론 그 속에는 성적 감정의 표현도 포함된다.

성인초기 동안 타인과 친근감을 형성하지 못한 사람들은 고립감을 경험한다. 그들은 타인과의 친근감 확립은 자신의 정체감 확립을 손상시킨다고 생각

표 9-2 성인기의 발달과업

성인초기(20–39세)	성인중기(40–59세)	성인후기(60세 이후)
1. 자율성을 성취하기 2. 정체감을 형성하기 3. 정서적 안정을 확립하기 4. 직업생애를 확립하고 공고화하기 5. 친밀성을 형성하기 6. 마음맞는 사람들로 구성된 사회적 집단의 일원이 되기 7. 배우자를 선택하고 가정을 관리하는 것을 학습하기 8. 주거를 정하고 남편이나 아내의 역할을 학습하기 9. 부모가 되어 아동을 양육하기	1. 중년기의 신체적 변화에 적응하기 2. 직업세계에서 만족을 얻고 성공하기 3. 성인의 사회적 및 시민의 책임을 맡기 4. 자녀를 책임감 있고 행복한 성인기에 진입할 수 있도록 하기 5. 결혼생활에 새로운 활력을 불어넣기 6. 노화하는 부모에게 새롭게 적응하기 7. 성역할을 재조정하기 8. 사회적 연결망과 여가활동을 개발하기 9. 인생에서 새로운 의미를 발견하기	1. 신체적으로 건강하고 그것의 한계에 적응하기 2. 적절한 수입과 지원수단을 유지하기 3. 변화된 직업역할에 적응하기 4. 적절한 주거와 생활조건을 확립하기 5. 정체감과 사회적 지위를 유지하기 6. 동지애와 우정을 발견하기 7. 여가시간을 즐겁게 보내는 것을 학습하기 8. 가족 내에서 새로운 역할을 확립하기 9. 자신의 삶을 수용함으로써 자아통합을 성취하기

하고 자신과 타인과의 관계형성을 제한한다. 에릭슨에 의하면, 성인초기의 고립감 형성은 융통성이 없고 부서지기 쉬운 혹은 역할혼란의 개인적 정체감을 발달시키는 아동기와 청년기 경험의 산물이다.

(2) 정체감 형성

정체감 형성은 성인초기의 또 다른 중요한 발달과업이다. 성인초기 동안 개인의 정체감이 어떻게 형성되고 수정되는지를 연구한 위트본(Whitbourne, 2005)은 대다수의 성인들에게 가족이 가장 중요하기 때문에 가족간의 친근감 형성이 성인초기 정체감 형성의 가장 중요한 요인이라고 지적하였다. 위트본은 그림 9-2와 같은 성인의 정체감 형성과정에 관한 모델을 제시하였다. 그는 피아제 이론의 동화와 조절 과정을 활용하여 개인의 정체감이 경험에 의해 어떻게 변화하는지를 설명하려고 하였으므로 그의 이론은 정체감 과정모델(identity process model)이라고 불린다.

그림 9-2 위트본의 성인기 정체감 형성과정

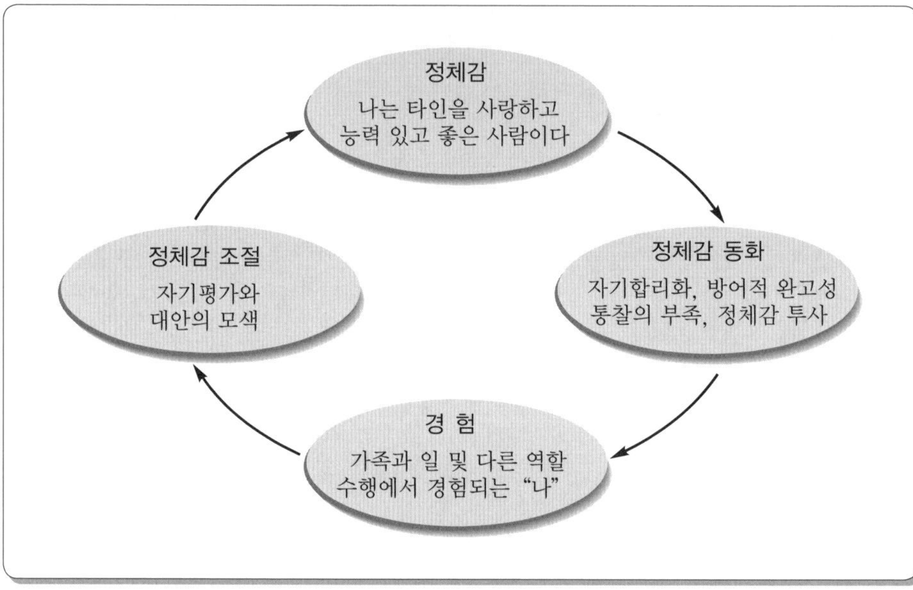

위트본에 의하면, 정체감의 동화과정은 개인이 현재의 상황을 처리하기 위하여 기존의 정체감 측면을 사용하는 과정인 반면, 조절과정은 상황의 변화에 대처하기 위하여 개인의 정체감을 변화시키는 과정에 해당한다. 그러나 동화에 대한 지나친 의존은 변화를 수용하지 못하게 하고 조절은 발달된 정체감을 지니고 있지 않을 때 일어난다.

사랑하는 사람으로서의 성인의 정체감은 '내가 누구인가'라는 질문에 대한 답변의 중요한 부분을 차지한다. 결국 성인기의 정체감 발달은 부부 사이의 친근감 형성을 통하여 '사랑하는 사람으로서의 나'라는 생각을 다듬는 과정에 해당한다. 위트본은 성인의 정체감 형성을 위해 가족 다음으로 직업이 중요하다고 주장하였다.

정체감 발달을 설명하는 또 다른 모델로서 맥아담스(McAdams, 2001)의 인생이야기 모델(life-story model)이 있다. 이 모델은 사람은 누구나 시작과 중간 그리고 예상되는 끝부분을 갖는 내면화된 인생이야기를 생성해내며, 그것은 개인의 자아정체감을 구성하는 요소들이라고 주장하였다.

맥아담스에 의하면, 인생이야기는 어느 날 갑자기 나타날 수 있는 것은 아니다. 그것은 영아기의 애착발달에 뿌리를 두고 있지만, 이야기의 초안은 청년초기에 개인적 우화로 나타난다. 어린 청소년들은 그들의 실제적인 삶과는 관계가 없이 자신의 잠재적인 위대함과 독특함에 대한 환상적인 자서전적 이야기를 구성한다. 물론 아동기 동안에도 부모-아동간의 대화를 통하여 아동들은 이야기 형태로 개인적 기억들을 서로 연결짓고 이후에 구성할 통합적인 인생이야기에 영향을 줄 수 있는 경험들을 수집한다. 그러나 그들은 아직도 각기 다른 사건들의 인과적 연결성보다는 단일적인 자서전적 사건에만 시간적 응집성을 적용한다(Habermas & Bluck, 2000).

서로 다른 사건들이 어떻게 연결되고 인과적으로 배열되는지를 아는 것은 청년기에 이르러서이다. 청년기에 이르면 특성과 태도, 신념 및 선호들이 인생이야기 속에 포함됨으로써 주제는 일관성 있게 배열되고, 삶에서의 많은 상이한 사건들을 통합할 수 있다. 성인초기에 도달하면 개인은 과거와 시간적으로, 전기적으로, 인과적으로 그리고 주제에서 응집성을 나타내는 자기(self)에 대한 이야기를 구성하려고 하고 또한 구성할 수 있다.

이와 같이 인생이야기 모델은 성인기 동안 정체감 작업이 계속됨을 강조한다. 인생이야기는 일생 동안 발달하고 변화하며, 때로는 때 맞추어 또 때로는 때에 맞지 않게 일어나는 일이나 변화를 반영하기 때문에 각 개인은 인생의 상이한 시기에 이야기의 서로 다른 측면이나 특성을 삽입한다.

2) 성인중기의 발달과업

연령적으로 45세부터 65세까지의 시기에 해당하는 성인중기는 그 사회의 지배계층(ruling class) 혹은 명령하는 세대(command generation)라고 불린다. 비록 그들이 전체인구의 약 1/5을 차지하고 있음에도 불구하고, 그들은 우리 사회를 지배하고 통제하는 역할을 한다. 그들은 규칙이나 규준의 제조자이고 의사결정권자로서 사회의 진보를 위해 열심히 노력하는 존재들이다.

맥아담스(McAdams, 2001)의 인생이야기 모델에서, 성인중기는 남녀 모두 다음 세대를 돌보고, 미래를 위해 긍정적 유산을 남기며, 자신이 받은 혜택을 사회로 환원하거나 다른 생산적 활동들에 몰두하는 시기이다. 동시에 오랫동안 억압되었던 여성들의 남성적 성향과 남성들의 여성적 성향이 되살아나므로 성인초기에 구성된 인생이야기는 수정되지 않을 수 없다. 이와 함께 각 개인은 자신의 삶이 절반 이상 지나갔다는 인식으로 상실감을 경험하고 죽어야 할 운명과 인생이야기의 종결에 더 많은 관심을 갖게 된다. 결국 모든 인생이야기들은 미래 세대를 위해 의미 있는 유산이 포함되는 종결을 추구하며, 그것은 곧 생산성을 의미한다.

따라서 중년 성인들은 성인초기 동안 자녀양육을 위해 노력한 결과로 자녀가 어떻게 성장하였는지에 큰 관심을 갖는다. 자녀의 적응과 안녕은 부모의 안녕과 직접적으로 연결되기 때문에, 성인초기에 기대한 대로 자녀들이 교육적 성취를 이루고 직업세계에서 성공할 수 있을 때 부모는 큰 개인적 만족을 경험한다.

그러나 발테스(Baltes 등, 2006)가 주장한 획득과 상실의 측면에서 본다면, 성인중기의 전반기(45-55세)는 획득과 상실이 균형을 이루지만, 후반기에는 상실이 획득보다 더 우세해진다. 성인중기의 전반기 동안에는 생물학적 기능이 감소한다고 할지라도 사회적 영향력은 절정에 도달하나 성인중기의 후반기(55-65세)에 이르면 사회적 영향력은 급격히 약화된다. 그 증거로서 성인중기 후반의 중년 성인들은 부모의 죽음과 막내 자녀의 결혼 및 조부모되기를 경험하고 은퇴준비를 하거나 실제적인 은퇴를 하며, 처음으로 건강문제도 경험한다(Deeg, 2005).

(1) 텅빈 보금자리 시기

대부분의 가정에서 부모가 40대 혹은 50대에 이르면 자녀들은 대학진학, 군대입대, 취업 혹은 결혼 등으로 인해 가정을 떠나게 된다. 텅빈 보금자리(empty nest), 양육후기(postparental period), 부모역할의 은퇴 혹은 자녀진출시기로 불리어지는 이 기간 동안 역할변화가 일어난다. 자녀양육활동이 감소됨에 따라 부부관계는 변화하며, 자녀양육을 위해 쏟았던 에너지를 사용하기 위한 새로운 목표나 과업이 요구된다.

자녀들이 가정을 떠나는 변화의 시기는 직업역할보다 어머니 역할로서 자신을 규정하는 여성들에게는 매우 고통스러운 시기이다. 자녀는 그들의 삶의 전부였으므로 자녀가 떠나면 그들은 허전함과 상실감을 크게 경험한다. 그러나 많은 부부들은 자녀들이 떠난 후, 부부간의 응집력과 애정이 오히려 증가하는 것을 경험한다. 그들은 자녀의 독립으로 야기된 경제적 여유를 자신의 생활방식을 향상시키기 위하여 활용하며 자녀의 성취에 만족한다.

그러나 부모를 떠나기에는 너무 어리다고 생각되는 자녀의 독립은 부모에게 긴장과 불안을 불러일으킨다. 부모는 청년후기와 성인초기의 자녀를 위한 지원과 충고의 근원이 되며 안정감의 원천으로서, 공명판으로서 그리고 경쟁상대로서 자녀의 정체감 형성과 생활방식(life style)의 확립에 기여한다. 이 시기에 발생하는 가장 큰 사건 중의 하나는 자녀의 결혼이다. 부모는 자녀의 의사에 따라 자신의 가족과는 다른 특성을 갖는 사람을 자녀의 남편이나 아내로 받아들이게 됨으로써 새로운 인척관계를 형성한다.

(2) 샌드위치 세대

성인자녀들의 연령이 40세에서 50세 정도에 이르면 그들 부모의 연령은 60−80세가 된다. 기대여명의 증가로 고령의 노부모를 모셔야 할 책임을 맡은 중년자녀들의 수가 급격하게 증가하고 있다.

성인중기는 노부모에 대한 자녀의 역할은 물론, 자녀에 대한 부모의 역할도 함께 수행해야 하는 시기이다. 중년의 부모들은 자녀들에게 때로 경제적 도움을 주어야 하고 손자녀를 양육해야 하는가 하면, 매일 단위로 노부모를 보살펴야 하기도 한다. 서구 사회에서는 딸들이 아들보다 노부모에게 평균 3배 이상 더 많은 보살핌을 제공한다(Stephens 등, 2001). 그러나 한국이나 일본과 같은 동양 문화권에서는 보통 맏며느리가 노부모를 보살피는 역할을 맡기 때문에 자주 고부갈등이 일어난다(김밀양, 2004; 장휘숙, 2002).

일찍이 하게쉬타트(Hagestad, 1982)는 그림 9−3과 같이 성인중기의 이중적 역할을 설명하는 흥미로운 모델을 제시하였다. 하게쉬타트의 모델은, 가장 윗세대(G_1)는 오직 부모역할만 수행하면 되고, 가장 아랫 세대(G_n)는 오직 자녀역할만 수행하면 된다는 것을 보여 준다. 그러나 중간세대는 부모역할과 자녀역할을 동시에 수행해야 하는 '샌드위치 세대'(the sandwich generation)임을 강조한다.

그림 9-3 중년자녀의 역할

P=부모, C=자녀
Omega 관계: 최상위 세대의 부모-자녀 관계
Alpha 관계: 최하위 세대의 부모-자녀 관계

출처: Hagestad, 1982.

3) 성인후기의 발달과업

은퇴 후의 생활에 적응해야 하는 노인들에게 가장 중요한 것은 신체적 건강을 유지하는 것이다. 그림 9-4는 성인기 동안의 심장 및 허파의 기능과 휴식 시 에너지 소모량 그리고 일할 때 소모되는 최대 에너지를 비교한 결과로서 성인기 동안 신체기능이 서서히 감퇴하고 있음을 보여 준다. 65세 이후의 성인후기 노인들은 운동능력과 감각기능은 물론 자기를 돌보는 능력이 손상될 수 있으므로 좋은 건강상태를 유지하는 것은 생활만족의 가장 중요한 요건 중의 하나이다.

특히 은퇴는 수입의 상실과 함께 사회적 지위의 상실을 가져오기 때문에 성인후기의 정체감 발달에 위협요인으로 작용한다. 그러므로 많은 은퇴자들은 은퇴와 함께 생산적 활동을 중단하기보다는 가교일자리(bridge job)를 가지려고 노력한다. 가교일자리란 생애주된일자리에서 완전한 은퇴로 이동하기 전에 갖는 일자리로서 단기간의 일자리일 수도 있고 파트타임 직업일 수도 있으며 때로는 봉사활동의 형태를 취하기도 한다.

가교취업을 할 수 있는 사람들은 갑작스러운 은퇴가 아니라 점진적으로 은퇴하기 때문에 은퇴 후의 생활에 더 잘 적응할 수 있다(최옥금, 2011). 그들은 능동적이고 적극적인 생활을 통해 높은 생활만족을 경험한다. 물론 배우자와 자녀 및 손자녀와의 가족생활이나 다른 사회활동을 통하여 의미 있는 정체감

그림 9-4 성인기 동안의 신체기능 감퇴

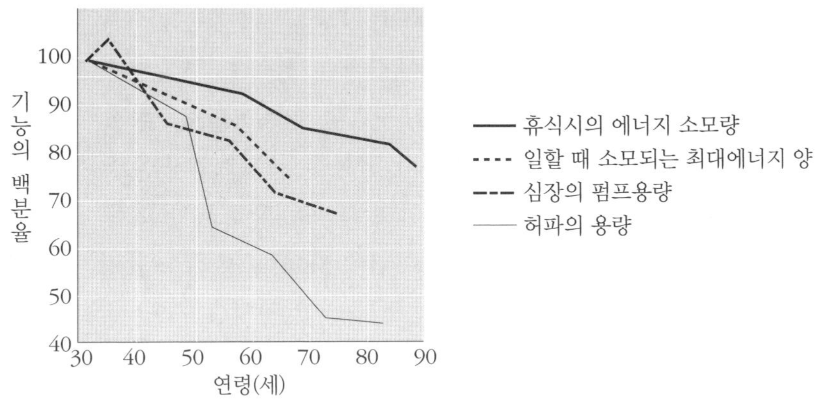

출처: Myers, 1992.

을 발달시킬 수 있는 사람들도 보다 쉽게 은퇴 후의 생활에 적응할 수 있다.

그러나 성인후기에 조부모가 되고 배우자의 죽음이나 경제적 문제로 독립한 자녀들에게 의존하게 될 때 새로운 적응이 요구되며, 가족역할과 책임의 재조정을 필요로 한다. 에릭슨은 생애 마지막 단계의 심리사회적 위기를 자아통합의 발달(development of ego integrity)이라고 제안하였다. 자아통합이란 지나온 삶을 뒤돌아보며 후회 없이 자신의 삶을 수용할 수 있고 큰 두려움 없이 죽음에 직면할 수 있는 것을 의미한다. 전생애 동안 경험한 성공과 만족은 물론 괴로움과 실패 혹은 실망까지도 수용할 수 있을 때 자아통합의 발달이 이루어진다.

4. 성인기의 스트레스와 대처

성인기는 다양한 생활사건들을 경험하는 시기로서 건강이나 경제문제 혹은 대인관계에서 중요한 변화들이 일어난다. 대부분의 성인들은 이러한 변화에 잘 대처하고 적응적 삶을 영위할 수 있으나 일부는 스트레스에 대처하지 못하고 심리적 장애를 경험한다.

스트레스는 개인의 안녕을 위협하는 사건으로 자신의 대처능력으로는 처리하기 어렵다고 지각될 때 주로 발생한다(Lazarus, 1993). 전생애 동안 일어나는 비규범적 변화들은 규범적 변화들보다 더 큰 스트레스를 유발하고 불안이나 우울같은 심리적 문제를 더 많이 일으키지만, 매일의 반복되는 갈등이나 고민 혹은 다툼보다는 더 큰 스트레스를 유발하지는 못한다. 라자러스(Lazarus, 1993)는 소유물을 잘못 놓는 것에서부터 갈등적인 관계에 포함되거나 계산서 지불 때문에 걱정하는 것과 같은 매일의 반복되는 괴로움이 더 큰 스트레스를 유발한다고 주장하였다. 물론 동일한 사건에 대해 스트레스를 크게 경험하는 사람이 있는가 하면 스트레스를 거의 경험하지 않는 사람도 있다.

성인기 동안 스트레스에 대한 대처능력에서 어떤 변화가 일어나는지를 설명하는 두 가지 가설이 존재한다. 그중 하나는 퇴행가설(regression hypothesis)이고 또 다른 하나는 성장가설(growth hypothesis)이다. 전자는 개인의 대처능력이 성인초기와 중기에 절정에 도달하고 그 이후에 감소한다고 주장하는 반면(Rook 등, 1991), 후자는 성인기 동안 계속해서 개선된다고 가정한다(Aldwin, 1994).

일찍이 중년 성인과 노인의 대처전략을 비교한 포크만과 그 동료들(Folkman 등, 1987)은 중년성인들은 적극적으로 문제를 해결하려고 하고 사회적 지원을 구하는 문제집중적 대처(problem-focused coping) 방식을 사용하는 반면, 노인들은 문제 자체를 수용하거나 잊어버리려고 노력하는 정서집중적 대처(emotion-focused coping) 방식을 사용한다고 주장하였다.

그러나 중년성인과 노인의 대처방식의 차이는 그들이 대처해야 하는 과제나 사건의 성격을 고려한다면, 모두 적응적인 방식일 수 있다. 일반적으로 중년성인들은 주로 자녀문제나 직장 동료문제와 같이 문제집중적 대처를 요구하는 사건에 주로 직면하지만, 노인들은 만성적 질병이나 무능력 혹은 사랑하는 사람의 상실과 같이 정서집중적 대처를 요구하는 사건에 직면한다. 그러므로 성장가설과 퇴행가설 중 어느 가설도 옳다고 볼 수는 없으며 중년성인과 노인 모두 적응적 대처방식을 채택할 수 있음이 분명하다.

Ⅱ 연령과 노화

1. 연　　령

사람들은 연령을 기초로 전생애를 구분하고 자신은 물론 타인을 특정한 연령집단으로 범주화한다. 연령에 따라 성인기를 성인초기, 중기 및 후기로 구분하는 것은 사회적 역할, 인생사건, 성격발달의 단계에 대한 사회의 정형화된 기대와 연합되어 있으며, 이러한 정형화된 기대는 다시 개인에 대한 판단에 영향을 준다.

1) 연령 개념

연령은 우리가 생각하는 것보다는 훨씬 더 복잡한 개념이다. 일상생활에서 우리가 어떤 사람의 연령을 이야기할 때 우리는 그가 몇 년도에 출생하였고 현재 몇 살인지를 생각한다. 출생 후에 경과한 기간을 계산하는 이러한 생활연령 혹은 역연령(chronological age) 외에도 건강상태나 신체능력, 책임, 적응성 등을 기준으로 하는 개인의 기능적 연령(functional age)이 있다. 연령과 관계없이 개인이 수행할 수 있는 능력을 의미하는 개인의 기능적 연령을 계산하려고 할 때는, 연령은 다시 생물학적 연령과 사회적 연령 및 심리적 연령으로 구분된다.

생물학적 연령(biological age)이란 생물학적 건강상태를 나타내는 연령으로 개인의 잠재적인 수명과 연결된 문제이다. 이 연령은 심혈관계와 같은, 생명유지에 지극히 중요한 기관체계의 기능을 측정함으로써 계산될 수 있다. 연령증가와 함께 중요한 기관체계들은 자기규제능력을 잃게 되고 그에 따라 죽음의 가능성은 점차 증가한다. 건강한 생활방식만이 연령에 따른 생물학적 변화를 어느 정도 지연시킬 수 있다.

사회적 연령(social age)은 문화적 규준과 비교한 개인의 현재의 상태로서 특정한 연령의 개인들이 어떻게 행동해야 하는지에 대한 사회의 기대를 반영한다. 사회는 연령에 어울리는 구체적인 역할을 제시하며 각 개인은 사회가 기대하는 연령과 조화되는 행동을 보여야 한다. 만약 그렇지 못하면 사회적으로 더 젊다든가 더 늙었다는 평가를 받는다.

어떤 사람이 사회적으로 기대되는 연령보다 더 어린 연령에서 새로운 역할을 시작한다면 더 나이가 많은 사람으로 평가될 것이고, 더 나이 많은 연령에서 새로운 역할을 시작한다면 사회적으로 더 어리다는 평가를 받을 것이다. 남녀의 평균 결혼연령이 남성은 31.8세, 여성은 28.9세(통계청, 2011)인 우리나라 현실에서, 만약 어떤 사람이 10대 후반에 결혼을 한다면 사회는 그 사람을 실제 연령보다 더 나이 많은 사람으로 평가할 것이다.

앞에서 설명한 사회적 시계의 개념은 바로 사회적 연령을 의미한다. 사회는 구성원들이 언제 결혼하고 언제 자녀를 출산하고 양육해야 하며 언제 직업으로부터 은퇴해야 하는지에 대한 연령규준을 가지고 있다. 구성원들은 자신도 인식하지 못하는 사이에 이 연령규준에 맞추어 행동하는 경향이 있다. 그에 따라 사회적 연령은 노화와 관련된 많은 잘못된 정형(stereotype)을 만들어 내기도 한다.

한편 심리적 연령(psychological age)은 변화하는 환경적 요구에 대처하기 위하여 개인이 활용할 수 있는 능력으로 기억, 지능, 감정, 동기, 자기존중감 및 개인적 통제능력 등을 발휘할 수 있는 정도로 평가된다. 만약 개인의 다양한 능력들이 잘 활용되고 있다면 심리적으로 젊은 사람으로 그리고 잘 활용되지 못하고 있다면 늙은 사람이라는 평가를 받는다.

2) 연령차별주의

연령차별주의(ageism)란 연령을 바탕으로 개인을 비하하는 태도나 신념 혹은 행동으로서 어느 연령에나 적용될 수 있는 개념이기는 하지만, 실제적으로는 노인들에게 적용되는 부정적인 태도를 의미한다(Leifheit-Limson & Levy, 2009). 노인들은 자주 올바르게 생각하지도 못하고 새로운 내용을 학습할 수도 없으며 성을 즐기는 것은 물론 지역사회에 기여하거나 직업역할을 수행하기 어렵다고 지각된다.

60세의 의료진조차도 80세 노인에게 당신은 너무 늙었으므로 일을 하기보다는 무조건 쉬라고 조언한다. 그러나 이러한 충고는 노인의 의학적 기록보다는 연령차별주의에 근거한 충고일 수 있다. 70세 이상의 노인들에 관한 한 종단연구에 의하면(Levy 등, 2006), 연구 시작시에 부정적 연령차별주의에 노출된 노인들은 그렇지 않은 노인들보다 3년 후에 더 많은 청력 감퇴를 경험하였다.

연령차별주의는 매우 광범위하게 적용되고 있어, 노인들은 직업이나 여가 활동으로부터도 배제되고 쓸모없는 존재로 치부된다. 과거에는 노인 여성들이 노인 남성들보다 더 매력 없고, 더 무능하며, 더 비우호적인 존재로 지각되었으나 최근의 한 연구는 노인 남성들이 노인 여성들보다 더 많은 부정적 연령차별주의를 경험한다고 보고한다(Rupp 등, 2005).

그러나 기대여명이 증가하고 100세를 사는 노인들이 많아짐에 따라 성인 후기의 노인들 중에도 좋은 기억능력을 지니고 있고 효과적으로 환경에 대처하며 오랫동안 능동적으로 활동할 수 있는 노인들도 많이 있으므로, 노인에 대한 부정적 이미지는 점차 개선될 것으로 전망된다.

2. 노 화

노화는 단일적인 과정이 아니며 적어도 세 개의 별개의 과정으로 구성된다. 즉 일차적 노화, 이차적 노화 그리고 삼차적 노화가 그것이다. 일차적 노화란 성인기의 정상적 노화과정으로 생물학적, 사회적 혹은 심리적 과정에서의 발달적 변화를 의미한다. 예를 들면 여성의 폐경기 도래와 반응시간의 감소 및 성인기 동안의 가족이나 친구의 상실 등이 여기에 해당한다.

이차적 노화는 질병에 기인된 발달적 변화로서 암이나 알츠하이머 병과 같이 지적 능력의 점진적 상실과 같은 변화가 여기에 해당한다. 마지막으로 삼차적 노화는 사망 직전에 나타나는 빠른 상실을 의미하며 인지기능의 종말적 저하(terminal drop)현상이 그 예이다. 이 책에서 다루는 성인기 노화의 대부분은 일차적 노화에 해당하는 발달적 변화들이다.

1) 정상적 노화과정

일차적 노화를 의미하는 정상적 노화과정은 성인기 동안 점진적으로 이루어진다. 인간의 신체는 20대 중반에 이르면 신체발달의 절정에 이른다. 키는 최대치에 도달하고 뼈대와 치아는 강건해지며 근육은 극도로 강해진다. 또한 피부는 유연하고 매끄러우며 감각이 예민해지는 것은 물론 마음은 예리하고 빈틈없다. 역설적인 것은 신체기능이 절정에 도달하는 그 순간에 노화가 시작된다는 것이다.

출생당시에 인간은 놀라울 정도로 비축된 조직과 세포를 가지고 태어나지만 비축물은 연령증가와 함께 점차적으로 소모된다. 모든 세포와 조직은 제한된 수명을 지니고 있기 때문에 연령증가는 그것들의 재생산 과정을 원활하지 못하게 한다. 인간의 신체는 여러 해에 걸쳐 자신도 자각하지 못하는 상태로 천천히 노화해 간다.

그러나 사람은 서로 다른 생물학적 시간표를 가지고 있으므로 노화하는 속도는 사람마다 다르다. 그에 따라 더 일찍 노화하는 사람이 있는가 하면 오랫동안 젊음을 유지할 수 있는 사람도 있다. 일반적으로 남성들은 약 50세까지 여성들보다 더 빠르게 노화하지만, 그 이후에는 오히려 여성들이 더 빠르게 노화한다(Seeman 등, 1995).

중년기의 두드러진 특징 중의 하나는 노화의 신체적 표시가 처음으로 분명해지면서 죽어야 할 운명에 대한 인식이 증가한다는 것이다. 대부분의 성인초기 성인들이 멋있게 보이기 위하여 외모에 관심을 갖는 것과는 대조적으로 성인중기의 성인들은 눈에 띄게 나타나는 노화의 증후들 때문에 외모에 관심을 갖고 그것들을 감추기 위해 노력한다. 30대 초반부터 50대 중반까지 신진대사의 속도 저하로 체중이 증가하고 중년기 특유의 뱃살과 두꺼운 상체는 특히 중년여성들을 좌절시킨다(Aldwin & Gilmer, 2004). 그럼에도 불구하고 좋은 영양섭취와 운동 및 적절한 건강관리로 인해 오늘날의 중년들은 한 세대 전의 중년들보다 더 젊게 보인다.

생물학적 시간표 외에도 가족구성원들과의 관계와 같은 심리적 및 사회적 요인들 또한 노화와 건강에 영향을 준다. 더욱이 노화는 문화에 따라 변이가 있을 뿐 아니라 특정한 문화 내에서도 노화의 정도에는 큰 개인차가 있다. 노화는 유전과 식사, 기후, 운동 및 건강습관 등 여러 가지 요인들의 영향에 의해 결정되므로 연령만으로 개인의 신체적 건강상태나 노화의 정도를 평가할 수는 없는 일이다.

노화와 관련된 더 중요한 개념은 생물학적 연령이 아니라 개인의 기능적 연령이다. 기능적 연령이란 앞에서 설명한 바와 같이 생물학적 연령과 사회적 연령 및 심리적 연령을 합산한 결과이다. 40대인 어떤 사람이 60대와 같이 생각하고 행동할 수 있는가 하면 60대에서도 20대보다 더 유능하게 수행할 수 있는 사람도 있다. 이와 같이 기능적 연령과 생물학적 연령 사이에는 차이가 있으므로 100세를 사는 오늘날에는 기능적 연령을 증가시키는 것이 무엇보다 중요하다.

2) 수　명

수명(longevity)이란 개인이 얼마나 오랫동안 생존할 수 있는지를 나타내는 햇수로서 연구자들은 세 가지 유형의 수명을 구별한다. 즉 평균기대여명(average life expectancy)과 활동수명(useful life expectancy) 및 최대수명(maximum life expectancy)이 그것이다.

평균기대여명은 특정한 해에 출생한 사람들의 1/2 가량이 사망하는 연령으로 전세계의 모든 나라에서 매년 증가추세를 보인다. 그 이유는 영아 사망률의 감소와 분만과정에서 사망하는 산모의 감소, 천연두나 소아마비 같은 주요 질병의 퇴치, 그리고 만성질환을 앓은 사람의 수명을 연장시킬 수 있는 의학기술의 개선 때문이다.

활동수명은 만성질환이나 특별한 장애 없이 개인이 자유롭게 활동할 수 있는 기간으로 이상적으로는 개인의 실제수명과 일치한다. 그러나 의학기술의 발달은 개인이 일상적인 활동을 하기 어려울 때도 수년 동안 더 생존할 수 있도록 하므로 사람들은 평균기대여명이나 최대수명보다 활동수명을 더 중요시한다.

한편 최대수명은 인간이 최대 몇 살까지 생존할 수 있는지를 나타내는 연령으로 과학자들은 120세가 인간의 최대수명이라고 주장한다. 그 이유는 이 연령에서 심장이나 다른 핵심적 기관들이 더 이상 사용되기 어렵기 때문이다.

인간의 수명은 유전의 영향을 크게 받는다. 장수하는 집안의 사람들이 대를 이어 장수하는 것도 유전이 수명에 영향을 주기 때문이다. 100세를 사는 사람들에 관한 연구들은 장수유전자(longevity gene)가 존재한다고 주장하지만 (Concannon 등, 2009; Hinks 등, 2009), 그 외에도 수명에 영향을 주는 요인들은 많이 있다. 그중 개인의 질병과 독극물, 생활양식과 건강관리 그리고 사회적 계층이 수명에 영향을 주는 중요한 요인들로 알려져 있다.

연구자들은 수명과 관련된 중요한 질병으로 심혈관질환과 알츠하이머 병에 큰 관심을 보이며, 독극물로는 대기오염과 수질오염이 수명에 영향을 준다고 보고한다. 또한 생활양식과 건강관리 요인으로는 체중조절과 식사, 흡연, 운동을 중요시하고 계층요인으로 가난에 큰 관심을 나타낸다. 가난한 계층의 사람들은 의학적 보살핌이나 사회적 혜택을 받기 어렵고 건강한 생활양식을 유지할 수 있는 비용을 감당하기 어려우므로 오래 생존하기 어렵다.

지구상의 모든 종(種)에서, 여성들이 남성들보다 더 오래 산다(Guillot, 2009). 여성들은 남성들보다 감염성 질환과 퇴행성 질환에 대한 저항력이 더 강하다(Candore 등, 2006). 대표적 여성 호르몬인 에스트로겐은 여성의 동맥경화를 막아주고 여성 성염색체 중 여분의 X염색체는 질병에 저항하기 위한 더 많은 항체를 생성하도록 돕는다. 그러나 건강에 대한 개인의 태도와 습관, 생활양식 그리고 직업과 같은 사회환경적 영향도 무시될 수 없다(Saint Onge, 2009). 실제로 남성들은 여성들보다 건강을 더 소홀하게 생각하고 밤늦게까지 술을 마시며 심하게 흡연하는 사람도 더 많을 뿐 아니라 위험한 환경에도 더 많이 노출된다.

문제는 여성들이 더 높은 기대여명을 지니고 있다고 할지라도, 모든 이점을 누릴 수 있는 것은 아니다. 그 예로서 여성들은 남성들보다 더 오랫동안 만성질환에 시달린다. 또한 인지기능에서도 65세부터 89세까지는 여성들이 남성들보다 더 우수하지만, 90세 이상이 되면 남성들이 여성들보다 훨씬 더 우수한 수행을 보인다(Perls & Terry, 2003).

Ⅲ 성인발달의 이론

프로이트나 피아제는 개인의 중요한 발달은 아동기 동안 대부분 이루어진다고 가정하고 아동기를 중요시하였다. 그들에 의하면, 성인기는 아동기에 이루어진 발달적 특징들이 어느 정도 유지되다가 점진적으로 쇠퇴하는 시기이므로 특별히 관심을 가질 필요가 없는 시기이다. 그러나 에릭슨은 인간이 궁극적인 성장을 이룰 수 있기 위해서는 그가 제시한 여덟 개의 위기를 성공적으로 해결해야 한다고 강조하고 아동기 경험만 가지고는 전생애 동안 성공적으로 대처할 수 없다고 주장하였다.

후속 연구자들은 에릭슨의 주장과 일치되게 성인기를 몇 개의 단계로 구분하고 단계에서 단계로의 이동에 대한 설명과 함께 각 단계에서 요구되는 주요한 적응양식을 정의하려고 하였다. 여기서는 단계 이론인 레빈슨의 이론과 베이런트의 이론을 설명하고 단계를 가정하지 않는 이론으로는 SOC 이론을 소개한다.

1. 레빈슨의 이론

레빈슨의 이론은 남성에 관한 연구를 바탕으로 확립된 이론이다. 그러나 남성에 관한 연구가 끝난 직후부터 레빈슨은 여성들을 대상으로 연구하기 시작하였고 여성들도 남성들과 유사한 생애를 거쳐 발달하기는 하지만, 몇 가지 점에서 차이가 있음을 확인하였다.

1) 남성에 관한 연구

예일대학교의 사회심리학 교수인 다니엘 레빈슨과 그의 동료들(Levinson 등, 1978)은 35세에서 45세 사이의 남성, 40명을 대상으로 수개월에 걸쳐 매주 면접을 실시하였고 2년 후에 다시 추수면접(follow-up interview)을 실시하였다. 면접은 현재에 대한 정보는 물론 아동기에 관한 많은 회고적 자료를 포함하고 있었다. 이 연구의 결과는 「남성생애의 계절」(Seasons of a Man's Life)(1979)이라는 책으로 출판되었다.

레빈슨은 그의 면접결과를 바탕으로 네 개의 발달단계와 세 개의 과도기를 포함하는 성인발달의 모델을 제시하였다. 각 단계는 생애구조(life structure)의 변화를 기초로 구분된다. 생애구조란 '일정한 시기에 있어서의 개인의 생에 내재된 양식과 설계'로서 사람이나 사물과의 관계가 핵심요소를 이룬다. 다양한 관계는 개인의 사회문화적 배경, 자아의 특성 그리고 주변 세계에 대한 개

그림 9-5 레빈슨 이론의 성인기 발달단계

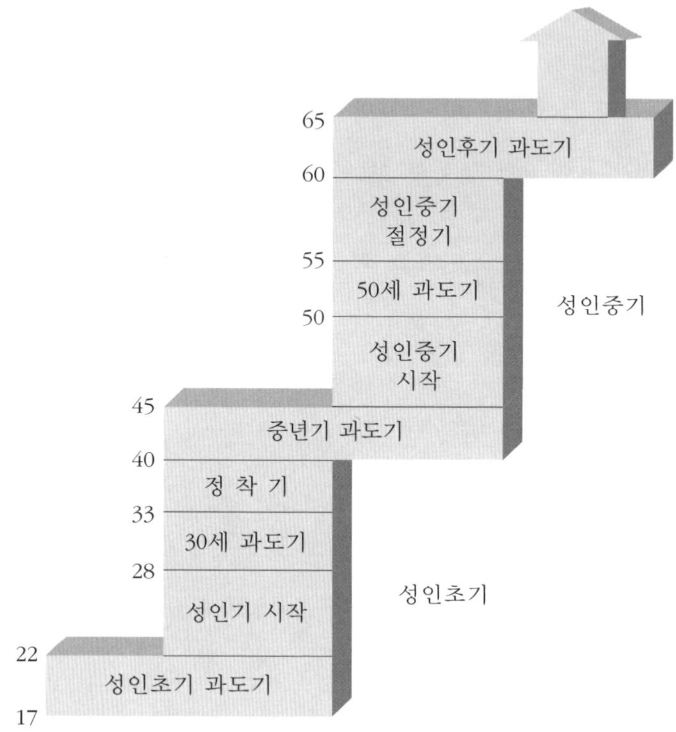

인의 참여 정도에 의해 결정된다(Levinson 등, 1978). 개인이 어떤 선택을 하느냐에 따라 그의 생애구조가 달라지기 때문에 생애구조의 변화에 맞추어 발달단계가 설정될 수 있다.

레빈슨은 생애구조 변화의 중심요소로서 직업, 결혼, 가족관계, 우정 그리고 종교의 영역을 제시하고 전생애 주기를 네 개의 시대(era)로 구분하였다. 각 시대는 다음과 같이 약 20년으로 이루어지며 각 시대 속에는 몇 개의 단계와 과도기가 포함된다.

① 아동기 및 청소년기(0–17세)
② 성인초기(17–40세)

③ 성인중기(40–60세)

④ 성인후기(60세 이후)

네 개의 시대 사이에 i) 성인초기 과도기(17–22세), ii) 중년기 과도기(40–45세) 그리고 iii) 성인후기 과도기(60–65세)가 삽입되고 28세와 33세 및 50세와 55세 사이를 각각 30세 과도기와 50세 과도기로 명명하였다(그림 9–5 참조). 레빈슨 발달단계의 각 단계별 발달과업을 제시하면 다음과 같다.

① 성인초기(17–40세)

인생에서 가장 활발하고 정력이 넘치는 시기인 동시에 갈등과 모순에 부딪히는 변화의 시기이다. 먼저 자신의 정체감을 확립하고 직업을 결정하며 결혼과 함께 자녀를 양육한다. 그러나 개인의 주된 관심은 가족보다는 가정 바깥에 있다. 자녀의 부양자인 동시에 부모의 잠재적 부양자이다.

② 중년기 과도기(40–45세)

젊은 시절에 설정한 꿈과 현실간의 괴리를 발견하고 스스로 추구해 오던 목표를 재평가한다. 얼굴에 나타나는 노화의 증상과 신체능력의 감소를 확인하게 되며 다가올 죽음을 생각하게 된다. 남은 시간이 유한하다는 것을 느끼며 추구해오던 목표를 취사선택한다. 부모나 후견인과의 관계에서 벗어나서 자립하려고 노력한다.

③ 성인중기(40–60세)

지혜와 판단력이 절정에 달하며 정력적으로 일에 몰두한다. 제자나 후배의 후견인이 되어 주고 그들을 지도하고 이끌어 준다.

④ 성인후기 과도기(60–65세)

자신의 신체적 노화를 확인하고 노년기에 접어든다는 것에 대해 불안해한다. 자신의 권위와 힘이 감소되는 것을 느끼고 남은 에너지를 쏟을 수 있는 새로운 형태의 일과 놀이를 모색한다.

레빈슨의 이론에서 과도기는 생애구조가 변경되는 기간에 해당하므로 자기와 세계에 대해 새로운 가능성을 질문하고 탐색하고 그리고 찾는 시기에 해당한다. 그러나 레빈슨 연구 속에는 45세 이상의 연구대상자들이 포함되지 않았기 때문에 이 시기 이후의 발달은 단지 레빈슨의 생각을 바탕으로 기술되었다는 약점이 있다. 더욱이 평균수명이 길어지면서 85세 이후까지 생존할 수 있는 사람들이 증가하고 있으므로 65세 이후의 시기를 단지 하나의 시기로만 구분하는 문제점도 지니고 있다.

2) 여성에 관한 연구

남성에 관한 연구결과를 바탕으로 그의 이론을 정립한 레빈슨과 그 동료들은 남성연구 결과를 책으로 출판한 1979년부터 여성에 관한 연구를 시작하였다. 그들은 여성들을 대상으로 면접을 실시하고 그 결과를 바탕으로 「여성생애의 계절」(Seasons of a Woman's Life)을 저술하였고 이 책의 저술 직후(1994년 4월)에 레빈슨은 사망하였다.

이 책에서 레빈슨은 여성들도 남성들과 유사한 생애주기를 갖는다는 것을 발견하였다. 그는 여성들의 전생애를 아동 · 청소년기(0–17세), 성인초기(17–40세), 성인중기(40–60세), 성인후기(60–85세) 그리고 성인후기의 후기(85세 이후)로 구분하였다. 여성들도 남성들과 동일하게 그 자체의 특성을 갖는 분리된 시대와 과도기를 경험하며 남성들과 동일한 생애구조 내에서 동일한 순서의 단계를 거쳐간다. 그러므로 17세와 22세 사이에 성인초기 과도기를 경험하고 40세와 45세 사이에 성인중기 과도기를 그리고 60세와 65세 사이에 성인후기 과도기를 경험한다.

남성 생애와의 차이는 여성들은 평균수명이 길어 성인후기의 후기(late-late adulthood)를 경험한다는 것이다. 레빈슨은 여성역할과 남성역할의 엄격한 구분에 의해 그리고 우리 생활의 모든 측면에서 여성성과 남성성의 구분에 의해 여성들이 남성들보다 훨씬 더 어려운 삶을 산다는 것을 강조하였다. 즉 가부장적 사회에서 가정주부인 여성과 생계유지자인 남성의 구분은 물론 가사영역과 직업영역의 엄격한 구분은 여성들의 삶을 어렵게 만드는 중요한 요인들이다. 여기에 덧붙여 레빈슨은 가정주부의 역할만 수행하는 전통적인 여성역할은 우리 사회에서 이제 더 이상 유지되기 어려우며, 남녀평등을 위한 노력은 남녀 모두에게 도움이 될 것이라고 강조하였다.

2. 베이런트의 이론

하바드 대학교 의과대학 정신과 의사인 베이런트(Vaillant, 1977, 1993)가 수행한 그란트 연구(Grant Study)는 처음에 표집한 268명의 하바드 대학 2학년 학생들 중 94명의 남성들을 대상으로 수행되었다. 1938년에 시작된 이 연구는 대학 2학년부터 성인중기(50대)까지 종단적으로 수행된 대표적인 성인발달연구이다. 연구 대상자들의 평균연령은 1969년에 47세였으며 평균수입은 약 3만불이었다. 그들 중 95%는 결혼하였고 15%는 이혼했으며 25%는 의사나 변호사의 직업을 가지고 있었다. 그들의 대부분은 자신의 직업에 매우 만족하고 있었다.

부모에 대한 면접을 통하여 아동기 역사가 수집되었고 대학재학 동안 신체적, 생리적 및 심리적 검사가 이루어졌으며 졸업후 1955년까지는 매 일년마다 그리고 그 이후에는 매 2년마다 질문지가 우송되었다. 1950년과 1952년 사이에 사회인류학자가 직접 가정을 방문하여 심층면접을 실시하였고 1967년에는 베이런트가 동일한 면접질문지를 사용하여 직접 가정을 방문하여 면접을 실시하였다.

이 연구는 한 나라의 가장 우수한 남성들의 인생주기를 개관하고 그들의 발달과정, 자아발달 그리고 대처전략과 적응기제에 대한 정보를 제공하려는 목적을 가지고 있었다. 또한 베이런트는 이 연구를 통하여 에릭슨 발달단계의 중요한 발달과업인 청년기의 정체감, 성인초기의 친근감 그리고 성인중기의 생산성이 과연 각 발달단계에서 해결해야 할 중요한 발달과업인지도 확인하고자 하였다.

흥미로운 결과는 50대에 최상의 결과를 생성한 집단과 최악의 결과를 생성한 집단으로 분류된 남성들을 대상으로 아동기 경험, 가족배경 그리고 개인적 특성을 비교한 것이다. 표 9-3은 보잘것 없는 아동기 환경을 경험한 남성들의 47%가 최악의 결과집단에 포함되어 있음을 보여 준다. 그러나 보잘것 없는 아동기 환경에도 불구하고, 약 17%의 남성들은 최상의 결과집단에 포함됨으로써 아동기 환경이 성인기 성공의 유일한 결정요인은 아니라는 것을 제시한다.

또한 아동기의 손톱깨물기, 이른 대소변훈련 혹은 정신문제와 같은 행동 특성들이 성인기의 정서적 불건강을 예언하지 못하는 것으로 나타났다. 그러

표 9-3 그란트 연구의 최상의 결과집단과 최악의 결과집단 비교

	30명의 최상의 결과집단	30명의 최악의 결과집단
보잘것 없는 아동기 환경	17%	47%
50세에서의 비관주의, 자기의심, 수동성, 성에 대한 공포	3%	50%
대학시기 동안 저조한 성격통합	0%	33%
아버지에 대한 동일시 결과로 아버지와 동일한 직업선택	60%	27%
성인생활에서 어머니의 지배를 받음	0%	40%
30세에 결혼에 실패함	3%	37%
50세에 소원한 우정패턴	0%	57%
감독자의 위치에 도달하지 못한 현재의 직업	20%	93%
아버지가 졸업한 대학에 자녀가 입학함	47%	10%
자녀의 우수한 혹은 탁월한 학업성취	66%	23%
연평균 자선단체 기부금	$3,000	$500

출처: Vaillant, 1977.

나 불행하고 애정 없는 아동기를 경험한 23명의 남성과 행복한 아동기를 경험한 23명의 남성들을 비교한 결과, 불행한 아동기를 경험한 남성들은 다음과 같은 네 가지의 특성을 지니고 있었다.

① 놀 줄을 모름
② 의존적이고 신뢰가 부족함
③ 정신질환을 가질 가능성이 더 많음
④ 친구가 없고 외톨이임

이 연구를 통하여 청년기의 특성으로 중년기의 성공적 적응을 예언한다는 것은 어려운 일이라는 것도 밝혀졌다. 다시 말하면 청년기 특유의 수줍음과 내성적 특성 및 그들의 불합리한 의도나 가치관의 부족은 50세에서의 최악의 결과집단을 예언하지 못하였다. 이러한 특성들은 단순히 청년기의 특징적 특성일 뿐이었다. 그러나, "잘 통합된" "실제적" "체제화된"으로 명명된 청년후기 청년들은 50세에 잘 적응한 반면, "반사회적"으로 명명된 사람들은 최상의 결과집단에 포함될 가능성이 적었다.

동시에 이 연구는 에릭슨의 이론과 동일하게 성인초기의 친근감 획득을 중요시한다. 친근감의 획득시기로 판단되는 23세와 29세 사이에 결혼한 대부분의 남성들은 행복한 결혼생활을 하고 있었다. 최상의 결과집단에 포함된 사람들 중 28명이 30세 이전에 결혼을 하였고 50세에 안정된 결혼생활을 계속하고 있었다. 대조적으로 최악의 결과집단에 해당하는 사람들 중 23명이 30세 이후에 결혼했거나 50세 이전에 아내와 별거하였다. 또한 23세 이전에 결혼한 사람(친근감 발달이전)과 30세 이후까지 결혼을 미룬 사람들 모두 최악의 결혼생활을 할 가능성이 있었다.

25세와 35세 사이의 성인초기 남성들은 열심히 일하고 그들의 직업세계를 공고하게 하는 작업에 몰두하였다. 그들은 청년기의 이상보다는 직업세계에서의 성공을 위해 열심히 노력하고 바람직한 역할모델이나 후견인을 찾을 수 있었다. 직업세계에서 열심히 노력한 결과로 그들은 40세(±10년)경에 이르러 자신의 내적 탐색에 몰입할 수 있는 여유를 가질 수 있었다. 성인중기 동안 그들은 풍요로운 삶을 누릴 수 있고 직업적으로 성공하며 행복한 결혼생활과 풍부한 우정을 즐길 수 있었다. 이러한 결과를 바탕으로 중년기는 위기의 시기가 아니라 인생에서 가장 행복한 시기라고 베이런트는 주장하였다.

요약하면 에릭슨의 심리사회적 발달단계를 확인하려고 했던 베이런트는 레빈슨보다 훨씬 더 광범위한 연령단계를 연구하였고 에릭슨의 이론이 타당함을 입증하였다. 그 증거로서 성인초기는 친근감 확립과 직업 공고화의 시기였다. 그러나 40세경에 이르면 변화의 욕구가 나타나고 50세경에 이르러서는 내면적으로 가벼운 후회의 느낌이 없는 것은 아니지만 평온함을 얻고 안정된 생활을 확립할 수 있었다. 물론 변화의 시기는 개인에 따라 10년 정도 일찍 혹은 더 늦게 경험될 수도 있다.

3. SOC 이론

독일의 발테스와 그 동료들(Baltes, 2003; Baltes 등, 2006)에 의해 제안된 이 이론은 사람들이 개인적 발달과 안녕을 증진시키기 위하여 그들의 삶을 어떻게 관리하는지를 역점 두어 다룬다. 전생애 발달심리학자인 발테스에 의하

그림 9-6 발달궤도의 다양성

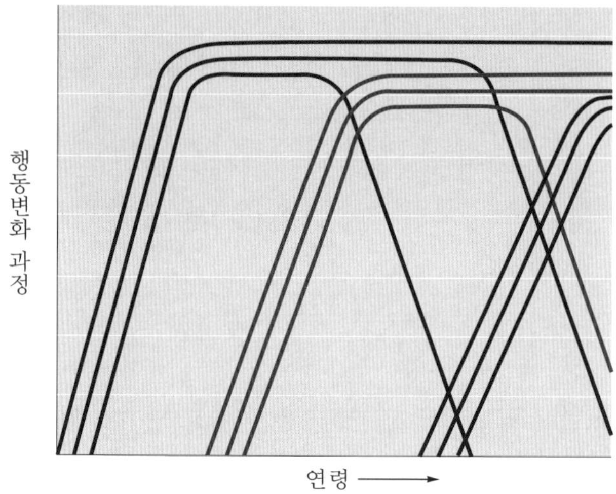

발달의 상이한 측면들은 각기 다른 발달과정을 거쳐간다. 각각의 행동들은 전생애의 서로 다른 시점에서 시작되고 쇠퇴하므로 서로 다른 발달궤도를 그린다는 것을 주목하라.
출처: Baltes 등, 1998.

면, 전생애 동안 발달은 성장과 유지 그리고 상실의 역동적 상호작용으로 구성된다.

그림 9-6은 상이한 발달궤도를 그리는 몇 가지 가설적 발달과정을 보여준다. 노화에 의한 자원들의 감소와 활용 가능한 사회적 자원들의 효율성 감소 및 노인들을 위한 사회적 지원체계의 부족이 현저할 때 그림 9-6과 같이 다양한 시점에서 발달적 감퇴가 불가피하므로 감퇴의 시점에서도 계속적 성장을 이루기 위해 SOC 이론 혹은 보상을 수반한 선택적 최적화(selective optimization compensation) 이론이 요구된다는 것이다.

SOC 이론(SOC 전략이라고도 불린다)은 선택(Selection: S)과 최적화(Optimization: O) 및 보상(Compensation: C)을 의미하는 영어단어의 첫 글자를 따서 붙여진 명칭이다. 노화심리학(psychology of aging)과 전생애 심리학(life-span psychology) 내에서 발달된 이 이론은 성공적 발달 혹은 적응적 발달을 설명하는 일반이론으로 획득의 최대화와 상실의 최소화를 적응적 발달로 가정하고 이를 위해 선택, 최적화 그리고 보상의 발달적 조절이 이루어져야 한다고 강조한다.

여기서 발달적 조절이란 실제적 발달을 이루려고 하는 개인의 노력과 발달에 영향을 주는 다양한 맥락에 심리적으로 적응하려는 개인의 시도, 양자의 역동적 상호작용을 의미한다. 선택, 최적화, 보상을 차례로 설명한다(장휘숙, 2002b; Baltes 등, 2006).

1) 선　택

선택이란 목표를 설정하고 목표의 위계를 구성하며 설정한 목표에 어느 정도로 헌신할 것인지를 결정하는 과정으로 의도적 선택(elective selection)과 상실에 기초한 선택(loss-based selection)으로 구분될 수 있다. 전자가 순수하게 원하는 것을 목표로 삼는 것이라면, 후자는 목표관련적 수단을 상실할 때 이루어지는 선택으로 개인의 목표체계를 재구성하는 것을 수반한다.

우리의 삶에는 항상 내적 혹은 외적 자원들의 제한이나 구속이 있을 뿐 아니라 개인적 능력과 스태미나, 시간, 돈, 사회적 지지 등에서 제한을 받기 때문에 우리는 달성가능한 목표를 선택하지 않으면 안 된다. 그러나 우리가 원하는 목표를 달성할 수 없을 때는 목표는 재조정되어야 한다. 그 예로서 축구 선수가 되기를 원하였지만, 발목관절의 부상으로 더 이상 축구를 할 수 없을 때 학업에 전념하는 것이 여기에 해당한다.

2) 최 적 화

최적화란 선택한 목표를 수행하기 위하여 목표관련 수단이나 자원을 획득하고 통합하고 그리고 적용하는 과정에 해당한다. 개인이 설정한 목표에 도달하기 위해서는 목표관련적 기술을 획득하고 훈련하며 계속해서 목표를 추구할 수 있는 인내심이 무엇보다 중요하다. 개인의 목표 달성은 목표의 종류와 개인적 특성(연령, 성격 등) 및 기회구조와 같은 사회문화적 맥락의 영향을 받는다.

3) 보　상

보상이란 목표관련적 수단에서 상실이나 감퇴가 일어나 개인의 기능수준을 위협할 때 기능을 유지하기 위하여 부가적 자원이나 수단을 활용하는 것을 의미한다. 보통 자원들의 변화와 환경조건의 특성 때문에 목표달성이 어려워져서 새로운 수단이 요구될 때 혹은 생물학적 노화의 결과로 다양한 수단들이 상실될 때 보상이 활성화된다.

발달은 항상 성장과 감퇴 혹은 상실이나 실패 양자를 포함하기 때문에 SOC 이론은 보상의 중요성을 강조하고 감퇴와 상실에 직면하여 개인의 기능수준을 어떻게 유지하는지를 역점두어 다룬다. 보상의 예는 수단을 대치하거나 외부적 도움을 사용하는 것이지만, 보상적 노력이 실패할 때는 목표-위계를 재조정하거나 개인의 표준을 낮추기 혹은 새로운 목표를 찾기 등 여러 가지 방안이 동원될 수 있다.

결론적으로 인생관리전략(life-management strategy)이라고도 불리는 SOC 이론 혹은 보상을 수반하는 선택적인 최적화 이론은 선택과 최적화 및 보상의 발달적 조절을 통하여 삶을 성공적으로 관리할 수 있다고 강조한다. SOC 전략을 사용한다고 보고한 개인들이 성공적 노화의 주관적 지표에서 더 높은 점수를 얻고 긍정적 정서를 더 많이 경험하므로(Freund & Lamb, 2011) 개인의 SOC 전략은 성공적 노화의 지표로 활용된다.

Ⅳ 성인연구의 문제점

성인기 발달을 연구하는 방법은 아동이나 청년을 대상으로 한 연구방법과 동일하다. 1930년까지 전생애적 접근방법에 대해 관심을 가진 연구는 거의 없었으며 아동이 어떻게 변할 것인지의 관점에서만 성인기에 관심을 가졌기 때문에 성인연구에만 적용될 수 있는 독특한 연구방법은 없다. 제1장에서 설명한 설계법과 연구방법들이 성인기 연구에도 그대로 적용되고 있으나, 성인은 아동이나 청년과 달리 조심성이 많고 의심이 많으며 과제수행에 흥미가 없기 때문에 성인연구에만 적용되는 독특한 문제점들이 있다.

1. 실험자 문제

실험자의 특성이 성인기 연구결과에 영향을 줄 수 있다. 일반적으로 성인들을 연구하는 젊은 연구자들은 성장과정에 있는 아동이나 청년들과는 달리 성인들 간에는 뚜렷한 연령차이가 없을 것으로 기대한다. 그러나 45세 이후의 성인 연구대상자들은 상대적으로 긴, 환경과의 상호작용 결과로 아동이나 청년보다 오히려 더 큰 개인차를 지니고 있으므로 한 덩어리로 묶어서 취급해서는 안 된다.

실험자의 연령도 또한 중요하다. 예를 들면 30세의 심리학자와 55세의 심리학자가 노인을 대상으로 연구한다고 하자. 일반적으로 젊은 연구자는 노인 연구대상자에 대해 부정적 견해를 갖는 데 반해 나이 많은 연구자는 동정심을 보이는 경향이 있기 때문에, 편향된 연구결과를 얻기 쉽다. 특히 지적 능력의 성장과 고원 그리고 쇠퇴에 관한 발달적 연구에서 연구자의 연령효과는 더욱 뚜렷해진다. 특히 나이 많은 연구자들은 자신의 노화과정에 대해 큰 관심을 가지고 있기 때문에 자신이 속한 연령수준을 연구할 때에는 노화문제에 더 민감한 반응을 보이므로 객관성이 유지되기 어렵다.

2. 연구대상자 문제

연구대상자가 가지고 있는 특성에 따라 연구결과는 달라질 수 있다. 성인, 특히 중년 연구대상자들은 지나치게 조심하고 완고하며 의심이 많다. 그들은 자신의 비밀이 노출되는 것을 두려워하기 때문에 심리학 연구에 참여하지 않으려고 한다.

모든 연령수준에서 남성보다 여성 연구대상자를 구하기 쉬우며 그중에서도 여자교사들이 가장 구하기 쉽고 믿을 만한 연구대상자들이다. 그러나 정상적인 지능을 소유한 노동자 계층의 젊은 남녀는 확보하기 어려운 반면, 높은 수준의 능력을 지닌 중년 남성들의 확보는 오히려 더 용이하다. 또한 남성들의 평균수명이 여성들보다 더 짧기 때문에 평균적 지능을 소유한 노인남성을 구하기는 더욱 어렵다.

노인 연구대상자들은 젊은 사람과 비교되는 실험상황을 싫어한다. 실패의 쓰라린 경험을 가지고 있는 노인들은 위험감행의 손실을 회피하려고 하기 때문에 성공적으로 반응하지 못한다. 만약 노인들이 실패에 대한 과도한 반응을 나타내지 않는다면 젊은 사람들과 유사한 반응을 할 수 있을지도 모른다.

또한 많은 연구자들은 노인들의 저조한 수행은 그들의 경험과 관련 없는 과제나 문제에 기인한다고 지적한다. 노인들은 검사상황을 싫어하고 검사받기를 거부한다. 특히 65세 이상의 연구대상자들은 65세 이하의 연구대상자들보다 훨씬 더 많이 재검사받기를 거절하였다는 보고도 있다.

3. 수명 문제

성인이나 노인 연구에서는 적자생존의 문제를 고려해야만 한다. 대체적으로 약한 연구대상자는 일찍 사망하고 강한 연구대상자만 오래 살아남기 때문에 연구에 포함되는 성인들은 강한 연구대상자로만 구성된다고 볼 수 있다. 현재까지의 노인연구결과는 일반적인 노인의 특성이 아니라 장수한 노인들만의 특성이라고 보아야 할 것이다.

수명 문제는 이미 많은 연구자들에 의해 수명편견(survival bias)현상으로 지적되었다. 장수하는 사람들은 일찍 사망하는 사람들과 다른 특성을 지니고 있기 때문에, 연구를 통해 어느 연구대상자가 가장 오래 살 수 있을지 확인될 수 있다.

수명뿐 아니라 성인들의 건강문제도 고려해야만 한다. 심리적 기능의 손상을 초래하는 알츠하이머 병과 같은 만성질환은 지적 기능에 큰 영향을 줄 수 있으므로 연구자들은 그들의 연구 속에 건강에 대한 최소한의 평정을 포함하지 않으면 안 된다.

건강과 관련된 또 다른 문제로서 연구자들은 노인들의 시각과 청각의 변화에도 관심을 가져야만 한다. 노인들은 젊은이들이 쉽게 읽을 수 있는 작은 크기의 글자를 읽을 수가 없으므로 질문문항을 빠뜨리거나 부정확한 대답을 할 수 있으며 질문지에 대한 응답 자체를 거부할 수도 있다. 또한 노인들의 청력감소는 언어적 지시를 오해하거나 면접질문을 잘못 이해하는 결과를 초래하므로 연구자는 청력문제에 대해서도 세심한 주의를 기울여야 한다.

4. 사회문화적 문제

대부분의 연구자들은 중류계층 출신이기 때문에, 다른 계층 출신의 연구대상자들을 이해하지 못하는 경우가 많다. 특히 중류계층 출신의 연구자들은 저소득계층 연구대상자들에 대해서 정형화된 인상을 가지고 있으며 냉담한 반응을 보인다. 아동연구에서 연구대상자의 계층은 문제가 되지 않지만, 성인연구에서는 연구결과에 영향을 주는 중요한 요인이다.

대조적으로 상류계층의 부유한 사람들에 대한 접근은 용이하지 않기 때문에 그들을 연구대상자로 사용하기 어렵다. 그들은 심리학자의 노력을 심심풀이로 생각하거나 위협적으로 지각하기 때문에 연구참여를 거절한다. 따라서 대부분의 연구들은 중류계층 출신의 성인들을 연구대상자로 사용한다. 중류계층의 연구대상자들은 부유한 사람들이나 가난한 사람들보다 협조적이고 화를 잘 내지 않을 것으로 기대된다.

또 다른 문제점으로 대부분의 성인기 연구는 일차적으로 횡단연구이기 때문에, 성인들의 교육수준과 문화적 환경 그리고 사회경제적 수준을 고려하지 못하고 성차에 기인된 차이도 무시하는 경우가 많다. 동시에 문화집단간의 차이가 무시된 채, 중류계층의 백인의 특성이 보편적인 성인의 모습으로 제시되고 있다. 중년의 동양인, 미국인 그리고 영국인은 완전히 다른 특성을 지니고 있을지도 모른다.

5. 측정 문제

대부분의 측정도구는 아동이나 일탈된 사람을 위해 고안된 것이기 때문에 그것을 정상성인에게 그대로 사용한다는 것은 문제가 된다. 아동용 척도를 성인에게 사용한다면 어린애 같은 유치한 성인이 될 수밖에 없을 것이다. 특히 종단연구에서 연구대상자가 아동이었을 때 사용했던 도구는 그들이 성인이 되었을 때 사용될 수 없음에도 불구하고, 시간경과에 따른 직접적인 비교를 하기 위해서는 동일한 도구가 사용되지 않으면 안 된다.

그렇다면 성인에게 타당한 척도는 어떤 것일까? 아마도 자동차 운전, 가정관리, 세련된 파티 준비 그리고 200명의 인물을 만나는 일 등이 보다 더 적절할지도 모른다. 특히 대부분의 지능검사는 아동을 위해 제작된 검사이기 때문에 성인용으로 적절하지 못하다. 그 결과 성인의 능력은 아동이나 청년보다 뒤떨어지는 것으로 나타난다. 그러므로 성인연구에서 가장 중요한 문제는 성인기 동안 중요한 능력이 무엇인지를 밝히는 것이다.

지능은 아동에서도 정의하기 어렵지만 성인에서는 더욱 더 정의하기 어려운 개념이기 때문에 어떤 능력이 성인기 지능에 해당하는지가 먼저 연구되지 않으면 안 된다. 피아제의 지능개념과 일치되게 지능을 환경에 대한 적응능력으로 정의한다면 성인기 동안의 적응을 위한 필수적인 능력을 찾아내야 할 것이다. 성인들에게는 지능보다는 오히려 동기, 사회적 적응성, 용기, 인내, 자기신뢰, 실용적 지혜, 관리능력 등이 더 중요한 능력일 수 있다.

6. 연구분석 문제

성인기는 아동기나 청년기와 달리 개인차가 커지는 시기이기 때문에 기존의 통계분석보다 더 정교하고 세련된 분석방법을 요구한다. 최근 노년학자들은 노화현상을 설명하기 위하여 계속해서 새로운 방법들을 개발하고 있다. 그중에서 구조방정식 모델(structural equation model)과 종단적 요인분석방법(longitudinal factor analysis) 및 다변인 효과모델(multivariate effect model) 등이 새롭게 활용되고 있다.

그러나 헨드릭스(Hendricks, 1997)같은 연구자는 오늘날 우리가 사용하고 있는 전통적인 통계적 분석방법인 선형적, 확률적 분석방법이 성인기 발달의 특징을 제대로 반영하지 못한다고 주장하고 카오스 이론(chaos theory)이나 대변동 이론(catastrophe theory)과 같은 복잡성 과학의 방법들을 사용할 것을 권한다.

복잡성 과학이란 전통적인 과학적 연구가 기초로 하는 기본적 원리들을 의문시하며, 복잡한 적응망(complex adaptive networks)이나 복잡한 적응체계(complex adaptive systems)에 관심을 갖는 이론들에 해당한다(Stacey, 1996). 즉 복잡성 과학은 비선형성, 무예측성, 불확실성을 강조하며, 기존의 통계적 분석방법의 기초인 뉴턴 패러다임의 핵심요소들인 선형성, 예측가능성, 그리고 확실성의 기본가정을 의문시한다. 따라서 복잡성 과학의 중심개념은 변화, 발달, 적응적 행동 및 뜻밖에 나타나는 행동들로서 성인기 동안 개인과 가족, 직업 및 이웃에서 일어나는 예측할 수 없는 극적 변화를 연구하기에 적합하다(장휘숙, 2000a).

질적 연구 또한 인생 후반부의 다양한 발달적 특징을 규명해 줄 수 있는 효과적인 방법으로 평가된다. 제 1 장에서 이미 설명한 것처럼 질적 연구는 맥락 내에 있는 인간을 기술하려고 하므로 특히 노화과정에 대한 유용한 정보를 제공해 줄 수 있을 것으로 기대된다. 그러나 여기에 그치지 않고 아켄바움(Achenbaum, 2000)같은 연구자는 전통적인 사회과학적 연구방법과 예술이나 역사학에서의 연구방법을 통합할 수 있는 학제간 연구(cross-disciplinary)의 필요성을 제안하기도 하였다.

제10장 성인초기와 중기의 발달

제10장
성인초기와 중기의 발달

• …… 결혼으로 시작되는 성인초기와 노화의 증후가 나타나는 성인중기는 신체발달과 인
• …… 지발달 및 사회적 발달에서 큰 변화가 일어나는 시기이다. 이 장에서는 신체적, 인
• …… 지적, 사회적 영역에서 나타나는 성인초기와 중기의 발달적 특징들을 설명한다.

I 신체발달과 건강

성인기의 신체발달은 아동기처럼 빠르게 그리고 극적으로 이루어지는 것은 아니나, 그렇다고 해서 특별한 상승이나 하강이 없는 고원상태(plateau)만을 유지하는 것은 아니다. 성인기 동안에도 올라가야 할 작은 산이 있는가 하면 내려와야 하는 경사도 있다.

1. 성인초기의 신체발달

1) 건강상태

성인초기는 일반적 건강상태에서는 물론 속도와 강도, 협응능력, 지구력

등 모든 신체능력에서 절정기에 도달한다. 따라서 20대와 30대 초기의 성인들은 더 무거운 것을 들어 올릴 수 있고 더 빨리 달리며 더 멀리 던질 수 있다. 그들은 더 오랫동안 일하고 더 높은 곳을 올라갈 수도 있다. 이 시기 동안 힘과 스태미나 그리고 협응능력을 요하는 스포츠에서 최대의 성과를 거둘 수 있다.

그러나 건강에 대한 과신은 이 시기 성인들이 자주 무절제한 생활을 하게 한다. 그들은 아침식사를 거르는 것은 보통이고 규칙적인 식사를 하지 않으며 스낵류로써 식사를 대용한다. 또한 때로는 과식하고 과도한 음주와 흡연을 하는가 하면 적은 수면을 취하고 규칙적인 운동도 하지 않음으로써 이후에 여러 가지 질병을 초래하기도 한다.

신체발달의 절정기 이후에는 점진적인 감소가 일어나지만, 40대 중반에 이를 때까지 분명하게 확인될 수 있는 변화는 나타나지 않는다. 연령에 따른 신체변화는 급격하게 이루어지지도 않고 불가피한 것도 아니기 때문에, 적절한 운동과 훈련을 계속하는 사람들은 성인중기 이후에도 젊은이들과 유사한 수준의 수행을 할 수 있다.

2) 감각기능

성인초기 동안 감각기능에서도 변화가 일어난다. 그러나 그 변화는 매우 점진적이기 때문에 대부분 감지되지 않는다. 시각정확도(visual acuity)는 40대 중반까지 그대로 유지되며 그 이후부터 감소한다. 또한 연령변화에 민감한 특성을 지니고 있는 수정체는 점차적으로 유연성을 잃게 되고 형태는 조금씩 변화하여 점차 가까운 물체를 잘 볼 수 없게 되며 오히려 멀리 떨어진 물체를 잘 볼 수 있는 원시성을 갖게 된다.

이 시기 동안 청각기능에서도 미세한 변화가 일어난다. 남성들이 여성들보다 더 큰 청력손실을 경험하나 성인초기 동안 일어나는 청력손실은 연령효과이기보다는 시끄러운 환경에 지속적으로 노출된 결과이다(Kline & Scialfa, 1996). 또한 촉각에 대한 민감성의 변화도 성인초기 동안에는 명백하게 나타나지 않는다.

2. 성인중기의 신체발달

성인중기에 이르면 외모는 물론 감각기관과 신체내부기능 및 생식기능에서 노화의 증후들이 나타나기 시작한다. 그러나 노화에 기인한 신체적 변화는 매우 점진적으로 이루어진다.

1) 외 모

성인중기 동안 나타나는 외모에서의 변화들은 일반적 건강상태나 신체기능과는 관계가 없다. 그럼에도 불구하고, 그것의 의미는 개인의 신체적 자아와 연결되기 때문에 매우 중요하다.

외모의 변화는 키와 몸무게에서 가장 현저하게 나타난다. 키는 10대 후반이나 20대 초반부터 더 이상 증가하지 않으며 45세경에 이르면 오히려 감소하기 시작한다. 키에서의 변화는 매우 점진적으로 이루어지기 때문에 거의 지각되지 않으나 체중에서의 변화는 쉽게 감지된다. 일반적으로 체중은 20대와 50대 중반 사이에 증가하고 성인후기에 이르면 오히려 감소한다.

또한 성인중기는 지방조직이 축적되는 시기로서 이 시기의 비만은 고혈압과 당뇨병 및 각종 소화기 질환을 초래하고 때 이르게 사망할 위험성을 증가시킨다(Adams 등, 2006). 그러나 남녀의 지방 축적부위는 서로 다르다. 처음에 남성들은 주로 허리부위에 그리고 여성들은 엉덩이부위에 지방이 축적된다. 그림 10-1은 18세부터 85세 사이의 성인들에게서 나타나는 체중의 지방 포함량을 백분율로 표시한 결과이다. 체중에서 지방이 차지하는 비율은 남성들보다 여성들 사이에서 더 높은 것을 확인할 수 있다.

키와 체중 외에도 성인중기의 외모변화에 영향을 주는 여러 가지 신체변화들이 있다. 그 예로서 피부탄력성이 감소하고 머리카락의 양도 감소하며 근긴장 능력의 점진적 상실이 일어난다. 또한 관절의 유연성 상실과 잇몸의 점진적 마모, 눈썹이나 코의 체모가 보다 억세어지는 변화가 나타난다. 여기에 덧붙여 살이 찌지 않은 사람들도 몸통이 점점 두꺼워져서 결국에는 팔과 다리가 가늘어지는 결과가 초래된다.

이와 같은 외모변화에 적극적으로 대처하는 이 시기의 성인들은 젊어지기

그림 10-1 연령과 성에 따른 체지방의 상대적 양

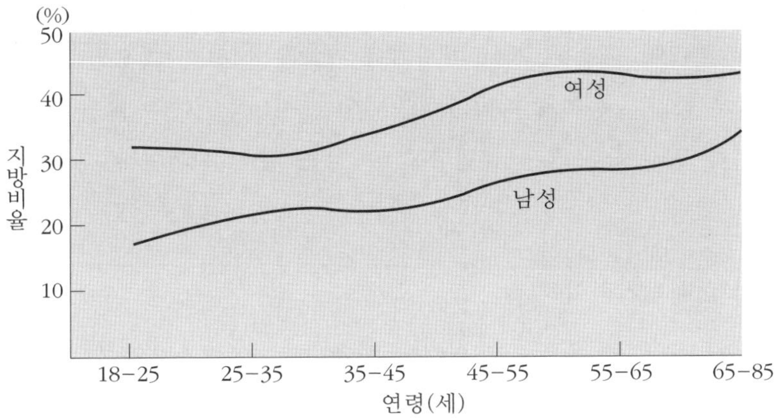

출처: Novak, 1972.

위해 열심히 운동하고 체중을 감소시키기 위해 노력한다. 주름살 제거용 화장품을 사용하고 머리카락을 염색하며 성형수술까지 시도한다. 그러나 신체노화의 방식이나 속도는 개인에 따라 큰 차이가 있으며 70세에도 검은 머리를 그대로 유지할 수 있는 사람도 있다.

2) 감각기능

40세까지 비교적 일정하게 유지되어 온 시각은 40세 중반부터 눈의 조절능력이 감소하므로 점점 원시성의 시각으로 변하기 시작한다. 물론 성인초기에 근시였던 사람들은 오히려 시력이 좋아지는 경험을 한다. 성인중기부터 눈에 공급되는 혈액양이 점진적으로 감소하여, 시각장의 크기가 감소하고 눈의 맹점은 커지기 시작한다. 또한 낮은 조도에 대한 망막의 민감성도 점차 감소한다.

청력에서는 높은 소리에 대한 민감성이 먼저 감소하고 낮은 소리에 대한 민감성은 성인중기까지는 감퇴하지 않는다. 보통 남성들이 여성들보다 더 일찍 높은 소리에 대한 민감성을 상실하지만, 전체적으로 50세 이상 성인들의 약

50%가 청력 손실을 경험한다는 보고가 있다(Fowler & Leigh-Paffenroth, 2007).

향료나 소금 혹은 설탕에 대한 민감성도 50세경부터 감소하기 시작한다. 그러나 성인후기에 이를 때까지 그 변화는 그렇게 크지 않다. 물론 과도하게 짜게 먹는 사람들과 술을 많이 마시거나 담배를 심하게 피우는 사람들의 미각 민감성은 중년기 동안 큰 폭으로 감소한다. 성인후기에 이르면 대부분의 노인들은 미각 민감성을 크게 상실하고 더 많은 양의 소금이나 후추를 필요로 한다.

3) 신체 내부기관의 기능

좋은 건강상태가 유지되고 있다고 할지라도, 연령증가와 함께 중요한 기관들의 효율성은 점차적으로 감소한다. 우선 근육의 양과 힘의 상실이 일어난다. 근육의 상실은 50세 이후부터 매년 약 1–2%의 비율로 일어나고(Marcell, 2003) 힘의 상실은 등과 다리에서 주로 발생한다. 뼈가 움직일 때 쿠션역할을 하는 관절의 기능도 효율성이 감소하므로 중년성인들은 걸을 때 관절이 뻣뻣함을 느끼거나 아픔을 더 자주 경험한다. 또한 성인초기부터 혈관 내부에 플라크가 축적되고 혈관이 굳어짐으로써 뇌졸중이나 심장발작의 가능성이 증가한다. 위장과 간장 그리고 허파의 기능도 성인중기 동안 점차 약화되므로 점점 많은 만성질환들이 나타난다.

이 시기의 대표적인 만성질환에는 암과 관절염, 간경변증, 고혈압 및 골다공증 등이 있다. 남성들보다 여성들의 발병률이 더 높은 이 질환들은 대개 성인초기나 중기에서 시작되나 성인후기 이전까지는 심각한 상태를 초래하지는 않는다. 특히 많은 노인 여성들이 고생하는 골다공증을 일으키는 뼈의 상실은 30대 후반에 시작되고 50대에 이르러 가속화되며 이후 70대까지 점차 느려진다(Ryan & Elahi, 2007).

뼈의 상실이 시작되면 여성들은 남성들보다 2배 정도 더 빨리 뼈조직을 상실한다. 그 이유는 여성들은 성인초기에 남성들보다 더 적은 골밀도를 지니고 있었고 폐경 후에 에스트로겐의 분비가 감소하여 뼈의 상실이 촉진되기 때문이다. 특히 흡연하는 여성들과 골다공증의 가족력을 가지고 있는 여성들은 골다공증에 걸릴 위험성이 매우 높다(Haber, 1994).

그림 10-2 골다공증 환자의 뼈조직과 정상인의 뼈조직

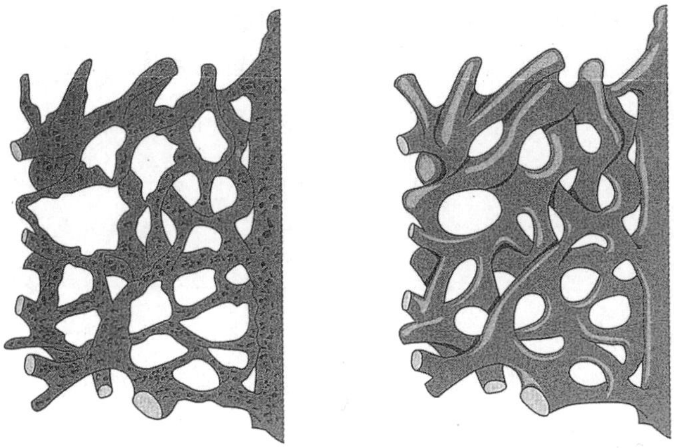

그림 10-2는 골다공증 환자의 뼈조직과 정상인의 뼈조직을 보여 준다. 골다공증 환자들은 정상인보다 작은 구멍이 더 많은 뼈조직을 가지고 있음을 확인할 수 있다. 골다골증의 예방을 위해 칼슘이 풍부한 식사와 운동(걷기나 조깅과 같은)이 권장되고 있지만, 칼슘 보충은 폐경기 이후보다 이전에 이루어지는 것이 더 효과적으로 골다공증을 지연시킬 수 있다. 최근에는 여성호르몬인 에스트로겐을 주기적으로 주입하는 에스트로겐 대체요법(estrogen replacement therapy)이 많이 활용되고 있다. 그러나 여성호르몬의 주기적 주입은 유방암이나 자궁암 혹은 난소암의 발병가능성을 높이기 때문에 논쟁거리로 남아 있다.

4) 갱 년 기

성인기의 이해를 돕는 또 다른 중요한 신체변화는 성선(sex glands)의 변화를 포함하는 갱년기(climacteric) 문제이다. 갱년기란 노화에 기인된 신체적 · 생리적 장애를 경험하는 시기로서 노년기로의 이행기(移行期)에 해당한다. 여성의 갱년기는 폐경기(menopause)를 포함하기 때문에 신체적으로 극적 변화를 일으키지만, 남성들의 갱년기는 보다 미묘하고 점진적이어서 여성들과는 차이를

보인다.

여성의 난소와 남성의 고환에서 분비되는 성호르몬은 사춘기에서 시작하여 성인초기까지 비교적 변화 없이 일정한 수준을 유지한다. 그러나 여성들의 경우에는 30대 후반이나 40대 초반에 그리고 남성들의 경우에는 50대 초반에 이르면 성호르몬의 분비가 감소하기 시작한다. 여성호르몬의 감소는 쉽게 감지될 수 있으나 남성호르몬의 감소는 매우 점진적으로 일어나기 때문에 쉽게 감지되지 않는다.

(1) 여성의 갱년기

여성들은 40대 후반에서 50대 초반 사이에 생리의 중지를 가져오는 폐경기를 경험한다. 여성들 중 약 10%는 40세 이전에 폐경기를 경험하지만, 최근의 경향은 초경은 빨라지고 폐경은 늦어지는 추세에 있다.

폐경기에 이르면 생리의 중지에 의해 여성호르몬의 분비가 감소되고 자궁은 물론 유방과 생식조직들이 퇴화하기 때문에 여성들은 신체적 고통을 겪게 되며 생식능력을 상실한다. 폐경 후의 여성들은 정상적인 생리주기를 갖는 여성들의 1/6 정도밖에 되지 않는 여성호르몬을 생성한다.

폐경기의 시작과 증상은 유전과 환경의 영향을 받는다(Gosden, 2007). 습관적으로 흡연하는 여성들은 비흡연 여성들보다 1-2년 정도 일찍 폐경기를 경험한다. 또한 폐경기 증상은 흡연하는 여성은 물론 알코올을 섭취하는 여성과 경구 피임약을 사용하는 여성들에서 더 심하게 나타난다. 그러나 주 5일 동안 하루에 1½시간 규칙적으로 걷는 여성들은 폐경기로의 이동기 동안 더 적은 폐경기 증상을 나타낸다(Nelson 등, 2008).

폐경기 증상은 얼굴이 화끈 달아오르는 증상에서부터 두통, 메스꺼움, 현기증, 골반통, 유방통증, 그리고 호흡장애나 헐떡거림까지 다양한 신체적 증상을 동반한다. 여성들의 1/3 정도가 폐경기 증상으로 고통을 겪기 때문에 의사의 처치를 필요로 한다. 일부의 여성들은 우울증이나 신경과민 증상을 나타내지만, 이러한 증상들은 대부분 이혼이나 실직, 노부모 부양 등의 다른 상황적 요인과 연결되어 있다는 보고도 있다.

폐경기 증상을 경험하는 정도는 문화에 따라서도 차이가 있다(Lerner-Geva

등, 2010). 그 예로서 아시아권 여성들은 서구권 여성들보다 더 적은 폐경기 증상을 나타낸다. 어떤 사람들은 출산과 양육에서 해방된 여성들을 보상하고 바람직한 존재로 받아들이는 사회에서 살고 있는 여성들은 폐경기의 생리적 증상을 거의 경험하지 않는다고 주장하기도 한다.

폐경은 성인중기 여성들에게 중요한 상징적 사건임이 분명하나, 대부분의 여성들은 폐경기 이후에도 성공적인 부부생활이 가능하며 여성의 특성을 계속 유지할 수 있다. 더욱이 성공적으로 자녀를 양육하고 개인적 성취감을 충족시킬 수 있었던 여성들의 폐경기는 이제 새롭고 광범위하며 공동체지향적인 과업에 에너지를 투자할 수 있는 시작의 시기를 의미한다. 반면에 생산성을 확립하지 못하고 자식만이 자기충족의 유일한 수단이라고 믿어 왔던 여성들의 폐경기는 침체감만을 부각시킬 뿐이다.

(2) 남성의 갱년기

남성의 갱년기는 매우 느린 속도로 점진적으로 진행되기 때문에 남성들은 50대나 60대에 이르러야 호르몬의 변화를 경험한다. 성인중기 동안 남성들이 테스토스테론을 생성할 수 있는 능력은 매년 1%씩 감소하고 생성되는 정자의 수도 서서히 감소하므로 자각하지 못할 뿐 아니라 생식능력을 잃지도 않는다. 그럼에도 불구하고 갱년기 남성들은 남성다움을 상실할까 두려워한다. 그들은 자신의 남성다움이 유지되고 있음을 확인하기 위한 수단으로 젊은 여성들과 성문제를 일으키기도 한다.

물론 테스토스테론 수준의 점진적 감소는 성욕의 감퇴를 가져오고, 특히 비만이나 당뇨병을 앓고 있는 남성들은 더 많은 양의 감퇴를 경험한다(Liu 등, 2009). 또한 발기부전(erectile dysfunction) 문제로 고생하는 중년 남성들도 증가한다(De Berardis 등, 2009). 발기부전의 증가는 비만과 흡연 및 적은 신체활동에 그 원인이 있다(Esposito 등, 2009).

성문제 외에 중년 남성들은 남성호르몬(androgen)과 여성호르몬(estrogen)의 내분비 불균형으로 단지 음성이 고음으로 변하고 머리카락의 양이 감소할 뿐이다. 그들은 갱년기 여성들과 같은 심각한 신체적 어려움은 겪지 않는다.

Ⅱ 인지능력의 발달

1. 인지발달의 제5단계

피아제는 출생부터 청년기까지 질적으로 다른 네 개의 인지발달단계를 가정하고 11－12세경에 형식적 조작능력을 획득하면 인간이 지닐 수 있는 최상의 인지능력을 획득한 것으로 간주하였다. 그러나 20세기 후반의 연구자들은 성인기 동안에도 인지발달이 이루어진다고 강조하고 피아제의 견해를 성인기까지 확대시켜 인지발달의 제5단계를 가정하였다. 그러나 인지발달의 제5단계를 설명하는 방식은 연구자에 따라 차이가 있으므로 여기서는 네 가지 유형의 인지능력을 소개한다.

1) 리겔의 변증법적 조작

웹스터 사전에 의하면 변증법(dialectics)이란 정, 반, 합의 단계를 거쳐 이루어지는 자기발전이나 전개의 과정으로 정의된다(행동이나, 사건, 생각, 이념 혹은 제도 등에 있어서). 그에 덧붙여 변증법은 요소나 부분들 사이의 역동적인 내적 긴장과 갈등 및 상호관련성을 그 특징으로 한다.

그렇다면 변증법과 성인의 지적발달은 어떤 관계가 있는가? 리겔(Riegel, 1976)은 인지발달은 청년기 이후에도 계속해서 이루어지며 그것은 변증법적이라고 주장하였다. 성인기 동안의 인지발달은 청년기까지와는 다르게 일련의 계속적인 갈등이나 위기 혹은 모순과 그것의 해결에 의해 설명될 수 있기 때문에, 평형모델을 지향하는 피아제의 인지발달단계이론은 성인기의 사고를 완전하게 설명할 수 없다는 것이다.

리겔은 형식적 조작기 다음에 오는 인지발달단계를 변증법적 조작기(dialectic operational stage)라고 명명하고 인지적 모순과 다양한 사고수준간의 갈등을 중요시하였다. 우리 앞에 제시되는 과제는 때에 따라 단 한 가지 수준의 조작사고(구체적 조작사고나 형식적 조작사고)를 요구하기도 하지만, 때로는 내적－생물학적, 외적－문화적, 그리고 역사적 수준의 인지적 사고가 갈등을 일으킬 수도 있다.

변증법적 조망에서 보면, 갈등은 지적 발달의 자극제가 되며 성장하는 개인은 모순을 해결하기 위하여 계속적으로 노력한다. 해결은 새로운 모순을 가져오고 또 다시 새로운 해결을 이루게 하는 정-반-합의 과정이 순환한다.

청년기 동안 발달하는 형식적 조작추론은 주로 과학이나 직관의 결과를 확인하기 위한 검사상황에서 사용될 수 있는 능력이기 때문에 실제생활에서는 활용되기 어렵다. 그에 반해 변증법적 사고는 친밀한 개인적 상호작용이나 예술적 활동 혹은 사업상의 거래 등과 관련된 실제적 문제에 적용될 수 있는 특성을 지니고 있다.

2) 라보우비-비프

라보우비-비프(Labouvie-Vief, 1980)는 성인들은 아동이나 청소년과는 아주 다른 맥락에서 추론하기 때문에 형식적 조작사고가 아닌 실용적 문제해결사고가 요구된다고 주장하였다. 청년기까지 학교상황에서 이루어지는 유목의 조작이나 가능한 대안들을 고려하는, 논리적이고 가설중심적인 추론능력은 성인들이 직면하는 생활상황에 활용될 수 있는 능력들이 아니다. 라보우비-비프에 의하면, 성인기에 필요한 책임과 맥락에 따른 실제적 요구와 윤리적 문제 등을 동시에 고려할 수 있는 추론능력은 실제적이고 실용적이어야 하기 때문에 성인기 이전의 추론방식과는 질적으로 달라야 한다.

성인기 문제들은 형식적 조작이 허용하는 것보다 더 많은 변인들을 포함하고 있으므로 이것을 처리하기 위해서는 현실적인 문제해결능력이 요구된다. 라보우비-비프는 이러한 능력을 변증법적 지혜(dialectical wisdom)라고 명명하고 그것은 연령증가와 경험의 축적에 의해 발달될 수 있는 능력이라고 설명하였다. 다시 말하면 성인기는 청년기의 가설중심적 사고에서 현실적 문제를 해결할 수 있는 문제해결사고로 전환하게 된다는 것이다.

라보우비-비프(Labouvie-Vief, 2003)는 다음과 같은 갈등상황을 사용하여 다양한 연령층을 연구한 후 문제해결사고는 인지적 측면과 정서적 측면을 모두 포함한다고 강조하였다.

〈갈등상황의 예〉

조나단은 심한 음주자이다. 그의 아내 재키는 그가 한번 더 술에 만취하는 일이 일어나면 아이들을 데리고 집을 떠나겠다고 경고하였다. 그러나 조나단은 회사에서 회식을 한 후에 다시 술에 취한 상태로 집에 돌아왔다. 재키는 집을 떠나야 하는가, 떠나지 않아야 하는가?

3) 샤이의 성인기 인지발달

샤이(Schaie, 1977−1978)는 지식의 획득단계와 적용단계를 구분하고 전생애 동안 다음과 같은 다섯 개의 단계를 거쳐 인지발달이 이루어진다고 주장하였다. 연령증가와 함께 개인의 인지능력은 지식의 획득에서 지식의 적용 방향으로 발달한다고 가정한 샤이는 성인기는 전형적으로 지식의 적용단계에 해당한다고 설명하였다.

제 1 단계(아동기와 청년기): 획득단계. 다양한 정보와 기술을 획득한다. 그러나 그 지식들을 어떻게 사용할 것인지에 대해서는 생각하지 않는다.

제 2 단계(10대 후반에서 20대 혹은 30대 초반까지): 성취단계. 개인은 장기적인 목표를 성취하기 위하여 지식을 적용해야 할 필요가 있음을 인식한다.

제 3 단계(30대 혹은 40대까지): 실행단계. 복잡한 지식을 각기 다른 수준에 적용하는 능력이 발달한다. 각 개인은 학술기관, 교회, 정부 및 다른 기관의 책임을 맡는다.

제 4 단계(30대 후반에서 60대 초반까지): 책임단계. 개인은 인지적 능력을 가족과 직업세계 혹은 지역사회의 다른 사람들을 돌보는 데 사용한다.

제 5 단계(성인후기): 재통합단계. 지식을 선택적으로 획득하고 획득한 지식은 특정한 과제나 자신에게 의미 있다고 생각되는 과제를 해결하기 위하여 활용된다. 자신과 관계없는 문제에 지식을 활용할 가능성은 적다.

4) 킹과 키츠너의 반성적 판단

킹과 키츠너(King & Kitchener, 1994, 2004)는 성인기 사고로서 반성적 사고(reflective thinking)를 제안하였다. 반성적 사고의 기본전제는 진리는 상황에 따라 달라질 수 있고 해결은 합리적이면서도 현실적이어야 하며 모호성과 모순은 당연한 것인 동시에 정서와 주관적 요인이 성인기 사고에서 중요한 역할을 한다는 것이다. 그러므로 반성적 사고가 가능한 사람들은 문제나 상황에 대한 주의깊은 분석 후에 증거나 논쟁을 통하여 지식이 구성된다는 것을 이해한다.

반성적 사고는 상대적 사고(relativistic thinking)에 기초한다. 상대적 사고란 청소년이나 청년들의 사고와 같이 양극성을 바탕으로—옳고 그름, 우리와 그들, 좋고 나쁜—절대주의적 혹은 이원론적 시각에서 세상을 바라보는 것이 아니라 사물이나 사람에 대한 다양한 견해와 조망을 바탕으로 사고하는 것을 의미한다. 성인들은 하나의 질문에 대해 오직 하나의 정답만 있는 것은 아니며 맥락에 따라 정답은 달라질 수 있다고 생각하므로 반성적 사고가 가능해진다.

이상에 제시한 인지발달의 제5단계 특징을 요약하면, 성인들은 문제에 대한 정답을 도출하기 위해 상대적 사고를 하며, 상황에 따라 정답은 달라지고 진리의 추구는 결코 끝나지 않는 지속적인 과정이라는 것을 이해한다. 또한 후형식적 사고는 문제의 해결은 추상적이 아니라 현실적이어야 하고 정서요인과 주관적 요인들이 사고에 영향을 줄 수 있음을 강조한다.

그러므로 성인들은 하나의 문제를 해결하려고 할 때 그들의 직업과 경력, 대인관계, 정치적 측면이나 경제적 측면과 함께 그 외의 다른 인생영역들에 대해 깊이 생각할 수 있다. 그들은 직업문제의 해결방식은 가정문제의 해결방식과는 다르다는 것을 인식할 수 있으며 단지 하나의 진실이 존재한다는 것을 믿지 않기 때문에 문제에 대한 유일한 최종적 정답을 인정하려고 하지 않는다.

또한 그들은 인지만이 사고에 영향을 주는 것이 아니라 정서도 사고에 영향을 준다는 것을 이해하므로 화나거나 흥분했을 때보다는 고요하고 평안한 상태에서 더 정확한 사고를 할 수 있다고 믿는다. 실제 연구에서도 성인들은 청소년들보다 후형식적 사고를 더 많이 한다는 것이 확인된 바 있지만 (Commons & Bresette, 2006), 후형식적 사고가 형식적 조작사고보다 더 발달된 인지능력인가에 대해서는 아직도 논쟁이 계속되고 있다.

2. 지능의 변화

심리측정적 조망에서 개인의 지적 능력에 관심을 갖는 연구자들은 성인중기 이후에 지적 감퇴가 시작된다고 강조하고 그것은 노화의 불가피한 결과라고 주장한다. 그러나 일부의 연구자들은 연령증가에 따른 지적 기능의 감퇴는 지나치게 과장된 것이며 감퇴가 일어난다고 할지라도 지적 기능의 일부 영역에서만 일어난다고 주장한다. 그들은 노년기의 지적 감퇴조차도 사소한 문제에 지나지 않는다는 입장을 취한다.

1) 성인기 지능연구: 횡단연구와 종단연구

성인기 지능에 관한 논란은 이 분야의 연구들이 주로 횡단연구 결과를 바탕으로 지능변화를 추정하는 데 기인한다. 횡단연구는 서로 다른 연령집단의 지능점수를 서로 비교하기 때문에, 청소년과 성인 혹은 젊은 성인과 노인을 비교하고 누가 더 높은 지능을 지니고 있는지를 확인한 후 연령에 따른 변화를 추정한다.

횡단적으로 표집된 연구대상자들에게 스탠포드-비네검사나 WAIS (Wechsler Adult Intelligence Scale)같은 일반지능검사를 실시하면, 가장 높은 점수를 얻는 사람은 청소년이나 젊은 성인들이며 더 나이 많은 연령집단은 더 낮은 점수를 얻는다. 지금까지 연구된 지능에 관한 횡단연구 결과들은 일관성 있게 20대 후반이나 30대 초반에서부터 지능점수의 감퇴가 시작된다고 보고한다.

그러나 횡단연구들이 제시하는 지능점수의 감퇴패턴은 연구자에 따라 다를 뿐 아니라 횡단연구의 설계 자체가 출생동시집단효과(cohort effects)를 고려하지 못한다는 문제점을 지니고 있다. 예를 들면 2010년에 70대인 사람과 20대인 사람을 비교하면서도 그들이 성장과정 동안 극적일 정도로 다른 환경적 영향에 노출되었다는 사실을 고려하지 않는다는 것이다.

그렇다면 성인기의 지능변화를 종단적으로 연구하면 어떤 결과가 나타날 것인가? 종단연구는 동일한 개인들의 수행을 서로 다른 시기에서 비교해 볼 수 있기 때문에 연령 관련적 변화에 관한 타당한 정보를 제공할 수 있다.

샤이(Schaie, 1994, 1996, 2005)는 28년간 계속된 시애틀 종단연구(Seattle

그림 10-3 PMA의 하위요인들에 대한 횡단적 평균 T점수

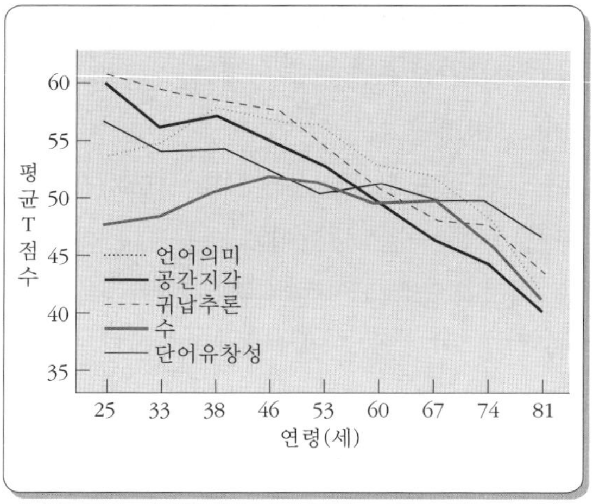

출처: Schaie, 1994.

그림 10-4 PMA의 하위요인들에 대한 종단적 평균 T점수

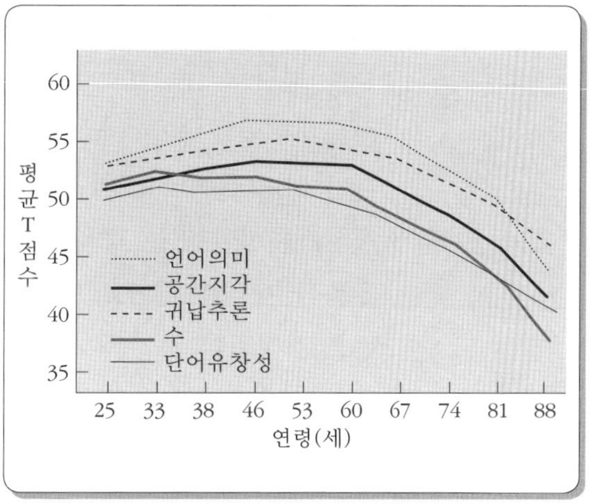

출처: Schaie, 1994.

Longitudinal Study)에서 7년 간격으로 지능검사(Primary Mental Abilities Test: PMA)를 실시하고 1956년 이후로 일곱 번의 검사시기(1963, 1970, 1977, 1984, 1991, 1998, 2005년)마다 새로운 표본을 표집하였다. 이 연구는 동일한 개인에게 반복적으로 지능검사를 실시하면서도 여덟 개의 서로 다른 출생동시집단을 포함함으로써 출생동시집단간의 비교를 가능하게 하였다.

그림 10-3에 제시된 바와 같이 횡단연구에서는 연령관련적 감퇴가 일어나는 것처럼 보이나 그림 10-4의 종단연구 결과에서는 연령증가에 따른 감퇴현상을 나타내지 않는다. 샤이의 종단연구 결과는 대부분의 지적 능력들이 60세 이전까지는 감퇴의 증후를 나타내지 않으며 연령보다는 출생동시집단효과가 지적 기능의 감퇴에 더 큰 영향을 준다는 것을 분명하게 보여 준다.

2) 유동적 지능과 결정화된 지능

지능과 관련된 중요한 문제 중의 하나는 연령증가와 함께 지적 수행의 어떤 측면들이 증가하고 어떤 측면들이 감소하며 그 이유는 무엇인가이다. 일반적으로 신경계의 기능과 같은 기초적인 생리적 메커니즘에 의존하는 능력들은 연령과 함께 감소하는 반면, 경험에 더 많이 의존하는 능력들은 연령증가에도

불구하고 그대로 유지되거나 증가하기까지 한다.

혼과 카텔(Horn & Cattell, 1967)은 지능을 유동적 지능(fluid intelligence)과 결정화된 지능(crystallized intelligence)의 두 가지 유형으로 구분하였다. 유동적 지능은 일차적으로 생래적이며 모든 유형의 문제해결에 동원되는 능력으로서 14–16세에 성숙에 도달한다. 그러나 결정화된 지능은 언어능력이나 수리능력과 같이 유동적 지능의 연습과 반복의 결과로 획득된 능력으로 상당기간 동안 개선가능성이 있는 능력이다. 따라서 성인초기 성인들이 노인들보다 더 높은 유동적 지능을 지니고 있는 것과는 대조적으로 노인들은 젊은 성인들보다 더 높은 결정화된 지능을 지니고 있다. 그림 10–5와 그림 10–6은 유동적 지능과 결정화된 지능의 연령에 따른 변화를 보여 준다.

그림 10–5 유동적 지능의 연령에 따른 변화(몇 개의 연구를 요약한 결과임)

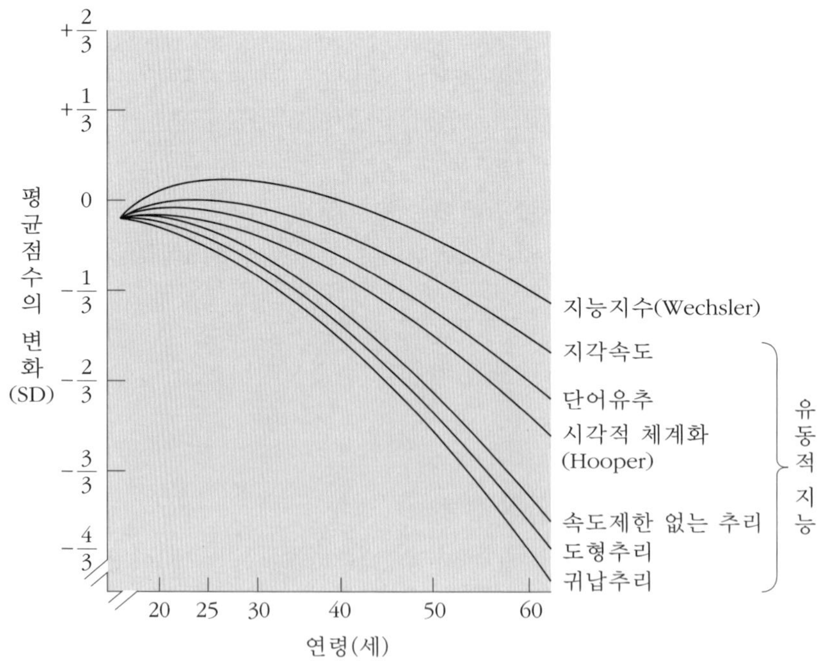

출처: Horn & Donaldson, 1980.

그림 10-6 결정화된 지능의 연령에 따른 변화(몇 개의 연구를 요약한 결과임)

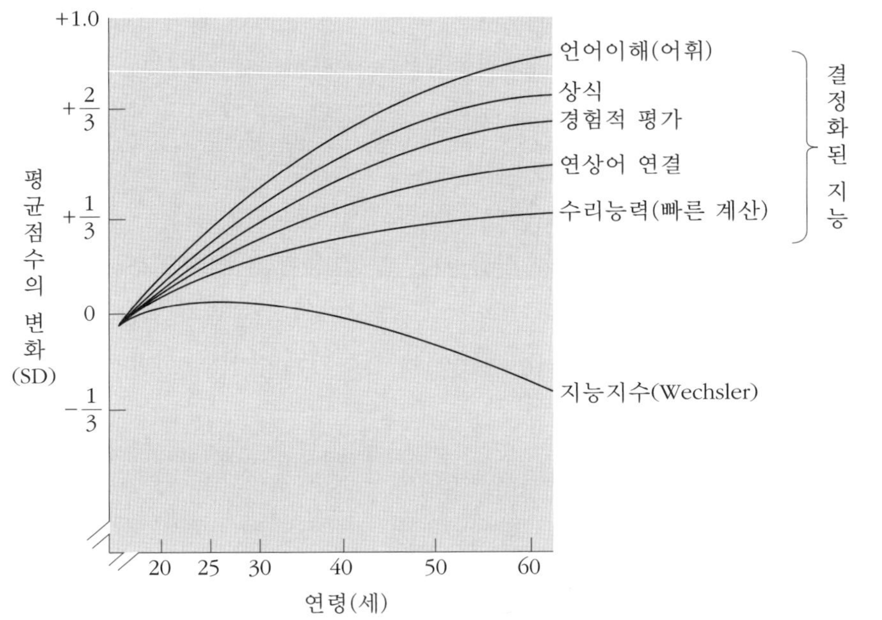

출처: Horn & Donaldson, 1980.

3. 창의성의 발달

성인초기는 창의성이 크게 발달할 수 있는 시기이다. 30세에, 토마스 에디슨은 축음기를 발명하였고 안데르센은 그의 최초의 동화를 썼으며, 모차르트는 피가로의 결혼을 작곡하였다. 창의성에 관한 초기 연구들은 가장 많은 창의적 산물은 30대에 생성된다고 가정하였으나 이후의 연구들은 창의성의 절정기는 40대라고 보고한다(Simonton, 1996).

비록 창의적 기여의 감퇴가 50대나 그 이후에 일어난다고 할지라도, 감퇴는 우리가 생각하는 것만큼 그렇게 크지는 않다. 중요한 것은 성인후기 동안에도 창의적 산물은 산출될 수 있다는 것이다. 그 예로서 앙리 셰브럴(Henri Chevreul)같은 사람은 유명한 물리학자였음에도 불구하고, 90대에 그의 연구분야를 바꾸어 노년학 연구의 개척자가 되었고 103세에 그의 마지막 연구논문을 출판하였다.

연령에 따른 창의성의 감퇴 정도는 연구분야에 따라 달라진다. 철학이나 역사학같은 분야에서는 노인들도 30-40대의 성인들만큼 연구업적을 낼 수 있지만, 서정시나 추상수학, 이론물리학같은 분야에서는 20-30대에 창의성의 절정에 도달한다. 창의적 산물의 양에서도 창의적인 사람과 아닌 사람 사이에 큰 차이가 있다.

어떤 분야에서 창의적인 사람들은 그렇지 않은 사람들보다 그 분야에서 훨씬 더 많은 창의적 생산물을 산출한다. 보통 상위 10%의 높은 창의성을 지니고 있는 사람들이 특정 분야 생산물의 약 50%를 산출한다. 다시 말하면 일부의 창의적인 작곡자들이 특정 분야에서 연주되는 음악의 절반 이상을 작곡한다는 것이다.

4. 지혜의 발달

1) 지혜의 특성

우리는 주변에서 삶에 대해 예리한 통찰력을 지니고 있고 어려운 인생문제에 대해서는 예외적인 좋은 판단력을 발휘하며 어려움에 처한 타인에게는 합리적인 조언이나 충고가 가능한 사람들을 발견한다. 그들은 대부분 중년 혹은 그 이후의 성인들로서 지혜를 지니고 있는 사람으로 평가된다. 지혜란 발테스와 쿤쯔만(Baltes & Kunzmann, 2004)에 의하면, 실제적 생활문제에 대해 탁월한 판단과 충고가 가능한 전문가적 지식체계에 해당한다. 다시 말하면 지혜는 정보의 축적 이상의 것으로 사실에 기초한 문제해결과는 상이한 다음과 같은 몇 가지 특징을 지닌다.

첫째, 지혜는 삶의 의미나 인간조건과 연결된 중요하고 까다로운 문제와 관련되어 있다.

둘째, 지혜 속에 반영된 지식과 판단 및 충고의 수준은 탁월하다.

셋째, 지혜와 연합된 지식은 예외적으로 깊고 넓을 뿐 아니라 균형이룬 시각도 갖추고 있으며 구체적 상황에도 쉽게 적용될 수 있다.

넷째, 지혜는 마음과 덕성(virtue)을 결합하며 인류의 이익은 물론 개인적 안녕을 위해 사용된다.

다섯째, 지혜를 획득하는 것이 어려운 일임에도 불구하고, 지혜는 인간지능의 극치로서 타인들에 의해 쉽게 인지된다.

지혜는 인생경험에 의존하기 때문에 연령이 증가할수록 지혜의 발달에 도움이 되는 개인적 특성들이 발달한다. 따라서 일부의 연구자들은 지혜를 성공적 노화의 구성요인으로 가정하기도 한다. 물론 모든 노인들이 지혜를 지니고 있는 것은 아니지만, 젊은 사람들 중에 지혜로운 사람은 거의 없다.

개인의 성격발달과 인지적 성장은 지혜의 발달에 기여한다(Kunzmann & Baltes, 2003). 성격특성 중 특히 경험에 대한 개방성과 생산성(generativity)은 지혜의 발달을 촉진시킨다. 또한 인지적 성장의 결과로 인지발달의 제5단계에 이른 사람들은 좋은 판단력을 지닐 수 있으므로 지혜로운 사람이 될 수 있다. 지혜를 앞에서 설명한 창의성과 혼동하는 사람들도 있으나 창의성은 문제에 대한 새로운 해결책을 생성하는 능력인 반면, 지혜는 전문지식의 획득과 함께 뛰어난 통찰력의 발달과 관련된다.

2) 지혜의 측정

전형적으로 지혜는 일련의 갈등상황에 대한 개인의 반응으로 측정된다. 예를 들면 "15세 소녀가 지금 즉시 결혼하기를 원한다. 그 소녀는 무슨 생각을 하고 있고, 어떤 행동을 하려고 하는가?"라는 질문에 대답해야 한다고 하자. 응답자의 반응은 그림 10-7에 제시된 바와 같이 사실적 지식, 절차적 지식, 전생애 맥락주의, 상대주의적 가치, 불확실성의 인지와 관리를 포함하는 다섯 가지 범주의 지혜관련 지식 중 어떤 종류의 지식을 얼마나 많이 지니고 있는지를 바탕으로 평가된다. 각 범주와 관련된 질문과 두 개의 극단적인 반응을 소개하면 표 10-1과 같다.

그림 10-7 지혜를 설명하는 모델

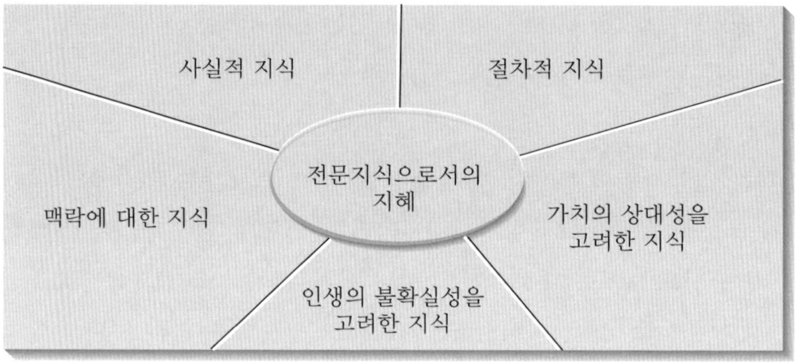

출처: Baltes, 1993.

표 10-1 지혜관련 범주의 구체적 내용

갈등상황: "15세 소녀가 지금 즉시 결혼하기를 원한다. 그 소녀는 무슨 생각을 하고 있고, 어떤 행동을 하려고 하는가"

지혜관련 범주	관련된 질문
사실적 지식	사실을 정확하게 이해하고 있는가?
절차적 지식	관련된 사실들을 고려하고, 상황의 가장 중요한 측면에 초점을 맞추며, 관련된 정서를 이해할 수 있는가?
전생애 맥락주의	상황에 포함된 문화적 특성을 이해하고 다른 사람의 문화적 조망이나 맥락에서 상황을 고려할 수 있는가?
상대주의적 가치	개인의 가치, 종교적 선호, 타인의 문화적 배경 등이 자신과는 매우 다르다는 것을 이해하고 조절할 수 있는가?
불확실성	복잡한 문제에 대한 해결책을 찾는 것은 어려운 일이고 미래는 알 수 없으며 예비적 해결책이 요구된다는 것을 이해하는가?
	두 개의 극단적 반응의 요약
낮은 점수	15세 소녀가 결혼하기 원한다고? 있을 수 없는 일이야. 15세에 결혼하는 것은 아주 잘못된 일이다. 누구든 그 소녀에게 결혼이 불가능하다고 말해줘야 한다. 그러한 생각을 지지하는 사람은 무책임한 사람이다. 아니, 아주 미친 짓이다.
높은 점수	표면적으로 쉬운 문제인 것처럼 보인다. 평균적으로 15세에 결혼한다는 것은 옳은 일이 아니다. 나는 소녀들이 처음 사랑에 빠지면 결혼하고 싶어할 것이라고 생각한다. 그러나 평균적인 일이 때로 적절하지 않을 때도 있다. 이러한 사건은 소녀가 시한부 삶을 살고 있거나 문화적으로 다른 나라에서 일어날 수 있는 일이라고 생각한다. 최종적 결정을 내리기 전에 나는 더 많은 정보를 필요로 한다.

Ⅲ 성격의 안정성과 변화

개인의 성격특성이 성인초기와 중기 동안 안정되게 유지되는가 아니면 변화하는가를 규명하기 위하여 이 분야에서 이루어진 네 개의 종단연구를 소개한다.

1. 캔사스 시티 연구

캔사스 시티 연구(Kansas City Study)는 성인의 성격발달에 관한 초기 종단연구 중의 하나로서 뉴가르텐(Neugarten, 1964)에 의해 수행되었다. 이 연구는 40세부터 80세까지의 성인들을 대상으로 질문지 성격검사와 면접방법을 사용하여 10년간에 걸쳐 수행되었다.

연구결과 연령증가와 함께 성인의 성격특성들은 안정성과 변화를 모두 포함한다는 것이 밝혀졌다. 가장 큰 안정성을 보인 특성은 대처양식과 삶에 대한 만족 및 목표지향성이었으며, 남녀 모두 40세와 60세 사이에 점점 더 수동적으로 변하였고 주위 환경으로부터 부정적 영향을 받을 가능성이 증가하였다.

2. 볼티모어 연구

볼티모어 연구는 성인의 성격발달에 관한 또 다른 종단연구로서 코스타와 맥크레(Costa & McCrae, 1998; McCrae & Costa, 2003, 2006)에 의해 수행되었다. 이 연구는 성격의 5요인(big five factors of personality)이라고 불리는 정서적 불안정성, 외향성, 경험에 대한 개방성, 호감성, 성실성에서의 변화를 연구하였다.

연구대상자들은 약 1,000명의 대학교육을 받은 20세부터 96세까지의 남녀였으며 자료수집은 1950년대에 시작되어 현재까지도 계속되고 있다. 연구자들은 5가지 성격요인 모두에서 상당한 안정성을 발견하고 성인기 동안 개인의 성격특성에서 큰 변화가 일어나지 않는다고 보고하였다.

그러나 후속연구들은 성실성은 성인후기까지 계속해서 발달하고(Roberts 등, 2005), 노인들은 중년성인들보다 더 큰 성실성과 호감성을 지니고 있다고 보고하였다(Allemand 등, 2008). 또한 성격의 안정성과 변화를 연구한 87개의 종단연구를 통합분석한 결과에서(Roberts 등, 2006), 경험에 대한 개방성은 청년기와 성인초기에 증가하고 성인후기에 감소하였다. 이러한 결과들은 성인초기와 중기에도 성격변화가 일어나고 성인후기에 이르면 성격변화가 더 크게 일어날 수 있음을 보여 주어 더 많은 연구를 필요로 하였다.

3. 버클리 종단연구

버클리 종단연구(Berkeley Longitudinal Studies)는 가장 오랫동안 계속된 종단연구이다. 1920년대 후반과 1930년대 초반에 500명의 아동과 그 부모들을 대상으로 시작된 이 연구의 결과는 아동들이 중년 성인이 되었을 때 『중년기 삶의 현재와 과거』(Eichorn 등, 1981)라는 제목의 책으로 출판되었다. 이 책은 성인기 동안 성격특성이 변화한다거나 안정적이라는 결정적 증거를 제공하지는 못하였다.

그러나 다양한 성격특성들을 비교했을 때, 지적 지향성과 자신감, 새로운 경험에 대한 개방성은 다른 특성들보다 더 안정적이었고, 타인을 보살피는 양육성과 적대적 특성 및 자기통제는 더 큰 변화를 나타내었다. 버클리 종단연구의 연구자 중의 한 사람인 클라우센(Clausen, 1993)같은 사람은 우리가 성격특성의 불연속성에 지나치게 관심을 갖는다고 주장하고 일부는 인생에서 되풀이되는 위기를 경험함으로써 성격특성의 변화를 경험하지만, 그 외의 사람들은 큰 변화 없이 안정적 성격특성을 지닌다고 제안하였다.

4. 밀즈 대학 연구

헬슨과 그 동료들(Helson, 1997; Stewart 등, 2001)에 의해 수행된 밀즈 대학 연구(Mills College Study)는 처음에 밀즈 대학(Mills College) 4학년 여학생 132명을 대상으로 1950년대 후반에 시작되었고 그 후 연구대상자들이 30대, 40대 그리고 50대에 이르렀을 때 다시 검사가 실시되었다. 연구자들은 여자대학생들을 가족-지향적, 직업-지향적 그리고 어느 경로도 따르지 않는 세 개의 집단으로 구분하였다.

여학생들의 대학생활이나 인생경로가 다양했음에도 불구하고, 세 집단 모두 성인기 동안 유사한 심리적 변화를 경험하였다. 물론 어느 경로도 따르지 않은 여성들은 나머지 두 집단의 여성들보다 더 적은 변화를 경험하였다. 특히 27세와 40대 초반 사이에 전통적인 여성적 태도는 감소하였고 지배성과 가족 외적 사건에 대한 관심이 커졌으며 더 큰 정서적 안정성을 나타내었다. 그러나 이것은 연령에 따른 변화이기보다는 1950년대와 1980년대 사이에 일어난 여성해방운동과 같은 사회적 변화 때문이었다.

40대 초반에 많은 여성들은 레빈슨이 남성들에서 발견한 것과 동일한 단계적 특징을 나타내었다. 즉 제자나 후배는 물론 노인에 대한 관심과 자신의 뿌리에 대한 관심이 커지고 내성적으로 변화하며 인간의 유한성과 죽음에 대한 인식이 증가하였다. 연구자들은 이러한 현상을 중년기 위기(midlife crisis)라기보다 중년기 자각(midlife consciousness)으로 해석하였다.

동시에 여성들은 직업이든 가족이든 혹은 양자 모두이든 성인초기의 발달과업에 전념함으로써 독립적으로 변화하고 자기통제를 학습하며, 대인관계 기술을 증진시키는 동시에 목표를 성취하기 위하여 열심히 노력하였다. 정체감 획득과 노화에 대한 여성들의 인식은 30대부터 50대까지 크게 증가하였다.

결론적으로 네 개의 종단연구 모두 성격특성이 성인기의 어느 시점에서 완전히 안정된다는 결론을 내릴 수 없도록 한다(Caspi & Roberts, 2001). 그러나 성격특성에서의 변화는 제한적이었고 성인초기보다는 성인중기에 이르렀을 때 성격특성들은 더 큰 안정성을 나타내었다.

그렇다고 해서 성인중기 동안 성격 변화가 전혀 일어나지 않는다는 것은 아니다. 사회적 맥락과 새로운 경험 및 사회역사적 변화들은 전생애의 어떤 시점에서나 성격변화가 일어날 수 있도록 한다. 연구자들 중에는 성인기 동안 성격변화가 광범위하게 일어난다고 주장하는 사람도 있기 때문에(Lewis, 2001), 얼마나 많은 변화가 일어나고 어느 정도 안정적인지에 대해서는 아직도 결론을 내리기 어렵다.

Ⅳ 사회적 발달

성인초기와 중기의 사회적 발달은 사랑과 결혼, 직업정체감의 형성 및 생산성 확립을 통하여 이루어진다. 성인기 이해를 위해 각 요인들을 차례로 설명한다.

1. 성인초기의 친근감 형성

성인초기는 타인과 친근감을 형성하는 시기이다. 이 시기의 친근감은 우정대상으로서 타인에 대한 친근감이 아니라 결혼대상으로서 이성에 대한 친근감을 의미한다. 친근감을 구성하는 기본 요소는 사랑이다.

1) 사랑의 모델

스턴버그(Sternberg, 1988)는 상호간에 매력을 느끼는 관계는 단순히 좋아한다거나 사랑한다는 것에 그치지 않고 표 10-2와 같은 8가지 유형의 관계로 기술될 수 있다고 제안하였다.

스턴버그의 사랑의 모델(Sternberg's model of love)이라고 불리는 이 관계유형들은 그림 10-8과 같은 사랑의 삼각형을 구성하는 열정(강한 신체적 욕구)과

표 10-2 스턴버그의 사랑의 모델

관 계	요소들의 균형 정도
무사랑	열정, 친밀감, 전념 모두 부재
광적 사랑	열정은 존재하나 친밀감이나 전념은 부재
좋아함	친밀감은 존재하나 열정이나 전념은 부재
낭만적 사랑	열정과 친밀감은 존재하나 전념은 부재
동반자적 사랑	친밀감과 전념은 존재하나 열정은 부재
환상적 사랑	전념과 열정은 존재하나 친밀감은 부재
텅빈 사랑	전념은 존재하나 열정과 친밀감은 부재
완전한 사랑	친밀감, 열정, 전념 모두 존재

그림 10-8 스턴버그의 사랑의 삼각형

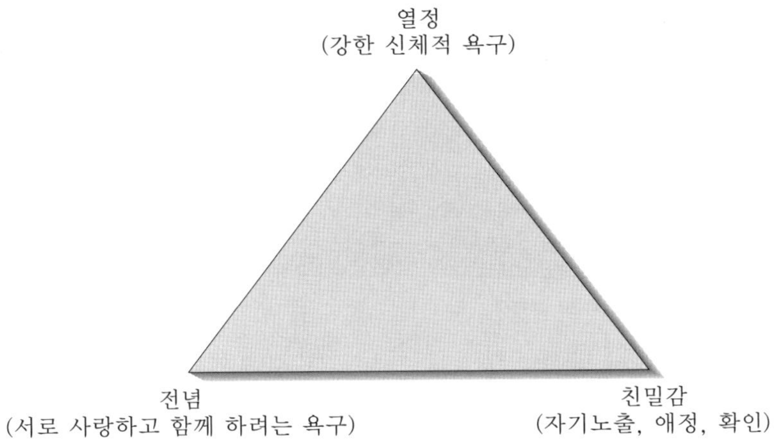

세 가지 요인들의 상이한 조합은 사랑관계의 본질을 결정한다.

친밀감(자기노출, 애정, 확인) 그리고 전념(서로 사랑하고 함께 하려는 욕구) 정도에 의해 결정된다.

예를 들면 텅빈 사랑은 전념은 있으나 열정과 친밀감이 결여되어 있는 관계인 반면, 완전한 사랑은 세 가지 요소를 모두 포함하는 관계에 해당한다. 또한 사랑의 모델은 사랑과 단순히 좋아하는 것 사이에 어떤 차이가 있는지를 명확하게 제시해 준다. 즉 좋아한다는 것은 열정이나 전념은 없이 친밀감만 존재하는 상태인 반면, 완전한 사랑은 세 가지 요인을 모두 갖추고 있는 차이가 있다.

그러나 사랑의 관계는 시간경과와 함께 변화하는 특성을 지니고 있다. 예를 들면 열정, 친밀감, 전념 중 어느 것도 포함하지 않는 서로 사랑하지 않는(무사랑의 관계) 남녀가 계속해서 서로 만나게 되면 친밀감이 싹트고 좋아하는 관계로 발전한다. 여기에 열정이 첨가되면 낭만적 관계로 변화하고 시간경과와 함께 전념이 뒤따르면 두 사람의 관계는 완전한 사랑관계로 변화하며 그것은 결혼이나 다른 장기적 전념관계를 생성할 것이다.

물론 완전한 사랑관계도 변화하지 않는 것은 아니다. 완전한 사랑의 초기에는 열정의 강도가 매우 강하나 시간경과와 함께 열정은 감소하고 오히려 전념과 친밀감이 증가하는 양상을 나타낸다. 스턴버그는 사랑의 관계가 지속될 수 있기 위해서는 열정보다는 친밀감과 전념이 더 중요한 요인이라고 주장하였다.

2) 애착관계로서의 사랑

영아기에 양육자에 대해 형성한 애착의 질적 특성은 성장한 이후까지 계속되어 타인과의 관계를 형성하는 결정적 요인으로 작용한다. 그러므로 성인기의 사랑은 애착관계로 설명될 수 있다(Hazan & Shaver, 1987). 영아기에 양육자에 대해 형성한 애착의 질적 특성을 바탕으로 사람들은 서로 다른 유형의 사랑을 경험한다. 다시 말하면 안정형 애착을 지니고 있는지, 아니면 회피형 혹은 불안/양가형 애착을 지니고 있는지에 따라 개인이 경험하는 사랑의 유형이 달라진다는 것이다.

일반적으로 안정형 애착을 지니고 있는 사람들의 사랑은 신뢰나 우정과 같은 긍정적 정서에 기초하는 반면, 안정되지 못한 개인들은 정서적으로 변화가 심하고 질투심이 강하며 파트너에게 강박관념적으로 몰입하는 경향을 나타낸다. 특히 회피형 애착양식을 지니고 있는 사람들은 친밀감의 형성을 회피하기 때문에 낭만적 사랑에서 낮은 점수를 얻는 반면, 불안/양가형 애착양식의 소유자들은 이성에 대해 강박관념적으로 몰입하는 광적 사랑(mania)의 장본인들이었다. 또한 불안/양가형 애착양식을 지니고 있는 사람들 중에 자기희생의 극단적 형태인 아가페(agape)적 사랑을 하는 사람들이 많았다.

흥미롭게도 각 개인이 지니고 있는 애착양식은 데이트 파트너의 선택에도 영향을 준다. 데이트 관계에 있는 커플을 대상으로 종단적으로 연구한 결과에 의하면(Kirkpatrick & Davis, 1994), 안정형 애착양식을 지니고 있는 사람은 안정형 애착양식의 소유자와 가장 빈번하게 커플을 이루나 회피형 혹은 불안/양가형 애착양식을 갖는 파트너와도 커플을 이룰 수 있었다. 그러나 회피형 애착양식의 소유자는 불안/양가형 애착양식을 갖는 파트너와 그리고 불안/양가형 애착양식을 지니고 있는 파트너는 반대로 회피형 애착양식의 소유자와 커플을 이루는 경향이 있었으며 회피형-회피형 쌍이나 불안/양가형-불안/양가형 쌍은 존재하지 않았다.

영아기에 형성된 양육자에 대한 애착이 성인기까지 계속되고 그것이 파트너의 선택은 물론 사랑의 방식에 영향을 준다는 사실은 영아기의 양육이 얼마나 중요한지를 우리에게 말해 준다(장휘숙, 1997a,b). 영아의 요구에 반응적이고 영아가 필요로 할 때 영아 곁에 머무르는 양육자는 영아가 자기와 세계에 대해 긍정적 신념을 형성하고 안정된 애착을 지닐 수 있도록 하므로 그것은 이후의 관계형성을 위한 긍정적 기초로 작용한다.

3) 결 혼

이성에 대한 친근감이 형성되면 결혼관계로 발전할 수 있다. 최근 독신으로 지내는 기간이 길어지고 평균 결혼길이가 더 짧아지고 있다고 할지라도, 아직도 대부분의 성인들은 인생의 행복은 직업이나 우정, 취미생활 혹은 지역사회활동보다는 만족스럽고 행복한 결혼생활에 있다고 생각한다.

실제로 행복한 결혼생활을 하는 사람들은 이혼했거나 불행한 결혼생활을 하는 사람들보다 더 오래 살고 더 건강한 삶을 영위한다(Waite, 2009). 또한 일생동안 독신으로 사는 사람들과 비교하여도 결혼한 사람들은 질병에 걸리거나 일찍 사망할 위험성이 더 낮다(Dupre & Meadows, 2007).

그 이유는 무엇일까? 행복한 결혼생활을 하는 사람들은 신체적으로 그리고 정서적으로 더 적은 스트레스를 받기 때문에 신체적 소모가 적다는 것이다. 신체적 소모는 불안과 우울 혹은 물질남용과 같은 심리적 문제는 물론 고혈압과 심혈관질환같은 수많은 신체적 문제를 유발시킬 수 있다.

(1) 배우자 선택

배우자 선택은 다음과 같은 세 가지 요인에 의해 결정된다. 첫째, 상대방의 매력이다. 매력이란 대단히 주관적이며 모호한 개념이기 때문에 어떤 사람에게 매력적인 대상이 다른 사람에게는 매력적이 아닐 수도 있다. 매력이란 신체적 외모, 능력, 성격 특성이나 지위를 바탕으로 형성된다. 특히 남성들은 여성의 신체적 매력을 중요시한다. 여성들도 신체적으로 매력적인 남성을 좋아하기는 하지만, 남성의 능력이나 힘, 지위, 지도성, 성숙 정도를 더 중요시한다.

둘째, 배우자는 연령범위, 종교, 인종, 교육배경 혹은 가족배경에 따라 적절한 사람으로 지각될 때 선택될 수 있다. 예를 들면 어떤 사람들은 종교가 다른 사람을 결혼상대자로서 부적합하다고 판단하고 동일한 종교를 신봉하는 구성원들만을 선택 가능한 결혼상대자로 지각한다. 다시 말하면 사회적 계층, 인종, 연령, 교육정도, 종교적 배경에서 매우 유사한 사람을 선택하는 동질혼(homogamy)이 서로 다른 배경을 갖는 사람을 선택하는 이질혼(heterogamy)보다 선호되고 있다. 이러한 외적 유사성 외에도 가치, 태도, 흥미에서 유사할 때 두 사람의 관계는 지속될 수 있다.

사람들은 완전히 다른 가족배경 출신이나 서로 다른 기질적 특성을 갖는 사람에게도 매력을 느끼지만, 자신과 유사한 사람에게 더 큰 매력을 느낀다. 심리적으로 유사한 특성을 갖는 사람들은 더 쉽게 서로를 이해할 수 있고 필요할 때 정서적 지원을 제공해 줄 수 있다.

셋째, 배우자는 상호작용이 가능한 사람들 가운데서 선택된다. 타인과의 상호작용 빈도는 서로의 유사성과 좋아하는 감정을 증가시키기 때문에 자주 접촉하면 할수록 상대방으로부터 더 많은 매력을 느낄 수 있게 된다. 눈에서 멀어지면 마음에서도 멀어진다는 속담과 같이 상호작용 빈도가 감소하면, 좋아하는 감정도 함께 감소할 수 있다.

(2) 결혼생활만족

결혼한 사람들은 얼마나 행복한 생활을 할 수 있는가? 결혼생활의 행복은 변화하지 않는 정적인 상태를 유지하는 것은 아니며 결혼생활의 단계와 행복 사이에는 곡선적 관계가 존재한다. 첫 자녀의 출산과 성장과정에 기초하여 결혼생활의 만족 정도를 비교하면 그림 10-9와 같은 U자형의 곡선적 관계가 나타난다.

그림 10-9에 의하면, 대다수의 부부들은 자녀출산 이전의 결혼초기 동안 가장 높은 수준의 만족을 경험한다. 자녀를 출산하고 양육하는 동안 부부의 만족감은 점차 감소되어 자녀가 청년기에 이르렀을 때 부부의 만족정도는 최저수준에 이르고 자녀가 성장하면 부부의 만족정도는 다시 증가하는 양상을 나타낸다.

그림 10-9 결혼생활만족과 가족생활주기의 관계

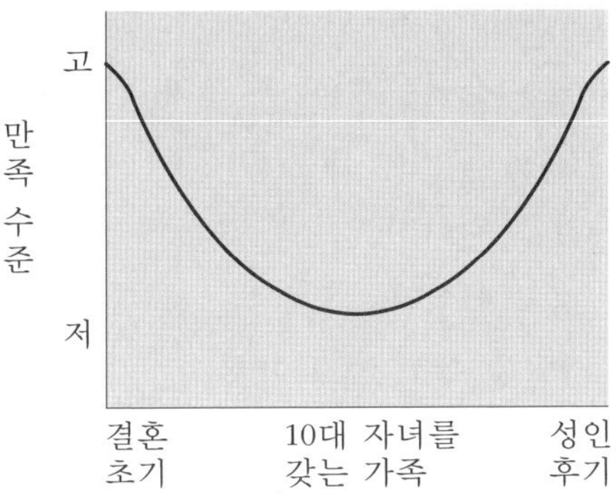

출처: Cole, 1984.

그러나 자녀출산만이 부부생활만족과 관련이 있는 것은 아니다. 실제로 자녀가 없는 부부도 시간경과와 함께 결혼생활에 대한 비현실적 환상이나 기대가 무너지고 더 적은 부부생활만족을 경험한다. 종단연구들은 사랑의 감정과 표현의 감소, 배우자의 반응성 감소 및 양가감정의 증가가 부부생활만족을 감소시키는 중요한 원인이라고 지적한다(Huston 등, 2001).

일반적으로 여성들은 남성들보다 결혼생활에서 더 많은 스트레스를 경험한다. 결혼생활을 시작하는 여성들은 가정주부로서의 여성의 역할을 단지 보거나 듣기만 했을 뿐 실제로 연습해 본 일이 없기 때문에 매우 서투르다. 특히 가정주부의 역할만 수행하는 여성들은 경제적 안정과 사회적 지위를 남편에게 의존하고 있으므로 더 많은 스트레스를 경험할 수 있다. 더욱이 여성들은 남성들보다 부부간의 친근감을 더 중요시하고 더 많이 기대하기 때문에 남성들보다 더 큰 불만족을 경험하기 쉽다.

2. 성인중기의 이혼과 재혼

최근에 와서 수십 년 동안 함께 생활해 온 부부들이 성인중기나 그 이후에 이혼하는 소위 황혼이혼이 증가하고 있다. 그러나 부부의 결혼생활이 길면 길수록 이혼 후의 적응은 더 어렵다. 일반적으로 중년기에 이혼한 사람들은 계속되는 불행감과 고통 및 우울을 경험한다.

특히 중년기의 이혼은 남성들보다 여성들에게 더 큰 어려움을 불러일으킨다. 가정주부로만 살았던 여성들은 이혼 후 경제적 어려움으로 고통을 겪고 재혼상대를 만나기도 어렵다. 그러나 많은 이혼한 중년여성들은 경제적으로 어려움이 없다면 재혼하기를 원하지 않는다(Schmiege 등, 2001). 그들은 더 이상 배우자 문제로 고통을 겪고 싶어하지 않는다.

반면에 남성들은 직업을 갖고 있고 이혼 후에 가정 바깥에서 정서적, 심리적 지원을 받을 수도 있으며 쉽게 재혼할 수도 있다. 보통 자녀 없이 이혼한 남성들은 초혼의 여성들과 재혼하고, 자녀가 있는 이혼한 남성들은 이혼한 여성들과 결혼하기 쉽다.

재혼 후의 적응도 그렇게 쉬운 문제는 아니다. 그 이유는 남녀 모두 이미 확립된 각자의 습관과 기대를 가지고 있으므로 서로 조화를 이루기 어렵고 새로운 인척관계나 의붓자식과의 관계를 확립해야 하는 어려움이 뒤따르기 때문이다. 그렇다고 해서 중년기의 재혼이 무조건 외상적이라는 것은 아니다. 이혼한 여성들은 재혼을 통하여 경제적 어려움에서 벗어날 수 있고 정서적으로도 안정될 수 있다는 이점이 있다.

3. 친구관계

친구간의 우정은 일련의 단계를 거쳐 발달한다. 레빙거(Levinger, 1983)가 제안한 ABCDE 모델에 의하면, 우정은 단순히 안면이 있는 단계(Acquaintanceship: A)에서 우정형성 단계(Buildup: B), 지속단계(Continuation: C), 쇠퇴단계(Deterioration: D) 그리고 종결단계(Ending: E)를 거쳐간다.

이 모델에서 단순히 안면이 있는 단계에서 우정형성 단계로 진행될 것인지 아닌지는 몇 가지 요인들에 달려 있다. 즉 상대편에 대해 얼마나 알고 있고 어느 정도의 매력을 느끼는지, 두 사람 사이에 좋은 의사소통이 이루어질 수 있는지, 우정을 어느 정도로 중요시하는지 등의 영향을 받는다.

또한 우정이 쇠퇴단계에 도달한다고 할지라도 종결될 것인지 아닌지는 새로운 친구관계의 출현 여부에 달려 있다. 만약 새로운 친구가 나타난다면 옛 친구와의 우정은 종결되겠지만, 그렇지 않다면 두 사람 모두 우정을 중요하게 생각하지 않는다고 할지라도 친구관계는 계속될 것이다.

전생애 중 친구가 가장 많은 시기는 성인초기이다(Sherman 등, 2000). 그러나 우정은 개인의 생활만족과 높은 상관이 있기 때문에 일생동안 중요시된다. 친구와 강한 우정을 형성한 대학생들은 스트레스에 잘 대처할 수 있었고 (Brissett 등, 2002), 더 높은 자기존중감을 지니고 있었다(Bagwell 등, 2005).

4. 형제자매 관계

형제자매 관계는 특별한 형태의 우정관계로 설명될 수 있다. 형제자매 관계의 중요성은 그림 10-10과 같이 연령에 따라 그리고 성별에 따라 달라진다.

이 그림에서 여성들은 남성들보다 성인기 동안 형제자매 관계에 더 큰 중요성을 부여한다. 또한 형제자매간의 유대는 청년기와 성인후기 동안 강하고 성인중기 동안 약화되는 것을 알 수 있다. 그 이유는 성인중기 동안 대부분의

그림 10-10 성인기 동안의 형제자매 관계 변화

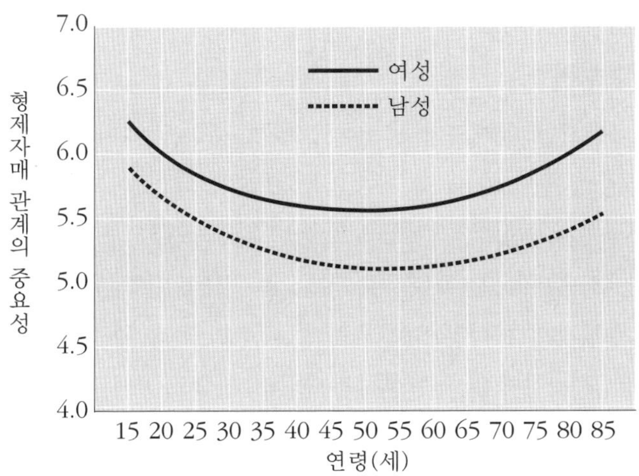

출처: Schmeeckle, Giarusso, & Wang, 1998.

개인들은 자녀를 양육하고 직업에 전념하며 사회를 위해 일함으로써 생산성 확립에 몰두해야 하므로 형제자매 관계에 큰 관심을 갖지 못하기 때문이다.

성인기 동안의 형제자매 관계는 매우 가깝기도 하고 서로 무관심하기도 하며 때로 매우 경쟁적이기도 하지만, 가까운 관계를 유지하는 형제자매들이 훨씬 더 많다(Cicirelli, 2009). 그러나 형제자매간의 가까움의 정도는 성별에 따라 달라진다. 성인후기까지 여성들은 남성들보다 형제자매에게 더 가까움을 느끼고 더 사이좋게 지내지만, 갈등이나 경쟁도 더 많이 경험한다(Spitze & Trent, 2006). 분명한 것은 아동기 동안 심리적으로 가까웠던 형제자매들이 성인이 되어도 가까운 관계를 유지한다는 것이다.

형제자매 관계는 개인의 성격특성과 높은 상관이 있다(Lanthier, 2007). 형제자매 관계의 질적 특성을 온정과 갈등의 두 가지 차원으로 구별하였을 때, 온정은 5요인 성격특성 중 외향성과 호감성, 성실성 및 경험에 대한 개방성과는 정적 상관을, 정서적 불안정성과는 부적 상관을 나타낸 반면, 갈등은 호감성 및 성실성과는 부적 상관을 그리고 정서적 불안정성과는 정적 상관을 나타내었다(장휘숙, 2009). 그러므로 높은 정서적 불안정성을 갖는 사람들이 가장 부정적 형제자매 관계를 형성할 것으로 예측할 수 있다.

5. 직업적 정체감의 형성

1) 직업적 정체감과 만족

성인들은 생계를 유지하기 위하여 그리고 사회를 유지하기 위하여 직업을 갖는다. 직업은 봉급을 받는 그 이상의 것으로서 개인의 삶의 방식이 되며 생활양식(life style)을 결정하는 중요한 요인이다. 직업은 개인의 의복과 걸음걸이, 수공능력, 사용하는 언어유형 그리고 친구사귐 등의 생활 전반에 영향을 주므로 직업 정체감의 형성은 성인기의 중요한 발달과업이다.

성인의 직업은 정체감을 형성하는 중심요인으로 나는 '심리학자', '전기기술자' 혹은 '간호사'라고 말할 수 있게 함으로써 자신의 중요한 측면을 형성한다. 직업이나 일은 가족이 생활할 수 있는 금전적 혜택을 주지만, 그 외에도 도전할 수 있는 기회, 지위와 자기존중감을 획득할 수 있는 기회 및 즐거운 관계를 형성할 수 있는 기회를 제공한다.

이와 같이 개인의 직업선택은 곧 개인적 정체감을 확립하는 하나의 방법이기 때문에 직업에 대한 불만족은 생활의 다양한 측면에 영향을 준다. 그 증거로서 자신의 직업에 만족하지 못하는 사람들은 부부간의 사랑이나 성적 관계에도 만족을 경험하지 못하고 자녀에게도 좋은 부모가 되기 어렵다(Stewart & Barling, 1996). 통계청(2012) 자료에 의하면, 직업에 만족하는 한국 남성의 비율은 28.9%, 여성의 비율은 30.1%였고, 직업에 불만족하는 사람의 비율은 남성 18.5% 그리고 여성 17.1%였다. 나머지는 '보통이다' 혹은 '모르겠다'로 응답하여, 직업에 대한 만족도가 높지 않음을 알 수 있다.

직업만족은 여러 가지 변인들의 영향을 받는다. 즉 봉급수준, 직업의 미래, 각 개인이 노력한 결과로써 얻을 수 있는 만족의 정도 등이 중요한 변인이며 좋아하고 싫어하는 동료의 존재도 직업만족에 영향을 준다. 그러나 무엇보다 중요한 것은 과업수행시의 즐거움이다. 도전적이고 개인의 자발성을 요구하는 직업 업무는 개인을 행복하게 한다.

2) 성인초기와 중기의 직업정체감

성인초기는 직업적 가능성을 탐색하고 특정한 직업을 선택하며 필요하다면 직업목표를 수정하면서 선택한 직업에 적응하는 시기이다. 그러나 개인의 성격특성이나 적성과 직업요구 사이에 좋은 적합도를 이루지 못한다고 판단되면 성인초기의 젊은이들은 자신에게 더 적합한 직업을 찾기 위해 계속적으로 노력한다.

그러나 성인중기에 이르면 대부분의 성인들은 자신이 선택한 직업에서 열심히 일하고 능력을 발휘하며 인정받을 수 있다. 동시에 그들은 직업생애의 끝을 준비하면서 은퇴에 대비한다. 그러나 이 시기의 중년성인들 중 일부는 더 이상 승진하기 어렵다고 판단하고 직업을 변경해야 할지 아닌지를 결정하기 위해 고민한다. 또한 중년 성인들은 가족과 일 사이의 균형을 이루기 위해 또 다시 어떤 결정을 해야 하는 상황에 직면하는가 하면 때 이르게 은퇴를 해야 하기도 한다.

특히 21세기의 50-60대 근로자들은 일의 세계화와 정보통신기술의 빠른 발달 및 생산성을 높이기 위한 회사조직의 축소에 의해 자주 조기은퇴를 해야 하는 상황에 직면한다(Blossfeld, 2009). 50−60대의 중년성인들은 젊은이들보다 일에 대한 전문지식을 더 많이 가지고 있고 은퇴시까지 연령에 따른 신체적, 지적 감퇴가 직업수행을 손상시킬 정도로 크지 않음에도 불구하고, 어떤 근로자들은 50대 혹은 때로는 40대에 은퇴하지 않으면 안 된다.

중년의 근로자들 중 중류계층의 중년남성들은 직업성공을 위해 가장 많은 긴장을 경험하는 집단이다. 그들의 긴장원인은 젊은 사람과의 경쟁으로 해고당할지도 모른다는 불안과 함께 자아강도(ego strength)의 유지를 위한 더 많은 보상을 요구하기 때문이다. 반면에 상류계층의 부유한 중년남성들은 20, 30대에 이미 원하는 지위에 도달하였으며 이제는 다른 사람의 재능을 사용하고 많은 다른 사람들의 생계를 통제할 수 있는 위치에 있다고 생각하기 때문에 긴장이 적다. 또한 봉급수준이 낮은 하류계층의 중년남성들 역시 가진 것이 없기 때문에 잃을 것도 없다고 생각하기 때문에 편안할 수 있다. 그러나 성인초기에 설정한 목표에 도달하지 못한, 야심이 큰 중류계층의 남성들은 은퇴시에 많은 심리적 문제를 일으킨다.

3) 여성의 취업

여성들도 남성들과 동일하게 정체감 형성의 일환으로 직업을 갖는다. 많은 여성취업자들이 사회적으로 낮은 지위의 직업에 고용되어 있기는 하지만, 가정과 관계없이 취업하겠다는 여성의 비율은 매년 증가하여 현재는 여성의 53.1%가 취업을 원하고 있다(통계청, 2012). 또한 자녀들이 성장하여 가정을 떠나버린 '텅빈 보금자리'(empty nest) 현상에 의해 일하는 중년여성들이 증가하고 있다.

그러나 여성들은 남성들보다 직업 선택시에 더 많은 제약을 받는다. 일반적으로 여성들은 다음과 같은 네 가지 요인의 영향을 고려한 다음 자신의 직업유형을 결정한다. 즉 결혼과 직업, 자아정체감 추구의 1차적 혹은 2차적 수단으로의 직업, 개인의 적응문제를 해결하는 방법으로서의 직업, 그리고 순수한 의미의 경력으로서의 직업 등이 중요한 역할을 한다.

취업한 여성들이 가정주부의 역할만 수행하는 여성들보다 그들의 생활에 더 많이 만족하고 행복하다고 느끼는가? 선행연구들(Tiedje 등, 1990)은 취업한 여성들이 취업하지 않은 가정주부들보다 약간 더 큰 만족을 경험한다고 보고하나 그것은 여러 요인들의 영향을 받는다.

무엇보다 중요한 것은 가정생활과 직업역할 사이에 갈등이 존재하는지 아닌지의 문제이다. 어머니 역할은 가정 바깥에서의 취업과 가장 큰 갈등을 일으킨다. 특히 가족 내의 어린 아동의 존재는 취업한 여성들에게 가족관련적 스트레스의 근원으로 작용한다. 일반적으로 소녀들은 직업 가진 어머니를 역할모델로 삼고 보다 독립적이며 더 높은 수준의 교육적, 직업적 목표를 설정한다. 그들은 고정관념적 성역할을 지닐 가능성도 더 적다. 그러나 소년들은 어머니의 취업으로 행동문제를 일으키고 자주 일탈또래와 어울린다(Goldberg 등, 1996).

어머니의 취업과 관련된 부정적 영향을 완화시키는 방법은 어머니가 아동에게 따뜻하고 애정적이며 아동과 질적으로 바람직한 시간을 공유할 수 있어야 한다. 긴 근무시간이나 융통성 없는 직업요구, 혹은 직업압력과 같은 직업 자체가 갖는 스트레스에 덧붙여 가정생활과의 갈등은 여성을 더욱 어렵게 만든다. 그러나 자녀와 남편이 취업한 어머니를 격려하고 돕는다면, 어머니의 취업은 가족 모두의 생활을 향상시키는 역할을 할 수 있다.

4) 중년기의 직업전환

성인중기의 직업전환은 스스로 직업을 바꾸거나 타의에 의해 직장을 잃게 됨으로써 이루어지지만, 그렇게 쉬운 일은 아니다. 다른 직장을 찾기도 어렵고, 새로운 직업에의 적응은 비록 일시적이지만 불안정과 스트레스를 유발하기 때문에(Moen, 2009), 많은 중년성인들은 가능하다면 직업전환을 하지 않으려고 한다.

그러므로 중년기 직업전환의 정도는 개인의 동기나 성격 혹은 취업기회에 따라 달라진다. 보통 맞벌이 가족에서는 한 사람이 계속 취업하고 있기 때문에 생활비 걱정을 하지 않고 제2의 직업을 위한 훈련에 몰두할 수 있다. 물론 최초의 훈련기간이 길면 길수록 중년기 직업전환의 기회는 감소한다. 예를 들면 의사들은 그들의 직업을 바꾸는 일이 많지 않다.

배우자나 자녀가 성인중기의 직업전환에 미치는 영향도 크다. 가장의 직업전환은 가족구성원들의 삶에 직접적인 영향을 주기 때문에, 배우자 역할, 부모역할 그리고 직업역할이 요구하는 기대를 동시에 충족시킨다는 것은 매우 힘든 일이다. 특히 자녀의 학비부담이 큰 시기에 이루어지는 가장의 직업전환은 가족구성원 모두를 불안하게 한다. 또한 배우자가 부부의 역할을 어떻게 규정하는가에 따라서도 직업전환이 주는 의미는 달라진다. 맞벌이 가족임에도 불구하고, 남편–생계유지자, 아내–가정주부의 고정관념을 지니고 있는 여성들은 남편의 일시적 실직이나 직업전환에서 오는 일시적 불안정조차도 감내하기 어렵다.

6. 성인중기의 생산성 확립

성인중기는 자신은 물론 타인의 행동방향을 제시하고 미래를 계획하며 타인의 욕구를 예측할 수 있는 시기이다. 이 시기는 긴 기간으로 예측하지 못한 많은 복잡한 도전에 직면한다. 직장에서의 승진과 자녀의 독립, 노부모 모시기, 조부모 역할 등 많은 다양한 사건들이 발생한다. 성인들은 주위 환경에 영향을 주는 자신의 행동결과를 인식하고 장기적인 목표의 성취를 위해 그것이 바람직한지를 평가한다.

1) 생산성 대 침체

에릭슨(Erikson, 1963)이 제안한 생산성 대 침체의 심리사회적 위기는 미래세대의 생활조건을 개선시키기 위한 압력으로 이해될 수 있다. 우선 생산성의 성취는 자녀를 돌보고 능동적으로 직업에 몰두하며 사회의 발전에 관심을 갖는 것을 의미한다. 그러므로 생산성은 사회의 존속을 위한 중요한 능력이다. 사회의 성인구성원들은 젊은 세대의 삶을 개선시키기 위해 그들의 자원과 기술 그리고 창조성을 투자해야 할 의무가 있다. 인간은 누구나 영원히 살 수는 없기 때문에 한 개인의 사후에도 존속될 사회를 위해 개인적 수준에서 그리고 공적 수준에서 기여할 수 있어야 한다.

인간은 미래세대를 위해 기념비적 업적을 남길 수도 있지만, 조언자, 정부

지도자, 종교지도자 혹은 교육자로서 봉사할 수 있고 자원봉사자로서 돈과 시간 그리고 기술을 제공할 수 있다. 자녀에 대한 자애로운 부모역할과 직업에서의 탁월한 업적 그리고 접촉하는 다양한 사람들에 대한 존경의 표현은 젊은 세대들 사이에 낙관주의와 인내심을 증진시키는 모델의 역할을 한다.

성인중기의 심리사회적 위기의 부정적 해결은 침체로 나타난다. 침체는 심리적 성장의 결핍을 의미하는 것으로 자신의 에너지와 기술을 오로지 자기확대와 자기만족을 위해서만 사용한다. 가정관리나 자녀양육 혹은 직업역할을 만족스럽게 수행하지 못하는 성인들은 성인중기가 끝날 무렵에 이르면 침체감을 경험한다.

2) 중년기 위기

중년기는 앞에서도 설명한 바와 같이 남녀 모두 생물학적, 사회적, 직업적 변화를 경험하는 시기이며 가족주기에서도 변화가 일어나는 시기이다. 자녀들은 하나씩 가정을 떠나기 시작하지만 여전히 도움을 필요로 하고, 샌드위치 세대로서 고령의 노부모를 모셔야 하는 책임을 맡는다. 특히 남성들은 신체적 노화와 직업에서의 성공 여부로 인해 그리고 여성들은 자녀의 독립과 폐경이라는 생물학적 변화로 어려움을 겪는다. 부모역할의 감소와 함께, 자신이 직면하는 노화와 죽음에 대한 지각은 남녀 모두에게 자신을 돌아보게 하는 계기가 된다.

일찍이 에릭슨이나 레빈슨과 같이 자아의 발달에 관심을 갖는 심리학자들은 중년기의 성인들은 자아의 성장이나 욕구에 더 큰 관심을 갖게 되기 때문에, 중년기 특유의 위기(midlife crisis)를 경험한다고 주장하였다. 그 증거로서 레빈슨(Levinson, 1978)은 40−45세 남성의 80%가 정서적 갈등이나 실망감을 포함하는 위기를 경험한다고 보고하였다. 특히 여성들은 자녀에 대한 염려, 남편이나 노부모에 대한 걱정과 함께 자기실현문제에 직면하게 됨으로써 지금까지 살아온 세월에 대해 회의하고 이제 무엇을 하기에는 너무 늦었다는 생각 때문에 여성들이 남성들보다 더 심각한 위기감을 경험한다는 것이다.

그러나 하버드 대학생을 종단적으로 연구한 베이런트(Vaillant, 1977)의 그란트 연구(Grant Study)와 많은 후속연구들(Helson, 1997; Martin 등, 2001;

Pudrovska, 2009)은 성인중기 동안 위기를 경험하는 것이 아니라 단순히 변화를 경험한다는 과도기 모델(transition model)을 지지한다. 이 모델은 중년기 동안 각 개인은 여러 가지 사건이나 변화를 경험할 수 있지만, 대부분의 중년성인들은 중요한 인생변화에 대해 미리 예상하고 있으므로 특별한 위기를 경험하지 않는다는 것이다.

특히 성인발달에 관한 종단연구들은 중년기 동안 변화의 증거를 발견하지 못했다고 보고하고, 오히려 문제해결이나 성격특성, 생활양식 혹은 삶에 대한 지향성이 그대로 유지되고 있음을 확인함으로써 과도기 모델을 지지한다(Whitbourne, 2005). 더욱이 친구나 부모의 죽음, 갑작스러운 질병, 실직, 취업, 이혼과 같은 위기적 사건들은 성인중기뿐 아니라 전생애의 어떤 시기에도 일어날 수 있으므로 특별히 성인중기에 국한된 문제는 아니다. 그러므로 중년기 위기는 지나치게 과장되었다는 것이다(Lachman, 2004; Pudrovska, 2009).

성인중기는 대부분의 성인들에게 자신의 삶을 평가하는 시기이다. 일부의 성인들은 자신이 유능하고, 효율적이며 최상의 상태에 도달했다고 평가하지만, 또 다른 사람들은 자신의 삶을 평가하는 것 자체를 고통스러워한다. 때로 노화의 효과가 예상하지 못한 비규범적 사건들과 연결될 때 위기가 초래될 수도 있으나 그것을 미리 예상했거나 정상적인 일로 지각하면 중년 성인들은 특별한 위기를 경험하지 않는다. 따라서 대부분의 중년성인들은 성인중기를 점진적인 변화의 시기로 경험할 뿐 특별한 위기로 지각하지 않는다는 것이다.

중년기 위기가 존재하느냐 아니냐는 문화에 따라서도 달라진다. 특히 여성의 경우, 직업을 가지고 사회활동을 하는 문화에서는 중년기 위기가 존재하지 않지만, 여성들의 사회적 지위가 낮고 가정주부의 역할만을 수행하는 문화에서는 중년기 위기가 존재할 수 있다.

3) 종교와 성인생활

한국의 종교인구는 전국 평균 53.1%로서 70%를 넘는 서구와 비교하면 매우 낮은 비율이지만(통계청, 2005), 종교는 성인기 삶에 중요한 영향을 준다. 종교의 영향력은 개인의 발달과 함께 변화한다. 그 예로서 어떤 사람들은 성인초기에 종교에 깊이 몰두하고 성인중기에는 종교에 대한 몰두가 다소 약화되지

그림 10-11 성인기 동안의 영성 수준

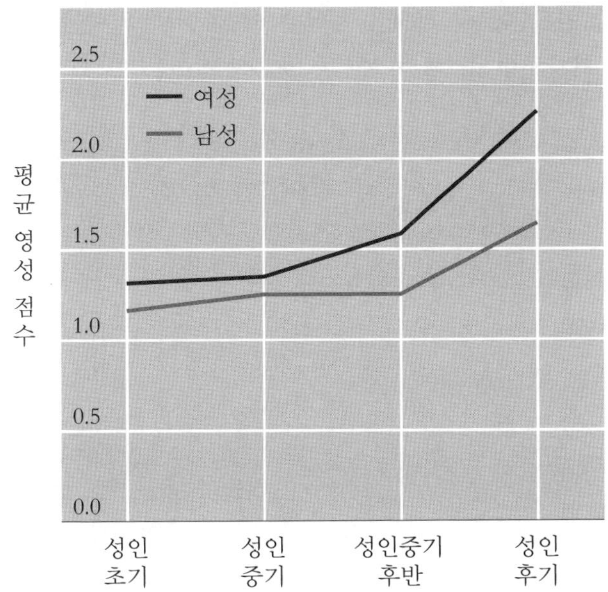

출처: Wink & Dillon, 2002.

만, 또 어떤 사람들은 성인중기에 더 종교적으로 변화하기도 한다.

30대 초반부터 70대 초반까지 성인들을 추적연구한 윙크와 딜론(Wink & Dillon, 2002)의 종단연구에 의하면, 그림 10-11과 같이 50대 중반이나 60대 초반부터 성인후기 사이에 영성(spirituality)이 증가하고, 여성들이 남성들보다 종교에 대해 더 큰 관심을 나타내었다. 여기서 영성이란 제도적 종교의 교리나 의례중심의 종교가 아니라 삶의 의미와 실존적 전체성을 향한 인간적 탐구를 의미한다(Roof, 2003).

종교는 특히 성인후기의 노인들이 임박한 죽음에 대비하고 불가피한 상실을 수용할 수 있도록 돕는다(MaFarland, 2010). 사회적으로도 종교는 종교적 집회나 모임을 통해 노인들이 사회적 활동을 유지하고 사회적 지원을 받거나 타인에게 지원을 제공할 기회를 가질 수 있도록 한다.

종교는 건강과 정적으로 연결되어 있다(Campbell 등, 2009). 종교적 전념은 혈압조절을 가능하게 하고, 종교집회에의 참석은 고혈압 완화는 물론 수명도 연장시킨다. 더욱이 종교는 인생에서의 의미탐색을 증가시켜 삶의 의미를 발견할 수 있도록 한다(Krause, 2009). 종교를 통해 삶의 의미를 발견한 사람들은 신체적으로 더 건강하고 더 행복하고 우울증에 걸리는 일도 더 적었다.

제11장 성인후기의 발달

제 11 장
성인후기의 발달

65세 이후의 시기에 해당하는 성인후기는 사람에 따라 대단히 생산적이고 정력적으로 남은 인생을 마무리지을 수 있는 시기인가 하면, 신체적 쇠퇴와 지적 능력의 상실 및 질병에 기인된 어둡고 고립된 기간일 수도 있다. 평균수명의 증가로 성인후기는 점점 더 길어지고 있으므로 일부의 발달연구자들은 성인후기를 다시 세 개의 단계로 구분하여 성인후기 초기(65-74세), 성인후기 중기(75-84세) 그리고 성인후기의 후기(85세 이후)로 구분하기도 한다(Dunkle, 2009).

그러나 이 시기 동안 일어나는 변화의 대부분은 감퇴나 감소를 포함하기 때문에 기술적 용어로 이 시기를 노쇠기(senescence)라고 부른다. 성인후기 동안 개인은 감소하는 신체능력과 건강의 쇠퇴에 적응하고 변화하는 역할에 융통성 있게 대처하며 생을 마무리지을 준비를 해야 한다. 이 장에서는 성인후기 동안 일어나는 신체, 인지 그리고 관계형성에서의 변화와 은퇴의 문제를 차례로 고찰한다.

Ⅰ 성인후기의 신체변화

성인후기의 신체변화는 대부분 감퇴적 양상을 나타낸다. 그러나 감퇴의 정도나 심각성에서는 개인차가 있다. 예를 들면 동맥경화는 보편적 노화의 결과임에도 불구하고, 그것의 심각성은 개인에 따라 큰 차이를 보인다. 그러므로 다음에 설명할 대뇌기능과 일반 신체기능의 변화에서도 모든 사람들이 동일한 정도의 변화를 경험하는 것은 아니라는 것을 염두에 둘 필요가 있다.

1. 대뇌기능의 변화

사람들은 노화가 진행되면 대뇌세포가 상실되고 결국 노인성 치매가 초래될 것으로 생각한다. 그러나 알츠하이머 병과 같은 심각한 대뇌손상은 정상적 노화의 결과가 아니므로 대부분의 노인들은 심각한 대뇌장애 없이 성인후기를 보낼 수 있다.

그렇다면 대뇌기능에서 일어나는 정상적 노화란 무엇을 의미하는가? 그것은 뉴런의 상실과 남은 뉴런들의 기능저하 및 뉴런을 지지하는 세포들의 유해한 변화를 포함하는 비교적 적은 양의 점진적 쇠퇴를 의미한다(Anderton, 2002). 연령증가와 함께 점점 더 많은 뉴런들이 위축되거나 오그라들고 전기적 신호를 효과적으로 전달하지 못하게 되며 결국 사망한다. 뉴런의 상실은 피질의 연합영역이나 뇌간에서보다 감각활동과 운동활동을 통제하는 영역에서 더 많이 일어난다.

그 결과 대뇌의 무게는 20세와 90세 사이에 5-10% 감소하고(Bondare, 2007) 대뇌 부피 또한 젊은 성인들과 비교하여 성인후기 노인들은 약 15% 더 작다(Shan 등, 2005). 대뇌와 척수에서의 기능감소는 성인중기에 시작되고 성인후기에 가속화된다. 노화는 뉴런의 상실 외에도 다음과 같은 변화를 일으킨다.

① 중요한 신경전달물질의 분비감소
② 뉴런의 기능을 방해하고 알츠하이머 환자에서 많이 발견되는 뉴런 주변 조직의 딱딱하게 굳은 부위인, 플라크(plaque)의 형성

③ 뉴런이 필요로 하는 산소와 영양물질을 부족하게 하는 혈액 흐름의 감소

뉴런의 상실과 더불어 이러한 변화들은 노인들의 정보처리속도를 젊은 사람들보다 더 느리게 하고 신체적 협응과 지적 수행을 저하시킨다. 특히 전두엽 피질에서의 뉴런의 위축은 작업기억과 다른 인지능력에서의 감소와 연결된다(Sakatini 등, 2010). 그러나 대뇌는 퇴화하는 동시에 가소성(plasticity)을 지니고 있으므로(Jessberger & Gage, 2008) 성인후기 동안에도 경험에 반응하여 변화할 수 있고 새로운 능력을 발달시킬 수 있다.

일찍이 중년성인과 정상적 노인 및 알츠하이머 노인을 검시(檢屍)하고 뇌조직을 비교한 결과(Flood & Coleman, 1990), 예상한 대로 정상노인의 뇌세포에서 노화에 따른 뉴런의 상실이 확인되었다. 놀라운 것은 중년성인들의 수상돌기보다 더 길고 무성한 수상돌기(dendrites)들이 정상노인의 뇌세포에서 발견되었다는 것이다. 이 수상돌기들은 다른 뉴런들과 시냅스를 이루기 위해 길게 뻗어 나와 있었다. 그러나 90세 이상의 노인들이나 알츠하이머 환자들은 현저하게 빈약하고 드문드문하게 뻗어 있는 수상돌기를 지니고 있어 차이를 보였다.

가소성의 또 다른 증거는 측화의 감소이다. 측화란 대뇌의 좌우 반구가 기능적으로 전문화되어 있는 현상으로 노인들은 젊은 성인들보다 특히 전전두엽 부위의 뇌활동이 덜 전문화되어 있음이 확인되었다(Zhu 등, 2010). 노인들은 측화의 감소에 의해 좌우 반구를 모두 사용함으로써 인지기능을 개선시킬 수 있다. 또 다른 연구에서도 두 개의 반구를 모두 사용하는 노인들이 주로 하나의 반구에 의존하는 노인들보다 작업기억 과제를 더 빨리 끝마칠 수 있어 측화의 감소는 인지적 노화를 완화시키는 역할을 할 수 있음을 보여 주었다(Rossi 등, 2005).

성인후기에 나타나는 이러한 대뇌의 가소성은 죽은 뉴런이나 죽어가는 뉴런의 기능을 대체하기 위한 보상 메커니즘으로서, 뉴런의 정상적인 상실에도 불구하고 노인들이 정상적 기능을 유지할 수 있도록 한다. 성인후기 동안의 수상돌기의 성장은 자극이나 경험에 대한 반응결과이기 때문에 지적으로 적극적이고 능동적인 생활이 이루어져야만 보상 메커니즘이 활성화될 수 있다. 또한 뉴런의 기능을 방해하는 여러 가지 질병에 감염되거나 스트레스를 받지 않는

일도 대뇌의 가소성이 유지될 수 있도록 하는 중요한 요건이다. 물론 노화하는 뇌는 영아의 뇌보다 가소성이 더 적기는 하지만, 평균적으로 대뇌의 가소성과 성장은 70-80대까지 퇴화를 보충하는 역할을 한다.

2. 면역체계의 변화

노화와 함께 면역체계의 기능도 감퇴한다. 인간의 면역체계를 구성하는 두 가지 세포 중 B세포는 뼈의 골수에서 만들어지고 바이러스나 다른 감염물질에 반응하는 항체인 반면, T세포는 흉선에서 만들어지고 박테리아나 낯선 세포를 거부하거나 소멸시키는 역할을 한다. 노화는 특히 흉선의 크기와 무게를 감소시키므로 흉선은 미성숙한 T세포를 완전한 성인세포로 전환시키지 못한다. 그에 따라 T세포는 낯선 세포를 인지하는 능력을 부분적으로 상실함으로써 질병에 걸릴 위험성을 증가시킨다. 그러므로 노인들에게 매년 인플루엔자 예방백신을 접종하는 것은 반드시 필요한 일이다.

면역체계의 감퇴를 촉진시키는 요인들은 많이 있다. 우선 노인들은 스트레스에 대한 회복능력이 감소하므로 분비된 스트레스 호르몬이 오랫동안 혈액 내에 남아 면역체계의 감퇴를 촉진시킨다(Zitvogel 등, 2010). 또한 단백질 부족을 포함하는 영양부족과 심리적 스트레스나 우울은 면역체계의 기능을 저하시키는 반면, 운동은 면역체계의 기능을 개선시킨다.

3. 일반 신체기능의 변화

1) 외모와 행동의 변화

노년기의 특징적인 신체변화의 대부분은 성인중기에서 시작되어 점진적으로 진행된다. 예를 들면 힘과 지구력은 성인초기에 절정에 도달한 후 천천히 감퇴하고 성인초기에 절정에 도달한 키도 서서히 감소한다(Hoyer & Roodin, 2009). 키의 감소는 뼈의 강도가 약화됨으로써 등뼈가 내려앉고 등뼈와 등뼈 사이의 디스크 눌림현상과 부분적으로 오그라들고 딱딱해지는 힘줄(tendons) 그리고 발이 더 납작해지는 데 기인한다. 일반적으로 남성들의 키는 30세부터

그림 11-1 25세 젊은이와 75세 노인의 신체구성 비교

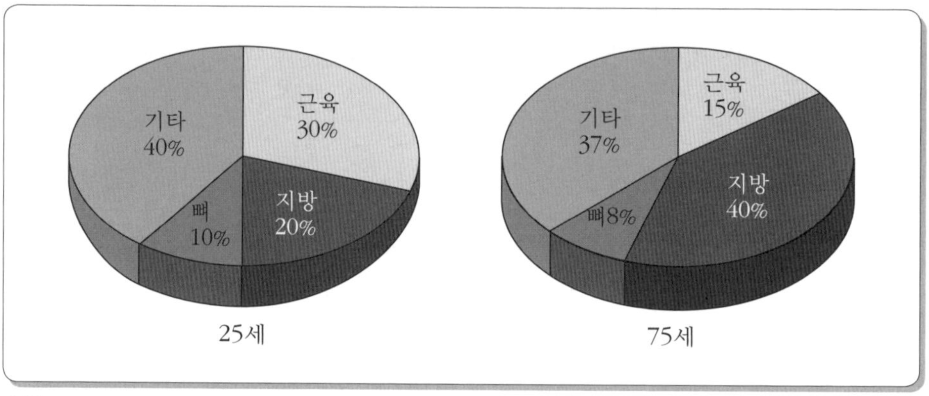

출처: Santrock, 2004.

50세까지 약 1-1.5cm 감소하고 50세부터 70세까지 또 다시 2cm 정도 감소하나 여성들의 키는 25세부터 75세까지 5cm 가량 감소한다(Hoyer & Roodin, 2009).

60세경에 이르면 근육의 상실로 체중이 감소한다. 그림 11-1은 25세 젊은이와 75세 노인의 근육, 뼈, 지방비율의 차이를 보여 준다. 노인들은 젊은이들과 비교하여 1/2 정도의 근육과 2배 가량 많은 지방을 가지고 있음을 알 수 있다.

노인의 외모에 기여하는 여러 가지 변화들 중에서 피부, 머리카락 및 치아에서 일어나는 변화들이 가장 두드러진다. 우리 몸 전체를 싸고 있는 포장의 역할을 하는 피부는 연령증가와 함께 점점 더 얇아지고 탄력성을 잃게 되며 사마귀나 기미와 같은 작은 반점과 노화반점(age spots, 일명 저승꽃)이 나타남으로써 지저분해진다. 탄력성을 잃은 피부는 주름이 잡히고 팔이나 턱 아래 부위에서는 피부가 처지는 현상이 나타난다.

노인의 외모를 구성하는 특징 중의 하나인 머리카락의 감소도 중년기에서부터 시작된다. 머리카락의 수는 물론 굵기도 점점 더 가늘어지고, 색소가 사라짐으로써 흰머리로 변한다. 치아의 상실과 잇몸의 수축 역시 얼굴의 모습을 변하게 한다. 그러나 외모의 변화가 일어나는 시기와 양상은 개인에 따라 큰 차이가 있기 때문에 영양섭취와 운동 여부는 유전적 영향과 함께 노인들의 외모나 행동 변화에 영향을 주는 중요한 요인들이다.

2) 감각능력의 변화

중년기가 끝날 무렵에 이르면 모든 사람들은 안경을 필요로 하며, 보통 남성들이 여성들보다 더 일찍 안경을 착용한다. 시각과 관련된 가장 흔한 문제는 수정체의 탄력성 감소에 기인한 원시성 시각으로 가까운 곳을 볼 수 없게 되며 돋보기가 없으면 작은 활자의 책을 읽을 수 없게 된다. 또한 연령증가와 함께 수정체가 혼탁해져서 백내장(cataracts)과 같은 안질환의 가능성이 증가하여, 70세 이상 노인들의 약 1/4이 백내장으로 고통을 겪는다. 이 외에도 깊이지각, 색채지각, 암순응반응 등 전반적인 시지각 능력이 저하된다.

노인성 난청(presbycusis)은 노화와 연합된 중요한 감각적 변화 중의 하나로서 중년기에 시작되어 60세 이후에 심각해지는 증상이다. 시각과 청각 모두 65세부터 74세까지의 노인들보다 75세 이상의 노인들에서 훨씬 더 큰 감퇴를 보이므로 감퇴의 정도는 연령에 의해 결정된다.

노인성 난청은 내이의 유모세포의 상실과 청각경로의 신경세포 상실에 기인하며(Adams, 2009), 여성들보다 남성들에서 더 흔하게 나타난다. 여성 노인들은 남성 노인들보다 청각문제가 있을 때 적극적으로 치료하려고 노력하므로 남성 노인들보다 훨씬 더 적은 문제를 갖는다(Fowler & Leigh-Paffenroth, 2007). 노인성 난청환자들은 높은 음조의 소리를 잘 듣지 못하고 서로 다른 음색의 소리를 잘 구별하지 못한다. 노인들이 조용한 환경을 좋아하고 방해자극이 있을 때 잘 수행하지 못하는 것은 모두 이 때문이다.

노년기의 청력손상은 대화를 어렵게 하고, TV시청이나 영화관람 혹은 콘서트 관람을 어렵게 한다. 따라서 잘 들을 수 없는 노인들은 스스로 사회적 상호작용을 회피함으로써 자기존중감을 상실하고 외로움과 우울에 빠지게 된다. 청력손상은 치료될 수 없으므로 노인들은 보청기에 의해 부분적인 도움을 받을 수 있다.

시각과 청각 외에도 미각, 후각, 촉각에서도 변화가 일어난다. 우선 미각이 둔화됨으로써 소금이나 후추와 같은 양념을 더 많이 사용하게 되고 후각의 둔화로 집에 화재가 났다고 할지라도 노인들은 냄새를 잘 감지하지 못하여 자주 위험에 처한다. 특히 음주와 흡연 및 자극적인 음식물을 선호했던 사람들에서 미각이나 후각의 둔화가 더 심하게 나타난다.

촉각에 대한 민감성도 감소하지만 성인후기까지 큰 문제가 되지는 않는다(Hoyer & Roodin, 2009). 통증에 대한 민감성 역시 연령증가와 함께 감소하나 개인차가 크다. 통증에 대한 감소된 지각은 성인후기의 잦은 질병이나 상해에도 불구하고 심한 고통을 느끼지 않도록 하지만, 때로 긴급한 처치를 요하는 질병을 방치하게 함으로써 위험한 상황을 초래할 수 있다.

중요한 것은 노인의 감각능력의 감퇴가 인지기능의 감퇴와 연결된다는 것이다. 70대의 노인들을 대상으로 연구한 클레이와 그 동료들(Clay 등, 2009)의 연구에 의하면, 시각적 감퇴는 정보처리속도의 감퇴와 연결되고 그것은 다시 더 큰 인지적 감퇴와 연합되어 있었다.

3) 순환기와 호흡기의 변화

심장이 펌프질하는 혈액의 양은 연령증가와 함께 감소하는가? 한때 연령이 증가하면 심장이 펌프질하는 혈액 양도 감소하므로 65세 노인의 혈압이 160/90mmHg이면 정상이라고 생각되었다. 그러나 지금은 특별한 심장질환이 없는 한 연령과 상관없이 심장이 펌프질하는 혈액 양은 동일하다는 것이 밝혀짐으로써 60대에도 여전히 120/80mmHg이 유지되어야 한다. 따라서 160/90mmHg의 혈압은 약물이나 운동 혹은 식이요법을 통해 낮추지 않으면 안 되는 상태로서 방치하면 심장질환이나 뇌졸중의 위험이 있다는 진단을 받는다. 그러므로 연령증가에 따른 혈압상승은 정상이 아니며 질병이나 비만, 심리적 불안, 혈관의 경화 혹은 운동부족에 기인한 병적 상태로 인식된다.

폐활량도 20세와 80세 사이에 약 40% 감소한다. 노화와 함께 폐는 탄력성을 잃고 가슴은 오그라들며 횡격막은 약해진다. 흡연은 폐기능의 심각한 손상을 초래하는 대표적인 물질이므로 건강한 폐를 유지하기 위해서는 금연이 우선 되어야 한다. 노인들도 횡격막 강화 운동(diaphragm-strengthening exercises)으로 폐기능을 개선시킬 수 있다(Whincup 등, 2006).

4) 성욕의 변화

사람들은 노년기에 이르면 성욕이 사라질 것으로 생각한다. 일반적으로 사회는 젊은 사람들의 성욕을 격려하는 반면, 노인들의 성욕을 인정하지 않으려고 한다. 오르가즘의 빈도로 정의되는 인간의 성적 활동은 남성들 사이에서는 10대 후반이나 20대 초반에 그리고 여성들은 30대와 40대 사이의 어떤 시점에서 절정에 도달하며 그 이후부터 감퇴하기 시작한다.

노년기 동안에도 성적 활동이 완전히 사라지는 것은 아니다. 그러나 65세부터 80세까지의 남성들의 약 1/4과 80세 이상 남성들의 약 1/2이 발기부전으로 어려움을 겪는다(Butler & Lewis, 2002). 물론 발기가 가능하다고 할지라도 노인들은 젊은 사람들보다 성적으로 능동적이지 못하고 발기를 위해 더 많은 시간과 자극을 필요로 하며 젊은이같은 강한 오르가즘을 경험하지 못한다. 이러한 발기불능 상태는 심장이나 순환기 질환, 당뇨병 혹은 수술이나 약물의 사용과도 높은 상관이 있다. 여성들의 경우에도 폐경기 이후부터 질과 자궁은 탄력성을 잃게 되고 질내벽은 얇아지며 분비물질의 감소로 성교시에 통증과 염증이 초래된다. 물론 이러한 증상을 경험하지 않는 여성들도 많이 있다.

오르가즘의 횟수나 성교의 빈도 자체는 연령증가와 함께 분명히 감소하지만, 성적 욕구도 동일하게 감소하는 것은 아니다. 노인들도 신체적 친밀성은 물론 사랑과 애정을 추구한다. 성욕이 얼마나 중요한지는 연령과 성별 그리고 이전의 성적 경험과 관련되어 있다. 노인들 중에서도 더 젊은 노인이, 여성보다는 남성들이 그리고 젊은 시절 성적으로 능동적이었던 사람들이 더 오랫동안 성적 능동성을 유지할 수 있다.

5) 건강상태

연령증가와 함께 생리적 기능에서의 개인차는 더 커지기 때문에 20대의 성인들보다 70대의 노인들 사이에서 더 큰 개인차가 나타난다. 그 의미는 비록 평균적 노인들이 평균적 젊은이보다 생리적으로 더 유능하지 못하다고 할지라도, 모든 노인들의 생리적 기능상태가 나쁜 것은 아니라는 것이다.

노인들은 일상생활에서는 큰 불편을 느끼지 못하다가 특별한 상황이나 비상사태에 처하면 현저하게 감소된 반응능력을 나타낸다. 예를 들면 안정된 상태에 있는 노인과 젊은이는 심장박동에서 큰 차이를 보이지 않는다. 그러나 질병이 없는 노인이라고 할지라도 젊은이보다 최대 심장박동수가 더 적기 때문에 산을 올라가야 하는 상황에서는 잘 올라가지 못한다. 평상시에 자신이 늙었다는 생각을 조금도 하지 않던 노인들도 이러한 상황에서 자신이 늙었다는 것을 실감한다.

생리적 기능의 감소는 신체의 질병가능성을 증가시킨다. 질병에 대한 민감성은 아동기부터 성인중기까지 계속적으로 증가하며 65세 이후에 신체적 문제가 전혀 없는 노인을 발견한다는 것은 어려운 일이다. 연령증가와 함께, 심혈관계의 효율성이 감소하고 허파, 신장, 간, 신경계의 활동 등 신체전반의 활동이 저하된다. 관절염이나 고혈압, 청각손상, 심장질환, 시각손상 혹은 동맥경화같은 만성질환이 나타나고 그 외 암, 신장 · 방광질환, 골다공증, 급성 뇌증후군 등이 자주 나타난다.

수면시간의 감소도 노인들의 질병에 기여한다. 일반적으로 노인들은 젊은 이들보다 더 적게 잔다. 수면시간은 물론 깊은 수면의 양도 더 적기 때문에 노인들은 낮 동안 거의 항상 피로한 상태에 있다. 취침시간도 변하여 더 일찍 잠을 자고 더 일찍 일어난다. 또한 노인들은 불면증(insomnia)과 수면 무호흡증(sleepapnea)같은 수면장애로 고통을 겪기도 한다.

수면 무호흡증이란 수면 동안 잠시 호흡을 멈추기 때문에 자주 잠을 깨는 증상으로 주로 남성들에게서 나타난다. 일부의 노인들은 약물로 불면증을 완화시키려고 하지만, 그것은 일시적 효과가 있을 뿐이므로 규칙적인 운동으로 수면문제를 완화시키는 것이 더 바람직하다. 물론 가까운 사람의 사망이나 질병과 같은 외상경험에 의해 유발된 수면장애는 상담이나 전문적 도움을 필요로 한다.

수면문제의 완화에 그치지 않고 노화를 지연시키는 역할을 하는 운동의 효과를 정리하면 다음과 같다(Coker 등, 2009; LaRocca 등, 2010; Matthews 등, 2007; Singh, 2002).

① 운동은 노화와 연합된 생리적 변화를 최소화하고 개인의 건강과 안녕에 기여한다. 특히 운동협응, 심혈관 기능, 신진대사, 주의 지속시간 등이 개선될 수 있다.

② 운동은 노화에 의해 일어나는 신체구성의 변화를 개선시킨다. 즉 운동

은 근육을 강화하고 뼈의 질량도 증가시켜 뼈가 약해지는 것을 막는다.

③ 운동은 흔한 만성질환을 예방한다. 즉 심혈관질환과 당뇨병, 골다공증, 뇌졸중 및 유방암의 위험을 감소시킨다.

④ 운동은 치료의 일환으로 사용될 수 있다. 즉 관절염, 폐질환, 출혈성 심장병, 관상동맥질환, 고혈압, 당뇨병, 비만의 치료방법으로 활용된다.

⑤ 운동은 약물사용의 부작용을 중화하고 질병의 치료에 기여한다. 그 예로서 고혈압을 치료하기 위하여 사용된 약물의 부작용으로 우울증이 올 수 있으나 운동에 의해 우울증은 완화될 수 있다.

⑥ 운동은 세포의 기능과 면역체계의 기능도 개선시킨다. 활기찬 에어로빅 운동을 하는 노인들은 더 긴 텔로미어(telomere)*를 가지고 있었다.

⑦ 운동은 수명을 연장시킨다. 운동에 의해 주당 1,000칼로리가 소모되면 사망률은 약 30% 감소하고 2,000칼로리가 소모되면 사망률은 약 50% 감소한다.

6) 반응속도의 감소

성인후기의 두드러진 특징은 자극에 대한 반응속도의 감소이다. 비렌 등(Birren 등, 1980)이 행동둔화(behavioral slowing)라고 명명한 이 현상은 운동반응, 반응시간, 문제해결, 기억, 정보처리과정 등 전반적 행동에서 나타난다.

가장 쉽게 확인될 수 있는 행동둔화 현상은 노인들의 걸음걸이이다. 노인들은 젊은 사람들보다 더 느리게 걷기 때문에 대부분의 노인들은 파란신호가 켜져 있는 동안 횡단보도를 건너가기 어렵다. 어떤 노인들은 느리게 걸을 뿐 아니라 미끄러운 표면 위를 걷는 것처럼 팔을 거의 움직이지 않고 발을 끌면서 걷는다. 왜 그럴까?

성인후기에 이르면 젊을 때만큼 균형감각이 잘 기능하지 못하기 때문에 노인들은 넘어지지 않기 위해서 발을 끌면서 조심스럽게 천천히 걷는다. 또한 노인들의 느린 걸음걸이는 그들의 감소된 심장혈관 기능 때문이기도 하다. 강

* 텔로미어: 염색체 끝 부분에 있는 유전자 조각. 세포분열이 거듭될수록 텔로미어의 길이는 짧아진다 (제12장 참조).

한 심장을 갖는 노인들은 활발하게 잘 걸을 수 있으나 그렇지 못하면 걸음이 늦어질 수밖에 없다. 물론 이 모든 행동둔화는 뇌의 둔화에 기인하고 뇌의 둔화는 운동 활동은 물론 정신기능에도 영향을 준다.

그 증거로서 다양한 지각운동과제의 수행속도는 20대까지는 개선되나 성인기 동안 점차 감소한다. 성인후기에 이르면 반응시간은 물론 지각적 처리와 인지처리 속도가 더 느려진다. 특히 빠른 대답을 요구하는 인지과제를 수행할 때 노인들은 평균적으로 젊은 성인들보다 0.5배 더 오래 걸렸고 더 복잡하고 어려운 과제를 수행해야 할 때는 2배 정도 더 긴 시간을 필요로 하였다(Madden, 2001).

그러나 우리는 모든 노인들이 모든 상황에서 행동둔화현상을 나타낼 것으로 생각해서는 안 된다. 신체적으로 건강하고 심혈관계 질환이 없는 노인들은 비록 젊었을 때보다 약간 느려지기는 하지만, 빠르게 반응할 수 있다. 더욱이 노인들은 그들의 감소된 속도를 보상하기 위하여 효과적인 전략을 사용함으로써 이전의 수행수준을 유지할 수 있다. 그 예로서 노인 타자수들은 자료를 미리 읽어두는 전략을 사용함으로써 젊은 타자수들만큼 빠르게 칠 수 있었다(Salthouse, 2000). 그러나 자료를 미리 읽지 못하게 했을 때 노인 타자수들의 속도는 젊은 타자수들보다 훨씬 더 느렸다.

노인들의 조심성도 행동둔화의 원인이 된다. 속도보다 정확성을 더 중요시하는 노인들은 실수를 줄이기 위해 더 느리게 반응한다. 생애동안 실수의 쓴맛을 여러 번 경험한 노인들은 실수를 회피하려고 노력하기 때문에 반응속도는 더 느려진다.

연령증가에 따른 행동둔화에도 불구하고 규칙적인 운동은 노인들의 반응시간을 개선시킨다(Singh, 2002). 비록 노인들이 젊은 성인들보다 더 쉽게 피로를 느끼기는 하지만, 적절한 휴식과 운동은 피로를 최소화하고 반응시간을 개선시킬 수 있다.

Ⅱ 인지적 변화

1. 지능의 변화

제10장에서 이미 설명한 것처럼 횡단연구들은 연령증가와 함께 지능이 감퇴한다고 보고한다. 그러나 종단연구들은 60세 이전에는 지능의 감퇴가 거의 일어나지 않는다는 결과를 제시한다. 카텔(Cattell, 1963)같은 연구자는 성인후기에 감퇴가 일어난다면 생리적 체계의 영향을 받는 주의집중능력이나 기억능력과 같은 유동적 지능에서만 나타나며 결정화된 지능은 성인후기에도 계속적으로 개선된다고 주장한다.

그러나 지능에 관한 연구결과를 해석할 때 우리는 다음과 같은 두 가지 사실을 염두에 두지 않으면 안 된다. 첫째, 지적 감퇴는 지적 기능의 모든 측면에서 동일한 정도로 일어나는 것은 아니다. 둘째, 연구결과로 제시된 지적 감퇴는 통계적인 평균치를 바탕으로 하기 때문에 모든 개인이 동등한 정도의 지적 감퇴를 나타내는 것은 아니다.

그렇다면 노년기 지적 감퇴의 원인은 무엇인가? 가장 중요한 원인은 좋지 않은 건강상태이다. 샤이(Schaie, 2005)의 연구에 의하면, 심혈관계 질환이나 다른 만성질환을 갖는 노인들이 질병이 없는 노인들보다 지적 능력에서 더 큰 감퇴를 경험하였다. 만성질환 자체도 문제지만, 그 병을 치료하기 위하여 복용하는 약물도 지적 감퇴를 촉진시키는 역할을 한다.

자극적이지 못한 생활양식(lifestyle)은 성인후기의 지적 감퇴에 기여하는 또 다른 중요한 요인이다. 샤이(Schaie, 2005)는 배우자가 사망한 하류계층의 노인여성들이 가장 큰 지적 감퇴를 경험한다고 밝혔다. 그들은 혼자 살고 있고 사회로부터 고립되어 있으며 삶에 대해 불만족을 느끼고 있어 지적으로 자극적인 생활을 하지 못한다.

일반적으로 높은 수준의 교육과 평균 이상의 사회경제적 지위, 건강한 배우자의 존재 및 신체적, 정신적으로 적극적인 생활을 하는 것은 지적 감퇴를 예방하는 중요한 요인들이다. 부부는 배우자의 지적 기능에 의해 서로 영향을 받기 때문에 지적으로 무능한 배우자의 존재는 지적 기능을 손상시키는 역할을 한다.

성인후기의 지능과 관련된 특징적 현상으로 종말적 저하가 있다. 사망하기 수개월 내에 있는 노인들의 극적인 인지기능 감퇴를 설명하기 위하여 크리메이어(Kleemeier, 1962)가 제안한 이 현상은 제9장에서 설명한 것처럼 삼차적 노화로 분류된다. 따라서 성인후기의 노인들이 갑작스러운 지적 감퇴를 나타낸다면, 사망이 임박했음을 예상할 수 있다는 것이다. 특히 WAIS(Wechsler Adult Intelligence Scale)와 WMS(Wechsler Memory Scale) 점수의 감퇴는 죽음과의 거리가 멀지 않음을 나타내 주는 신뢰로운 지표이다. 지적 기능의 종말적 저하도 질병이나 그 질병을 치료하기 위한 약물에 의해 촉진된다.

2. 기억능력의 변화

노인의 기억능력에 관해 우리가 가지고 있는 두 가지 고정관념이 있다. 그 중 하나는 노인들은 새로운 것을 학습하거나 최근의 사건을 기억하는 데 상당한 어려움을 겪는다는 것이고 또 다른 하나는 노인들은 최근에 일어난 일보다는 오래전에 일어난 일을 더 잘 기억할 수 있다는 것이다. 과연 그러한가?

노화와 함께 기억능력이 변화하나 모든 기억능력이 동일한 방식으로 변화하는 것은 아니다. 여기서는 정보처리모델을 기초로 감각기억, 단기기억 및 장기기억으로 나누어 성인후기의 기억능력을 고찰한다.

1) 감각기억

감각은 가장 중요한 정보의 근원으로 정보처리의 첫 단계에 해당한다. 성인후기에 이르러 안경으로 시각을 교정하고 보청기의 도움을 받는다고 할지라도, 노인들의 시각이나 청각 민감성은 젊은이들의 민감성 수준에 이르지 못한다. 더욱이 노인들은 신경학적 기능에서 젊은이들보다 더 느리기 때문에 능숙한 수행을 위해 비교적 더 많은 감각적 자극을 필요로 한다(Fozard, 2000). 또한 불필요한 자극을 무시하고 특정한 자극에 집중하는 주의집중능력에서도 결함을 보인다(Bucur & Madden, 2007).

그러나 이러한 정도의 감각기억 상실은 속도를 요하는 과제를 제외하고는 노인들의 생활에 큰 불편을 끼치지는 않는다. 단지 자동차로 고속도로를 달릴 때 빠르게 지나가는 표지판을 읽기 어려우므로 노인들은 운전시에 주의를 요한다.

2) 단기기억

신체적으로 심각한 손상이 없는 한, 적어도 60세 이전까지 단기기억 능력에서 연령차이는 나타나지 않는다. 단기기억 능력을 측정하는 가장 흔한 방법 중의 하나로 숫자 따라 외우기 검사(digit-span test)가 있다. 지능검사의 일부이기도 한 이 검사는 일련의 관련 없는 숫자들을 초 간격으로 하나씩 제시하고 가능한 한 많은 숫자를 회상하게 하는 것이다.

이 검사에서 5세 아동들은 3-4개의 숫자를 회상할 수 있는 반면, 성인초기나 중기의 성인들은 일곱 개 혹은 그 이상을 회상할 수 있다. 그러나 50대 이후에는 매 10년마다 숫자 한 개씩을 회상하지 못하므로 50대의 성인들과 비교하여 60대의 성인들은 하나의 숫자를 그리고 70대의 성인들은 두 개의 숫자를 회상하지 못한다(Poon, 1985).

단순한 정보보유의 기능을 하는 단기기억보다는 작업기억에서 연령에 따른 감퇴의 징후가 더 뚜렷하게 나타난다. 작업기억이란 의사결정과 문제해결 및 문어나 구어를 이해할 수 있도록 정보를 조합하고 조작하는 정신적 작업대(mental workbench)로서 많은 연구들은 작업기억에서 연령에 따른 감퇴를 확인하였다고 보고한다(Delaloye 등, 2009; Park 등, 2002). 물론 기억전략을 제공하거나 기억훈련을 받을 수 있도록 하면, 노인들의 작업기억 능력도 향상될 수 있다. 80세 노인조차도 훈련에 의해 정보를 조직하고 암송하는 능력을 개선시킬 수 있으나 젊은 성인들의 수준에는 이르지 못하였다(Cavallini 등, 2003).

3) 장기기억

노인들의 저조한 기억능력은 장기기억에서도 나타난다(Wingfield & Kahana, 2002). 장기기억은 일화적 기억(episodic memory)과 의미적 기억(semantic memory)으로 구분될 수 있다. 일화적 기억은 과거에 일어난 생활사건에 대한 기억으로서 동생은 언제 태어났고 언제 처음으로 기차를 탔으며 첫 데이트는 누구와 했는지를 기억하는 것에 해당한다. 반면에 의미적 기억은 무지개 색깔은 몇 가지인가와 같이 우리가 학습한 사실적 지식에 관한 기억으로 개인적 정체감과는 독립적인 정보를 보유한다.

일반적으로 일화적 기억은 의미적 기억보다 성인후기에 더 많이 감퇴한다(Yoon 등, 2009). 노인들은 과거에 일어난 일들을 정확하게 기억하고 있다고 믿고 있음에도 불구하고, 그들은 과거에 일어난 생활 사건들을 잘 기억하지 못한다. 일화적 기억의 감퇴는 대부분 정보처리속도의 감퇴에 기인한다(Veiel & Storandt, 2003).

장기기억은 명시적 기억(explicit memory)과 암묵적 기억(implicit memory)으로 구분되기도 한다. 전자는 개인이 의식적으로 알고 있는 경험이나 사실에 대한 기억인 반면, 후자는 의식적 회상을 요구하지 않는 기억으로 자동적으로 수행되는 기술이나 일상적 절차에 대한 기억에 해당한다. 따라서 암묵적 기억은 때로 절차적 기억(procedural memory)이라 불리기도 한다.

당신이 수퍼마켓에서 구입해야 하는 물건을 기억하거나 관람한 영화의 내용에 관해 자세히 이야기하는 것은 명시적 기억의 예에 해당한다. 대조적으로 특별한 생각 없이 자동차를 운전하고, 골프치고, 컴퓨터 자판을 두드리는 것은 암묵적 기억의 전형적 예가 될 수 있다. 암묵적 기억은 명시적 기억보다 노화에 의해 영향받을 가능성이 적기 때문에(Howard 등, 2008), 노인들은 자동차를 운전하는 것보다 수퍼마켓에서 무슨 물건을 구입해야 하는지를 잘 기억하지 못한다. 비록 지각속도의 둔화 때문에 자동차 운전시에 순발력은 떨어지지만, 성인후기 동안에도 자동차 운전이 가능한 것은 바로 이 때문이다.

4) 인지기능의 감퇴에 기여하는 요인들

어떤 요인들이 성인후기의 인지기능 감퇴에 기여하는가? 많은 성인후기 노인들이 좋은 기억능력과 인지능력을 지니고 있기는 하지만, 일부의 노인들은 노화와 함께 인지기능에서 현저한 감퇴를 경험한다. 성인후기 동안 인지기능의 감퇴에 기여하는 요인들을 정리하면 표 11-1과 같다.

표 11-1 성인후기 노인들의 인지기능 감퇴에 기여하는 요인들

요 인	특 징
1. 노화에 대한 부정적 기대	• 자신의 능력이 감퇴할 것으로 생각하는 노인들은 자주 자기충족적 예언*의 결과로서 인지기능의 감퇴를 경험한다.
2. 신체질병	• 심장, 신장, 간과 같은 중요한 신체부위에 나타나는 질병들의 진행과정은 일반적인 인지적 감퇴와 관련되어 있다.
3. 외로움, 우울 및 다른 정신장애	• 외로움이나 우울은 노인들의 인지기능 수준을 저하시킨다. • 다른 정신과적 장애들 또한 인지기능을 저하시킬 수 있다.
4. 약 물	• 일부의 약물들은 부작용으로 인지기능에 부정적 영향을 준다. • 오랜 기간의 알코올 복용은 인지기능을 손상시킨다. • 처방약들은 서로 상호작용하여 인지적 손상을 야기시킨다.
5. 운 동	• 규칙적 운동과 좋은 인지기능 간에는 높은 상관이 있다.
6. 영 양	• 영양결핍(예, 빈혈증, 비타민이나 단백질 부족 등)은 보잘것 없는 지적 수행과 연결되어 있다.
7. 정신활동	• "사용하라. 그렇지 않으면 잃을 것이다"의 속담과 같이 사람은 복잡하고 고차적인 사고를 할 기회가 있어야만 인지기능을 유지할 수 있다.

출처: Craig & Dunn, 2007.

5) 인지신경과학과 노화

인지신경과학(cognitive neuroscience)이란 뇌와 인지기능간의 관계를 연구하는 학문분야로서 최근 노화연구를 위해 활용되고 있다(Philips & Andres, 2010; Schiavone 등, 2009). 이 분야는 개인이 인지활동을 수행할 때 활성화되는 뇌의 영역을 밝히기 위해 fMRI나 PET(positron emission tomography) 혹은 DTI(diffusion tensor imaging)와 같은 대뇌영상기법을 사용하여 연구한다. 현재까지 인지신경과학은 다음과 같이 노화와 인지기능간의 몇 가지 중요한 관련성을 확인하였다.

① 뇌의 전두엽 피질의 특정 영역에서 신경회로가 퇴화한 노인들은 복잡한 추론과제와 작업기억 및 일화적 기억과제에서 저조한 수행을 나타

* 자기충족적 예언: 상대편이 기대하는 사회적 범주와 일치하는 정보를 선택하거나 그 범주에 맞추어 행동하는 것.

낸다.

② 노인들은 노화에 의해 주의력과 기억력 그리고 언어능력에서의 감퇴를 보상하기 위하여 젊은 성인들보다 대뇌의 좌반구와 우반구 모두를 사용할 가능성이 더 많다.

③ 노인들의 해마(hippocampus) 기능은 감퇴하지만, 전두엽 기능보다는 더 적게 감퇴한다.

④ 노화에 기인한 신경학적 감퇴는 부호화보다는 인출에서 더 많이 일어난다.

⑤ 젊은 사람들과 비교했을 때, 노인들은 주의력같은 인지적 통제과정을 요구하는 과제를 수행할 때, 전두엽과 측두엽에서 더 큰 활성화를 보인다.

⑥ 노인들은 젊은 성인들보다 대뇌영역들 사이에 더 적은 연결이 이루어진다.

결론적으로 노인들에서 나타나는 전전두엽 피질의 증가된 활성화는 신경학적 구조와 기능의 감퇴 및 작업기억과 장기기억을 포함한 다양한 측면의 인지능력에서의 감퇴를 보상하는 적응적 메커니즘으로 인식된다(Park & Reuter-Lorenz, 2009).

Ⅲ 성인후기의 성격특성

1. 성격특성의 안정성과 변화

성인후기 동안 개인의 성격특성은 변화하는가 아니면 성인초기에 형성된 성격특성들이 그대로 유지되는가? 개인의 기본적 성격특성들은 성인중기까지는 큰 변화 없이 그대로 유지된다고 할지라도, 성인후기에 이르면 변화가 일어난다. 그 예로서 성인후기 노인들은 성인중기나 성인초기 성인들보다 더 큰 성실성과 호감성을 지니고 있었다(Allemand 등, 2008). 특히 성실성의 증가는 또 다른 연구에서도 확인된 바 있다(Jackson 등, 2009).

표 11-2 성인기의 심리적 안녕에 기여하는 요인들

차 원	고득점자의 특징	저득점자의 특징
자기수용	• 자기에 대한 긍정적 태도를 지니고 있다. • 좋은 특성이나 나쁜 특성을 포함하는 자신의 중다의 측면을 인정하고 수용한다. • 지나온 삶을 긍정적으로 지각한다.	• 자신을 불만족스러워한다. • 과거에 일어난 일에 대해 실망한다. • 자신의 개인적 특성 때문에 괴로워한다. • 현재의 자기와는 다른 사람이기를 원한다.
타인과의 긍정적 관계	• 타인과 따뜻하고, 만족스럽고, 신뢰로운 관계를 형성한다. • 타인의 안녕에 관심을 갖는다. • 강한 감정이입능력과 애정 및 친밀감을 지니고 있다. • 인간관계의 주고-받기 원리를 이해한다.	• 타인과 가깝고 신뢰로운 관계를 형성하지 못한다. • 타인에 대해 따뜻하고, 개방적이기 어렵고 관심을 갖지도 않는다. • 대인관계에서 고립되고 좌절을 경험한다. • 타인과의 중요한 유대를 지속하기 위해 애를 쓰지도 않고 타협하지도 않는다.
자율성	• 독립적이고 자기결정적이다. • 사고나 행동에 대한 사회적 압력에 저항할 수 있다. • 행동에 대한 자기규제가 가능하다. • 개인적 표준에 따라 자기를 평가한다.	• 타인의 기대나 평가에 신경을 쓴다. • 중요한 결정을 해야 할 때 타인의 판단에 의존한다. • 사고나 행동에 대한 사회적 압력에 일치한다.
환경에 대한 숙달감	• 숙달감과 능력감을 가지고 환경을 관리한다. • 복잡한 외부적 활동을 통제한다. • 주변의 기회를 효과적으로 활용한다. • 개인적 욕구와 가치에 적합한 맥락을 선택하거나 만들어 낼 수 있다.	• 매일매일 일어나는 일을 잘 처리하지 못한다. • 주변 맥락을 변화시키거나 개선시키는 것이 불가능하다고 느낀다. • 주변의 기회를 활용하지 못한다. • 외부세계에 대한 통제감을 결여한다.
인생의 목적	• 인생의 목표와 방향감을 지니고 있다. • 현재와 과거의 삶이 의미있다고 느낀다.	• 인생의 의미를 느끼지 못한다. • 목표의식과 방향감을 결여한다. • 지나온 삶의 의미를 알지 못한다. • 삶이 의미있다는 믿음이 없다.
개인적 성장	• 자신이 계속적으로 발달하고 있다는 느낌을 갖는다. • 자신을 성장하고 확장하는 존재로 인식한다. • 새로운 경험에 개방적이다. • 자신의 잠재력을 인식한다. • 시간경과와 함께 자기(self)는 물론 행동이 개선된다고 느낀다. • 더 많은 자기인식과 효율성을 반영하는 방식으로 변화한다.	• 개인적 침체감을 갖는다. • 시간경과에 따라 개선되거나 확장된다는 느낌을 결여한다. • 사는 것이 지루하고 재미가 없다. • 새로운 태도나 행동을 발달시키는 것이 불가능하다고 느낀다.

출처: Ryff, 1995.

성격특성은 노인들의 수명과도 연결될 것으로 예상되지만, 연구자마다 서로 다른 결과를 제시한다. 그 예로서 1,200명의 개인들을 대상으로 70년간에 걸쳐 이루어진 한 종단연구는 5요인 성격특성 중 성실성은 아동기부터 성인후기까지 더 높은 사망위험을 예언한다고 보고하였다(Martin 등, 2007). 그러나 또 다른 연구는 낮은 성실성과 높은 정서적 불안정성은 더 이른 죽음을 예언한다고 보고하는가 하면(Wilson 등, 2004), 더 높은 수준의 성실성과 외향성 및 경험에 대한 개방성이 더 높은 사망위험과 연결되어 있다는 연구도 있다(Iwasa 등, 2008).

성인후기 동안 어떤 요인들이 성격변화를 일으키는가? 라이프와 그 동료들(Ryff 등, 2004)은 성인기의 심리적 안녕에 기여하는 요인들을 제시하고(표 11-2 참조), 이 요인들에서의 변화가 성인후기의 성격변화를 초래한다고 주장한다. 즉 자기수용과 타인과의 관계, 자율성, 환경에 대한 숙달감, 인생의 목적 및 개인적 성장에 대한 지각에서 높은 점수를 얻는 사람들은 긍정적 성격변화를 그리고 낮은 점수를 얻는 사람들은 부정적 성격변화를 경험한다는 것이다.

2. 개인적 통제력

개인적 통제력(personal control)이란 개인이 환경에 의해 통제당하는 것이 아니라 자신이 환경을 통제할 수 있다고 생각하는 정도에 해당한다. 연구자들은 개인적 통제력을 연구하기 위하여 통제의 소재(locus of control)를 연구한다. 통제의 소재는 내재적 통제소재(internal locus of control)와 외재적 통제소재(external locus of control)로 구분된다. 전자는 행동의 책임이 개인 자신에게 있다고 생각하는 반면, 후자는 타인이나 상황 혹은 우연에 그 책임이 있다고 믿는다.

개인적 통제력은 개인의 지각된 통제력으로 연구되기도 한다. 지각된 통제력은 성인기 동안 감소한다는 연구가 있기는 하지만, 그것은 연구하는 영역에 따라 달라진다. 그 예로서 지능에 대한 지각된 통제력은 연령증가와 함께 감소하는 반면(Soederberg 등, 1999), 부부지원에 대한 통제력은 연령과 함께 오히려 증가한다(Brandstädter, 1999).

헤카우젠과 그 동료들(Heckhausen, 2001; Heckhausen 등, 2001)은 지각된 통제력을 일차적 통제력과 이차적 통제력으로 구분하고 두 가지 통제력의 연령에 따른 변화를 연구하였다. 여기서 일차적 통제력이란 개인의 욕구나 동기를 충족시키기 위하여 외부세계를 변화시키려는 개인의 노력으로 개인적 목표를 달성하고 장애를 극복할 수 있도록 한다. 대조적으로 이차적 통제력은 인지과정을 통하여 개인 내부를 변화시키려는 노력으로 긍정적 재평가(나는 어려운 상황에서 중요한 것을 배웠다고 생각한다)나 소망을 낮추는 것(나의 기대치는 너무 높아 충족되기 어려우므로 나는 기대치를 낮추었다)과 같이 환경에 자신을 맞추는 과정에 해당한다. 그러므로 이차적 통제력은 상실을 최소화하고 현재의 상태를 유지하려고 애쓰는 전략인 반면, 일차적 통제력은 개인의 욕구를 적극적으로 충족시킬 수 있도록 하므로 이차적 통제력보다 더 적응적이다.

두 가지 유형의 통제력은 그림 11-2와 같이 전생애 동안 변화한다. 보통 일차적 통제력은 아동기, 청년기 그리고 성인초기 동안 증가하고 성인중기에는 고원상태에 도달하며 성인후기에는 감소하는 양상을 나타낸다. 그러나 이

그림 11-2 전생애 동안 일차적 통제력과 이차적 통제력의 변화

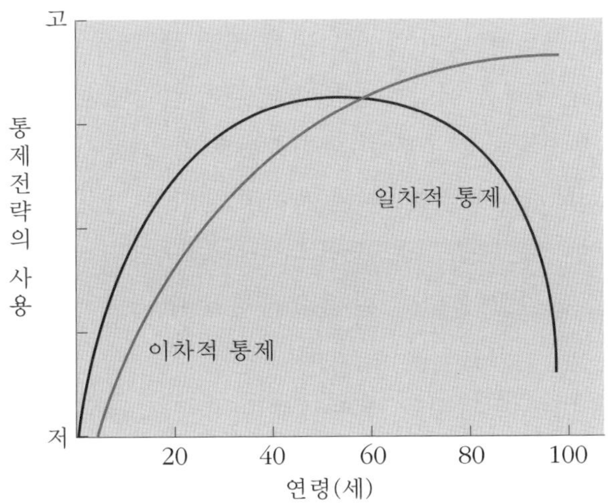

출처: Heckhausen, 2001.

차적 통제력은 성인초기까지는 물론 성인중기와 성인후기 동안에도 계속해서 증가한다. 특히 성인후기에 이르면 신체적, 사회적 도전이나 방해로 인해 이차적 통제력의 사용은 현저히 증가한다. 그러므로 일차적 통제력은 주로 성인 초기나 중기 성인들의 지각된 안녕과 연합되고 이차적 통제력은 성인후기의 지각된 안녕과 연결된다고 할 수 있다.

Ⅳ 관계형성의 변화

가족관계는 전생애를 통하여 개인에게 가장 중요한 사회적 관계로서 그것은 성인후기 동안에도 여전히 행복과 만족의 근원으로 작용한다. 성인후기 동안 가족관계 다음으로 친구관계가 중요하다.

1. 가족관계

1) 배우자와의 관계

결혼생활의 본질은 시간경과와 함께 변화한다. 많은 여성들은 자녀를 양육하는 부모역할기 동안 그들의 결혼생활이 불공평하다고 느낀다. 자녀 양육은 물론 가사일을 분담해 주지 않는 남편에 대해 때로 서운함과 야속함을 느낀다. 그러나 자녀들이 집을 떠나는 텅빈 보금자리 시기에 이르면 그들의 결혼생활은 더 공평하게 지각되고 부부 사이의 갈등도 감소한다. 시간경과와 함께 성교의 빈도가 감소하기는 하지만, 부부 사이의 심리적 친밀감은 오히려 더 증가한다. 성인후기에 이른 부부들은 중년기 부부들보다 더 다정하고 애정적이며 부정적인 감정을 표출함이 없이 갈등을 해결할 수 있으므로 결혼생활만족은 중년기에서보다 더 커진다(Henry 등, 2007).

은퇴는 부부의 생활양식을 변화시키고 적응을 요구한다. 가장 큰 변화는 아내가 가정주부의 역할만을 수행하고 남편이 생계유지자인 전통적 가정(traditional family)에서 일어난다. 은퇴한 남편들은 가정내에서 무엇을 해야 할지 알지 못하고 아내는 하루 종일 집안에 머무르는 남편에게 불편함을 느낀다.

이제 남편은 가사일의 조력자로서 적응해야 하는 동시에 아내 역시 가사일을 남편과 공유하는 파트너로 변화하지 않으면 안 된다.

일반적으로 성인초기에 행복한 결혼생활을 한 부부들이 성인후기에도 행복한 생활을 한다. 그러나 성인후기의 결혼생활만족은 노화와 질병 그리고 최종적 죽음을 포함하는 개인적 문제나 갈등에 대처하는 부부의 능력에 의해서도 영향을 받는다. 분명한 것은 독신으로 생활하는 사람들보다는 결혼생활을 하는 노인들이 더 행복하고 더 장수한다는 것이다(Manzoli 등, 2007). 그러나 부부관계는 배우자 중의 한 사람이 사망함으로써 끝난다.

2) 자녀와의 관계

성인기 자녀가 집을 떠날 때도 부모와의 관계가 끝나는 것은 아니다. 그대신 부모와 자녀는 전형적인 "부모" 혹은 "자녀"의 역할에서 벗어나서 보다 친밀한 새로운 관계를 형성하며 점점 더 친구처럼 변화한다(Fingerman 등, 2009). 특히 결혼한 딸들은 친정 어머니와 새로운 상호관계를 형성하며 어머니를 어머니로서보다는 한 인간으로서 점점 더 많이 이해할 수 있게 된다.

성인후기의 부모와 중년의 자녀는 발달의 상이한 시점에 있기 때문에 서로 간에 긴장과 갈등을 경험하기 쉽지만, 두 세대는 서로 돌보고 서로 돕는 관계를 지속한다. 특히 노인여성들은 노인남성들보다 자녀 가족과 더 가까운 관계를 형성하고 더 자주 접촉하며, 특히 딸들은 아들보다 노부모의 생활에 더 깊이 개입한다. 흥미롭게도 한국의 노부부들은 자녀와 접촉이 적을 때 부부갈등을 더 많이 경험하기 때문에(전길양, 임선영, 1998), 자녀와의 접촉빈도는 성인후기 부부관계에 영향을 주는 중요한 요인이다.

그러나 한국의 성인후기 부모와 자녀의 관계도 미국의 가족형태와 유사한 수정된 확대가족(modified extended family)의 형태로 변화하고 있다. 수정된 확대가족이란 노부모와 성인자녀가 각기 분리된 주거형태를 유지하면서 자주 대화를 나누고 가까운 관계를 지속하며 다른 친족과도 상호작용하는 가족형태를 의미한다.

문제는 노부모가 치매와 같은 심각한 신체적 혹은 정신적 문제를 갖게 될 때이다. 이때 중년자녀들은 재정적인 측면에서는 물론 신체적, 정서적 및 심리적으로 큰 부담을 느끼지 않을 수 없다. 노부모를 돌보지 않으면 안 되는 중년 여성들은 자녀양육으로부터 거의 해방되었다고 생각되는 시점에서 또 다른 양육자로서의 역할에 우울해 하고 분노를 느낀다(Brody, 2004). 한국 사회에서는 주로 맏며느리가 노쇠한 시부모를 봉양하는 것과는 대조적으로 서구 사회(특히 미국)에서는 중년의 딸들이 주로 노부모를 돌보는 역할을 맡는다.

3) 손자녀와의 관계

조부모의 역할은 성인중기부터 시작되지만, 성인후기에도 여전히 계속된다. 전통적으로 조부모는 자비롭고 동정심이 많은 천사로 생각되어 왔으나 근래에 와서 조부모의 상은 변화되고 있다. 아직도 기꺼이 손자녀 양육을 도와주는 조부모들도 많이 있기는 하지만, 대부분의 조부모들은 가끔 손자녀를 방문하여 즐거운 시간을 보내기를 원할 뿐 나머지 시간은 그들 자신의 관심추구에 할애하려고 한다.

조부모들은 가끔 손자녀를 방문하여 즐거운 시간을 보내기를 원할 뿐 나머지 시간은 그들 자신의 관심추구에 할애하려고 한다.

자녀양육에 대한 직접적인 책임이 없는 조부모들은 예전에 자신의 자녀들을 양육할 때의 엄격성은 사라지고 손자녀의 양육에 있어서는 온화하고 관대하기만 하다. 일반적으로 조부모들은 다음과 같은 세 가지 유형으로 구분될 수 있다.

① **원거리형**(remote style): 손자녀들과 간간히 만나는 상징적 인물로서의 조부모들이 여기에 해당한다. 손자녀들과 지리적으로 멀리 떨어져 있기

때문에 정서적으로도 소원한 관계에 있다.

② **친구형**(companionate style): 가장 흔한 형태의 조부모 유형으로 양육자보다는 친구로서 자주 만나 함께 놀면서 시간을 보낸다. 자녀양육의 책임에서 벗어난 것을 가장 행복해 하는 이 유형의 조부모들은 손자녀양육에 관한한 무간섭의 원칙을 고수한다.

③ **몰입형**(involved style): 자녀를 대신하여 손자녀를 양육하는 조부모들이 이 유형에 해당한다. 친구형의 조부모들과 같이 손자녀와 자주 만나 함께 놀이하고 즐거운 시간을 보내며 자주 그들을 돌보고 충고하는 직접적 양육자로서의 역할을 수행한다. 몰입형의 조부모들 중에는 이혼한 딸이나 취업한 딸을 위해 손자녀와 함께 생활하면서 실질적인 부모역할을 수행하는 대리부모들이 포함된다.

한국에서는 아직도 대리부모 역할이나 훈계자 역할을 하는 몰입형의 조부모들이 많이 있다. 흥미롭게도 조부모 역할은 조부모들에게 신체적, 심리적 스트레스와 우울 및 성인자녀와의 갈등을 경험하게도 하지만(강유진, 2011; Silverstein, 2009), 삶의 목적감이나 가정내에서 중요한 존재로서의 가치감, 만족감 혹은 보상감과 같은 긍정적 경험을 할 수 있도록 한다(한경혜 등, 2008; Conway 등, 2010). 또한 조부모 역할은 배우자가 생존해 있고 경제적으로 여유가 있을 때 더 많이 행복하고 즐거운 일로 지각된다. 손자녀들 역시 조부모를 인생에서 중요하고 영향력이 큰 인물로 지각하고 조부모와의 잦은 접촉으로부터 큰 도움을 얻을 수 있다(Thiele & Whelan, 2008).

평균수명의 증가로 증조부모가 되는 노인들도 증가하고 있어 서구에서는 조부모와 함께 증조부모의 역할에도 관심을 갖는다. 일반적으로 서구의 증조부모들은 증손자들과 친밀한 정서적 관계를 형성하고 증조부모의 역할을 중요시한다(Bengtson, 2001).

2. 친구관계

일반적으로 성인후기 노인들은 성인초기 젊은이들이나 중년 성인들보다 더 적은 수의 사회적 관계망을 가지고 있고(장휘숙, 2011) 새로운 친구도 잘 사귀지 못한다. 그러나 오래된 친구의 존재는 노인들이 삶의 의욕을 유지할 수 있도록 하고 높은 생활만족을 경험하게 한다(Carstensen, 1997; Charles & Piazza, 2007).

성인후기의 친구사귐 패턴은 성인초기와 동일하게, 노인여성들이 노인남성들보다 더 많은 수의, 더 친밀한 친구를 갖는다. 또한 친한 친구가 없을 때 노인여성들은 노인남성들보다 더 많이 우울해하므로 친한 친구가 있는 여성들이 없는 여성들보다 더 낮은 수준의 우울증후를 나타낸다(Antonucci 등, 2001).

이와 같이 친구는 성인후기에도 친밀감을 제공하고 함께 여가활동을 하거나 인지적 자극을 주는 역할을 하며 즐거움과 기쁨의 근원으로 작용한다. 더욱이 친구는 전통적으로 가족에 의해 제공되던 온정이나 보살핌을 제공한다. 특히 노부모와 성인자녀들이 물리적으로 먼 거리에 거주할 때 친구는 노인들이 매일의 생활에서 느끼는 긴장이나 스트레스를 경감시키고 통제할 수 있도록 돕는 주요한 지원체계로서 기능한다(Antonucci 등, 2009).

친구는 홀로 된 여성노인들에게 더 중요하다. 배우자와 사별한 남성노인들은 재혼을 하거나 아니면 평균수명이 여성들보다 더 짧기 때문에 여성노인들만큼 친구를 절실하게 필요로 하지는 않는다. 미망인들은 결혼한 여성이나 독신 여성 혹은 남성들보다 그들의 친구에게 더 많이 몰두한다는 연구결과도 이러한 사실을 뒷받침한다(Zettel-Watson & Rook, 2009).

그러나 시간경과와 함께 노인들은 가까운 친구들의 사망으로 점차 친구관계망을 상실하기 시작한다. 이때 노인들은 어떻게 상실을 극복할 수 있는가? 루크(Rook, 2000)같은 연구자는 노인들이 새로운 유대를 형성하거나 친구의 필요성을 재정의하거나 혹은 대안적인 비사회적 활동에 참여함으로써 삶에서의 중요한 상실에 대처할 수 있다고 주장하였다.

V 은 퇴

은퇴는 갑작스러운 사건이 아니라 점진적인 하나의 인생과정으로서 성인후기의 개인에게 영향을 준다. 현대의 근로지향적 사회에서 일하는 것을 중단한다는 것은 개인의 자아정체감에 큰 변화를 가져온다. 특히 예상하지 못한 강제적 은퇴는 전생애 동안 경험하는 어떤 스트레스보다 개인에게 더 큰 고통을 안겨주지만, 최근의 은퇴 양상은 과거와는 많이 달라졌다.

1. 은퇴 양상의 변화

과거에 대다수의 성인들은 은퇴연령에 도달하면 전일제 직업에서 전일제 여가생활 상태로 전환하였다. 아처리(Atchley, 1976, 2007)는 각 개인은 일련의 단계를 거쳐 근로하는 사람에서 일시에 은퇴자로 이동한다고 주장하고 다음과 같은 단계를 제안하였다.

① 은퇴 이전기(preretirement phase): 은퇴가 가까워오고 있으며 언제 은퇴할 것인지를 결정한다. 은퇴 후를 위해 정보를 수집하고 계획을 세운다. 건강이 나쁘거나 해고당했기 때문에 일찍 은퇴하는 사람이 있는가 하면 경제적으로 여유가 있는 사람들은 여유로운 생활을 즐기기 위해 일찍 은퇴하기도 한다.

② 밀월기(honeymoon phase): 은퇴 직후의 시기로 새로운 자유를 즐기면서 해변으로, 골프장으로 혹은 캠핑을 하기 위해 떠난다. 일하는 동안 하고 싶었던 일을 하면서 여유로움에 젖는다.

③ 각성기(disenchantment phase): 은퇴 후의 새로운 기분이나 색다른 느낌은 사라지고 목표나 목적의식이 없음을 느끼며 때로 불행감을 경험한다.

④ 적응기(reorientation phase): 은퇴 후의 생활에 점차 적응하고 현실적이며 만족스러운 생활양식을 확립한다. 이제 자신에 대한 현실적 견해를 바탕으로 은퇴상태를 활용할 수 있다.

그러나 오늘날에는 개인이 60대에 이른다고 할지라도 그의 인생경로는 매우 다양해져서, 은퇴전문가인 모엔(Moen, 2009)은 60대에도 다음과 같은 7개의 인생경로 중 하나를 선택할 수 있다고 제안하였다.

① 은퇴하지 않고 하던 일을 계속한다.

② 은퇴한 후 새로운 일을 시작한다.

③ 은퇴하고 자원봉사자 일을 한다.

④ 은퇴 후의 직업에서도 은퇴하고 또 다시 다른 일을 한다.

⑤ 평생동안 이일 저일을 해옴으로써 은퇴할 직업을 갖지 않는다.

⑥ 건강상태가 좋지 않아 결국 은퇴한다.

⑦ 해고당함으로써 그것을 은퇴로 정의한다.

최근에는 많은 사람들이 은퇴 이후에 또 다시 다른 일자리를 찾고 평균 4년 정도 더 일한다(Hardy, 2006). 국내연구에서도 시간이 지나면서 생애주된일자리(career job)를 유지하는 비중은 감소하고 가교일자리(bridge job)의 비중은 점차 높아지는 것으로 나타나 은퇴가 점진적임을 보여 주었다(최옥금, 2011). 여기서 생애주된일자리란 적어도 10년 정도 지속한 정규직으로서 1년에 1,600시간 이상 일한 일자리로 정의되는 반면, 가교일자리는 은퇴과정에서 주된 일자리를 그만둔 이후 노동시장에서 완전히 은퇴하기 전까지 일하는 일자리로 정의된다(Cahill 등, 2006).

가교취업자들은 은퇴 전보다 더 적은 임금을 받지만, 그들의 약 1/3은 경제적 문제를 해결하기 위하여 어쩔 수 없이 일한다. 그러나 그 외의 사람들은 바쁘게 지내기 위하여 혹은 지금까지 받은 혜택을 사회에 환원하기 위하여 열심히 일한다(Moen, 2009).

2. 은퇴에 대한 적응

은퇴는 미리 예고되었든 갑작스러운 것이든 사회적 지위의 변화를 가져오는 전환기적 사건이다. 은퇴에 대한 적응의 문제는 그것을 위기로 인식하느냐 아니면 인생의 계속적 국면으로 보느냐에 따라 달라진다. 만약 은퇴를 위기로 인식한다면, 지위의 상실과 정체감 상실, 비생산적 여가시간 그리고 무능력과 같은 부정적 요인과 결부되는 반면, 은퇴를 인생의 계속적 국면으로 본다면 "은퇴는 인생주기의 예측가능한 부분이며, 오히려 직업이 인생의 일시적 국면이다"라고 생각할 수 있다.

은퇴에 관한 연구들의 대부분은 횡단연구로서 여성보다는 남성에 초점을 맞추어 연구되었다. 이러한 연구들의 결과에 의하면, 은퇴 직후보다 은퇴 후 기간이 경과할수록 남성 노인들의 사기는 더 떨어졌고(Kim & Moen, 2002), 여성들은 남성들보다 은퇴 계획에 더 적은 시간을 할애하였다(Jacobs-Lawson 등, 2005). 또한 배우자가 있는 여성들은 배우자가 없는 여성들(이혼한, 별거한, 결코 결혼하지 않은, 미망인이 된)보다 은퇴 후의 삶에 더 만족하였고 더 좋은 건강 상태를 유지하였다(Price & Joo, 2005).

흥미롭게도 은퇴에 가장 잘 적응하는 사람들은 건강하고 능동적이며 적절한 수입을 가지고 있는 더 높은 교육을 받은 사람들이었다. 그들은 가족과 친구를 포함하는 보다 넓은 사회적 연결망을 가지고 있으며 은퇴 이전에도 삶에 만족하는 사람들이었다(Jokela 등, 2010). 반대로 은퇴에 적응하지 못하는 사람들은 부족한 수입과 나쁜 건강, 은퇴와 거의 동시에 일어난 배우자 사망같은 다른 스트레스에 적응해야 하는 사람들이었다(Reichstadt 등, 2007). 또한 일에 대한 강한 애착을 가지고 있거나 다른 사람보다 그 일을 더 오랫동안 해온 사람들은 은퇴가 미리 계획되었다고 할지라도, 은퇴 후에 잘 적응하지 못하였다.

융통성 또한 중요하다. 은퇴하면 직장과 같은 구조화된 환경에 더 이상 포함될 수 없으므로 은퇴자들은 융통성을 발휘하여 자신의 관심이나 흥미를 추구할 다른 일을 찾아야 한다. 또한 은퇴에 잘 적응하기 위해서는 은퇴 전에 미리 계획을 세우고 그 계획을 성공적으로 수행하는 노력이 필요하다. 특히 남성들보다 더 오래 사는 여성들에게 은퇴계획을 세우는 것은 무엇보다 중요한 일이다.

은퇴 후의 적응에 실패한 노인들은 사기가 떨어지고 지속적인 우울증으로 고생하며, 잊어버리고 있던 과거의 정서적 갈등이 되살아나기도 한다. 그들은 노인성 치매로 보일 수 있는 행동을 하는가 하면 은퇴 후 3년 이내에 사망하는 사람도 많이 있다.

Ⅵ 성인후기의 정신건강

노년기에 정신장애로 고생하는 사람들이 있다. 정신장애를 갖는 노인들은 타인의 도움과 보살핌을 받아야 하므로 개인에게도 불행한 일이지만, 사회적 비용도 매우 크다. 그렇다고 해서 노인들의 정신장애 발생빈도가 젊은 성인들보다 더 높다는 것은 아니다. 여기서는 노년기에 흔한 우울증과 노인성 치매를 설명한다.

1. 우 울 증

우울증(depression)은 기분이 가라앉고 사기가 떨어지며 불행감을 느끼는 기분장애이다. 우울한 사람들은 식욕이 없고 쉽게 스태미나를 잃으며, 매사에 의욕이 없고 무기력하다. 그러나 우울증은 노인들보다 젊은이들 사이에서 더 흔하게 나타나며 노년기 우울증의 1/2 이상은 성인후기에 처음으로 발병하는 특징이 있다(Fiske 등, 2009).

중년 성인들과 비교했을 때, 노인들의 우울증 발병률은 더 낮다. 그 원인은 무엇인가? 노인들은 자녀양육이 모두 끝났으므로 경제적 어려움을 극단적으로 심각하게 지각하지 않을 뿐 아니라 부정적인 사회적 관계에도 더 이상 포함되지 않을 수 있기 때문이다. 또한 노인들이 중년 성인들보다 더 강한 신앙심을 갖는 데도 그 원인이 있다(Schieman 등, 2004). 그러나 85세 이후의 성인후기의 후기에 이르면 우울증은 증가한다. 점점 더 심각해지는 질병이나 무능력, 인지적 손상 및 더 낮아진 사회경제적 지위가 우울증 발병을 촉진시킨다.

우울증 발병에서 남녀간에 차이가 있는가? 일반적으로 여성들은 아동기부터 성인초기까지 남성들보다 더 많이 우울증에 걸린다(Nolen-Hoeksema, 2011). 50–60세까지도 여성들의 우울증 발병률은 남성들보다 더 높지만 80세에 이르면 성차는 사라진다(Barefoot 등, 2001). 그 이유는 남성들은 60세부터 80세까지 우울증 발병률이 증가하지만 여성들은 그렇지 않기 때문이다.

노년기 우울증의 가장 흔한 원인은 이전부터 가지고 있던 우울증과 나쁜 건강, 무능력, 불면증, 배우자의 죽음과 같은 상실경험 등을 포함한다(Ng 등,

2010). 특히 불면증은 노년기 우울증의 중요한 위험요인으로 밤에 잠을 자지 못한 노인들은 낮 동안에도 졸립거나 활동하기 어려워 우울증을 악화시킨다. 일반적으로 규칙적으로 운동하는 노인들이 운동하지 않고 건강상태가 나쁘거나 통증에 시달리는 노인들보다 우울할 가능성이 더 적다.

노년기 우울증도 젊은이들의 우울증과 같이 치료될 수 있다. 그럼에도 불구하고, 우울증상을 갖는 노인들의 약 80%가 전혀 치료를 받지 않음으로써 노년기 자살의 주된 원인이 되고 있다. 종교적/영적 활동은 여성들이나 75세 이상 노인들의 안녕감과 밀접하게 연결되어 있으므로 그것은 노년기 우울증상을 효과적으로 감소시킬 수 있는 핵심요인이다. 또한 약물치료와 인생회고치료(life review therapy)같은 심리치료를 병행하면 우울증 노인의 80% 이상이 치료될 수 있다(Fiske 등, 2009).

2. 노인성 치매

노인성 치매는 신경기능의 점진적 저하에 기인된 기억손상과 보잘것 없는 판단능력, 저조한 추상적 사고능력 및 낮은 지능검사 점수와 함께 성격변화를 동반하는 노년기 질환이다. 치매는 병리적 증상으로 정상적 노화의 일부가 아니며 연령증가와 함께 발병률도 꾸준히 증가하는 특징이 있다. 예를 들면 65–74세 노인들의 치매 발병률은 약 5%이나 85세 이상의 노인들의 발병률은 약 50%에 이른다(Alzheimer's Disease Education & Referral Center, 2005).

치매는 성인후기의 감퇴된 기억능력과는 구별될 필요가 있다. 노인들이 때로 열쇠를 어디에 놓았는지를 기억하지 못하거나 특정인의 이름을 기억하지 못한다고 해서 곧 치매환자가 될 것이라고 생각해서는 안 된다. 성인후기의 기억감퇴는 흔한 일로서 이 정도의 기억감퇴는 매일의 생활에 큰 지장을 주지는 않는다.

대부분의 치매환자들은 처음에는 가벼운 망각증상을 보이다가 집중력의 저하로 단기기억이 손상되고 특별한 일도 없이 서성거리며 같은 말을 반복하는 혼돈상태에 이른다. 그들은 점차 스스로를 관리하지 못하고 기억능력이 파괴되어 생명을 위협하는 사태를 초래하며 결국 죽음에 이르게 된다.

노인성 치매는 몇 가지 유형으로 구분될 수 있으나 여기서는 그중 가장 대표적인 치매증후로서 알츠하이머 병(Alzheimer's disease)과 혈관성 치매 그리고 파킨슨 병을 설명한다.

1) 알츠하이머 병

알츠하이머 병은 대표적인 노인성 치매(senile dementia, senility)로서 모든 치매환자의 50% 정도가 이 질환으로 분류된다. 성인중기에도 나타날 수 있는 이 질환은 연령증가와 함께 발병률이 증가하며, 65세 이후부터 증가율은 급격해진다(그림 11-3 참조). 노년기에 발병하는 알츠하이머 병보다 중년기에 발병하는 알츠하이머 병의 진행속도가 더 빠르다.

알츠하이머 병은 정상적 학습과 기억에 필요한 신경전달물질인 아세틸콜린(acetylcholine)의 결핍을 포함한다(Mura 등, 2010). 병이 진행되면 알츠하이머 환자의 대뇌는 쪼그라지고 퇴화한다. 대뇌의 퇴화는 아미로이드(amyloid)라고 불리는 비정상적 단백물질인 플라크(plaques)의 형성과 대뇌의 신경섬유

그림 11-3 알츠하이머 병의 발병위험 추정치

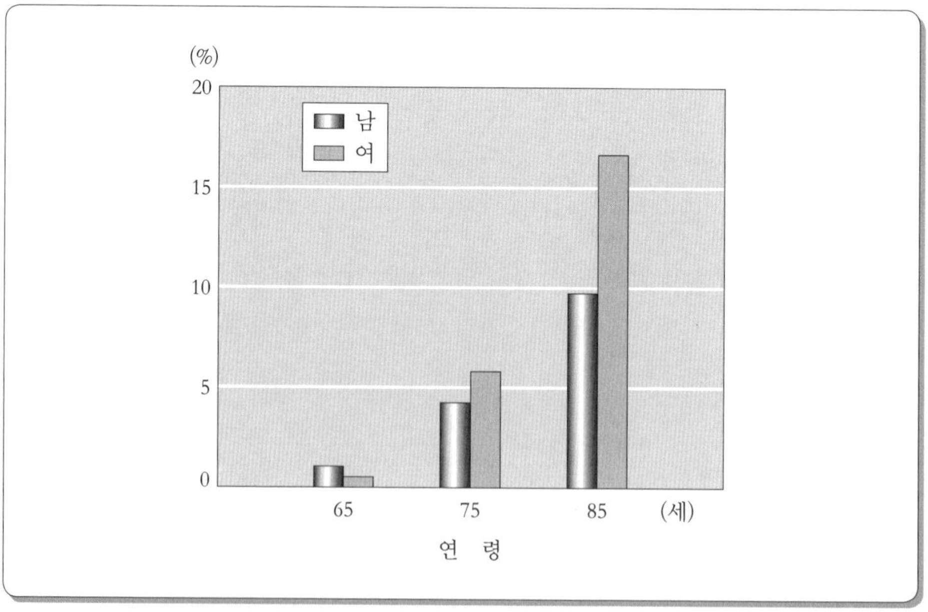

출처: Alzheimer's Association, 2010.

그림 11-4 알츠하이머 환자의 뇌조직(왼편)과 정상인의 뇌조직(오른편)

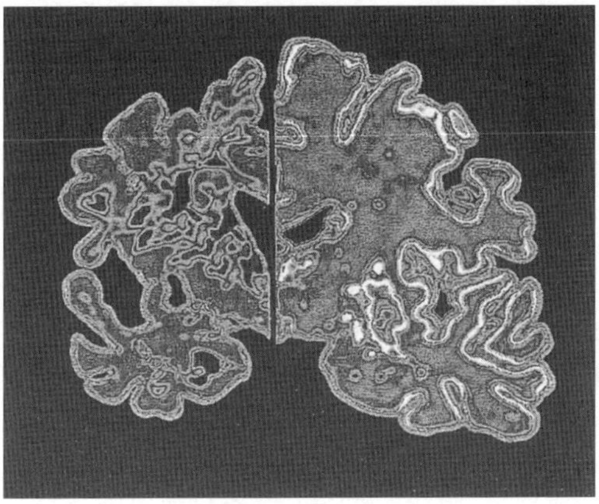

의 엉킴을 초래하며 그림 11-4와 같이 손상된 뇌 조직을 형성한다(Galimberti & Scarpini, 2010). 정상노인들에서도 플라크의 형성이나 신경섬유의 엉킴이 일어나지만, 그것의 수와 생성위치에서 차이가 있다. 일반적으로 플라크의 수가 많을수록 그리고 그것이 전두엽의 피질부와 해마 부위에 주로 위치할 때 알츠하이머로 진행된다.

알츠하이머는 진행성 질환으로 최초의 증상은 치매로 진단되기 2-3년 전에 학습곤란이나 언어자료에 대한 기억장애로 나타난다. 초기단계에서 알츠하이머 예비환자들은 단서가 제공되어야만 기억해낼 수 있으며 자유회상을 잘 하지 못한다. 그러나 조금 시간이 경과하면 단서가 주어져도 회상할 수 없게 된다. 장애가 보다 더 진행되면 대화를 나누는 동안 그들이 하고 싶은 말을 생각해 내지 못하고 샌드위치를 만들 때 빵 사이에 무엇을 넣어야 하는지도 알지 못한다. 이제 그들은 자신이 어디에 있고 오늘이 며칠이며 우리나라 대통령이 누구인지도 대답하지 못한다. 결국 알츠하이머 환자들은 자신을 돌보지 못하게 되고 모든 언어능력을 상실하며 발병 후 약 8-10년 내에 사망한다.

알츠하이머 병의 원인은 무엇인가? 한 가계에서 반복적으로 알츠하이머 병이 확인될 수 있다는 것은 이 장애의 유전가능성을 강하게 시사한다. 더욱이 이란성 쌍생아의 알츠하이머 병의 발병일치율은 22%에 지나지 않으나 일란성 쌍생아의 일치율은 67%에 이르러 높은 유전가능성을 나타낸다(Gatz 등, 2006).

알츠하이머 병의 가계역사를 가지고 있는 개인들이 알츠하이머 병에 걸릴 위험성이 더 크기는 하지만, 알츠하이머 병은 생활양식을 포함한 여러 요인들의 영향을 받는다. 과학자들은 건강한 생활양식이 알츠하이머 병의 위험성을 낮출 수 있다고 주장하고 특히 운동은 알츠하이머 병의 위험성을 감소시킨다고 보고한다. 71세부터 93세까지의 남성노인에 대한 연구에서 하루에 3km 이상 걷는 노인들은 하루에 400m 이하로 걷는 노인들보다 알츠하이머 병에 걸릴 위험성이 두 배 정도 더 낮았다(Abbott 등, 2004).

또한 알츠하이머 병에 걸린 노인들은 그렇지 않은 노인들보다 심혈관질환에 걸릴 위험성이 더 높다는 것도 밝혀졌다(Helzner 등, 2009). 특히 비만과 흡연, 관절염, 높은 수준의 콜레스테롤 등 심혈관질환을 일으키는 요인들이 알츠하이머 병의 발병과도 연결되어 있음이 확인되고 있다(Reynolds 등, 2010).

아직까지 알츠하이머 병을 치료할 수 있는 기적의 약물은 존재하지 않는다. 그러나 대뇌의 아세틸콜린 수준을 증가시킴으로써 기억과 인지기능을 개선시킬 수 있는 약물들이 개발되고 있다. 문제는 이러한 약물들이 단지 병의 진행을 지연시킬 뿐이며 현재까지 그것을 근본적으로 치료하지는 못한다는 것이다.

2) 혈관성 치매

다경색 치매(multi-infarct dementia)라고도 불리는 혈관성 치매(vascular dementia)는 알츠하이머 병 다음으로 흔한 치매로서 모든 치매환자의 15−25%를 차지한다. 혈관성 치매는 뇌 부위에 혈액공급을 방해하는 뇌혈관의 폐쇄로 야기되는 질환이다. 뇌혈관이 막히면 뇌조직의 일부가 손상되어 행동장애를 보이지만 곧 뇌의 다른 부위가 그 기능을 대신하기 때문에 쉽게 호전된다. 그러나 경색이 반복되면 증상은 점차 악화되어 혼란스러워하고, 말이 불분명해지며 글씨를 쓰지 못하는가 하면 얼굴과 팔 혹은 다리의 한편에 마비가 오는 혈관성 치매로 발전한다(Hoyer & Roodin, 2009).

혈관성 치매는 유전의 영향을 받는다고 알려진 알츠하이머 병과는 대조적으로 고혈압의 역사를 가진 남성들 사이에서 더 흔하게 나타난다. 따라서 혈관성 치매는 흡연이나 비만과 같은 뇌혈관질환을 일으키는 환경적 위험요인들과 연결되어 있다. 그 외에도 알코올중독이나 약물에 의한 중독, 감염, 대사장애 및 영양부족과 같은 원인들에 의해서도 혈관성 치매가 유발되지만 이때는 원인물질이 제거되고 적절한 영양섭취가 뒤따르면 쉽게 회복될 수 있다.

때로 정신착란이나 우울증상을 나타내는 노인들이 치매로 잘못 진단되는 경우가 있다. 노인들은 자주 질병이나 수술, 약물 과용, 영양부족 혹은 회복 가능한 치매의 원인요인들에 의해 정신착란을 일으킨다. 환자를 면밀히 관찰하고 빠르게 처치하면 대부분의 증상들은 1–2주 이내에 사라진다. 또한 우울한 노인들도 쉽게 망각하고 정보처리 속도가 느리기 때문에 치매환자로 오인받기 쉽다. 항우울제를 사용하면 쉽게 완화될 수 있음에도 불구하고, 치매라고 생각하고 방치하면 우울증의 악화로 극단적 행동까지 유발할 수 있다.

3) 파킨슨 병

파킨슨 병(Parkinson disease)은 최근 또 다른 유형의 치매로 진단된다. 이 병은 근육 떨림과 느려진 움직임, 부분적 얼굴 마비로 특징되는 만성적인 진행성 질환이며, 대뇌의 도파민 생성 뉴론의 퇴화에 그 원인이 있다(Swanson 등, 2009). 도파민은 정상적 대뇌 기능에 필요한 신경전달물질이지만, 그것이 왜 퇴화하는지는 아직 알지 못한다.

파킨슨 병의 초기 단계에는 도파민의 효과를 높이는 약물을 투여하나 후반에는 대뇌에서 도파민으로 전환되는 약물인 엘–도파(L-dopa)를 투여한다. 그러나 투여된 용량이 환자 개인에게 과도할 때 환자는 정신분열증 증상을 나타내기 때문에, 엘–도파의 정확한 투여 용량을 결정하는 것이 매우 중요하다.

진행된 파킨슨 병에 사용되는 또 다른 치료방법은 대뇌 속에 전극을 삽입하는 대뇌자극 기법(deep brain stimulation: DBS)이 있다. 최근 연구들은 DBS가 파킨슨 병 환자들에게 도움이 된다고 보고한다(Yuan 등, 2010). 또한 탱고와 같은 춤이 파킨슨 병 환자의 움직임을 개선시킬 수 있다는 연구도 있다(Hackney & Earhart, 2010).

제5부 죽음

제12장 노화, 죽음, 애도

| 목 적 |

삶의 끝은 죽음이므로 인간발달의 최종적 주제는 죽음이 될 수밖에 없다. 그러나 죽음에 이르는 길은 다양하므로 그 과정에서 우리가 어떻게 대처해야 하는지를 탐색하는 것이 5부의 목적이다. 5부에서 다루게 될 노화의 문제와 죽음의 문제, 죽어가는 과정의 문제 그리고 애도의 문제는 전생애 발달심리학의 연구주제 중에서 가장 무거운 주제들로서 인간의 궁극적, 실존적 문제에 대한 해결을 모색할 수 있도록 할 것이다.

| 기대되는 효과 |

1개의 장으로 구성되어 있는 5부는 노화와 죽음 그리고 애도과정에 대한 이해를 높이고 그 과정에서 우리가 어떤 대안을 찾아야 하는지를 탐색한다. 이 장을 통하여 유한한 삶의 과정에서 우리가 어떤 삶을 살아야 하고 사랑하는 사람을 어떻게 보내야 하며 최종적으로 삶과 어떻게 이별해야 하는지에 대한 통찰을 얻을 수 있을 것으로 기대된다.

제12장 노화, 죽음, 애도

제 12 장 노화, 죽음, 애도

최근 100세(entenarian)를 사는 사람들이 증가하고 있지만, 지구상의 모든 인간은 노화하고 그리고 결국 죽음을 맞는다. 이 장에서는 인간이 생물학적으로 왜 노화하는지, 성공적 노화는 무엇인지 그리고 인생의 최종단계로서 죽음과 죽어가는 과정 및 남은 사람들의 애도과정을 설명한다. 그러나 인간의 생물학적 노화는 물론 성공적 노화에 관해서 아직도 일치된 견해가 없을 뿐 아니라 인간이 어떻게 죽어가는지에 대해서도 합의된 결론을 도출하지 못하고 있으므로 이 문제들을 집중적으로 논의한다.

I 생물학적 노화

생물학적 노화를 설명하는 이론들은 많이 있으나 대체로 다음과 같은 두 가지 범주로 구분될 수 있다. 즉 노화의 유전적 계획이론(programmed theories)과 손상이론(damage theories)이 그것이다.

1. 유전적 계획이론

지구상의 많은 종들은 그 자체의 특징적인 최대수명(maximum life span)을 지니고 있다. 예를 들면 생쥐의 최대수명은 3.5년, 개는 20년, 침팬지 50년, 거북은 150년이나 인간의 최대수명은 110-120세 정도로서 인간은 다른 종들과 비교했을 때 비교적 오래 살 수 있는 유기체에 해당한다. 문제는 인간의 평균수명이 증가하는 것과는 대조적으로 수세기 동안 최대수명에서는 변화가 없다는 것이다.

이와 같은 사실은 인간의 수명을 통제하는 유전자의 존재를 가정할 수 있도록 한다. 쌍생아 연구들은 유전자가 인간수명에서의 변이의 약 1/3을 설명할 수 있다고 제안한다. 따라서 개인이 얼마나 오래 살 수 있는지를 추정하는 방식은 그의 부모와 조부모의 수명을 평균하는 것이라고 주장하는 사람들도 있다.

그렇다면 유전자는 어떻게 개인의 노화와 죽음에 영향을 주는가? 분명하지는 않지만, 몇 개의 유전자들이 관여할 것으로 추정된다. 그중 어떤 유전자는 삶을 연장시키는 역할을 할 것이고 또 다른 유전자들은 죽음을 촉진시키는 역할을 할 것이다. 대표적인 유전적 계획이론에는 세포시계이론(cellular clock theory)이 있다.

이 이론은 헤이플릭(Hayflick, 1976)에 의해 제기된 이론으로 신체의 세포 속에 노화시계(aging clock)가 내장되어 있으므로, 세포의 수명은 유전적으로 한정되어 있다는 것이다. 그의 이름을 따서 헤이플릭 한계(Hayflick limit)라고 불리는 이 현상은 배양기 속에서 세포가 생존할 수 있는 최대한계를 의미한다. 인간태아로부터 채취된 세포들은 70-80회 배가될 수 있는 반면, 성인으로부터 채취된 세포들은 훨씬 더 적은 배가가 가능하므로 종의 최대수명은 종특징적인 세포분열의 수와 연결되어 있다는 것이다.

헤이플릭은 세포가 왜 사망하는지를 알지 못했지만 지난 20여년간 과학자들은 세포시계이론을 확장하여 세포가 왜 사망하는지를 설명하려고 하였다. 그 결과 염색체 끝 부분에 있는 유전자 조각인 텔로미어(telomere)가 그 원인 요인임을 확인하였다(Shay & Wright, 2000). 그림 12-1에 제시된 바와 같이 세포

그림 12-1 텔로미어

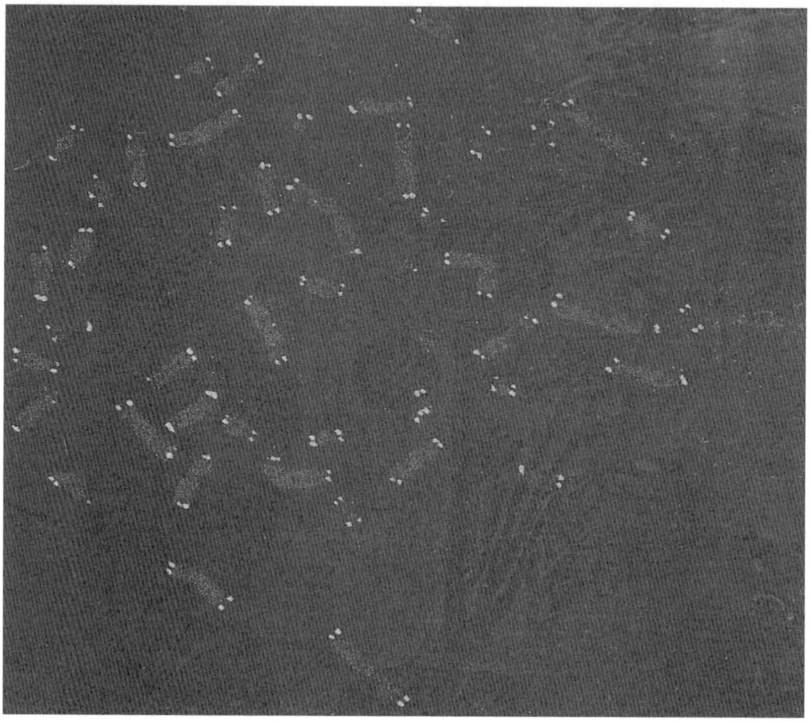

염색체의 끝부분에 빛나고 있는 것이 실제 텔로미어이다.

분열이 거듭될수록 텔로미어는 점점 더 짧아지고, 70-80회의 세포분열 후에는 극적으로 짧아짐으로써 더 이상의 세포분열이 불가능해지며 결국 사망하게 된다는 것이다. 텔로미어의 길이 감소는 스트레스로부터 회복하는 개인의 능력을 손상시키고 암 발생률의 증가와 관련되어 있음이 확인되었다.

흥미롭게도 건강한 100세인들은 건강하지 못한 100세인들보다 더 긴 텔로미어를 가지고 있었고(Terry 등, 2008), 비타민 C와 E를 더 많이 섭취하는 여성들이 적게 섭취하는 여성들보다 더 긴 텔로미어를 가지고 있었다(Xu 등, 2009). 중요한 것은 실험실에서 배양한 인간세포에 텔로머라제(telomerase)라는 효소를 주입했을 때 세포분열의 횟수가 증가함으로써 세포의 수명이 연장된다는 것이다(Aubert & Lansdorp, 2008). 문제는 암세포의 85% 속에 텔로머라제가 존재하여 세포의 건강한 수명연장을 불가능하게 한다는 것이다(Fakhoury 등, 2007).

2. 손상이론

손상이론은 여러 해에 걸쳐 이루어지는 세포와 기관의 손상이 축적됨으로써 궁극적으로 사망에 이른다고 주장한다. 인간의 노화와 죽음은 유전적으로 계획된 생물학적 결과가 아니라 우리가 사는 동안 축적된 무작위적 손상이나 오류의 결과라는 것이다.

손상이론에 기초한 초기 이론으로 마모이론(wear-and-tear)이 있다. 이 이론은 우리의 신발이 닳아서 못 신게 되는 것처럼 신체기관들의 반복적 사용에 의해 우리의 유기체가 낡아서 못쓰게 된다고 주장한다. 그러나 규칙적인 운동을 하면 노화를 방지하고 수명을 연장시킬 수 있기 때문에 이제 마모이론은 더 이상 노화를 설명하는 효과적인 이론이 되지 못한다.

유전물질인 DNA의 손상이 노화를 일으키고 결국 사망하게 한다는 주장도 있다. 공해나 농약 혹은 방사선과 같은 유해한 물질에 노출됨으로써 DNA의 손상이 일어나고 시간경과와 함께 점점 더 많은 세포의 DNA가 손상됨으로써 DNA속에 포함된 유전부호는 뒤섞이게 되고 부적절하게 기능하거나 기능을 멈추게 되어 결국 사망하게 된다는 것이다. 구체적 손상이론으로 유리기 이론과 미토콘드리아 이론을 설명한다.

1) 유리기 이론

유리기 이론(free-radical theory)은 세포가 에너지를 물질대사할 때 유리기 혹은 활성산소라고 알려진 불안정한 산소분자를 포함하는 부산물을 생성한다고 설명한다. 다시 말하면 산소대사의 부산물인 유리기는 여분의 자유로운 전자(electron)를 가지고 있으며, 세포 주변을 돌아다니면서 DNA를 손상시키고 신체의 다른 분자와 반응하여 정상적 세포를 손상시키는 역할을 한다. 눈으로 직접 확인할 수 있는 유리기의 효과로서 노화반점이 있으며, 암이나 관절염, 심혈관질환 및 치매같은 신경퇴축성 질환도 유리기와 연결된 장애이다.

과식이 유리기의 증가를 촉진시킨다고 주장하는 연구자들이 있다(Keijer &

van Schothorst, 2008). 그들은 칼로리 섭취를 제한하면 유리기에 의해 생성되는 산화물질을 감소시킬 수 있다고 주장한다. 또한 비타민 E나 C같은 산화방지제가 유리기의 생성을 어느 정도 억제하여 수명을 유지시킬 수 있다고 주장하는 연구자도 있지만, 그 효과는 아직도 미지수이다. 아이러니컬하게도 유리기 이론은 산소로 생명을 유지하는 생명체가 그 산소의 독성 때문에 늙고 병들고 결국 죽음에 이른다는 것을 보여 준다는 점에서 특히 흥미롭다(유병팔, 2006).

2) 미토콘드리아 이론

미토콘드리아 이론(mitochondrial theory)은 미토콘드리아의 소실에 의해 노화가 일어난다고 주장한다(Scheckhuber, 2009). 미토콘드리아란 유기체의 정상적 기능과 성장 및 복원을 위해 에너지를 공급하는 세포내의 소기관이다. 미토콘드리아는 에너지를 생성하기 위하여 영양소와 산소를 필요로 한다. 그러나 미토콘드리아에 의해 소비된 산소에 의해 앞에서 설명한 유리기 즉 활성산소들이 만들어진다.

미토콘드리아 이론에 의하면, 유리기에 의해 미토콘드리아 기능이 손상되고 그것은 더 많은 양의 유리기를 생성하게 한다. 그 결과 시간경과와 함께 미토콘드리아는 비효율적으로 변화하여 세포의 요구를 충족시킬 수 있을 정도로 충분한 에너지를 생성하지 못한다. 미토콘드리아는 마치 세균과 같아서 항생제를 많이 먹게 되면 미토콘드리아의 생체 활성도는 현저히 떨어지며, 비타민이나 미네랄같은 미량영양소는 미토콘드리아의 효율성을 높일 수 있다(Crane 등, 2010).

미토콘드리아의 결함은 심혈관질환과 치매, 파킨슨 병 및 간기능의 감퇴와 연결된다. 미토콘드리아는 신경학적 가소성에도 영향을 준다고 알려져 있지만, 아직도 미토콘드리아의 결함이 노화를 일으키는지 아니면 단순히 노화과정의 부산물인지는 분명하지 않다.

이외에 신체의 호르몬 체계에서의 노화가 스트레스에 대한 저항력을 약화시키고 질병 가능성을 증가시킨다고 주장하는 호르몬-스트레스 이론(hormonal stress theory)도 있다. 사람들이 스트레스를 경험하면, 신체는 특정 호르몬을 방출함으로써 스트레스에 대항한다. 그러나 노화하면, 젊을 때보다 스트레스에 의해 방출된 호르몬의 재흡수율이 저조하여 그것이 더 오랫동안 혈액내에 남아 있게 됨으로써 노화를 촉진시키고 심혈관질환이나 암, 당뇨병 혹은 고혈압 등의 위험을 증가시킨다는 것이다(Wolkowitz 등, 2010).

Ⅱ 성공적 노화

노화에 관한 초기 연구들은 노화의 부정적 측면만을 주로 연구하였으나 이 분야의 최근 연구들은 고령화 사회에서 잘 늙어가는 방법을 찾아내기 위해 노력하고 있다. 우리 사회에는 아직도 노인에 대한 부정적 고정관념이 존재하기는 하지만, 과거와 달리 우리 주위에는 적극적으로 생활하는 건강한 노인들이 많이 있다.

적절한 식사와 적극적 생활양식, 정신적 자극과 융통성, 긍정적 대처기술, 좋은 사회적 관계와 지원, 질병의 부재 등에 의해 다양한 능력들은 오랫동안 유지될 수 있고 심지어 노년기 동안에도 개선될 수도 있다. 질병에 걸렸을 때도 의학의 발달은 노인들이 적극적이고 건설적 삶을 영위할 수 있도록 하므로 우리 모두 잘 늙어가는 것이 가능해졌다.

여기서 잘 늙어간다는 것은 곧 성공적 노화(successful aging)를 의미한다. 그러나 성공적 노화가 무엇인가에 관해서는 아직도 논란이 계속되고 있다. 이 절에서는 먼저 우리 사회에서 노화가 어떤 의미로 인식되는지를 설명하고 성공적 노화와 관련한 문제들을 설명한다.

1. 노화의 의미

어느 사회에서나 노인들은 연령차별주의(ageism)에 시달린다. 연령차별주의란 연령 때문에 타인들에 대해 갖는 편견으로 특히 노인에 대한 편견을 의미한다. 노인들은 자주 명료하게 생각할 수 없고, 새로운 내용을 학습할 수도 없으며, 성을 즐기지도 못하는가 하면 지역사회에 기여하거나 책임 있는 직업을 가질 능력도 없는 사람으로 지각된다. 노화에 대한 부정적 고정관념의 결과로 많은 노인들은 고통스러운 차별에 직면하고 사회적으로 소외되며 새로운 직업을 찾지 못한다.

일반적으로 사회는 더 이상 노인을 존경의 대상으로 생각하지 않으며 노년기는 단순히 4D의 시기 즉, 의존(dependency)과 질병(disease), 무능력(disability) 그리고 우울(depression)의 시기로 인식한다. 노인들은 노화에 의해 단지 질병에 시달리고 허약하기만 한 가련한 노약자일 뿐이라는 것이다.

그러나 노화라는 의미 속에는 발달이나 성숙의 의미도 내포하므로 노년기를 긍정적 시기로 볼 수 있는 근거가 된다. 마치 오래된 포도주가 더 맛있는 것처럼 노화와 함께 인내심이 증가하고 타인에 대해 더 애정적이고 관대해진다. 또한 역설을 인내할 수 있게 되며 현재는 과거뿐 아니라 미래와 연결되어 있다는 것을 이해할 수 있으며 지혜를 갖게 됨으로써 보다 더 현명해질 수 있다.

더욱이 과거와는 달리 높은 경제력과 교육수준을 갖춘 노인들이 증가함으써 노년기는 4D의 시기가 아니라 독립적이고 생산적인 삶이 가능한 시기로 인식되기 시작하였다. 이제 노화의 긍정적 측면에 관한 연구는 전생애 발달에서 매우 중요한 주제로 부각되기 시작하였고 특히 성공적 노화의 문제는 이 시대의 중요한 화두(話頭)로 등장하였다.

2. 성공적 노화의 정의

성공적 노화라는 개념이 공식적으로 소개된 것은 1986년 미국 노년학회 연례회의에서였으나 연구는 그 이전부터 이루어지고 있었다. 초기 연구들은 성공적 노화를 생물학적 측면에서 주로 건강과 수명문제에 기초하여 정의하였으므로 일상생활 활동이나 신체적 수행 정도를 중요시하였다. 그러나 평균수명이 길어지고 건강한 노인들이 많아짐에 따라 성공적 노화에 대한 정의는 변화되지 않을 수 없게 되었다. 이제 다음과 같은 4가지 조건을 충족시킬 수 있어야 성공적 노화로 정의될 수 있다(그림 12-2 참조).

첫째, 질병이나 질병과 연합된 장애가 없어야 한다. 질병이나 질병에 대한 위험요인은 유전의 영향을 받는다고 생각되지만 유전의 영향은 연령과 함

그림 12-2 성공적 노화모델

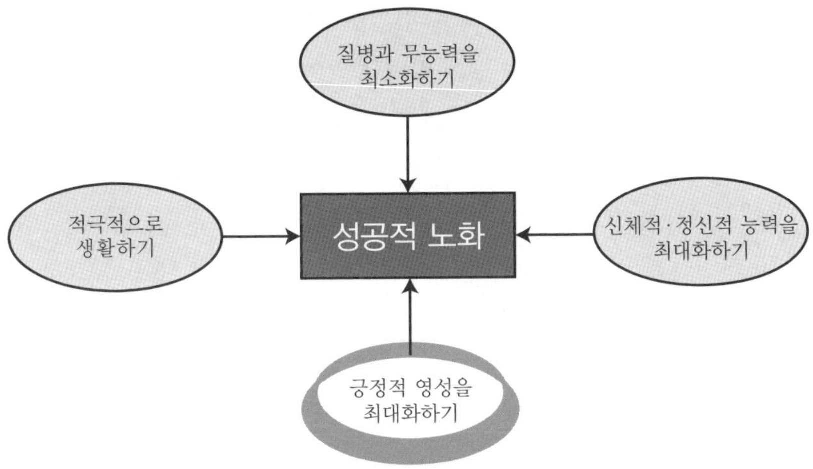

출처: Crowther 등, 2002.

께 감소한다. 일반적으로 55세를 지나면 유전의 영향보다는 체지방의 양과 분포, 신체활동 및 습식요인과 같은 외부적인 환경적 요인들이 질병의 위험성을 결정하는 데 더 중요한 역할을 한다.

둘째, 노인들의 인지기능 특히 학습능력과 단기기억 능력이 유지되는 것이 중요한다. 노년기 동안에도 인지기능이 유지될 수 있도록 하는 요인에는 교육정도와 폐기능, 정력적인 신체활동 및 자기효능감이 있다. 우선 학교에 재학한 기간이 길수록 높은 인지기능이 유지될 수 있고, 좋은 폐기능은 인지기능과 신체기능을 증진시키며, 운동이나 정력적 신체활동은 폐기능은 물론 기억기능을 증진시킨다. 또한 자기효능감은 노인들의 인지기능을 지속시키는 역할을 한다.

셋째, 생산적 활동을 수행하고 타인과 활발히 교류할 수 있도록 적극적 생활태도를 지니고 있어야 한다. 타인으로부터의 고립이나 연결부족은 질병에 시달리고 일찍 사망하게 하는 중요한 요인이다. 특히 생산적 활동은 노인들이 자신을 늙었다고 생각하지 않게 하기 때문에 성공적 노화를 위한 중요한 요건이다.

넷째, 긍정적 영성(positive spirituality)을 최대화해야 한다. 긍정적 영성이란 삶에 대한, 삶의 의미에 대한 그리고 특히 초월자와의 관계에 대한 개인적 탐색으로, 초월자와의 내면화된 관계로 정의된다(Koenig 등, 2000). 영성 앞에 긍정적이라는 단어를 붙이는 이유는 개인이 추구하는 영성에 의해 가족으로부터 분리되고 카리스마적 리드에게 무조건 헌신하며 의학적 치료까지 거부하는 일이 있기 때문이다.

10장에서 이미 설명한 바와 같이 50대 중반이나 60대 초반부터 영성이 증가하고 각 개인은 인간의 독특성과 삶의 유한성 및 죽음에 대해 생각하기 시작하며 삶의 의미가 무엇인지에 대해 스스로에게 질문한다(장휘숙, 2012; Wink & Dillon, 2002). 베르린 노화연구(Berlin Aging Study)에서도 노인들 사이에서 영성과 평온함이 크게 증가한다는 것이 확인되었고, 국내 연구도 거의 유사한 결과를 보고하였다(홍현방, 2002).

결론적으로 성공적 노화가 가능한 사람들은 비교적 만족스럽고 행복감을 느끼면서 노년기를 보낼 수 있다. 100세인에 관한 한 연구는 많은 노인들이 행복하다고 느끼고 특히 노인들의 자기효능감과 낙관적 태도가 그들의 행복과 연결되어 있다고 밝혀 성공적 노화와 성격특성간에 관련성이 있음을 제시하였다(장휘숙, 2009; Jopp & Rott, 2006). 그러나 이러한 요인들 외에도 가족의 지원은 한국 노인들의 성공적 노화를 위한 핵심적 요건이었고 자녀가족과의 관계에서 경험하는 만족 정도는 남녀 노인 모두의 성공적 노화에 영향을 주는 주요 변인이었다(김희경, 2012; 윤현숙, 유희정, 2006).

3. 주관적 안녕과 생활만족

주관적 안녕 혹은 심리적 안녕(subjective well-being, psychological well-being)은 자주 성공적 노화와 동일한 의미로 인식된다. 일찍이 디너와 그 동료들(Diener 등, 1985)은 주관적 안녕을 긍정적 정서와 부정적 정서 및 생활만족을 포함하는 개념으로 정의하였다. 세 가지 요소 중 처음 두 가지 구성요소들은 개인의 정서적 측면에 해당하는 반면, 후자인 생활만족은 인지적-판단적 측면에 해당한다.

주관적 안녕이 전생애 동안 모든 사람들에게 적용되는 개념으로 개인의 정서적 측면을 더 많이 강조한다면, 성공적 노화의 개념은 성인후기의 노인들에게만 적용된다는 점에서 차이가 있다. 그림 12-3에 제시된 바와 같이 주관적 안녕을 구성하는 요인 중 긍정적 정서는 성인후기로 갈수록 증가하고 부정적 정서는 오히려 감소한다.

이 그림에서 인간은 성인기 동안 기본적으로 긍정적 정서를 더 많이 경험할 뿐 아니라 성인후기로 갈수록 노인들의 정서생활은 긍정적임을 알 수 있다(Mroczek, 2001). 다른 연구에서도 성인후기 노인들은 더 젊은 성인들보다 가족 구성원들이나 오래된 친구 혹은 새로운 친구들과 더 적은 부정적 정서를 경험한다는 것이 밝혀졌다(Charles & Piazza, 2007).

중요한 것은 주관적 안녕을 구성하는 세 가지 개념 모두 연구자가 판단한 기준이 아니라 개인 자신의 판단에 기초한 개인의 정서상태나 생활의 질에 대한 판단이라는 것이다. 실제로 주관적 안녕 혹은 심리적 안녕이 성공적 노화의 측정치로 사용될 때는 자주 생활만족(life satisfaction)으로 측정된다.

그림 12-3 성인기 동안 긍정적 정서와 부정적 정서의 변화

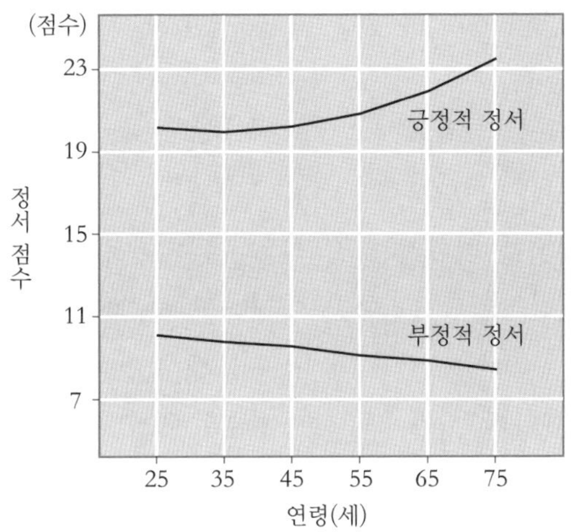

출처: Mroczek & Kolarz, 1998.

생활만족이란 개인 자신이 설정한 표준에 기초한 삶의 질에 대한 개인의 전체적 평가로 정의된다. 그러나 생활의 구체적 측면 즉, 건강, 질병, 직업, 여가, 종교 등의 구체적 항목에 대해 언급할 수 있기 때문에 각 연령의 개인들은 주관적 안녕의 조건으로 각기 다른 측면을 강조할 수 있다.

그 예로서 노인들은 생활에 대한 전체적 평가를 더 중요시하면서도 건강과 생활변화를 생활만족을 위한 더 중요한 요인으로 언급하였으나 중년성인들은 직업이나 경력문제, 자신감, 자기인식을 그리고 젊은 성인들은 교육과 일, 성격, 행복 등을 생활만족을 위한 중요한 요인으로 보고하였다(강인, 2003; Westerhof 등, 2001).

4. 성공적 노화이론

성공적 노화를 설명하는 다섯 가지 이론을 소개한다.

1) 유리이론

원래 커밍과 헨리(Cumming & Henry, 1961)에 의해 제안된 이 이론은 성인후기에 진입하면 사람은 사회적으로 그리고 심리적으로 철회하는 선천적 경향성을 지니고 있다고 주장한다. 유리(disengagement)란 주어진 상호체계 내에서 자신과 타인간의 상호적 위축(mutual withdrawal)을 의미한다. 유리이론(disengagement theory)에 의하면, 노인들은 외부세계의 사회적 활동으로부터 스스로 철회하고 타인에 대한 관심도 감소하기 때문에, 사회로부터 유리되는 것이 성인후기의 성공적 노화라는 것이다.

그러나 유리이론을 비판하는 사람들은 유리현상은 보편적인 것도 불가피한 것도 아니며 선천적인 것은 물론 아니라고 주장한다. 그 증거로서 벤자민 프랭클린(Benjamin Franklin)은 70세에 미국 독립선언문의 초안을 작성하였고 이탈리아의 오페라 작곡자인 베르디(Giuseppe Verdi)는 73세에 오셀로(Othello)를 작곡하였다. 실제로 많은 노인들은 성인후기에도 결코 유리되지 않으며 여전히 활동적이고 생산적이므로 이제 유리이론은 단지 20세기 전반에 우세했던 이론으로 기억될 뿐이다.

2) 활동이론

활동이론(activity theory)은 유리이론과는 반대로 성인중기의 능동적이고 적극적인 생활양식을 성인후기에도 계속하는 것이 노인들의 안녕과 만족감에 긍정적 영향을 준다고 주장한다. 뉴가르텐 등(Neugarten 등, 1968)에 의해 제안된 이 이론은 노년기 동안의 생활만족은 계속적인 활동과 높은 상관이 있다고 강조한다. 이 이론에 의하면, 가장 성공적인 노인은 높은 수준의 사회적, 정서적, 물리적 참여를 유지하고 있는 사람들이다. 그들은 떠나간 친구를 새로운 친구로 대치하고 새로운 경험과 도전을 추구한다.

비록 1960년대에 제안된 이론이지만 오늘날에도 활동이론을 지지하는 사람들은 많이 있다(Riebe 등, 2005; Rook, 2000). 그들은 노인들이 활동적이고 정력적이며 생산적일 때 더 성공적으로 노화하고 더 행복하다고 주장하고, 만약 성인후기에 역할 상실이 일어난다면 대안적 역할을 찾는 것이 성공적 노화를 위해 무엇보다 중요하다고 강조한다.

활동이론에 대한 비판이 없는 것은 아니다. 특히 활동이론에서 강조하는 성인후기의 활동 자체가 노인들에게 큰 의미를 주지 못할 때 활동이나 참여는 노인의 생활만족에 도움이 되지 못한다. 또한 신체적, 정신적 혹은 정서적으로 중년기 상태를 유지할 수 없는 노인들을 전혀 고려하지 않았다는 것도 활동이론의 또 다른 문제점으로 지적된다. 노인들은 건강이나 다른 이유로 높은 수준의 활동을 유지할 수 없음에도 불구하고 만약 그렇게 해야 한다면 오히려 불행할 것이기 때문이다.

3) 성격과 생활양식이론

유리와 활동에서의 개인차 문제로 많은 노인학자들은 성공적 노화를 효과적으로 설명하기 위한 이론으로 성격과 생활양식이론(personality and lifestyle theory)을 제안한다. 이 이론은 노화의 유형과 성공적 노화는 개인의 성격을 바탕으로 하기 때문에, 개인의 성격유형을 고려하지 않는 이론은 무가치하다고 주장한다.

뉴가르텐 등(Neugarten 등, 1968)은 개인의 일반적 성격유형과 사회적 역할

활동 및 생활만족간의 관계를 규명하기 위한 연구를 시도하였다. 70세와 79세의 노인들을 대상으로 6년 이상 계속된 연구를 통하여 연구자들은 표 12-1과 같이 세 가지 요인들 사이의 상호관련성을 확인하였다. 즉 단순히 사회로부터 유리되거나 계속해서 활동하는 것이 성공적 노화를 의미하는 것은 아니며 그것이 그들의 성격유형과 조화를 이룰 때 생활만족에 기여할 수 있다는 것이다.

4) 사회정서적 선택성이론

칼스텐센(Carstensen, 1998, 2006, 2008)에 의해 제안된 사회정서적 선택성이론(socioemotional selectivity theory)은 사회정서적 연결망의 선택적 축소에 의해 성공적 노화가 가능하다고 주장한다. 이 이론에 의하면, 노인들은 정서적 만족을 중요시하므로 가족이나 가까운 친구와의 접촉을 증가시켜 정서적 만족을

표 12-1 성격유형, 사회적 활동 및 생활만족과의 관계

성격유형	사회적 역할활동	생활만족의 정도
1. 통합형: 인생을 수용하고 유능한 자아를 소유하며 통제감을 유지한다. 융통성 있고 성숙한 사람	① 재구성형: 젊음을 유지하고 활동적이다. 종교단체와 지역사회에서 활동한다.	상
	② 집중형: 중간 정도의 활동을 유지한다. 심사숙고해서 선택한 몇 가지 활동에 에너지를 집중한다.	상
	③ 유리형: 조용히 자기 자신에 몰두하고 스스로 사회적 관계로부터 위축된다.	상
2. 무장형: 철저하게 불안에 방어하고 충동을 엄격하게 통제한다.	④ 계속형: 나이를 먹는다는 사실을 두려워하며 바쁜 생활을 계속한다. 성취지향적이며 결코 은퇴하지 않는다.	상
	⑤ 제한형: 능력상실과 노화의 위협에 사로잡혀 있으며 에너지를 축소시켜 쇠퇴를 회피하려고 노력한다.	중
3. 수동-의존형: 강한 의존 욕구를 지니고 있으며 타인으로부터 반응을 구한다. 가족이나 친지에게 심리적으로 의존한다.	⑥ 구원요청형: 보통 정도의 사회활동을 유지하나 타인에게 정서적으로 의존한다.	중
	⑦ 무감각형: 인생을 수동적으로 살아온 사람으로 안락의자에서 거의 하루를 보내는 수동적인 사람이다(rocking chair people).	하
4. 미성숙형: 인지적 결함을 가지고 있으며 모든 것을 감정적으로 처리한다.	⑧ 와해형: 사고능력이 퇴화하고 정서통제가 불가능하다.	하

출처: Neugarten 등, 1968.

극대화하는 반면, 그다지 중요하지 않은 사람들과의 접촉을 줄임으로써 정서적 위험을 최소화한다.

사회정서적 선택성이론은 대다수의 노인들이 사회적으로 고립되어 있기 때문에 정서적 절망상태에 있다는 고정관념을 거부한다. 오히려 성인후기 노인들은 친구나 가족과 정서적으로 보상적인 경험을 증가시키기 위하여 사회적 접촉의 수를 의도적으로 제한함으로써 정서적 욕구를 충족시키고 성공적 노화를 경험할 수 있다는 것이다.

Laura Carstensen
스탠포드 대학교 심리학과 교수

경험적 연구에서도 노인들은 성인초기 젊은이들보다 훨씬 더 작은 사회적 연결망을 가지고 있음이 확인되었다(Charles & Carstensen, 2010). 또한 노인들은 젊은이들과 동일한 수의 가까운 정서적 관계를 가지고 있었음에도 불구하고, 가족과는 가장 강한 긍정적 정서를, 오래된 친구와는 다소 약한 긍정적 정서를 그리고 새로운 친구와는 가장 약한 긍정적 정서를 경험한다고 보고하여(Charles & Piazza, 2007) 정서경험을 조절하고 있음을 보여 주었다.

5) 보상을 수반한 선택적 최적화 이론(SOC 이론)

보상을 수반한 선택적 최적화 이론(selective optimization with compensation theory)에서는 성공적 노화는 세 가지 중요한 요인들 즉 선택(selection)과 최적화(optimization) 및 보상(compensation)과 연결된다고 주장한다. 제9장에서 이미 설명한 것처럼, 이 이론은 사람들이 어떻게 새로운 자원을 생성하고 그들이 숙달하기 원하는 과제에 그것들을 어떻게 효과적으로 할당하는지를 기술한다(Freund & Lamb, 2011; Stauinger & Jacobs, 2011).

노인들은 능력이 감소하고 기능상실이 일어날 때 대부분의 생활영역에서 수행을 감소시키는 선택을 해야 하고, 계속된 연습과 새로운 기술의 사용을 통하여 특정 영역에서의 수행을 유지함으로써 최적화를 이루며 현재의 수행잠재력 수준 이상을 요구하는 과제를 수행해야 할 때 보상을 활용한다.

세계적 피아니스트인 루빈스타인(Arthur Rubinstein)이 80세에도 탁월한 피아니스트로 활동할 수 있었던 것은 그가 사용한 세 가지 전략 때문이었다. 첫째, 연주하는 양을 감소시킴으로써(선택) 노년기의 체력저하에 대처하였고, 둘째, 예전보다 연습에 더 많은 시간을 할애하였으며(최적화), 셋째, 빠르게 연주해야 할 때는 앞부분을 느리게 연주하는 전략(보상)을 사용함으로써 더 빠른 연주를 할 수 있다는 인상을 주었다.

노년기 연구자들이 SOC 이론에 특별한 관심을 갖는 것은 노년기의 전형적 특성인 상실을 어떻게 관리하고 적응하는지를 설명할 수 있도록 하기 때문이다. SOC 전략을 사용함으로써 노인들은 비록 제한된 방식이기는 하지만 계속해서 만족스러운 삶을 영위할 수 있다. 물론 개인의 생활역사와 관심, 가치관, 건강상태, 기술이나 자원에 따라 선택과 최적화 및 보상의 형태는 달라질 수 있으므로 개인에 따라 상실에 대처하는 방식 또한 달라진다.

Ⅲ 죽 음

성인후기는 죽음을 눈앞에 두고 있는 시기이다. 우리는 성인중기에 이미 부모의 사망을 경험하였고, 친구나 배우자의 죽음을 경험하기도 하였다. 전통적으로 죽음에 대한 언급을 터부시하는 경향이 있으나, 인간은 누구나 죽음으로써 인생을 종결짓기 때문에 죽음의 문제는 발달심리학의 최종적 테마로서 반드시 논의되어야 한다.

1. 죽음이란 무엇인가

우리는 어떤 사람이 죽었다고 쉽게 이야기하지만, 죽음이 무엇을 의미하는지는 그렇게 간단한 문제가 아니다. 죽음에 대한 사회적 의미는 역사적 시기에 따라, 문화에 따라 그리고 종교집단에 따라 차이가 있기 때문에 여기서는 생물학적 죽음의 문제만을 논의하기로 한다.

1) 죽음에 대한 생물학적 정의

생물학적으로 어떤 상태를 죽음으로 진단하는가? 신체의 각 부분들은 각기 서로 다른 속도로 사망에 이르기 때문에 뇌가 기능을 멈춘 다음에도 심장박동과 호흡은 이루어질 수 있으며, 회복될 수 없는 혼수상태에 빠진 사람도 기계의 도움으로 생명을 유지할 수 있다. 그러므로 생물학적 죽음은 단일적인 사건이 아니라 일련의 과정(process)으로 이해되어야 한다.

1968년 미국 하버드 대학교의 의과대학 특별위원회는 뇌사(腦死, brain death)를 생물학적 죽음으로 규정하고 다음과 같은 조건을 충족시킬 때 사망으로 인정한다고 제시하였다.

① 자극에 대한 완전한 무반응
② 한 시간 동안 움직이지 못하며 인공호흡기를 제거한 후 3분이 경과하여도 호흡하지 않음
③ 눈 깜박거리기 반사나 빛에 대한 동공수축과 같은 반사행위의 완전한 부재
④ 대뇌피질의 전기적 활동 부재를 나타내는 뇌파의 파형

이와 같은 네 가지 조건을 충족시켰다고 할지라도 약물과용이나 비정상적으로 낮은 체온에 기인된 혼수상태는 때로 회복될 수 있으므로 24시간 후에 다시 검사를 실시한다. 위에 제시한 네 가지 조건을 다시 확인한 다음 최종적으로 생물학적 죽음 여부를 결정한다.

미국을 포함한 서구 여러 나라에서는 이미 1970년대부터 뇌사(腦死)를 죽음으로 인정하고 있다. 우리나라 의료법에는 사망의 기준을 심장사(心臟死)로 정하고 있지만, 2000년부터 뇌사도 죽음으로 인정할 수 있게 되었다. 심장사는 심장박동이 멈추고 더 이상 호흡하지 않는 상태를 의미하나 심장사를 죽음으로 인정할 때 나타나는 가장 큰 문제점은 의료장비를 사용하여 인위적으로 생명을 연장시키는 동안 신체의 다른 장기나 기관은 죽게 된다는 것이다. 그러나 뇌사상태에서는 아직도 다른 장기들이 살아 있으므로 장기이식을 통하여 필요

한 사람들에게 도움을 줄 수 있는 이점이 있다.

2) 안 락 사

안락사(euthanasia 혹은 mercy killing)란 회복될 가망이 전혀 없는 환자를 본인이나 가족의 희망에 따라 가장 고통이 적은 방법으로 죽음에 이르게 하는 것이다. 안락사는 다시 소극적 안락사와 적극적 안락사로 구분된다.

소극적 안락사는 환자에게 시행될 수 있는 가능한 의학적 처치를 하지 않음으로써 환자가 죽음에 이르게 하는 것으로 인공호흡장치를 제거하거나 인공심폐술을 시행하지 않는 것을 의미한다. 또한 암환자에게 화학요법이나 수술요법을 시행하지 않는 것 혹은 음식물 공급을 중단하는 것도 여기에 해당한다. 소극적 안락사가 시행될 때에도 환자의 분명한 의사표시가 있어야만 하기 때문에 이미 식물상태에 있거나 의사표시가 불가능한 경우에는 사용되기 어렵다.

적극적 안락사는 인위적인 방법으로 환자의 생명을 종결짓는 것으로 환자의 요구나 법적 책임을 맡고 있는 사람의 요구에 의해 시행되며 보통 치사량의 약물이 사용된다. 적극적 안락사는 환자가 영구적인 식물상태에 있거나 말기암 환자와 같이 질병의 최종단계에 있을 때 시도될 수 있다.

그러나 전문가들은 자살과 안락사간의 정확한 경계선을 구분하기 어렵다고 주장하고 안락사를 결정하는 과정에서 누가 의사결정권자가 될 수 있는지를 의문시한다(Breitbart, 2010; Seale, 2009). 만약 혼수상태에 있는 환자가 생명유지장치를 제거할 수 있도록 문서화된 동의서를 남기지 않았다면, 환자의 생명유지장치를 제거할 수 있는 권리는 누구에게 있는가? 환자의 가족들은 생명유지장치를 계속 사용하려는 의사의 결정을 무효화할 권리가 있는가? 이러한 질문들은 간단하지도 않고 보편적으로 동의될 수 있는 내용도 아니다.

특히 적극적 안락사는 전세계 대부분의 나라들에서 범죄로 인식된다. 그러나 미국 오리건 주에서는 1994년에 위엄을 갖춘 죽음법 혹은 존엄사법(Death with Dignity Act)이 의회를 통과하여 적극적 안락사가 시행되고 있다. 이 법에 의해 2001년까지 91명이 적극적 안락사에 의해 사망하였으며, 2006년 1월 미국 대법원도 오리건 주의 적극적 안락사법을 확정 판결한 바 있다. 그 외에 네덜란드, 벨기에, 룩셈부르그 그리고 우루과이에서도 적극적 안락사가 시행되고 있다.

3) 좋은 죽음과 생전유서

오늘날의 죽음은 자주 외롭고, 시간이 오래 걸리는 고통스러운 과정을 거쳐 이루어진다. 죽어가는 과정에서 따뜻한 보살핌을 받을 수 있는 사람도 있지만, 보살핌을 거의 받지 못하는 사람도 많다. 발달된 과학기술은 자주 생명을 연장시킴으로써 죽는 것을 더 힘들게 한다. 사람들은 마지막 수일 혹은 수개월 동안 극심한 고통에 시달린다.

이때 환자를 돌보는 사람들은 "좋은 죽음"(good death)이 무엇인지를 생각해보게 된다. 좋은 죽음이란 신체적으로 편안하고 사랑하는 사람의 지원과 수용 그리고 의학적 보살핌을 받는 것이라는 의견이 있는가 하면, 자신의 임박한 죽음을 수용하면서 타인에게 짐이 되지 않는다고 느끼는 것이라는 주장도 있다(Carr, 2009).

만약 우리가 타인에게 짐이 되지 않고 극심한 통증에 시달리지 않는 죽음을 원한다면, 생전유서(living will)를 준비해 두는 것이 좋다. 생전유서란 개인이 불치병에 걸리거나 불의의 사고로 회복될 수 없는 상태에 이를 때 생명유지장치를 사용하여 연명하지 않도록 의사나 관계자들에게 통고하는 문서이다. 유서 작성자가 의사소통을 할 수 없을 때를 대비해 미리 자신의 치료한계를 밝히고 대리인을 지정하여 결정을 내릴 수 있도록 한다.

생전유서를 작성해 놓으면 이미 회복될 수 없는 상황에서 불필요하게 생명을 연장시키려는 노력을 하지 않아도 되고 남은 가족들에게 경제적 부담을 주지 않을 수 있기 때문에 많은 사람들이 관심을 갖는다.

4) 호스피스

호스피스(hospice)란 가능하면 고통과 불안 없이 혹은 우울하지 않은 상태로 삶을 마무리할 수 있도록 돕는 프로그램이다(Dunn, 2009). 병원의 목표는 질병을 치료하고 생명을 연장시키는 것이지만, 호스피스는 고통을 감소시키고 위엄을 갖춘 죽음을 맞을 수 있도록 돕는 것이 목표이다.

호스피스 운동은 1960년대 말에 영국 런던에서 시작되었고 새로운 종류의 의료기관으로 성 크리스토퍼 호스피스(St. Christopher's Hospice)가 개설되었다. 성 크리스토퍼 호스피스에서는 인공심폐기도 없고, 집중치료병동도 없으며 환자의 생명을 연장시키기 위한 어떤 노력도 하지 않는다. 이곳의 일차적 목표는 통증에 견딜 수 있도록 하고 죽어가는 환자가 심리적으로 편안한 상태로 죽음에 직면할 수 있도록 돕는 것이다.

호스피스는 또한 죽어가는 환자의 가족도 포함하려고 노력한다. 이 전략은 죽어가는 개인을 돕는 것일 뿐 아니라 환자의 죽음 후에 갖게 될 가족의 죄책감을 감소시켜줌으로써 남은 가족에게도 도움을 준다(Kastenbaum, 2009).

호스피스 운동은 빠르게 확산되고 있다. 우리나라에는 전국적으로 약 100여 개의 호스피스 병동이 운영되고 있으며 대학병원은 물론 많은 기독교 단체들이 참여하고 있다. 호스피스는 6개월 혹은 그 이하의 시한부 판정을 받은 말기암 환자들을 주 대상으로 한다.

2. 죽음에 대한 지각의 발달

1) 죽음에 대한 아동의 지각

죽음에 대한 지각은 아동기에서부터 시작하여 성인후기까지 계속적으로 발달한다. 3-4세 유아들은 생명의 불가역성을 이해하지 못하고, 사람은 한 순간에 죽을 수도 있으나 다음 순간에 다시 살아날 수 있다고 생각한다. 그들은 동물이나 사람이 죽었다는 이야기를 듣고도 놀라지 않는다.

어린 아동들은 자주 단지 죽기를 원하는 사람이나 나쁜 일을 한 사람만이 실제로 죽는다고 생각한다. 그들이 잘 아는 사람의 죽음에 대해 어린 아동들은 자기 자신을 비난하고 자신이 말을 듣지 않았기 때문에 그가 사망하였다는 비논리적 추론을 한다. 그러므로 부모의 죽음은 어린 아동들에게 충격적 사건이 아닐 수 없다. 부모가 사망하면 아동의 과제수행이나 또래관계는 크게 손상된다. 성인도 마찬가지이지만, 아동은 부모의 죽음으로 가까운 타인의 상실에 대한 공포를 갖게 되고 죽음에 과도하게 민감해진다.

더욱이 7세 이전의 아동들은 아직도 죽음의 생물학적 인과관계를 이해하지 못하기 때문에 총이나 칼 혹은 질병에 의해 죽을 수 있으나 모든 죽음이 궁극적으로 내적 생물학적 과정의 중지를 포함한다는 것을 인식하지 못한다. 죽음이란 생명기능의 중지를 의미하는 최종적이고 불가역적이며 보편적 사건이라는 것을 이해할 수 있기 위해서는 9세 정도에 이르러야 한다(Cuddy-Casey & Orvaschel, 1997). 그러나 카스텐바움(Kastenbaum, 2009)같은 노인심리학자(geropsychologist)는 어린 아동들도 분리와 상실에 대해 정확하게 알고 있으므로 우리가 생각하는 것보다 더 일찍 아동들은 죽음의 의미를 이해할 수 있다고 주장한다.

2) 청년기 동안의 죽음에 대한 지각

청소년이 되면 죽음은 생물학적 과정의 불가역적 중지로 정확하게 이해된다. 형식적 조작능력의 발달과 함께 청소년들은 죽음에 대해 보다 추상적으로 사고할 수 있으나 아직도 자신이 죽을 수 있다는 사실을 무시한다. 그들은 죽음이 무엇인지를 안다면 결코 하지 않을 위험한 행동을 서슴없이 감행한다.

죽음에 대한 청소년들의 불완전한 지각은 가족이나 친구의 죽음에 대한 반응에서도 나타난다. 부모의 사망을 경험한 청소년이 수년 동안 부모와 애착을 유지하고 사망한 부모와 내적 대화를 나누었다는 것은 그 좋은 예이다(Silverman & Worden, 1993). 청소년들은 친구의 죽음으로 큰 상처를 입고 자살한 친구의 죽음을 막지 못한 것에 대해 죄책감을 느끼며 주변의 다른 친구들이 자신을 비난할 것을 걱정한다(Hayslip & Hansson, 2003).

자신의 죽음에 대한 실제적 지각은 청년후기에 가능하다. 개인적 정체감 형성과정에서 청년들은 인생의 의미와 필연적 죽음 그리고 죽음 후의 영생의 가능성을 탐색한다. 그러나 자기 자신의 독특함과 중요성에 몰두해 있는 청년들은 죽음에 대해 강한 공포감을 갖는다. 자기를 중요시하고 자기애에 몰두한 사람들은 마지막 순간까지 청년기에 획득한 죽음에 대한 공포를 극복하지 못한다.

3) 성인들의 죽음에 대한 지각

성인초기에 이르면 자신의 죽음뿐 아니라 자신과 관련된 사람들에게 미치는 죽음의 영향을 생각하기 시작한다. 죽음에 대한 지각은 개인 자신뿐 아니라 자신과 타인과의 상호의존성을 인식할 수 있도록 도와준다. 그러나 사회적 영향력이 절정에 도달하는 성인중기에 이르면 주위 사람들의 사망으로 죽음은 보다 구체화된다. 성인중기는 인생에서 가장 왕성한 생명력과 생산성을 가지고 일에 몰두하는 시기이기 때문에 죽음에 대한 공포는 다소 감소된다. 반면 생산성을 확립하지 못하고 침체를 경험하는 사람들은 죽음에 대한 보다 강한 불안을 경험한다.

성인후기에 이르면 개인은 자기 자신의 인생을 수용하고 생애의 자연스런 일부분으로서 죽음을 보기 시작한다. 죽음은 이제 더 이상 개인적 가치를 위협하지 않게 된다. 자신의 삶을 수용한다면 그 삶의 끝도 공포감 없이 수용할 수 있다는 것이다.

그러나 죽음을 상실로 본다면 그것은 공포나 불안을 유발하므로 인간의 죽음에 대한 공포는 자주 보편적 현상으로 인식된다. 물론 왜 죽음이 두려운가에 대해서는 사람마다 차이가 있다. 어떤 사람들은 죽음으로 인해 더 이상 실존할 수 없기 때문에 공포를 경험하고, 또 다른 사람들은 내세라는 미지에 대한 공포 때문에, 죽어가는 과정에 대한 공포 때문에, 육신의 소멸에 대한 공포 때문에, 사랑하는 사람과의 분리에 대한 공포 때문에 등 다양한 이유로 죽음을 두려워한다. 흥미롭게도 65세 이상의 노인들 사이에서 가장 빈번하게 논의되는 주제는 죽음이지만, 일반적으로 노인들은 젊은 사람들보다 그리고 남성노인들은 여성노인들보다 더 적은 죽음공포를 경험한다(장휘숙 등, 2008; Fortner 등, 2000; Kastenbaum, 2000).

중요한 것은 죽음을 수용하는 사람들이 죽음에 대한 공포가 전혀 없는 상태로 사망에 이를 수 있는가이다. 일찍이 에릭슨(Erikson, 1968)은 자아통합을 이룬 사람들은 공포감 없이 죽음에 직면할 수 있다고 주장하였으나 장휘숙 등(2008)의 연구에서는 죽음을 수용하는 사람도 죽음에 대한 공포를 완전히 떨쳐버리지는 못하는 것으로 밝혀져 죽음공포와 죽음수용은 상반되는 개념이기보다는 공존하는 개념일 가능성을 나타내었다. 아마도 죽음에 대한 공포를 전혀 갖지 않은 채 죽음에 이를 수 있는 사람들은 예외적인 인물로서 선각자(先覺者)나 해탈자(解脫者) 혹은 역사적인 위인들에 한정될 것으로 예상된다.

한편 죽음에 대한 불안은 죽는다는 것이 무엇을 의미하는지를 정확하게 알지 못한 채 죽음의 위험을 예상할 때 일어나며, 남성들이 여성들보다 더 적은 죽음불안을 경험한다. 또한 높은 자기존중감과 통제감을 지니고 있는 사람들이, 종교를 가지고 있는 사람들이 그리고 안정된 애착을 지니고 있는 사람들이 그렇지 않은 사람들보다 더 낮은 수준의 죽음불안을 나타낸다(장휘숙, 2000b; Alvarado 등, 1995). 이와 함께 한국 노인들이 미국 노인들보다 더 낮은 수준의 죽음불안을 갖는다는 연구도 있다(서혜경, 1986).

3. 자아통합과 죽음 및 중재

1) 에릭슨의 자아통합과 죽음

에릭슨은 인간발달의 최후 단계로서 그리고 죽음에 직면한 사람들이 인생을 마무리짓는 독특한 해결방법으로 자아통합 대 절망의 위기를 가정하였다. 에릭슨의 이론에서 자아통합은 자신이 살아온 인생을 수용하고 두려움 없이 죽음에 직면할 수 있는 능력에 해당한다. 자아통합의 획득은 인생의 의미를 심사숙고한 다음, 일생 동안의 갈등과 실패 그리고 실망을 자아 속에 포함시킬 수 있어야만 가능하다. 어떤 의미에서 자아통합은 심리사회적 성장의 최고 수준으로 인생의 의미를 발견함으로써 피라미드의 정점에 도달했다고 볼 수 있다.

자아통합을 성취한 사람은 그의 인생은 만족스러웠고 의미 있었다고 평가하며, 사실을 부정하거나 과장하지 않고 있는 그대로 수용할 수 있다. 그들은 현재의 상황과 과거의 사건을 통합하고 현재의 결과에 만족하므로 자아를 초월하여 편안하게 죽음을 맞이할 수 있다.

대조적으로 심리사회적 위기를 부정적으로 해결한 사람들은 절망감에 빠진다. 그들의 인생은 낭비되었으며, 성취하려고 노력하기에는 너무 늦었다고 판단한다. 따라서 그들은 다가올 죽음을 조용하게 수용할 수 없으며 자신이나 타인을 원망하면서 우울증적 경향을 나타낸다.

2) 자아통합을 위한 중재 프로그램

자아통합에 이르지 못하고 절망감을 경험하며 우울증에 시달리는 성인후기의 노인들을 도울 수 있는 두 가지 중재 프로그램을 소개한다(장휘숙, 2006).

(1) 인생회고 치료

인생회고(life review)란 다가오는 분리와 죽음을 인식하게 됨으로써 일어나는 보편적 정신과정으로 지나간 세월을 되돌아보면서 과거의 경험과 갈등을 의식화하고 인생에 대한 창조적인 정리작업을 하는 것이다. 인생회고는 주로 노인들 사이에서 일어나는 일이기는 하지만, 젊은 사람들도 인생을 회고한다. 많은 노인들은 인생회고 과정을 통하여 자아통합을 이룰 수 있다.

버틀러(Butler, 1968; Butler, 2007)는 자아통합에 이르게 하는 구체적 중재기법으로 인생회고 치료(life-review therapy)를 제안하였다. 인생회고 치료란 과거에 대한 회상을 촉진시켜 지나간 날을 회고하게 함으로써 노인이 자신이 살아온 삶에서의 해결되지 못한 과제를 해결할 수 있도록 돕고 마음 편하게 남은 여생을 살 수 있도록 하는 것을 목적으로 한다.

치료자는 노인들의 기억을 환기시키는 방법으로 사진첩이나 옛 편지를 활용하기도 하고 노인들에게 자서전을 쓰거나 과거에 살았던 곳으로의 순례여행을 떠나도록 권하기도 한다. 또한 동창모임이나 친척모임, 종교모임 등을 통해 잊어버리고 있던 사람들과의 재회를 유도하고 일생동안 해왔던 일을 기록하게 함으로써 의미 있는 일을 하였음을 상기시킬 수도 있다.

이와 함께 족보를 찾아보고 오랫동안 유지되어온 가계의 한 구성원으로서 자부심을 경험하고 자신의 부모와 조부모는 물론 친척들을 받아들이며, 앞서 사망한 다른 가족구성원들을 통하여 자신의 죽음에도 편안할 수 있게 함으로써 죽음에 대한 두려움을 완화시킬 수 있다. 이 과정에서 치료자는 노인이 회상과정에서 나타내는 특정 영역에 대한 강조나 무시, 반복 혹은 기억이 정서에 미치는 영향 등에 관심을 갖고 어디에 문제가 있는지를 확인할 수 있다.

성인후기의 노인들은 인생회고 치료를 통하여 젊은 날의 꿈을 회상하고 더 열심히 일하지 않은 것을 후회하기도 한다. 또한 타인에게 해를 입힌 데 대한 죄책감으로 고통스러워하는 등 갈등과 불확실을 경험하기도 하나 인생 전체에 대한 재검토를 통하여 지나온 삶을 이해하고 재구조화할 수 있다. 동시에 인생회고 과정은 죽음과 소멸의 공포에도 직면하게 하지만, 현재가 강조됨에 따라 미래 세대를 가르치고 정서적, 물질적 유산을 남기려는 욕구를 되살릴 수 있다. 이제 노인들은 소유물을 정리하고 삶을 단순화하며 나머지 삶을 어떻게 살아야 할지 결정할 수 있게 된다.

그러므로 인생회고 치료는 본질적으로 인생의 유한함과 상실한 기회, 잘못한 행동, 잘못된 선택 등으로 후회와 슬픔을 유발할 수 있으나 대부분의 사람들은 자신의 삶과 화해하고 죄책감으로부터도 벗어나서 삶의 의미를 발견할 수 있다. 전문적인 치료자 외에도 노인들에게 귀를 기울이는 가족구성원들과 친구, 어린 자원봉사자들까지 노인들의 인생회고에 동참할 수 있다. 특히 가족이나 친구들은 회고과정에 자신의 기억을 첨가함으로써 노인들에게 통찰과 지원을 제공할 수 있다.

(2) 의미 탐색 프로그램

인생회고 치료방법과 유사한 프로그램으로 네덜란드에서 개발된, 인생에서의 의미 탐색(Searching for Meaning in Life) 프로그램도 있다(Westerhof 등, 2004). 이 프로그램은 개인적 의미를 증가시킴으로써 우울증후를 감소시키려는 목적을 갖는다. 여기서 개인적 의미(personal meaning)란 개인 자신의 삶의 의미와 거기에 대한 해석을 의미하는 동시에 개인이 갖는 목표와 동기를 의미하기도 한다. 모든 사람은 자신의 인생을 주도적으로 전개할 책임이 있다. 그러나 인생 후기에 이르면 사회적 관계와 사회적 역할의 상실 및 심리적 기능에서의 연령 관련적 감퇴에 의해 인생에서의 의미탐색은 어렵게 되고 인생의 유한성에 대한 인식은 노인들이 지금까지 살아온 날들이 과연 의미 있었는지를 의문시하게 한다.

의미 탐색 프로그램은 12회기로 구성되며 각 회기는 다음과 같은 주제를 하나씩 집중적으로 다룬다(Bohlmeijer 등, 2004) : 자신의 이름, 최초의 기억과 인생발자취(단서), 아동기 동안 살던 집, 규준과 가치, 활동과 직업생애, 사진(당신의 인생에서 중요한 사람이나 사건에 대해 이야기하는), 우정, 전생애와 삶의 전환기, 노화, 인생의 의미와 영성(spirituality), 갈망이나 동경(혹은 미래) 그리고 정체감(혹은 자기-초상).

이러한 주제들은 인생의미의 상이한 근원을 다룰 수 있게 하는 동시에 노인의 인지나 동기 과정을 역점 두어 다룰 수 있도록 한다. 처음 4번의 회기는 젊은 시절에 초점을 맞추고, 두 번째 4번의 회기는 성인기에 그리고 마지막 4번의 회기는 현재와 미래에 초점을 맞춘다. 더 작고 더 구체적인 주제에서 더 광범위한 주제로 진행되는 이 프로그램은 노인들의 우울증을 효과적으로 감소시킬 수 있는 프로그램으로 알려져 있다.

Ⅳ 죽어가는 과정

죽음에 직면하여 우리는 어떤 태도를 취하고 어떻게 죽어가는가? 사람마다 각기 다른 모습으로 죽어가는가 아니면 보편적인 죽음의 양상이 존재하는가?

1. 큐블러-로스의 죽어가는 과정

Kübler-Ross

시카고 대학 병원 정신과 의사인 큐블러-로스(Kübler-Ross, 1969)는 시카고 대학 병원에 입원한 500명의 중환자를 대상으로, 자신이 회복 불가능한 질병에 걸렸음을 알고 난 후에 나타내는 일련의 정서적 반응을 연구하였다. 그는 불치병으로 죽어가고 있는 사람들은 다음과 같은 몇 개의 심리적 단계를 거쳐 죽음에 이르게 된다고 제안하였다.

① 부정단계(denial stage)

회복 불가능한 병에 걸렸다는 사실을 인정하려고 하지 않는다. 의사의 오진이라고 생각하고 죽는다는 사실을 부인한다.

② 분노단계(anger stage)

'왜 나만 죽어야 하는가'라고 생각하며 건강하게 살고 있는 사람들을 부러워하고 원망한다. 주위의 가족은 물론 의사나 간호사에게까지도 화를 내고 분노를 터뜨린다.

③ 타협단계(bargaining stage)

자신이 죽어가고 있음을 인정한다. 인생에서 아직까지 처리하지 못한 일이 남아 있기 때문에 그 일을 끝마칠 수 있을 때까지 살 수 있게 해 줄 것을 불가사의한 어떤 힘과 타협하고자 한다.

④ 우울단계(depression stage)

죽을 수밖에 없는 현실을 받아들인다. 주위의 가족, 친지 그리고 일생동안 애착을 가지고 생활했던 모든 사물과 헤어질 수밖에 없다는 데서 오는 우울증이 나타난다.

⑤ 수용단계(acceptance stage)

죽음 자체를 수용한다. 죽음을 수용함으로써 환자는 마음의 평화를 회복한 후 임종할 수 있다.

큐블러-로스의 연구는 우리 사회가 죽어가는 사람들의 정서적 욕구에 관심을 가지고 그들을 돌보아야 한다는 것을 인식시켰다는 점에서 큰 기여를 하였다. 그러나 그의 연구는 다음과 같은 점에서 비판을 받는다(Kastenbaum, 2009).

첫째, 단계라는 용어의 사용은 부적절하다.

둘째, 각 질병이 나타내는 독특한 경과과정을 무시하였다.

셋째, 죽어가는 사람들이 나타내는 정서적 반응에서의 개인차를 무시하였다.

발달심리학적으로 단계라는 용어를 사용할 수 있기 위해서는 일련의 구별되는 혹은 질적으로 상이한 국면을 지니고 있으면서 진보적 특성을 내포하고 있어야 한다. 그러나 죽어가는 과정은 반드시 일정한 단계를 거쳐서 이루어지는 것도 아니며 죽는 순간까지 죽음을 거부하는 사람들도 많이 있다. 일반적으로 죽어가는 환자들은 죽음의 수용과 거부 사이에서 동요한다. 그 예로서 많은 죽어가는 환자들은 어떤 날은 죽음이 가까이 와 있음을 인정하는 것처럼 행동하다가도 다음 날에는 곧 좋아져서 집에 갈 수 있을 것이라는 태도를 취한다. 큐블러-로스는 물론 다른 연구자들도 5단계의 존재를 확인하지 못하였다.

두 번째의 비판은 환자가 서서히 그리고 점진적으로 악화되고 있는가 아니면 환자가 앓고 있는 질환이 오늘은 나아지는 듯하다가 다음 날은 크게 악화되는 것과 같이 동요할 때 환자의 정서적 반응은 달라진다는 것이다. 큐블러-로스는 질병에 따라 죽음에 이르는 길이 매우 상이함에도 불구하고 서로 다른 질병을 앓고 있는 환자들이 유사한 반응을 나타낼 것으로 기대하였다.

세 번째 비판으로 큐블러-로스는 환자의 독특한 성격특성이 죽어가는 과정에 영향을 준다는 사실을 간과하였다는 것이다. 사람은 자신의 성격을 바탕으로 삶의 문제에 대처하는 것처럼 죽음의 문제에도 대처한다. 그러므로 삶의 문제에 효과적으로 대처하고 삶에 만족하였으며 좋은 대인관계를 유지했던 암 환자들은 잘 적응하지 못했던 환자들보다 더 적은 분노와 적개심 및 우울이나 위축의 증상을 나타낸다(Carr, 2009).

결론적으로 질병의 진행과정과 개인의 성격특성 혹은 대처양식을 함께 고려할 때 죽어가는 과정 동안 나타나는 정서적 반응이 잘 이해될 수 있으므로 큐블러-로스가 제안한 다섯 개의 단계는 오히려 다섯 가지 종류의 반응이라고 보아야 타당하다. 카스텐바움(Kastenbaum, 2009)은 그의 연구를 바탕으로 각 개인은 각기 다른 반응을 나타내거나 각기 다른 형태로 죽어가기 때문에 죽어가는 과정의 보편적 양식은 존재할 수 없다고

Robert Kastenbaum

주장하였다. 더욱이 개인의 죽음은 성격 외에도 성별, 생활환경 그리고 개인이 소속한 문화의 영향을 받기 때문에 광범위한 개인차를 예상할 수 있다.

2. 죽어가는 사람과의 의사소통

죽어가는 사람에게 죽음이 임박했음을 알려야 하는가? 대부분의 심리학자들은 죽음이 임박했음을 알리고 환자와 대화하는 것이 최선이라고 주장한다(Banja, 2005). 그렇다면 환자에게 알렸을 때 어떤 이점이 있는가?

첫째, 환자는 평소에 생각하고 있던 죽음과 일치하는 방식으로 삶을 끝낼 수 있다.

둘째, 환자는 평소 계획해 두었던 일을 끝낼 수 있고 남은 사람들을 위해 정리할 수 있으며 장례방식에 대한 의사결정에도 참여할 수 있다.

셋째, 환자는 삶에서 중요했던 사람들과 추억하고, 대화하고 그리고 삶이 어떠했는지를 생각하며 삶을 끝낼 수 있다.

넷째, 환자는 자신의 몸속에서 어떤 일이 일어나고 의료진은 어떤 일을 하고 있는지에 대해 더 잘 이해할 수 있다.

죽어가는 사람과 대화할 때 중요한 것은 정신병리적 문제나 죽음의 준비와 관련된 문제가 아니라 환자의 장점과 남은 생을 위한 준비에 관한 대화가 이루어져야 한다. 이제 외현적 성취는 환자에게 더 이상 가능하지 않으므로, 대화는 보다 더 내적 성장에 초점이 맞추어져야 한다. 중요한 것은 죽어가는 사람을 도울 수 있는 사람들은 정신건강전문가만이 아니라는 것이다. 간호사나 의사, 배우자, 부모 혹은 친한 친구도 환자를 도울 수 있다는 것을 명심할 필요가 있다.

3. 배우자의 죽음

성인후기의 배우자와의 사별은 남성들보다 여성들 사이에서 더 자주 일어난다. 그 이유는 여성들의 평균수명이 더 길기 때문에 그리고 여성들은 자신보다 더 나이 많은 남성과 결혼하기 때문이다. 아무리 오랫동안 고생하다가 사망하였다고 할지라도, 배우자 사망은 남아 있는 사람에게 큰 충격을 준다. 남은 사람이 경험하는 정신적, 육체적 충격의 강도와 기간은 지극히 개인적인 문제이기 때문에 일률적으로 말하기는 어렵다.

배우자의 사망은 곧 많은 것의 상실을 의미할 수 있으며 또한 많은 변화를 예고한다. 이사를 해야 하기도 하고 새롭게 직업을 찾아야 하기도 하며 배우자가 이전에 수행했던 일을 맡아야 하기도 한다. 물론 돌보아야 할 자녀가 있다면 혼자서 부모역할도 수행해야 한다. 따라서 홀로 된 남성이나 여성 배우자들은 그들의 역할과 정체감을 재정의하지 않으면 안 된다. 특히 '누구의 아내'로서 살아왔던 여성들은 정체감 자체가 흔들리게 되므로 새로운 역할학습은 더욱 어려워진다.

배우자의 사망 후에 나타나는 일반적인 증상으로 잦은 눈물이나 불면증, 식욕상실 혹은 체중감소 현상이 나타난다. 또한 개인적 활동이나 사회적 활동에 대한 관심을 상실하고 자기비판적이며 불안, 우울, 분노를 경험하는가 하면 죄의식에 사로잡히기도 한다. 그들은 자주 경제적 상실과 고독을 견뎌야 하며 때로 신체적 질병으로 고통을 겪기도 한다(Kowalski & Bondmass, 2008). 배우자와 사별한 80세 이상의 노인들에 대한 6년간의 종단연구에 의하면(Berg 등, 2009), 배우자의 상실은 특히 남성 노인들의 생활만족 수준을 저하시키고 우울증에 걸릴 위험을 증가시켰다.

그러나 배우자와 사별한 여성들은 배우자와 사별한 남성들보다 배우자의 죽음에 더 잘 적응한다. 그 이유는 그들이 우리 사회에서 가장 가난한 집단을 형성함에도 불구하고(석상훈, 김헌수, 2012; Angel 등, 2007), 남성들보다 더 좋은 친구망을 가지고 있고, 친척들과도 더 가까운 관계를 유지하며 심리적으로 자신을 돌보는 경험을 가지고 있기 때문이다(Antonucci 등, 2007). 또한 늙은 여성들은 배우자의 죽음을 예상할 수 있기 때문에 젊은 여성들보다 배우자의 죽음에 더 잘 적응할 수 있기도 하다.

배우자와의 사별 후, 적응이나 안녕에 도움을 주는 요인들은 많이 있다. 우선 종교적, 영적 생활에 전념하는 사람들은 더 낮은 수준의 슬픔을 나타낸다(Brown 등, 2004). 자원봉사활동 또한 사별 후의 적응을 돕는다(Li, 2007). 배우자의 사망 후에 자원봉사활동을 하는 노인들은 자기존중감을 유지할 수 있고 우울증상을 나타냄 없이 적극적으로 타인을 도울 수 있었다.

V 애 도

1. 애도란 무엇인가

애도(grief)란 사랑하는 사람을 상실했을 때 경험하는 정서상태이나 매우 복잡하고 중다의 차원을 포함하는, 변화하는 과정이다. 일반적으로 애도는 무기력감과 좌절감, 우울증상, 무감각, 떠난 사람과 함께 했던 활동에 대한 의미상실 그리고 황량함으로 특징되는 절망과 슬픔을 포함한다. 이러한 감정들은 사랑하는 사람의 상실 직후에 반복적으로 나타난다(Moules 등, 2004).

애도의 중요한 차원은 사망한 사람에 대한 갈망이나 그리움으로, 사망한 사람을 돌아오게 하려는 간헐적, 반복적 소망이나 욕구를 반영한다. 사망한 사람에 대한 갈망은 우울보다 더 흔하게 나타난다(Maciejewski 등, 2007). 애도의 또 다른 차원은 분리불안(separation anxiety)이다. 그것은 사망한 사람을 생각하고 그리워하면서 울고 한숨짓게 하며, 사망한 사람과 연합된 장소나 물건에 집착하게 한다.

시간이 경과하면 우울과 무감각은 그대로 지속되기도 하고 증가하기도

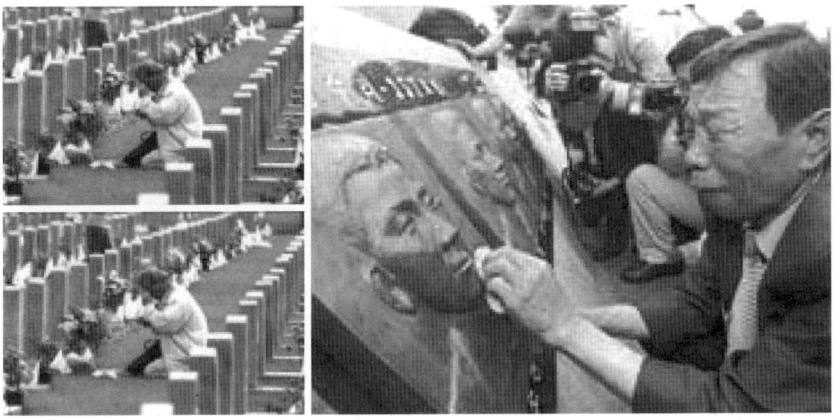

사랑하는 사람의 상실로부터 완전히 회복한다는 것은 실제로 불가능하다.

하지만, 고인에 대한 갈망과 상실에 대한 저항은 점차 감소한다. 그러나 분리 불안감과 상실감은 삶의 끝까지 계속된다. 그럼에도 불구하고 우리 대부분은 슬픔에서 벗어나서 다시 생산적 과업을 수행하고 인생에 대한 보다 더 긍정적 견해를 회복할 수 있다.

그러므로 애도과정은 질서정연하게 계속되는 단계적 과정이기보다는 오히려 롤러코스터(roller coaster)를 타는 것과 같이 감정변화가 심하고 복잡한 정서 상태가 교차한다(Lund, 2007). 그 과정에서 다음과 같은 일련의 과업들을 처리하지 않으면 안 되는 능동적 과정이기도 하다.

첫째, 상실을 현실적으로 인식하기

사랑하는 사람의 상실을 부정하고 싶은 유혹을 극복하고 상실을 인정하며 그것이 개인의 생활에 주는 영향을 깨달아야 한다.

둘째, 정서적 혼란을 처리하기

상실 후에 경험하는 다양한 정서들을 회피하고 억누르는 것이 아니라 오히려 그것에 직면하고 표현할 수 있는 효과적인 방법을 찾아내야 한다.

셋째, 고인이 없는 생활에 적응하기

고인이 존재하지 않는 현실에 적응하기 위하여 새로운 삶의 패턴을 확립해야 한다.

다섯째, 고인과의 유대를 느슨하게 하기

사회적 연결망을 재형성하기 위하여 고인과의 유대관계에서 벗어나야 한다. 다시 말하면 고인에게 안녕을 고하고 새로운 유대관계를 형성해야 한다는 것이다.

이와 같이 애도는 능동적 대처과정으로서 남은 사람들은 고인이 남기고 간 모든 것은 물론 대인관계, 자신의 내적 자아, 개인적 경험 및 심지어 신(神)과도 타협하지 않으면 안 된다. 따라서 애도는 세상을 다시 배우는 과정이라고 해도 과언이 아니다.

사랑하는 사람과 사별한 사람들의 슬픔은 얼마나 오랫동안 계속되는가? 언뜻 보면 남은 사람들은 사랑하는 사람을 떠나보내고도 단지 몇 주 내에 정상적인 삶을 회복할 수 있는 것처럼 보인다. 그러나 사랑하는 사람과의 사별 후에 뒤따르는 복잡한 정서 상태를 해결하기 위해서는 훨씬 더 오랜 기간이 요구된다.

보통 사별 후 6개월이 지나면 사별을 현실로 받아들이고 미래에 대해 보다 낙관적으로 변화하며 매일의 생활을 꾸려나갈 수 있지만, 실제로 완전한 회복은 불가능하다. 어떤 연구자는 상실로부터 회복한다기보다는 오히려 상실과 함께 사는 것을 학습한다고 말하는 것이 더 정확하다고 주장하였다. '전사한 남편을 가슴에 묻은 어머니'라는 우리의 표현만 보더라도 그것이 얼마나 깊고 오래 지속되는 슬픔인지를 짐작할 수 있다. 사랑하는 사람의 상실로부터 완전히 회복한다는 것은 실제로 불가능한 일이다.

2. 애도의 영향-복합비애

사별한 사람의 10-20%는 고통과 외로움 및 죄책감이 너무 커서 정상적 생활이 어려운 복합비애(complicated grief) 증상을 나타낸다. 복합비애란 사랑하는 사람의 상실 후에 지속적으로 슬픔을 나타내고 심각한 심리적, 신체적 부적응을 보이며 정상적이고 문화적으로 수용되는 애도과정을 벗어난 상태를 의미한다. 그러나 복합비애로 정의될 수 있기 위해서는 애도 반응의 종류와는 상관없이 반응의 강도와 기간이 정상적 범주를 초과해야 한다.

복합비애 증상을 나타내는 사람은 사별 후 6개월이 경과한 후에도 일상생활을 꾸려가기 어렵고 무감각하거나 혼자 분리되어 있다고 느끼며, 고인이 없는 삶은 무의미하다고 생각한다. 이러한 증상을 처음으로 복합비애로 명명한 프리거슨과 그 동료들(Boelen & Prigerson, 2007)은 최근에 지속적인 절망을 포함하고 연장된 기간 동안 해결되지 않은 채 계속되는 이러한 유형의 슬픔을 연장된 비애(prolonged grief)로도 명명될 수 있다고 제안하였다.

그러나 복합비애로 진단하기 위해서는 강한 슬픔이 1년 이상 지속될 때라고 주장하는 사람이 있는가 하면 2년이 경과하여도 강한 슬픔반응이 계속될 때라고 주장하는 사람도 있기 때문에, 슬픔의 지속기간 문제는 더 많은 논의를 필요로 한다.

일반적으로 개인이 정서적으로 의존했던 사람을 상실할 때 복합비애가 나타날 가능성이 가장 크기 때문에 사망한 배우자에게 심하게 의존했던 사람들을 주의깊게 관찰할 필요가 있다. 복합비애는 보통 신체적 건강은 물론 정신적 건강에 심각한 부정적 영향을 준다. 특히 우울증이 심해져 자살을 기도할 수도 있으므로(Kersting & Kroker, 2010) 빠른 시간 내에 심리치료나 상담적 중재가 이루어져야 한다.

참고문헌

강유진 (2011). 손자녀 돌봄과 조부모의 심리적 복지: 돌봄상황, 양육지각, 지원의 상호관련성을 중심으로. **한국인구학, 34**(1), 73-97.

강인 (2003). 성공적 노화의 지각에 관한 연구. **노인복지연구, 20**, 95-116.

고윤주 (1988). 아동 물활론의 발달과 생명개념. **아동학회지, 9**(1), 17-32.

곽금주, 박혜원, 김청택 (2001). 한국 웩슬러 아동지능검사(K-WISC-III) 표준화를 위한 예비연구. **한국심리학회지: 발달, 14**(3), 1-18.

구광수, 홍예주, 후지이 카츠노리 & 이토 모토키 (2012). 한국 여자 청소년 신체발육의 시대적 추이에 관한 검증. **한국발육발달학회지, 20**(3), 141-147.

구정화 (2009). 초등학생의 성역할 고정관념에 대한 학년 및 성별 차이 연구. **사회과교육, 48**(3), 35-46.

김나영, 심혜원 (2012). **초등학생이 지각한 부모양육태도와 학교생활만족도가 인터넷 중독에 미치는 영향**. 한국심리학회 연차학술발표논문집.

김밀양 (2004). 고부관계연구에 대한 이론적 고찰. **한국가족관계학회지, 92**(2), 173-187.

김희경 (2012). 남성노인과 여성노인의 성공적 노화 영향요인. **한국노년학, 32**(3), 819-834.

나은영, 차유리 (2010). 한국인의 가치관 변화 추이: 1979년, 1998년 및 2010년의 조사결과 비교. **한국심리학회지: 사회 및 성격, 24**(4), 63-93.

박영신, 박난희, 김효정 (2009). 영아들의 함께 주의하기와 어휘발달. **한국심리학회지: 발달, 22**(3), 85-103.

박혜원, 곽금주, 박광배 (1996). 한국형 유아지능검사(WPPSI)의 표준화 연구: 표준화연구(1), **한국심리학회지: 발달, 7**(2), 38-52.

백운효 (2009). 초등학교 여학생의 초경 유무에 따른 체격과 체질량지수 및 골밀도 분석. **한국발육발달학회지, 17**(3), 153-157.

서혜경 (1986). **한미 노인들의 죽음에 대한 태도 연구**. 이화여자대학교 대학원 석사학위청구논문.

석상훈, 김헌수 (2012). 노인빈곤의 실태와 결정요인 분석. **재정학연구, 5**(3), 99-124.

송명자 (1994). 한국 중 · 고 대학생의 심리, 사회적 성숙성 진단 및 평가(1): 사회적 규범 및 책임판단 분석. **한국심리학회지: 발달, 7**(2), 53-73.

송숙자, 심희옥 (2003). 아동의 컴퓨터게임 몰두성향과 심리사회 및 행동적 특성에 관한 연구. **아동학회지, 24**(5), 27-41.

신재철, 이찬, 문준, 오민정, 김탁, 구병삼, 홍명호, 박영주 (1996). 한국 10대 여성의 초경에 관한 연구. **대한산부회지, 39**(5), 865-879.

여성가족부 (2012). **2011 청소년백서**.

오경애, 권민희 (1999). 고등학교의 종교성과 자아정체감과의 관계. 영남대학교 통계연구소. **통계처리 상담사례집**, 46-68.

원영미, 박혜원, 이귀옥 (2004). 유아의 기질과 가정환경 및 유아의 부적응행동 간의 관계. **유아교육연구, 24**(2), 311-333.

유병팔 (2006). 노화와 노화방지. 을지재단 설립 50주년 기념 국제학술대회. **노화연구와 고령사회를 대비한 의료대책**. 105-110.

유현숙, 유희정 (2006). 가족관계가 성공적 노화에 미치는 영향. **한국가족복지학, 18**, 5-31.

윤혜미 (2005). 경제적 곤란과 가족갈등이 아동의 적응에 미치는 영향: 아동의 스트레스와 스트레스 대처방식의 상호작용을 중심으로. **한국사회복지학, 57**(3), 133-164.

이수미, 조경자, 김혜리 (2012). 얼굴표정을 통한 정서읽기 능력의 발달적 변화. **한국심리학회지: 발달, 25**(2), 55-72.

이인재 (2007). 영역 구분 모형에 근거한 초등학생의 도덕 및 사회 인습의 발달 특성 연구. **초등도덕교육, 25**, 235-282.

이종승 (2003). Holland의 직업적 성격유형론 탐구. **교육학연구, 41**(3), 1-18.

이지현 (2011). 유아의 성별에 따른 정서조절능력, 사회정보처리과정 및 공격성간의 관계. **아동교육, 20**(3), 225-241.

장근영, 윤진 (1992). 청소년기 자아중심성: 분리-개별화 과정 및 역할취득 수준과의 관계. **한국심리학회지: 발달, 5**(1), 157-175.

장수지 (2011). 문화와 성역할 정체감: 한국, 중국, 일본, 미국 간 비교문화 연구. **한국심리학회지: 사회 및 성격, 25**(3), 31-45.

장휘숙 (1993). 자기효율성의 특성에 관한 관련 연구의 개관. **한국심리학회지: 발달, 6**(2), 16-22.

장휘숙 (1997). **아동기 이후의 애착에 관한 최근 연구의 개관.** 한국심리학회 1997년도 연차학술대회, 439-454.

장휘숙 (2000a). 인간발달연구를 위한 새로운 패러다임의 모색. 한국인간발달학회 제 7회 심포지움 발표논문, **충격적 미래사회의 전망과 인간발달**, 81-103.

장휘숙 (2000b). 애착과 죽음불안 및 관련변인들의 관계. **한국심리학회지: 발달, 13**(1), 127-143.

장휘숙 (2002a). **부모-자녀 갈등-부모와 청소년자녀, 노부모와 성인자녀 및 고부간의 갈등.** 2004 한국심리학회 대외심포지움 발표논문집, 29-52.

장휘숙 (2002b). **전생애 발달심리학과 SOC 이론.** 2002년도 한국심리학회 연차학술발표대회 논문집, 210-215.

장휘숙 (2006). 성인후기의 자아정체감 발달과 중재. 한국발달심리학회 2006학술대회 및 심포지엄 논문집, **발달심리학의 기초와 응용의 만남 : 전생애적 관점에서.** 129-143.

장휘숙 (2009a). 두 자녀 가정 대학생의 형제자매관계 특성. **한국심리학회지: 발달, 22**(4), 1-14.

장휘숙 (2009b). **청년심리학.** 서울: 박영사.

장휘숙 (2010). 청년기 발달과업 성취가 청소년의 5요인 성격특성과 자기존중감 및 행복에 미치는 영향. **한국심리학회지: 발달, 23**(2), 1-16.

장휘숙 (2011). 호위대 모델에 기초한 한국 중년 성인들의 가까운 사회적 관계. **한국심리학회지: 발달, 24**(1), 1-18.

장휘숙 (2012). **성인발달 및 노화심리학.** 서울: 박영사.

장휘숙, 최영임 (2008). 죽음공포와 죽음수용의 관계. **한국심리학회지: 발달, 21**(2), 59-76.

전길양, 임선영 (1998). 노년기 부부갈등과 우울에 관한 연구. **대한가정학회지, 36**(6), 1-12.

정태연 (1992). **충동성과 공격성이 좌절상황에서의 사회정보처리과정에 미치는 영향.** 연세대학교 석사학위 논문.

조강모 (2011). 초등학교 아동의 친사회적 행동 발달에 관한 탐색적 연구. **초등도덕교육, 36**, 205-229.

조한익, 김영미 (2012). 홀랜드 직업성격에 따른 학습기술과 학업성적간의 관계 분석. **청소년학연구, 19**(4), 139-140.

최옥금 (2011). 우리나라 중 · 고령자의 은퇴 과정에 관한 연구: 생애주된일자리와 가교일자리를 중심으로. **한국노년학, 31**(1), 15-31.

최윤영 (2012). 대학생의 신앙성숙도와 자아정체감에 관한 연구. **신앙과 학문, 17**(3), 293-317.

최윤정, 이시연 (2006). 빈곤청소년의 심리적 문제와 비행, 보호요인에 관한 연구. **한국아동복지학, 21**, 89-113.

통계청 (2005). **인구주택총조사보고서.**

통계청 (2010). **2010년 생명표.**

통계청 (2011). **인구동태통계연보.**

통계청 (2012). **2012 한국의 사회지표.**

한경혜, 주지현, 이정화 (2008). 조손가족 조모가 경험하는 손자녀 양육의 보상과 비용. **한국노년학, 28**(4), 1147-1164.

홍현방 (2002). 성공적인 노화와 노인의 종교성 관계 연구. **한국노년학, 22**(3), 245-259.

황혜정 (2002). 아동과 청소년의 친구관계 발달에 관한 연구. **아동학회지, 23**(3), 35-49.

Achenbaum, W. A. (2000). Afterword. In T. R. Cole, R. Kastenbaum, & R. E. Ray (Eds.), *Handbook of the humanities and aging* (2nd ed.), 419-431. New York: Springer.

Adams, G. R. & Jones, R. M. (1983). Female adolescents' identity development: Age comparisons and perceived child-rearing experience. *Developmental Psychology, 19*, 249-256.

Adams, J. C. (2009). Immunocytochemical traits of type IV fibrocytes and their possible relation to cohchlear function and pathology. *Journal of the Association for Research in Otolaryngology, 10*, 360-381.

Adams, K. F., Schatzkin, A., Harris, T. B., Kipnis, V., Mouw, T., Ballard-Barbash, R., & others. (2006). Overweight, obesity, and mortality in a large prospective cohort of persons 50 to 71 years old. *New England Journal of Medicine, 355*, 763-768.

Ainsworth, M. D. S., Blehar, M. C., Waters, E., & Wall, S. (1978). *Patterns of attachment: A psychological study of the strange situation*. Hillsdale, N. J.: Erlbaum.

Aldwin, C. M. (1994). *Stress, coping and development*. New York: Guilford.

Aldwin, C. M., & Gilmer, D. F. (2004). *Health, illness, and optimal aging: Biological and psychosocial perspectives*. Thousand Oaks, CA: Sage.

Allemand, M., Zimprich, D., & Hendriks, A. A. J. (2008). Age differences in five personality domains across the life span. *Developmental Psychology, 44*, 758-770.

Alvarado, K. A., Templer, D. I., Bresler, C., & Thomas－Dobson, S. (1995). The relationship of religious variables to death depression and death anxiety. *Journal of Clinical Psychology, 51*, 202-204.

Alzheimer's Association (2010). 2010 Alzheimer's facts and figures. *Alzheimer's & Dementia, 6*, 158-194.

Alzheimer's Disease Education & Referral Center (2005). *General information*. Retrieved on October 20, 2005 at http://www.alzheimers.org/generalinfo.html

Anderton, B. H. (2002). Aging of the brain. *Mechanisms of Aging and Development, 123*, 811-817.

Angel, J. L., Jimenez, M. A., & Angel, R. J. (2007). The economic consequences of widowhood for older minority women. *Gerontologist, 47*, 224-234.

Antonucci, T. C., & Akiyama, H. (1997). Concern with others at midlife: Care, comfort, or compromise: In M. E. Lachman & J. B. James (Eds.), *Multiple paths of midlife development, 1471-1691*. Chicago: University of Chicago Press.

Antonucci, T. C., Akiyama, H., & Sherman, A. M. (2007). Social support, and integration. In J. E. Birren (Ed.), *Encyclopedia of gerontology* (2nd ed.). San Diego: Academic Press.

Antonucci, T. C., Birditt, K. S., & Akiyama, H. (2009). Convoys of social relations: An interdisciplinary approach. In V. L. Bengtson, D. Gans, N. M. Putney, & M. Silverstein (Eds.), *Handbook of theories of aging* (2nd ed.). New York: Springer.

Antonucci, T. C., Lansford, J. E., & Akiyama, H. (2001). The impact of positive and negative aspects of marital relationships and friendships on the wellbeing of older adults. In J. P. Reinhardt (Ed.), *Negative and positive support*. Mahwah, NJ: Erlbaum.

Arendas, K., Qui, Q., & Gruslin, A. (2008). Obesity in pregnancy: Pre-conceptual to postpartum consequences, *Journal of Obstetrics and Gynecology Canada, 30*, 477-488.

Arnnett, M. (2002). *Handedness and brain asymmetry: The right shift theory*. New York: Psychology Press.

Arnett, J. J. (2006). Emerging adulthood: Understanding the new way of coming of age. In J. J. Arnett & J. L. Tanner (Eds.), *Emerging adults in America*. Washington, DC: American Psychological Association.

Aslin, R. N. (2009). The role of learning in cognitive development. In A. Woodward & A. Needham (Eds.), *Learning and the infant mind*. New York: Oxford University Press.

Aslin, R. N., & Lathrop, A. L. (2008). Visual perception. In M. M. Haith & J. B. Benson (Eds.), *Encyclopedia of infant and early childhood development*. Oxford, UK: Elsevier.

Atchley, R. C. (1976). *The sociology of retirement*. Cambridge, MA: Schenkman.

Atchley, R. C. (2007). Retirement. In J. E. Birren (Ed.), *Encyclopedia of gerontology* (2nd ed.). San Diego: Academic Press.

Atkinson, J. W. & Birch, D. (1978). *Introduction to motivation* (2nd ed.). New York: Van Nostrand.

Aubert, G., & Lansdorp, P. M. (2008). Telomeres and aging. *Physiological Review, 88*, 557-579.

Bagwell, C. L., Bender, S. E., Andreassi, C. L., Konoshita, T. L., Montarello, S. A., & Muller, J. G. (2005). Friendship quality and perceived relationship changes predict psychosocial adjustment in early adulthood. *Journal of Social and Personal Relationships, 22*, 235-254.

Baldwin, S., & Hoffman, J. P. (2002). The dynamics of self-esteem: A growth curve analysis. *Journal of Youth and Adolescence, 31*, 101-131.

Baltes, P. B. (1993). The aging mind: Potential and limits. *The Gerontologist, 33*(5), 580-594.

Baltes, P. B. (2003). On the incomplete architecture of human ontogeny: Selection, optimization, and compensation as foundation of developmental theory. In U. M. Staudinger & U. Lindenberger

(Eds.), *Understanding human development.* Boston: Kluwer.

Baltes, P. B., & Kunzmann, U. (2004). The two faces of wisdom: Wisdom as a general theory of knowledge and judgment about excellence in mind and virtue versus wisdom as everyday realization in people and products. *Human Development, 47*(5), 290-299.

Baltes, P. B., Lindenberger, U., & Staudinger, U. (2006). Lifespan theory in developmental psychology. In W. Damon & R. Lerner (Eds.), *Handbook of child psychology* (6th ed.). New York: Wiley.

Baltes, P. B., Lindenberger, U., & Staudinger, U. M. (1998). Life-span theory in developmental psychology. In R. M. Lerner (Ed.), *Handbook of child psychology, 1, Theoretical models of human development* (5th ed.), 1029-1143. New York: Wiley.

Bandura, A. (1969). Social-learning theory of identificatory process. In D. A. Goslin (Ed.), *Handbook of socialization theory and research.* Rand McNally.

Bandura, A. (1991). Social cognitive theory of moral thought and action. In W. M. Kurtines & J. L. Gewitz (Eds.), *Handbook of moral behavior and development: 1, Theory.* Hillsdale, NJ: Erlbaum.

Bandura, A. (2001). Social cognitive theory. *Annual Review of Psychology.* Palo Alto, CA: Annual Reviews.

Bandura, A. (2002). Selective moral disengagement in the exercise of moral agency. *Journal of Moral Education, 31*, 101-119.

Bandura, A. (2006). Toward a psychology of human agency. *Perspectives on Psychological Science, 1*, 164-180.

Banja, J. (2005). Talking to the dying. *Case Manager, 16*, 37-39.

Barefoot, J. C., Mortensen, E. L., Helms, J., Avlund, K., & Schroll, M. (2001). A longitudinal study of gender differences in depressive symptoms from age 50 to 80. *Psychology and Aging, 16*, 342-345.

Baron-Cohen, S., Leslie, A. M., & Frith, U. (1985). Does the autistic child have a "theory of mind?" *Cognition, 21*, 37-46.

Baroody, A. J. (2000). Does mathematics instruction for three- to five-year olds really make sense? *Young Children, 55*(4), 61-67.

Bauer, P. J. (2009). Learning and memory: Like a horse and carriage. In A. Woodward & A. Needham (Eds.), *Learning and the infant mind.* New York: Oxford University Press.

Bauer, P. J., Wenner, J. A., Dropik, P. I., & Wewerka, S. A. (2000). Parameters of remembering and forgetting in the transition from infancy to early childhood. *Monographs of the Society for Research in Child Development, 65*(4. Serial No. 263).

Baumeister, R. F., Campbell, J. D., Krueger, J. I., & Vohs, K. D. (2003). Does high self-esteem cause better performance, interpersonal success, happiness, or healthier lifestyles? *Psychological Science in the Public Interest,* 4 (No. 1), 1-44.

Baumrind, D., Larzelere, R. E., & Cowan, P. A. (2002). Ordinary physical punishment: Is it harmful? *Journal of Family Psychology, 16*, 91-102.

Bayley, N. (1969). *Manual for the Bayley Scales of Infant Development.* New York: Psychological Corporation.

Bayley, N. (2006). *Bayley Scales of Infant and Toddler Development* (3rd). San Antonio: Harcourt Assessment.

Bearman, S. K., Presnall, K., Martinez, E., & Stice, E. (2006). The skinny on body dissatisfaction: A longitudinal study of adolescent girls and boys. *Journal of Youth and Adolescence, 35*, 217-229.

Bem, S. L. (1978). Beyond androgyny: Some prescriptions for a liberated sexual identity. In J. A. Sherman & F. L. Denmark (Eds.), *The psychology of woman: Future directions in research.* New York: Psychological Dimensions.

Bender, H. L., Allen, J. P., McElhaney, K. B., Antonishak, J., Moore, C. M., Kello, H. O., & others. (2007). Use of harsh physical discipline and developmental outcomes in adolescence. *Development and Psychopathology, 19*, 227-242.

Berg, A. I., Hoffman, L., Hassing, L. B., McClearn, G. E., & Johansson, B. (2009). What matters, and what matters most, for change in life satisfaction in the oldest old? A study over 6 years among individuals 80+. *Aging and Mental Health, 13*, 191-

201.

Berk, L. E. (1992). Children's private speech: An overview of theory and the status of research. In R. M. Diaz & L. E. Berk (Eds.), *Private speech: From social interaction to self-regulation*. 17-53. Hillsdale, NJ: Erlbaum.

Berko Gleason, J. (2009). The development of language: An overview. In J. Berko Gelason & N. B. Ratner (Eds.), *The development of language* (7th ed.). Boston: Allyn & Bacon.

Bertenthal, B. I., & Bradbury, A. (1992). Infants' detection of shearing motion in random-dot displays. *Developmental Psychology, 28*, 1056-1066.

Bertenthal, B. I., Longo, M. R., & Kenny, S. (2007). Phenomenal permanence and the development of predictive tracking in infancy. *Child Development, 78*, 350-363.

Best, D. L. (2010). Gender. In M. H. Bornstein (Ed.), *Handbook of cultural developmental science*. New York: Oxford University Press.

Birren, J. W., Woods, A. M., & Williams, M. V. (1980). Behavioral slowing with age: Causes, organization, and consequences. L. W. Poon (Ed.), *Aging in the 1980s*. Washington, DC: American Psychological Association.

Bjorklund, D. F., Dukes, C., & Brown, R. D. (2009). The development of memory strategies. In M. L. Courage & N. Cowan (Eds.), *The development of memory in infancy and childhood* (pp. 145-176). New York, NY: Psychology Press.

Blakemore, J. E. O., Berenbaum, S. A., & Liben, L. S. (2009). *Gender development*. Cifton, NJ: Psychology Press.

Block, J. H. (1976). Issues, problems and pitfalls in assessing sex differences: A critical review of the psychology of sex differences. *Merrill-Palmer Quarterly, 22*, 283-308.

Blossfeld, H-P. (2009). Globalization. In D. Carr (Ed.), *Encyclopedia of the life course and human development*. Boston: Gale Cengage.

Boelen, P. A., & Prigerson, H. G. (2007). The influence of symptoms of prolonged grief disorder, depression, and anxiety on quality of life among bereaved adults: A prospective study. *European Archives of Psychiatry and Clinical Neuroscience, 257*, 442-452.

Bohlmeijer, E., Valenkamp, M., Westerhof, G. J., Smit, F., & Cuijpers, P. (2004). *Creative reminiscence as an early intervention for depression: Results of a pilot project*. Manuscript submitted for publication.

Bondare, W. (2007). Brain and central nervous system. In J. E. Birren (Ed.), *Encyclopedia of gerontology* (2nd ed.). San Diego: Academic Press.

Bornstein, M. H., 박성연, & Cote, L. R. (2004). 걸음마기 한국아동의 어휘발달: 단어유목, 어휘구성, 성차 및 개인차에 관한 기초분석. **아동학회지 25**(2), 19-39.

Bowlby, J. (1969). *Attachment and Loss, 1, Attachment*. New York: Basic Books.

Bowlby, J. (1989). *Secure and insecure attachment*. New York: Basic Books.

Boyce, P. M. (2003). Risk factors for postnatal depression: A review and risk factors in Australian populations. *Archives of Women's Mental Helath, Supplement 2*, S43-S50.

Brandstädter, J. (1999). Sources of resilience in the aging self. In T. M. Hess & F. Blanchard-Fields (Eds.), *Social cognition and aging*, 123-141. San Diego: Academic Press.

Brazelton, T. B. (1984). *Neonatal Behavioral Assessment Scale*. Philadelphia: Lippincott.

Breitbart, W. (2010). Physician-assisted suicide ruling in Montana: Struggling with care of the dying, responsibility, and freedom in Big Sky Country. *Palliative and Supportive Care, 8*, 1-6.

Brendgen, R. M. (2009). Aggression, childhood and adolescence. In D. Carr (Ed.), *Encyclopedia of the life course and human development*. Boston: Gale Cengage.

Brissett, I., Scheier, M. F., & Carver, C. S. (2002). The role of optimism in social network development, coping, and psychological adjustment during a life transition. *Journal of Personality and Social Psychology, 82*, 102-111.

Brody, E. M. (2004). *Women in the middle: Their parent care years*. New York: Springer Publishers.

Brody, G. H., Stoneman, A., & McCoy, J. K. (1994).

Forecasting sibling relationships in early adolescence from child temperaments and family processes in middle childhood. *Child Development, 65*, 771-784.

Bronfenbrenner, U. (1979). *The ecology of human development*. Cambridge, MA: Harvard University Press.

Bronfenbrenner, U. (1989). Ecological systems theory. In R. Vasta (Ed.), *Annals of child development, 6*, 187-251. Greenwich, CT: JAI Press.

Bronfenbrenner, U. (1995). Developmental ecology through space and time: A future perspective. In P. Moen, G. H. Elder, et al. (Eds.), *Examining lives in context: Perspectives on the ecology of human development* (pp. 619-647). Washington, DC: American Psychological Association.

Bronfenbrenner, U., & Crouter, A. C. (1983). The evolution of environmental models in developmental research. In W. Kessen (Ed.), *Handbook of child psychology: 1, history, theory and methods* (4th ed.). New York: Wiley.

Bronfenbrenner, U., & Morris, P. A. (2006). The ecology of human development. In W. Damon & R. Lerner (Eds.), *Handbook of child psychology* (6th ed.). New York: Wiley.

Brown, B. B., & Larson, J. (2009). Peer relationships in adolescence. In R. M. Lerner & L. Steinberg (Eds.), *Handbook of adolescent development* (3rd ed.). New York: Wiley.

Brown, S. L., Nesse, R. M., House, J. S., & Utz, R. L. (2004). Religion and emotional compensation: Results from a prospective study of widowhood. *Personality and Social Psychology Bulletin, 30*, 1165-1174.

Bruce, J. M., Olen, K., & Jensen, S. J. (1999). *The role of emotion and regulation in social competence.* Paper presented at the meeting of the Society for Research in Child Development, Albuquerque.

Bruner, J. S. (1983). *Child's talk: Learning to use language*. New York: Norton.

Bucur, B., & Madden, D. J. (2007). Information processing/cognition. In J. E. Birren (Ed.), *Encyclopedia of gerontology* (2nd ed.). San Diego: Academic Press.

Buhrmester, D. (1998). Need fulfillment, interpersonal competence, and the developmental contexts of early adolescent friendship. In W. M. Bukowski & A. F. Newcomb (Eds.), *The company they keep: Friendship in childhood and adolescence*. New York: Cambridge University Press.

Buhrmester, D., & Carbery, J. (1992). *Daily patterns of self-disclosure and adolescent adjustment*. Paper presented at the biennial meeting of the Society for Research on Adolescence, Washington, DC.

Bukowski, W. M., Motzoi, C., & Meyer, F. (2009). Friendship as process, function, and outcome. In K. H. Rubin, W. M. Bowkowski, & B. Laursen (Eds.), *Handbook of peer interactions, relationships, and groups*. New York: Guilford.

Bullock, M., & Lutkenhaus, P. (1990). Who am I ? The development of self-understanding in toddlers. *Merrill-Palmer Quarterly, 36*, 217-238.

Buss, K. A., & Goldsmith, H. H. (2007). Biobehavioral approaches to early socioemotional development. In C. A. Brownell & C. B. Kopp (Eds.), *Socioemotional development in the toddler years*. New York: Guilford.

Butler, R. N. (1968). The life review: An interpretation of reminiscence in the aged. In B. Neugarten (Ed.), *Middle age and aging* (pp. 486-496). Chicago: University of Chicago Press.

Butler, R. N. (2007). Life review. In J. E. Birren (Ed.), *Encyclopedia of gerontology* (2nd ed.). San Diego: Academic Press.

Butler, R. N., & Lewis, M. (2002). *The new love and sex after 60*. New York: Ballentine.

Byrnes, J. P. (2003). Cognitive development during adolescence. In G. Adams & M. Berzonsky (Eds.), *Blackwell handbook of adolescence*. Malden, MA: Blackwell.

Cahill, K. E., Giandrea, M. D., & Quinn, J. F. (2006). Retirement patterns from career employment. *The Gerontologist, 46*(4), 514-523.

Calderone, M. S. (1983). *Fetal erection and its message to us.* SIECUS Report, II(5/6), 9-16.

Campbell, J. D., Yoon, D. P., & Johnstone, B. (2009). Determining relationship between physical health and spiritual experience, religious practices, and congregational support in a heterogeneous sample. *Journal of Religion and Health, 49*, 3-17.

Campos, J. J. (2009). Unpublished review, Santrock, J. W. *Life-span development* (13th ed.). New York: McGraw-Hill.

Campos, J. J., Langer, A., & Krowitz, A. (1970). Cardiac responses on the visual cliff in prelocomotor human infants. *Science*, 196-197.

Candore, G., & others. (2006). Immunogenetics, gender, and longevity. *Annals of the New York Academy of Sciences, 1089*, 516-537.

Carr, D. (2009). Death and dying. In D. Carr (Ed.), *Encyclopedia of the life course and human development*. Boston: Gale Cengage.

Carstensen, L. L. (1997). *Psychology and the aging revolution*. Symposium presented at the meeting of the American Psychological Association, Chicago.

Carstensen, L. L. (1998). A life-span approach to social motivation. In J. Heckhausen & C. Dweck (Eds.), *Motivation and self-regulation across the life span*. New York: Cambridge University Press.

Carstensen, L. L. (2006). The influence of a sense of time on human development. *Science, 312*, 1913-1915.

Carstensen, L. L. (2008). *Long life in the 21st century*. Paper presented at the meeting of the Association of Psychological Science, Chicago.

Carver, L. J., & Bauer, P. J. (2001). The dawning of a past: The emergence of long-term explicit memory in infancy. *Journal of Experimental Psychology: General, 130*(4), 726-745.

Casey, B. J., Tottenham, N., Liston, C., & Durston, S. (2005). Imaging the developing brain: What have we learned about cognitive development? *Trends in Cognitive Sciences, 9*, 104-110.

Cashon, C. (2010). Development of specialized face perception during infancy: A information-processing perspective. In L. Oakes, C. Cashon, M. Casasola, & D. Rakison (Eds.), *Infant perception and cognition*. New York: Oxford University Press.

Caspers, K. M., Paraiso, S., Yucuis, R., Troutman, B., Arndt, S., & Philibert, R. (2009). Association between the serotonin transporter polymorphism (5-HTTLPER) and adult unresolved attachment. *Developmental Psychology, 45*, 64-76.

Caspi, A., & Roberts, B. W. (2001). Personality development across the life course: The argument for change and continuity. *Psychological Inquiry, 12*, 49-66.

Cavallini, E., Pagnin, A., & Vecchi, T. (2003). Aging and everyday memory: The beneficial effect of memory training. *Archives of Gerontology and Geriatrics, 37*, 241-257.

Cattell, R. B. (1963). Theory of fluid and crystallized intelligence: A critical experiment. *Journal of Educational Psychology, 54*, 1-22.

Cavanagh, S. E. (2009). Puberty. In D. Carr (Ed.), *Encyclopedia of the life course and human development*. Boston: Gale Cengage.

Centers for Disease Control and Prevention. (2006). *Assisted reproductive success rates*. Atlanta: Author.

Charles, S. C., & Piazza, J. R. (2007). Memories of social interactions: Age differences in emotional intensity. *Psychology and aging, 22*, 300-309.

Charles, S. T., & Carstensen, L. L. (2010). Social and emotional aging. *Annual Review of Psychology* (Vol. 61). Palo Alto, CA: Annual Reviews.

Chen, A. (2007). Learning to map: Strategy discovery and strategy change in young children. *Developmental Psychology, 43*, 386-403.

Chomsky, N. (1972). *Language and mind* (2nd ed.). New York: Harcourt Brace & World.

Cicirelli, V. (2009). Sibling relationships, later life. In D. Carr (Ed.), *Encyclopedia of the life course and human development*. Boston: Gale Cengage.

Clausen, J. A. (1993). *American lives*. New York: Free Press.

Clay, O. J., & others. (2009). Visual function and cognitive speed of processing mediate age-related decline in memory span and fluid intelligence. *Journal of Aging and Health, 21*, 547-566.

Clifton, R. K., Muir, D. W., Ashmead, D. H., & Clarkson, M. G. (1993). Is visually guided reaching in early infancy a myth? *Child Development, 64*, 1099-1110.

Cohen, L. B., & Cashon, C. H. (2003). Infant

perception and cognition. In R. M. Lerner, M. A. Easterbrooks, & J. Mistry (Eds.), *Handbook of psychology: 6. Developmental psychology*, 65-89. New York: Wiley.

Coker, R. H., Williams, R. H., Kortebein, P. M., Sullivan, D. H., & Evans, W. J. (2009). Influence of exercise intensity on abdominal fat and adiponectin in elderly adults. *Metabolic Syndrome and Related Disorders, 94*, 4258-4266.

Cole, T. J. (2003). The secular trend in human physical growth: A biological view. *Economics and Human Biology, 1*, 161-168.

Commons, M. L., & Bresette, L. M. (2006). Illuminating major creative scientific innovators with postformal stages. In C. Hoare (Ed.), *Handbook of adult development and learning*. New York: Oxford University Press.

Concannon, P., & others. (2009). Genomewide scan for linkage to type 1. *Diabetes, 58*, 1018-1022.

Condry, K. F., Smith, W. C., & Spelke, E. S. (2001). Development of perceptual organization. In F. Lacerda, C. von Hofsten, & M. Heimann (Eds.), *Emerging cognitive abilities in infancy*. Mahwah, NJ: Erlbaum.

Conolly, J., & Goldberg, A. (1999). Romantic relationships in adolescence. In W. Furman, B. B. Brown, & C. Feiring (Eds.), *The development of romantic relationships in adolescence* (pp. 266-290). NY: Cambridge University Press.

Conway, P., Boeckel, J., Shuster, L., & Wags, J. (2010). Grandparent caregiver's use of resources and services, level of burden, and factors that mediate their relationship. *Journal of Intergenerational Relationships, 8*, 128-144.

Coren, S., & Halpern, D. F. (1991). Left-handedness: A marker for decreased survival fitness. *Psychological Bulletin, 109*, 90-106.

Cornwell, K. S., Harris, L. J., & Fitzgerald, H. E. (1991). Task effects in the development of hand preference in 9-, 13-, and 20-month-old infant girls. *Developmental Neuropsychology*, *7*, 19-34.

Costa, P. T., & McCrae, R. R. (1998). Personality assessment. In H. S. Friedman (Ed.), *Encyclopedia of mental health, 3*. San Diego: Academic Press.

Costanzo, P. R., & Shaw, M. E. (1966). Conformity as a function of age level. *Child Development, 37*, 967-975.

Cote, J. E. (2009). Identity formation and self development in adolescence. In R. M. Lerner & L. Steinberg (Eds.), *Handbook of adolescent psychology* (2nd ed.). New York: Wiley.

Cotter, D., Hermsen, J. M., & Vanneman, R. (2011). The end of the gender revolution? Gender role attitudes from 1977 to 2008. *American Journal of Sociology, 117*(1), 259-289.

Courage, M. L., & Richards, J. E. (2008). Attention. In M. M. Haith & J. B. Benson (Eds.), *Encyclopedia of infant and early childhood development*. Oxford, UK: Elsevier.

Craig, G. J., & Dunn, W. L. (2007). *Understanding human development*. Prentice Hall.

Craig, G. J., & Kermis, M. D. (1995). *Children today*. Englewood Cliffs, NJ: Prentice Hall.

Crane, J. D., Devries, M. C., Safdar, A., Hamadeh, M. J., & Tarnopolsky, M. A. (2010). The effect of aging on human skeletal muscle mitochondrial and intramyocellular lipid ultrastructure. *Journal of gerontology: Biological Sciences and Medical Sciences, 65A*, 119-128.

Crowther, M. R., Parker, M. W., Achenaum, W. A., Larimore, W. L., & Koenig, H. G. (2002). Rowe and Kahn's model of successful aging revisited: Positive spirituality-The forgotten factor. *The Gerontologist, 42*(5), 613-620.

Cuddy-Casey, M., & Orvaschel, H. (1997). Children's understanding of death in relation to child suicidality and homicidality. *Death Studies, 17*, 33-45.

Cumming, E. & Henry, W. E. (1961). *Growing old: The process of disengagement.* New York: Basic Books.

Dale, P. S., Dionne, G., Eley, T. C., & Plomin, R. (2000). Lexical and grammatical development: A behavioral genetic perspective. *Journal of Child Language, 27*, 619-642.

Damon, W. (1988). *The moral child*. New York: Free Press.

Davis-Kean, P. E., Jager, J., & Collins, W. A. (2009).

The self in action: An emerging link between self-beliefs and behaviors in middle childhood. *Child Development Perspectives, 3*, 184-188.

Dawson, G., Ashman, S. B., Panagiotides, H., Hessl, D., Self, J., Yamada, E., & Embry, L. (2003). Preschool outcomes of children of depressed mothers: Role of maternal behavior, contextual risk, and children's brain activity. *Child Development, 74*, 1158-1175.

De Berardis, G., Pellegrini, G., Franciosi, M., Pamparana, F., Morelli, P., & Togoni, G. (2009). Management of erectile dysfunction in general practice. *Journal of Sexual Medicine, 6*, 1127-1134.

de Haan, & Johnson, M. H. (2003). Mechanisms and theories of brain development. In M. de Haan & M. H. Johnson (Eds.), *The cognitive neuroscience of development* (pp. 1-18). UK: Psychology Press.

Decasper, A. J., Lecanuet, J. P., Busnel, M. C., & Granier-Deferre, C. (1994). Fetal reactions to recurrent maternal speech. *Infant Behavior and Development, 17*, 159-164.

Deeg, D. J. H. (2005). The development of physical and mental health from late midlife to early old age. In S. L. Willis & Martin (Eds.), *Middle adulthood*. Thousand Oaks, CA: Sage.

Delaloye, C., & others. (2009). The contribution of aging to the understanding of the dimensionality of executive functions. *Archives of Gerontology and Geriatrics, 49*, 51-59.

Demorest, A. Meyer, C., Phelps, E., Gardner, H., & Winner, E. (1984). Words speak louder than actions: Understanding deliberately false remarks. *Child Development, 55*, 1527-1534.

Denham, S. A. (1998). *Emotional development in young children*. New York: Guilford.

Diener, E., Emmons, R. A., Larsen, R. J., & Griffin, S. (1985). The satisfaction with life scale. *Journal of Personality Assessment, 49*, 71-75.

Dirix, C. E. H., Nijhuis, J. G., Jongsma, H. W., & Hornstra, G. (2009). Aspects of fetal learning and memory. *Child Development, 80*, 1251-1258.

Dishion, T. J., & Piehler, T. F. (2009). Deviant by design: Peer contagion in development, interventions, and schools. In K. H. Rubin, W. M. Bukowski, & B. Laursen (Eds.), *Handbook of peer interactions, relationships, and groups*. New York: Guilford.

Dodge, K. A. (1983). behavioral antecedents of peer social status. *Child Development, 54*, 1386-1399.

Dodge, K. A. (2001). The science of youth violence prevention: Progressing from developmental psychopathology to efficacy to effectiveness in public policy. *American Journal of Preventive Medicine, 20*, 63-70.

Dodge, K. A., Coie, J. D., & Lynam, D. R. (2006). Aggression and antisocial behavior in youth. In W. Damon & R. Lerner (Eds.), *Handbook of child psychology* (6th ed.). New York: Wiley.

Dodwell, P., Humphrey, G. K., & Muir, D. (1987). Shape and pattern perception. In P. Salapatek & L. Cohen (Eds.), *Handbook of Infant Perception*. New York: Academic Press.

Dollard, J., & Miller, N. E. (1950). *Personality and psychotherapy*. New York: McGraw-Hill.

Domsch, H., Lohaus, A., & Thomas, H. (2009). Prediction of childhood cognitive abilities from a set of early indicators of information processing capabilities. *Infant Behavior and Development, 32*, 91-102.

Dosoky, M. EL., & Amoudi, F. AL. (1997). Menarcheal age of school girls in the city of Jeddah, Saudi Arabia. *Journal of Obstetrics and Gynaecology, 17*, 195.

Dunkle, R. E. (2009). Oldest old. In D. Carr (Ed.), *Encyclopedia of the life course and human development*. Boston: Gale Cengage.

Dunn, G. P. (2009). Principles and core competencies of surgical palliative care: An overview. *Otolaryngologic Clinics of North America, 42*, 1-13.

Dunn, J., Slomkowski, C., & Beardsall, L. (1994). Sibling relationships from the preschool period through middle childhood and early adolescence. *Developmental Psychology, 30*, 315-324.

Dupre, M. E., & Meadows, S. O. (2007). Disaggregating the effects of marital trajectories on health. *Journal of Family Issues, 28*, 623-652.

Durston, S., Hulshoffpol, H. E., Casey, B. J., Giedd, J. N. Buitelaar, J. K., & Van Engeland, H. (2001). Anatomical MRI of the developing brain: What have we learned? *Journal of the American Academy of Child and Adolescent Psychiatry, 40*, 1012-1020.

Eccles, J. S., Midgley, C., Wigfield, A., Buchanan, C. M., Reuman, D., Flanagan, C., & MacIver, D. (1993). Development during adolescence. The impact of stage-environment fit on young adolescents' experiences in schools and in families. *American Psychologist, 48*, 90-101.

Eichorn, D. H., Clausen, J. A., Haan, N., Honzik, M. P., & Mussen, P. H. (Eds.). (1981). *Present and past in middle life*. New York: Academic Press.

Eisenberg, N. (1982). The development of reasoning regarding prosocial behavior. In N. Eisenberg (Ed.), *The development of prosocial behavior*. New York: Academic Press.

Eisenberg, N., Fabes, R. A., & Spinrad, T. L. (2006). Prosocial development. In W. Damon & R. Lerner (Eds.), *Handbook of child psychology* (6th ed.). New York: Wiley.

Eisenberg, N., Fabes, R. A., Benzweig, J., Karbon, M., Poulin, R., & Hanish, L. (1993). The relations of emotionality and regulation to preschooler's social skills and sociometric status. *Child Development, 64*, 1418-1438.

Eisenberg, N., Fabes, R. A., Guthrie, I. K., & Reiser, M. (2002). The role of emotionality and regulation in children's social competence and adjustment. In L. Pulkkinen & A. Caspi (Eds.), *Paths to successful development*. New York: Cambridge University Press.

Eisenberg, N., Morris, A. S., McDaniel, B., & Spinrad, T. L. (2009). Moral cognitions and prosocial responding in adolescence. In R. M. Lerner & L. Steinberg (Eds.), *Handbook of adolescent psychology* (3rd ed.). New York: Wiley.

Eisenberg, N., Richard, A. F., & Spinrad, T. L. (2006). Prosocial development. In N. Eisenberg, W. Damon, & R. Lerner (Series Eds.), *Handbook of child psychology: Social, emotional and personality development*. New York: Wiley.

Elkind, D. (1967). Egocentrism in adolescence. *Child Development, 38*, 1025-1034.

Ellis, S., Rogoff, B., & Cromer, C. C. (1981). Age segregation in children's social interaction. *Developmental Psychology, 17*, 399-407.

Erel, O., Margolin, G., & John, R. S. (1998). Observed sibling interaction: Links with the marital and the mother-child relationship. *Developmental Psychology, 34*, 288-298.

Erikson, E. H. (1959). The problem of ego identity. *Psychological Issues, 1*, 101-164.

Erikson, E. H. (1963). *Childhood and society* (2nd ed.). New York: Norton.

Erikson, E. H. (1968). *Identity: Youth and crisis*. New York: Norton.

Esposito, K., & others (2009). Effects of intensive lifestyle changes on erectile dysfunction in men. *Journal of Sexual Medicine, 6*, 243-250.

Fagan, J. F., Holland, C. R., & Wheeler, K. (2007). The prediction from infancy of adult IQ and achievement. *Intelligence, 35*, 225-231.

Fakhoury, J., Nimmo, G. A., & Autexier, C. (2007). Harnessing telomerase in cancer therapeutics. *Anti-Cancer Agents in Medicinal Chemistry, 7*, 475-483.

Fantz, R. L. (1961). The origin of form perception. *Scientific American, 206*, 66-72.

Fantz, R. L. (1963). Pattern vision in newborn infants. *Science, 140*, 286-297.

Farrington, D. P., Ttofi, M. M., & Coid, J. W. (2009). Development of adolescent-limited, late-onset, and persistent offenders from 8 to age 48. *Aggressive Behavior, 35*, 150-163.

Feinberg, M., & Hetherington, E. M. (2001). Differential parenting as a within-family variable. *Journal of Family Psychology, 15*, 22-37.

Feldman, D. H. (2003). Cognitive development in childhood. In R. Lerner, M. A. Esterbrooks, & J. Mistry (Eds.), *Handbook of psychology: 6, Developmental psychology*, 195-210. New York: Wiley.

Feng, W., Hendry, R. M., & Adams, R. J. (2010). Risk of recurrent stroke, myocardial infarction, or death in hospitalized stroke patients. *Neurology, 74*, 588-593.

Fingerman, K. L., Whiteman, S. D., & Dotterer,

A. M. (2009). Mother-child relationships in adolescence and old age. In H. T. Reis & S. K. Sprecher (Eds.), *Encyclopedia of human relationships*. Thousand Oaks, CA: Sage.

Fiske, A., Wetherell, J. L., & Gatz, M. (2009). Depression in older adults. *Annual Review of Clinical Psychology* (Vol. 5). Palo Alto, CA: Annual Reviews.

Fitzgerald, H. E. (2005). Alcoholism prevention programs for children. In C. B. Fisher & R. M. Lerner (Eds.), *Encyclopedia of applied developmental science 1*, 73-76. Thousand Oaks, CA: Sage.

Flavell, J. H., Miller, P. H., & Miller, S. (2002). *Cognitive development* (4th ed.). Upper Saddle River, NJ: Prentice Hall.

Flavell, J. H., Miller, P. H., & Miller, S. A. (1993). *Cognitive development*. Englewood Cliffs, NJ: Prentice Hall.

Flegal, W. A. (2007). Blood group genotyping in Germany. *Transfusion, 47* (Suppl. 1), S47-S53.

Flood, D. G., & Coleman, P. D. (1990). Hippocampal plasticity in normal aging and decreased plasticity in Alzheimer's disease. *Progress in Brain Research, 83*, 435-443.

Flynn, J. R. (2007). The history of the American mind in the 20th century: A scenario to explain IQ gains over time and a case for the relevance of g. In P. C. Kyllonen, R. D. Roberts, & L. Stankov (Eds.), *Extending intelligence*. Mahwah, NJ: Erlbaum.

Folkman, S., Lazarus, R. S., Pimley, S., & Novack, J. (1987). Age differences in stress and coping processes. *Psychology and Aging, 2*, 171-184.

Fortner, B. V., Neimeyer, R. A., & Rybarczyk, B. (2000). Correlates of death anxiety in older adults: A comprenhensive review. In A. Tomer (Ed.). *Death attitudes and the older adult: Theories, concepts, and applications* (pp. 95-108). Philadelphia: Taylor Francis.

Fowler, J. W. (1996). *Faithful change*. Nashville, TN: Abingdon Press.

Fowler, C. G., & Leigh-Paffenroth, W. B. (2007). Hearing. In J. E. Birren (Ed.), *Encyclopedia of gerontology* (2nd ed.). San Diego: Academic Press.

Fowler, J. W., & Dell, M. L. (2006). Stages of faith from infancy through adolescence: Reflections on three decades of faith development theory. In E. C. Roehlkepartain, P. E. King, & L. M. Wegener (Eds.), *The handbook of spiritual development in childhood and adolescence*. Thousand Oaks, CA: Sage.

Fox, N. A. (1991). If it's not left, it's right. *American Psychologist, 46*, 863-872.

Fozard, J. L. (2000). Sensory and cognitive changes with age. In K. W. Schaie & M. Pietrucha (Eds.), *Mobility and transportation in the elderly*. New York: Springer.

Frankenburg, W. K., Frandal, A., Sciarillo, W., & Burgess, D. (1981). The newly abbreviated and revised Denver Developmental Screening Test. *Journal of Pediatrics, 99*, 995-999.

Franklin, A., Pilling, M., & Davis, I. (2005). The nature of infant color categorization: Evidence from eye movements on a target detection task. *Journal of Experimental Child Psychology, 91*, 227-248.

Frederikse, M., Lu, A., Aylward, E., Barta, P., Sharma, T., & Pearlson, G. (2000). Sex differences in inferior lobule volume in schizophrenia. *American Journal of Psychiatry, 157*, 422-427.

Freud, A. (1969). Adolescence as a developmental disturbance. In *Adolescence* (Ed.), G. Caplan & S. Lebovici. New York: Basic Books.

Freud, S. (1973). *An outline of psychoanalysis*. London: Hogarth. (Original work published 1938)

Freund, A. M., & Lamb, M. E. (2011). Introduction: Social and emotional development across the life span. In R. M. Lerner, W. F. Overton, A. M. Freund, & M. E. Lamb (Eds.), *Handbook of life-span development*. New York: Wiley.

Fujii, K., Nho, H., Kim, S., & Hanai, T. (2008a). Confirmation regarding secular trend of physical growth in Korean school students by wavelet interpolation method: Analysis from secular trend of age at MPV of height and weight. *The Journal of Education and Health Science, 54*(2), 129-140.

Fujii, K., Kim, S., & Nho, H. (2008b). Confirmation regarding secular trend of height growth in Korean school students by wavelet interpolation method: Analysis from secular trend of age at MPV. *The Korean Journal of Growth and Development, 16*(4), 233-

237.

Furman, W., & Buhrmester, D. (1992). Age and sex differences in perceptions of networks of personal relationships. *Child Development, 63*, 103-115.

Furman, W., Ho, M., & Low, S. (2005). *Adolescent dating experiences and adjustment*. Paper presented at the meeting of the Society for Research in Child Development, Atlanta.

Gagliardi, A. (2005). Postpartum depression. In C. B. Fisher & R. M. Lerner (Eds.), *Encyclopedia of applied developmental science 2*, 867-870. Thousand Oaks, CA: Sage.

Galimberti, D., & Scarpini, E. (2010). Treatment of Alzheimer's disease: Symptomatic and disease-modifying approaches. *Current Aging Science, 3*, 46-56.

Gardner, H. (1983). *Frames of mind: The theory of multiple intelligences*. New York: Basic Books.

Gardner, H. (2002). The pursuit of excellence through education. In M. Ferrari (Ed.), *Learning from extraordinary minds*. Mahwah, NJ: Erlbaum.

Gatz, M., Reynolds, C. A., Fratiglioni, L., Johansson, B., Mortimer, J. A., Berg, S., Fiske, A., & others. (2006). Role of genes and environments for explaining Alzheimer's disease. *Archives of General psychiatry, 63*, 168-174.

Ge, X., & Natsuaki, M. N. (2010). In search of explanations for early pubertal timing effects on developmental psychopathology. *Current Directions in Psychological Science, 18*, 327-331.

Geasler, M. J., Dannison, L. L., & Edlund, C. J. (1995). Sexuality education of young children. Parental concerns. *Family Relations, 44*, 184-188.

Gee, C. L., & Heyman, G. D. (2007). Children's evaluations of other people's self-descriptions. *Social Development, 16*, 800-818.

Gershoff, E. T. (2002). Corporal punishment by parents and associated child behaviors and experiences: A meta-analysis and theoretical review. *Psychological Bulletin, 128*, 539-579.

Gesell, A. (1934). *An atlas of infant behavior*. New Haven, CT: Yale University Press.

Gibbs, J. C. (2010). *Moral development and reality. Beyond the theories of Kohlberg and Hoffman* (2nd ed.). Boston, MA: Allyn & Bacon.

Gibbs, J. C., Basinger, K. S., Grime, R. L., & Snarey, J. R. (2007). Moral judgment development across cultures: Revisiting Kohlberg's universality claims. *Developmental Review, 27*, 443-500.

Gibson, E. J. (1969). *Principles of perceptual learning and development*. New York: Appleton Century- Crofts.

Gibson, E. J. (2000). Commentary on perceptual and conceptual processes in infancy. *Journal of Cognition and Development, 1*(1), 43-48.

Gibson, E. J. & Walk, R. D. (1960). The 'visual cliff". *Scientific American*, 64-71.

Giedd, J. N. (2008). The teen brain: Insights from neuroimaging. *Journal of Adolescent Health, 42*, 335-343.

Gilligan, C. (1982). *In a different voice: Psychological theory and women's development*. Cambridge, MA: Harvard University Press.

Gilligan, C. (1990). Teaching Shakespeare's sister. In C. Gilligan, N. Lyons, & T. Hammer (Eds.), *Making connections: The relational worlds of adolescent girls at Emme Willard School*. Cambridge, MA: Harvard University Press.

Gilligan, C. (1996). The centrality of relationships in psychological development: A puzzle, some evidence, and a theory: In G. G. Noam & K. W. Fischer (Eds.), *Development and vulnerability in close relationships*. Hillsdale, NJ: Erlbaum.

Ginzberg, E. (1984). Career development. In D. Brown, L. Brooks, & Associates (Eds.), *Career choice and development*. Sanfrancisco: Jossey-Bass.

Giullot, M. (2009). Life expectancy. In D. Carr (Ed.), *Encyclopedia of the life course and human development*. Boston: Gale Cengage.

Gleason, R. R., Sebanc, A. M., & Hartup, W. W. (2000). Imaginary companions of preschool children. *Developmental Psychology, 36*, 419-428.

Goldberg, W. A., Greenberger, E., & Nagel, S. K. (1996). Employment and achievement: Mothers' parenting behaviors. *Child Development, 67*, 1512-1527.

Goldfield, B. A., & Snow, C. A. (2009). Individual

differences in language development. In J. Berko Gleason & N. Ratner (Eds.), *The development of language* (7th ed.). Boston: Allyn & Bacon.

Goldsmith, H. H. (2011). Human development: Biological and genetic process. *Annual review of psychology* (Vol. 62). Palo Alto, CA: Annual Reviews.

Good, M., & Willoughby, T. (2008). Adolescence as a sensitive period for spiritual development. *Child Development Perspectives, 2*, 32-37.

Gosden, R. G. (2007). Menopause. In J. E. Birren (Ed.), *Encyclopedia of gerontology* (2nd ed.). San Diego: Academic Press.

Gottesman, I. I. (1963). Genetic aspects of intelligent behavior. In N. Ellis (Ed.), *Handbook of mental deficiency*. New York: McGraw-Hill.

Gottlieb, G. (2007). Probabalistic epigenesis. *Developmental Science, 10*, 1-11.

Graber, J. A., Brooks-Gunn, J., & Warren, M. P. (2006). Pubertal effects on adjustment in girls: Moving from demonstrating effects to identifying pathways. *Journal of Youth and Adolescence, 35*, 391-401.

Graham, S. (2005). Commentary in *USA TODAY*, p. 20.

Guilford, J. P. (1967). *The nature of human intelligence*. New York: McGraw-Hill.

Gur, R. C., & others. (1995). Sex differences in regional cerebral glucose metabolism during a resting state. *Science, 267*, 528-531.

Gustafsson, J-E. (2007). Schooling and intelligence: Effects of track of study on level and profile of cognitive abilities. In P. C. Kyllonen, R. D. Roberts, & L. Stankov (Eds.), *Extending intelligence*. Mahwah, NJ: Erlbaum.

Haber, D. (1994). *Health promotion and aging*. New York: Springer.

Habermas, T., & Bluck, S. (2000). Getting a life: The emergence of the life story in adolescence. *Psychological Bulletin, 126*, 748-769.

Hackney, M. E., & Earhart, G. M. (2010). Effects of dance on balance and gait in severe Parkinson disease: A case study. *Disability and Rehabilitation, 32*, 679-684.

Hagestad, G. O. (1982). Parent and Child: Generations in the family. T. M. Field, A. Huston, H. C. Quay, L. Troll, & G. E. Finley (Eds.), *Review of Human Development*. New York: Jone Wiley & Sons.

Hair, E. C., Moore, K. A., Garrett, S. B., Ling, T., & Cleveland, K. (2008). The continued importance of quality parent-adolescent relationships during late adolescence. *Journal of Research on Adolescence, 18*, 187-200.

Hall, G. S. (1904). *Adolescence: Its psychology and its relations to physiology, anthropology, sociology, sex, crime, religion and education*, 1/2. New York: Appleton.

Halpern, D. F., Benbow, C. P., Geary, D. C., Gur, R. C., Hyde, J. S., & Gernsbacher, M. A. (2007). The science of sex differences in science and mathematics. *Psychological Science in the Public Interest, 8*, 1-51.

Hammer, L. B., Neal, M. B., Newsom, J. T., Brockwood, K. J., & Colton, C. L. (2005). A longitudinal study of the effects of dual-earner couples' utilization of family-friendly workplace supports on work and family outcomes. *Journal of Applied Psychology, 90*, 799-810.

Hardy, M. (2006). Older workers. In R. H. Binstock & L. K. George (Eds.), *Handbook of aging and the social sciences* (6th ed.). San Diego: Academic Press.

Harlow, H. F. & Zimmerman, R. R. (1959). Affectional responses in the infant monkey. *Science, 130*(3373), 421-432.

Harris, Y. R., & Hamidullah, J. (1993). Maternal and child utilization of memory strategies. *Current Psychology: Developmental, Learning, Personality, Social, 12*, 81-94.

Hart, B., & Risley, T. R. (1995). *Meaningful differences*. Baltimore, MD: Paul Brookes.

Harter, S. (2002). *Review of Santrock, Child Development*, 10th ed. New York: McGraw-Hill.

Harter, S. (2005). Self-concepts and self-esteem, children and adolescents. In C. B. Fisher & R. M. Lerner (Eds.), *Encyclopedia of applied developmental science, 2*, 972-977. Thousand Oaks, CA: Sage.

Harter, S. (2006). The self. In W. Damon & R. Lerner (Eds.), *Handbook of child psychology* (6th ed.). New York: Wiley.

Hartup, W. W. (2009). Critical issues and theoretical viewpoints. In K. H. Rubin, W. M. Bukowski, & B. Laursen (Eds.), *Handbook of peer interactions, relationships, and groups*. New York: Guilford.

Hartup, W. W., & Abecassis, M. (2002). Friends and enemies. In P. K. Smith & C. H. Hart (Eds.), *Blackwell handbook of childhood social development*, 285-306. Oxford, England: Basil Blackwell.

Havighurst, R. J. (1972). *Developmental tasks and education* (3rd ed.). New York: Harper & Row.

Hayflick, L. (1976). The cell biology of human aging. *New England Journal of Medicine, 295*, 1302-1308.

Hayslip, B., & Hansson, R. (2003). Death awareness and adjustment across the life span. In C. D. Bryant (Ed.), *Handbook of death and dying*. Thousand Oaks, CA: Sage.

Hazan, C., & Shaver, P. (1987). Romantic love conceptualized as an attachment process. *Journal of Personality and Social Psychology, 52*(3), 511-524.

Heckhausen, J. (2001). Adaptation and resilience in midlife. In M. E. Lachman (Ed.), *Handbook of midlife development*. New York: John Wiley.

Heckhausen, J., Wrosch, C., & Fleeson, W. (2001). Developmental regulation before and after a developmental decline: The sample case of "biological clock" for childbearing. *Psychology and Aging, 16*, 400-413.

Heh, S. S. (2003). Relationship between social support and postnatal depression. *Kaohsiung Journal of Medical Science, 19*, 491-496.

Heimann, M., Strid, K., Smith, L., Tjus, T., Ulvund, S. E., & Meltzoff, A. N. (2006). Exploring the relation between memory, gestural communication, and the emergence of language in infancy: A longitudinal study. *Infant and Child Development, 15*, 233-249.

Helson, R. (1997). *Personality change: When is it adult development?* Paper presented at the meeting of the American Psychological Association, Chicago.

Helzner, E. P., & others. (2009). Contribution of vascular risk factors to the progression of Alzheimer disease. *Archives of Neurology, 66*, 343-348.

Hendricks, J. (1997). Bridging contested terrain: Chaos or prelude to a theory. *Canadian Journal of Aging, 16*(2), 197-217.

Henry, N. J. M., Berg, C. A., Smith, T. W., & Florsheim, P. (2007). Positive and negative characteristics of marital interaction and their association with marital satisfaction in middle aged and older couples. *Psychology and Aging, 22*, 428-441.

Henwood, K., & Procter, J. (2003). The "good" father: Reading men's accounts of paternal involvement during the transition to first-time fatherhood. *British Journal of Social Psychology, 429*, 337-355.

Herr, E. L., Cramer, S. H., & Niles, S. G. (2004). *Career guidance and counseling through the life span: Systematic approaches* (6th ed.). Needham Heights, MA: Allyn & Bacon.

Hill, J. P., & Lynch, M. F. (1983). The intensification of gender-related role expectations during early adolescence. In J. Brooks-Grunn & A. C. Petersen (Eds.), *Girls at puberty: Biological and psychological perspectives*, 201-228. New York: Plenum.

Hinks, A., & others. (2009). Identification of a novel susceptibility locus for juvenile idiopathic arthritis by genome-wide association analysis. *Arthritis and Rheumatism, 60*, 258-263.

Hoffman, M. L. (1980). Moral development in adolescence. J. Adelson (Ed.), *Handbook of Adolescent Psychology*. New York: Wiley, 295-343.

Hoffman, M. L. (2008). Empathy and prosocial behavior. In M. Lewis, J. M. Haviland-Jones, & L. F. Barrett (Eds.), *Handbook of emotions* (2nd ed.). New York: Guilford.

Holland, J. L. (1987). Current status of Holland's theory of careers: Another perspective. *Career Development Quarterly, 36*, 24-30.

Hollland, J. L. (1997). *Making vocational choices: A theory of vocational personality and work environments* (3rd ed.). Odessa, FL: Psychological Assessment Resources.

Holzman, L. (2009). *Vygotsky at work and play*. Cilfton, NJ: Psychology Press.

Hooper, C. J., Luciana, M., Conklin, H. M., &

Yarger, R. S. (2004). Adolescents' performance on the Iowa Gambling Task: Implications for the development of decision making and ventromedial prefrontal cortex. *Developmental Psychology, 40*(6), 1148-1158.

Horn, J. L., & Cattell, R. B. (1967). Age differences in fluid and crystallized intelligence. *Acta Psychologica, 26*, 107-129.

Horn, J. L., & Donaldson, G. (1980). Cognitive development in adulthood. In O. G. Brim, Jr., & J. Kagan (Eds.), *Constancy and change in human development*. Cambridge, MA: Harvard University Press.

Howard, D. V., Howard, J. H., Dennis, N. A., LaVine, S., & Valentino, K. (2008). Aging and implicit learning of an invariant association. *Journals of Gerontology B: Psychological Sciences and Social Sciences, 63*, P100-P105.

Howes, C. (2009). Friendship in early childhood. In K. H. Rubin, W. M., Bukowski, & B. Laursen (Eds.), *Handbook of peer interactions, relationships, and groups*. New York: Guilford.

Hoyer, W. J., & Roodin, P. A. (2009). *Adult development and aging* (6th ed.). New York: McGraw-Hill.

Huesmann, L. R., Moise-Titus, J. Podolski, C., & Eron, L. D. (2003). Longitudinal relations between children's exposure to TV violence and their aggressive and violent behavior in young adulthood: 1977-1992. *Developmental Psychology, 39*, 201-221.

Huston, A. C., & Ripke, N. N. (2006). Experiences in middle and late childhood and children's development. In A. C. Huston & M. N. Ripke (Eds.), *Developmental contexts in middle childhood*. New York: Cambridge University Press.

Huston, T. L., Caughlin, J. P., Houts, R. M., Smith, S. E., & George, L. J. (2001). The connubial crucible: Newlywed years as predictors of marital delight, distress, and divorce. *Journal of Personality and Social Psychology, 80*, 237-252.

Iwasa, H., Masul, Y., Gondo, Y., Inagaki, H., Kawaal, C., & Suzuki, T. (2008). Personality and all-cause mortality among older adults dwelling in a Japanese community: A five-year population-based prospective cohort study. *American Journal of Geriatric Psychiatry, 16*, 399-405.

Izard, C. E. (2009). Emotion theory and research: Highlights, unanswered questions, and emerging issues. *Annual Review of Psychology* (Vol. 60), Palo Alto, CA: Annual Reviews.

Jackson, J. J. & others. (2009). Not all conscientiousness scales change alike: A multimethod, multisample study of age differences in the facets of conscientiousness. *Journal of Personality and Social Psychology, 96*, 446-459.

Jackson-Maldonado, D., Thal, D. Marchman, V., Bates, E., & Gutierrez-Clellen, V. (1993). Early lexical development in Spanish-speaking infants and toddlers. *Journal of Child Language, 20*, 523-549.

Jacobs-Lawson, J. M., Hershey, D. A., & Neukam, K. A. (2005). Gender differences in factors that influence time spent planning for retirement. *Journal of Women and Aging, 16*, 55-69.

Jacobson, S. W., & Jacobson, J. L. (2000). Teratogenic insult and neurobehavioral function in infancy and childhood. In C. A. Nelson (Ed.), *The Minnesota symposium on child psychology, Vol. 31: The effects of early adversity on neurobehavioral development* (pp. 61-112). Mahwah, NJ: Erlbaum.

Jaffe, S., & Hyde, J. S. (2000). Gender differences in moral orientation: A meta-analysis. *Psychological Bulletin, 126*, 703-726.

Jenkins, J. M., & Astington, J. W. (1996). Cognitive factors and family structure associated with theory of mind development in young children. *Developmental Psychology, 32*, 70-78.

Jessberger, S., & Gage, F. H. (2008). Stem-cell-associated structural and functional plasticity in the aging hippocampus. *Psychology and Aging, 23*, 684-691.

Jessor, R. (1992). Risk behavior in adolescence: A psychosocial framework for understanding and action. D. E. Rogers & E. Ginzberg (Eds.), *Adolescents at Risk: Medical and Social Perspectives*. Boulder, CO: Westview Press.

Jessor, R. (1993). Successful adolescent development among youth in high-risk settings. *American*

Psychologist, 48(2), 117-126.

Johnson, S. P. (2009). Developmental origins of object perception. In A. Woodward & A. Needham (Eds.), *Learning and the infant mind.* New York: Oxford University Press.

Jokela, M., & others. (2010). From midlife to early old age: Health trajectories associated with retirement. *Epidemiology, 21*, 284-290.

Kagan, J. (2002). Behavioral inhibition as a temperamental category. In R. J. Davidson, K. R. Scherer, & H. H. Goldsmith (Eds.), *Handbook of affective sciences.* New York: Oxford University Press.

Kagan, J. W. (2010). Emotions and temperament. In M. H. Burnstein (Ed.), *Handbook of cultural developmental science.* New York: Psychology Press.

Kail, R. V., & Cavanaugh, J. C. (2007). *Human Development: A life-span view* (4th ed.). Thomson.

Kamel, R. M. (2010). Management of the infertile couple: An evidence-based protocol. *Reproductive Biology and Endocrinology, 2*, 113.

Kastenbaum, R. J. (2000). *The psychology of death* (3rd ed.). New York: Springer Publishing Co.

Kastenbaum, R. J. (2009). *Death, society, and human experience* (10th ed.). Boston: Allyn & Bacon.

Katz, P. A., & Walsh, P. V. (1991). Modification of children's gender-stereotyped behavior. *Child Development, 62*, 338-351.

Kaufman, A. S., & Kaufman, N. L. (1983). *Kaufman Assessment Battery for Children: Administration and scoring manual.* Circle Pines, MN: American Guidance Service.

Keeton, C. P., Perry-Jenkins, M., & Sayer, A. G. (2008). Sense of control predicts depressive and anxious symptoms across the transition to parenthood. *Journal of Family Psychology, 22*, 212-221.

Keijer, J., & van Schothorst, E. M. (2008). Adipose tissue failure and mitochondria as a possible target for improvement by bioactive food components. *Current Opinion Lipidology, 19*, 4-10.

Kern, S. (2002). *Lexicon development in French-speaking infants.* Unpublished manuscript, Laboratory Dynamique du Language, Institute des Sciences de Hommne, Lyon, France.

Kersting, A., & Kroker, K. (2010). Prolonged grief as a distinct disorder, specifically affecting female health. *Archives of Women's Mental health, 13*, 27-28.

Kifer, E. (1978). *The impact of schooling on perceptions of self.* Paper presented at the Self-Concept Symposium, Boston.

Killgore, W., Oki, M., & Yurgelun-Todd, D. A. (2001). Sex-specific developmental changes in amygdala responses to affective face. *Neuroreport: For Rapid Communication of Neuroscience Research, 12*, 427-433.

Kim, J. E., & Moen, P. (2002). Retirement transitions, gender, and psychological well-being: A life-course, ecological model. *Journals of Gerontology B: Psychological Sciences and Social Sciences, 7*, P212-P222.

King, P. M., & Kitchener, K. S. (1994). *Developing reflective judgement: Understanding and promoting intellectual growth and critical thinking in adolescents and adults.* San Francisco: Jossey-Bass.

King, P. M., & Kitchener, K. S. (2004). Reflective judgment: Theory and research on the development of epistemic assumptions through adulthood. *Educational Psychologist, 39*, 5-18.

Kirkpatrick, L. A., & Davis, K. E. (1994). Attachment style, gender and relationship stability: A longitudinal analysis. *Journal of Personality and Social Psychology, 66*(3), 502-512.

Kleemeier, R. W. (1962). Intellectual change in the senior. *Proceedings of the Social Statistics Section of the American Statistical Association, 1*, 290-295.

Kline, D. W., & Scialfa, C. T. (1996). Visual and auditory aging. In J. E. Birren & K. W. Schaie (Eds.), *Handbook of the psychology of aging* (4th ed.). San Diego: Academic Press.

Kling, K. C., Hyde, J. S., Showers, C. J., & Buswell, B. N. (1999). Gender differences in self-esteem: A meta-analysis. *Psychological Bulletin, 125*, 470- 500.

Knopik, V. S. (2009). Maternal smoking during pregnancy and child outcomes: Real or spurious? *Developmental Neuropsychology, 34*, 1-36.

Knox, M. (2010). On hitting children: A review of corporal punishment in the United States. *Journal of Pediatric Health Care, 24*, 103-107.

Koenig, H. G., McCullougy, M., & Larson, D. B. (2000). *Handbook of religion and health*. New York: Oxford University Press.

Kohlberg, L. (1969). *Stages in the development of moral thought and action*. New York: Holt, Rinehart & Winston.

Kohlberg, L. (1984). *Essays on moral development, 2: The psychology of moral development*. San Francisco: Harper & Row.

Kopp, C. B. (2011). Social-emotional development in the early years: Socialization and consciousness. *Annual review of psychology* (Vol. 62). Palo Alto, CA: Annual Reviews.

Kopp, C. B., & Neufeld, S. J. (2002). Emotional development during infancy. In R. J. Davidson, K. R. Scherer, & H. H. Goldsmith (Eds.), *Handbook of affective sciences*. New York: Oxford University Press.

Kotovsky, L., & Baillargeon, R. (1994). Calibration based reasoning about collision events in 11-month-old infants. *Cognition, 51*, 107-129.

Kowalski, S. D., & Bondmass, M. D. (2008). Physiological and psychological symptoms of grief in widows. *Research in Nursing and Health, 31*, 23-30.

Krause, N. (2009). Deriving a sense of meaning in late life. In V. L. Bengtson, D. Gans, N. M. Putney, & M. Silverstein (Eds.), *Handbook of theories of aging*. New York: Springer.

Kroger, J. (2007). *Identity development: Adolescence through adulthood*. Thousand Oaks, CA: Sage.

Krueger, J. I., Vohs, K. D., & Baumeister, R. F. (2008). Is the allure of self-esteem a mirage after all? *American Psychologist, 63*, 64.

Kübler-Ross, E. (1969). *On death and dying*. New York: Macmillan.

Kuhn, D. (2008). Formal operations from a twenty-first century perspective. *Human Development, 51*, 48-55.

Kunzmann, U., & Baltes, P. B. (2003). Wisdom-related knowledge: Affective, motivational, and interpersonal correlates. *Personality and Social Psychology Bulletin, 29*(9), 1104-1119.

Labouvie-Vief, G. (1980). Beyond formal operations: Uses and limits of pure logic in life-span development. *Human Development, 23*, 141-161.

Labouvie-Vief, G. (2003). Dynamic integration: Affect, cognition, and the self in adulthood. *Current Directions in Psychological Science, 12*, 201-206.

Lachman, M. E. (2004). Development in midlife. *Annual Review of Psychology, 55*. Palo Alto, CA: Annual Reviews.

Ladd, G. W., Herald-Brown, S. L., & Reiser, M. (2008). Does chronic peer rejection predict the development of children's classroom participation during the grade school years? *Child Development, 79*, 1001-1015.

Laird, R. D., Criss, M. M., Pettit, G. S., Dodge, K. A., & Bates, J. A. (2009). Parental monitoring knowledge attenuates the link between antisocial friends and adolescent delinquent behavior. *Journal of Abnormal Psychology, 29*, 258-284.

Lansford, J. E., Miller-Johnson, S., Berlin, L. J., Dodge, K. A., Bartes, J. E., & Pettit, G. S. (2007). Early physical abuse and later violent delinquency: A prospective longitudinal study. *Child Maltreatment, 12*, 233-245.

Lanthier, R. P. (2007). Personality traits and sibling relationships in emerging adults. *Psychological Reports, 100*, 672-674.

LaRocca, T. J., Seals, D. R., & Pierce, G. L. (2010). Leukocyte telomere length is preserved with aging in endurance exercise-trained adults and related to maximum aerobic capacity. *Mechanisms of Aging and Development, 131*, 165-167.

Larzelere, R. E., & Kuhn, B. R. (2005). Comparing child outcomes of physical punishment and alternative disciplinary tactics: A meta-analysis. *Clinical Child and Family Psychology Review, 8*, 1-37.

Laursen, B., & Collins, W. A. (2009). Parent-child relationship during adolescence. In R. M. Lerner & L. Steinberg (Eds.), *Handbook of adolescent psychology* (3rd ed.). New York: Wiley.

Lawrence, E., Rothman, A. D., Cobb, R. J., Rothman, M. T., & Bradbury, T. N. (2008). Marital satisfaction across the transition to parenthood. *Journal of Family Psychology, 22*, 41-50.

Laws, G., Byrne, A., & Byuckley, S. (2000). Language

and memory development in children with Down syndrome at mainstream schools and special schools: A comparison. *Educational Psychology, 20*, 447-457.

Lazarus, R. S. (1993). From psychological stress to the emotions: A history of changing outlooks. *Annual Review of Psychology, 44*, 1-21.

Leifheit-Limson, E., & Levy, B. (2009). Ageism/age discrimination. In D. Carr (Ed.), *Encyclopedia of the life course and human development*. Boston: Gale Cengage.

Lemire, R. J., Loeser, J. D., Leech, R. W., & Alvord, E. C. (1975). *Normal and abnormal development of the human nervous system*. New York: Harper & Row.

Lennon, E. M., Gardner, J. M., Karmel, B. Z., & Flory, M. J. (2008). Bayley Scales of Infant Development. In M. M. Haith & J. B. Benson (Eds.), *Encyclopedia of infant and early childhood development*. Oxford, UK: Elsevier.

Leonardi-Bee, J. A. Smyth, A. R., Britton, J., & Coleman, T. (2008). Environmental tobacco smoke on fetal health: Systematic review and analysis. *Archives of Disease in Childhood: Fetal and Neonatal Edition, 93*, F351-F361.

Lerner, R. (1995). *America's youth in crisis*. Sage Publications, Inc.

Lerner-Geva, L., Boyko, V., Blumstein, T., & Benyamini, Y. (2010). The impact of education, cultural background, and lifestyle on symptoms of the menopausal transition: The Women's Health at Midlife Study. *Journal of Women's Health, 39*, 123-137.

Leventhal, T., & Brooks-Gunn, J. (2004). A randomized study of neighborhood effects on low-income children's educational outcomnes. *Developmental Psychology, 40*, 488-507.

Levinger, G. (1983). Development and change. In H. H. Kelley, E. Berscheid, A Christensen, J. H. Harvey, T. L. Hutson, G. Levinger, E. McClintock, L. A. Peplau, & D. R. Peterson (Eds.), *Close relationships*, 315-359. New York: Freeman.

Levinson, D. J., Darrow, C. N., Klein, E. B., Levinson M. H., & McKee. B. (1978). *The seasons of Men's life*. New York: Knopf.

Levy, B. R., Slade, M. D., & Gill, T. (2006). Hearing decline predicted by elders' age stereotypes. *Journals of Gerontology: Psychological Sciences and Social Sciences, 61B*, 82-87.

Lewis, M. (2001). Issues in study of personality development. *Psychological Inquiry, 12*, 67-83.

Lewis, M. (2005). Selfhood. In B. Hopkins (Ed.), *The Cambridge encyclopedia of child development*. Cambridge, UK: Cambridge University Press.

Lewis, M., Feirinng, C., & Rosenthal, S. (2000). Attachment over time. *Child Development, 71*, 707-720.

Li, Y. (2007). Recovering from spousal bereavement in later life: Does volunteer participation play a role? *Journals of Gerontology: Psychological Sciences and Social Sciences, 62B*, S257-S266.

Liben, L. S., & Bigler, R. S. (2002). The developmental course of gender differentiation. *Monographs of the Society for Research in Child Development, 67* (Serial No. 269).

Lickliter, R., & Bahrick, L. E. (2000). The development of infant intersensory perception: Advantages of a comparative convergent-operations approach. *Psychological Bulletin, 126*, 260-280.

Lieven, E. (2008). Language development: Overview. In M. M. Haith & J. B. Benson (Eds.), *Encyclopedia of infant and early childhood development*. Oxford, UK: Elsevier.

Lillard, A., & Curenton, S. (1999). Do young children understand what others feel, want, and know? *Young Children, 54*(5), 52-57.

Liu, C. H., Murakami, J., Eap, S., & Nagayama Hall, G. C. (2009). Who are Asian Americans? An overview of history, immigration, and communities. In N. Tewari & A. Alvaraz (Eds.), *Asian American psychology*. Clifton, NJ: Psychology Press.

Loeber, R., Burke, J. D., & Pardini, D. A. (2009). Development and etiology of disruptive and delinquent behavior. *Annual Review of Clinical Psychology, 5*, Palo Alto, CA: Annual Reviews.

Lorenz, K. Z. (1965). *Evolution and the modification of*

behavior. Chicago: University of Chicago Press.

Loukas, A., Roalson, L. A., & Herrera, D. E. (2010). School connectedness buffers the effects of negative family relations and poor effortful control on early adolescent conduct problems. *Journal of Research on Adolescence, 20*, 13-22.

Luders, E., Narr, K. I., Thompson, P. M., Rex, D. E., Jancke, L., Steinmetz, H., & others (2004). Gender differences in cortical complexity. *Nature Neuroscience, 1*, 799-800.

Lund, D. A. (2007). Bereavement and loss. In J. E. Birren (Ed.), *Encyclopedia of gerontology* (2nd ed.). San Diego: Academic Press.

Maccoby, E. E. & Martin, J. A. (1983). Socialization in the context of the family: Parent-Child interaction. P. H. Mussen (Ed.), *Handbook of Child Psychology* (4th ed.), 4. New York: Wiley.

Maciejewski, P. K., Zhang, B., Block, S. D., & Prigerson, H. G. (2007). An empirical examination of the stage theory of grief. *Journal of the American Medical Association, 297*, 716-723.

Madden, D. J. (2001). Speed and timing of behavioral processes. In J. E. Birren & K. W. Schaie (Eds.), *Handbook of the psychology of aging* (5th ed.), 288-312. New York: Academic Press.

Main, M., & Solomon, J. (1990). Procedures for identifying infants as disorganized/disoriented during the Ainsworth Strange Situation. In M. Greenberg, D. Cicchetti, & M. Cummings (Eds.), *Attachment in the preschool years: Theory, research, and intervention* (pp. 121-160). Chicago: University of Chicago Press.

Mandler, J. M. (2004). *The foundations of the mind: Origins of conceptual thought*. New York: Oxford University Press.

Manzoli, L., Villari, P., Pirone, M., & Boccia, A. (2007). Marital status and mortality in the elderly: A systematic review and meta-analysis. *Social Science Medicine, 64*, 77-94.

Marcell, J. J. (2003). Sarcopenia: Causes, consequences, and preventions. Journals of Gerontology *A: Biological and Medical Sciences*, M911-M916.

Marcia, J. E. (1980). Identity in adolescence. J. Adelson (Ed.), *Handbook of Adolescent Psychology*. New York: Wiley, 159-210.

Marcia, J. E. (1994). The empirical study of ego identity. In H. A. Bosma, T. L. G. Graafsma, H. D. Grotevant, & D. J. De Levita (Eds.), *Identity and development*. Newbury Park, CA: Sage.

Markowitz, M. (2000). Lead poisoning. *Pediatrics in Review, 21*, 327-335.

Marsh, H. W., & Craven, R. G. (2006). Reciprocal effects of self-concept and performance from multidimensional perspective: Beyond seductive pleasure and unidimensional perspectives. *Perspectives on Psychological Science, 1*, 133-163.

Marsh, H. W., Craven, R., & Debus, R. (1998). Structure, stability, and development of young children's self-concept. A multi-cohort-multioccasion study. *Child Development, 69*, 1030-1053.

Martin, C. L., & Halverson, C. F. (1987). The role of cognition in sex role acquisition. In D. B. Carter (Ed.), *Current conceptions of sex roles and sex typing: Theory and research*, 123-137. New York: Praeger.

Martin, L. R., Friedman, H. S., & Schwartz, J. E. (2007). Personality and mortality risk across the life span: The importance of conscientiousness as a biopsychosocial attribute. *Health Psychology, 26*, 428-436.

Martin, M., Grunendahl, M., & Martin, P. (2001). Age differences in stress, social resources, and well-being in middle and older age. *Journals of Gerontology: Psychological Sciences and Social Sciences, 56B*, 214-222.

Massey, C. M. & Gelman, R. (1988). Preschooler's ability to decide whether a photographed unfamiliar object can move itself. *Developmental Psychology, 24*, 307-317.

Matthews, C. E., Jurj, A. L., Shu, X. O., Yang, G., Li, Q., Gao, Y. T., & others. (2007). Influence of exercise, walking, cycling and overall nonexercise physical activity on mortality in Chinese women. *American Journal of Epidemiology, 165*, 1343-1350.

McAdams, D. P. (2001). The psychology of life stories. *Review of General Psychology, 5*(2), 100-122.

McConald, S. D., & others (2010). Preterm birth and

low birth weight among in vitro fertilization twins: A systematic review and meta-analyses. *European Journal of Obstetrics, Gynecology, and Reproductive Biology, 148*, 105-113.

McCrae, R. R., & Costa, P. T., Jr. (2003). *Personality in adulthood: A five-factor theory perspective* (2nd ed.). New York: Guilford Press.

McCrae, R. R., & Costa, P. T. (2006). Cross-cultural perspectives on adult personality trait development. In D. K. Mroczek & T. D. Little (Eds.), *Handbook of personality development*. Mahwah, NJ: Erlbaum.

McDowell, D. J., & Parke, R. D. (2009). Parental correlates of childrens's peer relations: An empirical test of a tripartite model. *Developmental Psychology, 45*, 224-235.

McElwain, N. L., & Booth-LaForce, C. (2006). Maternal sensitivity to infant distress and nondistress as predictors of infant-mother attachment security. *Journal of Family Psychology, 2*, 247-255.

McFarland, M. J. (2010), Religion and mental health among older adults: Do the effects of religious involvement vary by gender? *Journals of Gerontology B: Psychological Sciences and Social Sciences, 65B*, S347-358.

McHale, S. M., Dariotis, J. K., & Kauh, T. J. (2003). Social development and social relationships in middle childhood. In R. Learner, M. A. Easterbrooks, & J. Mistry (Eds.), *Handbook of psychology: 6. Developmental psychology*, 267-291. New York: Wiley.

Mead, M. (1950). *Coming of age in Samoa*. New York: Morrow. (Original work published 1928)

Meltzoff, A. N., & Brooks, R. (2009). Social cognition: The role of gaze following in early word learning. 2 In J. Colombo, P. McCardle, & L. Frend (Eds.), *Infant pathways in language*. Cilfton, NJ: Psychology Press.

Menon, M., Tobin, D. D., Corby, B. C., Menon, M., Hodges, E. V. E., & Perry, D. G. (2007). The developmental costs of high self-esteem in aggressive children. *Child Development 78*, 1627-1639.

Miller, C. F., Lurye, L. E., Zusuls, K. M., & Ruble, D. N. (2009). Accessibility of gender stereotype domains: Developmental and gender differences in children. *Sex Roles, 60*, 870-881.

Miller, J. G., & Bersoff, D. M. (1992). Culture and moral judgment: How are conflicts between justice and interpersonal responsibilities resolved? *Journal of Personality and Social Psychologist, 58*, 33-47.

Miller, P., Wiley, A. R., Fung, H., & Liang, C. H. (1997). Personal storytelling as a medium of socialization in Chinese and American families. *Child Development, 68*(3), 557-568.

Moen, P. (2009). Careers. In D. Carr (Ed.), *Encyclopedia of the life course and human development*. Boston: Gale Cengage.

Moffitt, T., Caspi, A., Belsky, J., & Silva, P. (1992). Childhood experience and the onset of menarche: A test of a sociobiological model. *Child Development, 63*, 47-58.

Molfese, D. L., & Burger-Judisch, L. M. (1991). Dynamic temporal-spatial allocation of resources in the human brain: An alternative to the static view of hemisphere differences. In F. L. Ketterle (Ed.), *Cerebral laterality: Theory and research*. The Toledo symposium. Hillsdale, NJ: Erlbaum.

Money, J. C., & Ehrhardt, A. A. (1972). *Man and woman, boy and girl*. Baltimore: Johns Hopkins University Press.

Morgan, C. D., & Murray, H. A. (1935). A method for investigating fantasies. *Archives of Neurological Psychiatry, 34*, 289-306.

Morokuma, S., Doria, V., Ierulio, A., Kinukawa, N., Fukushima, K., Nakano, H., & others. (2008). Developmental change in fetal response to repeated low-intensity sound. *Developmental Science, 11*, 47-52.

Moules, N. J., Simonson, K., Prins, M., Angus, P., & Bell, J. M. (2004). Making room for grief. *Nursing Inquiry, 11*, 99-107.

Mroczek, D. K. (2001). Age and emotion in adulthood. *Current Directions in Psychological Science, 10*, 87-90.

Mroczek, D. K., & Kolalrz, C. M. (1998). The effect of age on positive and negative affect: A developmental perspective on happiness. *Journal of Personality and Social Psychology, 75*, 1333-1349.

Mura, E., & others. (2010). Beta-amyloid: A disease

target or a synaptic regulator affecting age-related neurotransmitter changes? *Current Pharmaceutical Design, 16*, 672-683.

Myers, D. G. (2010). *Psycology* (9th ed.). New York: Worth.

Nantel-Vivier, A., Kokko, K., Caprara, G. V., Pastorelli, C., Paciello, M., Côté, S., Pihl, R. O., Vitaro, F., & Tremblay, R. E. (2009). Prosocial development from childhood to adolescence: A multi-informant perspective with Canadian and Italian longitudinal studies. *Journal of Child Psychology & Psychiatry, 50*(5), 590-598.

Nelson, C. A., Thomas, K. M., & de Haan, M. (2006). Neural bases of cognitive development. In W. Damon & R. Lerner (Eds.), *Handbook of child psychology* (6th ed.). New York: Wiley.

Nelson, D. B., Sammel, M. D., Feeman, E. W., Lin, H., Gracia, C. R., & Schmitz, K. H. (2008). Effect of physical activity on menopausal symptoms among urban woman. *Medicine and Science in Sports and Exercise, 40*, 50-58.

Nelson, K. (2001). Language and the self: From the "Experiencing I" to the "Continuing Me". In C. Moore & K. Lemmon (Eds.), *The self in time: Developmental perspectives*, 15-33. Mahwah, NJ: Erlbaum.

Neugarten, B. L. (1964). *Personality in middle and late life.* New York: Lieber-Atherton.

Neugarten, B. L., Havighurst, R. J., & Tobin, S. S. (1968). Personality and patterns of aging. In B. L. Neugarten (Ed.), *Middle age and aging.* Chicago: University of Chicago Press.

Neugarten, B. L., Moore, J. W., & Lowe, J. C. (1965). Age norms, age constraints, and adult socialization. *American Journal of Sociology, 70*, 710-717.

Newcombe, N. S. (2007). Developmental psychology meets the mommy wars. *Journal of Applied Developmental Psychology, 28*, 553-555.

Newman, P. R. & Newman, B. M. (1976). Early adolescence and its conflict: Group identity versus alienation. *Adolescence, 11*, 261-274.

Ng, T. P., Feng, L., Niti, M., & Yap, K. B. (2010). Low blood pressure and depressive symptoms among Chinese older subjects: A population-based study. *American Journal of Medicine, 123*, 342-349.

Nigg, J. T., Martel, M. M., Nikolas, M., & Casey, B. J. (2010). Intersection of emotion and cognition in developmental psychopathology. In S. D. Calkins & M. A. Bell (Eds.), *Child development at the intersection of emotion and cognition.* Washington, DC: American Psychological Association.

Nolen-Hoeksema, S. (2011). *Abnormal psychology* (5th ed.). New York: McGraw-Hill.

Norenzayan, A., & Heine, S. J. (2005). Psychological universals: What are they and how can we know? *Psychological Bulletin, 131*, 763-784.

Novak, L. (1972). Aging, total body potassium, fat-free mass and cell mass in males and females between ages 18 and 85 years. *Journal of Gerontology, 27*, 438-443.

Nugent, J. K., & Brazelton, T. B. (2000). Preventive infant mental health: Uses of the Brazelton scale. In J. D. Osofsky & H. E. Fitzgerald (Eds.), *Handbook of infant mental health: 2. Early intervention, evaluation, and assessment.* 157-202. New York: Wiley.

O'Connor, E., & McCartney, K. (2007). Attachment and cognitive skills: An investigation of mediating mechanism. *Journal of Applied Developmental Psychology, 28*, 458-476.

O'Neil, J. M., Ohlde, C., Barke, C., Prosser Gelwick, B., & Farfield, N. (1980). Research on a workshop to reduce the effects of sexism and sex-role socialization on women's career planning. *Journal of Counseling Psychology, 27*, 355-363.

Park, D. C., & Reuter-Lorenz, P. (2009). The adaptive brain: Aging and neurocognitive scaffolding. *Annual Review of Psychology, 60*. Palo Alto, CA: Annual Reviews.

Park, D. C., Lautenschalger, G., Hedden, T., Davidson, N. S., Smith, A. D., & Smith, P. K. (2002). Models of visuospatial and verbal memory across the adult life span. *Psychology and Aging, 17*, 299- 320.

Parten, M. B. (1932-1933). Social participating among pre-school children. *Journal of Abnormal and Social Psychology, 27*, 243-269.

Pascalls, O., & Kelly, D. J. (2008). Face processing. In M. M. Haith & J. B. Benson (Eds.), *Encyclopedia of infant and early childhood development.* Oxford, UK: Elsevier.

Pascarella, E. T., & Terenzini, P. T. (1991). *How college affects students: Findings and insights from twenty years of research.* San Francisco, CA: Jossey-Bass.

Patterson, C. R. (2008). A comparison of models for interstate wars and for individual violence. *Perspectives on Psychological Science, 3,* 203-223.

Perls, T., & Terry, D. (2003). Genetics of exceptional longevity. *Experimental Gerontology, 38,* 725-730.

Perry, C. L. (2000). Preadolescent and adolescent influences on health. In B. D. Smedley & S. L. Syme (Eds.), *Promoting health: Intervention strategies from social and behavioral research, 217-253.* Washington, DC: National Academy Press.

Petersen, A. C. (1993). Creating adolescents: The role of context and process in developmental trajectories. *Journal of Research on Adolescence, 3,* 1-18.

Peterson, C. C., Garnett, M., Kelly, A., & Attwod, T. (2009). Everyday social and conversation applications of theory-of-mind understanding by children with autism-spectrum disorders or typical development. *European Child and Adolescent Psychiatry, 18,* 105-115.

Pfeifer, M., Goldsmith, H. H., Davidson, R. J., & Rickman, M. (2002). Continuity and change in inhibited and uninhibited children. *Child Development, 73,* 1474-1485.

Phillips, D. A., & Zimmerman, M. (1990). The developmental course of perceived competence and incompetence among competent children. In R. Sternberg, & J. Kolligian (Eds.), *Competence considered,* 41-66. New Haven, CT: Yale University Press.

Phillips, L. H., & Andres, P. (2010). The cognitive neuroscience of aging: New findings on compensation and connectivity. *Cortex, 46,* 421-424.

Piaget, J. & Inhelder, B. (1969). *The psychology of the child.* New York: Basic Books.

Piaget, J. (1948). *The moral judgment of the child* (1932 reprint). Glencoe, IL: Free Press.

Piaget, J. (1950). *The psychology of intelligence.* New York: Harcourt Brace Jovanovich.

Piaget, J. (1952). *The child's conception of number.* New York: Norton.

Piaget, J. (1970). Piaget's Theory. P. H. Mussen (Ed.), *Carmichael's manual of child psychology* (3d ed.), 1. New York: Wiley.

Piaget, J. (1972). Intellectual evolution from adolescence to adulthood. *Human Development, 15,* 1- 12.

Pleck, J. H. (1981). *The myth of masculinity.* Cambridge, MA.: MIT Press.

Plomin, R. (2004). Genetics and developmental psychology. *Merrill Palmer Quarterly, 50,* 341-352.

Pluess, M., & Belsky, J. (2009). Differential susceptibility to rearing experience: The case of child care. *Journal of Child Psychology and Psychiatry, 50*(4), 396-404.

Poon, L. W. (1985). Differences in human memory with aging: Nature, causes and clinical implications. In J. E. Birren & K. W. Schaie (Eds.), *Handbook of the psychology of aging* (2nd ed.). New York: Van Nostrand Reinhold.

Porter, R. H., & Winberg, J. (1999). Unique salience of maternal breast odors for newborn infants. *Neuroscience and Biobehavioral Reviews, 23,* 439- 449.

Posner, M. I., & Rothbart, M. K. (2007). Research on attention networks as a model for the integration of psychological sciences. *Annual Review of Psychology, 58,* 1-23.

Poulin, F., & Pedersen, S. (2007). Developmental changes in gender composition of friendship networks in adolescent girls and boys. *Developmental Psychology, 43,* 1484-1496.

Prader, A., Tanner, J. M., & van Harnack, G. A. (1963). Catch-up growth following illness or starvation. *Journal of Pediatrics, 62,* 648.

Pressley, M. (2000). What should comprehension instruction be the instruction of? In M. Kamil (Ed.), *Handbook of reading research.* Mahwah, NJ: Erlbaum.

Pressley, M. (2003). Psychology of literacy and literacy instruction. In I. B. Weiner (Ed.), *Handbook of psychology.* New York: Wiley.

Price, C. A., & Joo, E. (2005). Exploring the relationship between marital status and women's retirement satisfaction. *International Journal of Aging and Human Development, 61*, 37-55.

Prinstein, M. J., & Dodge, K. A. (2008). Current issues in peer influence. In M. J. Prinstein & K. A. Dodge (Eds.), *Understanding peer influence in children and adolescents.* New York: Guilford.

Pudrovska, T. (2009). Midlife crises and transitions. In D. Carr (Ed.), *Encyclopedia of the life course and human development.* Boston: Gale Cengage.

Putallaz, M., Grimes, C. L., Foster, K. J., Kupersmidt, J. B., Clie, J. D., & Dearing, K. (2007). Overt and relational aggression and victimization: Multiple perspectives within the school setting. *Journal of School Psychology, 45*, 523-547.

Puzzanchera, C., & Sickmund, M. (2008). *Juvenile court statistics 2005.* Pittsburgh: National Center for Juvenile Justice.

Reichstadt, J., Depp, C. A., Palinkas, L. A., Folsom, D. P., & Jeste, D. V. (2007). Building blocks of successful aging: A focus group study of older adults' perceived contributors to successful aging. *American Journal of Geriatric Psychiatry, 15*, 194-201.

Reyna, V. F., & Rivers, S. E. (2008). Current theories of risk and rational decision making. *Developmental Review, 28*, 1-11.

Reynolds, C. A., Gatz, M., Prince, J. A., Berg, S., & Pedersen, N. L. (2010). Serum lipid levels and cognitive changes in late life. *Journal of the American Geriatrics Society, 58*, 501-509.

Rice, F. P., & Dolgin, K. G. (2008). *The adolescent: Development, relations, and culture.* NY: Pearson.

Riebe, D., Garber, C. E., Rossi, J. S., Greaney, M. L., Nigg, C. R., Lees, F. D., & others. (2005). Physical activity, physical function, and stages of change in older adults. *American Journal of Health Behavior, 29*, 70-80.

Riegel, K. F. (1976). The dialectics of human development. *American Psychologist, 31*, 689-700.

Roberts, B. W., Walton, K. E., & Bogg, T. (2005). Conscientiousness and health across the life course. *Review of General Psychology, 9*, 156-168.

Roberts, B. W., Walton, K. E., & Viechtbauer, W. (2006). Patterns of mean-level change in personality traits across the life course. A meta-analysis of longitudinal studies. *Psychological Bulletin, 132*, 1-25.

Robins, R. W., Trzesniewski, K. H., Tracey, J. L., Potter, J. I., & Gosling, S. D. (2002). Age differences in self-esteem from age 9 to 90. *Psychology and Aging, 17*, 423-434.

Roeser, R. W., & Eccles, J. S. (1998). Adolescents' perceptions of middle school: Relation to longitudinal changes in academic and psychological adjustment. *Journal of Research on Adolescence, 8*, 123-158.

Rojewski, J. S., & Yang, B. (1997). Longitudinal analysis of select influences on adolescents' occupational aspirations. *Journal of Vocational Behavior, 51*, 375-410.

Roof, W. C. (2003). Religion and spirituality: Toward an integrated analysis. In M. Dillon (Ed.), *Handbook of the Sociology of Religion.* New York: Cambridge Univ. Press.

Rook, K. S. (2000). The evolution of social relationships in later adulthood. In S. H. Qualls & N. Abeles (Eds.), *Psychology and the aging revolution*, 173-191. Washington, DC: American Psychological Association.

Rook, K., Dooley, D., & Catalano, R. (1991). Age differences in workers' efforts to cope with economic distress. In J. Eckenrode (Ed.), *The social context of coping.* New York: Plenum.

Rose, S. A. & Feldman, J. S. (1995). Prediction of IQ and specific cognitive abilities at 11 years of infancy measures. *Developmental Psychology, 31*, 685-696.

Rosenberg, M. (1986). Self-concept from middle childhood through adolescence. In J. Suls & A. Greenwald (Eds.), *Psychological perspectives on the self, 3.* Hillsdale, NJ: Erlbaum.

Rossi, S., Minlussi, C., Pasqualetti, P., Babilioni, C., Rossini, P. M., & Cappa, S. F. (2005). Age-related functional changes of prefrontal cortex in long-term memory: A repetitive transcranial magnetic stimulation study. *Journal of Neuroscience, 24*, 7939-

7944.

Rothbart, M. K., & Bates, J. E. (2006). Temperament. In W. Damon & R. Lerner (Eds.), *Handbook of child psychology* (6th ed.). New York: Wiley.

Rothbart, M. K., & Gartstein, M. A. (2008). Temperament. In M. M. Haith & J. B. Benson (Eds.), *Encyclopedia of infant and early childhood development*. Oxford, UK: Elsevier.

Rovee-Collier, C. (2008). The development of infant memory. In N. Cowan & M. Courage (Eds.), *The development of memory in childhood*. Philadelpohia: Psychology Press.

Roza, S. J., & others. (2010). Maternal folic acid supplement use in early pregnancy and child behavioural problems: The Generation R study. *British Journal of Nutrition, 103*, 445-452.

Rubin, K. H., Bukowski, W., & Parker, J. G. (1998). Peer interactions, relationships, and groups. In N. Eisenberg (Ed.), *Handbook of child psychology* (5th ed., Vol. 3). New York: Wiley.

Rudinger, G., & Minnermann, E. (1997). Conditions of life of elderly women and men in East- and West-Germany: First results from the Interdisciplinary Long-Term Study of Adulthood and Aging (ILSE). *Zeitschrift für Gerontopsychologie und Psychiatrie, 10*, 205-212.

Ruffman, T., Slade, L., & Crowe, E. (2002). The relation between children's and mothers' mental state language and theory-of-mind understanding. *Child Development, 73*, 734-751.

Rupp, D. E., Vodanovich, S. J., & Crede, M.(2005). The multidimensional nature of ageism: Construct validity and group differences. *Journal of Social Psychology, 145*, 335-362.

Ryan, A. S., & Elahi, D. (2007). Body: Composition, weight, height, and build. In J. E. Birren (Ed.), *Encyclopedia of gerontology* (2nd ed.). San Diego: Academic Press.

Ryff, C. D., Keyes, C. L. M., & Hughes, D. L. (2004). Psychological well-being in Midus: Profiles of ethnic/racial diversity and life-course uniformity. In O. G. Brim, C. D. Ryff, & R. C. Kessler (Eds.), *How healthy are we? A national study of well-being at midlife* (pp. 398-422). Chicago: University of Chicago Press.

Saint Onge, J. M. (2009). Mortality. In D. Carr (Ed.), *Encyclopedia of the life course and human development*. Boston: Gale Cengage.

Sakatini, K., Tanida, M., & Katsuyama, M. (2010). Effects of aging on activity in the prefrontal cortex and autonomic nervous system during mental stress task. *Advances in Experimental Medicine and Biology, 662*, 473-478.

Salapatek, P. (1975). Pattern perception in early infancy. L. B. Cohen & P. Salapatek (Eds.), *Infant perception: From sensation to cognition, 1*. New York: Academic Press, 133-248.

Salthouse, T. (2000). Adulthood and aging: Cognitive processes and development. In A. Kazdin (Ed.), *Encyclopedia of psychology*, 69-74. Washington, DC: American Psychological Association.

Santrock, J. W. (2004). *Life-span development* (9th ed.). New York: McGraw-Hill.

Santrock, J. W. (2011). *Life-span development* (13th ed.). New York: McGraw-Hill.

Scarr, S., & McCartney, K. (1983). How people make their own environments: A theory of Genotype/Environment effects. *Child Development, 54*, 424-435.

Schaie, K. W. (1965). A general model for the study of developmental problems. *Psychological Bulletin, 64*, 92-107.

Schaie, K. W. (1977-1978). Toward a stage theory of adult cognitive development. *Journal of Aging and Human Development, 8*, 129-138.

Schaie, K. W. (1994). The course of adult intellectual development. *American Psychologist, 49*, 1-9.

Schaie, K. W. (1996). *Intellectual development in adulthood. The Seattle Longitudinal Study*. New York: Cambridge University Press.

Schaie, K. W. (2005). *Developmental influences on adult intelligence: The Seattle Longitudinal Study*. New York: Oxford University Press.

Scheckhuber, C. Q. (2009). Impact of mitochondrial dynamics on organismic aging. *Scientific World Journal, 9*, 282-286.

Schiavone, F., Charton, R. A., Barrick, T. R., Morris,

R. G., & Markus, H. G. (2009). Imaging age-related cognitive decline: A comparison of diffusion tensor and magnetization transfer IMRI. *Journal of Magnetic Resonance Imaging, 29*, 23-30.

Schieman, S., van Gundy, K., & Taylor, J. (2004). The relationship between age and depressive symptoms: A test of competing explanatory and suppression influences. *Journal of Aging Health, 14*, 260-285.

Schmeeckle, M., Giarusso, R., & Wang, Q. (1998). *When being a brother or sister is important to one's identity: Life stage and gender differences.* Paper presented at the annual meeting of the Gerontological Society, Philadelphia.

Schmiege, C. J., Richards, L. N., & Zvonkovic, A. M. (2001). Remarriage: For love or money? *Journal of Divorce and Remarriage, 36*, 123-140.

Schneider, W., & Bjorklund, D. F. (1998). Memory. In D. Kuhn & R. Siegler (Eds.), *Handbook of Child Psychology: 2. Cognition, perception, and language* (5th ed.), 467-522. New York: Wiley.

Schwenck, C., Bjorklund, D. F., & Schneider, W. (2009). Developmental and individual differences in young children's use and maintenance of a selective memory strategy. *Developmental Psychology, 45*, 1034-1050.

Seale, C. (2009). Legalization of euthanasia or physician-assisted suicide: Survey of doctors' attitudes. *Palliative Medicine, 23*, 205-212.

Seeman, T. E., Berkman, L. F., Charpentier, P. A., Blazer, D. G., Albert, M. S., & Tinetti, M. E. (1995). Behavioral and psychosocial predictors of physical performance: MacArthur studies of successful aging. *Journal of Gerontology, 50A*, M177-M183.

Seiffge-Krenke, I., & Gelhaar, T. (2007). Does successful attainment of developmental tasks lead to happiness and success in later developmental tasks? A test of Havighurst's(1948) theses. *Journal of Adolescence, 4*(2), 1-20.

Sellner, J., Buonomano, R., Nedeltchev, K., Findling, O., Schroth, G., Surbek, D. V., & others. (2009). A case of maternal herpes simplex virus encephalitis during pregnancy. *Nature Clinical Practice: Neurology, 5*, 51-56.

Selman, R. L. (1980). *The growth of interpersonal understanding: Developmental and clinical analysis.* New York: Academic Press.

Selman, R. L. (1981). The child as a friendship philosopher. In S. R. Asher & J. M. Gottman (Eds.), *The development of children's friendships*, 242-272. New York: Cambridge University Press.

Sen, B. (2010). The relationship between frequency of family dinner and adolescent problem behaviors after adjusting for other characteristics. *Journal of Adolescence, 33*, 187-196.

Serbin, L. A., Poulin-Dubois, D., Colburne, K. A., Sen, M. G., & Eichstedt, J. A. (2001). Gender stereotyping in infancy: Visual preferences for and knowledge of gender-stereotyped toys in the second year. *International Journal of Behavioral Development, 25*, 7-15.

Shan, Z. Y., Liu, J. Z., Sahgal, V., Wang, B., & Yue, G. H. (2005). Selective atrophy of left hemisphere and frontal lobe of the brain in older men. *Journals of Gerontology A: Biological Sciences and Medical Sciences, 60*, A165-A174.

Shay, J. W., & Wright, W. E. (2000). The use of telomerized cells for tissue engineering. *Nature Biotechnology, 18*, 22-23.

Sherman, A. M., de Vries, B., & Lansford, J. E. (2000). Friendship in childhood and adulthood: Lessons across the life-span. *International Journal of Aging and Human Development, 51*, 31-51.

Shookhoff, J. M., & Ian Gallicano, G. (2010). A new perspective on neural tube defects: Folic and microRNA misexpression. *Genesis, 5*, 11-21.

Silverman, P. R., & Worden, J. W. (1993). Children's reactions to the death of a parent. In M. S. Stroebe, W. Stroebe, & R. O. Hansson (Eds.), *Handbook of bereavement: Theory, research and intervention.* Cambridge: Cambridge University Press.

Silverstein, M. (2009). Caregiving. In D. Carr (Ed.), *Encyclopedia of the life course and human development.* Boston: Gale Cengage.

Simonton, D. K. (1996). Creativity. In J. E. Birren (Ed.), *Encyclopedia of aging.* San Diego: Academic

Press.

Singh, M. A. F. (2002). Exercise comes of age: Rationale and recommendations for a geriatric exercise prescription. *Journal of Gerontology: Medical Sciences, 57A*, M262-M282.

Slater, A., Field, T., & Hermandez-Reif, M. (2007). The development of the senses. In A Slater & M. Lewis (Eds.), *Introduction to infant development* (2nd ed.). New York: Oxford University Press.

Smetana, J. G. (2006). Social domain theory. In M. Killen & J. G. Smetana (Eds.), *Handbook of moral development.* Mahwah, NJ: Erlbaum.

Smith, C., & Denton, M. (2005). *Soul searching: The religious and spiritual lives of American teenagers.* New York: Oxford University Press.

Smith, R. L., Rose, A. J., & Schwartz-Mette, R. A. (2010). Relational and overt aggression in childhood and adolescence: Clarifying mean-level gender differences and associations with peer acceptance. *Social Development, 19*, 243-269.

Soederberg, A., Miller, L. M., & Lachman, M. (1999). *Stress reactivity and cognitive performance in adulthood.* Paper presented at the annual meeting of the American Psychological Association, Boston.

Spangler, G., Johann, M., Ronai, Z., & Zimmermann, P. (2009). Genetic and environmental influence on attachment disorganization. *Journal of Child Psychology and Psychiatry, 50*, 952-961.

Spearman, C. (1927). *The abilities of man.* New York: Macmillan.

Spitze, G., & Trent, K. (2006). Gender differences in adult sibling relations in two-child families. *Journal of Marriage and Family, 68*, 977-992.

Sroufe, L. A., Egeland, B., Carlson, E., & Collins, W. A. (2005). The place of early attachment in developmental context. In K. E. Grossman, K. Krossman, & E. Waters (Eds.), *The power of longitudinal attachment research: From infancy and childhood to adulthood.* New York: Guilford.

Stacey, R. D. (1996). *Complexity and creativity in organizations.* San Francisco: Berrett-Koehler.

Starr, L. R., & Davila, J. (2009). Clarifying co-rumination: Associations with internalizing symptoms and romantic involvement among adolescent girls. *Journal of Adolescence, 32*, 19-37.

Staudinger, U. M., & Jacobs, C. B. (2011). Life-span perspectives on positive personality development in adulthood and old age. In R. M. Lerner, W. F. Overtonm, A. M. Freund, & M. E. Lamb (Eds.), *Handbook of life-span development.* New York: Wiley.

Steinberg, L. (1993). *Adolescence* (3rd ed.). New York: McGraw-Hill, Inc.

Steinberg, L. (2009). Adolescent development and juvenile justice. *Annual Review of Clinical Psychology* (Vol. 5). Palo Alto, CA: Annual Reviews.

Steinberg, L. D., & Silk, J. S. (2002). Parenting adolescents. In M. Bornstein (Ed.), *Handbook of parenting* (2nd ed.), 1. Mahwah, NJ: Erlbaum.

Stephens, M. A. P., Townsend, A. L., Martire, L. M., & Druley, J. A. (2001). Balancing parent care with other roles: Interrole conflict of adult daughter caregivers. *Journal of Gerontology: Psychological Sciences, 56B*, 24-34.

Stern, D. N. (2010). A new look at parent-infant interaction: Infant arousal dynamics. In B. M. Lester & J. D. Sparrow (Eds.), *Nurturing children and families: Building on the legacy of T. Berry Brazelton.* New York: Wiley.

Sternberg, R. J. (1988). A triarchic view of intelligence in cross-cultural perspective. In S. H. Irvine & J. W. Berry (Eds.), *Human abilities in cultural context*, 60-85. New York: Cambridge University Press.

Sternberg, R. J. (1988). *The triangle of love.* New York: Basic Books.

Sternberg, R. J. (2010). The triarchic theory of successful intelligence. In B. Kerr (Ed.), *Encyclopedia of giftedness, creativity and talent.* Thousand Oaks, CA: Sage.

Stewart, A. J., Ostrove, J. M., & Helson, R. (2001). Middle aging in women: Patterns of personality change from the 30s to the 50s. *Journal of Adult Development, 8*, 23-37.

Stewart, W., & Barling, J. (1996). Fathers' work experiences affect children's behaviors via job-related affect and parenting behaviors. *Journal of Organizational Behavior, 17*, 221-232.

Stiles, J., Reilly, J., Paul, B., & Moses, P. (2005). Cognitive development following early brain injury: Evidence for neural adaptation. *Trends in Cognitive Sciences, 9*, 136-143.

Stipek, D., Gralinski, H., & Kopp, C. (1990). Self-concept development in the toddler years. *Developmental Psychology, 26*, 972-977.

Sullivan, H. S. (1953). *The interpersonal theory of psychiatry.* New York: W. W. Norton.

Super, D. E. (1974). Vocational maturity theory. In D. E. Super (Ed.), *Measuring vocational maturity for counseling and evaluation.* Washington, DC: National Vocational Guidance Association.

Swanson, C. R., Sesso, S. L., & Emborg, M. E. (2009). Can we prevent Parkinson's disease. *Frontiers in Bioscience, 14*, 1642-1660.

Taige, N. M., & others. (2007). Antenatal maternal stress and long-term effects on child neurodevelopment: How and why? *Journal of Child Psychology and Psychiatry, 48*, 245-261.

Taveras, E. M., Rifas-Shiman, S. L., Belfort, M. B., Kleinman, K. P., Oken, E., & Gillman, M. W. (2009). Weight status in the first 6 months of life and obesity at 3 years of age. *Pediatrics, 123*, 1177-1183.

Tenenbaum, H. R., & Leaper, C. (2002). Are parents' gender schemas related to their children's gender-related cognitions? A meta-analysis. *Developmental Psychology, 38*, 615-630.

Terry, D. F., Nolan, V. G., Andersen, S. L., Perls, T. T., & Cawthon, R. (2008). Association of longer telomeres with better health in centenarians. *Journals of Gerontology A: Biological Sciences and Medical Sciences, 63*, 809-812.

Thelen, E. (2000). Perception and motor development. In A. Kazdin (Ed.), *Encyclopedia of psychology.* Washington, DC, & New York: American Psychological Association and Oxford University Press.

Thelen, E. (2001). Dynamic mechanisms of change in early perceptual-motor development. In J. L. McClelland & R. S. Siegler (Eds.), *Mechanisms of cognitive development.* Mahwah, NJ: Erlbaum.

Thelen, E., & Smith, L. B. (2006). Dynamic development of action and thought. In W. Damon & R. Lerner (Eds.), *Handbook of child psychology* (6th ed.). New York: Wiley.

Thiele, D. M., & Whelan, T. A. (2008). The relationship between grandparent satisfaction, meaning and generativity. *International Journal of Aging and Human Development, 66*, 21-48.

Thio, A. (2010). *Deviant behavior* (10th ed.). Boston: Allyn.

Thomas, A., & Chess, S. (1977). *Temperament and development.* New York: Brunner/Mazel.

Thomas, A., & Chess, S. (1991). Temperament in adolescence and its functional significance. In R. M. Lerner, A. C. Petersen, & J. Brooks-Gunn (Eds.), *Encyclopedia of adolescence, 2.* New York: Graland.

Thompson, R. A. (2010). Feeling and understanding: Through the prism of relationships. In S. D. Calkins & M. A. Bell (Eds.), *Child development at the intersection of emotion and cognition.* Washington, DC: American Psychological Association.

Thompson, R. A., & Nelson, C. A. (2001). Developmental science and the media. *American Psychologist, 56*, 5-15.

Thompson, R. A., & Virmani, E. A. (2010). Creating persons: Culture, self, and personality development. In M. H. Bornstein (Ed.), *Handbook of cross-cultural development science.* Clifton, NJ: Psychology Press.

Thompson, R. A., Meyer, S. C., & Jochem, R. (2008). Emotion regulation. In M. M. Haith & J. B. Benson (Eds.), *Encyclopedia of infant and early childhood development* (pp. 431-441). Oxford, UK: Elsevier.

Thurston, L. L. (1938). Primary mental abilities. *Psychometric Monographs, 1*(1), 783-799.

Tiedje, L. B., et al. (1990). Women with multiple roles: Role compatibility, perceptions, satisfaction and mental health. *Journal of Marriage and the Family, 52*, 63-72.

Tomasello, M. (2008). *Origins of Human Communication.* Cambridge, MA: MIT Press.

Trainor, L. J., Wu, L., & Tsang, C. D. (2004). Long-term memory for music: Infants remember tempo and timbre. *Developmental Science, 7*, 289-296.

Trautner, H. M., Ruble, D. N., Cyphers, L., Kirsten, B., Behrendt, R., & Hartmann, P. (2005). Rigidity and flexibility of genders stereotypes in children: Developmental or differential? *Infant and Child Development, 14*, 365-381.

Trzesniewski, K. H., Donnellan, M. B., Caspi, A., Moffitt, T. E., Robins, R. W., & Poultin, R. (2006). Adolescent low self-esteem is a risk factor for adult poor health, criminal behavior, and limited economic prospects. *Developmental Psychology, 42*, 381-390.

Turiel, E. (1983). *The development of social knowledge: Morality and convention*. Cambridge, England: Cambridge University Press.

Turiel, E. (2006). The development of morality. In W. Damon & R. Lerner (Eds.), *Handbook of child psychology* (6th ed.). New York: Wiley.

Twenge, J. M., Konrath, S., Foster, J. D., Campbell, W. K., & Bushman, B. J. (2008a). Egos inflating over time: A cross-temporal meta-analysis of the Narcissistic Personality Inventory. *Journal of Personality, 76*, 875-902.

Twenge, J. M., Konrath, S., Foster, J. D., Campbell, W. K., & Bushman, B. J. (2008b). Further evidence of an increase in narcissism among college students. *Journal of Personality, 76*, 919-928.

UNICEF. (2010). *The state of the world's children 2010*. Geneva, Switzerland: UNICEF.

Updegraff, K. A., Thayer, S. M., Whiteman, S. D., Denning, D. J., & McHale, S. M. (2005). Aggression in adolescents' sibling relationships: Links to sibling and parent-adolescent relationship quality. *Family Relations: Interdisciplinary Journal of Applied Family Studies, 54*, 373-385.

Vaillant, G. E. (1977). *Adaptation to life*. Boston, MA: Little, Brown.

Vaillant, G. E. (1993). *The wisdom of the ego*. Cambridge, MA: Harvard University Press.

van Aken, C., Junger, M., Verhoeven, M., van Aken, M. A. G., & Dekovic, M. (2007). The interactive effects of temperament and maternal parenting on toddlers' externalizing behaviors. *Infant and Child Development, 16*, 553-572.

Van Hecke, A. V., Mundy, P. C., Acra, C. F., Block, J. J., Delgado, C.E. F., Parlade, M. V., Meyer, J. A., Neal, A. R., & Pomares, Y. B. (2007). Infant joint attention, temperament, and social competence in preschool children. *Child Development, 78*, 53-69.

Varoqueaux, F. (2003). Synaptogenesis. In V. S. Ramachandran (Ed.), *Encyclopedia of the human brain*. San Diego: Academic Press.

Veiel, L. L., & Storandt, M. (2003). Processing costs of semantic and episodic retrieval in younger and older adults. Aging, *Neuropsychology and Cognition, 10*(1), 61-73.

Vygotsky, L. S. (1978). *Mind in society: The development of higher psychological processes*. Cambridge, MA: Harvard University Press.

Waite, L. J. (2009). Marriage. In D. Carr (Ed.), *Encyclopedia of the life course and human development*. Boston: Gale Cengage.

Wellman, H. M., Cross, D., & Watson, J. (2001). Meta-analysis of theory-of-mind development: The truth about false belief. *Child Development, 72*, 655-684.

Westerhof, G. J., Bohlmeijer, E., & Valenkamp, M. W. (2004). In Search of Meaning: A reminiscence program for older persons. *Educational Gerontology, 30*, 751-766.

Westerhof, G. J., Dittman-Kohli, F., & Thissen, T. (2001). Beyond life satisfaction: Lay conceptions of well-being among middle-aged and elderly adults. *Social Indicators Research, 56*, 179-203.

Whincup, P. H., Papacosta, O., Lennon, L., & Haines, A. (2006). Carboxyhemoglobin levels and their determinants in older British men. *BMC Public Health, 18*, 189.

Whitbourne, S. K. (2005). *Adult development and aging: Biopsychosocial perspectives* (2nd ed.). New York: Wiley.

Wiesner, M., & Ittel, A. (2002). Relations of pubertal timing and depressing symptoms to substance use in early adolescence. *Journal of Early Adolescence, 22*, 5-23.

Wilson, R. S., Mendes de Leon, C. F., Bienas, J. L., Evans, D. A., & Bennett, D. A. (2004). Personality and mortality in old age. *Journal of Gerontology Psychological Sciences and Social Sciences, 59*, P110-P116.

Wingfield, A., & Kahana, M. J. (2002). The dynamics of memory retrieval in older adulthood. *Canadian Journal of Experimental Psychology, 56*(3), 187- 199.

Wink, P., & Dillon, M. (2002). Spiritual development across the adult life course. Findings from a longitudinal study. *Journal of Adult Development, 9*, 79-94.

Wolkowitz, O. M., Epel, E. S., Reus, V. I., & Mellon, S. H. (2010). Depression gets old fast: Do stress and depression accelerate cell aging? *Depression and Anxiety, 27*, 327-338.

Xu, Q., Parks, C. G., Deroo, L. A., Cawthon, R. M., Sandler, D. P., & Chen, H. (2009). Multivitamin use and telomere length in women. *American Journal of Clinical Nutrition, 89*, 1857-1863.

Yoon, C., Cole, C. A., & Lee, M. P. (2009). Consumer decision making and aging: Current knowledge and future directions. *Journal of Consumer Psychology, 19*, 2-16.

Yuan, H., & others. (2010). Treatment strategies for Parkinson's disease. *Neuroscience Bulletin, 26*, 66-76.

Zahn-Waxler, C., Friedman, R. J., Cole, P. M., Mizuta, I., & Hiruma, N. (1996). Japanese and United States preschool children's responses to conflict and distress. *Child Development, 67*, 2462-2477.

Zaporozhets, A. V. (1965). The development of perception in the preschool child. *Monographs of The Society for Research in Child Development, 30*, 82-101.

Zettel-Watson, L., & Rook, K. S. (2009). Friendship, later life. In D. Carr (Ed.), *Encyclopedia of the life course and human development.* Boston: Gale Cengage.

Zhu, D. C., Zacks, R. T., & Slade, J. M. (2010). Brain activation during interference resolution in young and older adults: An fMRI study. *Neuroimage, 50*, 810-817.

Zitvogel, L., Kepp, O., & Kroemer, G. (2010). Decoding cell death signals in inflammation and immunity. *Cell, 140*, 798-804.

Zukow-Goldring, P. (2002). Sibling caregiving. In M. H. Bornstein (Ed.), *Handbook of parenting: 3. Status and social conditions of parenting* (2nd ed.), 253-286. Mahwah, NJ: Erlbaum.

인 명 색 인

사 항 색 인

[ㅅ]

[ㅇ]

저자 약력

장휘숙(章輝淑)

이화여자대학교 영어영문학과 졸업
이화여자대학교 대학원 심리학과 졸업(발달심리학 전공, 문학박사)
미국 미시간 주립대학교 객원교수 역임
한국발달심리학회 회장 역임
한국심리학회 이사 역임
한국심리학회 및 한국발달심리학회 편집위원장 역임
충남대학교 학생생활연구소장 역임
2000년도 충남대학교 연구실적 우수교수 총장 표창
2006년도 한국심리학회 학술상 수상
2012년도 제22회 과학기술우수논문상 수상

현재: 충남대학교 심리학과 교수
발달심리전문가
한국발달심리학회 이사
한국인간발달학회 이사

관심분야
전생애 동안의 애착발달을 중심으로 정체감, 탄력성, 정신병리 등을 연구하였으며, 최근에는 성인기 발달과업과 가까운 사회적 관계, 주관적 건강, 노화불안, 노년기 고독, 생활만족, 행복 및 죽음공포와 죽음수용 등 성인기 발달과 삶의 종결을 이해할 수 있는 핵심적 주제들을 연구해 오고 있다.

저서 및 역서
성인발달 및 노화심리학 제2판(저서, 박영사, 2012)
아동심리학(저서, 박영사, 2010)
청년심리학 제4판(저서, 박영사, 2009)
가족심리학 제2판(저서, 박영사, 2008)
전생애 발달심리학 제4판(저서, 박영사, 2007)
성인심리학(저서, 박영사, 2006)
발달정신병리학의 이해 제2판(저서, 창지사, 2005)
아동연구방법 제2판(저서, 창지사, 2005)
청년심리학 제3판(저서, 박영사, 2004)
애착장애의 치료: 이론에서 실제까지(역서, 시그마프레스, 2003)
여성심리학 제2판(저서, 박영사, 2002)
아동발달(저서, 박영사, 2001)
인간발달(저서, 박영사, 2000)
청년심리학 제2판(저서, 학지사, 1999)
발달정신병리학의 이해(저서, 학지사, 1998)
아동연구방법 초판(저서, 창지사, 1998)
여성심리학 초판(저서, 박영사, 1996)
가족심리학(저서, 박영사, 1996)
아동심리학 제2판(저서, 박영사, 1995)
발달심리학 제2판(공저, 박영사, 1994)
자녀문제 이럴 때 이렇게(저서, 창지사, 1994)
청년심리학 초판(도서출판 장승, 1993)
아동심리학 초판(저서, 박영사, 1990)
아동연구법(편역서, 창지사, 1989)
발달심리학 초판(공저, 박영사, 1987)
심리학개론(공저, 정민사, 1987)
어머니의 역할(역서, 창지사, 1986)
아버지의 역할(역서, 창지사, 1986) 외 다수

제 5 판

전생애 발달심리학

초판발행 1987년 7월 20일
제5판발행 2013년 7월 20일
중판발행 2023년 1월 30일

지은이 장휘숙
펴낸이 안종만 · 안상준

편 집 김선민 · 마찬옥
기획/마케팅 임재무
표지디자인 최은정
제 작 고철민 · 조영환

펴낸곳 (주) 박영사
서울특별시 금천구 가산디지털2로 53, 210호(가산동, 한라시그마밸리)
등록 1959. 3. 11. 제300-1959-1호(倫)
전 화 02)733-6771
f a x 02)736-4818
e-mail pys@pybook.co.kr
homepage www.pybook.co.kr
ISBN 978-89-6454-481-5 93180

정 가 26,000원